Doris Klappenbach

Mediative Kommunikation

Mit Rogers, Rosenberg & Co. konfliktfähig für den Alltag werden

In lebendiger Erinnerung an Helge Boekstegers,
der mich als Freund und Coachpartner unvergänglich bereichert hat.

Ausführliche Informationen zu jedem unserer lieferbaren und geplanten Bücher finden Sie im Internet unter ↗http://www.junfermann.de. Dort können Sie unseren Newsletter abonnieren und sicherstellen, dass Sie alles Wissenswerte über das Junfermann-Provgramm regelmäßig und aktuell erfahren. – Und wenn Sie an Geschichten aus dem Verlagsalltag und rund um unser Buch-Programm interessiert sind, besuchen Sie auch unseren Blog: ↗http://blogweise.junfermann.de.

Doris Klappenbach

Mediative Kommunikation

Mit Rogers, Rosenberg & Co. konfliktfähig für den Alltag werden

Junfermann Verlag • Paderborn
2011

2. Auflage 2011
© Coverbild: Siniy – Fotolia.com
Covergestaltung/Reihenentwurf: Christian Tschepp

Satz: JUNFERMANN Druck & Service, Paderborn

Bibliografische Information der Deutschen Bibliothek
Die Deutsche Bibliothek verzeichnet diese Publikation in der Deutschen Nationalbibliografie; detaillierte bibliografische Daten sind im Internet über http://dnb.ddb.de abrufbar.

ISBN 978-3-87387-636-1

Inhalt

Vorbemerkung

Herzlichen Glückwunsch! Sie halten ein nützliches Buch in den Händen, in dem auf anschauliche Weise aktuelle Erkenntnisse aus dem Bereich der Kommunikation weiterentwickelt werden.

Ich bin dem Wunsch der Autorin, ein kurzes Vorwort zu diesem Buch zu schreiben, sehr gern nachgekommen. Denn die Möglichkeiten, die in der Mediation angewandten Techniken auf den Alltag zu übertragen, begeistern mich und bilden einen Schwerpunkt in unserer beruflichen Zusammenarbeit als Mediatorinnen und Ausbilderinnen für Mediation.

Mediative Kommunikation, so wie Doris Klappenbach sie in ihrem Buch beschreibt, ist eine praxisnahe Anleitung für den achtsamen Umgang mit uns selbst und mit unseren jeweiligen Gesprächspartnern. Sie eröffnet – wie in dem Buch nachvollziehbar dargestellt – großartige Möglichkeiten zu persönlicher Verständigung in alltäglichen Situationen, im Beruf und im Privatleben gleichermaßen. Mediative Kommunikation kann uns auch dazu verhelfen, zielgerichtet zu kommunizieren und Ärger und gegenseitiges Nicht-Verstehen weniger dramatisch zu gestalten.

Eine freundliche, zugewandte Kommunikation zu entwickeln funktioniert für die meisten von uns prima, solange wir auf ein höfliches Gegenüber treffen und es uns gelingt, „über den Dingen“ zu stehen. Was geschieht aber, wenn wir zufällig oder absichtlich auf eine Art angesprochen werden, die uns weniger behagt, oder uns jemand provozieren will? Wie reagieren wir auf unangenehme Fragen, auf Unterstellungen, vermeintliche Vorwürfe, wie verhalten wir uns in wichtigen Verhandlungen, wenn wir ein für uns wichtiges Ergebnis erzielen wollen? In der Mediation gibt es die allparteiliche dritte Person, die das Gespräch zu strukturieren und zwischen den Parteien zu vermitteln vermag. Im Alltag sind wir auf uns selbst gestellt, und genau da unterstützt uns effektiv die Mediative Kommunikation. Sie bietet uns einfach zu erlernendes Handwerkszeug, einleuchtende Sichtweisen und Ansätze, die mit ein wenig Übung unsere innere Haltung und unser sprachliches Ausdrucksvermögen erweitern. Aus persönlicher Erfahrung weiß ich, wie entlastend es sein kann, unsere Kommunikation durch die in diesem Buch beschriebenen Möglichkeiten zu bereichern. Viele Spannungen, Hindernisse und Konflikte tauchen gar nicht erst auf, unser beruflicher Umgang und unsere privaten Beziehungen erfahren Entspannung, neue Intensität und Leichtigkeit.

Doris Klappenbach beschreibt ausführlich Methoden und Techniken der Mediativen Kommunikation – sie bietet uns in ihrem Buch theoretische Exkurse und unterstützende Übungen. Manches davon kennen Sie vielleicht bereits, anderes ist wahrscheinlich neu und macht Sie neugierig. Die Fülle des im Buch angebotenen Materials lädt Sie ein, das Konzept eingehend zu studieren und es komplett oder in Teilen zu übernehmen – so, wie es zu Ihrer Biografie und zu Ihrem persönlichen Umfeld passt. Entwickeln Sie auf der Basis des vorliegenden Materials Ihren eigenen „mediativen" Stil!

Ich danke Doris Klappenbach für dieses inspirierende Buch und wünsche Ihnen als Leserin bzw. Leser viel Vergnügen beim Studium und Ausprobieren.

*Sigrid Niemer**
Berlin, im Januar 2006

---

* Sigrid Niemer studierte Kunst und Pädagogik, arbeitet als Referentin für Kultur und Kommunikation. Sie ist vom Bundesverband Mediation anerkannt als Mediatorin und Ausbilderin für Mediation und leitet Seminare mit dem Ansatz Mediative Kommunikation.

Einführende Worte in Buch und Thema

Der Begriff „Mediative Kommunikation" entstand Ende 2001 als ein Ergebnis zahlreicher auffälliger Erfolgserlebnisse, die ich im Alltag mit Hilfe meiner erlernten mediativen Kompetenzen erfahren konnte. Im Vergleich zu den Jahren vor meiner Mediationsausbildung fiel mir auf, dass sich meine Erfolgsquote bei dem, was durch Kommunikation und zugewandte Ausstrahlung zu erreichen war, mindestens verdoppelt hatte. Dies galt für alltägliche Konfliktsituationen wie für so erzitterte große Momente wie die Erneuerung des TÜVs für meinen uralten, aber sehr treuen Nissan Micra. Bestärkt wurde dieser Eindruck immer wieder in meiner Arbeit im Institut für Streitkultur, ISK Consulting. Dort wurde mir zunehmend verdeutlicht, wie gefragt eine derartige, interne Zusatzqualifizierung von Führungskräften und Mitarbeitenden diverser Wirtschaftsunternehmen war. Obwohl die Vorteile des Einsatzes von externen Mediierenden bei firmeninternen Konflikten doch sehr deutlich auf der Hand zu liegen schienen. Mehr und mehr festigte sich in mir die Einsicht, dass es dann nicht primär um den Einsatz qualifizierter Mediatoren und Mediatorinnen gehen konnte. Und dass stattdessen eine Qualifizierung in mediativem Konfliktmanagement zur Anwendung im unmittelbaren Arbeitskontext im Vordergrund stand. In Verbindung mit Evaluationen im Rahmen meiner Forschungsarbeit bestätigte sich mir dieser Eindruck: Sowohl in beruflichen als auch in privaten Kontexten war der Einsatz hilfreicher mediativer Effekte deutlich beobachtbar und erfolgreich. Obwohl es häufig nicht einmal zur Durchführung eines Mediationsverfahrens kam. Ausschlaggebend für diese positive Bilanz war nicht das Grundkonzept zum Ablauf einer Mediation (das Phasenmodell), sondern das, was dahinter stand: die in der Ausbildung entwickelten mediativen Kompetenzen.

Durch die Integration von mediativen Elementen in den Alltag wird Konfliktmanagement zu einem Arbeitselement, das bereits vor der Verfestigung eines Konfliktstoffes zu einem handfesten Konflikt wirkt. Ergänzt durch weitere Kommunikations- und Verhaltensstrategien, durch Hintergrundwissen aus Psychologie, Kommunikations- und angrenzenden Geisteswissenschaften lassen sich die Aussichten auf Positiveffekte weiterhin steigern. Schon allein durch Aktives Zuhören kann man schier endlose Diskussionen zum Abschluss bringen: Jeder der Beteiligten hat vielleicht lediglich Sorge, missverstanden zu werden. Beide Seiten projizieren diese Befürchtung auf das Gegenüber. Das daraus resultierende Gefühl, von den anderen nicht verstanden zu werden, führt dazu, dass sie Schleife um Schleife immer wieder dieselben Inhalte reproduzieren. Dieser potenzielle Endloseffekt lässt sich leicht stoppen: Die Wiederholung wird unnötig, wenn das Verständnis gesichert ist. Und dies kann man mit Hilfe einer einfachen, knappen Zusammenfassung des Gesagten an geeigneter Stelle tun.

In dem Bewusstsein, dass Verständnis nicht Einverständnis ist, können Positionen als solche akzeptiert werden. Eine mediative Hintergrundhaltung schafft eine Basis gegenseitiger Wertschätzung. Dies birgt die Möglichkeit, statt mit Abwehr der anderen Position mit Interesse für das Dahinterliegende zu reagieren. Denn mit zunehmender Erfahrung in der Anwendung mediativer Kompetenzen wächst auch das Vertrauen: Die Erwartung der Bestätigung dessen, dass das Andere in den tieferen Schichten seines Wesens ein Reservoir an Bereicherung für das Eigene enthält. Dies ermöglicht eine Würdigung der Auseinandersetzung, des Konfliktstoffes, als eine antreibende Kraft. Das traditionell erst im Konfliktfall ansetzende Konfliktmanagement tritt an die Stelle der Konfliktprävention. Konfliktelemente werden weder verneint noch vorgebeugt. Sie werden als Potenzial genutzt.

In Kooperation mit Sigrid Niemer, der Autorin der Vorbemerkung zu diesem Buch, entstand im Frühjahr 2002 die Internetseite www.mediative-kommunikation.de. Dies war im Grunde die Geburtsstunde des hier ausführlich erläuterten Ansatzes. Im Verlauf unserer beruflichen Kooperation und meiner universitären Arbeit kristallisierte sich Mediative Kommunikation immer deutlicher als ein eigenständiges Konzept nicht nur zum Umgang mit Konfliktstoffen, sondern ebenso zur Effektivierung von Arbeitsabläufen und Intensivierung von Beziehungsprozessen heraus.

Unter dem Titel „Mediative Kommunikation – ein Plädoyer zur erweiterten Anwendung mediativer Kompetenzen“ erschien dann die erste Veröffentlichung zum Thema. Er fasst zusammen, was auch ein grundlegendes Anliegen dieses Buches ist: die Erhöhung der konfliktbezogenen Handlungsfähigkeit für Berufs- und Alltagswelt, die sich aus der umfassenden Nutzung von Methoden und Elementen der Mediation ergibt. Das „mediative Handwerkszeug“ wird aus seinem traditionellen Rahmen, dem Dreier- oder Vierersetting, von den beiden Konfliktparteien und ein oder zwei Mediierenden gelöst. Es wird durch Erfahrungen und Ansätze aus Psychologie und Soziologie, Erkenntnisse aus der Arbeitspraxis in Supervision, Beratung und Gesprächstherapie sowie weitere vervollständigende Elemente aus Konflikttheorie und Konfliktmanagement ergänzt.

Mediative Kommunikation grenzt sich ab von jeglichem missionarischem Interesse: Es geht nicht darum, sich den Spaß beim Streiten verderben zu lassen oder in einer vermeintlichen Hinsicht ein ‚besserer Mensch‘ zu werden. Sie bietet vor allem professionelle Handlungsmöglichkeiten für Situationen, in denen Sie sich entschließen, dass es für Sie Sinn macht, darauf zurückzugreifen. Dann hilft Mediative Kommunikation, zerstörerische Prozesse zu beenden. Sie gibt Anleitung dazu, aus dem Streiten auszusteigen und die Situation zur größtmöglichen Zufriedenheit aller Beteiligten zu klären. Wer unter Konflikten leidet, wird dies als Erleichterung des Alltags erfahren. Für ihn erhöhen sich Sicherheit und Handlungsfähigkeit im beruflichen wie privaten Kontext. Dieses Buch ist also ein Hilfsmittel, ein Einstieg in eine mediative Form von Alltagskommunikation. Mediative Kommunikation nutzt all denen, die beruflich oder privat das Bedürfnis haben, in ihrem Alltag neue Umgangsformen zu entwickeln. Dies sind beispielsweise Lehrende, Erziehende, Managerinnen und Manager genau wie Projekt-, Abteilungs- und Teamleitende oder auch andere Mitarbeiterinnen und Mitarbeiter, die repräsentieren, empfangen, terminieren, organisieren, kurzum vielseitige Situationen meistern und diverse Interessen zu vereinbaren haben. Mediative Kommunikation bedeutet eine Kompetenzerweiterung im Hinblick auf Vermittlung, Führung, Kooperation und Koordination (im weiten Sinne). Sie erhöht die so genannten Soft Skills und führt zur Professionalisierung im Arbeitsalltag. Darüber hinaus wirkt sie sich aus auf diejenigen, die mit ihnen in Beziehung stehen: auf Kinder, Angestellte, Familie, Freunde, Klienten et cetera.

Das vorliegende Buch erläutert das Grundkonzept der Mediativen Kommunikation. Es basiert auf bereits vorhandenen Ergebnissen meiner Forschungsarbeit in der Universität und dem so genannten ‚freien Aus- und Weiterbildungsmarkt', ist allerdings ausdrücklich für die praktische Anwendung geschrieben[1]. Im ersten Teil des Buches werden einführend einige mediative Elemente benannt. Es geht vorrangig darum, grundlegende Informationen zu Konfliktmanagement und Mediation für das erweiterte Verständnis der Mediativen Kommunikation zusammenzustellen. Der daran anknüpfende Teil des Buches beschäftigt sich mit deren Hintergrundhaltung. Diese umfasst zum einen das, was sich in der Mediation bereits an Haltungsmaterial finden lässt: die Mediationsformel, die Win-Win-Perspektive und die Allparteilichkeit. Zum anderen beinhaltet sie Haltungselemente wie die Metaebene, das Konzept des Inneren Teams und die Personzentrierung, die es ermöglichen, die Sicherheit, die das traditionelle Mediationssetting bietet, auf den flexiblen Kontext auszuweiten. Vor allem die Personzentrierung trägt dazu bei, dass sich der Anwendungsbereich ausdehnen lässt, ohne dass die Beteiligten sich schutzlos fühlen und den Prozess abwehren oder blockieren müssen. Teil drei gibt einen Einblick in Theorie und Praxis mediativer Elemente, die aus dem Bereich der Mediation und den bereits erwähnten Ergänzungen aus dem psychologischen und weiteren geisteswissenschaftlichen Bereich stammen. Es wird ausführlich dargestellt, wie sich mit Hilfe der Mediativen Haltung Bedürfnisse und Interessen als Material zur Lösungsfindung herausfiltern lassen. In der Unterscheidung von Zuhören und Aktiv Zuhören findet sich ein Wegweiser zur praktischen Umsetzung. Die Gewaltfreie Kommunikation bietet eine Möglichkeit, das Gedachte und Gesagte sowohl für sich selbst als auch im Zuhören sprachlich auf den Punkt zu bringen. Schließlich stellt das Harvard-Konzept das Handwerkszeug, um dies alles einzubeziehen und im Integrativen Verhandeln der Interessen und Optionen sowohl der Sache als auch allen Beteiligten gerecht werdend zu einer Lösung zu gelangen. In einem weiteren Teil sind ausgewählte methodische Ergänzungen aus dem Repertoire der zahlreichen Gesprächs- und Moderationstechniken zusammengestellt, die im Rahmen der Mediativen Kommunikation angewandt werden können.

Nachdem alle Elemente benannt und erörtert sind, bleibt die Frage danach, wie es aussehen kann, wenn das Gesamtpaket Mediative Kommunikation zur Anwendung kommt. Dabei ist es wichtig, sich zu verdeutlichen, dass ein mediativ Kommunizierender zwar an die Situationen in der entsprechenden Hintergrundhaltung herangeht und in seinem Rucksack auch das gesammelte Methodenmaterial mitnimmt, er aber dennoch sein ganzes Können nicht wahllos in die Situation hineinschütten wird. Die Mediative Kommunikation ist situationsgerecht anzuwenden. Das Material ist für jeden Kontext individuell angemessen zusammenzustellen. Das dazu notwendige Fingerspitzengefühl entwickelt sich im Prozess der fortschreitenden Übungspraxis. Auch Erfahrungen, die man selber mit den verschiedenen Methoden sammelt, sind hilfreich. Daher und weil sich manche Ansätze so besser nachvollziehen lassen, finden sich in den einzelnen Kapiteln Übungen, die es ermöglichen, die jeweilige Methode auszuprobieren und im Verlaufe des Buches nicht nur eine Wissens- und Erkenntnisbasis, sondern darüber hinaus eine Grundlage auf der Erlebnisebene zu schaffen. Während die ersten vier Teile des Buches den Überblick über Mediatives Handeln, die Hintergrundhaltung und schließlich das Handwerkszeug der Mediativen Kommunikation erstellen, wird der fünfte Teil einen Ausblick auf Anwendungsmöglichkeiten geben. Das Buch legt eine Grundlage zum Weiterlesen und Vertiefen. Es geht also darum, eine Art kognitive Landkarte zu erstellen, die dann mit Leben zu füllen ist. Es bietet eine Zusammenstellung von verschiedenen Ansätzen und Methoden, über die man auch einzeln Bücher verfassen könnte. Viele haben dies auch bereits getan, denn die Methoden sind (wie Sie vielleicht schon bemerkt haben) in ihrem Ansatz alle nicht neu. Sie sind lediglich neu gerahmt und an einigen Stellen dementsprechend erweitert oder auf den Punkt gebracht. Wie zu jedem Überblick eröffnen sich auch hier bisweilen viele kleine Unterthemen. Um diese nach- und weiterverfolgen zu können, finden Sie am Ende des Buches zahlreiche Anmerkungen und Literaturverweise.

Wie inzwischen fast jede Kommunikationstrainerin weiß, ist gelingende und wirkungsvolle Kommunikation neuro-, psycho- und sozio-logisch. Neuro-logische Kommunikation orientiert sich an Erkenntnissen der Neurologie: Sie berücksichtigt die Arbeitsweise unseres Gehirns, indem sie sowohl analog (die rechte Gehirnhälfte stimulierend) als auch digital (die linke Hemisphäre ansprechend) ausgerichtet ist. Im Alltag finden sich gewöhnlich eine Menge Daten, Fakten, Zahlen oder Namen. Die linke Hemisphäre ist also in der Regel gut trainiert. Da dieses Buch zugleich Begleitbuch der gleichnamigen Lehrveranstaltung ist, ist wohl auch hier ausreichend für sie gesorgt. Wer über eine besonders wissbegierige digitale Anlage verfügt, kann sich anhand der Hinweise auf Primärliteratur und wissenschaftliche Untersuchungen mehr Stoff besorgen. Damit die oftmals unterforderte rechte Gehirnhälfte mediativ (wertschätzend, allparteilich und gewinnbringend) einbezogen wird, bietet dieses Buch ebenso eine Vielzahl kreativer Aspekte, die Phantasie, Sinneseindrücke und Gefühle anregen.[2] Dies erhöht den allgemeinen Lerneffekt, da die rechte Hälfte des Gehirns die bildlich vermittelten Inhalte nachhaltiger im Langzeitgedächtnis speichert, als es die linke Hemisphäre mit abstrakten Beispielen tut. Dieses Buch gestaltet sich in einer Kombination aus theoretischen Erörterungen und praktischen Beispielen für Verständnis, Vertiefung und Nachhaltigkeit. Um das Lesen kurzweiliger zu gestalten wird deren Auswahl stellenweise durch den Grundsatz „In der Übertreibung liegt die Anschaulichkeit" bestimmt. Anhand des reichlichen Angebotes an alltäglichen Vorlagen für Konflikte, Kommunikationsfallen und Möglichkeiten zu deren Bewältigung werden sie humorvoll zusammengestellt. Und dennoch: Alle Beispiele sind aus dem realen Leben entnommen und in ihrer jeweiligen Aussage authentisch geblieben. Lediglich die Namen und Kontexte sind so weit verändert, dass ihr wahrer Ursprung nicht mehr erkennbar ist. Ähnlichkeiten zu realen Situationen und Personen sind also reine Zufallsprodukte. Dieses Buch begrenzt sich auf einen fiktiven Freundeskreis: Dazu gehören Anna, Bertram, die verheiratet sind und einen fast erwachsenen Sohn namens Paul haben. Außerdem Lara und Martin, die seit eineinhalb Jahren zwar kein Paar mehr, aber noch Freunde sind. Ihre beiden Kinder (Lars und Phine) leben bei Lara. Martin ist in seiner Vaterrolle trotzdem sehr aktiv. Zum engen Freundeskreis gehört noch der Single und Geschäftsmann Gerald. **Anna, Bertram, Lara, Martin und Gerald** kennen sich seit vielen Jahren. Zu gemeinsamen Treffen bringt Martin jetzt manchmal seine neue Freundin **Lisa** mit. Die nachfolgende Kurzvorstellung der einzelnen Personen soll es erleichtern, im Verlauf des Buches den Überblick zu behalten.

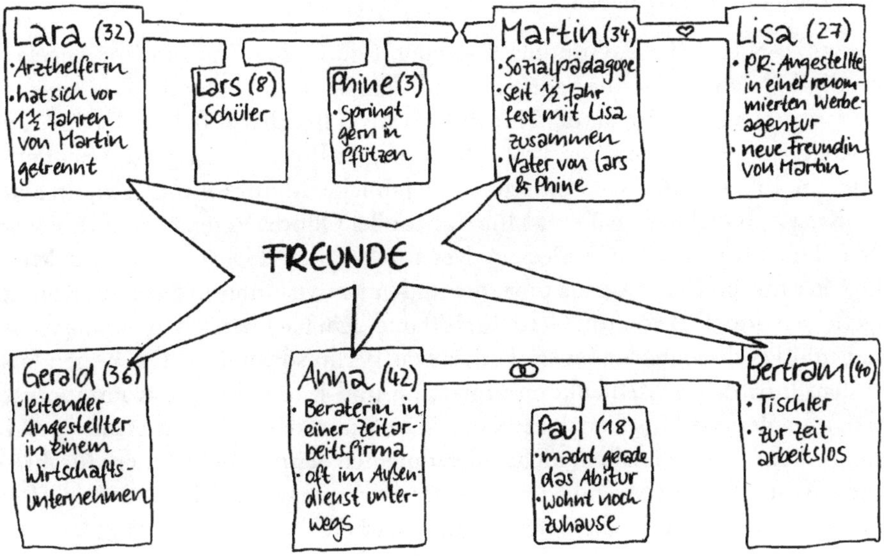

***Abb. 1:* „Der beispielhafte Freundeskreis"**

Weiterhin wird noch die Rede sein von dem achtjährigen **Peter**, einem Schulfreund von Lars: Er hat einen älteren Bruder, der ihn wegen seiner Ungeschicklichkeit oft hänselt. Seine Eltern empfindet er als streng. Auch die **Lehrerin** von Lars und Peter findet Erwähnung. Außerdem erzählt das Buch an einigen Stellen aus der Arbeitspraxis der Supervisorin **Gabriele Lamm**: Sie ist eine ehemalige Kommilitonin von Anna, hat gerade ihre Ausbildung beendet und sich selbständig gemacht. Nicht zu vergessen sind hier Laras Großtante **Georgette** und das **Kollegium** des Unternehmens, in dem Gerald (Herr Groß) arbeitet: seine Kollegen Herr Gleichgroß und Herr Mittelgroß, die noch in Probezeit befindliche Sekretärin Frau Klein und die langjährig erfahrene Sekretärin Frau Informell-Riesengroß.

Um die Lesbarkeit zu vereinfachen, werden die männlichen und weiblichen Formen im Verlauf des Textes abwechselnd benutzt. Mit Hilfe von Übungen soll auch der Erlebnis- und Selbstreflexionsaspekt seine Umsetzung finden. Es empfiehlt sich, das Buch von vorne nach hinten zu lesen. In der jeweiligen Einleitung werden die wichtigen Begriffe und Grundrichtungen erklärt, und es wird an diversen Stellen auf vorangegangene Ausführungen Bezug genommen. Es ist durchaus sinnvoll, sich anhand des Selbstreflexionsmaterials und der vielen im Alltag zu probierenden Ansätze auf einen längeren Leseprozess einzulassen. Damit Sie die Orientierung im Buch behalten, auch wenn sie es nicht am Stück lesen, finden Sie zahlreiche Verweise, die Ihnen ein verständnisförderndes Zurückblättern erleichtern: Die umklammerten Zahlen bezeichnen das Kapitel, in dem auf das jeweilige Thema ausführlich Bezug genommen wird.
Ich danke all denen, die mich bei der Entfaltung des Konzeptes der Mediativen Kommunikation unterstützt haben.

Allen voran Nicole Berse, Gundula Kapteina, Dr. Sophia Kumpmann, Angela Kutrieb, Sigrid Niemer, Yvonne Schroeder und Vera Wittkowski für das Probelesen und ihre Anregungen zum Buch; der Künstlerin Olivia Borchardt für ihr Titelbild; meinen Kolleginnen und Kollegen Prof. Dr. Annegret Böhmer, Adelheid Frielinghaus-Neumann, Juliane Ade, Nora Hirsch, Sonja Jahncke, Ingrid Kettner, Kerstin Kittler, Peter Knapp, Isabel Kresse, Petra Müller, Monika Oboth, Verena Schmidt, Joachim Siejna, Dr. Christine Torge-Decker, Kerstin Wegner, Helga Zeike und Michael Zinnäcker für die Gedankenanstöße, die in den Entwicklungsprozess des Konzeptes eingeflossen sind; Dekan Prof. Gerd R. Hoff und dem Fachbereich Erziehungswissenschaft und Psychologie der Freien Universität Berlin sowie Prof. Dr. Jürgen Straub und dem Institut für Medienkommunikation und Interkulturelle Kommunikation (IMIK) an der Technischen Universität Chemnitz dafür, dass sie mir ihre Forschungsräume geöffnet haben; nicht zuletzt meinen Seminarteilnehmern für ihre kritische Auseinandersetzung mit den Themen sowie Ingrid Holler, Gottfried Probst und dem Verlagsteam für die gute Zusammenarbeit.

1. Ursprung der Mediativen Kommunikation

Der Teil dieses Buches, den Sie gerade zu lesen beginnen, gibt Ihnen Einblick in ausgewählte, der Mediativen Kommunikation zugrunde liegende Ansätze zu Konflikt und Konfliktmanagement (1.1). Er soll einen Anknüpfungspunkt bilden an Ihre eigenen Erfahrungen und Kenntnisse zum Thema, die Sie mit großer Wahrscheinlichkeit bereits gewonnen haben. Mit diesem Einstieg lassen sich die weiteren Ausführungen zur Mediativen Kommunikation erleichtert betrachten. Im Anhang werden die angeschnittenen Themen durch Hinweise auf weiterführende Literatur ergänzt.

Im Grunde ist es unumgänglich, im Laufe seines Lebens ganze Berge an eigenem Material zum Thema anzusammeln. Verständlich wird dies, wenn man sich die genaue Bedeutung des Wortes *Konflikt* vor Augen führt: Abgeleitet vom lateinischen *conflictio* heißt es ebenfalls *Zusammenschlagen.* Die Nähe zum Begriff *conflictus* (zu Deutsch *Zusammenstoß, Kampf*) weist auf das Synonym conflictatio, das nicht nur Kampf, sondern auch *Gedränge* bezeichnet. Alles in allem legt dies nahe, dass eine Ansammlung von Menschen, und im weiteren Sinne ein Gedränge von menschlichen Ansinnen und allgemein Gedankengut, schon im wörtlichen Ansatz auf Konfliktstoff verweist. Im Rahmen dieses Buches sind Sie offiziell eingeladen, das Ihnen bereits Bekannte und Vertraute wiederzuerkennen, zu vertiefen oder ergänzen und im Zusammenhang des Themas Mediative Kommunikation neu zu überdenken.

Konflikte und Konfliktmanagement

Konflikte gibt es, seitdem es Menschen gibt. Wo zwei eigenständig denkende Köpfe, individuell fühlende Bäuche, sich verhaltende Personen sind, da gibt es eben Andersartigkeit, die bisweilen unvereinbar scheint. Konfliktmanagement ist also eine Aufgabe im sozialen Miteinander, die schon unsere Urahnen zu meistern hatten. Aus ihren unterschiedlichen gesellschaftlichen Strukturen heraus wurde eine gemeinsame Idee zum Konfliktumgang ermittelt, die je nach Kultur ihre konkrete Form und Anwendung fand. Über die Jahrhunderte hinweg entstanden in den verschiedenen Kulturkreisen diverse Verfahrensweisen zur Bearbeitung von Konflikten.

Je organisierter sich das Zusammenleben gesellschaftlich formierte, desto institutionalisierter gestaltete sich auch das Konfliktmanagement. Im so genannten „abendländischen" Einzugsbereich wurden die uns heute geläufigen Rechtssysteme entwickelt: Gibt es einen Konflikt, der im alltäglichen Rahmen nicht gelöst werden kann, werden Entscheidungsinstanzen herangezogen. Diese bestimmen dann auf Grundlage allgemein gültig formulierter Gesetze, was zur Beilegung des Konflikts zu tun ist. Es bedarf einer gewissen Machtstellung, um derartige Verhaltensanweisungen und Sanktionen durchsetzen zu können. Solche Einrichtungen sind deshalb in der Regel hierarchisch (‚von oben nach unten') strukturiert.

Rechtssysteme bieten im Falle eines Konfliktes eine grundlegende Orientierung im Dschungel von ‚Richtig und Falsch'. Sie versuchen darüber hinaus, auch die allgemeinen Gerechtigkeitsvorstellungen zu normieren. Rechtssysteme bergen, um all dies leisten zu können, in ihrem Kern eine gewisse ‚Festigkeit'. Diese gewährleistet zwar einerseits die notwendige Sicherheit. Andererseits ermöglicht sie dabei oft ein geringes Maß an Flexibilität. Das heißt: Ein solches institutionalisiertes Konfliktmanagement ist nicht darauf ausgerichtet, sich an gesellschaftliche Entwicklungen anzupassen. Erst ein starker Veränderungsdruck von außen schafft die Notwendigkeit, vorhandene Ansätze neu zu überdenken.

Entwicklung der Mediation in den USA

Eine innovationsfördernde, spannungsgeladene Zeit fand sich in den USA in den sechziger Jahren: in den Jahren der Vietnam-Proteste, der Bürgerrechtsbewegung, der Studenten-Unruhen und der Neubestimmung der Geschlechterrolle. Impulse aus diesen Bewegungen, von Kulturanthropologen und diversen weiteren Wissenschaftlern ermöglichten die Entwicklung von Alternativen zu dem als unzulänglich empfundenen herkömmlichen Rechtssystem.

1964 gründete das amerikanische Justizministerium den ‚Community Relations Service' (CRS). Aufgabe dieser Einrichtung war, die Lösung von Konflikten und Diskriminierungen rassischer[3], ethnischer oder nationaler Art durch Mediation und Verhandlungen zu unterstützen. Aktuelles Konfliktpotenzial bestand vor allem durch die Aufhebung der Rassentrennung. Dies sollte weder gewalttätig auf der Straße ausgelebt noch von den Gerichten aufgefangen werden. Der CRS leistete hinter den Kulissen einen wichtigen Beitrag zur Entschärfung eines Großteils der bedeutenden Konfrontationen jener Jahre.

Die Anwendung und Verbreitung des Mediationsverfahrens stieg in den siebziger Jahren beträchtlich an. Im kommunalen Bereich wurde durch die ersten ‚Neighbourhood Justice Centers' (NJC) ein Angebot an kostenlosen oder kostengünstigen Mediationsdiensten geschaffen. Anwendungsfelder der NJC waren vor allem Mieter-

Vermieter-Konflikte, Ehe- und Familienstreitigkeiten, Nachbarschaftsprobleme, gewalttätige Auseinandersetzungen und Vandalismus. Ende der neunziger Jahre gab es bereits über 700 solcher Mediations-Zentren in den USA. Auch heute noch sind viele derartige Einrichtungen staatlich und arbeiten mit den Gerichten zusammen. Andere verstehen sich als Graswurzelprojekte[4] und bieten eine unabhängige Alternative zum herkömmlichen Rechtssystem.

Der der Mediation zugrunde liegende Ansatz der Vermittlung durch eine nicht in den Konflikt verstrickte dritte Person reicht allerdings auf Jahrhunderte alte Traditionen verschiedener Kulturen zurück. Seine Wurzeln finden sich in China und Japan, dem antiken Griechenland, Afrika, Jordanien, Melanesien, Lateinamerika, Spanien und der Bibel. So wurde Mediation in den USA beispielsweise von chinesischen und japanischen Einwanderern, Quäkern, Mennoniten und anderen religiösen Gruppierungen bereits intern angewandt, bevor ihr die gesellschaftliche Aufmerksamkeit zuteil wurde.[5]

Mediation und Mediationsausbildungen in Deutschland

Im Vergleich zu Deutschland fällt auf, dass die in Bezug auf die USA beschriebene breite und beliebte Anwendung der Gemeinwesenmediation nicht einmal ansatzweise vorzufinden ist. Hier entwickelte sich erst Ende der achtziger Jahre ein öffentliches Interesse am Konzept der Mediation. Ähnliche Ansätze waren allerdings in den Bereichen Beratungsarbeit, Supervision, Gesprächstherapie und Konflikttheorie schon vorfindbar. Mediation etablierte sich relativ langsam. Sie wurde vor allem bei Scheidungen, in Schule, Jugendarbeit, Täter-Opfer-Ausgleich, im Umweltbereich und in politischen Konflikten eingesetzt. Die Anwendung und positive Einstellung zu der in Amerika so populären und grundlegenden Gemeinwesenmediation ist in Deutschland immer noch gering. Aktuell laufen einige Pilotprojekte zu deren Erprobung.

Das im Folgenden erläuterte aktuelle Konzept der Mediation hat sich innerhalb der letzten zehn Jahre auch in Deutschland zu einer anerkannten Methode im Konfliktmanagement entwickelt. Es gibt zahlreiche Institute und sonstige freie Träger, die Mediationsausbildungen anbieten. Mittlerweile findet sich Mediation darüber hinaus sowohl im Angebot von Aufbaustudien als auch in Form von modularen Elementen in bereits bestehenden oder im Rahmen der Studienreform neu konzipierten Studiengängen. Es gibt diverse akademische Abschlüsse, die im Zusammenhang mit Mediation erlangt werden können.

Meist sind die Ausbildungen in Form von sechs bis zehn berufsbegleitenden Modulen über die Dauer eines Jahres konzeptioniert. Die vermittelten Inhalte zu Konfliktmanagement und Mediation können durch das gleichzeitige Ausprobieren im Alltag verstärkt reflektiert und vertieft werden. Einen großen Teil der Ausbildung bestimmt das methodische ‚Handwerkszeug': das Aktiv Zuhören (3.2), die Gewaltfreie Kommunikation (3.3), das sach- und menschengerechte Verhandeln nach dem Harvard-Konzept (3.4) und weitere Elemente im Phasenprozess der Mediation. Damit eine Mediatorin allparteilich die Rolle einer außen stehenden vermittelnden Dritten ausfüllen kann, ist Selbstreflexion ein weiterer Hauptbestandteil der Ausbildung. Über den Zeitraum eines Jahres entsteht ein Prozess, der nicht nur ein fachliches Erlernen der Methode, sondern ebenso die nötige Persönlichkeitsentwicklung fördern soll.

Als Qualitätssicherungsorgane gründeten sich 1992 in Deutschland die beiden ersten Fachverbände Mediation: der Fachverband zur Förderung der Verständigung in Konflikten – Bundesverband Mediation e.V. und die Bundes-Arbeitsgemeinschaft für Familien-Mediation e.V. Seit 1996 gibt es zusätzlich den Bundesverband Mediation in Wirtschafts- und Arbeitswelt e.V. 1998 wurde ergänzend die Deutsche Gesellschaft für Mediation in der Wirtschaft e.V. gegründet.[6] Die vier Verbände bilden mit ihren Standards und Richtlinien den gemeinsamen Nenner der unterschiedlichen Ansätze einzelner Anbieterinnen. Darüber hinaus stellen sie Anerkennungsverfahren für Mediatoren und Ausbilderinnen für Mediation, die deren qualifizierte und standardgerechte Arbeit bescheinigen. Auf europaweiter Ebene verbindet sie der Code of Conduct, der Ethische Verhaltenskodex, der der Arbeit einer jeden Mediatorin, die Verbandsmitglied ist oder werden will, zugrunde gelegt ist.

Das Konzept der Mediativen Kommunikation

Bei der Betrachtung des realen Verbleibes der zahlreich ausgebildeten Mediatoren in den letzten Jahren fällt auf, dass eine Qualifikation in Mediation zu schätzungsweise 80 Prozent für das Privatleben und die situationsbezogene Einbindung in den Ursprungsberuf verwendet wird. Das Konzept der Mediativen Kommunikation möchte diese Entwicklung weiterbringen. Es bereitet Elemente des Mediationsverfahrens so auf, dass der Transfer in den Alltag bereits in das Lernen der Methode eingebunden wird. Was seit Jahren in der Praxis passiert, wird in der Mediativen Kommunikation also absichtlich erzielt: Das Anwendungsspektrum mediativer Elemente wird bewusst vom traditionellen Rahmen der Mediation gelöst und für den Einsatz in Beruf und Privatleben ergänzend erweitert.

1.1 Konfliktmanagement

Konfliktmanagement ist ein Thema, das sich in den letzten Jahren in die oberen Ränge der Hitliste meistbehandelter Diskussionsinhalte bewegt hat. Wie bereits beschrieben, ist dies im Zuge von gesellschaftspolitischen Umstrukturierungen eine häufige Erscheinung. Zu verweisen wäre hier nur andeutungsweise auf die Wiedervereinigung Deutschlands, das Zusammenprallen zweier Staaten und den Versuch des gesellschaftlichen und wirtschaftlichen Zusammenwachsens. Diese so benannten „Nachwendeerscheinungen" beeinflussen bis heute einen mehr oder weniger großen Teil unseres Alltags. Wir bewegen uns in einer Gesellschaft, die durch zahlreiche Reformen und Reformansätze in ständigem Wandel ist. Zudem ist die öffentliche Diskussion geprägt durch das Thema Gewalt und Gewaltprävention, vor allem an Schulen und in der außerschulischen Jugendarbeit.

Nicht nur im pädagogischen Bereich, sondern auch in der Wirtschaft zählt der geschulte Umgang mit Konflikten und Konfliktpotenzial zu gefragten Schlüsselkompetenzen, die beispielsweise in den Bewerbungsunterlagen nicht fehlen sollten. Im Zeitalter der fortschreitenden Globalisierung bildet er eine hilfreiche Handlungsfähigkeit im Sog von Konkurrenzdruck und vermindert zur Verfügung gestellte Ressourcen. Verstärkt wird dies durch den Umstand, dass die individuellen Anforderungen gleichzeitig steigen. Die Entwicklung eines persönlichen Profils und der Drang nach Verwirklichung der eigenen Vision können wohl als Eckpunkte unserer heutigen Gesellschaft bezeichnet werden, sowohl in der Arbeit als auch im Privatleben.[7]

Konfliktbegriff und Konfliktverständnis

Als ein Konflikt wird gemeinhin eine zumindest empfundene Unvereinbarkeit von Fühlen, Denken, Wollen und/oder Handeln bezeichnet.[8] Insofern ist es nicht verwunderlich, dass Konfliktpotenzial heute reichlich vorhanden ist. Denn schon eine Konkurrenzsituation wird dieser Definition gerecht. Intra-individuelle Konflikte sind an sich hoch interessant und im Hinblick auf die Anwendung Mediativer Kommunikation im Alltag durchaus erörternswert (5.1). Dennoch bezieht sich dieses Kapitel vorrangig auf zwischenmenschliche Konflikte, um dem Thema Konfliktmanagement mehr Veranschaulichung einzuräumen.

Schier unvereinbare Positionen finden wir zwischen zwei oder mehr Einzelpersonen, zwischen verschiedenen Gruppen oder auch Einzelnen und Gruppen. Dies sind Konflikte im zwischen-menschlichen Bereich, auch inter-personale Konflikte genannt.[9] Weiterhin gibt es Konflikte intra-individueller Art: widerstrebende Impulse, Wünsche oder Positionierungen innerhalb einer Person. Wir ringen in uns um die Entscheidung für unser nächstes Ziel, vielleicht auch um den kommenden Schritt, uns für eine uns sympathische Person oder aber gegen ihren Widersacher einzusetzen. Wir wollen etwas haben, ohne wegzunehmen, oder Unliebsames abgeben, ohne aufzubürden. Und diese Reihe ließe sich beliebig fortsetzen.

Die grundlegende und klassische Form eines Konfliktes ist der Streit: ein inter-personaler Konflikt, der zwischen zwei Kontrahenten ausgetragen wird. *Ein Beispiel bietet das folgende Schauspiel, das sich zwischen Anna und Bertram während eines gemeinsamen Essens unter Freunden abspielt. Lara, Martin, Lars und Phine, Gerald, Anna, Bertram und Paul sind um den Tisch versammelt. Anna erzählt lebhaft von einem Erlebnis auf einer ihrer letzten Dienstreisen, bei der ihr der Kellner zum Frühstück Quittengelee „auf dem Blazer serviert" hatte. Grade sagte sie „... und Quittengelee ist ja gelb ...", als ihr Mann Bertram eingreift und laut tönend erwidert: „Nein, Quittengelee ist rot." Es entsteht daraufhin ein erbitterter Streit zwischen Anna und Bertram um die Farbe von Quittengelee. Sie verstricken sich unter anderem in wüste Zuschreibungen wie: „Du erzählst doch nur Quatsch, wenn der Tag lang ist!", gefolgt von: „Was mischst du dich eigentlich ein?! Du hast doch gar keine Ahnung! Du warst ja noch nicht mal dabei. Natürlich ist Quittengelee gelb – das muss ich ja wohl am besten wissen"* und: *„Na dann bist du eben farbenblind!" und so weiter.*

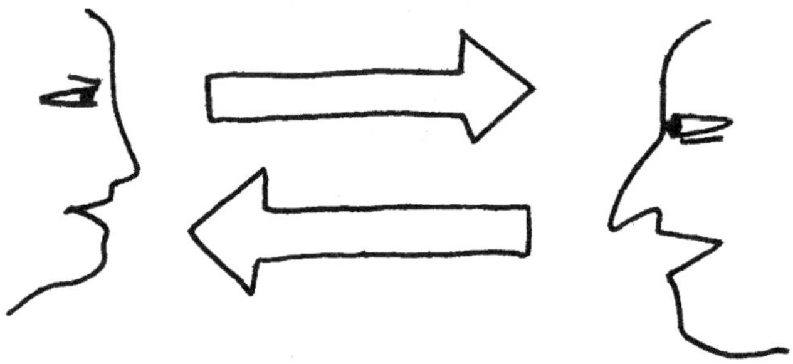

Abb. 2: **Anna und Bertram im „Ich habe recht!" – „Nein: Ich!"-Streit**

Ein Streit ist allgemein gekennzeichnet durch zwei sich gegenüberstehende Personen oder Parteien, Gefühle oder Interessen. Die jeweils bezogenen Positionen erscheinen den Beteiligten als unvereinbar. Es ergibt sich ein Kampf ums Recht-Haben und Bekommen-Wollen, der sich schnell zu einer Endlosschleife entwickeln kann. Wenn er dann doch ein Ende findet, gibt es eine Gewinnerin und eine Verliererin. Es gewinnt in aller Regel die stärkere Seite: die mit den besseren Argumenten und/oder Ressourcen, mit mehr Durchsetzungsvermögen, mehr Macht oder Manipulationsfähigkeit. Stärke leitet sich hier also von der Fähigkeit ab, sich durchzusetzen oder die andere Seite zum Nachgeben zu bewegen. Auch wenn es ein Ergebnis gibt, bestätigt es meist nur das, was vorher auch schon an Unterschiedlichkeit und Unvereinbarem empfunden wurde. Es erfolgt kein wirkliches Konfliktmanagement: Die Auseinandersetzung wird gestoppt statt konstruktiv als Möglichkeit für eine Weiterentwicklung im Miteinander genutzt.

Eskalationsmöglichkeiten im Konflikt

Wenn die Beteiligten in einem destruktiven Gegeneinander verharren, verfestigt dies meist den hinter der Auseinandersetzung verborgenen ‚eigentlichen' Konflikt. Es gibt sehr häufig einen größeren Konflikt im Hintergrund des aktuellen Streits. Gibt es ihn nicht, trägt die Tatsache, dass das gemeinsame Streitthema nicht hinreichend behandelt wird, dazu bei, einen zu entwickeln oder/und das grundsätzliche Konfliktpotenzial der Beteiligten zu erhöhen. Das Gegenüber wird als Problem angesehen. Was anfänglich eine Meinungsverschiedenheit war, wird so schnell zu einem persönlichen Konflikt. Verschiedene Sichtweisen eines Problems oder Sachverhaltes formulieren sich in Vorwürfen gegen die andere Person. Mit zunehmender Streitintensität und emotionaler Verwicklung nimmt die Bereitschaft zuzuhören auf beiden Seiten ab. Genauso verhält es sich mit der Kommunikationsfähigkeit. Dies vermindert drastisch die Möglichkeit, dass die Beteiligten in der Konfliktaustragung befriedigende Ergebnisse erreichen.

Nach einer der grundlegendsten Konflikttheorien lässt sich ein Konflikt in mehrere Eskalationsgrade einteilen: Angefangen bei der Verhärtung verschiedenartiger Positionen, die in einem Gespräch möglicherweise ihre Auflösung finden, steigert sich der Konflikt Stufe um Stufe bis hin zur vollständigen Eskalation. In der Parole „Gemeinsam in den Abgrund" findet sich das Extrem: das Ansinnen der jeweiligen Kontrahenten, den Konflikt ein für alle Mal zu beenden und die Gegenseite zu vernichten – ganz egal, was es sie auch kostet.[10] Eine Hilfe zur Einschätzung des aktuellen Entwicklungsstandes eines Konfliktes bietet das hier abgebildete Eskalationsstufenmodell:

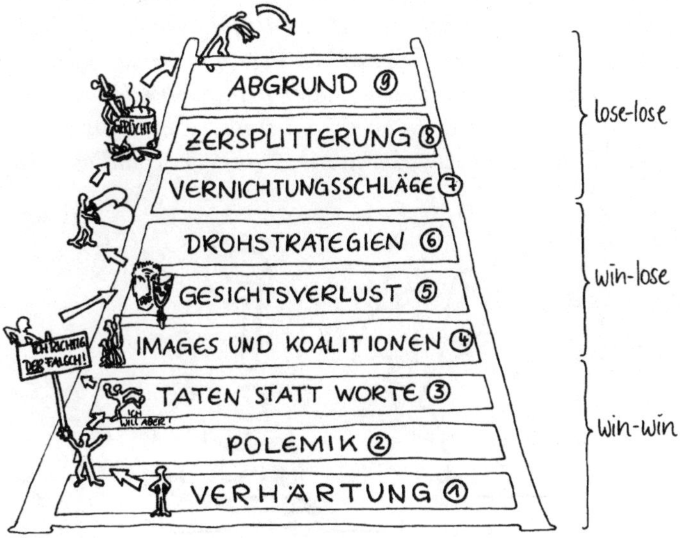

Abb. 3: **Die Konflikteskalationsleiter**

Zum konstruktiven Umgang mit Konflikten

Ein konstruktiver Umgang mit Konflikten sucht eine Lösung für das Problem, ohne dass das Gegenüber angegriffen wird. Statt der Schuldfrage oder des Dualismus von Richtig und Falsch wird das Problem ins Zentrum des Interesses gerückt. Es kann aktiv angegangen und eine Lösung gefunden werden. Die gängigsten konstruktiven Formen im Spektrum üblicher Konfliktmanagementansätze sind die Problemorientierung und die Lösungsorientierung. Beide zeichnet aus, dass die Kontrahentinnen sich bildlich gesehen auf ein und dieselbe Seite stellen, um sich gemeinsam auf das Problem oder seine Lösung zu konzentrieren.

···› *Problemorientiertes Konfliktmanagement*

Ein problemorientiertes Konfliktmanagement setzt voraus, dass die Betroffenen ihren Blick aus einigem innerem Abstand gemeinsam auf die Sache oder das Thema richten, um das es geht. Sie fragen sich gemeinsam: „Was ist das Problem?" und analysieren es dann.

In Bezug auf Anna und Bertram würde dies bedeuten, dass sie nicht im Gefecht gegenseitiger Beschimpfungen stecken blieben, sondern sich stattdessen beispielsweise auf die Diskussion um die Farbe von Quittengelee konzentrierten. Hierbei wäre nahe liegend zu überlegen, wie die Frucht am Baum aussieht. Dann könnten sie eruieren, was genau von der Frucht nun in die Marmelade kommt und wie diese sich farblich im Laufe ihrer Zubereitung ändert. Alle Beteiligten würden wohl im Prozess der Debatte mit Erstaunen feststellen, wie viel erörternswertes Material die farbliche Betrachtung von Quittengelee bietet. Nach und nach könnten die Umsitzenden sich in die Diskussion mit einbringen. Möglicherweise ergibt sich ein erheiterndes Gespräch der Versammelten, welches die ursprünglich anspannende Konfliktsituation in diesem Rahmen in Wohlgefallen auflöst. Vielleicht spricht Anna Bertram nach dem Essen auch noch einmal darauf an, dass es ihr unangenehm sei, von ihm so unterbrochen worden zu sein. Und er entschuldigt sich bei ihr dafür.

Abb. 4: **Anna und Bertram erörtern gemeinsam das Streitthema**

···› Lösungsorientiertes Konfliktmanagement

In der Lösungsorientierung gehen die Beteiligten noch einen Schritt weiter und stellen nicht nur sich, sondern auch den Konfliktstoff zu sich nehmend auf eine Seite. Das gemeinsame Motto heißt: „Wir haben ein Problem. Was machen wir daraus?"

Anna und Bertram würden dann vielleicht bereits eine Weile über die Farbe von Quittengelee debattieren, während Paul, Martin, Lara und Gerald aus Desinteresse für dieses Thema das Gespräch mit ihrem jeweiligen Tischnachbarn gesucht, sich also anderen Dingen zugewendet hätten. Bis dann Anna und Bertram gemeinsam feststellen, dass sie durch die weitere Erörterung des Themas allein zu keiner Lösung gelangen. Sie bitten ihren Gastgeber Gerald, doch das große Kochbuch mit den vielen hübschen Bildern herbeizuholen: „Da findet sich doch bestimmt eine Abbildung von Quittengelee, die dessen Farbe nun eindeutig definiert!" Vielleicht würde man daraufhin feststellen, dass sich die Farbe über den ganzen Bereich von Gelb über Orangerot bis hin zu einem bräunlichen Ton erstreckt. Der Streit könnte dadurch beigelegt werden. Das allgemeine Gespräch am Tisch käme wieder in Gang.

***Abb. 5:* Anna und Bertram lösungsorientiert**

···› Institutionalisiertes Konfliktmanagement

Betrachtet man die erörterten Konfliktmanagementansätze genauer, so ließe sich vom Streit über die Problemorientierung bis zur Lösungsorientierung eine Entwicklung ausmachen. Alle drei Ebenen des Umgangs mit dem Konflikt finden sich beispielsweise in einem klassischen Gerichtsverfahren integriert. Die Ausgangssituation dabei ist, vereinfacht dargestellt, ein Streit zwischen zwei Personen. Sie können sich nicht einigen und ziehen ein gerichtliches Entscheidungsverfahren zu Hilfe, damit ihr Streit nicht zu einer Endlosschleife wird. Beide suchen sich Anwälte. Diese stellen im Gerichtssaal das Problem unter juristischen Gesichtspunkten dar. Die Richterin konzentriert sich auf die Lösung für den Konflikt. Die drei Ebenen Streit, Problem- und Lösungsorientierung ließen sich also, von unten nach oben betrachtet, wie in Abbildung sechs zuordnen:

Abb. 6: **Institutionalisiertes Konfliktmanagement am Beispiel des Gerichtsverfahrens**

Das Setting eines Schlichtungsverfahrens kann dem eines Gerichtsverfahrens sehr ähnlich sein. Die genaue Ausformung in Problem- und Lösungsorientierung obliegt der Schlichtungsebene. Wenn keine einvernehmliche Lösung gefunden wird, dann wird vom Schlichter eine rechtlich verbindliche Entscheidung darüber getroffen, was die Einzelnen in der Konsequenz ihres Konfliktes zu dessen Beendigung zu tun haben.[11]

Zur Auswahl der Interventionen: (Be)Handlungsansätze im Konflikt

Wenn ein Konflikt nicht unter den unmittelbar Beteiligten geklärt oder gelöst werden kann, ist im Allgemeinen Unterstützung von außen angebracht. Dazu gibt es viele und ebenso vielfältige Möglichkeiten. Beschrieben wurden bereits die institutionalisierten Formen des Gerichts- und des Schlichtungsverfahrens. Das nächste Kapitel beschäftigt sich mit dem Konfliktlösungsverfahren der Mediation. Weitere gängige Konfliktinterventionen sind beispielsweise die Moderation, die Prozessbegleitung (auch Prozesskonsultation) und die sozio-therapeutische Prozessbegleitung:

Die **Moderation** ist eine Maßnahme zur Strukturierung eines Gesprächs. Ein Moderator wird beispielsweise hinzugeholt, wenn in einer Sitzung verschiedene Aufgaben besprochen und Tätigkeiten verteilt werden sollen. Oder wenn es einen Konflikt gibt, der sich auf den ersten drei Eskalationsstufen bewegt, wo die Beteiligten noch miteinander kommunizieren können. Eine Moderatorin unterstützt die Beteiligten, indem sie oder er mit verschiedenen Methoden das gemeinsame Gespräch unterstützt. Einige davon sind im vierten Teil dieses Buches beschrieben.[12]

Die **Prozessbegleitung** richtet sich auf bereits länger bestehende, verfestigte Rollen und Verhaltensweisen in der Auseinandersetzung. Sie arbeitet gezielt an deren Auflockerung, damit der Konflikt sich so weit bewegt, dass er aufgelöst werden kann. In der Arbeit mit einer Organisation bedeutet dies gegebenenfalls deren Umgestaltung. Der Unterschied zwischen Prozesskonsultation und sozio-therapeutischer Prozessbegleitung liegt in der therapeutischen Vertiefung. Im zuletzt benannten Verfahren geht es vorrangig um die Durchbrechung neurotischer (angstgesteuerter) Rollenbindungen, die sich beispielsweise in der Furcht vor Gesichtsverlust im Konflikt verfestigen.[13]

Eine Auswahl dieser sechs Interventionsverfahren (Moderation, Prozessbegleitung, sozio-therapeutische Prozessbegleitung, Vermittlung, Schlichtung, Machteingriff) verdeutlicht nicht nur einen sinnvollen Ansatz im jeweiligen Eskalationsstand, sondern darüber hinaus die jeweils angegangenen Ebenen der Konfliktaustragung: Über Aufgaben, Funktionen und Verhalten wird im Zuge einer Konfliktintervention gesprochen und verhandelt. Die Ebene der Werte wird insofern einbezogen, als dass diese zur Erklärung verschiedener Standpunkte offen gelegt und die daraus resultierenden Erkenntnisse zur Konfliktlösung genutzt werden können. Die Ebene der Persönlichkeit wird im Rahmen der Konfliktintervention nicht gezielt bearbeitet. Sie ist und bleibt therapeutischen Verfahren vorbehalten. In der sozio-therapeutischen Prozessbegleitung zeichnet sich deutlich die Grenze zwischen Konfliktintervention und Therapie ab. Sie richtet sich noch gezielt auf den Konflikt, bezieht die Ebene der Persönlichkeit aber bereits anteilig und gezielt in ihr Verfahren mit ein. Schaubild sieben zeigt eine konkrete Zuordnung der ausgewählten Interventionen zum Stufenmodell (Abb. 3).[14] Unter den offiziellen Begriff Konfliktmanagement werden die Verfahren gefasst, die ab Stufe vier einsetzen. Die Konfliktparteien sind so in ihren Konflikt verwickelt, dass sie in dieser speziellen Situation auf das Eingreifen einer Konfliktexpertin angewiesen sind, wenn sie zu einer Kooperation gelangen wollen oder sollen.

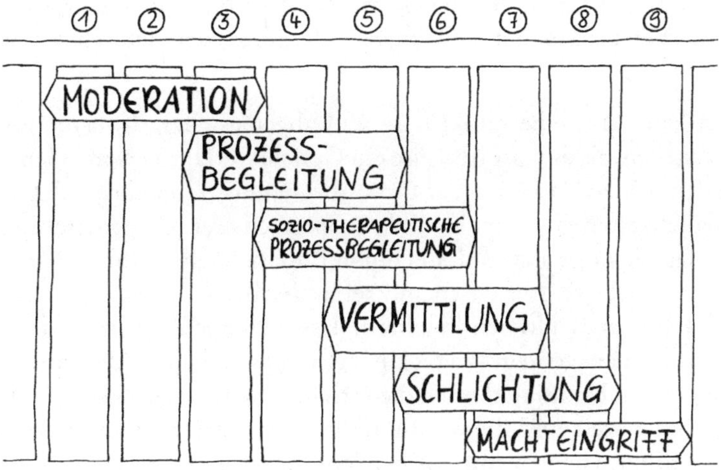

Abb. 7: **Interventionen auf der Stufenleiter**

Was im Konfliktfall noch von außen unternommen werden kann

Wenn die Beteiligten in ihren Konflikt so verstrickt sind, dass sie nur mit Unterstützung eines Konfliktexperten herausfinden können, gibt es Hilfeleistungen sowohl in institutionalisierter als auch in uneingebundener Form. Bei der Auswahl und dem Einsatz einer solchen Konfliktintervention ist wie bereits beschrieben zu berücksichtigen, auf welcher Eskalationsstufe sich der Konflikt befindet: Wenn die Beteiligten noch gut miteinander reden können, ist es vielleicht nicht notwendig, eine Respektsperson, wie es ein Richter ist, über die Lösung entscheiden zu lassen. Im Gegenteil: Die beiden Betroffenen hätten wahrscheinlich zusätzlich damit klarzukommen, dass eine fremde Person über sie bestimmt, obwohl sie selber entscheidungsfähig sind. Eine für sie hilfreiche Unterstützung wäre vielleicht eher eine das Gespräch moderierende Person, die ihre Auseinandersetzung strukturiert und ihnen Methoden zur Anregung und Entwicklung von Lösungsideen an die Hand gibt. Andersherum betrachtet wäre es wohl wenig sinnreich, für die Bearbeitung eines stark eskalierenden Konfliktes, in dem die Betroffenen weder miteinander reden noch überhaupt an einem Tisch sitzen können, eine Moderation auszuwählen.

Um sich bewusst für einen Ansatz zur Konfliktbearbeitung zu entscheiden, ist es demnach wichtig, sich zu vergegenwärtigen, wie genau es um die jeweiligen Konfliktbeteiligten steht. Darüber hinaus ist zu beachten, wie welche ‚Konfliktmedikation' wirkt und was sich daraus für ‚Nebenwirkungen' ergeben können. Wird beispielsweise einem auch selbst zur Lösung findenden Konfliktpaar eine Lösung ‚aufdoktriniert', kann dies ihr Miteinander nachhaltig gefährden. Sie fühlen sich möglicherweise unangenehm bevormundet und zur Umsetzung einer fremdartigen Lösung gezwungen. Aus diesen Empfindungen heraus geben sie sich vielleicht gegenseitig die Schuld daran, dass dies mit ihnen geschehen musste. Die Nebenwirkung wäre dann ein Konflikt zwischen beiden, der schwerwiegender ist, als der hierarchisch beigelegte es war.

Moderation kann also eine hilfreichere und angemessenere Intervention in einem Konflikt darstellen, als es beispielsweise ein Gerichtsverfahren wäre. Genauso verhält es sich mit den beiden Varianten der Prozessbegleitung. Und natürlich gibt es diverse weitere Möglichkeiten, in einem Konflikt zu intervenieren, die gemeinhin nicht unter Konfliktmanagement gefasst sind. Bei ihrem Einsatz ist ebenso zu überlegen, wo und mit welcher Perspektive, mit welchem Ziel in der Bearbeitung von außen angesetzt werden soll. Dazu ist es hilfreich zu wissen, dass auch noch verschiedenartige Ansätze über das Konfliktmanagement hinaus zur Verfügung stehen. In der Intervention zum Umgang mit einem Konflikt können die verschiedenen Ansätze das Konfliktpotenzial, den Konfliktprozess und die Konfliktfolgen fokussieren. Einzeln oder überspannend. Das Konfliktmanagement setzt bei dem Material an, was den Konflikt konkret ausgelöst hat und ihn in seiner Eskalation voranschreiten lässt. Die Konfliktlösung bezieht darüber hinaus auch das Potenzial mit ein, was den Konflikt weiter anheizen kann. Sie konzentriert sich auf den Konfliktprozess, auf das gesamte Konfliktpotenzial und bezieht dazu wegweisend die möglichen Folgen mit ein.

Ist ein Konflikt am Ende seines Prozesses und möglicherweise schon stark eskaliert, dann ist er am besten durch konfliktbeherrschende Interventionen zu kontrollieren. Die Konzentration liegt auf dem Umfang der Konfliktfolgen. Solche ‚Keulen von oben' wie beispielsweise das Eingreifen einer Machtinstanz sind, wie bereits beschrieben, sinnvollerweise erst einzusetzen, wenn der Konfliktprozess so weit fortgeschritten ist, dass er sich nicht mehr in eine konstruktive Behandlung führen lässt. Eine Vorstufe ist die Konfliktregelung, die im Hinblick auf die Gesamtheit der Folgen im Konfliktprozess eingreift oder auch den Konflikt überbrückt. Eine gegensätzliche Variante ist die Konfliktreduktion, die das Eskalieren eines Konfliktes unterbindet, indem sie den Konflikt unterdrückt oder vermeidet. Man sollte sich darüber bewusst sein, dass ein solches ‚Deckeln' im falschen Moment den Topf zum Explodieren bringt (3.1). Besonders in der Begegnung mit Menschen, die man nie wieder sieht, kann dies aber auch durchaus sinnvoll sein. Hilfreich integriert findet sich eine solche intervenierende Richtung in Anti-Gewalt-Trainings, wo beispielsweise ein Motto heißt: ‚Nimm nicht die Faust, geh einfach aus der Situation heraus.' Ähnlich wirkt der Ansatz der Konfliktsubstitution: Er erzielt die Verschiebung von Konfliktpotenzial, der Konfliktaustragung oder auch von deren Folgen, indem ein Ersatz dafür geschaffen wird. So kann man beispielsweise in der Jugendarbeit im Falle eines sich deutlich anbahnenden Konfliktes entscheiden, ihn statt als einen solchen auf dem Basketballfeld auszutragen. Der Grundsatz wäre ‚Sport statt Mord'. Allerdings sollte man dabei natürlich bedacht haben, dass Aggression auch im Sport schnell zu Gewalthandlungen führen kann. Ein solcher Effekt lässt sich beispielsweise durch die Grundlage und genaue Einhaltung von Regeln für ein faires Spiel begrenzen.

1.2 Mediation

Mediation ist eine Form der Konfliktlösung, die im Konfliktfall ansetzt und sich in ihrer Umsetzung auf Konfliktpotenzial, Konfliktprozess und Konfliktfolgen konzentriert. Wie in der Einleitung zu diesem Teil des Buches schon deutlich wurde, entwickelte sich das heutige Mediationsverfahren in Zeiten starker gesellschafts-politischer Bewegung als Alternative zu kostspieligen Gerichtsverfahren. Ausgangssituation für eine Mediation ist wie in den bisher bereits beschriebenen Konfliktmanagementansätzen ein Streit oder eine sonstige gegensätzliche Positionierung. Es können dabei zwei oder mehr Parteien beteiligt sein. Mittels einer dritten, außen stehenden Person oder Partei wird eine außergerichtliche Lösung oder Einigung erzielt. Sie setzt Konsequenzen aus dem Konflikt nicht richtend oder schlichtend fest, sondern begleitet die Beteiligten vermittelnd und unterstützend in ihrem Lösungsfindungsprozess.

Die Frage nach dem eigentlichen Konflikt

Weil bei der bereits beschriebenen Problem- und Lösungsorientierung die Energie so stark auf Problem, Sache, Thema oder Lösung gerichtet ist, fallen die beteiligten Gefühle meist aus dem Blickfeld (1.1). Übrig bleiben Groll, Ärger, Wut, Verletzungsgefühle und dergleichen. Dies ist vor allem der Fall, wenn im Konfliktmanagement zwar der augenscheinliche Streit beigelegt, nicht aber der zugrunde liegende Konflikt bearbeitet wird.

So liegt in Bezug auf unser Streitbeispiel am Essenstisch die Vermutung nahe, dass es mehr um Recht-Haben und -Behalten geht als um die Farbe von Quittengelee. Und es hat den Anschein, dass sich hinter der ganzen Debatte etwas ganz anderes verbirgt, als durch den zur Schau gestellten Konflikt zu sehen ist. Mögliche konfliktfördernde Gefühle im Hintergrund sind bei Bertram Ärger und Neid: Seine Frau Anna ist Psychologin und arbeitet als Beraterin bei einer Zeitarbeitsagentur. Da sie im Außendienst häufig Kunden besuchen muss, fährt sie oft auf Dienstreise. Von denen erzählt sie dann begeistert, während er zu Hause bleiben und einer Arbeit nachgehen musste, für die er keine derartige Leidenschaft entwickeln kann. Bei Anna könnte eine Rolle spielen, dass sie sich statt Neid und Ärger Unterstützung von Bertram wünscht: Die häufigen Dienstreisen strengen sie trotz aller positiven Aspekte auch bis zur Entkräftung an. Bertram verdient nicht viel Geld. Er ist ein geschickter Tischler, aber schon seit einiger Zeit arbeitslos. Und die Reparaturen, die er hier und da übernimmt, bringen kaum etwas ein. Die Hypothek auf das gemeinsame Haus ist noch immer nicht abbezahlt. Da Außenaufträge mit einem besonderen Honorar vergütet werden, nimmt Anna daher möglichst viele an. Auch wenn dies für sie Strapazen bedeutet, die sie sich häufig gern ersparen würde. Anna wünscht sich, endlich wieder für längere Zeit zu Hause bleiben zu können. Sie stellt dies aber zurück, bis ihrer beider Schulden getilgt sind. In einem gemeinsamen Gespräch über diese eigentlichen Hintergründe der Quittengeleefarbdebatte könnten sie eventuell eine Lösung für die konfliktträchtige Situation finden. Dies würde zumindest das Konfliktpotenzial in ihrer Beziehung vermindern, welches sie so auf Dauer ernsthaft gefährden kann.

Eine Mediation bezieht die Hintergründe eines Konfliktes wesentlich mit ein. Begrifflich abgeleitet von *media* (aus dem Latein: zentral; *media pars* ist die Mitte) konzentriert sich die Mediation auf den zwischenmenschlichen Prozess in Konflikt und Konfliktlösungsfindung. Dabei stößt sie in der Regel auf den eigentlichen Konflikt hinter dem ausgetragenen Streit. Die mediierende Person arbeitet als allparteiliche Vermittlerin die Gefühle, Bedürfnisse, Interessen, Wünsche und Erwartungen hinter den anfänglich eingenommenen Positionen der Konfliktparteien heraus. Sie unterstützt das Aushandeln einer von beiden Seiten akzeptierten Lösung.

Selbstverantwortung der Konfliktparteien in der Mediation

In der Mediation geht es zentral darum, eine Lösung zu finden, die den Konfliktbeteiligten und ihren jeweiligen Interessen und Bedürfnissen entspricht. Im Gegensatz zu Gerichts- und Schlichtungsverfahren belässt sie daher die Verantwortung für die Lösung während des gesamten Prozesses bei den Betroffenen: Es ist ihr Konflikt, also sind sie die Experten, wenn es um ihre individuelle Lösung geht. Ein solcher Ansatz der Selbstverantwortlichkeit beginnt seitens der Beteiligten mit der Einsicht „Es ist unser Problem" und der aktiven Bewegung eines „Was machen wir jetzt daraus?", wie sie bereits in der Lösungsorientierung zu finden ist (1.1).

Um die manchmal hoffnungslos in den Konflikt verstrickten Beteiligten hilfreich zu unterstützen, leiten die Mediatoren das Herausarbeiten des gemeinsamen Lösungspotenzials an. Ihre Aufgabe besteht darin, dass sie dem Konflikt durch (Nach)Fragen, Zuhören und Umformulieren oder „Übersetzen" der Äußerungen aller Streitenden eine neue Dynamik geben. Diese Bewegung entsteht nicht durch Belehrung oder Schiedsspruch. Sie gelingt durch den sensiblen Umgang mit den Gefühlen und inneren wie äußeren Anliegen der Mandantinnen.

Die Win-Win-Perspektive im mediativen Konfliktmanagement

Im Allgemeinen wird oft davon ausgegangen, dass es zur Beendigung eines Konfliktes zwangsläufig Verlierende oder wenigstens kompromisshafte Verluste auf beiden Seiten gibt. Die Mediation nimmt Abstand von diesem Glaubenssatz. Sie hält es grundsätzlich für möglich, dass eine Lösung gefunden wird, aus der alle Beteiligten als Gewinnerinnen hervorgehen können. Diese Haltung ergibt sich durch das Erfragen der Interessen, Gefühle und Bedürfnisse, die sich hinter den von den Streitenden bezogenen Positionen verbergen. Ein in diesem Zusammenhang oft angeführtes Beispiel ist „Der Streit um die Orange", eine sehr plakative Geschichte zur Verdeutlichung des Win-Win-Ansatzes, der im zweiten Teil des Buches ausführlich erläutert wird (2.6):

Zwei Schwestern streiten sich um eine Orange. Beide möchten sie unbedingt. Die ältere sagt: „Ich bestimme hier, und deshalb bekomme ich die Orange!" Die jüngere erwidert: „Du hast mir überhaupt nichts zu sagen. Du hast gestern schon eine Orange genommen!" usw. Die Auseinandersetzung eskaliert, weil keine der beiden nachgeben will. Schließlich einigen sich die Schwestern doch auf einen Kompromiss: Sie schneiden die Orange durch. Jede bekommt eine Hälfte. – Hätten die beiden die Idee gehabt, ihre eigentlichen Interessen zu erfragen, dann wäre dabei Folgendes herausgekommen: Die ältere Schwester wollte sich einen Saft pressen, die jüngere einen Kuchen backen. Eine Win-Win-Lösung wäre gewesen, die Orange erst auszupressen und dann die Schale zu reiben. Beide hätten also ohne Schwierigkeiten bekommen können, was sie wollten.

Die Mediation folgt dem Prinzip des Win-Win: Ein gemeinsamer Konflikt zeigt bei genauer Betrachtung viele beteiligte Interessen und Bedürfnisse. Ein individuell entworfenes Lösungskonzept birgt die Chance, ihnen so gerecht zu werden, dass alle Seiten als Gewinnende aus dem Konflikt hervorgehen können.[15] Zusammenfassend ist hier festzuhalten, dass eine befriedigende und nachhaltige Lösung eines Konfliktes voraussetzt, dass in dessen Bearbeitung sowohl die Sach- als auch die Emotionsebene gleichwertig einbezogen werden. Dieses Verständnis drückt sich unmittelbar in der so genannten Mediationsformel (2.1) aus:

Konflikt = Sachebene + Gefühl

Die Mediation geht davon aus, dass eine wirkliche Konfliktlösung das Potenzial zur Zufriedenheit aller Beteiligten enthält. Die Chance eines Win-Win-Ergebnisses liegt in der ressourcenorientierten, vollständigen Betrachtung des Konfliktes.[16]

Das Mediationsverfahren

Praktisch gibt es sehr unterschiedliche Modelle zur Durchführung eines Mediationsverfahrens. Denkbar sind mehrere Sitzungen à eineinhalb Stunden, wie es in der Familienmediation oft zu beobachten ist. Genauso gibt es aber auch Blockverfahren, in denen dann beispielsweise vier Stunden oder auch zwei oder mehr ganze Tage durchmediiert werden. Besonders in der Wirtschaft[17] oder auch in der Arbeit mit Teams und Gruppen kommt dies häufig vor. Wie genau eine Mediation sich gestaltet, definiert sich durch die individuelle Situation und Befindlichkeit der Beteiligten. Das alle Formen verbindende methodische Verfahren wird gemeinhin in einem Phasenmodell dargestellt. Es variiert von Quelle zu Quelle zwischen vier und sechs Verfahrensschritten. Das am häufigsten verwendete Kreislaufdiagramm der Harvard-Schule skizziert als vier Phasen der Mediation:

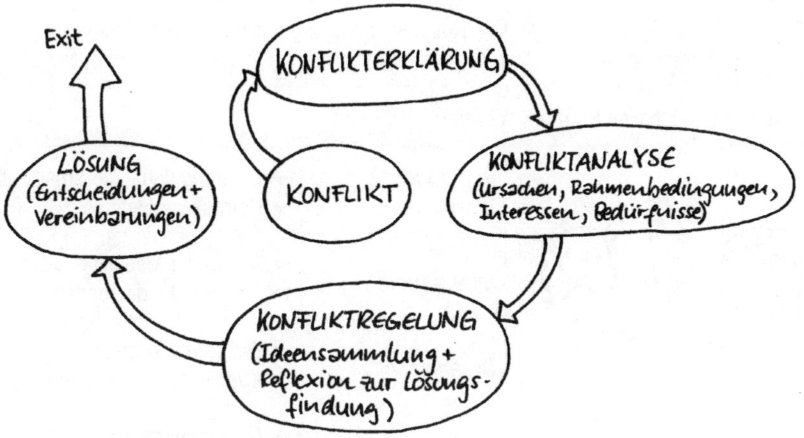

Abb. 8: **Kreislaufdiagramm der Harvard-Schule**

Dieses Diagramm bildet das allgemeine Grundgerüst des Prozessverlaufes. Andere Modelle ergänzen durch die Vorphase des Schaffens eines sicheren Rahmens, der unter anderem durch das Aufstellen von Gesprächsregeln und die Zusicherung von Diskretion entsteht. Einige fügen als abschließenden Schritt die schriftliche Vereinbarung hinzu. Eingebettet wird der Mediationsprozess üblicherweise in Vor- und Nachgespräch.

Die im Folgenden dargestellte Fünf-Phasen-Übersicht eines Mediationsverfahrens enthält diese wesentlichen Schritte. Sie bleibt der Grunddefinition treu und ist so elementar, dass sich andersartige Modelle integrieren oder wiedererkennen lassen. Sie orientiert sich am traditionellen Setting von zwei Konfliktparteien und ein oder zwei Mediierenden. Die Mediierenden begleiten die jeweiligen Streitparteien dabei, im Mediationspozess ihre Positionen darzustellen. Sie unterstützen bei der Beleuchtung der Interessen und Bedürfnisse hinter den jeweiligen Standpunkten. Sind die Interessen klar, dann werden mit Hilfe von kreativen Methoden wie dem Brainstorming (4.3) Ideen gesammelt. Aus diesem Tool von möglichen Lösungen werden die geeignetsten herausgesucht und konkretisiert. Am Abschluss stehen klare Vereinbarungen, die bereits auf ihre Umsetzbarkeit geprüft sind.

Im Vordergrund der Aufmerksamkeit stehen die Gemeinsamkeiten statt, wie sonst im Konflikt oft üblich, die Unterschiede zwischen den Beteiligten. Der Konflikt wird demnach nicht diskutiert, sondern in seine einzelnen Bestandteile zerlegt. Sichtweisen, Hintergründe, Interessen, Bedürfnisse, Ziele werden benannt und zu einem neuen Gebilde zusammengesetzt, das aus dem Gegeneinander ein Miteinander werden lässt.

<table>
<tr><th colspan="3">Phasen-Modell zum Ablauf einer Mediation</th></tr>
<tr><td>Vorgespräch</td><td colspan="2">➜ meist telefonisch
➜ Rahmeninformation (Beteiligte, Auftraggeberinnen etc.)
➜ Kostenverhandlung und Terminvereinbarung</td></tr>
<tr><td colspan="3">Phase 1: Den sicheren Rahmen schaffen</td></tr>
<tr><td rowspan="4"></td><td>Begrüßung/ Warming up</td><td>➜ Empfang und Little Small Talk
➜ Getränke anbieten etc.</td></tr>
<tr><td>Information</td><td>➜ Ablauf der Mediation
➜ Rolle der Mediierenden</td></tr>
<tr><td>Organisation</td><td>➜ Dauer und Termine
➜ Kosten (wenn nicht schon geklärt)</td></tr>
<tr><td>Vereinbarungen</td><td>➜ Gesprächsregeln
➜ Geschützter Rahmen durch Diskretion/ Vertraulichkeit, Selbstverantwortlichkeit</td></tr>
<tr><td colspan="3">Phase 2: Konfliktdarstellung</td></tr>
<tr><td rowspan="3"></td><td>Konflikt-schilderung</td><td>➜ Alle Beteiligten schildern ihre Sichtweise
➜ Positionen werden dargestellt
➜ Gefühle werden sichtbar</td></tr>
<tr><td>Zusammenfassung</td><td>➜ Gehörtes auf den Punkt bringen
➜ Themen benennen
➜ Über Vorgehen einigen</td></tr>
<tr><td>Themenwahl</td><td>➜ Thema gemeinsam festlegen</td></tr>
<tr><td colspan="3">Phase 3: Interessen und Bedürfnisse hinter den Positionen</td></tr>
<tr><td rowspan="2">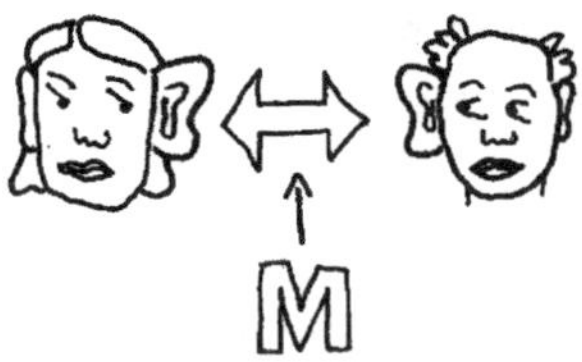</td><td>Mediierende erfragen</td><td>➜ Interessen hinter den Positionen
➜ Gefühle
➜ Bedürfnisse
➜ Konkrete Wünsche aneinander</td></tr>
<tr><td>Unterstützung der beidseitigen Verständigung</td><td>➜ Gemeinsamkeiten feststellen (Interessen, Bedürfnisse, Wünsche)
➜ Gegenseitiges Aktives Zuhören anleiten</td></tr>
</table>

Phase 4: Lösungsfindung und Vereinbarungen		
	***Brainstorming***	➜ Freie Ideensammlung ➜ Mediatoren halten sie am Flipchart fest ➜ Konkretisieren der Ideen
	Verhandlungs-moderation	➜ Ideen werden verhandelt ➜ Gemeinsame Lösung der Konfliktparteien wird ermittelt
	Vereinbarungen und Vereinbarungssicherung	➜ Konkret und schriftlich ➜ Einverständniserklärung und Unterschrift aller Konfliktparteien ➜ Evtl. Termin zur Auswertung festlegen
Nachgespräch	➜ Aktueller Stand ➜ Auswertung der Vereinbarungsumsetzung	

Zu Formen und Anwendungsmöglichkeiten der Mediation

Wie in anderen Verfahren können natürlich auch in der Mediation anhand ihrer Anwendung und Durchführung weitere Unterscheidungen getroffen werden. Der Verlauf einer Mediation kann in der Praxis stark variieren. Wird eine Phase nach der anderen durchgeführt, ist das Verfahren monochrom. Es kann aber auch sein, dass in mehreren Phasen gleichzeitig oder auch in Phasensprüngen mediiert wird. Dies kennzeichnet einen polychromen Verlauf. Der skizzierte Prozess würde dann auf verschiedenen Ebenen oder in Themenbereiche unterteilt durchgeführt werden, statt geradlinig und vollständig von oben nach unten zu verlaufen. Die Praxis zeigt, dass es in der Regel nicht sinnvoll ist, die Verfahrensweise für eine Mediation vorab festlegen zu wollen. Wichtig ist und bleibt das Grundprinzip der durch den Sicheren Rahmen ermöglichten Auflösung der Positionen in dahinter liegende Interessen und Bedürfnisse. Auf deren Basis wird eine individuelle Lösung ermittelt – egal, ob ein Konfliktpaar diesen Prozess in einem Ganzen oder Stück für Stück anhand einzelner Themen durchläuft.

Eine weitere Unterscheidungsmöglichkeit ergibt sich aus den vielfältigen Einsatzbereichen der Mediation. So klassifiziert man nicht nur die anfänglich am Beispiel der USA beschriebene Gemeinwesenmediation und die in Deutschland so grundlegende Familienmediation, sondern ebenso die Umweltmediation, Mediation in der Politik, die Schulmediation, die Interkulturelle Mediation und die Wirtschaftsmediation.

Familienmediation	Familienkonflikte Scheidungsregelung Erbkonflikte	z.B. Erziehungs- oder Gewaltkonflikte z.B. Unterhalts- und Sorgerechtsfragen z.B. Erbschaftsstreit
Nachbarschaftsmediation	Nachbarschafts- und Mietkonflikte	z.B. Konflikte zwischen Mieter und Vermieter Konflikte zwischen Mietern und Mietern
Gemeinwesenmediation	Gemeinwesen	z.B. Stadtteilkonflikte
Umweltmediation	Umweltkonflikte	z.B. Naturschutz, Industriestandorte
Mediation in der Politik	Öffentlicher Dienst Verkehrspolitik (Internationale) Politik Kommunalpolitik	z.B. Konflikte zwischen Mitarbeitern und/oder Vorgesetzten z.B. Standortfragen z.B. klassische politische Konflikte, diplomatische Kontroversen z.B. Planungsfragen
Schulmediation	Schulen	z.B. Schüler als Konfliktlotsen für andere Schüler
Interkulturelle Mediation	Interkulturelle/ ethnische Konflikte	z.B. Konflikte zwischen ethnischen Gruppen, Konflikte in interkulturellen Projektgruppen, Friedensarbeit
Wirtschaftsmediation	Wirtschaft	z.B. Personalkonflikte, Fusionen, Tarifkonflikte, Abfindungsfragen
Weitere Anwendungsbereiche	Justiz Institutionen/ Organisationen Online-Mediation	z.B. Anwendung im Rahmen des Täter-Opfer-Ausgleichs (TOA) z.B. Mediation im Bauwesen Mediation in der Architektur[18] z.B. Mediation im Internet[19]

Grundsätzlich unterschieden wird dabei zwischen der Mediation als juristische Methode, eine konkrete Alternative zu einer kostenintensiveren Gerichtsverhandlung, und der Konfliktmediation im Allgemeinen, die sich dem psychologischen Fach zuordnen lässt.[20] Eine weitere Unterteilung kann zwischen einer Mediation durch externe oder interne Mediatoren getroffen werden. Um die Frage „Intern oder extern?" ranken sich zahlreiche Diskussionsschleifen. Dem Zyklus um den immer wiederkehrenden Ausgangs- und Endpunkt „Heimvorteil versus Betriebsblindheit" kann wohl weder in diesem Rahmen noch in der weiteren Öffentlichkeit in nächster Zeit ein Ende geschaffen werden. Der folgende „Krakel" (4.6) ist in diesem Zusammenhang als ein Kategorisierungsangebot zu verstehen.

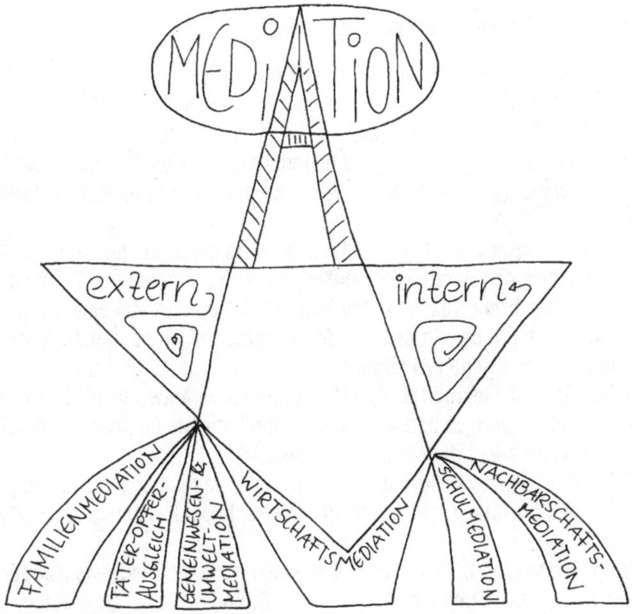

Abb. 9: **„Krakel" zu externer und interner Mediation**

Richtlinien zur Durchführung einer Mediation

Mediatorin ist bis heute keine geschützte Berufsbezeichnung. Bezüglich der zu formulierenden Richtlinien für das konkrete Verfahren der Mediation wird in der fachbezogenen Öffentlichkeit rege diskutiert. Um das nötige Maß an Qualitätssicherung zu gewährleisten, wirken in Deutschland die vier Bundesfachverbände Mediation. Sie arbeiten mit Standards und Anerkennungsverfahren, die sich auf Grundlage ihrer Interessen und ihrer anwendungsfeldbezogenen Ausrichtung stellenweise voneinander unterscheiden (1.0).

Um hier einen allgemeinen Überblick zu geben, werden die im Zusammenhang dieses Buches als wesentlich erachteten Grundregeln zur Durchführung einer Mediation knapp zusammengefasst. Diese Liste ist als eine Ansammlung von Grundsätzen zu verstehen. Die Praxis vereitelt bisweilen die Realisierung sämtlicher Punkte. So ist bei den so genannten verordneten Mediationen nicht einmal der außerordentlich wichtige Grundsatz der Freiwilligkeit garantiert. In solch einer beispielsweise von der Geschäftsführung anberaumten Mediation ist zu klären, ob und wie eine Mediation unter diesen Umständen sinnvoll und erfolgreich sein kann. Dennoch ist es bei allen Besonderheiten, die die Praxis birgt, von großer Wichtigkeit, die benannten Prinzipien in jeder Mediation anzustreben.

Grundsätze zur Durchführung einer Mediation

→ **Freiwilligkeit** in Teilnahme und Weiterführung der Mediation
→ **Einbeziehung statt Ausschluss** von möglichst allen vom Konflikt betroffenen Personen
→ **Allparteilichkeit** bzw. Achtung unterschiedlicher Interessen: Unterschiedliche Interessen und Werte werden geachtet. Die ihnen zugrunde liegenden Bedürfnisse sollten transparent sein oder möglichst transparent gemacht werden. Der Mediierende hat die Interessen aller Konfliktparteien gleichwertig zu behandeln.
→ **Übernahme der jeweiligen Verantwortlichkeit:** Die Verantwortung für sich selbst und die Gestaltung der Lösung bleibt in den Händen der Konfliktpartner. Sie wählen das Thema der Mediation und sprechen für sich selbst. Wenn Teilnehmende einer Mediation Vertreter einer Gruppe sind, brauchen sie die Möglichkeit, sich mit der Gruppe, für die sie sprechen, zu beraten, um deren Interessen im Prozess der Mediation einbringen zu können.
→ **Prozessorientierung und Flexibilität:** Die Mediatorin ist verantwortlich für den Vermittlungsprozess. Eventuelle Rückmeldungen und Anregungen durch die Mediandinnen sind in den Prozess zu integrieren und für den Verlauf der Mediation zu nutzen.
→ **Chancengleichheit:** Alle Parteien sind in Bezug auf die Gestaltung des Mediationsprozesses gleichberechtigt. Dies bedeutet, dass sie auch das gleiche Recht auf Kenntnisstand und Zugang zu Informationen haben.
→ **Zielorientierung:** Wenn die Konfliktpartnerinnen einen Konsens oder eine Kooperation zumindest hinsichtlich eines ihrer jeweiligen Ziele anstreben (z.B. im Falle einer Scheidung das Wohl der gemeinsamen Kinder), begünstigt dies in der Regel das Verfahren zur Lösungsfindung. Ein weiteres Element dabei ist die zeitliche Perspektive. Die Beteiligten sollten vorab reflektieren, bis wann sie den Konflikt gelöst haben wollen. Dabei und in den Mediationsprozess sind einzelne Zwischenschritte mit einzuplanen.
→ **Umsetzbarkeit der Vereinbarungen:** Es ist wichtig, in der Mediation zu klären, ob und wie genau getroffene Vereinbarungen umgesetzt werden. Mögliche Probleme sind in den Prozess einzubeziehen.

Was abschließend noch zu sagen wäre

Wenngleich sich Qualifikationen und Grundhaltungen ähneln, ist die Rolle eines Mediators nicht mit der eines Therapeuten gleichzusetzen. Im Gegensatz zur Therapie hat die Mediation keinen Heilungsauftrag. Ziel einer Mediation ist, mit dem Konflikt so zu verfahren, dass die Beteiligten wieder angemessen miteinander umgehen und/oder kooperieren können.

Mediation greift sowohl methodisch als auch verfahrenstechnisch auf verschiedene Ansätze zur Konfliktregelung und Konfliktlösung zurück. Die aktuellen Entwicklungen auf dem Arbeitsmarkt erfordern sowohl Flexibilität als auch umfangreiche Konfliktkompetenzen. Daher liegt es nahe, verschiedene Ansätze gegenüberzustellen und miteinander sinnreich zu verbinden. Vor diesem Hintergrund ist die folgende Prognose aus der Praxis zu betrachten: Die einzelnen traditionellen Konfliktlösungsverfahren haben jedes für sich als solches „– im Wesentlichen durch die durch Tradition begründete allgemeine Akzeptanz – in ihrem jeweiligen Bezugszusammenhang auch ihre Berechtigung. Ob und wie die etablierten Konfliktlösungsverfahren in der Zukunft einmal durch ein alternatives Verfahren abgelöst, ergänzt oder modifiziert werden können, bleibt abzuwarten. Vor dem Hintergrund der bundesrepublikanischen Rechtskultur ... ist allzu großer Optimismus zurzeit noch etwas verfrüht. Vielmehr ist davon auszugehen, ... dass Verfahren an Bedeutung gewinnen werden, die mediative Elemente aus dem Konflikt-Management übernehmen, was ja auch schon ein riesiger Schritt wäre!"[21] Unter diesen Gesichtspunkten erscheint es nahe liegend, sich von Allheilmittellobpreisungen und dem Focus auf das methodische Vorgehen in der Mediation zu lösen und sich zur Vervollständigung mediativer Methoden im konstruktiven Umgang mit Konflikten auch anderen Verfahren und Ansätzen zuzuwenden.

1.3. Zur Entwicklung der Mediativen Kommunikation

Wie im vorhergehenden Kapitel deutlich wurde, wird Mediation vielseitig und übergreifend zur Konfliktlösung herangezogen. Mediation ist inzwischen ein Schlagwort zum Thema Konstruktiver Umgang mit Konflikten und Konfliktsituationen. Einige sprechen sogar von einem „Mediations-Boom“ und beziehen sich dabei auf die erhöhte Nachfrage an Zusatzqualifizierungen und Ausbildungen in den letzten Jahren. Das Problem, was sich dabei herauskristallisiert, ist die Schwierigkeit, all die ausgebildeten Mediatorinnen und Mediatoren, die auf den Markt schwemmen, mit bezahlten Fällen zu versorgen. Genauer betrachtet scheint die Bereitschaft, im Konfliktfall professionelle Mediatoren zu engagieren, wesentlich geringer als die, in eine Zusatzqualifizierung in mediativem Konfliktmanagement zu investieren. Dies zeigt das große Interesse daran, solch eine Methode zur Verfügung zu haben. Dass sie inzwischen längst nicht mehr auf den Konfliktfall begrenzt wird, bedingt unter anderem eine beständige Ausweitung des Anwendungsspektrums für Mediation.

Diese Ausweitung sowie die Zunahme an berufsinternen Ausbildungen signalisiert das Interesse an der Einbindung von Mediation in bereits bestehende Arbeitskontexte. Einen weiteren Hinweis darauf gibt die unterschiedene Entwicklung der Mediation in den einzelnen Anwendungsbereichen. So finden sich trotz des gleichen Grundphasenmodells beispielsweise in der Schulmediation völlig andere Ansätze als in der Wirtschaft oder der Interkulturellen Mediation.

Die Entgrenzung der Mediation

Nicht immer ist es möglich, im Konfliktfall das Setting einer Mediation einzurichten. Darüber hinaus ist es grundsätzlich bedauerlich, die Ideen und Elemente einer so erfolgreichen Methode der Konfliktlösung auf einen konkreten Rahmen zu begrenzen. Vor allem dann, wenn es möglich ist, ihre Bestandteile bereits präventiv und schnell zugänglich in den Alltag einzubinden. Einen solchen integrativen Ansatz bietet die Mediative Kommunikation.

Mediative Kommunikation geht noch einen Schritt weiter als die Mediation: Sie setzt nicht erst im Konfliktfall an, sondern bereits beim Konfliktpotenzial. Mediative Kommunikation steht für die Möglichkeit, sonst verfahrensförmig angewandte Konfliktinterventionsstrategien settingunabhängig anzuwenden. Vor allem die Elemente der Mediation werden im erweiterten Spektrum alltäglicher zwischenmenschlicher Begegnungen flexibel angewandt.

Als eine Form solch freien mediativen Agierens erscheint die Gewaltfreie Kommunikation (3.3). Sie nutzt mit ihrem Modell der Vier-Komponenten-Kommunikation von der sachlichen Beobachtung ausgehend durch die Ergründung von beteiligten Gefühlen den Motivationsfaktor der eigenen Bedürfnisse zur Formulierung einer konkreten Bitte. Sie bietet so eine alltagstaugliche Möglichkeit, für Klarheit in Beziehungen zu sorgen und ein erfolgreiches Element im politischen Bereich des Konfliktmanagements. Einige Mediationsschulen integrierten diesen Ansatz bereits als eines ihrer Grundelemente in Ausbildung und Phasenverlauf. Die Mediative Kommunikation verbindet ihn mit weiteren Kompetenzen und weist den Weg zur Reintegration in den flexiblen Kontext.

Die Anreicherung mediativen Konfliktmanagements zur Mediativen Kommunikation

Die Mediative Kommunikation erweitert die Kompetenzen aus dem Bereich der Mediation um weiteres Material aus der Psychologie und anderen Sozialwissenschaften. Was davon in der Praxis durch die Hintergrundqualifikationen der Mediierenden bereits mit Mediation in Verbindung gebracht wird, schließt die Mediative Kommunikation in ihr basales Spektrum mit ein. So beispielsweise Ansätze aus der Themenzentrierten Interaktion (TZI), dem Neurolinguistischen Programmieren (NLP) und der Transaktionsanalyse (TA).

Die **TZI** befasst sich vor allem mit den Gegebenheiten einer Gruppensituation. Sie fokussiert das immer vorhandene Dreieck aus den Ebenen des Ich, des Wir und des Es, des thematischen Inhaltes der Situation. Sie stellt für das menschliche Miteinander eine Auswahl an Richtlinien, die alle drei Ebenen in Balance bringen und es effektiver und leichter machen können.[22] Dazu greift die Themenzentrierte Interaktion grundlegend auf die Bedürfnistheorie nach Maslow, einem der wichtigsten Begründer der Humanistischen Psychologie zurück (2.0). Diese ist in der Mediativen Kommunikation ein wichtiges Hilfsmittel, wenn es um das Herausfiltern von Bedürfnissen und Interessen geht. Die TZI macht die Theorie be-greifbar durch das Sinnbild des Eisbergmodells (3.1).

Das **Neurolinguistische Programmieren** ist ein ebenso anwendungsorientiertes Kommunikationsmodell, das ein System von klar definierten Fähigkeiten und Techniken zur Herbeiführung hilfreicher Veränderung bietet. Sie werden aus dem Tool sämtlicher Gesprächs- und Therapiekonzepte fragmentarisch zusammengestellt und sinnvoll miteinander verbunden.[23] Die Mediative Kommunikation nutzt grundlegend das Modell des Inneren Teams (2.2). Die ihm zugrunde liegende Differenzierung der Anteile in der Persönlichkeit eines Menschen ist eines der wesentlichen Postulate des NLP. Auch zur Beschreibung der Gesprächstechnik des Spiegelns wird der Ansatz des NLP aus den vielen vorhandenen Möglichkeiten ausgewählt (4.1). Dieses Buch nutzt vor allem die Klarheit und den Erklärungsreichtum, durch den sich das Neurolinguistische Programmieren auszeichnet.

Die **Transaktionsanalyse** birgt besonders viele Erkenntnisse über den Ablauf zwischenmenschlicher Interaktion. Sie unterscheidet in der Strukturanalyse zwischen Eltern-Ich, Erwachsenen-Ich und Kindheits-Ich. Das Eltern-Ich beherbergt von frühen Bezugspersonen erlernte Werte, Normen, Ge- und Verbote.[24] Das Erwachsenen-Ich ist das der erwachsenen Person angemessene überlegte, prüfende Denken, das zu einem Verhalten führt, das sowohl den Personen als auch der jeweiligen Situation entspricht. Das Kindheits-Ich ist impulsiv, handelt spontan und beruht auf Kindheitserfahrungen und anderen Verhaltensweisen aus der Vergangenheit. Zwischenmenschliche Interaktion vollzieht sich in allen drei Bereichen. Und es lässt sich sicher gut vorstellen, dass dies für den alltäglichen Einsatz Mediativer Kommunikation sehr hilfreich ist. In den folgenden Buchteilen werden Sie genug Möglichkeiten finden, sich vom Sinn einer genauen Betrachtung des zwischenmenschlichen Miteinanders zu überzeugen (3.0).

Die Mediative Kommunikation ist ein ressourcenorientierter Ansatz: Sie richtet sich perspektivisch auf eine Win-Win-Situation und bezieht dazu die förderlichen Elemente und Interessen, die der Konflikt an sich birgt, als wesentlich ein. Genauso verfährt sie mit den individuellen Fähigkeiten, die den Beteiligten zum Konfliktumgang und dessen Lösung zu Eigen sind. Darüber hinaus stellt sie durch Einbezug hilfreicher Ansätze aus den verschiedenen Sozialwissenschaften und deren weitere Ergänzung durch Material aus der Praxis selbst einen umfangreichen Ressourcenfundus, aus dem im Alltag geschöpft werden kann.

2. Hintergrund und Haltung der Mediativen Kommunikation

Mediative Kommunikation fußt insofern auf dem humanistischen Gedanken, als dass sie in ihrem Ansatz sowohl der Situation als auch den jeweils beteiligten Menschen gerecht werden will. Sie beherbergt daher einige Konzepte aus der Humanistischen Psychologie, die sich vom Behaviorismus und von der Psychoanalyse abgrenzend als „dritte Kraft der Psychologie“ bezeichnen lässt. Das Besondere dieser Ausrichtung war, dass sie den Menschen als aktiv nach Anerkennung und Selbstverwirklichung, nach einem erfüllten Leben strebende erlebende Person ins Zentrum der Aufmerksamkeit stellte, statt wie die anderen beiden Disziplinen Erkenntnisse über den Menschen durch die Erforschung des Verhaltens von neurotischen Menschen und von Tieren zu gewinnen.[25]

Vom Für und Wider der Humanistischen Psychologie

Die Humanistische Psychologie bildet in ihren Grundsätzen eine Gegenbewegung in der Psychologie, auch wenn bereits der Schweizer Begründer der modernen Psychoanalyse, Carl Gustav Jung, davon sprach, dass das Selbst in gewissem Sinne zu einem Selbstausdruck drängt. Der Schritt zum Postulat eines menschlichen Strebens nach Selbst-Verwirklichung erscheint zwar nicht weit, aber die Humanistische Psychologie wurde als psychologische Innovation, die in ihren Forschungsansätzen und -methoden die Sinnhaftigkeit über die Objektivität stellte, zwangsläufig als oberflächlich und begrenzt kritisiert: Sie vernachlässige viele Faktoren und beschreibe zu wenig die Entwicklung der Persönlichkeit. Bemängelt wurden fehlende wissenschaftliche Forschungsergebnisse über funktionale Ursachen sowie mangelhafte Messbarkeit und Allgemeingültigkeit. Die Humanistische Psychologie propagiere stattdessen nur wünschenswerte Zielzustände und ignoriere dabei die menschliche Realität von Gewalt, Zerstörung und psychischen Krankheitslehren.[26]

Auch in vollem Bewusstsein über Kritik und weitere Beanstandungsmöglichkeiten bleiben die ausgewählten Konzepte aus der Humanistischen Psychologie äußerst gewinnbringend für den Kontext der Mediativen Kommunikation. Im Gegensatz zu den anderen beiden psychologischen Richtungen gilt es hier nicht, einen Grundansatz gegen Neuerungen zu behaupten und abzugrenzen. Im Gegenteil: Mediative Kommunikation ist in der günstigen Lage, sich aus der Humanistischen Psychologie zu nehmen, was diese Hilfreiches zu bieten hat, und aus anderen Bereichen hinzuzufügen, was diese in ihrem Repertoire zur Verfügung halten. Sie ist wie ein Bausatz aus den günstigsten Elementen für ihre Anwendung zusammenzufügen.

Das humanistische Menschenbild in der Mediativen Kommunikation

So findet beispielsweise das Menschenbild der Humanistischen Psychologie in der Personzentrierung grundstämmigen Einbezug in die Mediative Haltung (2.4). Der Grundgedanke dabei ist, von den Kompetenzen der Einzelnen auszugehen, um all das, was bereits vorhanden ist, nutzen zu können. Ziel ist, dadurch einen Umgang mit Person und Situation zu finden, der ihr so angemessen wie möglich ist. In Gespräch und konkreter Alltagssituation ist es nicht nötig, die funktionalen Ursachen messen zu können. Auch Allgemeingültigkeit ist hier nicht gefragt. Im Gegenteil: Es gilt, auf Ideen zu kommen, um beispielsweise verfahrene Konflikte zu lösen. Was man dazu braucht, ist Kreativität. Und Kreativität lässt sich am besten in Anknüpfung an die kreativen Ressourcen der Person entwickeln. Bekanntermaßen ist es allgemein viel einfacher, Vorhandenes zu erweitern, als einem Menschen etwas von außen hinzuzufügen.

Genauso macht es im Hinblick auf die Wirksamkeit von Glaubenssätzen durchaus Sinn, ein solch ‚positives' Menschenbild zu propagieren. Gerade anhand von alltäglicher Zerstörung und Gewalt. Es ist dann wie eine Affirmation zu nutzen, die die Wirklichkeit als einen Glaubenssatz verändern kann. Nur was man sucht und für vorhanden erklärt, kann man auch finden (2.6). Das bestätigt sich alltäglich im Positiven wie im Negativen: Je nachdem, ob das Glas als halb voll oder halb leer betrachtet wird, resultiert daraus beim Trinken das Gefühl, etwas zu bekommen oder einen Mangel zu haben. Je nachdem, ob das Gegenüber als Freund oder als Feind angesehen wird, wird sich das Gespräch mit ihm entwickeln[27] (3.4). Auch neurobiologisch ist seit langem untermauert, dass positive Gefühle und Stimmungen die Möglichkeiten eines Menschen erweitern, während negative ihn einschränken. Positive Stimmungen sind nicht nur gesundheitsfördernd und verbessern das Immunsystem. Sie lassen auch die Nervenverbindungen im Gehirn wachsen. In der molekularbiologischen Betrachtung findet sich die Bestätigung dafür, dass positive Stimmungen, Gefühle, Gedankenansätze die Kreativität im Gehirn fördern.

Wer also wie im humanistischen Ansatz davon ausgeht, dass ein Mensch grundsätzlich fähig ist, zu wählen, kreativ zu sein und nach konstruktiver Veränderung, Erfüllung und Selbstverwirklichung strebt, ‚positiviert' also den zwischenmenschlichen Prozess. Er kann sowohl in Bezug auf das Gegenüber als auch auf sich selbst diese Anlagen erkennen und fördern. Wer weiß, dass Achtung und Anerkennung von jedem Menschen gebraucht und erwünscht werden, der kann sie ihm (wenn er es denn gelernt hat) geben und so ein kooperativeres Miteinander erleben als jemand, der stattdessen fordert und abwertet oder sogar entwürdigt und so auf Abwehr und Blockade stößt. Die wertschätzende Haltung sich selbst und dem anderen gegenüber bildet eine wichtige Grundlage, auf der die Mediative Haltung basiert.

Über Rogers' Personzentrierung und Maslow's Motivations- und Bedürfnistheorie hinaus nutzt die Mediative Kommunikation aus dem Fundus der Humanistischen Psychologie den Gestaltansatz, der die Wirksamkeit von neuen Erfahrungen, die Arbeit auf der Erlebnisebene der von verbalen Erklärungen als deutlich überlegen entgegenstellte.[28] Er findet sich hier in den bereits im Kapitel zur Entstehung der Mediativen Kommunikation erläuterten Konzepten der Themenzentrierten Interaktion und des Neurolinguistischen Programmierens bereits integriert (1.3). Sowohl die TZI als auch das NLP bieten einen Fundus, in dem es sich lohnt herumzustöbern, wenn man denn mit den Grundlagen der Mediativen Kommunikation vertraut ist und sie dementsprechend ergänzen möchte.

Die Ressourcenorientierung in der Mediativen Kommunikation

Ein weiterer Einfluss aus der neueren psychologischen Entwicklung, die den humanitären Gedanken ebenfalls berücksichtigt, ist die Ressourcenorientierung. Sie entstammt der lösungsorientierten Psychotherapie und vertritt den Grundsatz, dass Menschen ihr Leben besser gestalten können, wenn sie ihre Ressourcen entdecken oder das, was sie zusätzlich brauchen (er)finden und weiterentwickeln (2.2). Dasselbe gilt für das Erreichen von Zielen wie beispielsweise einer Lösung im Konflikt. Der Fokus richtet sich in der Mediativen Kommunikation wie in der Ressourcenorientierung auf das, was vorhanden ist, statt auf Defizite. Damit stellt sie im Konfliktfall ein Gleichgewicht her, wo bisher das Problem im Mittelpunkt stand. Die ressourcenorientierte Betrachtungsweise führt weg vom ‚problem talk', der die Defizitgeschichte meist noch intensiviert und verlängert. Das im Zusammenhang der Vorstellung vom Inneren Team beschriebene Lösungskonstruktionsmodell bietet einen Ausweg aus dem herkömmlichen und weit verbreiteten Veränderungsverständnis des Problemlösemodells. Es bevorzugt im Umgang mit Ressourcen die vier Vorgehensweisen: Identifizieren, Intensivieren, Transferieren und Modellieren. Beim Identifizieren wird den Ressourcen ‚ein Name gegeben'. Was man dann kennt und gut funktioniert, kann man intensivieren und bei Bedarf auch transferieren: von einem Zusammenhang, in dem es vielleicht überholt und sinnlos geworden ist, in einen anderen, in dem es wieder nutzbar wird. Schließlich gilt es, sich durch Vorbilder (die Wahlverwandtschaft) inspirieren zu lassen und Modelle zu imitieren, das innere Gut also durch Modellieren zu erweitern.[29] Wie das praktisch aussehen kann, zeigt das Beispiel der Auflösung von Laras Sprachlosigkeit gegenüber ihrem Chef (2.2).

Mediative Kommunikation nutzt Wissenschaft, wo sie hilfreich Wissen schafft. Sie bezieht Erkenntnisse aus Messungen und theoretischen Modellen als Basis mit ein. In ihrem Hauptanliegen will sie jedoch Handlungsfähigkeit erweitern. Und das bedeutet, dass sie darüber hinaus nutzt, was sich im Alltag immer und immer wieder bewährt.

Die Informationen über Konfliktmanagement und Mediation im vorangegangenen Teil des Buches legen den Grundstock zum Verständnis dessen, was Mediative Kommunikation ist und will: Sie greift deeskalierende und verständnisfördernde Elemente aus beiden Disziplinen auf, um sie situationsgerecht in den Alltag zu integrieren. So fördert sie ein besseres gegenseitiges Verständnis und damit gelingende Beziehungen in Privat- und Arbeitswelt. Ein wichtiges Grundelement zu einer solch erweiterten Nutzung von Fertigkeiten und Methoden aus der Mediation ist das Einnehmen einer ‚mediativen Haltung'. Sie schafft eine Art mentalen Ersatz für den „Sicheren Rahmen", den das Mediationssetting bietet. In diversen Bereichen der Psychologie wird ähnlich verfahren, um die Grundlage für eine spezielle Form der Kommunikation zu schaffen. Es sei hier nur exemplarisch auf imaginative Verfahren im Bereich der Traumaarbeit verwiesen, die es durch fiktive Konstruktion eines sicheren Rahmens ermöglichen, sonst gegebenenfalls re-traumatisierende Erinnerungen zu bearbeiten.[30] Die Auseinandersetzung mit der Mediationsformel eröffnet den Blick auf die Vielfältigkeit dessen, was in einem Konflikt mehr oder weniger offensichtlich beteiligt ist. Die Vorstellung des Inneren Teams bietet dann eine Hilfestellung, mit dieser Vielfalt umzugehen. Sie ermöglicht, sich innerlich zu sortieren, damit man fähig ist, den Anforderungen, die das Einnehmen einer Mediativen Haltung weitergehend in Personzentrierung, Allparteilichkeit und Win-Win-Perspektive stellen, gerecht zu werden.

2.1 Die Mediationsformel: Konflikt = Sachebene + Gefühl

Die Mediationsformel verdeutlicht einen der Basisansätze der Mediativen Kommunikation. Der gleichwertige Einbezug von Beziehungs- und Sachebene, von Logik und Verstand, Gefühlen und Emotionalität weist den Weg zu einem befriedigenden Umgang mit Reibungen und Konflikten, wie sie sich alltäglich im Miteinander finden lassen. Diese Erkenntnis ist im Kommunikationsansatz der Themenzentrierten Interaktion verwurzelt (1.3). Er beruht auf Erkenntnissen der Psychoanalyse und der Gruppentherapie und arbeitet mit der Einsicht, dass Ungleichgewichte zwischen Sach- und Gefühlsebene zu Störungen führen. Im Falle eines Konfliktes können diese eine mögliche Kooperation verhindern (3.1).

Vielleicht haben Sie schon einmal den Spruch „Störungen haben Vorrang" gehört.[31] Grade in Aus- und Weiterbildungszusammenhängen ist das Bewusstsein darüber, dass Lernen und andere Formen des sinnvollen Sich-Auseinandersetzens (ob nun mit einem stofflichen oder einem realen Gegenüber) deutlich erschwert werden, wenn Grundbedürfnisse oder andere situative Befindlichkeiten die Aufmerksamkeit der Teilnehmenden beanspruchen. Oder können Sie etwa konzentriert arbeiten, wenn Ihr Magen knurrt? Hunger und Konzentration scheinen bei den meisten Menschen jedenfalls nicht gleichzeitig möglich zu sein. Sie entwickeln, wenn sie den Hunger als solchen nicht gleich wahrnehmen, Ärger oder Unlust beim Arbeiten. Sie können sich bemühter auf die Inhalte konzentrieren oder den Hunger bemerken. Erst wenn sie ihn stillen, werden sie sich wieder besser fühlen. Diese Beobachtung beschreibt der Satz. Und er wird dieses Buch wohl als eines der pragmatischen rosa Fädchen noch an vielen Stellen durchziehen.

So viel zitiert er ist, bestätigt er immer wieder ganz praktisch, was in TZI und Mediativer Kommunikation theoretische Verankerung findet: Wenn uns etwas unvereinbar vorkommt, wie im Falle eines Konfliktes beispielsweise die augenscheinlich unterschiedlichen Positionen, sind wir ganz selbstverständlich emotional beteiligt. Wenn die Konfliktlösung sich nur auf die Sachebene bezieht, ist sie dementsprechend einseitig. Sie kann nicht zu einer Auflösung des Gesamtkonfliktes führen, weil das Gefühl einen Strich durch die Rechnung macht. Wie im Alltag häufig zu beobachten ist, gilt die allgemeine Logik nicht, wenn es um Emotionen und Beziehungen geht. Gefühle haben eigene Gesetzmäßigkeiten. Und die sehen bei jedem Menschen anders aus. Was für den einen folgerichtiges Handeln ist, kann also beim anderen als völlig widersprüchlich ankommen. So können auf eigenlogisches Agieren völlig ‚unlogische' Reaktionen folgen.

Genauso verhält es sich im Hinblick auf die Auswirkungen einer emotionalen Handlung. Ein Beispiel dafür ist der Versuch, einem unangenehmen Konflikt aus dem Weg zu gehen: Werden die wahrgenommenen Unterschiede nicht gelebt, dann verschwinden sie nicht einfach. Man kann natürlich versuchen, vor der Auseinandersetzung zu fliehen, die Unterschiede zu verdrängen oder sie durch Ablenkung, Hektik oder Stress zu vermeiden. Sie lassen sich auch in eine Konfrontation auf Nebenschauplätzen verschieben. Nicht angegangene Konflikte drängen trotzdem nach außen: Sie äußern sich diffus in allgemeinem Unwohlsein, in der Häufigkeit von Unlust- und Frustrationsbekundungen, in gesteigerter Gereiztheit oder auffälliger Disziplinlosigkeit. Sie können sich auch in psychosomatischen Beschwerden äußern oder in Lähmungserscheinungen, einem Absinken der Leistungsfähigkeit. Ein Konflikt lässt sich nicht leugnen. Er schwelt vor sich hin und drängt auf Beachtung. Der Lösungsweg wird zum zusätzlichen Problem, wenn man ihn nicht angehen will.

Die Gefühlspalette in der Konfliktsituation

Zu einem Konflikt sortieren wir häufig deutlich wahrnehmbare Gefühle wie Wut, Traurigkeit, Angst, Ärger oder Hilflosigkeit. Kurzum sind dies Gefühle, die wir im Allgemeinen als negativ bewerten und daher in einem Konflikt als angemessen empfinden. Bisweilen zählen hierzu in der Realität aber auch Freude oder Erleichterung. Diese und weitere Empfindungen, die unsere inneren Stimmen auf Grundlage der konflikthaften Rahmenbedingungen als ‚nicht erlaubt' einordnen, werden meist unterdrückt und mit Schuldgefühlen überdeckt, damit ein ‚angemessenes' negatives Grundgefühl entsteht.

Betrachtet man die umfangreiche Palette an Gefühlen, die ein Mensch grundsätzlich zur Verfügung hat, wird deutlich, wie einseitig es wäre, nur ‚negative' Gefühle mit einem Konflikt in Verbindung zu bringen. Ein Konflikt wird als ein Ärgernis empfunden, wenn man ihn nicht nutzen kann. Er stellt dann ein Hindernis, eine Störung dar. Er raubt uns Kraft. Oder er droht mit dem Verlust eines für uns wichtigen Menschen.

Im Rahmen der Mediation und der Mediativen Kommunikation findet sich oft die Wortverbindung „Konflikt als Chance". Dahinter steht die Erkenntnis, dass ein Konflikt auch ein Anstoß ist, der weiterbringen kann. Ein Konflikt muss kein unumgängliches Hindernis sein. Meist ist er Ausdruck für längst vorhandene Reibungspunkte, die offengelegt als Energie genutzt werden können. In der genauen Betrachtung zeigt sich, dass Konflikte uns auch nicht wirklich etwas wegnehmen. Der Gefühlsfächer eines Menschen ist in jeder Konfliktsituation vollständig vorhanden. Konflikte verdeutlichen und können uns auch da weiterbringen. Wir müssen sie nur zu nutzen verstehen. Bewusstheit über diesen inneren Fächer bereitet eine wichtige Basis für Konfliktumgang, -verfahren und -lösung. In den weiteren Ausführungen zu Ressourcen und Ressourcenorientierung wird dies noch näher erläutert. Um einen Konflikt nutzen zu können, gilt es bisweilen, ihn zu aktivieren, statt seine Vermeidung zu akzeptieren. Er ist zu benennen und offen zu legen, damit sich der subtile Kampf sichtbar entfalten und der Konflikt im Hier und Jetzt gelöst werden kann. Konflikte, Probleme und Symptome sind nicht mehr als lästiges Übel, als Mangel an Kompetenzen oder Fähigkeiten, als immer gültiges Trauma zu verstehen, sondern als beziehungsgestaltendes Material. Man kann den Konflikt als Symptom und seine beziehungsgestalterischen Auswirkungen als unbewussten Versuch betrachten, ein zugrunde liegendes Problem zu lösen. Durch Bewusstmachung kann man sich dann den Preis des Symptoms ersparen und Probleme als Themen begreifen, um zu verstehen, inwiefern Symptome, Konflikte und Probleme den Alltag mitgestalten.[32]

Es ist immer wieder überraschend, wie wenig genaue Gefühlsbeschreibungen in unserem Alltag zu finden sind. In einer seminareinleitenden Übung hören die Teilnehmenden je fünf Personen nacheinander zu, die von einer als negativ oder positiv empfundenen Situation erzählen. Ihre Aufgabe ist es danach, die möglicherweise beteiligten Gefühle, die sie als Zuhörende empathisch erleben, genau zu beschreiben. Besonders häufig kommen Antworten wie ‚frustriert', ‚sauer', ‚froh', ‚zufrieden', vielleicht ‚erschrocken', ‚gestresst' oder ‚ärgerlich' und, wenn die entsprechende Vorlage vorhanden ist, noch ‚angeekelt'. Dabei eröffnet unsere Gefühlspalette so viele weitere Möglichkeiten wie: aufgeregt, angespannt, genervt, unsicher, neugierig und so weiter. Erst auf intensives Nachfragen und Bemühen folgen nähere Unterteilungen wie: enttäuscht, bedrückt, erleichtert, stolz, besorgt, verletzt, berührt, hilflos, verzweifelt, einsam, liebevoll, begeistert, gelassen, klar.[33]

Einen genaueren Blick auf die menschliche Gefühlspalette eröffnen beispielsweise sozialpsychologische Untersuchungen, die experimentell erfassten, welche Gefühle Menschen über den mimischen Ausdruck zu erkennen und unterscheiden vermögen. Den jeweiligen Versuchspersonen wurden Fotos gezeigt: Frauen und Männer in einer natürlichen oder gestellten Situation. Ihre Aufgabe war es, den jeweiligen Gesichtsausdruck der abgebildeten Person zu benennen. Die Ergebnisse führten zu einer Einteilung von insgesamt acht Klassen, zu denen die Gefühle wie in der Tabelle zugeordnet sind. Weitere Forschungen ergänzten dieses Modell. Für diesen Zusammenhang ist es außerdem wichtig, sich zu vergegenwärtigen, dass das, was jemand auf Grundlage von Mimik und Gestik wahrnimmt, sich häufig von dem unterscheidet, was diesen Ausdruck in dem Menschen ursächlich begleitet.[34]

Kategorien	Was außen wahrzunehmen ist	Was dabei noch innerlich empfunden werden kann
I	Liebe, Glück, Freude	Zufriedenheit, Rührung
II	Überraschung	Erschrockenheit
III	Furcht, Leid	Schmerz, Angst, Unsicherheit, Sorge
IV	Ärger, Entschlossenheit	Wut, Unzufriedenheit, Anspannung, Stress, Ekel
V	Abscheu	Ekel, Distanz, Abgrenzung
VI	Verachtung	Hochmut, Unterforderung, Überforderung
VII	Traurigkeit	Betroffenheit, Enttäuschung
VIII	Interesse	Neugier, Angst

Wenn Sie Ihren Freund fragen, ob er sauer ist, sagt er vielleicht nein. Fragen Sie: „Bist du gestresst?“, dann kann er dies bejahen. Beide Wörter beschreiben Gefühle, die wir in unserer Wahrnehmung der Kategorie IV (Ärger, Entschlossenheit) zuordnen würden. Fragen Sie nicht, dann würde es vielleicht passieren, dass Sie davon ausgehen, dass er auf Sie sauer ist. Sie könnten daraufhin ein Schuldbewusstsein entwickeln und vielleicht versuchen, wieder gut zu machen, was immer Ihnen beim Thema Ärger auf Sie einfällt. Nachzufragen ist der erste Schritt. Dabei hilft das Wissen, dass wir in unserer Wahrnehmung in Bezug auf die Ausstrahlung unseres Gegenübers begrenzt sind. So kann sich hinter dem, was wir als Ärger wahrnehmen, beispielsweise auch Anspannung verbergen. Ärger verursacht bei den meisten Menschen Anspannung. Diese tragen sie dann vielleicht in einem zusammengekniffenen Mund oder geballten Fäusten nach außen, so wie sie es auch tun, wenn sie gestresst sind. Wenn wir dann jemandem begegnen, können wir den Hintergrund dessen, was wir sehen, nicht kennen. Erst durch Nachfragen bekommen wir die Chance, die eigentlichen Gefühle hinter dem mimischen und gestischen Code zu entziffern.[35]

In der Mediativen Kommunikation ist es wichtig, ein breites Repertoire an genauen Gefühlsbeschreibungen bereitzuhalten – schon um beim Aktiven Zuhören Angebote machen zu können (3.2). Wir sind es gewöhnt, unter den allgemein möglichen Gefühlen für uns zu bewerten. Es gibt Gefühle, die wir uns zugestehen, und welche, die wir nicht haben wollen oder ‚dürfen‘. Die genaue Ausprägung eines Gefühlsbegriffes entscheidet dann bei der Nachfrage darüber, ob wir ein Gefühl für uns annehmen können oder nicht. Wenn das Gefühl konkret benannt ist, kann dies die Bearbeitung eines Konfliktes voranbringen. Um in diesem Buch die Möglichkeit zu Erfahrungen auf der Erlebnisebene zu geben, steht an dieser Stelle die erste Übung zur Selbstreflexion. Sie unterstützt hier die Selbstklärung in Bezug auf die Themen, um die es nachfolgend geht.

Stellen Sie sich einen Menschen vor, mit dem Sie öfter und intensiv aneinander geraten. *Notieren Sie dann in der rechten Spalte der Tabelle, was sie dabei am meisten an ihm ablehnen. Wenn Sie damit fertig sind, notieren Sie in der linken Spalte, was Sie bei allem Negativen doch als Positives an ihm entdecken können.*	
Positives	Negatives
→	→
→	→
→	→
→	→
→	→
…	…
…	…

Übung 1[36]

Projektionen: Wenn das Gegenüber zum Spiegel wird

Der Alltag eines Menschen bietet ihm selten die Möglichkeit, so isoliert und ohne zusätzliche Informationen wahrzunehmen und zu beurteilen wie in dem beschriebenen Experiment. Die empirischen Befunde bestätigen, dass Gefühle besser identifiziert und unterschieden werden können, je mehr Zusatzinformationen zur Verfügung stehen. Es kann sogar sein, dass diese Zusatzinformationen so in den Vordergrund gelangen, dass das, was real wahrnehmbar ist, dabei in den Hintergrund gerät.[37]

Im Zusammenhang mit diesen Beobachtungen erklären sich häufige Erscheinungen wie die der Projektion: Ein Mensch sieht in einem anderen, was seinen inneren Erwartungen an das Verhalten seines Gegenübers entspricht. Er nutzt ihn dementsprechend als Projektionsfläche für die eigenen in der jeweiligen Situation vorhandenen Gefühle. Das im Miteinander entwickelte Gefühl bezieht sich dann auf diese Projektion statt auf die Realität, ähnlich dem Prinzip von Übertragung und Gegenübertragung im Kontext der Psychoanalyse. Daher nimmt er seine Unterstellungen auch nicht bewusst als solche wahr. Er reagiert in dem Glauben, sich ausschließlich auf den anderen zu beziehen.[38]

Eine alte Geschichte erzählt sehr anschaulich, wie es in etwa dazu kommt, dass Menschen in ihrem Alltag so verfahren: *Wenn ein Mensch auf die Welt kommt, dann ist er vollständig rund. Schon bei der Geburt bekommt aber seine Rundheit Ecken und Kanten und Lücken. Und so entsteht im Laufe der Erfahrungen und Entwicklungen eines Menschen dessen Persönlichkeit. Das, was ihm da jetzt fehlt von seiner Rundheit, die herausgebröckelten Lückenteile, lösen sich natürlich nicht in Luft auf. Sie müssen irgendwo hin. Also wandern sie in einen Rucksack, den er fortan mit sich herumträgt.*

Abb. 10: **Die ursprüngliche Rundheit und deren abgespaltene Fragmente**

In diesem Rucksack kann sehr Verschiedenes sein: Traurigkeit, Ärger, Wut oder auch Neugier, Tatendrang und Lebensfreude. All das, was ein Mensch aufgrund seiner Erfahrungen und in Anbetracht der Erwartungen, die an ihn gestellt wurden, als unbrauchbar für sich verloren hat. Jedenfalls so lange, bis sich die äußeren Erfordernisse verändern und er vielleicht einen Blick in diesen Rucksack wirft, um einiges davon wieder zu Tage zu befördern. Ein solcher Zeitpunkt ist bei vielen Menschen der Auszug aus dem Elternhaus. Auch nach einer Scheidung oder Trennung, nach dem Tod einer wichtigen Bezugsperson, immer dann, wenn sich der gewohnte Rahmen wesentlich verändert hat und dies die alten ‚Regeln' in Frage stellt.

Die Geschichte von der Sonnen- und der Schattenseite

Die alte Geschichte erzählt metaphorisch, wie das emotionale Gut eines Menschen im Laufe seiner Entwicklung aufgeteilt wird: Den Teil, den er in seiner Lebenssituation als brauchbar und von außen akzeptiert erlebt, der ihm dabei hilft, all die ersten Lebensprüfungen zu bestehen, präsentiert er schließlich in seiner Persönlichkeit. Das, womit er ‚angeeckt' ist, hat er erst mal von dieser Persönlichkeit abgespalten. Es gehört aber dennoch zu ihm, und so trägt er es für andere verdeckt im Rucksack mit sich herum. Der Schweizer Carl Gustav Jung (1875-1961)beschreibt dies ganz ähnlich in seinem Sonne-Schatten-Modell: Die gut sichtbaren Elemente aus der Sonnenseite wandern aus entsprechenden Situationen heraus in den Schatten: Wenn beispielsweise Neugier negative Konsequenzen hatte, dann wandert sie auf die Schattenseite, damit sie nicht zum Vorschein kommt. Die Sonnenseite beinhaltet die Wesenszüge, Charaktereigenschaften, mit denen sich Menschen sicher fühlen – zum Beispiel, weil sie für sie Anerkennung bekommen haben und daraufhin denken, dass sie für sie geliebt oder geachtet werden. Die Schattenseite birgt das, was jemand als ablehnungs- oder hassenswert empfindet. Sie beinhaltet alles, was ein Mensch nicht lebt. Eben das, was in der Geschichte in den Rucksack gewandert ist. Das, was auf der Schattenseite liegt, ist oft auch das, was einen Menschen an anderen antickt:

> ***Markieren Sie in der Tabelle aus Übung 1*** *zuerst all das farbig, von dem Sie sagen können, dass es gar nichts mit Ihnen zu tun hat. Dann kennzeichnen Sie mit einer zweiten Farbe das, was vielleicht ein bisschen mit Ihnen zu tun hat. Wie farbig ist die Tabelle nun? Haben Sie mehr Positives oder mehr Negatives markiert? Oder vielleicht auch gar nichts?*

Übung 2

Wie auch immer Ihr Ergebnis aussieht: Auf der Schattenseite lassen sich eine Menge Potenziale finden: Das, was in der Geschichte von der einstigen Rundheit aus dem Rucksack hervorgekramt werden kann. Solange diese Potenziale unberührt im Verborgenen bleiben, bieten sie Material für Projektionen. Die Eigenschaften, die ein Mensch in seine Schattenseite verbannt, sind ihm vielleicht nicht zugänglich. Sie bleiben dennoch sein. Und da sie ihm vertraut sind, erkennt er sie an anderen. Wenn jemanden eine Eigenschaft am anderen besonders stört oder er etwas an ihm besonders bewundert, dann ist dies oft ein deutliches Zeichen dafür, dass seine Reaktion mehr mit ihm selbst zu tun hat als mit seinem Gegenüber. Sie ist mit großer Wahrscheinlichkeit eine Projektion.[39]

Vielleicht hat sich Bertram beim Ausfüllen der Tabelle ja Anna vorgestellt. Es regt ihn häufig auf, wie ‚arrogant' und ‚selbstbezogen' sie sich verhält. Er sagt zwar: „Ja: Anhand dieser ganzen Überheblichkeit kann einem ja nur übel werden!" Auf der anderen Seite bewundert er aber ihre Entschlusskraft, ihr Selbstbewusstsein, die Gezieltheit, mit der sie Sachen in Angriff nimmt. Wenn Bertram seine Tabelle dann genau betrachtet, dann könnte er feststellen, dass beide Spalten Kehrseiten ein und desselben sind. Und wenn er hinterfragt, was es mit ihm zu tun hat, dass die Tabelle so aussieht, wie sie ist, dann antwortet er vielleicht, dass sich dahinter sein eigener Wunsch verbirgt, mehr Selbstbewusstsein zu entwickeln. Den Mut zu haben, um den Entschluss zu fassen, sich selbständig machen zu können. An Anna sieht Bertram all diese Eigenschaften, die er auch so gerne hätte. Und er kann davon ausgehen: Er hat sie bereits. Nur sind sie eben im Laufe der Entwicklung in seinen Schatten gewandert. Als Ältere durfte Anna früher immer die Entscheidungen fällen. Wenn Bertram dagegen als Kind etwas in Angriff nehmen wollte, dann erntete er einen strafenden Blick oder die Worte: „Lass das! Das kannst du noch nicht! Du bist dafür viel zu klein (schwach oder Ähnliches)!" Und so kam es dazu, dass Anna viel selbstverständlicher die Initiative ergreifen konnte, als Bertram es bisher tat.

Ein häufiges Beispiel der Wirkungen, die eine Projektion mit sich bringt, findet sich in Kränkungs- oder Panikreaktionen: Die Situation, in der sich ein Mensch befindet, ist dann nur der Auslöser. Ihren Ursprung hat seine Reaktion in den Tiefen seiner Vergangenheit. Er nimmt die Situation aus diesen Verstrickungen heraus vielleicht als bedrohlicher wahr, als sie es real in diesem Moment ist. Beispiele dafür finden sich in Phobien, in Kränkungen (3.5) oder auch in den vielen Überreaktionen, die sich im Alltag so häufig beobachten lassen. Er reagiert dann unter Zuhilfenahme seiner alten Schutz-, Abwehr- und Konfliktstrategien (3.1).

Strategien im Konflikt: Best of Manipulation & Co.[40]

Die so genannten Konfliktstrategien eines Menschen brauchen den Anstoß durch ein im weiten Sinne als bedrohlich empfundenes Gefühl. Sie sind, ob ihnen nun eine Projektion vorangeht oder nicht, genau wie diese meist nur nachrangig durch den Sachverhalt des Konfliktes bestimmt. Eine Strategie ist der Versuch, den anderen so zu beeinflussen, dass man bekommt, was man will: Eine Situation soll sich so verändern, dass die eigenen Bedürfnisse Befriedigung statt Enttäuschung erfahren. Im Folgenden finden Sie einige Beispiele dafür, wie es aussehen kann, wenn sich jemand unbewusst einer Konfliktstrategie bedient:

···› Angriff

Geralds Lieblingsstrategie ist beispielsweise der Angriff. Als Kind erreichte er durch Wutanfälle häufig von seinen Eltern, dass er bekam, was er wollte. Heute greift er zu Forderungen und Vorwürfen, Beleidigungen und Gewalt, mit deren Hilfe er das Gegenüber einschüchtert und überwältigt, um sich durchzusetzen. Zu Geralds Strategie zählt auch das Vorwegnehmen von Einwänden. Er versucht dadurch, seinem Gegenüber zu vermitteln, dass sein Standpunkt durch nichts zu erschüttern ist. Manchmal greift er auch vorsorglich zur so genannten ‚Retourkutsche': Er macht dem anderen Universalvorhaltungen, wenn er beispielsweise das Gefühl hat, kritisiert zu werden. Wenn Gerald auf das Konzept „Angriff ist die beste Verteidigung" zurückgreift, dann steht dahinter in der Regel ein Gefühl der Schwäche. Es fällt ihm zum Beispiel schwer, damit umzugehen, dass eine andere Person seine eigenen Interessen nicht teilt. Er weiß nicht, wie er sich verhalten soll, wenn jemand nicht tun will, was er möchte. Gerald denkt dann, seine Interessen werden abgewertet. Es sei der anderen Person nicht wichtig. Besonders dann, wenn er dieser aber furchtbar gern wichtig wäre, fühlt er sich verunsichert und damit schwach. Beides lässt ihn nach außen hin betont Stärke demonstrieren, damit der andere sich lieber duckt, statt seine eigenen Standpunkte und Bedürfnisse zu vertreten.

···› Manipulation

Lara bedient sich strategisch der Manipulation, einer Überlebensstrategie, die häufig sehr früh erlernt wird. Dies zeigt sich meist in unbewussten Täuschungsstrategien: Sie verursacht Schuldgefühle oder gibt sich großzügig, um dann für später ‚etwas gut zu haben' (sozusagen ‚abzurechnen'). Lara verteilt ‚Bonbons', wenn jemand sich zu ihrer Zufriedenheit verhält: Er bekommt dann dementsprechend Anerkennung, Liebesbezeugungen, Zuwendung und dergleichen. Wenn sie in einer Diskussion nicht weiter weiß, dann emotionalisiert sie: Sie verstärkt ein Argument dadurch, dass es einen Gefühlswert bekommt. Sie stellt gezielte rhetorische Fragen oder begrenzt eine Vielzahl an wirklichen Möglichkeiten auf Scheinalternativen, sodass ihr Gegenüber genötigt ist, ja oder nein zu sagen, wenn er beispielsweise auch „vielleicht" sagen kann. Wenn sie sich nicht traut, etwas klar auszusprechen, dann deutet sie es geheimnisvoll oder dramatisch an. Oder sie greift zu Selbstbekehrungen, in denen sie scheinbar von sich spricht, wenn sie eigentlich den anderen meint. Wenn Lara ihrem Vater früher eine schlechte Note zur Unterschrift geben musste, schmierte sie ihm quasi „Honig um den Bart", damit seine Moralpredigt dort kleben blieb und er ihr ohne viele Worte die Unterschrift gab. Wenn heute ihr Freund Jan einen Abend ohne sie verbringen möchte und sie das Gefühl hat, seine Nähe eigentlich nicht entbehren zu wollen, zieht sie sich zurück. Wenn er dann nachfragt, gibt sie vor, nichts zu brauchen. Sie sagt ihm, dass es ihr nichts ausmacht, allein zu sein. Jan hat dann immer ein so unangenehmes Gefühl, dass er sie lieber damit überrascht, dass er am Abend doch noch vorbeikommt.

··→ *Rache*

Wenn Lara sich durch etwas ganz besonders getroffen fühlt, greift sie zur Strategie der Rache. Wenn jemand bei ihr alte, sehr tief liegende Verletzungen berührt, empfindet sie plötzlich eine große, manchmal schier übermächtige Wut. Besonders dann, wenn Lara sich gedemütigt fühlt. Sie versucht, ihre dadurch verringerte Selbstachtung durch eine Revanche wieder herzustellen. Lara ist dies meist gar nicht bewusst: Sie wird gefühlskalt und sarkastisch. Sie bildet oder verfestigt (Vor)Urteile. Selbst dann, wenn sie gezielt negativen Klatsch verbreitet oder Racheaktionen plant, ist ihre Strategie im Hinblick darauf, dass es meist alte Gefühle sind, die angestoßen werden, nur teilbewusst (3.1).

··→ *Bitten und Betteln*

Martin verfällt in einem von ihm als bedrohlich empfundenen Konflikt ins Bitten und Betteln. Er litt schon als Kind sehr unter den Streitereien seiner Eltern. Im Falle eines Konfliktes mit einer für ihn wichtigen Person macht sich in ihm heute schnell Verzweiflung breit. Früher musste er in einem solchen Konflikt beständig fürchten, dass seine Eltern sich endgültig trennen würden. Er fühlt unbewusst die alte Abhängigkeit und Angst. Heute zieht dies in seinem Inneren einen Kampf aus Scham und Demütigungsgefühlen nach sich. Weil er seine jeweiligen Streitpartnerinnen so flehend bedrängt, ruft er in diesen Abwehr und Entfremdung hervor. Der letzte derartige Streit endete für Martin damit, dass seine langjährige Partnerin Lara (die Mutter seiner beiden Kinder) sich endgültig von ihm trennte. Auch in anderen Situationen, in denen er zum Bitten und Betteln gegriffen hat, endete dies damit, dass er schließlich Ablehnung vom Gegenüber erntete. Martin sieht nicht, wenn sich der andere von ihm zu drastischen Ablehnungsbezeugungen provoziert fühlt. In ihm verfestigt sich dadurch das Gefühl, beständig Opfer zu sein. Man könnte seine Strategie daher als selbstzerstörerisch bezeichnen.

··→ *Resignation*

Nach der von Lara vor eineinhalb Jahren beendeten Beziehung war Martin so verzweifelt, dass er sich in Resignation zurückzog. Resignation ist eine Strategie, die herangezogen wird, wenn keine der anderen Strategien hilf- bzw. erfolgreich war. So auch bei Martin: Er fühlte sich hoffnungslos, gab auf und zog sich zurück in die vermeintlich einzig sichere Isolation. In seinem ‚Schneckenhaus' fühlte er sich dann zwar geschützt, aber auch einsam. Die empfundene Einsamkeit bestätigte das ihm sowieso schon bekannte Gefühl, in seinen Nöten allein gelassen zu sein.

Das Konzept der selbsterfüllenden Prophezeiung

All diese beispielhaft beschriebenen Strategien bedienen das Konzept der selbsterfüllenden Prophezeiung: Es erfolgt keine Auseinandersetzung mit der anderen Person. Im Verharren in den alten Zuständen ist keine Bewegung, keine Konfliktlösung möglich. Je erfolgreicher eine Strategie ist, desto selbstverständlicher wird sie im Konfliktfall herangezogen. Und je selbstverständlicher sie einer Strategin vorkommt, desto schwieriger ist es, Zugang zu den dahinter liegenden Verletzlichkeiten zu bekommen. Das unbewusste Zurückgreifen auf Strategien hält die ursprünglichen, misstrauischen Annahmen, die zu deren Entwicklung geführt haben, lebendig (2.6). Strategien sind der Versuch, unangenehme Gefühle wie Angst und Schmerz zu vermeiden. Der Weg hinaus führt allerdings doch nur hindurch (3.3). Um eine Selbstläuferstrategie zu stoppen, muss ein Mensch erkennen, dass sie dazu da ist, eine tief sitzende Angst zu verdecken. Er muss herausfinden, worauf sich seine Angst eigentlich bezieht, und konkretisieren, was er braucht oder will. Konfliktstrategien können auch hilfreich sein, solange man dies noch nicht herausgefunden hat. *In Martins Resignation versteckte sich beispielsweise seine Wut auf das Leben, hinter der der drängende Wunsch nach Veränderung stand. Im Rückzug lag für Martin also auch eine Möglichkeit, die Kraft zu tanken, die er zur Veränderung brauchte. Er ist inzwischen mit Lisa zusammen. In dieser Beziehung fühlt er sich weitaus sicherer und glücklicher als im Zusammenleben mit Lara. Als Mutter seiner Kinder ist diese weiterhin ein wichtiger Bestandteil seines Lebens. Beide verbindet wie vor ihrem Leben zu zweit eine gute Freundschaft und dazu die gemeinsame Sorge um ihre Kinder Phine und Lars.*

Die jeweils zugrunde liegende Angst hat ihren Ursprung wie erwähnt meist in Erfahrungen aus der Vergangenheit. Sie ist dementsprechend manifest. Hinzu kommt, dass es keinerlei Garantie dafür gibt, dass das Befürchtete nicht wieder geschieht. Bisweilen gibt es Situationen, die einen Menschen emotional geradezu in diese alte Situation hineinmanövrieren. Er fühlt sich dann vielleicht, als wäre er wieder das Kind von damals, obwohl er inzwischen längst erwachsen ist. So ein Rück-Schritt in die Vergangenheit nennt sich Regression. Viele der erläuterten Strategien beinhalten zumindest regressive Anteile: Wenn sich jemand wie ein wütendes Kind fühlt, dann bekommt er vielleicht als Erwachsener plötzlich einen Wutanfall. Bitten und Betteln ist auch etwas, was eher einem Kind als einem Erwachsenen anmutet.[41]

In der Selbstreflexion zur Mediativen Kommunikation geht es vor allem darum, zu erkennen, dass eine Kompensation durch Strategien erst recht zu einer Bestätigung des alten Musters führen. Ohne Kontakt und Offenheit für das Gegenüber wird der Konflikt verhärtet. Die Sachebene wird durch beteiligte Projektionen oder regressive Bestandteile auf der Beziehungsebene stark beeinflusst. Bisweilen wird sie gar nicht mehr in ihrer sachlichen Bedeutung wahrgenommen. In Erinnerung an die Mediationsformel wird klar, dass es in aller Regel wenig erfolgversprechend ist, dann auf der Sachebene anzusetzen. Die folgende Übung eröffnet die Möglichkeit, sich durch einige grundlegende Fragen gezielt mit den persönlichen Strategien auseinander zu setzen:

Stellen Sie sich den folgenden Fragen zur Selbstreflexion:

Was tun Sie, wenn Sie einen Wunsch erfüllt haben möchten? Wie verhalten Sie sich, wenn Sie etwas, was Sie wollen, nicht bekommen?

Erinnern Sie einen ernsthaften Konflikt, in dem es inzwischen bereits zu einer Lösung kam: Welche Strategien haben Sie benutzt? Welche Gefühle haben Sie damit versucht zu verdecken? Wie hat Ihr Gegenüber Ihrer Einschätzung nach versucht, von Ihnen zu bekommen, was es will oder braucht? Welche Gefühle wurden im Konflikt auf beiden Seiten sichtbar, welche wurden ausgedrückt?

Übung 3

Von der Wichtigkeit der Selbstreflexion

Die Selbstreflexion ist ein wesentlicher Ansatzpunkt, um mit Gefühlen und Projektionen im Konflikt konstruktiv und mediativ umzugehen. Das Wissen über das eigene Projizieren hilft, das Gegenüber von Manipulation, Drängen oder in Schubladen-Stecken zu verschonen. Es erwirkt die weitere Offenheit für den Prozess, wenn sich Projektionen dadurch auflösen lassen. Nach C.G. Jung verläuft diese über vier Schritte: Zuerst gilt es zu differenzieren: wahrzunehmen, dass eine Projektion läuft, zu beginnen, es zu merken und sie sich einzugestehen. Hierzu sind Projektionen als Erstes einzugestehen. Es ist darauf zu achten, was einen aufregt, neidisch macht oder was man an anderen bewundert. Es gilt, das Herausgefundene anzuschauen und bewusst zu machen. Dann geht es darum, zu akzeptieren, dass es so ist. Das bedeutet, sich den Raum zu geben, zu projizieren. Der dritte Schritt ist der der Integration: Es geht darum, zu beginnen, den Schatten zu erforschen und ihn Stück für Stück auf die Sonnenseite zu ziehen. Übrig bleibt, die Auflösung zu realisieren und auch das zu leben, was bisher im Schatten war. Da wird es möglich, das eigene Bedürfnis wertschätzend zu sehen und zu erforschen, wie es sich erfüllen lässt (3.3). Die eingehende Auseinandersetzung mit der Mediationsformel eröffnet die Vielfalt dessen, was in einem Konflikt eine Rolle spielt. Sie zeigt, warum es so wichtig ist, die Mediative Haltung einzunehmen, wenn man sich in einem Konflikt konstruktiv verhalten will.

2.2 Die Vorstellung vom Inneren Team

Um den mediativen Rahmen trotz all der beteiligten Gefühle in Konflikt und Alltagsleben zu wahren, bedarf es Varianten, die davon abhalten, in die benannten Strategien zu verfallen. Aus Strategien heraus ist es nicht möglich, sich tatsächlich auf die individuellen Eigenschaften, die eine Situation oder Person zeigt, zu beziehen. Gerade dies ist für die Mediative Kommunikation allerdings unabdingbar. Auch gibt es die Möglichkeit einer ‚mediativen Selbstgesprächsführung' in Situationen, die eine besondere Herausforderung beispielsweise an die Selbstreflexion darstellen. Hier hilft die Vorstellung, dass sich im Inneren eines jeden Menschen ein ganzes Team an Minimenschen befindet: die Personifizierung seiner Gedanken, Werte, Aufgaben und was sich sonst noch so in ihm finden mag. In seinem Konzept des Inneren Teams schafft der Hamburger Psychologieprofessor und Autor Friedemann Schulz von Thun ein prägnantes Modell, das dazu beiträgt, den Aufbau der Persönlichkeit, deren Sprechen und Handeln besser zu verstehen.[42] Die Anwendung empfiehlt sich gleichermaßen in Bezug auf das Gegenüber wie für sich selbst. Es integriert die Beachtung der Individualität aus der Humanistischen Psychologie, das systemische Denken, dass ein Mensch nur als Teil eines Ganzen seine Identität gewinnen kann sowie Gedanken aus der Gestalttherapie und der Kommunikationspsychologie. Sie nutzt die Vorstellung des NLP, dass die menschliche Persönlichkeit aus vielen verschiedenen Teilen zusammengesetzt ist. Auch zahlreiche Redewendungen drücken dies aus. So kann man zum Beispiel „den inneren Schweinehund überwinden" oder „den Regelpächter heraushängen lassen". Auch die Werbung greift auf diese Vorstellung zurück, wenn es beispielsweise in einem bekannten Slogan heißt: „Weck den Tiger in dir!"

Jeder Mensch hat in seinem Alltag verschiedene Rollen einzunehmen, ist Frau oder Mann und gleichzeitig Partnerin, Mutter oder Vater, Tochter oder Sohn, Schwester oder Bruder, Freund, Vorgesetzte, Mitarbeiter, Musiker oder Sportlerin. All diese Rollen bilden Teile seines Inneren. (Auch die, die er vielleicht schon längst nicht mehr einzunehmen hat.) Jedem Einzelnen sind spezielle Emotionen, Fähigkeiten, Charaktereigenschaften zusortiert. Manche Teile sind streng, manche ausgelassen, kindlich oder verantwortungsbewusst, forsch, zurückgezogen und und und. Dies macht die innere Vielfalt eines Menschen aus. Manche Persönlichkeitsteile sind vertraut und werden oft gelebt. Andere sind so versteckt, dass er möglicherweise nicht einmal ahnt, dass sie in ihm existieren. Sie entstehen und wirken im Unbewussten.

***Abb. 11:* Das Innere Team von Lara**

Die einzelnen Persönlichkeitsteile eines Menschen können bisweilen sehr unterschiedlich sein. Fast so, wie unterschiedliche Menschen es sind. Sie wirken alle zusammen ein in dessen Gesamtpersönlichkeit. Das Modell des Inneren Teams greift diese innere Vielfalt auf. Es geht davon aus, dass diese Ausdruck der persönlichen Ressourcen eines Menschen ist. Manche Ressourcen sind ihm bereits bewusst. Andere verbergen sich und können zu gegebener Zeit zum Sichtbaren entwickelt werden.[43] Sie werden dann aus dem Schatten ans Licht geholt.

Wenn man bedenkt, wie reichhaltig Geist und Seele eines Menschen sind, und darüber hinaus berücksichtigt, dass es ja auch noch körperliche, organische Vorgänge gibt, die darauf wirken, dann wird verständlich, wieso es so oft passiert, dass ein Mensch anhand seines inneren Chaos' resigniert. Es bleibt ihm wohl nichts anderes übrig, wenn er sich dieser Vielfalt bewusst ist und er kein Werkzeug hat, das es ihm be-greif-bar macht. Die Mediative Kommunikation setzt zum Einnehmen der Metaebene, in der Personzentrierung, der Wahrung von Allparteilichkeit und Beibehaltung der Win-Win-Perspektive auch in unübersichtlichen und angespannten Situationen voraus, diese Vielfalt unter einen professionellen Hut zu bekommen. Die Imagination des Inneren Teams ermöglicht es, dem inneren Chaos eine Struktur zu geben und so mit Hilfe einiger Übungspraxis schwierigen Anforderungen leichter gerecht zu werden.

Ein Aufstellungsbeispiel: Wie Lara aus der Sprachlosigkeit fand

Das Innere Team kann durch Aufmalen visualisiert werden. Die einzelnen Teile lassen sich mit Namen oder Motto versehen. Man kann es auch aufstellen, wie es mit der Ursprungsfamilie eines Menschen eingeführt und auch erweitert mit einem Problem, einer Organisation oder einem Arbeitsteam umgesetzt wird.[44] Mit dem Inneren Team ist dies ebenso möglich. Es hat darüber hinaus den Vorteil, dass es ausschließlich um das eigene innere Material eines Menschen geht. Wer sein Inneres Team aufstellt, hat die Möglichkeit, eingefahrene Handlungsabläufe zu verändern, indem er am Stellvertreterteam so lange arbeitet, bis er einen neuen, zufrieden stellenden Ablauf gebastelt hat.

Lara hatte das Problem, dass sie immer dann, wenn ihr Chef sie auf seine cholerische Art kritisierte, sprachlos und handlungsunfähig war. Sie hatte das Gefühl, nichts dagegen machen zu können und dabei den Anforderungen erst recht nicht gerecht werden zu können. Eine Aufstellung ihres Inneren Teams gab ihr die Möglichkeit, das, was sie in diesen Situationen in sich wahrnehmen konnte, nach außen zu verlagern. Das Erste, was sich in ihr in so einer Situation regte, war eine innere Stimme, die ihr die Anweisung gab, bloß keine Bewegung zu machen. Lara suchte sich aus dem Stellvertretendentool eine große starke Frau aus und stellte diese in den zentralen Punkt im Kreis. Sie nannte sie die Bestimmerin: Ihre Anweisung verbot jegliche Widerrede, und letztlich war es auch genau das, was Lara in der Situation mit ihrem Chef dann tat. Sie war und blieb bewegungslos, auch wenn es noch ganz andere Regungen in ihr gab. Da gab es zum Beispiel noch die Verzagende, die Erklärerin, die Mutmacherin und den Rebell. Für all diese inneren Teammitglieder suchte Lara Stellvertretende aus. Sie setzte sie nebeneinander ganz in den Hintergrund, weit weg von der Bestimmerin.

Um die Situation in sich zu verdeutlichen, ließ sie die ganze Mannschaft agieren, wie sie es in sich erlebt: Die Bestimmerin gibt die Anweisung: „Bloß keine Bewegung machen!" Daraufhin murmeln die anderen: „Auweia, ich hab was falsch gemacht!" „Ja, aber ich wollte doch nur, dass ... " „Kann doch mal passieren!" „Was bildet der sich eigentlich ein, so mit mir zu reden?!" Und dann wieder die Bestimmerin: „Pssst! Keine Bewegung, hab ich gesagt!"

Diesen Ablauf konnte Lara in sich wahrnehmen. Er führte dazu, dass sie stillhielt, bis die Situation vorbei war. Danach ärgerte sie sich aber. Ihr innerer Rebell hüpfte in ihr auf und ab und beschimpfte sie wütend. Die Erklärende war überhaupt nicht zu Wort gekommen und schmollte jetzt. Die Verzagte fühlte sich noch schlechter und verzagter als zuvor und hatte das Gefühl, überhaupt nichts auf die Reihe zu bekommen.

Da Lara nun die Gelegenheit hatte, die innere Konstellation im Raum zu verändern, ließ sie die Mutmacherin der Verzagenden die Hand auf die Schulter legen. Immer, wenn diese sagte: „Auweia, ich habe etwas falsch gemacht!", folgte ein sicherheitsspendendes „Kann doch mal passieren! So schlimm kann das ja wohl nicht sein!". Sie fügte also einen weiteren bestärkenden Satz hinzu. Der Rebell erhielt daraufhin seinen Einsatz: „Und überhaupt: Wie redet der eigentlich mit mir?!" Die Erklärerin konnte dann sagen: „Schließlich habe ich das so gemacht, weil ..." und hatte Raum zu ergänzen, wie es der jeweiligen Situation entsprach. Die Bestimmerin rückte Lara in gleiche Reihe mit den anderen. Sie ließ die anderen aufstehen und besorgte der Bestimmerin in Würdigung ihrer langjährigen intensiven Arbeit einen bequemen Stuhl. Ihr „Bloß keine Bewegung!" hatte in diesem Bild gleich viel weniger von einer Anweisung. Die anderen Teammitglieder stellte Lara in ihrer neu gefundenen Konstellation um den Stuhl herum, sodass sie der Bestimmerin ebenbürtig erschienen. Bis diese aus ihrem Stuhl aufgestanden war, konnten sie ihr der Reihenfolge nach sagen, was sie zu sagen hatten. Die Bestimmerin konnte sie in ihren Aussagen wahrnehmen und anerkennen, dass doch Bewegung möglich war. Sie konnte ihre Kraft nutzen und Lara anweisen, die Erklärung souverän nach außen zu transportieren und den Chef dann zu fragen: „Was macht Sie denn so ärgerlich?"

Diese Verschiebungen können nach dem Probelauf im Außen anschließend innerlich wiederholt und so nachvollzogen werden. Dies hat durchaus etwas von Selbsthypnose: Den neuen Ablauf kann sich Lara nun wie ein bildliches Mantra immer und immer wieder ins Gedächtnis rufen, sobald ihr Chef ins Büro gepoltert kommt. Irgendwann ist der Ablauf dann so verinnerlicht, dass er so funktioniert, dass sich ihr Mund plötzlich öffnen lässt und die Sprachlosigkeit unterbricht.

Das Innere Team sinnvoll ergänzen: Ressourcen modellierend erweitern

Einen Großteil seiner sozialen Kompetenzen erwirbt ein Mensch durch das Nachahmen des Verhaltens seiner Bezugspersonen. Das Innere Team eines Menschen ist also zu einem Großteil durch Lernen am Modell entstanden.[45] Das macht es möglich, es bei Bedarf auf ähnliche Weise durch ein weiteres Teammitglied zu ergänzen. Man kann es aus Film und Fernsehen, dem Fundus der verschiedenen Vorbilder, die ein Mensch in seinem Umfeld entdecken kann, übernehmen oder auch ganz neu erfinden. Das ist ein großer Vorteil solcher Methoden der Imagination. Würde sich Laras Innere Bestimmerin beispielsweise nicht vom Rest des Teams dazu bringen lassen, ihre ursprüngliche Anweisung der Bewegungslosigkeit umzuwandeln, dann könnte Lara sich einen Big Boss ins Team holen, der ihre Bestimmerin dazu bringt. Oder sie sucht nach der älteren Schwester der Bestimmerin und holt sie hinzu. Schließlich ist es Laras inneres Team. Ihre Phantasie bestimmt, wer da welche Verwandtschaft und Konstellationen hat. Und wenn Lara beschließt, dass die Bestimmerin eine noch bestimmendere ältere Schwester hat, dann hat sie eine.

In der ressourcenorientierten Arbeit nennt sich das Hinzuholen und Integrieren von Vorbildern Modellieren. Sie nutzt die Beobachtung, dass die Befindlichkeit eines Menschen zum Großteil auf dessen Vorstellung von sich selbst beruht und lässt ihn deshalb für verfahrene oder konflikthafte Situationen (Auf)Lösungen gezielt konstruieren. Dabei werden als Erstes die ihm zur Verfügung stehenden Ressourcen identifiziert, wie es in der Aufstellung des Inneren Teams passiert. Das, was hilfreich ist oder gut funktioniert, wird in den Vordergrund gerückt. In der Aufstellung von Laras Innerem Team geschah das dadurch, dass die weiteren Teammitglieder Beachtung erfuhren und die Bestimmerin mit ihnen auf eine Ebene gestellt wurde. Die Mutmacherin wurde der Verzagenden zur Seite gestellt und der Rebell als antreibende Kraft für die Bestimmerin genutzt. Die Ressourcen, die im Hintergrund verfügbar, aber nutzlos sind, werden in einem neuen Kontext anwendbar gemacht. Wenn dies alles geschehen ist, dann stellt man manchmal fest, dass in der Lösungskonstruktion noch etwas zusätzlich gebraucht werden kann. Nun geht es also ans Modellieren: Die vorhandenen Ressourcen werden durch Imitieren und Integrieren erweitert: Man sucht sich nach dem Prinzip der Wahlverwandtschaft ‚Modelle'. Dies können Figuren aus Literatur, Film, Malerei, Politik, Weltliteratur, Märchen sein. Sie werden dann schrittweise in das eigene Handeln, Denken und Fühlen übernommen. So kommt Lara schließlich trotz dickköpfiger Bestimmerin zur Handlungsfähigkeit und manch anderer vielleicht zu Goofys Gelassenheit oder zur Sparsamkeit von Dagobert Duck.[46]

2.3 Das Einnehmen der Metaebene

Wenn sich zwei intensiv streiten, dann wird traditionell mediiert, indem eine außen stehende, allparteiliche dritte Person vermittelnd hinzugeholt wird. Da sie nicht in den Konflikt verstrickt ist, kann sie dabei die Übersicht behalten. Dieser Ansatz ist und bleibt einer der wichtigsten Grund- und Legitimationselemente der Mediation. Die Mediative Kommunikation setzt das Vorhandensein einer dritten Person dennoch nicht voraus. Sie stellt den Anspruch, im Streit vermittelnd zu wirken, wenn einer der beiden sie anwenden kann. Es ist also notwendig, auch ohne Hinzuholen eines Dritten einen Weg zu finden, damit die konflikthafte Situation frei von Verstrickungen überblickt werden kann. Eine Möglichkeit bietet das Einnehmen der Metaebene: die Betrachtung der Situation aus der Vogelperspektive. Es ist wichtig, sich zu vergegenwärtigen, dass dies ein sehr hoher Anspruch ist: Es gibt Situationen und Konflikte, in die man so verstrickt ist, dass man es einfach nicht leisten kann, den Überblick zu wahren. Trotzdem kann man seine Fähigkeiten diesbezüglich zentrieren und trainieren. Die Vogelperspektive ist deutlich abzugrenzen von einem arroganten Drüberstellen. Sie ist Ausdruck von Präsenz, Selbstreflektiertheit und setzt ein großes Maß an Aufrichtigkeit sich selbst gegenüber voraus. Der so gewonnene Überblick schafft die Voraussetzung für die Analyse einer komplexen Konfliktsituation, die unumgänglich für deren Verständnis ist.

So ist beispielsweise oft zu erleben, dass mehrere in einen Konflikt verstrickte Personen nicht konkret sagen können, worin das Dilemma genau besteht. Oder es wird über einen Sachverhalt gestritten, der nur eine Plattform für einen anderen, den eigentlichen Konflikt bildet. Die Beteiligten verlieren sich im Scheinkonflikt, während der ursprüngliche – aus welchem Grund auch immer – keine Veränderung erfährt. Solche und andere Konflikte scheinen wie Jahreszeiten beständig immer wiederzukehren. In die Auseinandersetzung verstrickt, verzetteln sich die Betroffenen dann in den ausgetauschten Argumenten. Trotz Kenntnis der möglicherweise beteiligten Strategien (2.1) können sie diese weder erkennen noch voneinander abgrenzen. Sie können lediglich re-agieren. Es entsteht ein Schlagabtausch, eine Spirale, die Runde um Runde immer weiter in den Konflikt hineintreibt. Wenn eine Person dann aber aussteigt und das Ganze aus einem hilfreichen Abstand betrachtet, dann ermöglicht ihr dies, sowohl sich selbst als auch das Gegenüber zu sehen. Sie nimmt die Situation als Ausdruck zweier aufeinander prallender Positionen wahr. Sie kann sich daran erinnern, dass hinter Positionen immer Interessen stehen und dass es meist sogar möglich ist, diese miteinander zu vereinbaren.[47]

Das Einnehmen der Metaebene bildet also eine Grundvoraussetzung und -fähigkeit, um im Konflikt mediativ agieren zu können. Ein gezieltes Trainieren der inneren Metakompetenzen ermöglicht es, aus der Spirale herauszufinden und die Situation im Laufe der Zeit schneller und besser zu durchschauen.

Der Innere Beobachter und sein Posten auf dem Balkon

Die Metaebene einzunehmen, ist eine Herausforderung. Besonders, wenn jemand sich in einer Konfliktsituation befindet, in der er sich aus unseren eigenen Sympathien und Wertigkeiten heraus sofort auf eine Seite schlagen könnte. Dann hilft es, den Inneren Beobachter zu entdecken und zu mobilisieren.

Man stelle sich vor, er sitzt gemütlich, aber wachsam auf dem inneren Balkon, während die anderen im Haus heftig über den Konflikt debattieren und sich vielleicht darüber streiten, was denn nun zu machen ist. Aus diesem heilsamen Abstand heraus ist es möglich, Klarheit über die Situation, beteiligte Gefühle und Gedanken zu gewinnen. Er erklärt den anderen in unserem aufgewühlten Inneren Team dann beispielsweise, dass die aktuelle Situation lediglich ein empathisches Beteiligtsein erfordert. Ein eingespieltes Team kann sich daraufhin entspannen. Es wird die bereits für so eine Situation zusammengestellte „AG Mediative Kommunikation" mobilisieren, die der Situation entsprechend überschauend gerecht werden kann. Unser Innerer Beobachter bleibt auf seiner Balkonposition. Er erinnert das Team immer mal wieder daran, sich nicht wertend oder re-agierend einzubringen. Seine Position ist sehr verantwortungsvoll. Er braucht eine gewisse Autorität, die ihm der Rest des Inneren Teams mit zunehmender Erfahrung gewähren kann. Einem geschulten Inneren Beobachter mit einem gut geschliffenen Fernglas kann es vertrauen.

Abb. 12: **Der Prozess im Inneren Team**

Mithilfe unseres Inneren Beobachters können wir lernen, einen Konflikt bewusst anzugehen, statt die Reaktionskette voranzutreiben. Vom inneren Balkon aus ist es möglich, die Problemstellung in der aktuellen konfliktträchtigen Situation genauer zu betrachten und eine Problem- und/oder Konfliktanalyse durchzuführen. Aus der Metarolle heraus gelingt es, Handlungsoptionen zu entwickeln. Diese helfen, gar nicht erst ins Re-agieren zu verfallen und stattdessen bewusst und mediativ zu agieren.

Die Problemanalyse

Ein Beispiel für den alltäglichen Ablauf einer Problembewältigung bietet die folgende Situation: *Lara und ihre dreijährige Tochter Phine gehen die Straße entlang. Lara ist kaum drei Schritte voraus, als das Kind auch schon mit einem lauten „Platsch!" durch die tiefe Pfütze gewatet ist. Lara schimpft. Sie ist offensichtlich entrüstet, da Phine nun nasse Hosenbeine hat. Es ist kalt, und sie fürchtet, ihre Tochter könnte sich erkälten. Schließlich schafft Lara es, sich zu beruhigen. Sie äußert Phine gegenüber ihr Verständnis dafür, dass es ihr Spaß macht, durch eine Pfütze zu gehen. Dann sagt sie ihr, dass es für das nächste Mal besser sei, ihr vorher Bescheid zu sagen, damit Lara ihr die Hosen hochkrempeln kann. Sie bückt sich und krempelt Phine die nassen Hosen hoch.* Lara hat eindeutig eine Problemanalyse durchgeführt. Die Folge ihrer Äußerungen lassen in etwa die Schritte des Grundschemas einer Problemanalyse erkennen:

***Abb. 13:* Grundschema einer Problemanalyse**

Das Kind IST durch die Pfütze gewatet und hat jetzt nasse Hosenbeine. Es SOLL gesund bleiben und deshalb trockene Hosen haben. Sowohl das rechte als auch das linke Hosenbein IST NICHT trocken. Beide Hosenbeine waren nicht hinreichend vor Nässe geschützt. Die URSACHE dafür ist: Keiner hat die Hosenbeine beispielsweise hochgekrempelt. Hochkrempeln WÄRE eine mögliche Lösung in dieser Situation gewesen. Die Eltern HÄTTEN das vorab tun können. Die weiterführende Problemstellung ist also: Wie ist zu erreichen, dass die Hosen so geschützt sind, dass sie trocken bleiben, wenn das Kind durch eine Pfütze watet? Das wesentliche Lösungskriterium zeigt sich schon bei der Suchebene, im Wort ‚vorher'. Für die aktuelle Situation wäre eine Lösung gewesen, dass Phine vorher Bescheid sagt, wenn sie durch die Pfütze waten will. Ebenso, wenn sie dies sonst tun möchte und die Hosenbeine noch nicht geschützt sind. Dann bezieht sich Lara stärker auf das langfristige Kriterium: die Gesundheit ihrer Tochter. Demnach wären Phine bei nassem Wetter die Hosen generell in die Stiefel zu stecken.

Als sie in Gedanken bei den Hosen und den Gummistiefeln ist, sagt Lara: „Wie hat der Papa dich überhaupt angezogen?!" Denn hätte Martin in weiser Voraussicht Phine gleich die Hosen in die Stiefel gesteckt, wären sie jetzt auch nicht nass. Sie weist die Schuld also Martin zu, um den Ärger über die Situation weder auf das Kind noch auf sich selbst zu lenken. Dass zumindest der Ausgang dieser Problemanalyse nicht im Sinne der Mediativen Kommunikation ist, wird deutlich, wenn man bedenkt, dass nun der Vater als schlampige, schuldhafte Person dasteht. Das Schimpfen der Mutter auf den Vater muss im Kind einen inneren Konflikt nach sich ziehen. Wie es Kinder so oft in solchen Situationen tun, gibt Phine sich vermutlich die Schuld daran, dass ihre Mutter auf ihren Vater sauer ist. Lara hat sich also nicht aus der Metaebene heraus verhalten, sondern im Konflikt steckend re-agiert. Den Konflikt in das Innenleben des Kindes zu verlagern war ganz sicher nicht ihre Absicht. Von einer Konfliktlösung kann nicht die Rede sein. Im Gegenteil: Wahrscheinlich ist, dass bei der nächsten Gelegenheit der Streit zwischen Lara und Martin beginnt und das Kind sich schuldig daran fühlt.

Dennoch hat Lara das Problem eingehend analysiert. Eine Lösung ist auch gefunden – wenn nicht für den Gesamtkonflikt, dann wenigstens für das augenscheinliche Problem. In der Situation hat sie also konstruktiv reagiert. Die hier verdeutlichte Darstellung ihrer Analyse könnte man jetzt noch verfeinern, indem man Laras Ärger und ihr eigentliches Anliegen, Phine gerecht zu werden einbezieht. Sie ist ärgerlich und schimpft, möchte aber nicht mit dem Kind streiten: Ihre Tochter soll sich von ihr in ihrem Wesen angenommen fühlen. Im Streit tut sie das sicher nicht. Lara entschließt sich, Phine ihren Ärger stattdessen zu erklären (Problemorientierung). Schließlich geht sie dazu über, sich auf eine Lösung zu konzentrieren (1.1). Sie hat alles in allem auf die Situation wohl angemessen re-agiert.

Eine Problemanalyse ist besonders in komplexen Konflikten, in die zahlreiche Personen vielfältig verstrickt sind, von grundlegender Wichtigkeit. Sie kann entscheidend dazu beitragen, erst einmal den Nebel aufzulösen. Die dadurch gewonnene Klarheit ermöglicht es dann, eine Konfliktlösung gezielt anzugehen. Der Gang auf den inneren Balkon hätte es Lara in dieser Situation weiterhin ermöglicht, über die Situation hinauszuschauen. Sie hätte dann wohl auch gesehen, welch einen Konflikt sie in ihrem Kind auslöst, wenn sie nach Problemanalyse und Lösungsfindung zu ihrem Ärger zurückkehrt. Bestimmt hätte sie dann einen anderen Weg gewählt.

Die Konfliktanalyse unter Einbezug des mediativen Handwerkszeuges

Die Mediative Kommunikation setzt für die vollständige Bearbeitung von Konfliktstoffen das Einnehmen der Metaebene als Haltungselement voraus. Die Problemanalyse wird durch den Einbezug einer sensiblen Betrachtung und Reflexion von Konfliktmaterial erweitert. Um zu klären, worin der Konflikt besteht, und die Konfliktdynamik durchschaubar zu machen, ist es nicht nur sinnvoll, sowohl die Gefühls- als auch Sachebene zu berücksichtigen, sondern des Weiteren analysierendes und synthetisches Denken miteinander zu verbinden: So ist es beispielsweise wenig sinnvoll, sich ins Erklären und Begreifen der Einzelaspekte eines Konfliktes zu verzetteln, ohne die in der Analyse gewonnenen Ein-Sichten zu einem Wissen über das Ganze zusammenzufügen. Genauso unvollständig wäre es, den Konflikt lediglich als Teil eines größeren Ganzen zu betrachten: Sich nur auf das Umfassende zu konzentrieren, während vielleicht noch die Rolle und Funktion des Teils betrachtet, aber dabei der einzelne Konflikt aus den Augen verloren wird.

Lara hat im obigen Beispiel den Konflikt zwar eingehend analysiert, aber den Gesamtzusammenhang weitgehend außer Acht gelassen. Um eine vollständige Konfliktanalyse zu betreiben, hätte sie also zusätzlich synthetisch denken und beispielsweise den Vater als Teil der Familie trotz seiner momentanen Abwesenheit in den Kreis der nicht zu Beschuldigenden einbeziehen müssen.

In einer umfassenden Konfliktanalyse aus der Metaebene heraus ist also nicht nur vordergründig, sondern vollständig zu klären, worin der Konflikt besteht. Die Realität bereitet so viele Möglichkeiten, einen Konflikt fortzutreiben, wenn er einmal einen Anfang gefunden hat. Die Konfliktdynamik kann nur aus dem hilfreichen Abstand heraus durchschaut und in ihrer ganzen Komplexität verstanden werden. Sowohl ausgeblendete als auch unbeachtete oder unbedachte Dynamiken, die Konfliktprozesse anheizen, müssen erkannt werden, wenn sie nachhaltig eine (Auf-)Lösung des Konfliktes herbeiführen sollen. Dabei ist es wichtig, über den Tellerrand der gewohnten Interventionen nach Alternativen zu schauen. Nicht zuletzt um zu erkennen, welche flankierenden Maßnahmen eine Lösung braucht, um sich später als stabil zu erweisen. Im Gesprächsprozess mit Streitenden eröffnet die Metaebene die Chance, Dynamiken aufzudecken, die eine Erweiterung der Sicht beider Konfliktparteien bewirken können. Diese sind anzusprechen, damit sie einen Rahmen für neue Lösungen schaffen, wo alte vielleicht immer wieder gescheitert sind.[48]

Eine vollständige Konfliktanalyse berücksichtigt laut Mediationsformel sowohl die Organisationsebene (Sachaspekt) als auch die persönliche Ebene der Beteiligten. Hier kommt nun explizit betrachtet die kulturelle Ebene (der jeweilige Hintergrund) hinzu. Die Personzentrierung bietet dabei eine Möglichkeit, davon auszugehen, dass es für jedes Verhalten einen angemessenen Hintergrund gibt. Sie führt weg von dem Drang, für andere entscheiden zu wollen oder sollen. Die allparteiliche Betrachtung der Situation birgt ein Bewusstsein über beliebte Rollenzuteilungen im Konflikt. Es ermöglicht, den Konflikt individuell anzugehen anstatt ihn im Dramadreieck aus Täter, Opfer und Retter noch zu verfestigen. Die Win-Win-Perspektive schafft Vertrauen darauf, dass dies zu einer zufrieden stellenden Lösung führt. Eine solch umfassende Konfliktanalyse lässt sich mit Hilfe des mediativen Handwerkszeuges unterstützen: Das Eisbergmodell und die Maslow'sche Motivationstheorie zeigen, dass sich in diesem Hintergrund universelle menschliche Gefühle und Bedürfnisse herausfiltern lassen, deren Berücksichtigung den Konflikt erweitert, verständlich und damit lösbar macht. Das Aktive Zuhören erhöht die Chance, im Verstehen den Weg bis dahin zu finden. Die Gewaltfreie Kommunikation bietet eine mediative Möglichkeit, die eigenen Belange klar und konstruktiv zu verbalisieren. Das Harvard-Konzept zeigt einen effektiven Ansatz, gegebenenfalls noch bestehende Positionen so zu verhandeln, dass ein Ergebnis erreicht werden kann, das für beide Seiten sowohl sachlich als auch beziehungstechnisch zufrieden stellend ist. Methodische Aufwertung, Spiegeln und Techniken der Gesprächsführung ergänzen diese Basiselemente der Mediativen Kommunikation. Sie unterstützen den Lösungsfindungsprozess. Die Metakommunikation gilt als deeskalierende Kommunikationshilfe. Sie macht die jeweiligen Kommunikationsmuster, Teufelskreise oder Eskalationsspiralen bewusst. Sie deckt vor allem Prozesse auf, die zur Konflikterhaltung und dessen Eskalation führen. Die benannten Elemente sind wie in Schaubild 12 dargestellt Werkzeuge der „AG Mediative Kommunikation“: Mit ihnen im Schlepptau lassen sich die Beobachtungen und Erkenntnisse aus der Metaebene anwenden. Der Konflikt kann umfassend analysiert und gezielt bearbeitet werden.[49]

2.4 Die Personzentrierung

Ein Geheimnis des Erfolges von mediativem Konfliktmanagement ist, dass es sich an den individuellen Gegebenheiten im Konflikt orientiert. Das zeigt sich vor allem an der intensiven Ergründung von beteiligten Gefühlen, Interessen und Bedürfnissen und an der Win-Win-Perspektive. Mediative Kommunikation bezieht dies in ihre wichtigsten Haltungselemente mit ein. Die Personzentrierung legt einen Grundstock zum gelingenden Verständnis in Konflikt und Alltagswelt. Sie dient der Förderung des Aufbaus von Vertrauen und eines guten Dialogs. Demnach bietet sie eine Grundhaltung, um den Konflikt mediativ anzugehen, statt einzugreifen und zu manipulieren.

Die Personzentrierung wurde vorrangig von dem Psychologen Carl R. Rogers im Rahmen der Erziehungsberatung entwickelt.[50] Die seinerzeit üblichen Beratungsansätze waren durchweg direktiv: Ein Hilfesuchender kam zum Beratenden. Dieser erkundigte sich nach dem Problem. Vor allem durch gezielte Fragen lenkte er das Gespräch so, dass er seine Diagnose erstellen konnte. Daraufhin machte sich der Berater an die Behandlung des Problems. In solch einer Praxis übernimmt der Beratende die Verantwortung für das Weiterkommen des Hilfesuchenden und die Lösung seines Problems. Ein ‚guter' Berater zeichnet sich in diesem Ansatz dadurch aus, dass er sich bemüht, dieser Verantwortung möglichst gerecht zu werden.

Rogers reformierte dieses Verfahren, indem er erstmalig von Klienten statt von Patienten sprach. Er stellte statt des Problems den Hilfesuchenden selbst in den Mittelpunkt der Betrachtung. Rogers entstieg den Fußstapfen der Problemzentrierung und entwickelte ein non-direktives Konzept der Hilfe zur Selbsthilfe. Der Beratende schafft dabei dem Hilfesuchenden die Voraussetzungen, um aus seiner (blockierten) Situation herauszutreten und sich zu entfalten. Dazu muss der Berater sein Gegenüber als eigenständige, selbstverantwortliche, mündige und entwicklungsfähige Person betrachten.[51]

Rahmenbedingungen zur Persönlichkeitsentwicklung

Die Personzentrierung wird durch Rogers nicht als eine Methode, sondern als eine Form der Beziehung mit Menschen beschrieben. Sie fördert das innere Wachstum einer Person. Wie bereits erwähnt, bildet Persönlichkeitsentwicklung einen wichtigen Bestandteil von Ausbildungen in Mediation. Während des Erlernens von Mediativer Kommunikation ist dies genauso wichtig. Bereits beim Thema Metaebene ist deutlich geworden: Das Bewahren des Überblicks in einer Konfliktsituation setzt ein gewisses Maß an Reflexion der eigenen Gefühle voraus. Genauso erforderlich ist dies beim Einschätzen und Einbringen einer angemessenen Intervention.

Natürlich gibt es darüber, was Persönlichkeitsentwicklung ausmacht, verschiedene Ansichten. Die einen sagen, man muss seine Wurzeln kennen, um daran die angemessenen Richtungen des Wachstums zu erkennen. Andere gehen davon aus, dass die Persönlichkeit sich am besten über den Weg der Herausforderungen entwickelt, und führen dementsprechend wachstumsfördernde Situationen herbei. Eine konstruktive Persönlichkeitsentwicklung beinhaltet nach Rogers: „... eine Veränderung in der Persönlichkeitsstruktur eines Individuums sowohl an der Oberfläche wie auch auf tieferen Ebenen, und zwar in eine Richtung [...], die stärkere Integration, weniger inneren Konflikt und mehr Energie bedeutet, die für effizientes Leben nutzbar ist; eine Verhaltensänderung weg von im Allgemeinen als unreif betrachteten Verhaltensweisen und hin zu solchen, die als reif angesehen werden."[52] Dabei wird davon ausgegangen, dass jede Person in sich selbst umfangreiche Ressourcen zur Verfügung hat. Dieses innere Gut macht es ihr grundsätzlich möglich, sich selbst und ihre Verhaltens- und Lebensweisen zu ergründen, zu verstehen und heilsam zu verändern.

Diese heilsame Veränderung wird einer Person in einem Rahmen erleichtert, der ihr einfühlsames Verständnis, Wertschätzung und Offenheit zusichert (2.0). Rogers nahm in einem großen Forschungsprojekt Gespräche von Hunderten von Therapeuten und Klienten auf und analysierte sie anonymisiert unter der Fragestellung, welche Bedingungen dazu führen, dass eine Person von sich aus erzählt, was sie erlebt. Dass sie sich dabei besser verstehen lernt und darüber zu einer Einstellungs- und Verhaltensveränderung gelangen kann. Er erntete damit viel Kritik, da bisher nur hinter verschlossenen Türen therapeutisch gearbeitet wurde und er nun einen Einblick ermöglichte. Er entmystifizierte damit die therapeutische Arbeit, schuf eine umfassende empirische Fundierung des klientenzentrierten Verfahrens und dessen Wirkungsweise. Daraus entstand die Betonung dreier wichtiger Faktoren, die ein personzentriertes Gegenüber in der gemeinsamen Beziehung anzubieten hat: ein empathisches (einfühlsames) Verstehen des Ratsuchenden von dessen Bezugspunkt aus (so wie er die Dinge wahrnimmt), die Wertschätzung des Klienten als Person und das Bemühen um uneingeschränkte Akzeptanz ihm gegenüber sowie die Authentizität (Echtheit). Der Beratende tritt ihm als Person gegenüber. Er versteckt sich nicht hinter seiner Rolle und ist dabei auch offen für sein eigenes Erleben.[53]

···› Einfühlendes Verständnis

Ein hilfreiches Gegenüber fühlt sich sensibel und genau in die Erlebniswelt der Erzählenden und deren Bezugssysteme ein. Es lauert beim Zuhören nicht auf die Schlüsselworte für das Anbringen von diversen Ratschlägen oder Ver-/Beurteilungen. Es legt den Schwerpunkt dabei auf wirkliches Verstehen: Durch das im gleichnamigen Kapitel näher erläuterte Aktive Zuhören geht es empathisch ‚Schritt für Schritt in den Schuhen des anderen'. So vollzieht es nach, was das Gesagte für den Sprechenden bedeutet – aus dessen Perspektive und dem Wahrnehmungsrahmen, der sich daraus ergibt.

Wenn es angebracht erscheint, teilt die zuhörende Person schließlich mit, was sie auf diese Art begreifen konnte. Sie verbalisiert, was sie im ‚Mitgehen' erlebt hat. Ein solch einfühlendes Verständnis fördert eine intensive Beziehung zwischen den Gesprächspartnern. Auch der innere Dialog gerät wieder in Gang. Dadurch werden der Erzählenden neue Sichtweisen eröffnet, die von ihr selbst, vielleicht aus Angst oder andersartigen Blockaden, nicht wahrgenommen werden konnten.

···> Vollständiges Akzeptieren und bedingungslose positive Wertschätzung

Sich im Gespräch so weit zu öffnen, dass Gedanken, Gefühle, das eigene Erleben ungehindert geäußert werden können, gelingt einem Menschen nur in einem Rahmen, in dem er sich sicher fühlen kann. Er braucht ein wirklich offenes Ohr des Gegenübers: dessen vollständige Akzeptanz. Sonst fühlt er sich in seinen Ausführungen immer wieder gebremst. Wenn nicht offensichtlich durch wertende Kommentare, dann durch Unsicherheit, die sich in ihm ausbreitet, sobald die Missbilligung seines Gesprächspartners zu ihm herüberschwingt. Ein hilfreiches Gegenüber akzeptiert den Erzählenden, ohne zu beurteilen und zu bewerten. Seine Wertschätzung ist vollständig und bedingungslos positiv.

Eine große Schwierigkeit besteht schon darin, dass sich die meisten Menschen nicht vorstellen können, zu solch einer bedingungslosen Akzeptanz überhaupt fähig zu sein. Diese Haltung wird erst durch das Bewusstsein darüber ermöglicht, dass Verständnis nicht gleich Einverständnis ist. Es ist nicht nötig, etwas gut oder richtig, überhaupt akzeptabel zu finden, um es beim Zuhören zu akzeptieren. Alles, was die Zuhörende zu tun hat ist, zu signalisieren: ‚Ja: Ich habe es gehört und in seinem Kontext nachvollzogen.' Eine personzentrierte Zuhörerin hat die klare Aufgabe, empathisch zu verstehen, was ein anderer Mensch erlebt. Wer zuhört, bleibt nicht in seiner eigenen Welt mit seinem Werte- und Gefühlssystem, sondern begibt sich für diesen Prozess in die Welt des anderen.

Personzentrierte Zuhörende gehen in den Schuhen der Erzählenden. Ihre eigenen Bewertungen haben sie in ihrem eigenen Zuhause gelassen, als sie sich auf diesen Weg machten. Und wenn sie wieder dorthin zurückkehren, können sie diese wieder nutzen, so viel sie wollen. Die bedingungslose Wertschätzung ist deutlich zu unterscheiden von einem missionarischen Aufruf zur Toleranz dessen, was ein Mensch nicht akzeptieren will. Sie ist ein Element des ‚Jobs', der Professionalität, der Aufgabe, Personzentrierung auszuüben.

Die wertschätzende Anteilnahme schafft eine Atmosphäre, die Abwehrreaktionen, Angst und Misstrauen verringert. Sie gewährt dem Erzählenden die nötige Freiheit für Rückschritte und Fehler, die er braucht, um sich persönlich weiterzuentwickeln.[54] Das Vertrauen in eine Person fördert deren Selbständigkeit, weil sie sich im Gespräch auf sich besinnen und eigene Schritte machen kann.

⇢ Echtheit und Kongruenz

Wer als Gesprächspartner seinem jeweiligen Gegenüber die Möglichkeit zur Persönlichkeitsentwicklung geben möchte, braucht dazu eine innere Basis. Oft reicht es nicht, sich in die Gefühle des anderen hineinzuversetzen. Damit eine bedingungslose Akzeptanz gegeben werden und auch bei dem anderen ankommen kann, ist es notwendig, die eigenen Gefühle wahrzunehmen und damit genauso wertschätzend zu verfahren. Es braucht ein Selbst-Verständnis, das einen offenen Umgang mit der gesamten Gefühlspalette ermöglicht (2.1).

Mit Offenheit können die Barrieren bei sich selbst und beim anderen am leichtesten überwunden werden. Ist die Zuhörende nicht authentisch, vermittelt sie dies in der Regel durch Mimik, Tonfall oder Gestik. Das Gespräch wird blockiert. Eine tiefe, hilfreiche Beziehung wird behindert. Echtheit und Kongruenz eines hilfreichen Gegenübers machen es dem Erzählenden möglich, es auch als ein solches wahrzunehmen. Echtheit bezeichnet hier sowohl das Wahrnehmen und Zulassen der eigenen Gefühle und Reaktionen als auch die Bereitschaft, sie transparent zu machen, wenn dies nötig oder unterstützend ist.

Rogers zählt mit seinem Persönlichkeitskonzept zu den Begründern der Humanistischen Psychologie. Er betont die Einzigartigkeit eines jeden Menschen, orientiert sich dementsprechend auch auf Phänomene statt nur auf schon verfestigtes Konfliktmaterial. Der Schlüssel zum Erfolg der Personzentrierung liegt wohl in der Arbeit an der Diskrepanz zwischen Ist und Soll, der Unvereinbarkeit zwischen innerem Erleben und dem Selbstkonzept eines Menschen (2.3). Das Selbstkonzept birgt den Anspruch, den ein Mensch an sich gestellt fühlt. Die Bewertung des eigenen Seins und Tuns in den Augen der wichtigen Bezugspersonen.[55] Um Ängste, Spannungen und Verteidigungshaltungen zu reduzieren, muss die Übereinstimmung zwischen Ist und Soll wieder angenähert werden. Das heißt nicht, dass der Mensch sich zu einer Perfektion entwickeln muss, der er nicht gewachsen ist. Meist steht hinter dem Konflikt ein neurotisches und/oder rigides Selbstkonzept, das flexibler werden muss. Und das kann es nur in einer Beziehung, die akzeptierend und wertschätzend ist. In der ein Mensch die Freiheit hat, langsam zu entdecken, wie er wirklich ist, und die Erfahrung macht, dass er damit angenommen wird. Dies führt dazu, dass er sich Schritt für Schritt auch selbst so akzeptieren kann, wie er ist. Das Beziehungsangebot der Personzentrierung setzt einen Prozess in Gang: die Bewusstwerdung von Gefühlen und Gedanken, die vorher mit dem Selbstkonzept nicht vereinbar waren. Es schafft so einen Ausweg aus verfahrenen und konflikthaften Situationen.[56]

Die Personzentrierung in der Mediativen Kommunikation

Die Personzentrierung bildet in der Mediativen Kommunikation den Hintergrund für die wesentlichen Haltungselemente und Methoden.[57] Sie stellt deren humanistisches Menschenbild sowie den Grundsatz der Wertschätzung statt Bewertung. Die Mediative Kommunikation ist interessiert an dem Handwerkszeug, das eine Personzentrierte Haltung im Hinblick auf ein vollständiges Akzeptieren beziehungsweise die bedingungslose positive Wertschätzung des Gegenübers unterstützt. In den vorangegangenen Kapiteln klingt bereits an, dass Bewertung und Beurteilung in der Mediativen Kommunikation vorsichtig und vor allem reflektiert zu behandeln sind. So wurde bei der Metaebene bereits beschrieben, wie der interne Beobachter den Rest des Inneren Teams dazu zu bringen hat, die eigenen Wertungen bei sich zu behalten. Der Ansatz Wertschätzung statt Wertung ist ein Element der Mediativen Kommunikation, dem mehr Beachtung gebührt, als die meisten Menschen denken. Das liegt daran, dass der Anteil wertender Elemente im Denken, Fühlen und Verhalten eines Menschen im Allgemeinen unterschätzt wird.

Jedem Menschen ist ein individuelles Wertesystem zu Eigen. Es hat sich ihm durch seine sozio-kulturellen Hintergründe derart eingeprägt, dass er alles, was von außen auf ihn zukommt, in dieses System einsortiert. Ein in interkulturellen Kompetenztrainings häufig durchgeführtes Spiel verdeutlicht diesen Vorgang. Es nennt sich irreführend „Zwei Beobachtungen aus einem Land“: *Die Teilnehmenden bekommen die Aufgabe, sich an einen Urlaub in einem anderen Land zu erinnern. Auf zwei Moderationskarten sollen sie jeweils eine Sache notieren, die sie dort gesehen haben, die ihnen aufgefallen ist. Die beschriebenen Karten werden nebeneinander an eine Pinnwand geheftet. Zu lesen ist da dann beispielsweise „Viele grüne Bäume“ und „Auf den Boden spuckende Männer“, „gemütliche Häuser“ und „gastfreundliche Menschen“. Es ist nun von den anderen zu erraten, auf welches Land sich diese „Beobachtungen“ beziehen. Im ersten Beispiel war dies Schweden, im zweiten die Türkei.* In diesem Teil des Spiels gibt es häufig Diskussionen darüber, was für welches Land als typisch oder untypisch betrachtet wird. Dies zeigt allein schon einen interessanten Einblick in die Wertesysteme und normativen Vorstellungen der Teilnehmenden.

Wenn alle Länder erraten sind, wird deutlich, dass das Spiel eigentlich eine Übung zur Unterscheidung von Beobachtungen und Bewertungen ist: *Die einzelnen Karten sind unter diesen Überschriften nun zu sortieren. Weil über Gemütlichkeit schon beim Raten diskutiert wurde, landete in dieser Gruppe die zugehörige Karte gleich bei Bewertungen. Daneben wurde der Zettel mit dem Text „auf den Boden spuckende Männer“ angebracht. Auf Erinnerung daran, dass es nicht die Aufgabe ist, das Beschriebene zu bewerten, sondern es auf bewertende Elemente hin zu untersuchen, bekam diese Karte ihren Platz bei den Beobachtungen. Die anderen Karten waren ebenfalls unter Beobachtungen einsortiert, weil alle sich bisher über die jeweilige Beschreibung einig waren. Bei genauerer Betrachtung wurde klar, dass es sehr unterschiedlich sein kann, was als ‚viele grüne Bäume‘ wahrgenommen wird. Genauso verhält es sich mit der Zuschreibung der Gastfreundlichkeit. Letztendlich blieb unter der Überschrift „Beobachtungen!“ nur die Karte mit dem Text „auf den Boden spuckende Männer“. Mit dem Zusatz, dass man voraussetze, dass es in dem Fall möglich war, Männer eindeutig von Frauen zu unterscheiden. Keine der Teilnehmen-*

den erachtete dies für „typisch“ in Schweden. Die Beobachterin erklärte, dass sie innerhalb von zwei Tagen fünf Menschen dabei gesehen hätte und dass ihr dies ‚eben aufgefallen‘ sei. An diesen Ausführungen und an ihrem Tonfall wurden durchaus Bewertungselemente deutlich. Käme sie aus Griechenland, hätte sie sich darüber wohl nicht gewundert. Die Karte beinhaltete aber die schlichte Wortgruppe, ohne Ton, Mimik oder Gestik. Und „spucken“ bezeichnet laut Duden neutral das, was sie gesehen hat. Sie hätte andere Möglichkeiten gehabt, um ihrer Wertung Ausdruck zu verleihen. Demnach fiel diese Karte letztlich als einzige der Kategorie Beobachtungen zu.

Dass die einzige Beobachtung von der Gruppe lieber bewertet als als eine solche einsortiert wurde, weist auf den Drang hin, Wertungen zu verteilen. Wie stark die Orientierung an Wertungen erfolgt, wird alltäglich deutlich, wenn man bedenkt, dass viele spontane Reaktionen unmittelbar das Ergebnis von ‚automatischen‘ Bewertungen der jeweiligen Situationen sind. *Ein Mensch weicht zurück, weil sein Inneres den Stempel Gefahr gezückt hat. Oder er hört vielleicht einer Freundin dabei zu, wie sie von ihrem gerade verkauften Auto erzählt. Er kennt das: ‚Die Spritpreise lassen einem auch wirklich keine andere Wahl.‘ Weil er an seine eigene Erleichterung beim Verkauf seines Gefährts letzte Woche denkt, sagt er: „Da freu ich mich aber für dich.“* Das passt für sie gar nicht, weil sie eigentlich sehr traurig ist. Dass er die Traurigkeit in seiner spontanen Reaktion nicht beachtet, resultiert daraus, dass die Bewertung noch den unmittelbaren Vorrang hat. Sie steht gewohnheitsmäßig vor der Einfühlsamkeit. Längst vergangene Erfahrungen werden auf die Gegenwart projiziert. Darunter sind auch Ängste und das Misstrauen, welches sich daraus entwickelt hat. Und so erfolgt eine Bewertung dessen, was einer Person in der heutigen Realität begegnet, gewöhnlich durch die Brille der Vergangenheit. Es empfiehlt sich also, sowohl mit negativen als auch mit positiven Bewertungen reflektiert umzugehen. Denn schon allein diese Betitelung ist eine Bewertung: Was die einen als positiv empfinden, nehmen die anderen als etwas Negatives wahr.

Wenn Sie sich das Inhaltsverzeichnis dieses Buches genau angesehen haben, wird Ihnen bestimmt schon aufgefallen sein, dass sich im dritten Teil des Buches ein Kapitel findet, welches mit „Methodische Aufwertung“ betitelt ist (3.5). Auf den ersten Blick betrachtet scheint die Grundhaltung Wertschätzung statt Wertung im Gegensatz zur Aufwertung als angewandte Methode zu stehen. Logisch erscheint dies erst in der Vergegenwärtigung dessen, dass im Konfliktfall in der Regel automatisch eine Abwertung stattfindet oder bereits stattgefunden hat. Um das Gleichgewicht wieder herzustellen, wird in der Mediativen Kommunikation Aufwertung als ein methodisches Handwerkszeug eingesetzt. Die folgende Übung soll dazu anregen, in diesem Sinne vorab die eigene Fähigkeit zur Wertschätzung zu animieren und zu trainieren. Sie erhöht die Sensibilität im Hinblick auf Wertschätzung, Empathie und Authentizität, indem sie hierzu Möglichkeiten entfaltet.

__Diese Übung ist ein Wertschätzungstraining:__ Schreiben Sie zehn Minuten lang alles auf, was Sie an sich mögen, was Sie an sich wertvoll finden. Schreiben Sie ohne Punkt und Komma, ohne den Stift abzusetzen. Wenn Ihnen nichts mehr einfällt, wiederholen Sie das Wort, was Sie zuletzt geschrieben haben so lange, bis Ihnen vielleicht doch noch etwas einfällt. Sie können sich auf innere und auf äußere Werte beziehen, auf Eigenschaften, Verhaltensweisen oder auch Ihr Aussehen.

Beginnen Sie einfach mit: *Ichmaganmir*

Und ergänzen Sie: „... dassichgutzuhörenkannschönezehenhabe ...“ und so weiter.

Übung 4

Die Personzentrierung in der Haltung ist ein wertschätzender Ansatz. Wertschätzung für den anderen setzt einen wertschätzenden Umgang mit sich selbst voraus. Diese einfache Übung schafft einen Anlass, dies einmal gezielt und ohne die üblichen Alltagsbremsen zu tun. Die häufige Zurückhaltung, wenn es um die Wertschätzung des Eigenen geht, zeigt sich in Formulierungen wie „Eigenlob stinkt!“. Und so trifft man im Alltag oft auf Personen, die sich selbst so wenig Wertschätzung zugestehen, dass sie sogar bremsen müssen, wo ein anderer dies macht. Das gegenseitige Ausbremsen lässt sich nur stoppen, wenn einer anfängt, sich darüber hinwegzusetzen. Wer sich selber Wertschätzung gibt, muss nicht zwangsläufig arrogant durchs Leben gehen und stolpern, weil die hoch gehaltene Nase ihm den Blick versperrt. Überheblichkeit ist Ausdruck dessen, dass ein Mensch meist aus dem Gefühl, dass es von ihm gefordert wird, einen überzogenen Selbstwert nach außen trägt. Dies hat nichts mit Wertschätzung zu tun. Wer sich selbst authentisch wertschätzen kann, der schafft sich damit eine neue Wahrnehmungsperspektive und kann auch anderen gegenüber eine solche Haltung entwickeln. Er kann mehr Gutes beim anderen sehen, und dies prägt das Gefühl, was er beim Zuhören für ihn entwickelt.

Um zu einer grundsätzlich wertschätzenden Haltung zu gelangen, muss sich eine Person darüber hinaus über ihre eigenen (Be)Wertungen bewusst sein. Sie muss realisiert haben, was Ab- und Aufwertung bewirken. Und dass ein Mensch in jeder Situation und in Bezug auf jede Person die Möglichkeit zu beidem, sowohl zur Auf- als auch zur Abwertung, hat. Auf beide Themen wird noch an vielen Stellen des Buches Bezug genommen. Wichtig ist dabei, den Weg von der Ab- zur Aufwertung zu beschreiben. Zusammenfassend ist hier darauf zu verweisen, dass Abwertung überall dort im Spiel ist, wo Kompetenzen abgesprochen, das Entwickeln von Handlungsalternativen vereitelt, Wachstum gebremst und das Gegenüber nicht mehr als individuelle Persönlichkeit gesehen werden kann. Das Thema Aufwertung findet seinen Platz, wo mit Abwertung verbundenes konfliktverfestigendes Material in mediativer Weise Umwandlung erfährt. Es findet sich außer in der Personzentrierung beispielsweise als zentrales Element in der Gewaltfreien Kommunikation und wird methodisch durch Ich-Botschaften, das positive Umformulieren (4.2), Entschärfen und Paraphrasieren (3.2) unterstützt.

2.5 Die Allparteilichkeit

Die Allparteilichkeit ist das Basiselement im Hintergrund, das ein mediatives Agieren zwischen zwei und mehr Konfliktbetroffenen erst wirksam macht. Im Alltag ist oft zu erleben, dass sich gerade unter Freunden die Person, die jemand im Konfliktfall anspricht, auf dessen Seite stellt. Das tut ihm gut. Und er betrachtet dies vielleicht als einen Freundschaftsbeweis. Seine jeweilige Kontrahentin wird dies aller Wahrscheinlichkeit nach ebenso tun. Was ein Konflikt zwischen zwei Einzelpersonen war, spaltet schnell den umliegenden Freundesbereich in zwei streitende Lager. Der Konflikt weitet sich aus. Er wird angeheizt statt bearbeitet. Besonders im Falle einer Scheidung oder Trennung lässt sich dies häufig beobachten.

Erst wenn die hinzugeholte Person sich gleichwertig auf beide Seiten konzentriert, kann der Konflikt mit ihrer Hilfe einen Lösungsprozess erfahren. Die Allparteilichkeit ist ebenso wie die Personzentrierung und die anderen Haltungselemente nicht nur eine Methode, sondern eine Hintergrundhaltung, der man sich bewusst sein sollte, um mediativ agieren zu können. All-parteilich zu sein ist eine Entscheidung, mit der die Bereitschaft einhergeht, eigene Wertungen beiseite zu lassen. Wie in der Personzentrierung steht im Vordergrund die Aufgabe, hilfreich zu sein. In der Vermittlungsposition bedeutet dies, ausnahmslos alle beteiligten Seiten gleichwertig zu unterstützen.[58]

Das Dramadreieck: Wenn die Rollen fest verteilt sind

Der Sinn einer allparteilichen Haltung wird deutlich anhand der Unterscheidung zwischen zwei Modellen, mit Konflikten umzugehen. Sie werden im Zusammenhang mit mediativem Konfliktmanagement auch als Konflikterhaltungs- und Konfliktbearbeitungsmodell bezeichnet. Der Ausdruck Konflikterhaltungsmodell bezieht sich auf das Dramadreieck: Es besteht aus den drei zu verteilenden Rollen Täter, Opfer und Retter. *Lars und Peter treffen sich nach der Schule auf dem Hof. Lars zeigt Peter sein neues Gameboy-Spiel. Dieser lässt den Gameboy fallen und lacht. Weil Peter lacht, glaubt Lars, Peter hätte es absichtlich getan. Er macht sich Sorgen darüber, was wohl seine Eltern sagen werden. Weder Martin noch Lara hatten ihm erlaubt, den Gameboy mit in die Schule zu nehmen. Er ärgert sich über die Situation und ist wütend über Peter, der bestimmt nur neidisch war und das Gerät aus Bosheit kaputtgemacht hat. Lars rennt daraufhin weinend zur Lehrerin und berichtet ihr den Vorfall. Dabei steht ihm seine Verzweiflung förmlich ins Gesicht geschrieben. Die Lehrerin empfindet Mitleid für Lars. In dem Anliegen, diesen aus seiner misslichen Lage zu retten, bestraft sie Peter.*

Im Dramadreieck ist also Peter der Täter, Lars ist das Opfer. Die Rolle der Retterin übernimmt die Lehrerin, indem sie Peter gebührend bestraft. Der Gerechtigkeit ist offensichtlich Genüge getan. Grade im Erziehungsbereich gibt es viele Beispiele, die dieses Verfahren mit Erfolg begründen. Was aber, wenn die Rollen nicht wirklich so eindeutig ausgefüllt werden, wie es scheint? Was, wenn der Täter auch Opfer ist und andersherum?

Der Nachteil der Parteilichkeit

Hätte man Peter und Lars auf dem Schulhof genau beobachtet, hätte man vielleicht bemerkt, dass Peter den Gameboy aus Versehen fallen ließ. Er ist ihm aus den Fingern gerutscht. So etwas ist Peter schon öfter passiert. Zu Hause wird er deshalb von seinem Bruder immer ‚Trampel' genannt. Sein Lachen war pure Verlegenheit. Er wusste einfach nicht, wie er sich verhalten sollte in dieser für ihn schwierigen Situation. Er kennt Lars Eltern und weiß, dass diese ihm niemals erlauben würden, den Gameboy mit zur Schule zu nehmen. Er schämt sich, weil Lars nun wegen seiner Ungeschicklichkeit mächtig Ärger bekommen wird. Lars ist sein bester Freund. Peter möchte nicht schuld daran sein, dass diesem jetzt solch ein Ärger bevorsteht. Dass Lars glaubt, er habe es absichtlich getan, kränkt Peter. Und er ist sauer, weil dieser nichts Besseres zu tun hatte, als gleich zur Lehrerin zu rennen. Peter erzählt dies entrüstet seinem Kumpel Jan, der es wiederum den anderen in der Klasse sagt. Lars wird daraufhin als Petze gehänselt. Als sei er zu feige, sich selbst zur Wehr zu setzen.

Peter erhält als Strafe von der Lehrerin eine offizielle Verwarnung, die ihm zu Hause auch großen Ärger einbringen wird. Und wenn sein Bruder erfährt, was die Ursache des Ganzen war, wird dieser ihn noch schlimmer piesacken. Die ganze Aktion bedeutet einen Angriff auf sein Selbstwertgefühl, das er nun wieder regenerieren muss. Peter rächt sich an Lars in Momenten, wo die Lehrerin nicht helfen kann. Oder er schlägt auf anderen Ebenen zurück. Die Freundschaft der Jungen ist zerstört. Der Konflikt besteht fort. Lars holt sich weiterhin Hilfe von der Lehrerin. Peter ist wütend, fühlt sich ungerecht behandelt und reagiert aggressiv. Lars kämpft mit seiner schlechten Position in der Klasse. Er wird nun als Weichei beschimpft und gehänselt. Die einzige Person, die ein gutes Gefühl behält, ist vielleicht die Lehrerin, die sich in ihrem Selbstwert, ihre Aufgabe gut gemacht zu haben, bestätigt fühlt.

Es ist meist die Position der Retterin, die in diesem Modell am meisten gewinnbringend ist. Opfer und Täter erfahren beide eine Abwertung. Die Abwertung des Geschädigten findet sich schon im Begriff: „Du Opfer!" war vor einigen Jahren unter Jugendlichen ein beliebtes Schimpfwort für eine verachtungswürdige Person, die den Anschein macht, dass sie sich selbst nicht helfen kann. Ein Opfer erfährt so oft den Stempel der Schwäche, noch bevor überprüft wird, ob es sich nicht doch selbst aus seiner Lage befreien kann. Oder ob es vielleicht anderweitige Unterstützung braucht. Der Täter findet sich oft als Sündenbock dargestellt. Oder er sieht ein, dass die Rollenverteilung an sich ihre Berechtigung hat, fühlt sich aber darüber hinaus als Gesamtperson nicht gesehen. So oder so verstärkt sich dabei seine Wut. Er wird dem ‚armen Opfer' nun mit großer Wahrscheinlichkeit (wie Peter in unserem Beispiel) dafür eins „auswischen" wollen. Die ganze Schleife beginnt dann von vorn.[59]

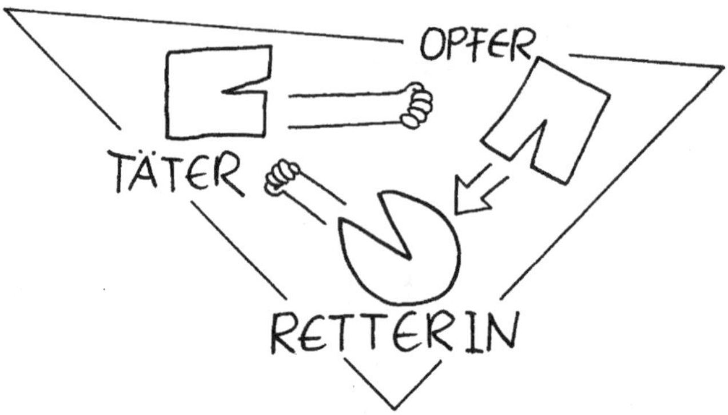

Abb. 14: **Das Dramadreieck**

Die Rollen werden im Konflikterhaltungsmodell pauschal verteilt. Es wird den einzelnen Beteiligten höchstens insoweit gerecht, wie sie ins Schema passen. Ist eine Verteilung nicht eindeutig, wird der Konflikt stattdessen angeheizt. Wie in der Abbildung dargestellt, entsteht ein Kreislauf, der sich nur schwer durchbrechen lässt. Von Runde zu Runde werden die Positionen verfestigt und verstärkt. Alle Seiten erfahren in diesem Prozess eine Abwertung: der Täter (oder auch ‚Verfolger'), weil er der Böse ist. Das Opfer, weil ihm die Kompetenz zum Umgang mit der Situation und zu deren Lösung abgesprochen wird. Die Retterin, weil sich der Kreislauf trotz ihrer oder seiner Hilfe weiterdreht. Soweit ihr das auffällt und sie nicht vor Begeisterung über ihr Retterinnendasein blind dafür ist. Das Dramadreieck fördert in der pauschalen Rollenzuteilung eine Statik in Selbstdefinition, Selbstdarstellung, Aufgaben und Funktionen der Einzelnen. Dies macht eine Bewegung im Konflikt unmöglich. Sowohl Täter als auch Opfer sind schnell gedrängt, ihrem Image gerecht zu werden.[60]

Das Konfliktbearbeitungsmodell: Den Konflikt mediativ angehen

Um in unserem Beispiel stattdessen eine Konfliktlösung zu ermöglichen, hätte die Lehrerin auf die Lorbeeren als Retterin verzichten müssen. Sie hätte sich entscheiden müssen, das Angebot der Retterinnenrolle nicht anzunehmen, auch wenn es noch so verlockend erscheint. Das Konfliktbearbeitungsmodell geht von einer Gleichstellung aller Konfliktbeteiligten aus. Sie teilen die Erfahrung diverser zum Konflikt gehörender Geschehnisse von meist verschiedenen Perspektiven aus. Anstatt entsprechend der sich selbsterfüllenden Prophezeiung ihrem pauschalen Täter- und Opferimage zu entsprechen, können die Streitenden ihre jeweiligen konkret empfundenen Täter- und Opferanteile in die Konfliktbearbeitung einbringen. Durch das Herausfiltern der individuellen Interessen und Bedürfnisse hinter ihren bezogenen Positionen haben beide die Möglichkeit, als Gewinnende aus dem Konflikt hervorzugehen. *Hätte die Leh-*

rerin Peter und Lars mediativ zum Gespräch angeregt, wäre durch ihre gezielte Nachfrage herausgekommen, dass es gar nicht Peters Absicht war, den Gameboy kaputtzumachen. Lars hätte wohl einiges von seiner Wut verloren, wenn er Peters eigentliche Bestürzung über dieses Missgeschick mitbekommen hätte. Er hätte Peter vielleicht noch misstrauisch gefragt, warum er denn dann gelacht hat. Und dieser hätte ihm vielleicht vor dem Lehrer gesagt, dass er es ihm nachher unter vier Augen erklärt. Vielleicht hätte die mit kreativen Ideen ausgestattete Lehrerin Zettel und Stift gezückt und es von Peter für Lars aufschreiben lassen. Wie auch immer: Sie hätten zu dritt nach einer bestmöglichen Lösung für die Situation suchen können. Die Freundschaft zwischen den beiden Jungen hätte gerettet und vielleicht sogar eine Vertiefung erfahren können.

Die Konfliktbearbeitung bewirkt, dass der Kontakt zwischen den Beteiligten wieder hergestellt wird. Statt dass sie in der Zuschreibung von Täter- und Opferrollen eine Vertiefung der Trennung erfahren, werden sie gemeinsam auf eine Stufe gestellt. Das Dramadreieck verfestigt die Positionen. Können dagegen die Interessen und Bedürfnisse dahinter betrachtet werden, kann sich der Konflikt vorwärts bewegen. Dass die Streitenden selbst über Kompetenzen zur Konfliktlösung verfügen, wird von einer mediativ kommunizierenden Person anerkannt. Und sei es nur die Offenheit, um Missverständnisse aufzuklären. So erfahren sie in der Wertschätzung die Möglichkeit, gemeinsam eine angemessene Lösung zu erreichen. Sie werden von der abschüssigen Eskalationsleiter wieder auf ebene Erde gesetzt. Von dort aus können sie dann gemeinsam den Weg zum Win-Win beschreiten.

2.6 Die Win-Win-Perspektive

Das Haltungselement Win-Win-Perspektive stößt in Seminaren zum Thema Mediative Kommunikation meist auf die hartnäckigste Abwehr von Seiten der jeweiligen Teilnehmenden. Dahinter steht die vertretene Ansicht, dass man für etwas, das man haben oder erreichen möchte, auch etwas geben muss. Dabei stellt sich natürlich die Frage, wie so viele Menschen zu einer solchen Ein-Sicht gelangen konnten. „Wer nehmen will, muss auch geben", das ist salopp ausgedrückt ein Grundsatz, der schon Kindern im Krabbelalter (wenn nicht sogar davor) eingetrichtert wird, damit sie sich nicht zu den alles und jeden aussaugenden Minimenschen entwickeln, die sie eigentlich altersangemessenerweise sind. So lernen die meisten Menschen früh, Rücksicht auf die jeweiligen Erziehenden zu nehmen, statt sich ihren eigenen Bedürfnissen und Gefühlen gerecht werdend zu entwickeln. Ebenso verhält es sich mit dem ähnlich frustrierenden Spruch „Du kannst nicht alles haben". Er zeigt eine weitere Möglichkeit, die Wünsche und Bedürfnisse eines meist sehr jungen Menschen zu begrenzen.

Die Erfahrung zeigt natürlich sehr häufig, dass es einiger Anstrengung bedarf, um etwas zu erreichen: Wer ein Instrument erlernt, wird ohne fleißiges Üben weniger Fortschritte machen, als wenn er sich täglich daranmacht, sein Spiel zu vervollkommnen. Es heißt nicht umsonst: „Ohne Fleiß keinen Preis" oder: „Früh übt sich, was ein Meister werden will." Wer eine Fähigkeit erhalten will, muss in der Regel Zeit und Kraft, vielleicht auch Geld investieren. Die Win-Win-Perspektive möchte ganz anderes, als dies überhaupt in Frage zu stellen. Den Interaktionsprozess des Gebens und Nehmens aus dem zwischenmenschlichen Alltag zu verbannen, wäre wohl auch bedauerlich. So oft ist er es, der Menschen zueinander führt. Will jemand beispielsweise von einer anderen Person fachliche Anerkennung, dann muss er ihr schon eine Kostprobe seines Könnens geben. Genauso wenig ist es möglich, auf Dauer zu Nehmen, ohne zu Geben. Dennoch ist es hilfreich, die Augen für die Möglichkeit, einfach nehmen zu dürfen, offen zu halten. Nur für den Fall, dass einem das Leben doch mal etwas schenkt. Denn ein Mensch kann schließlich nur erfahren, was er auch für möglich hält. Eine Erweiterung der Möglichkeiten birgt also die Gelegenheit, vielleicht mehr zu bekommen, als man eigentlich zu hoffen wagt.

Konfliktumgangsmöglichkeiten

Das unten abgebildete Koordinatensystem ist eine plakative und damit auch vereinfachte Darstellung der Möglichkeiten, mit einem Konflikt umzugehen. Sie bietet ein grobes Raster zur Einordnung der Interessenverteilung. Dennoch verdeutlicht es die Win-Lose- und Win-Win-Verteilung, die einem Menschen grundsätzlich zur Verfügung steht.

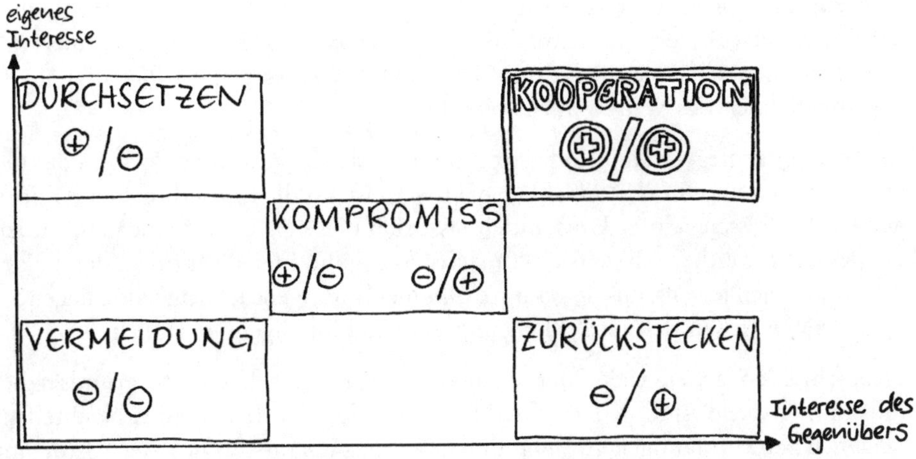

Abb. 15: **Möglichkeiten der Berücksichtigung von Interessen in einem Konflikt**

Davon ausgehend, dass sowohl „Wer nehmen will muss auch geben" als auch „Du kannst nicht alles haben" wohl gemeinte Wegweiser im Straßenverzeichnis des Lebens eines Menschen sind, zeigt sich doch bei genauerer Betrachtung, dass damit einhergeht, dass viele Menschen ihre Gefühle, Bedürfnisse und Wünsche beiseite schieben, bevor sie sie ausformen oder überhaupt wahrnehmen können. Dies hat dazu geführt, dass zwar die im Koordinatensystem positionierten Konfliktumgangsmöglichkeiten Vermeiden, Durchsetzen, Zurückstecken und Kompromiss-Schließen allgemein vertraut erscheinen. In Bezug auf die Möglichkeit der Kooperation bei beidseitig größtmöglicher Umsetzung der eigenen Interessen und der Ansinnen der anderen herrscht dagegen großes Misstrauen.

Dem gegenüber steht der im Bereich des mediativen Konfliktmanagements beliebte Spruch: „Für jedes Problem gibt es einhundertneunundneunzig Lösungen." Keine muss oder soll aussteigen aus dem Kreislauf des Geben und Nehmens. Die Win-Win-Perspektive dient lediglich einer genauen Betrachtung dessen, wie Geben und Nehmen so gestaltet werden kann, dass beide Seiten zufrieden sind: ‚Wieso also zähneknirschend einen Kompromiss schließen, wenn die Betrachtung zugrunde liegender Interessen und Bedürfnisse auch eine allseitig gewinnbringende Kooperation eröffnen kann?'

Die Chance der Win-Win-Perspektive

Eine gute Voraussetzung dafür, einen möglichst hohen Win-Win-Effekt zu erhalten, ist, Klarheit über die jeweiligen Interessen und/oder Bedürfnisse zu erlangen. Auf dieser Basis kann nach möglichen Vereinbarkeiten beidseitiger Anliegen gesucht werden.

Ein beliebtes Beispiel einer solchen Win-Win-Lösung ist das viel zitierte Orangenbeispiel. Sie kennen es bereits aus dem ersten Teil dieses Buches (1.2). So konstruiert dieses Beispiel auch sein mag, es gelingt ihm doch in seiner ganzen Plakativität, die Grundmöglichkeit des Win-Win zu spiegeln.

Dabei ist es grundlegend, die Konzentration nicht an die geäußerte Position des Gegenübers zu ketten. Die Win-Win-Perspektive weist auf die Erkundung der dahinter liegenden Interessen. Unter Umständen lässt sich diesen auch auf eine ganz andere Weise gerecht werden, als es sich zunächst darstellt. Die Positionen der beiden Schwestern zielen jeweils auf die gesamte Orange. Ihre eigentlich zugrunde liegenden Interessen aber ließen sich tatsächlich auch sehr viel intelligenter erfüllen.

Wie beschrieben gehen viele Menschen davon aus, dass Konflikte grundsätzlich „Nullsummenspiele" sind: Jeder Vorteil für den anderen bedeutet einen Nachteil auf der eigenen Seite und umgekehrt. Damit beträgt die Gesamtsumme jeder Lösung immer null. Jedes Stück vom Kuchen, das der andere bekommt, macht den eigenen Anteil geringer. Und es gibt Konflikte, bei denen dies tatsächlich so ist. Der Ansatz der Win-Win-Perspektive legt dies offen. Wie im Zusammenhang mit dem Harvard-Konzept vertiefend beschrieben wird, füllen die Streitenden dann bereits die Rollen zweier miteinander kooperierender Menschen beim Problemlösen aus. Die Kooperation findet sich also bereits im Konfliktlösungsprozess, selbst wenn zur Lösung bestenfalls ein Kompromiss in Aussicht steht. Dies schafft immerhin die Voraussetzungen dafür, dass auch anhand dieser schwierigen Situation ein optimales Ergebnis erreicht werden kann, das Ausdruck der größtmöglichen Zufriedenheit ist.

In vielen Konfliktsituationen ist es aber durchaus möglich, zu Positivsummenergebnissen zu gelangen. Voraussetzung dafür ist allerdings, dass man auch danach sucht. Dann lassen sich häufig Möglichkeiten entwickeln, die den Kuchen insgesamt so erweitern, dass für alle größere Stücke zur Verfügung stehen. Oder haben Sie etwa noch nie mit leckerer Sahne, Keksen oder Schokoladenstücken dekorativ und schmackhaft einen Kuchen angereichert? Er muss nicht unbedingt breiter oder länger werden, damit sich die Stücke vergrößern. Es gibt auch die dritte Dimension der Höhe. Die dritte Dimension im Konflikt- oder Verhandlungsfall erhebt sich über die vordergründigen Positionen, um den Blick auf die jeweiligen Hintergründe freizugeben. Ein gutes Beispiel dafür, was dies bewirken kann, ist die Win-Win-Lösung des Orangenbeispiels.

Die Begrenzungen aufheben: Sich auf die konkrete Situation beziehen

Viele Begrenzungen, die uns an einem Win-Win-Effekt hindern, sind darauf zurückzuführen, dass Menschen mit Situationen verfahren, wie sie es anhand ähnlicher Erfahrungen im Laufe ihres Lebens gelernt haben. Sie nutzen also Pauschallösungen wie die Rollenverteilung im Dramadreieck und werden so der konkreten Situation und ihren individuellen Gegebenheiten und Chancen nur bedingt gerecht. Bei einem solchen Verfahren steht der reibungslose Ablauf im Vordergrund. Dies ist zeitsparend und hilfreich, wenn es vorrangig um den Umgang mit der Situation geht und ein bestmöglicher Ausgang eher nachrangig ist. Wie bei einem bürokratischen (amtlichen) Vorgang ist der Ablauf schnell und schnell abgehakt. Was dabei herauskommt, ist mehr oder weniger zufrieden stellend. Je nachdem, wie die, der oder das Einzelne ins Schema passt.

Wenn es uns allerdings um ein zufrieden stellendes und individuell angemessenes Ergebnis geht, dann empfiehlt es sich, eine individuelle, auf die konkrete Situation bezogene Lösung zu finden. Die Chance des Win-Win eröffnet sich durch die differenzierte Wahrnehmung der Situation. Bereits erörtert wurde hier das Ergründen der beteiligten Interessen und Bedürfnisse. Ein weiteres hilfreiches Element bei der Umsetzung der Möglichkeiten einer Win-Win-Perspektive liegt in der Bewusstmachung und dem Aussteigen aus dem Dramadreieck: Statt sich in der Rollenverteilung im Triangel Täter-Opfer-Retter zu verfangen, empfiehlt es sich daher, die mediative Hintergrundhaltung der Win-Win-Perspektive einzunehmen, in der bereits von der Möglichkeit ausgegangen wird, dass keiner der jeweiligen Beteiligten als Verlierer aus dem Konflikt zu gehen hat. Methodische Hilfsmittel zu deren Umsetzung bietet das Harvard-Konzept (3.4).

Über die Wirksamkeit von Glaubenssätzen

Schon wenn eine am Konfliktprozess beteiligte Person von der alten „Einsicht" des „Nur einer von beiden kann gewinnen" abweicht, eröffnet sich die Perspektive des Win-Win. Dies wirkt sich in vielen Fällen schon auf das Geschehen aus. Seine Begründung findet es darin, dass positive und negative Glaubenssätze gleichwertig wirksam sind. Inzwischen kursiert längst nicht mehr nur in Religion und Esoterik das Bewusstsein darüber, dass das, was ein Mensch glaubt, auch beeinflusst, was er bekommt.[61] Das Stichwort ‚selbsterfüllende Prophezeiung' wurde bereits eingeführt (2.1). Ein beliebtes Verfahren ist, die eigenen Befürchtungen in einer Situation zu den Argumenten der Gegenseite zu erklären und daraufhin eine der gängigen Konfliktstrategien wie Angriff, Manipulation, Rache, Bitten und Betteln oder Resignation heranzuziehen. Die Befürchtung wird zur Realität erklärt und beherrscht das Zentrum der Aufmerksamkeit.[62]

Sowohl die reale Situation als auch das jeweilige Gegenüber erfahren bisweilen gar keine Beachtung mehr. Eine Person, der eine solche Missachtung widerfährt, reagiert in der Regel dementsprechend. Sei es mit ihrer eigenen bevorzugten Konfliktstrategie oder mit Rückzug, Dichtmachen oder anderer Art. Dies bestätigt gemeinhin die ursprüngliche Befürchtung so, als wäre sie tatsächlich ein Argument der Gegenseite gewesen. Der dahinter stehende Glaubenssatz: ‚Jeder wird sich mir gegenüber so verhalten, wie ich es befürchte' erhält erneut ein Zertifikat für ,Wahrheitsgehalt'. Solche Glaubenssätze verdecken die Bedürfnisse, die in einer Situation eigentlich beteiligt sind.[63]

Ein hilfreicher Ansatz zur Auflösung von einschränkenden Glaubenssätzen ist nach deren Bewusstmachung die Arbeit mit Affirmationen: Einem negativen Glaubenssatz wird der entsprechende positive entgegengesetzt. Dies kann zum Beispiel die Aussage ,Ich bekomme Unterstützung, wenn ich sie brauche' sein.[64] Wird eine solche Affirmation verinnerlicht, rückt sie an die Stelle der vorher negativen Prophezeiung. Sie beginnt dann genauso, sich selbst zu erfüllen, wie die ursprünglich negative es tat. Die Win-Win-Perspektive ist gespickt mit dem positiven Glaubenssatz, der besagt, dass ein Gewinn für alle Seiten möglich ist. Er bietet eine wegweisende Prophezeiung, die, wenn sie sich nach diesem Prinzip erfüllt, die Chance auf Zufriedenheit erhöht.

2.7 Die mediative Haltung in ihrer Gesamtbetrachtung

Die mediative Haltung lässt sich zusammenfassend als Hilfestellung beschreiben, sich in einer situativen Herausforderung konstruktiv und angemessen zu verhalten. Sie integriert vor allem Ansätze aus dem psychotherapeutischen Bereich, die einen Rahmen stellen, der zugleich sicherheitsspendend und für die Lösung eines Konfliktes förderlich ist. Die erläuterten therapeutischen Methoden können allerdings analysierend in Bezug auf Konflikt und Situation angewendet werden. Dennoch ist davon abzuraten, im Rahmen der Mediativen Kommunikation therapeutisch Analyse betreiben zu wollen. Im Alltag bedeutet dies, Methoden zur Verfügung zu haben und sich damit sicher zu fühlen, um Konflikte so zu managen, dass ihr Nutzugspotenzial nicht verloren geht. Die Mediationsformel versinnbildlicht das Wissen über die Komplexität eines Konfliktes, das eine Art Ausgangspunkt für die Einnahme der Metaebene bildet und zugleich die Begründung ist für deren Notwendigkeit. Das Modell des Inneren Teams hilft, als ein greifbarer Strohhalm in der Abstraktion zurechtzukommen. Es bietet Halt und Ansatz, insbesondere in der Herausforderung, die sich stellt, wenn man Mediative Kommunikation in einem Streit, in den man selbst involviert ist, anwenden will. Die Personzentrierung sorgt bei den Streitenden für ein Gefühl, das den Sicheren Rahmen zum Weitergehen stellt. In der Wertschätzung ist es für sie ungefährlicher, sich auf ungewohntes Terrain zu begeben. Die Klarheit über die Problematik, die sich auftut, wenn sich zwischen dem, was ein Mensch fühlt und lebt, und den Ansprüchen, die er an sich gestellt denkt, eine Kluft befindet, hilft, Konfliktstrategien und unerklärbares Verhalten von Menschen als Schutzmechanismen zu erkennen. Dies bildet die Voraussetzung dafür, im Konflikt dennoch methodisch und vor allem konstruktiv wirksam ansetzen zu können. Auch ermöglicht sie es, tatsächlich allparteilich zu sein. Dass die Allparteilichkeit eine weitere Grundlage für den Erfolg mediativen Konfliktmanagements darstellt, wurde bereits beispielhaft beschrieben. Ein Ausblick auf das, was zu erreichen ist, eine den Konflikt positiv beeinflussende Affirmation, ist die Win-Win-Perspektive, die es bei all den im folgenden Buchteil benannten methodischen Elementen nicht aus dem Auge zu verlieren gilt.

Die einzelnen Bestandteile fügen sich in der Mediativen Kommunikation zusammen zu einem Ganzen. Um die einzelnen Puzzleteile sinnvoll zusammensetzen und dann auch im erforderlichen Sinne anwenden zu können, bedarf es zusätzlich zur theoretischen und praktischen Ausbildung in den genannten mediativen Kompetenzelementen eines starken Anteils an bereits vollzogener Selbstreflexionsarbeit. Denn erst das Bewusstsein über eigene Einstellungen, Wertemodelle, Denk- und Handlungsweisen ermöglicht den Schritt in den professionellen und förderlichen Abstand einer Mediativen Haltung. Es befähigt dazu, auch aus der Metaebene noch Zugriff auf die eigenen Interessen und Gefühle zu behalten und sie dann wieder zu verlassen, um in die persönliche, situative Haltung zurückzufinden. Die mediative Haltung trägt grundlegend dazu bei, dass ein angemessener Rahmen zum Gespräch entsteht. Dies bedeutet im Sinne der Mediativen Kommunikation, dass er die Möglichkeit eröffnet, Konflikte vollständig und nachhaltig zu klären und allen daran Beteiligten (den Streitenden, einem einzelnen Gegenüber und auch sich selbst) individuell gerecht zu werden. Im folgenden Buchteil gilt es nun, methodisches Handwerkszeug hinzuzugewinnen, um aus dieser Haltung heraus mediativ zu agieren.

3. Elemente der Mediativen Kommunikation

Vor allem dann, wenn man im Alltag auf zwei Streitende trifft, ist es sinnvoll, sich auch in der Mediativen Kommunikation am Phasenverlauf der Mediation zu orientieren: Als Erstes werden die Beteiligten aufgefordert, nacheinander ihre Sichtweise zu schildern. Das Gesagte wird aktiv zuhörend und zusammenfassend auf den Punkt gebracht. So können beteiligte Gefühle aufgegriffen werden. Den dahinter liegenden Bedürfnissen und Interessen wird nachgespürt. Sie bilden das Material, aus dem sich eine beidseitig zufrieden stellende Lösung entwickeln lässt. Die mediative Hintergrundhaltung schafft dabei auch ohne Zeit- und Verfahrensrahmen eine Sicherheit für die Beteiligten. Vor allem durch die Wertschätzung, die sie im Gesprächsverlauf konstant und bedingungslos erfahren. Wer geübt mediativ kommuniziert, strahlt aus, dass er auch mit drohender Eskalation umgehen kann. Er signalisiert, dass er einem handfesten Konflikt gewachsen ist und ihn mit hilfreichen Methoden zur Auflösung führen kann. Das dazu nötige Handwerkszeug birgt der folgende Teil des Buches. Der mit Hilfe von Hintergrund und Haltung in der Mediativen Kommunikation gesetzte Rahmen wird mit methodischen Inhalten gefüllt. Bevor dies allerdings im Einzelnen geschieht, soll sich der Zusammenhang erschließen, in dem die verschiedenen Elemente sinnvoll einbezogen sind. Es folgt hier also vorab ein Überblick über die Werkzeuge der „AG Mediative Kommunikation", von denen die grundständigen in den folgenden Kapiteln ausführlich erläutert sind.

Werkzeuge, die helfen, den Konflikt zu verstehen

Das Spektrum der Möglichkeiten, in einem Konflikt zu fühlen, wahrzunehmen und sich zu verhalten, ist weit. Wie wichtig es dabei sein kann, ihn in seiner Komplexität zu verstehen und zu durchschauen, wurde bereits anhand von vielen Beispielen und gezielt in den Ausführungen zum Einnehmen der Metaebene dargestellt (2.3). Am Beispiel von Lara, deren Tochter Phine mit ungeschützten Hosenbeinen in eine Pfütze springt, wurde verdeutlicht, was alles in eine Konfliktanalyse einzubeziehen ist. Bleibt also die Frage nach konkreten Hilfsmitteln, die in den vielen konfliktbeladenen Situationen, die sich im Alltag finden, dabei unterstützen können, den Konflikt in seinen verschiedenen Facetten in den Blick zu nehmen. Orientierung bietet dabei das Modell der vier Seiten einer Nachricht (nach Friedemann Schulz von Thun). Es postuliert, dass jeder Mensch ‚vier Ohren' und ‚vier Schnäbel' hat: Der Sprechende kann das Gesagte auf vier Ebenen meinen. Ebenso hat der Zuhörende vier Möglichkeiten, es zu verstehen. Dabei passiert es oft, dass der gewählte Schnabel nicht auf das zugehörige Ohr trifft. Das Aktive Zuhören stellt eine hilfreiche Methode dar, den Inhalt des Gesagten genau und wie gemeint zu verstehen (3.2). Unterstützung leisten dabei weitere Elemente aus dem Bereich der *Kommunikationspsychologie und Gesprächstherapie*, die weiterhin ergänzend herangezogen werden.

Als ein weiterer hilfreicher Ansatz zum komplexen Konfliktverständnis wurde bereits die *Personzentrierte Gesprächsführung* eingeführt (2.4). Sie orientiert sich an den Prinzipien nach Carl Rogers, der Arbeit mit Empathie, Wertschätzung und Kongruenz, die ein positives Menschenbild möglich und sinnvoll macht. Ergänzend dazu ist es förderlich, sich auf ein kausalistisches Denkmodell zu besinnen, das klar macht, dass Menschen für alles, was sie tun, auch einen Grund haben. Es geht hier also um eine Erweiterung des erwähnten ‚positiven' Menschenbildes durch den speziellen Zweig der Humanistischen Psychologie, der sich mit der menschlichen Motivation beschäftigt: Die *Motivationspsychologie* informiert über die vielfältigen Möglichkeiten menschlicher Anliegen, die Konflikten zugrunde liegen und für deren Beilegung genutzt werden können. Das Kapitel, in dem es um das Herausfiltern von Bedürfnissen und Interessen geht, wählt dazu das verständnisfördernde Eisbergmodell, das der bereits eingeführten Themenzentrierten Interaktion entspringt. Grundlegend ist hier Maslows Bedürfnispyramide (3.1). Ergänzendes Hilfsmittel zur Förderung von Sympathieerleben durch die Betonung der so sichtbar gemachten Ähnlichkeiten bietet *der ressourcenorientierte Ansatz*. Diese Richtung der neueren Psychologie wurde bereits umrissen (2.0). Die Gewaltfreie Kommunikation führt den Weg weiter in eine integrative Kommunikation: Sie macht die geklärten Gefühle und Bedürfnisse zur Grundlage einer erfüllbaren Bitte oder auch eines klaren Wunsches. Dies ist sowohl im Alltag als auch für die Lösungsfindung in einem Konflikt von großer Bedeutung. Methodischen Umgang mit den dabei gewonnenen Erkenntnissen eröffnet das Anleiten von Ich-Botschaften (4.2) und die Anwendung des kontrollierten Dialogs, in dem erst das Verstandene zusammengefasst, dann geantwortet wird (3.2).

Nicht immer herrscht Bewusstsein über die eigenen Anliegen, die durch einen Konflikt gefördert oder aber beeinträchtigt werden. So kann es beispielsweise sein, dass der Konflikt eine Aufgabe übernimmt, die für die Beteiligten bitter notwendig ist. Er kann Nähe regulieren oder die ‚Kräfteverhältnisse gerade rücken'. Der Hintergrund birgt in der Regel einige hartnäckige Dynamiken, die den Konfliktprozess anheizen. Gewöhnlich werden diese gar nicht wahrgenommen, nicht beachtet oder auch ausgeblendet. Um ihnen auf die Spur kommen zu können, ist es wichtig, auch als mediativ Kommunizierende durch Introspektion eigene betroffene Anliegen bewusst zu machen[65].

Werkzeuge, die helfen, das umgebende System sinnvoll einzubeziehen

Um den Bogen über die aktuellen Einflüsse hinaus bis hin zu den meist genauso wirksamen Einflüssen des umgebenden Systems zu spannen, können Hilfsmittel aus der *Systemischen Arbeit* herangezogen werden. Hinter den diversen Konzepten in der Aufstellungsarbeit[66] steht das Denken, dass ein Mensch nur als Teil eines Ganzen seine Identität gewinnen kann. Folglich beruht das, was aktuell vorhanden ist, auf dem hintergründigen System. Dies zu berücksichtigen trägt im Konflikt dazu bei, die Konsequenzen und Voraussetzungen hinsichtlich der Nachhaltigkeit einer Lösung zu erkennen. Wie in einem Mobile bewegt sich jedes Mal das ganze System, wenn eine zugehörige Person ihre (Ein)Stellung ändert. Man kann dies auch beschreiben mit dem Bild eines Kieselsteines, den man ins Wasser wirft: Seine Bewegung verbreitet sich im umliegenden Wasser wellenartig. Genauso ist es bei einer Verhaltensänderung im System.

Die Transaktionsanalyse (TA), die von Eric Berne und Thomas Harris in den sechziger Jahren auf Grundlage Freudscher Ideen begründet wurde, unterteilt die Bewegungen im System strukturanalytisch in Eltern-, Erwachsenen- und Kindheits-Ich (1.3). Sie beschreibt eine Reihe von zwischenmenschlichen Alltagsspielen, den „Spielen der Erwachsenen“: Ein besonders beliebtes Spiel ist beispielsweise ‚Wenn du nicht wärst‘: *So sagt vielleicht Paul zu Bertram: „Wenn du nicht immer den ganzen Abend hier auf der Couch hocken würdest, könnte ich mich hier endlich mal ausbreiten und viel effektiver für meine Abiturprüfungen lernen.“ Dass er nur ‚Wenn du nicht wärst‘ spielt, zeigt sich spätestens dann, wenn Bertram sich daraufhin unerwartet entschließt, seine Abende bei Martin zu verbringen, und Paul auch dann nicht effektiver zu lernen beginnt.* Sobald eine Person das Spiel ändert oder gar aussteigt, kann das System nicht wie vorher funktionieren.

Die TA geht davon aus, dass Konflikte Ausdruck davon sind, dass Menschen nicht auf derselben Ebene miteinander kommunizieren. Im Alltag finden sich bei weitem nicht nur Gespräche zwischen zwei Eltern- beziehungsweise Kindheits-Ichs oder von Erwachsenen-Ich zu Erwachsenen-Ich. Viel häufiger kommt es zu Überschneidungen. Besonders häufig ist die Kombination zwischen Kindheits- und Eltern-Ich. Wobei das Eltern-Ich fürsorglich oder kritisch, das Kindheits-Ich rebellisch, angepasst oder frei sein kann. So integriert beispielsweise das Skript eines Menschen, der sein kritisches Eltern-Ich besonders ausgeprägt hat, auch jede Menge rebellische Kinder, die sich an ihm stoßen werden: Wer ein permanentes „Du sollst nicht ...“, „Du musst ...“ oder „Wirst du wohl ...“ auf den Lippen hat, der spricht damit im Inneren Team des anderen die kindlichen Ich-Anteile an. Er provoziert geradezu die „Nös!“ und „Mach-doch-Selber!“ der Rebellen. Oder auch die Demut und Folgsamkeit eines angepassten Kindheits-Ichs. Angepasste Kinder nicken: „Jaja, man muss ...“ und „Wenn du meinst ...“ oder fragen mit hochgezogenen Augenbrauen: „Was sollte ich denn machen?“ Freie Kindheits-Ichs sind schon wieder ganz woanders und bestaunen oder bejubeln etwas Neues, was sie zwischendrin entdecken konnten. Das passt in der Regel dem kritischen Eltern-Ich überhaupt nicht. Es setzt seinen wedelnden Zeigefinger ein und sucht sich eventuell bei einem anderen, angepassten Kindheits-Ich oder auch einem zweiten kritischen Eltern-Ich Unterstützung. Oder es findet stattdessen ein rebellisches Kindheits-Ich, was es zu neuer Hochform auflaufen lässt.

Jeder Mensch findet in seinem Leben bestimmte Konstellationen in besonderer Häufigkeit. Diese Beobachtung erklärt die Transaktionsanalyse mit dem Hinweis auf das jeweils zugrunde liegende Skript, das individuelle Drehbuch des Lebens: In einer Person früh verankert, bildet es ‚weitergeschrieben' sein Selbstkonzept, seine psychologische Ausrichtung.[67] Auf Grundlage des Skriptes spielt ein Mensch die dazu passenden Spiele: Jeder nimmt eine Rolle ein, die seinem Drehbuch angemessen ist und sich gleichzeitig mit den anderen Teilnehmenden am Spiel vereinbaren lässt. Bereits angesprochen wurde das Konfliktspiel ‚Opfer, Retter, Täter' oder auch ‚Opfer, Retter, Verfolger', das sich aus dem Dramadreieck ergibt. *Im Beispiel verfolgte Peter Lars. Das heißt: Auslöser war ein Missgeschick, bei dem Peter Lars' Gameboy fallen ließ. Lars (angepasst) berichtete der Lehrerin (fürsorgliches Eltern-Ich), er habe dies absichtlich getan. Die Lehrerin (kritisches Eltern-Ich) bestrafte Peter. Dieser fühlte sich ungerecht behandelt und rächte sich (rebellisch) an Lars. Daraufhin rannte Lars wieder zu Lehrerin. Der Kreislauf begann von vorn. Weil Lars in die Opferrolle ging, hatte Peter die Täterrolle und verhielt sich dementsprechend. Aus lauter Wut und auch Hilflosigkeit wurde er also zum ‚Verfolger' von Lars. Lars füllte weiterhin die Opferrolle aus. Die Lehrerin rettete ihn, indem sie Peter verfolgte. Anhand der ganzen Bestrafungen wird deutlich: Peter fühlt sich nun als Opfer. Lars rettet dann Peter, indem er irgendwann mal sagt, dass alles ja gar nicht so schlimm gewesen sei. Daraufhin verfolgt die Lehrerin Lars: „Letztens hast du was ganz anderes erzählt! Beim nächsten Mal brauchst du nicht mehr zu mir zu kommen!" Lars wird nun mit Abweisung bestraft.* Solche psychologischen Spiele laufen meist unbewusst ab. Sie sind als Verhaltensmuster in den zwischenmenschlichen Alltag integriert. Die Bewusstwerdung des jeweils laufenden Spiels ist der erste Schritt nach draußen. Denn sobald eine Rolle nicht besetzt ist, kann das Spiel nicht weitergehen. Es muss unterbrochen und/oder nach einer anderen Besetzung gesucht werden.

Innerhalb eines Tages werden einer Person meist mehrmals alle drei Rollenvarianten angeboten. Denken Sie an je eine Situation, in der Sie die Rolle Opfer, Retter(in) und Verfolger(in) oder auch Täter(in), eingenommen haben: Wie füllten Sie Ihre Rolle aus? Wie haben Sie sich gefühlt? Was taten Sie, um das Spiel aufrecht zu erhalten? Notieren Sie Ihre Erkenntnisse und ergänzen Sie dann: Welche der Rollen nehmen Sie am häufigsten ein? Für welche Rolle benötigen Sie am wenigsten und für welche am meisten Energie?

Übung 5[68]

Um solche Alltagskonstellationen bewusst zu machen, kann es hilfreich sein, sie aufzumalen. Am Beispiel der Aufstellung des Inneren Teams wurde bereits deutlich, wie die Visualisierung nützliche Klarheit schaffen kann. Ein Bild des Dramadreiecks findet sich in Abbildung 14. Auch im betrieblichen Rahmen ist es hilfreich, das Netz des

Systems zu visualisieren. Eine gängige Methode bietet hierzu das Organigramm. In Bezug auf Gedanken entsteht durch das Erstellen einer Gedächtnislandkarte, das MindMapping, eine hilfreiche Übersicht (4.3).

Die systemische Betrachtung macht ersichtlich, wie häufig alte Erfahrungen die Reaktionen eines Menschen immer noch beeinflussen. Gerade im Konflikt, der einen Menschen bisweilen an seine Grenzen bringen kann. Die *Persönlichkeitspsychologie* verweist in diesem Zusammenhang auf Persönlichkeitsmerkmale, die – im Herkunftssystem ausgebildet – verfestigt werden und dann zu Konflikten disponieren. Wo die TA ursächlich auf die so genannten Skripte aufmerksam macht, die konfliktanheizendes Verhalten in die Lebensgewohnheit integrieren, werden hier Aspekte (mangelhafter) sozialer und interkultureller Kompetenz angeführt. In diesem Buch finden sich diese vor allem als Wolfstechniken benannt (3.3). Dieser Begriff steht für gewaltvolle, konfliktfördernde Kommunikation: für den Einsatz von Killerphrasen, der im Alltag viel unbewusster geschieht, als man meinen möchte.[69] Aber auch für Vereinfachungsprozesse wie das Anbringen von undifferenzierten (Vor)Urteilen, Stereotypisierungen und weiteren Generalisierungen, wo es eigentlich um eine gewissenhafte Unterscheidung und eine genaue Wahrnehmung der einzelnen Bestandteile der Situation geht.[70]

Werkzeuge, die helfen, Lösungspotenziale zu erkennen und zu nutzen

Das Kapitel *Zuhören und Aktiv Zuhören* geht vorab darauf ein, wie ausgewählt schon die Wahrnehmung eines Menschen ist. Dies bedeutet, dass im Konflikt ein Großteil dessen, was er birgt, aus den Augen verloren wird. Hier steckt die Chance, der optimalen Lösung in einer genaueren Betrachtung und der darauf basierenden Entfaltung von Möglichkeiten näher zu kommen (3.2). Wie dies methodisch gehen kann, zeigt die Erläuterung des Harvard-Konzeptes (3.4). Die Entwicklung von Optionen führt zu einer Erweiterung der Sicht beider Konfliktparteien. Methodisch lässt sich hier ein Prozess anleiten, der dynamisch zum Beschreiten neuer Wege führt. Das heißt: Im Gespräch werden Schritte, die neue Sichtweisen eröffnen, angesprochen und bestärkt. Methodisch kann durch das prinzipiengeleitete Verhandeln (3.4) oder auch durch gezielte Fragen und weitere Interventionen (4.2) die Erweiterung des Rahmens für neue Lösungen unterstützt werden. Die Win-Win–Perspektive ist an sich schon eine Erweiterung der alltäglichen Erwartungshaltung in Bezug auf das, was im Konflikt oder in der Verhandlung erreicht werden kann. Die Gewaltfreie Kommunikation birgt hier ein Kommunikationskonzept, das dabei unterstützt, durch klare, konstruktive Formulierungen die Wahrscheinlichkeit zu erhöhen, dass man das bekommt, was man haben will. Die Wissens- und Erkenntnisbasis zur Anwendung der methodischen Verfahren bildet hier der Fundus der *Emotionspsychologie* und die genauere Betrachtung von Kommunikationsmustern und -strategien (3.2).

Bei all den verschiedenartigen Möglichkeiten, die Konflikte zum Entstehen und Eskalieren bringen, ist es wichtig, auch Alternativen zur Intervention im Konflikt zur Verfügung zu haben. Es wurden bereits mehrere Möglichkeiten angesprochen, die je nach Eskalationsstand eines Konfliktes greifen können (1.1). In der mediativen Grundhaltung gilt es, unter Einbezug der individuellen Gegebenheiten, im Konflikt möglichst die optimale Bearbeitungsform zu finden. Welche dies ist, kann man herausfinden, wenn man den Beteiligten personzentriert und aktiv zuhört. In den Konflikt involviert kann man aus der Metaebene heraus allparteilich auf die Situation schauen und dann auswählen, welche Methode hier angemessen sein kann. Um eine Auswahl treffen zu können, muss man allerdings auch eine haben. Es empfiehlt sich also, sich vertiefend mit weiteren Ansätzen zum Konfliktumgang auseinander zu setzen und gegebenenfalls auch darauf verweisen zu können.[71] Die folgenden beiden Buchteile halten für die Mediative Kommunikation ausgewählte Methoden bereit, die es ebenso gezielt und bewusst einzusetzen gilt. Auf weitere Ansätze wird mit Hilfe von Literaturempfehlungen verwiesen.

Wurde im Gespräch dann zu einem Ergebnis gefunden, so ist es wichtig, dessen Umsetzbarkeit und Nachhaltigkeit abzusichern. Eine stabile Lösung zeichnet sich dadurch aus, dass sie sowohl für die beteiligten Personen zufrieden stellend als auch im System umsetzbar ist. Um dies bereits bei der Lösungsfindung zu erwägen, kann man, wie bereits erwähnt, auf die Visualisierung der Mobile-Struktur durch ein Organigramm zurückgreifen oder auch durch Aufmalen der Personenkonstellation (Abb. 11/14)[72]. Weiterhin zu berücksichtigen ist die Öffentlichkeit des Konfliktes. Darüber hinaus, welche Erwartungshaltungen von beteiligten und weiteren Personen eine Rolle spielen. Auch die Gefahr eines Gesichtsverlustes ist dabei ins Auge zu fassen. Um dies und gegebenenfalls auch die Aufgabe eines Konfliktes zu ergründen, ist es wichtig, zu hinterfragen, wer durch den Konflikt was gewinnt, wer von seiner Lösung profitiert und was dabei wohl primäre und sekundäre Gewinne sind. Ergänzend helfen die zusammengetragenen Fragetechniken, die das Aktive Zuhören erweitern (4.2). Aus der Metaebene heraus und im Bewusstsein dessen, was Eisbergmodell und Bedürfnispyramide erläutern, lässt sich das Konfliktnetz so weit analysieren, dass man auf diese Fragen Antworten finden kann.

3.1 Das Herausfiltern von Bedürfnissen und Interessen hinter den Positionen

Wie bereits anhand der Win-Win-Perspektive deutlich wurde, kann das Herausfiltern von Bedürfnissen und Interessen hinter dem Gesagten und Gezeigten eine für alle Seiten zufrieden stellende Lösungsfindung ermöglichen. So konnten die beiden Schwestern im Streit um die Orange dem Kompromiss, jeder die Hälfte zuzuteilen, durchaus entgehen, indem sie offen gelegt hätten, dass die eine eigentlich nur die Schale, die andere das Fruchtfleisch brauchte (1.2).

Die Richtung von der Kommunikationsebene weg hin zur Ebene des Dahinterliegenden, der gemeinsamen Interessen und Gedankengänge zeichnet den Hauptweg des mediativen Agierens. Und er wird an sich wohl ebenso häufig beschritten, wie er auch gemieden wird: Manchen scheint es, als ginge es in einem solchen Ansatz darum, dem Einzelnen zu nahe zu treten. Ein beispielhaftes Zitat aus einem diesbezüglichen Forschungsinterview ist: „... da soll ich dann wohl die Hosen runterlassen". Ähnlich den Reaktionen auf Angebote wie Supervision, Coaching oder im verstärkten Maße Therapie löst auch das Angebot der Mediativen Kommunikation bei vielen Menschen noch immer das Unbehagen aus, emotional bloßgestellt (also ‚ausgezogen') und dann gedemütigt zu werden. Die genaue Beobachtung allerdings zeigt, dass es sich als viel leichter erweist, über Interessen und Hintergründe (Begründungen) zu reden, als das Verhalten eines Menschen zur Diskussion zu stellen. Wird einer Person gesagt, was sie anders machen soll, so reagiert diese schnell gekränkt. Sie empört sich vielleicht mit den Worten: ‚*Schließlich kann man mir schon zutrauen, dass es einen guten Grund dafür gibt, dass ich mich genau so und nicht anders verhalten habe. Und da kommt jemand daher und meint, mir erzählen zu wollen, ...*' und so weiter. Diesen Gedankengang greift personzentriert vermittelndes Konfliktmanagement zur Konfliktlösung auf. Die Mediative Kommunikation orientiert sich in ihrem Grundkonzept an den ‚guten Gründen' des Individuums. Genau hinzusehen und anerkennend wahrzunehmen, was vorhanden ist, fördert Klarheit in Konfliktsituationen und im Endeffekt Nähe in zwischenmenschlichen Beziehungen.

Die Bedürfnispyramide

Im Modell der Bedürfnispyramide findet sich eine der grundlegenden Theorien über die menschliche Motivation. Der Psychologe Abraham H. Maslow war wie Carl Rogers (2.4) einer der wichtigsten Vertreter der Humanistischen Psychologie. Er stellte sich gegen das seinerzeit übliche Menschenbild der vergleichenden Verhaltenswissenschaft (Ethologie) und der Psychoanalyse. In Maslows *Hierarchy of Needs* wird das menschliche Verhalten anhand der natürlichen Motivation, bestimmte Bedürfnisse zu befriedigen, erklärt. Als solche benannt werden biologische Grundbedürfnisse, Sicherheitsbedürfnisse, soziale Bedürfnisse, Anerkennungsbedürfnisse und in Ergänzung dazu die Selbstverwirklichung. Ein Mangel erzeugt eine Spannung, die dann körperlich in Form von beispielsweise Hunger oder Durst wahrnehmbar ist. Eine psychologische Spannung weist auf einen Mangel an bestimmten Verhaltenskontakten hin. *Ein Beispiel dafür ist die so genannte Weihnachtsdepression, die Gerald alljährlich wieder ereilt. Ohne Familienanbindung fühlt er sich an Feiertagen einsam und abgeschnitten, während er alle anderen im trauten Rahmen ihrer Familie geborgen und glücklich beisammen wähnt. Wenn es Gerald an Zuneigung oder auch an Erfolgserlebnissen mangelt, dann ist er gereizt. Wenn schließlich sogar sein Selbstwertgefühl darunter leidet, dann lässt ihn das zusammensinken. Er ist sich seiner selbst nicht mehr so sicher, wie er es eigentlich braucht, um sich vor Zweifeln an seiner Arbeit, seiner Kompetenz, seiner Lebensführung zu schützen. Wenn er in solch einem Zustand zu Bertram geht, dann sitzt er diesem manchmal mit hochgezogenen Schultern gegenüber. Er ist überwachsam und hält beständig seine Angriffsstrategien zu seinem Schutz bereit. Dies ist ein Beispiel dafür, wie sich psychische Spannung nach außen sichtbar zeigt.* Genauso kann es wie am Beispiel des Konzentrationsmangels – der durch Hunger gewöhnlich entsteht – sein, dass ein körperlicher Bedarf anhand psychischer Spannungen wahrzunehmen ist.

***Abb. 16:* Die Bedürfnispyramide**

Im Modell der Bedürfnispyramide wird davon ausgegangen, dass die verschiedenen Bedürfniskategorien hierarchisch geordnet sind: Erst wenn ein Mensch die Bedürfnisse auf einer Ebene erfüllt hat, strebt er danach, die der nächsthöheren Stufe zu befriedigen. Die körperlichen Bedürfnisse bilden dabei die Basis. Darauf bauen der Reihenfolge nach Sicherheits-, soziale und Anerkennungsbedürfnisse auf. An der Spitze der

Pyramide findet sich der Drang nach Selbstverwirklichung: nach dem Ausdruck der Besonderheit seiner selbst, nach Weiterentwicklung und Wachstum, beispielsweise durch Bildung oder spirituelle Erfahrungen.[73] Die nachstehenden Ausführungen zu den einzelnen Bedürfnisebenen bieten Hilfestellung bei der Durchführung der folgenden Übung zur Selbstreflexion:

> ***Notieren Sie mit Markern im Text, welche Ihrer Bedürfnisse im Moment erfüllt sind und welche nicht:*** *Blau steht für ‚erfüllt', Gelb für ‚nicht erfüllt'. Natürlich können Sie dies auch in einer Tabelle oder andersartig tun. Das Vermerken im Buch hat den Vorteil, dass Sie dann, wenn Sie es nach einiger Zeit wieder zur Hand nehmen, gleich sehen können, was sich dabei verändert hat.*

Übung 6

Körperliche Grundbedürfnisse

Die universalen Grundbedürfnisse eines Menschen sind Essen, Trinken, Atmen, Schlafen und das Funktionieren der grundständigen Körperfunktionen. Die Fähigkeit, ohne deren Befriedigung zu leben, ist äußerst begrenzt. Allen „Ich kann alles, wenn ich will"-Bezeugungen zum Trotz hat der Mensch klare körperliche Grenzen. Genauso wenig, wie er den Kopf um 180 Grad drehen kann, kann er sein gesundes Herz durch Aufbringen einer noch so mächtigen Willenskraft anhalten. Das Herz kann sich verlangsamen, schlägt aber doch beständig weiter. Der Mensch hat also „überlebenssichernde Reflexe". Auch wenn jemand noch so lange versucht, die Luft anzuhalten, schafft er dies nur für einige Minuten, bis er zwangsläufig wieder atmen muss. Ohne zu trinken lebt ein Mensch nur noch einige Tage. Dann verdurstet er. Wer nicht isst oder schläft, wird zwangsläufig krank.

Weitere körperliche Grundbedürfnisse sind Temperatur und sensorische Anregung. Die Toleranzschwelle in Bezug auf Nichtbefriedigung der Grundbedürfnisse steigt innerhalb der ersten Lebensjahre eines Menschen und hängt auch dann noch ab von dessen jeweiliger (körperlicher) Verfassung. Es gibt zahlreiche Untersuchungen aus der Säuglingsforschung, die bestätigen, dass ein Mensch ohne die Erfüllung dieser elementaren Grundbedürfnisse nicht leben kann.[74] Darüber hinaus zählen zu den körperlichen Grundbedürfnissen beispielsweise Ruhe, Bewegung, Licht und im erweiterten Sinne Kraft, Dynamik und Energiefluss. Hier zeigt sich schon innerhalb der einzelnen Bedürfnisebenen bereits die Hierarchie: Auch wenn ein Kind noch so viel sensorische Anregung bekommt, kann das nicht verhindern, dass es verdurstet, wenn es keine Flüssigkeit zu sich nimmt. Genauso wenig wird es jemandem einfallen, in den Armen seines allerliebsten Lieblingsmenschen sitzen zu bleiben, wenn er unaufschiebbar dringend auf Toilette muss. Die körperlichen Basisbedürfnisse haben Vorrang vor dem, was in der Pyramide darauf aufgebaut wird. Sie lassen sich am wenigsten aufschieben. Ihr Mangel gefährdet die Lebensfähigkeit. Daher wird im Falle eines drängenden Grundbedarfs ein gleichzeitiges Bedürfnis auf einer oberen Ebene so lange zurückgestellt, bis das vorrangige befriedigt ist. Für die Mediative Kommunikation gilt es zu berücksichtigen, dass jemand sich so lange nicht vollständig auf Inhalt oder auf sein Gegenüber konzentrieren kann, bis dringende Basisbedürfnisse abgedeckt sind. Gerade zur Bearbeitung eines Konfliktes sollte also vorab dafür gesorgt sein, dass den Beteiligten möglichst nichts zu ihrer Konzentration auf den Lösungsprozess fehlt. Sind die Grundbedürfnisse befriedigt, verlieren sie an Bedeutung. Einige sind sogar nur in Ausnahmesituationen bewusst. So spüren die meisten ihren Bedarf an Atmung beispielsweise nur, wenn sie in Atemnot kommen, wie beispielsweise nach einem intensiven Sprint nach dem Bus.

Jedem durch ein Bedürfnis motivierten Verhalten liegt ein Zusammenspiel von Unlust und Spannung, Lust und Entspannung zugrunde. Wie dies typischerweise abläuft, ist hier am Beispiel des Hungers erläutert: *Der menschliche Organismus einer gesättigten Acht-Uhr-Frühstückerin wie Lisa befindet sich gewöhnlich um acht Uhr dreißig im Zustand einer deutlichen Unlust, was ein zweites umfassendes Frühstück betrifft. Auch wenn sie der gerade aufgestandene Martin noch so herzlich dazu einladen mag. Dann nimmt die Spannung vielleicht gegen Mittag langsam zu. Der Magen verkrampft sich, bis sie endlich in der Kantine an die Reihe kommt und etwas zu sich nimmt. Dann löst sich die Verkrampfung wieder auf. Der Organismus ist entspannt, bis ihn ein weiteres Bedürfnis wie erneuter Hunger oder Durst oder anderes wieder in Spannung versetzt.* Die Spannung motiviert den Menschen als ein Signal dafür, dass von ihm ein so genanntes Triebziel zu erreichen ist. Die Lust ist quasi eine Lernhilfe, die dazu führt, dass mit ihr verbundene Reizsituationen oder Verhaltensweisen immer wieder gesucht werden. Die Unlust bringt einen Menschen dazu, entsprechenden Situationen aus dem Weg zu gehen.

Dieses Modell zeigt, dass es trotz gegenteiliger pädagogischer Konzepte von Bedeutung ist, Lust und Unlust als Steuerfaktoren des Verhaltens einer Person zu berücksichtigen und dabei zu bedenken, dass Bedürfnisse im Alltag nicht immer direkt, sondern häufig verschoben geäußert werden. *Ein Beispiel für die psychologische Steuerung von körperlichen Empfindungen ist das Phänomen der urplötzlichen Müdigkeit, wenn sich eine Konfliktsituation anbahnt. Bei einigen Menschen ist dies immer wieder zu beobachten: Sie gehen zum Beispiel lieber schnell ins Bett, als sich mit dem Partner streiten zu müssen. Ihr eigentliches Bedürfnis ist Harmonie. Da Harmonie aber in der Hierarchie nicht so drängend ist, somatisiert sich der Bedarf auf körperlicher Ebene. Und da gibt es sehr viele weitere Möglichkeiten: den plötzlichen Hustenanfall, der das Gespräch unabwendbar unterbricht. Die Allergie, die es notwendig macht, eine Beziehung nur in getrennten Wohnungen weiterzuführen.* Natürlich gibt es plötzliche Müdigkeit und Husten und Allergien auch ganz unabhängig von Konflikten. Und es ist oft nicht erkennbar, was rein körperlich und was somatisiert ist. Es ist hilfreich zu wissen, dass es beides gibt, wenn man sich im Bereich des mediativen Konfliktmanagements betätigen will.

⇢ Bedürfnis nach Sicherheit

Sind die körperlichen Bedürfnisse befriedigt, die Sicherheitsbedürfnisse aber nicht, dann bestimmen diese weitgehend das Verhalten eines Menschen. Allen Abenteuerlustbezeugungen und Innovationsbegeisterungen zum Trotz zeigt die Erfahrung, dass sich Menschen anhand von Inkonsistenz und Ungerechtigkeit verunsichert fühlen. Man könnte meinen, sie wünschen sich im Grunde doch eine vorhersagbare Welt. Natürlich gilt das nicht für alle und in allen Situationen. Es zeigt sich insbesondere in Bezug auf die Grundfesten menschlichen Lebens: Neuerung und Spontaneität machen den Alltag interessanter. Aber wo es keinen Alltag gibt, da überwiegt der Drang nach Sicherheit, Halt und ‚Normalität'. Das menschliche Grundbedürfnis nach Stabilität und Orientierung rückt in Zeiten der Bedrohung unmittelbar in den Vordergrund. Sicherheit ist das, was Menschen brauchen, um ausreichend Möglichkeit zu haben, ihren körperlichen Grundbedürfnissen überhaupt und weiterhin gerecht werden zu können.

Auf der somatischen Ebene umfasst diese Stufe der Pyramide Obdach, Schutz und körperliche Sicherheit wie den Schutz vor Krankheiten. Auch Bewegung, wenn es darum geht, sich im Falle einer Bedrohung in Sicherheit bringen zu können. Ausdruck emotionaler Sicherheit bieten Ehrlichkeit und Echtheit: In einem offenen Gespräch kann man meist auch sagen, was man denkt. Ist das Gegenüber dagegen in seinen Äußerungen oder seiner Ausstrahlung nicht kongruent, gewinnt man selten die Sicherheit, es trotzdem zu tun. Im Zusammenhang mit der Personzentrierung wurde dies bereits als Grundlage für ein gelingendes Gespräch erläutert (2.4). Soziale Sicherheit wird im Allgemeinen durch Zugehörigkeit und Beteiligung erlebbar. So finden beispielsweise viele Teenager, die sich von ihren Eltern abgrenzen (‚abnabeln') müssen, ersatzweise Halt in Cliquen oder anderen Gruppierungen. Auf geistiger Ebene wären hier Harmonie, Friede, Ordnung und Rituale zu benennen. Möglichkeiten, Sicherheitsbedürfnissen im beruflichen Alltag gerecht zu werden, finden sich in der Fähigkeit, Zeit zu strukturieren oder/und den Überblick zu behalten, in klaren Aufgaben, Abgrenzungen, Absprachen, Vereinbarungen und Erkenntnissen.

Menschen sichern sich ab durch die Wahrnehmung ihrer fünf Sinne, durch Ausdruck, Wissen und Gedächtnis. Es ist das Bedürfnis nach Sicherheit, was dazu führt, dass neue Situationen auf der Grundlage der Erfahrung betrachtet und angegangen werden. Dieser Bedarf ist wohl der Hauptgrund dafür, dass sich von der Gewohnheit so schwer Abstand nehmen lässt. Dass Veränderung so stark auf Widerstände stößt. Das Bedürfnis nach Freiheit von Angst und Chaos, nach Struktur, Ordnung und Gesetz hat also Vorrang vor dem durch Rogers und weitere Vertreter der Humanistischen Psychologie formulierten Drang nach Selbstverwirklichung und Kreativität. (Auch die Wertschätzung steht hinten an.) Dies findet sich in der Mediativen Kommunikation berücksichtigt, wo es um die Herstellung eines sicheren Rahmens geht. Im Konflikt kommt das Bedürfnis nach Sicherheit zum Ausdruck, wenn Einzelne auf ihren Positionen beharren, um ihren Standpunkt nicht zu verlieren. Das, was jemand vertritt, drückt aus, an welchen Normen und Werten er sich orientiert. Orientierung gibt Sicherheit. In einem Konflikt wird bisweilen an dieser Basis, der Einstellung eines Menschen gekratzt. Und dann reagiert er reflexartig mit Festhalten, damit er nicht den Boden unter seinen Füßen verliert. Aus diesem Orientierungsbedarf heraus finden sich auch das häufige Zurückgreifen auf Stereotypisierungen und der Hang zum Bilden und Anwenden von Vorurteilen erklärt.

Soziale Bedürfnisse

Soziale Bedürfnisse umfassen vor allem Zuwendung, die diversen Zugehörigkeits- und Liebesbedürfnisse nach Kontakt, das Ausbalancieren von Nähe und Distanz, Kommunikation oder Verständnis und gegebenenfalls Erlaubnissen. Die Wirksamkeit von Liebesentzug haben viele Menschen in ihrer Kindheit erfahren. Bisweilen findet man dies auch in Beziehungen, wenn einer der Partner das System von Bestrafung und Belohnung so verinnerlicht hat, dass es auch dort seine Anwendung findet: *„Hast du den Müll runtergebracht, Schatz?"*, *„Jetzt lass doch den Müll mal Müll sein und komm ins Bett ..."*, *„Lass mich, ich hab Migräne"*. Oder so ähnlich könnte sich der abendliche Dialog dann anhören. Sehr häufig entzieht das Prinzip von Belohnung und Bestrafung Zuwendung, wenn es darum geht, ein unliebsames Verhalten zu kommentieren. Es schenkt bei Wohlgefallen Aufmerksamkeit oder Nähe oder was in der Situation noch greifbar ist. Die Bedarfsstruktur wird zur Regulierung erwünschten und unerwünschten Verhaltens genutzt.

Wie wirksam dies ist, zeigt der Alltag immer wieder. Auch soziologische Studien bestätigen dies beispielsweise anhand der defizitären Wirkung von Distanzierung, die sich im Falle der Entwurzelung aus Bezugsgruppen in verstärktem Maße ergibt. Beispielsituationen sind der Umzug der Familie in einen anderen Ort, deren Auflösung durch Scheidung oder auch Tod: Der gewohnte Kontakt, die Nähe zu einem wichtigen Menschen fällt plötzlich weg. Dies wird als Mangel erlebt, der dann anderweitig gestillt werden muss. Meist ist das bei weitem nicht einfach. Gerade dann, wenn das Bedürfnis an einen bestimmten Menschen geknüpft wurde, muss erst die Loslösung davon erfolgen. Diese ist meist schmerzhaft. Und so zieht es die Betroffene oft geradezu magnetisch zu der wie auch immer verlorenen Person zurück. *Ein Beispiel für diesen Drang (das Festhalten) ist das Verharren in zerstörerischen Beziehungen. Wie der Greifreflex eines Babys scheint es im Menschen so angelegt zu sein, dass er erst loslassen kann, wenn er richtig zugegriffen hat. Und zerstörerische Beziehungen zeichnen sich oft dadurch aus, dass jemand dies nicht kann. Es bleibt also der unerfüllte Wunsch, der oft weiterhin an das Gegenüber kettet. Das endgültige Loslassen wird erschwert.*[75]

Die offensichtlichste Form von Zuwendung findet sich in der körperlichen Berührung. Sozial gesehen umfasst dies Fürsorge, Solidarität, Unterstützung, Ermutigung,

Einfühlung, Zustimmung, Vertrauen, Hingabe und Intimität. Diese impliziert wiederum Nähe, Zärtlichkeit, Geborgenheit und Sexualität.[76]

Anerkennungsbedürfnisse

Das Bedürfnis nach Anerkennung ist sowohl Wertschätzungs- als auch Geltungsbedürfnis. Es stellt die Basis für das Selbstwertgefühl eines Menschen und ist eng verwoben mit dem allen Menschen gemeinsamen Bedürfnis nach Angenommensein. Aus ihm heraus entsteht der Wunsch nach Leistung, Stärke und Kompetenz. Als Ausdruck von Status und Prestige, Ruhm und Macht. Hierin findet sich die Ursache für das ständige Jonglieren mit Abweichung und Anpassung um das ‚richtige' Maß, das Beachtung und Unterstützung finden kann. Mit dem Ziel, angenommen zu sein, benehmen sich die meisten lieber ‚richtig' und angemessen als ‚falsch' und ‚verquer'. *Wie am Beispiel von Jugendlichen häufig zu beobachten ist: Viele betonen verbal oder in ihrem Verhalten, dass sie zeigen wollen, dass sie anders, eben besonders sind. Und wenn man genau hinsieht, dann kleiden sie sich so ähnlich, dass man sie von weitem manchmal kaum voneinander unterscheiden kann.* Selbst ‚quer' ist also meist in irgendeinem Bezugsrahmen angemessen. Je nachdem, wer oder was die Maße beziehungsweise Standards definiert. Auch Initiativen, die sich gegen die Gesellschaft stellen, finden sich selten, ohne dass sie eine eigene Gesellschaft bilden. Selbst Quergänger oder gesellschaftliche Aussteigerinnen anderer Art suchen also deutlich nach Anerkennung dessen, was sie damit tun.

Sehr anschaulich zu beobachten ist dies im Rahmen der Universität, weil da (zumindest in den Geistes- und Sozialwissenschaften) so viel öffentlich diskutiert wird, dass man dabei in der Regel immer mindestens zweimal die gleiche Aussage hört. Da es in dieser Kultur nun einmal ein entscheidender Wert ist, klug zu sein, wird daraus ein Teil des existenziellen Kampfes darum, in der Gesellschaft bestehen zu können, oder eben nicht. Die Wiederholung ist eine Bestärkung des ursprünglichen Beitrages. Wird er dann noch nicht gebührend beachtet, dann kommt er prompt ein drittes Mal. Solche Diskussionen lassen sich in der Berücksichtigung des menschlichen Bedürfnisses nach Anerkennung grundsätzlich effektivieren und anregender gestalten. Ist eine Bemerkung erst einmal richtig beachtet und zusammenfassend kurz und anerkennend auf den Punkt gebracht, erübrigt sich meist auch deren weitere Wiederholung. (Es sei denn, jemand hat nicht zugehört oder möchte noch einmal selbst die Lorbeeren für den Gedanken einheimsen. Aber dann wird er auch häufig dafür ausgebuht.) Für Konfliktsituationen gilt das Gleiche: Erst wenn eine Aussage deutlich aufgenommen, ein Gefühl verbalisiert ist, kann eine beteiligte Person aufhören, dem gehörig Ausdruck zu verleihen.

Das, was ein Mensch tut, empfindet er als Ausdruck seiner ureigenen Persönlichkeit. Dabei wird oft übersehen, dass es so viele, bisweilen sogar konträre Möglichkeiten gibt, einem Teil seines Inneren Ausdruck zu verleihen. Im Zuge dessen wird manchmal zumindest emotional die Erkenntnis eines erweiterten Kulturbegriffes übersprungen: Wohl weil man im Dualismus ‚Richtig und Falsch' oder ‚Schwarz und Weiß' mehr Orientierung zu finden meint als in der Weite unbegrenzter Möglichkeiten. Die Bedürfnisstufe Anerkennung umfasst sowohl die Selbst- als auch die Fremdakzeptanz. Dies beinhaltet, Aufmerksamkeit und Beachtung zu bekommen und – um überhaupt so weit zu kommen – natürlich auch das Gelingen eines Vorhabens. Emotional verbindet sich damit Selbstvertrauen und Bewunderung. Sozial betrachtet Wertschätzung und Respekt. Die geistige Vervollständigung findet sich in der Verdeutlichung von Einfluss, Profilierung und Erfolg.

Die Mediative Kommunikation begünstigt die Erfüllung von Bedürfnissen dieser Ebene durch ihren Wertschätzungsansatz. Ebenso durch das zusätzliche methodische Element der Aufwertung für den Fall, dass eine erfolgte Abwertung auszugleichen ist. Dazu gehört auch die Anerkennung der Sichtweise der Einzelnen. Vor allem deshalb ist es so wichtig, in der Konflikterörterung eine Person nach der anderen die eigene Position erklären und auch vollständig darstellen zu lassen (1.2/3.0). Ein gleichwertiges verstehendes Anerkennen der Standpunkte ermöglicht sich durch das Aktive Zuhören (3.2). Denn Verständnis ist nicht Einverständnis. Es geht ums Anhören und Stehenlassen. Um die Wertschätzung dessen, dass die einzelne Beteiligte ihre Beweggründe zu ihrer jeweiligen Positionierung hat. Um die Anerkennung des von ihr vertretenen Standpunktes an sich. Nicht im Hinblick darauf, dass dieser richtig ist oder den Lösungsansatz stellt. Sondern dass er vor der gemeinsamen Bearbeitung aller zum Konflikt gehörenden Elemente gesondert wahrgenommen und gesehen wurde.

Selbstverwirklichung

Das Bedürfnis nach Selbstverwirklichung ist Ausdruck des menschlichen Strebens nach Wachstum und Selbstaktualisierung, nach der Entwicklung der eigenen Persönlichkeit. Es zeigt sich darin eine ‚Vorwärtstendenz': Der Mensch drängt danach, die Einheit seiner Persönlichkeit zu erleben. Er ist auf der Suche nach Wahrheit. Er drängt nach ‚vollständigem Sein', der ursprünglichen ‚Rundheit' (2.1). Die Effekte dieses Strebens sind von Person zu Person sehr unterschiedlich. Rogers (2.4) und Rosenberg (3.3) benennen als solche beispielsweise Heiterkeit, Freundlichkeit, Mut, Ehrlichkeit, Liebe, Güte, Reife und Toleranz.

Die Selbstverwirklichung steht an der Spitze der Bedürfnispyramide. Sie lebt von der Rückkopplung mit den anderen Stufen. *Wenn sich beispielsweise jemand einen Traum erfüllt, dann ist dies als Ausdruck der gelungenen Gestaltung eines erfüllten Lebens zu feiern. Gewöhnlich möchte er anderen davon erzählen, sich mit ihnen zusammen freuen. Dies gibt ihm Halt und neue Energie, um weitere Träume zu entwickeln.*

Selbstverwirklichung basiert auf einem gewissen Maß an Integrität. Erst wenn ein Handeln im Sinne der eigenen Werte erfolgt, entwickelt ein Mensch das Gefühl, dass es Sinn macht, was er tut. Er ist motiviert, seine Fähigkeiten zu entfalten. Der Schlüssel zur Authentizität liegt in der Autonomie: Darin, dass eine Person so sein kann, wie sie wirklich ist. Dass sie die eigenen Träume, Ziele und Werte bestimmen kann und schließlich auch darüber, wie diese realisiert werden können. Die Übereinstimmung von Denken, Fühlen und Handeln in einer Person lässt diese emotional Kreativität entfalten. Sie kann Begeisterung entwickeln. Sich geistig öffnen für Spiritualität und Transzendenz. Für die Vorstellung, dass es mehr gibt als das, was sie sehen kann.

Selbstverwirklichung in sozialer Hinsicht stellt Bildung dar. Auch hier spielt die kulturelle Verankerung eine große Rolle: *Selbstverwirklichung wird traditionell bei Frauen meist dann Thema, wenn von ihnen auf den anderen Stufen genommen und gegeben wurde. Einige Mütter studieren, wenn ihre Kinder erwachsen und aus dem Haus sind. Oder sie fangen an, sich künstlerisch oder anderweitig zu betätigen. Wenn sie sich hauptsächlich finanzieren müssen, starten sie vielleicht interessante Projekte, wenn sie in Rente gegangen sind. Im Gegensatz zu Frauen sind Männer in diesem System weniger mit unmittelbarem Geben betraut. Traditionell sorgen sie mittelbar durch Geld und Prestige, gesellschaftlichen Stand für ihre Familien. Haben sie in ihrer Arbeit Selbstbestätigung gefunden und gehen in Rente, dann stehen viele vor dem Dilemma, dass sie mit dem Ruhestand plötzlich ihr Bedürfnisbefriedigungssystem verlieren: Wie Herr Lohse in Loriots Film „Papa ante Portas" müssen sie umlernen und von ‚unten' beginnend die Pyramide wieder nach ‚oben' klettern.*[77]

In der Mediativen Kommunikation ist der Faktor Selbstverwirklichung beispielsweise dann ins Gedächtnis zu rufen, wenn Streitende sich nicht einigen können. Es kann sein, dass eine Person mit ihrem individuellen Standpunkt ihrer Besonderheit Ausdruck verleihen will. Eine Einigung ist dann nicht möglich, weil es darum geht, sich durch Andersartigkeit selbstverwirklicht zu fühlen. Eine Übereinstimmung nimmt die Besonderheit. Solch eine Situation kann sich manchmal so verfahren, dass der Streit zusehends eskaliert. Das Geschehen als Profilierung zu erkennen, schafft die Basis, um nach dem Konzept des Positivsummenspiels (1.2/2.6) vorzugehen: Es wird möglich, nach Optionen zu suchen, die dem Bedarf an Selbstverwirklichung so entsprechen, dass er sich nicht an die Streitsituation knüpfen muss (3.0). Eine Anleitung zur konfliktlösenden Pyramidenbesteigung würde dann in etwa lauten: ‚Man starte am besten (nach Ausschluss akuter *körperlicher* Mängel) durch das Anhaken an eine unverrückbare Aussage über einen Fakt, der mit hundertprozentiger *Sicherheit* hält (Beobachtung). Dem *wende* man sich *zu* und gebe der Person dafür *Anerkennung* (Würdigung). Und schon ist man auf den Stufen der Pyramide bis zur Schwelle der *Selbstverwirklichung* emporgeklettert.' Die betreffende Person hat nun einen neuen Raum, um sich dieses drängende Bedürfnis zu erfüllen. Ist sie dann ‚satt', braucht sie ihre Position, ihren gesonderten Standpunkt dafür nicht mehr so hartnäckig zu vertreten. Das Prinzip dabei richtet sich nach dem Grundsatz, dass jemandem nur mit Schwierigkeiten etwas zu nehmen ist, ohne dass er dafür einen Ersatz hat. (Dies lässt sich bei Menschen schon im Babyalter beobachten: Wird einem sehr kleinen Kind der

Schnuller weggenommen, schreit es. Steckt ihm jemand dafür etwas Vergleichbares in den Mund, ist es wieder zufrieden und nuckelt daran weiter. Das Ausmaß von Geschrei lässt sich reduzieren, wenn der Austausch möglichst gleichzeitig vonstatten geht.) Im Falle einer hartnäckig vertretenen Position im Konflikt handelt es sich meist um eine Ersatzbefriedigung. Der Ersatz der Ersatzbefriedigung ist nicht selten ein wesentlicher Schritt auf dem Weg zur Erfüllung des eigentlichen Hintergrundbedürfnisses.

Die einzelnen Bedürfnisse oder ‚Motivatoren' sind nicht isoliert, sondern eng miteinander verbunden: Sobald ein vorherrschendes Bedürfnis befriedigt ist, tritt ein weiteres, nächsthöheres an seine Stelle.[78] Die ersten vier Bedürfnisebenen werden als „Defizitbedürfnisse" bezeichnet. Es hat unangenehme Folgen, wenn sie nicht befriedigt werden (zum Beispiel Krankheit). In jedem Fall rufen sie ein Gefühl der Entbehrung hervor. Die Ebene der Selbstverwirklichung umfasst dagegen Bedürfnisse der Wachstumsmotivation. Pauschal (und mit allen etwaigen Einschränkungen, die dies mit sich bringt) wird davon ausgegangen: Je höher das Bedürfnis in der Hierarchie steht, desto später entsteht es auch in der Entwicklung eines Menschen und seiner Persönlichkeit. Daher kann man bei Erwachsenen meist umfangreichere oder differenziertere Bedürfnisstrukturen feststellen als bei Kindern. Die Wichtigkeit für das reine Überleben nimmt mit den steigenden Bedürfnisebenen ab. Ein höheres Bedürfnis kann meist leichter aufgeschoben werden als ein unteres. Es wird als weniger drängend erlebt und kann bisweilen auch wieder ganz verschwinden.

Ist das Verhalten eines Menschen durch höhere Bedürfnisse bestimmt, heißt das also, dass die Befriedigung der grundlegenderen Bedürfnisse bereits gesichert ist. In der Regel ist er dann seltener krank, hat einen besseren Schlaf und lebt sogar länger. Bei Nichtbefriedigung lassen sich sowohl körperliche Krankheiten als auch psychopathologische Erscheinungen weitaus häufiger feststellen. Die Bedürfnisbefriedigung bildet also einen wichtigen Schutzfaktor für Leben und Gesundheit. Aus dieser Sicht ist die Macht erklärbar, mit der Menschen gewöhnlich (wie auch immer) nach der Erfüllung ihrer Bedürfnisse streben. Deren Drang und Unmittelbarkeit nimmt in den unteren Ebenen zu. Dies gilt selbst dann, wenn ein gefühlter und kein realer Bedarf besteht. *So kann es beispielsweise vorkommen, dass die bereits beschriebene Konfliktmüdigkeit eines harmoniebedürftigen Menschen so weit geht, dass er im Falle eines sich anbahnenden Konfliktes plötzlich eine solch starke Müdigkeit verspürt, dass er die Augen kaum noch offen halten kann. Er sieht sich gezwungen, ins Bett zu gehen. Selbst wenn er den Konflikt als solchen vielleicht noch nicht einmal bewusst wahrgenommen hat, geht er ihm damit aus dem Weg.* Die höhergelegenen Bedürfnisse werden auch sozial höher bewertet. Wird man ihnen als Gebender oder Nehmende gerecht, so hat dies positive soziale Konsequenzen wie Loyalität oder Freundlichkeit.

Von Zuweisungen, Unterstellungen und anderen Bedürfnisverschiebungen

Für viele Menschen ist es sehr ungewohnt, Bedürfnisse klar und direkt zu äußern. Die Schwierigkeit beginnt meist schon damit, sich und anderen Bedürfnisse zuzugestehen. Als gäbe es nur einen einzigen großen Bedürfnistopf, der leerer werde, sobald einer daraus schöpfe. Die meisten Menschen lösen dies, indem sie ihre Bedürfnisse über Umwege in den Alltag einbringen. Vielleicht indem sie so tun, als ob sie sich für einen anderen oder eine gute Sache einsetzen: *So rechtfertigt beispielsweise Anna ihr eigenes Bedürfnis nach einem ruhigen Abend, indem sie ihrem Mann Bertram zuschiebt, er pflege seine Sozialkontakte nicht gut genug. Sie gibt vor, ihn in der Wahrung seiner Freundschaften unterstützen zu wollen, und hält ihn dazu an, mal wieder einen Männerabend mit seinen Kumpels in der Kneipe zu verbringen. Unabhängig davon, ob Bertram tatsächlich Gefallen an einem so verbrachten Abend findet, geht es hier um die Grundmotivation. Anna drückt sich vor der Verantwortung für ihr eigenes Bedürfnis: Sie zieht sich auf die allgemeine Erkenntnis zurück, dass es für eine funktionierende Beziehung wichtig ist, dass jeder auch ein aktives Eigenleben hat. So rechtfertigt sie ihr eigenes Bedürfnis, diesen Abend ohne Bertram zu verbringen. Auch wenn sie gerade erst von einer ihrer beruflichen Reisen zurückgekehrt ist. Für Bertrams soziale Kompetenz Sorge zu tragen entspricht eher dem, was Anna in ihrer Rolle als Ehefrau für angemessen hält. Also tarnt sie damit ihr individuelles Ruhebedürfnis, das sie sich nicht zugesteht.*

Dass Anna solche Rechtfertigungen zu brauchen meint, erklärt sich vor allem in der Vielzahl von Introjekten, die sie in sich herumträgt. Dies sind die ‚verwaisten Kinder' ihres Inneren Teams, die auf der Schattenseite verborgen in der Ecke hocken und meist durch strikte Verbote an ihrer freien Entfaltung gehindert werden. Sie wirken dennoch im Alltag. Häufig haben sie auch den entsprechenden Leidensdruck, um bisweilen zwar heimlich, aber doch im Vordergrund zu stehen. Das ruhebedürftige Schattenwesen in Anna tarnt sich also im vermeintlichen Engagement für ihren Mann. Das gibt ihr das Gefühl, ihrer gesellschaftlichen Rolle gerecht zu werden. Sich zu ihrem Ruhebedürfnis zu bekennen, würde dem auf Grundlage ihrer inneren Bewertungen entgegenstehen (2.1/3.3).

Das Eisbergmodell: Was unter der Oberfläche des sichtbaren Verhaltens steckt

Gefühle beruhen auf Eindrücken und Bewertungen. Sie werden im Alltag zwar selten klar artikuliert und bewusst reflektiert. Dennoch weisen sie auf erfüllte und unerfüllte Bedürfnisse hin. Das ist eine schon seit langem gewonnene Erkenntnis der Emotionspsychologie.[79] Sie legt es unmittelbar nahe, die Emotionen zu analysieren, um zu den individuellen, eventuell diffusen Vorstellungen der Einzelnen zu gelangen.[80] Ein gutes Bild für das hintergründige Potenzial, welches damit einbezogen und nutzbar gemacht wird, ist das Eisbergmodell.

Ursprung dieser beliebten Metapher für die Beteiligung sach-, psycho- und sozio-logischer Bestandteile im Miteinander ist die Themenzentrierte Interaktion. Sie wurde bereits als humanistischer Ansatz aus der Psychologie vorgestellt (1.3). Sie orientiert sich an den zahlreichen Ideen, die die Psychoanalytikerin und Gestalttherapeutin Ruth C. Cohn zur Erleichterung des zwischenmenschlichen Miteinanders sehr anschaulich und praktisch in ihrem Kommunikationskonzept zusammengetragen hat. Das augenscheinlichste Symbol der TZI ist das Dreieck im Kreis. Das Dreieck drückt aus, dass jedes Gespräch durch die Ebenen ‚Ich', ‚Wir' und ‚Es' bestimmt ist: durch persönliche Inhalte wie solche auf der Beziehungsebene und schließlich das Thema, das erörtert wird. Der Kreis um das Dreieck ist der ‚Globe': Er symbolisiert, dass es auch noch ein Umfeld des Ganzen gibt, den Rahmen, der die Situation beeinflusst. Das in Abbildung 17 dargestellte Eisbergmodell integriert das TZI-Dreieck und zeigt dessen Gleichgewichtsfunktion. Der Gipfel verbildlicht die Sachebene, das offensichtliche Thema. Das Eismeer ist der Globe, die Umwelt, die das Fundament birgt und begünstigt. Das Eisbergmodell verdeutlicht, dass das, was für eine Außenstehende vom jeweiligen Gegenüber aufgrund seines Verhaltens wahrnehmbar ist, lediglich ein Siebtel dessen ausmacht, was in dieser Situation in ihm vorhanden ist. Hör- und sichtbar sind das Verhalten, das Aussehen, die Mimik und Gestik. Die deutliche (Re)Aktion bildet also nur die Spitze des Ganzen. Wie das, was von einem Eisberg über der Wasseroberfläche zu sehen ist.

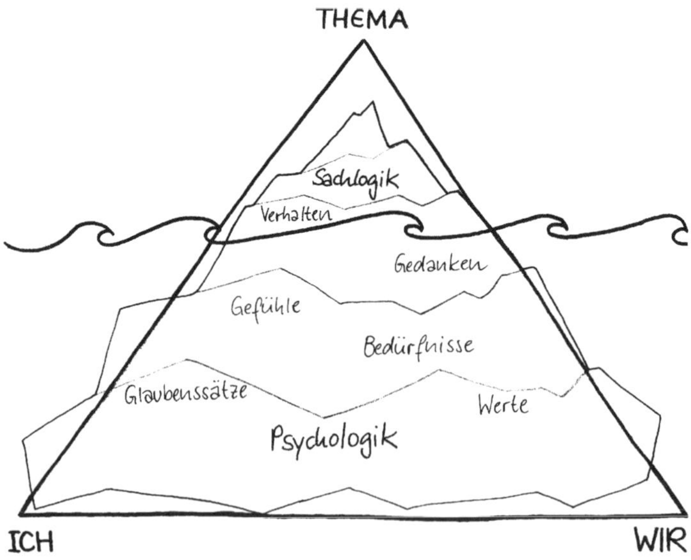

Abb. 17: **Eisbergmodell**

Was im Modell als nicht sichtbar dargestellt unter der Oberfläche des Wassers verborgen ist, ist grundsätzlich dennoch in seinem Dasein bekannt. Es muss nur immer wieder vergegenwärtigt werden: Menschliche Beziehungen spielen sich auf allen drei Ebenen gleichzeitig ab. Das Eisbergmodell zeigt, wie gering dabei der Anteil der Sachlogik ist. Was oben auf und offen im Gespräch verhandelt wird, sind gemeinsame Themen, Interessenbereiche, die Erledigung eines Arbeitsauftrags oder organisatorische Dinge. All das, was sich problemlos in Worte fassen lässt. Das Persönliche und die Beziehungsebene bilden das Fundament, das unter der Oberfläche verborgen ist. Psychologische und psychosoziale Belange lassen sich zu einem geringen Teil ebenso gut verbalisieren. Vor allem, wenn dies in einer Situation gefragt ist. Sie tun dann ‚etwas zur Sache', werden in das Thema integriert. Bei einem Großteil, vor allem dem unbewussten Teil, ist dies aber sehr schwierig, wenn nicht sogar unmöglich (solange man dies nicht methodisch, zum Beispiel therapeutisch, initiiert).

Das ‚Ich' und das ‚Wir' machen die Beziehung der Beteiligten untereinander aus. Dieser emotionale Anteil bildet den Hauptteil des Dreiecks. Das, was sich im Gespräch weitgehend unter der Oberfläche verbirgt. Diese sechs Siebtel umfassen Freude oder Ärger, Sympathie oder Antipathie, Bedürfnisse und Wünsche, Werte und Normen, Tabus und Ängste, Misstrauen, Zuversicht, die so genannten ‚ungeschriebenen Gesetze'. Sowie alles, was es darunter an Verschiebungen und unbewussten Verwicklungen gibt. Die Ebene der Sachlogik baut auf diesem unsichtbaren, emotionalen, aber umso wirksameren und anteilmäßig wesentlich stärkeren Fundament auf. Die Sachlogik und die psychosoziale Ebene sind eng miteinander verbunden. Sie bedingen einander auch im Gespräch. Die Mediationsformel bringt dies auf den Punkt: Wird die psychosoziale Ebene vernachlässigt, können die sachlichen Belange meist nur unzureichend bearbeitet werden. Das Fundament drängt durch seine hohe Konzentration an Energien auf ständige Beachtung. Bekommt es den benötigten Raum, können die dadurch frei werdenden Kräfte zur Bewältigung der Aufgabe oder zur Konfliktlösung genutzt werden. Ignoriert man sie dagegen und tut so, als wären Gefühle wie Eifersucht, Antipathie oder Konkurrenz nicht vorhanden, ändert dies nichts an ihrer Wirksamkeit. Sie beeinflussen die sachlichen Handlungen meist noch mehr, als würden sie als vorhanden anerkannt, da Unterdrücktes mit Macht nach oben strebt.[81]

Wie sich die versteckten Bedürfnisse im Alltag und in Konflikten äußern

Auf das jeweilige Gegenüber übertragen, verweist das Eisbergmodell darauf, dass das, was Menschen in ihrem Alltag betreiben, als Gipfelkommunikation bezeichnet werden kann: Die Gesprächspartner können sich prima von Gipfel zu Gipfel bewegen. Sie können sich auch daran stoßen oder schneiden. Oder dabei Halt machen und hinabklettern, soweit die Beschaffenheit des jeweiligen Eisbergs dies erlaubt. Und wenn zwei Personen im Konflikt in ihren Positionen weit voneinander entfernt sind, lohnt sich der Blick unter die Oberfläche besonders: In der tieferen Betrachtung streifen sich ihre Fundamente ganz sicher an einer Stelle (3.2). Spätestens dort, wo es um menschliches Allgemeingut, die universellen Gefühle und Bedürfnisse geht. Menschen können zwar ein und dieselbe Situation als sehr unterschiedlich empfinden. Auch verlangen sie oft nach Verschiedenem anhand sich gleichender Anlässe. Dennoch sind die grundsätzlich vorhandenen Gefühle und Bedürfnisse allen gemein. Sie sind nur mehr oder weniger ausgeprägt und auf verschiedene Schlüsselreize ausgerichtet. Wo die eine Umarmung und Zuwendung braucht, braucht die andere Ruhe und Abstand. Während den einen etwas traurig macht und zum Weinen bringt, wird der andere wütend und ‚haut auf den Tisch', bis dass ‚die Wände wackeln'.[82]

Im Allgemeinen handeln Menschen aus mehr als aus einer einzelnen Motivation heraus. Die Bedürfnispyramide bietet eine Orientierung, wenn man sich mit den Tiefen des Eisbergs beschäftigen will. Sie ist Teil einer Motivationstheorie, die sich wie andere auch, vor allem auf letzte, grundstämmige und meist unbewusste Verhaltensziele konzentriert. Die Motivation wird nach grundlegenden Zielen eingeordnet, weil diese über Person, Kultur und Zeit gleich bleibend bestehen, während der Weg zur Erreichung der Ziele bei jedem Menschen unterschiedlich ist. So gibt es zur Bedürfnisbefriedigung in der Regel nicht nur individuelle, sondern ebenso verschiedene kulturell akzeptierte Formen. Die grundlegenden Ziele und Bedürfnisse unter Menschen sind also ähnlich. Nur die Art und Weise der Erfüllung kann sich stark voneinander unterscheiden. Bei all diesen Überlegungen zur Wichtigkeit von Bedürfnissen und deren starkem Einfluss auf das zwischenmenschliche Alltagsleben erscheint es abwegig, sie verleugnen zu wollen. Im Alltag passiert dies trotzdem so häufig, dass es wohl in der westlichen Gesellschaft als Normalität zu bezeichnen ist. Bewusstwerdung und Reflexion schaffen in der Mediativen Kommunikation die Grundlage für ein erweitertes zwischenmenschliches Verständnis. Die Umsetzung von bedürfnisintegrativen Konzepten wie der Gewaltfreien Kommunikation oder dem Harvard-Konzept wird dadurch möglich gemacht. Die Beleuchtung des Fundamentes mit Hilfe der Bedürfnispyramide erleichtert es, im Umgang mit den im Konflikt oder Gespräch beteiligten Bedürfnissen sinnvoll Prioritäten zu setzen. Denn allgemeine Gesetzmäßigkeiten bieten Orientierung, solange dabei die notwendige Flexibilität beibehalten werden kann.

Aus der Distanz der Metaebene oder eines Zuhörenden ist es häufig leichter, die Bedürfnisse zu erkennen. Eine hinreichende Bedarfsklärung hilft, die Verantwortung für eigene Bedürfnisse zu übernehmen, und macht ihre Erfüllung wahrscheinlicher. Statt nach dem Glücksprinzip ‚Ein blindes Huhn findet auch mal ein Korn' auf wundersamen Erfolg zu hoffen, gibt das Erkennen des Bedarfs Handlungsfähigkeit. Man kann dann für die Erfüllung des Bedürfnisses sorgen: unmittelbar für sich selbst oder durch die Äußerung eines Wunsches, einer Bitte an eine andere Person. Stattdessen auf altbekannte Konfliktstrategien zurückzugreifen (2.1) ermöglicht mit großer Wahrscheinlichkeit auch eine Erfüllung. Allerdings sind dabei der Umweg und dessen Konsequenzen in Kauf zu nehmen. Der direkte Weg ist oft einfacher und schneller, wenn auch vielleicht ungewohnt.

Da die vorhandene Auswahl der menschlichen Bedürfnisse universell ist, ist es für Menschen grundsätzlich möglich, die Bedürfnisse anderer Menschen unmittelbar nachzuvollziehen. In der Mediativen Kommunikation und auch in anderen Personzentrierten Ansätzen wird dieses Wissen herangezogen, wenn es um die Lösung von Konflikten geht. Ein Streit basiert meist auf unerfüllten Bedürfnissen, die starke Gefühle verursachen. Werden diese angesprochen und die Bedürfnisse dahinter betrachtet, fördert ihre Nachvollziehbarkeit die Kooperation. Es lohnt sich also, sich hier und über die Lektüre hinaus bewusst mit den möglichen beteiligten Bedürfnissen auseinander zu setzen. Wegweiser zu deren Befriedigung auf den fünf Ebenen der Pyramide wurden bereits zahlreich in den Text eingestreut. Wie beschrieben wird die genaue Ausprägung eines Bedürfnisses sowie dessen Erfüllungsart kulturell unterschiedlich umgesetzt und an der Messlatte des jeweils Gewohnten gemessen. Die Bedürfnispyramide hat den Vorteil, dass sie in ihrer Form bereits darauf hinweist, welchen Bedürfnissen im Allgemeinen welche Priorität zukommt. Zur Abgrenzung zwischen Bedürfnissen und Wünschen sei hier noch ergänzend und grundsätzlich geklärt, dass ein Bedürfnis das Verlangen nach etwas bezeichnet, während Wünsche sich bereits konkret auf ein Objekt beziehen. Ein Mensch hat beispielsweise das Bedürfnis nach Kleidung und den Wunsch nach einem bestimmten Kleidungsstück.

Die Dschungelparabel: Wenn die Bedürfnislandschaft eine Wildnis ist

Man muss keine Botanikerin sein, um zu wissen, wie schnell es schon in einem klitzekleinen Garten anhand von ungenügender Pflege passiert, dass alles so zuwuchert, dass ein Mensch die Struktur des Ganzen nicht mehr erkennen kann. Ähnlich geschieht es, wenn man sich von den vielen Quadratkilometern der eigenen Bedürfnislandschaft abwendet: Sie wird zu einem riesigen, undurchschaubaren und ‚gefährlichen' Dschungel, in dem es auch entsprechend zugeht. Unberücksichtigte Bedürfnisse kämpfen mit harten Bandagen um Beachtung und Erfüllung. Sie suchen sich einen anderen, untergründigen Weg, der genauso verborgen ist, wie sie selber es sind. Sie verschleiern sich in vermeintlichen anderen Anliegen, wie am Beispiel von Annas Ruhebedürfnis deutlich wurde. Sie ziehen also einen Tarnanzug an, der sie nicht von der vermeintlichen Norm abweichen lässt. Dies erschwert es, sie zu erkennen und ihnen gerecht zu werden.

Hinter jedem Vorwurf versteckt sich ein unerfülltes Bedürfnis. Ebenso hinter jeder Schuldzuweisung und allen anderen Zuschreibungen. Und es lässt sich leicht erahnen, dass beispielsweise ein Bedürfnis nach Zuwendung in den Tarnfarben eines dreisten Vorwurfes sehr schnell zu seiner Beachtung kommt. Nur ist dies vielleicht nicht die Art von Zuwendung, um die es dem Aggressor eigentlich geht. Ein Teil des empfundenen Mangels bleibt also weiterhin bestehen. Das kann auf Dauer überaus frustrierend sein. Wer diese Erfahrung in seinem Leben als grundständig empfindet, erlangt dabei den Eindruck, die Befriedigung seiner Bedürfnisse sei ein Kampf. Er kämpft in seinen Beziehungen und Vorhaben um Erfüllung. Darum, schließlich doch noch das zu bekommen, was ihm seiner Meinung nach zusteht. In der Orientierung nach außen kann er allerdings den untergründigen Bedürfnissen nicht näher kommen. Die eigentlichen Bedürfnisse hinter der Tarnung ringen weiterhin um Beachtung. Um sich seiner Bedürfnisse bewusst zu werden, ist es nötig, in den Globe einzutauchen. Und da es vielen Menschen von klein an abtrainiert wurde, ihren Bedürfnissen Aufmerksamkeit und Pflege zukommen zu lassen, eröffnet sich oft eine Bedürfnislandschaft, die sich in der Metapher des Dschungels gut beschreiben lässt.

···› Mit unbewussten Bedürfnissen im Überlebenskampf bestehen

Das Dschungelgesetz kennt nur den Überlebenskampf: Es gilt, auf der Lauer zu liegen, um sich zu versorgen. Oder mit viel Geschick geeignetes Material zu suchen, um Fallen aufzustellen. Wenn die Ellenbogen nicht mehr ausreichend sind, wird eine Machete benötigt, um vorwärts zu kommen. Eine der Alltagswaffen im Dschungelgeschehen (3.3). Der eine versucht, auf Kosten der anderen zu bekommen, was er braucht. Er kann sich meist nicht einmal vorstellen, dass es möglicherweise auch anders geht. Bedarfsbefriedigung ist Beutefang und am besten mit List und Tücke oder körperlicher Überlegenheit zu bewerkstelligen. Und dabei kommt es bisweilen zu heftigen Duellen. Ein Mensch, dessen Globe so aussieht, ist sich seiner Bedürfnisse und Gefühle weitgehend unbewusst.

Wenn man einem Dschungelkämpfer einen Weg zeigen will, auf dem er auch ohne Machete weiterkommt, ist man gut beraten, wenn man seine Hilfestellung als solche auch erkennbar macht. Der Kämpfer ist anhand des ganzen Gewirrs sowieso verunsichert. Es besteht daher das Risiko, dass er einen in Notwehr in einen Kampf verwickelt, in dem man leicht den Kopf verlieren kann. Wer aber jedes Mal dann, wenn er sich mit unangebrachten Vorwürfen gestempelt, ahnungslos beschuldigt oder auch mit Unterstellungen konfrontiert sieht, mit Vorsicht nach den dahinter liegenden Bedürfnissen fragt, der kann sich dadurch sehr wahrscheinlich eine Verwicklung in ein Dschungelduell ersparen (3.2/ 3.3). Er kann sich statt ums ‚Überleben' um weitergehende Dinge kümmern.

···› Sich seiner Bedürfnisse teilbewusst sein: Das abgeteilte Erfüllungsrevier und dessen Infrastruktur

Vielleicht ist der ein oder andere Dschungelkämpfer schon darauf gekommen, dass es andere Wege gibt, als Tag für Tag auf der Lauer zu liegen. Dass er auch anders das bekommen kann, was er braucht. Dies zeugt von einem Teilbewusstsein über die Beschaffenheit seiner Bedürfnislandschaft. Er hat zumindest einen groben Überblick erlangt. Und dann entwickelt er vielleicht gewohnheitsmäßig Rituale, die ihm die Bedürfnisjagd vereinfachen: Er fängt an, sein Revier abzustecken, damit ihm keiner zuvorkommen kann. Er verteilt seine Bedarfsstruktur auf Menschen, die er für deren Erfüllung verantwortlich macht. Schon lange ist die Gesellschaft der romantischen Vorstellung entwachsen, dass es den einen Menschen im Leben gibt, der alle Bedürfnisse des anderen erfüllt. *So hat Martin beispielsweise Lisa für die sexuelle Liebe und das so genannte ‚häusliche Glück'. Kinder hat er mit Lara, für die emotionale Liebe Bertram, seinen besten Freund, der einfach am verständnisvollsten zuhören kann. Für Probleme gibt's den Berater oder die Psychotherapeutin. Und für weitere und spezielle Anliegen den Freundeskreis mit Anna, Gerald und Paul.*

Das abgeteilte Bedürfniserfüllungsrevier hat also eine gut durchdachte Infrastruktur. Allerdings sind Lisa, Lara, Bertram und die anderen nicht wirklich Dienstleistende. Und es gibt ja auch noch andere, die der Meinung sind, dass sie eigentlich zu ihrem Einzugsbereich gehören. Nicht umsonst wird um die Defizitbedürfnisse Zuwendung und Anerkennung im Alltag so häufig duelliert. Das Erfüllungsrevier ist immerfort in Bewegung. Es gibt sogar Unruhen darin. Werden sie nach dem Dschungelbrauch reguliert, dann funktioniert dies mit einschüchterndem Löwengebrüll oder schlangenschlauer Manipulation (2.1). Auch die Grenzen sind umkämpft. Um den nötigen Grad an Kontrolle zu erlangen, empfiehlt es sich dann doch, auf der Lauer zu liegen. Dafür gibt es aber auch den Kick des Survival-Gefühls, der durchaus seinen Reiz hat. Aber eben nicht für jeden und in jeder Situation.

··· Bewusstsein erlangen: Den Dschungel als Konstrukt identifizieren und sehen, wie es anders geht

Um diesen Kick wie im Extremsport und in realen Dschungeltouren zu genießen, braucht man die Basis der Bedürfniserfüllung auf der zweiten Ebene: Sicherheit. Die wichtigsten Beziehungen und aktuelle Konflikte, die Situation auf dem Arbeitsmarkt und anderes, was sich gefährlich nah um die Existenz eines Menschen rankt, das alles fällt nicht in den Bereich, in dem ein Mensch gewöhnlich auf der Suche nach dem ‚Kick' ist. Er ist stattdessen gestresst oder fühlt sich essenziell bedroht. Hier hilft der Ansatz des Konstruktivismus, der davon ausgeht, dass ein Mensch die Welt so wahrnimmt, wie er sie durch die Brille, die er trägt, sehen kann. *Hat Gerald eine grüne Dschungelbrille auf, dann sieht die Welt für ihn auch aus wie ein Dschungel. Auch wenn sie eigentlich ein bunter und exklusiver Seidenblumenladen ist. Vielleicht lauert er dann hinter Pflanze vierundzwanzig, Abschnitt zehn, springt brüllend und beutetriumphierend hervor, während die Lehrerin von Lars und Peter gerade ihr Hochzeitbouquet aussuchen will.* Natürlich ist dies ein sehr übertriebenes Bild. Der Alltag ist nicht ganz so platt, aber wenn man durch die Brille des Konstruktivismus guckt, dann finden sich Beispiele, die sich gar nicht so weit von dieser veranschaulichenden Übertreibung entfernen.

Der Gedanke an die Win-Win-Perspektive legt es nahe, zur Erweiterung der Optionen (3.4) mit den vielen möglichen Brillen flexibel umzugehen. Denn Wahrnehmung ist immer selektiv (3.2). Kein Mensch vermag es, die Realität vollständig zu betrachten. Und so hat jeder im Grunde eine Sehhilfe, die auf Grundlage seiner Erfahrungen, Gefühle, Prägungen bestimmte Aspekte des Ganzen in seiner Sichtweise schärft. Wenn jemand in einem Konflikt steckt und mit der Dschungelbrille auf der Nase nicht weiterkommt, dann kann es sehr hilfreich sein, ihm eine andere ‚Sehhilfe' anzubieten. Praktisch geht dies beispielsweise mit Hilfe von Methoden zum Perspektiv- und Ebenenwechsel (4.3). Sie ermöglichen es ihm dann, unter anderen Gesetzgebungen mit der Situation umzugehen.

Der Weg des bewussten Umgangs mit Bedürfnissen in der Mediativen Kommunikation

Wären Bedürfnisse immer klar und deutlich zuzuordnen, dann käme diesem Thema im Zusammenhang mit der Mediativen Kommunikation nicht so viel Raum zu. Es würden wohl auch weit weniger Konflikte entstehen. So suchen auch Dschungelerfahrene durchaus häufig die Schuld für eigene Probleme schnell in äußeren Umständen oder Fehlern der anderen. Es ist ganz alltäglich zu beobachten, dass in Begründungen insgesamt zu ca. 70 Prozent mehr oder weniger auffällig die ‚eigene Unschuld' beteuert wird; etwa zu 30 Prozent davon wird auf die Umwelt verwiesen. Schuld für eine Verspätung sind beispielsweise der Stau, die Bahn oder das Wetter. Zu 40 Prozent (von den 70) wird die Schuld auf andere Personen geschoben: die im Hausflur getroffene schwatzhafte Nachbarin, den unerbittlichen Chef oder den verzweifelten Freund, dem man am Telefon noch zuhören musste. Lediglich bei 30 Prozent wird zu Begründungen gegriffen, die die eigene Verantwortung in den Vordergrund stellen.

Möglicherweise ist die starke Außenorientierung, die sich auch in Bezug auf den Umgang mit eigenen Bedürfnissen zeigt, eine Variante, sich und andere davon abzulenken, was sie im Verborgenen an konfliktträchtigen Gefühlen hüten. Aus Angst vor dem, was zum Vorschein kommt, möchten sie die Verantwortung lieber nicht selber übernehmen. Sie wollen nicht wahrhaben, dass die andere Person oder die Situation häufig die Funktion eines Spiegels hat. Die Illusion eines solchen Vorwurfs-Bewusstseins ist nur sehr schwer aufzulösen: Wie der Begriff in seinen Einzelteilen schon aussagt, wird das jeweilige Gefühl oder Bedürfnis projizierend auf das Gegenüber geworfen, noch bevor es als das Eigene bewusst werden kann. Wer sich Vorwürfe wegen seiner eigenen Verspätung macht, wird die Wartende vielleicht mit Begründungen überhäufen, auch wenn diese die Verspätung als gewonnene Zeit für sich betrachtet und so lange genussvoll in einem Buch gelesen hat. Meist ist einem Projizierenden sehr rätselhaft, was es denn bitte bei ihm selbst überhaupt zu suchen gäbe. Gerade im Konflikt kann dies zu komplizierten Verwicklungen führen.

Die Brille der Wertschätzung

Die Welt der Mediativen Kommunikation bietet hier den Dialog über Interessen und Bedürfnisse statt dem durch das Lauern verbildlichten Verharren in einer Position. Statt des Brüllens reicht sie Aktiv Zuhören und den Ansatz der situationsgerechten Gewaltfreien Kommunikation. Schlangenschlaue Manipulation wird durch sach- und menschengerechtes Verhandeln ersetzt. Die Notwendigkeit, das eigene Revier zu markieren erübrigt sich meist, wenn man die eigenen Bedürfnisse und Grenzen kennt. Bedürfnisse sind in ihrem Angebot universal und eine Gemeinsamkeit, die alle Menschen miteinander verbindet. Mit dem entsprechenden Handwerkszeug lassen sie sich offen leben.

Die eigenen Grenzen zu setzen, bestärkt einen Menschen in Bewusstsein, Würde und Achtung für sich selbst. Das aktive Grenzensetzen ist allerdings nicht zu verwechseln mit dem Anbringen von Vorwürfen. Auch wenn dies recht häufig passiert. Die Erläuterungen zum Thema Ich-Botschaften machen deutlich, dass es sehr wohl möglich ist, Grenzen zu setzen und die Energie gleichzeitig bei sich zu behalten (4.2). Wer Vorwürfe oder (Schuld-)Zuweisungen macht, der verlagert die Energie von sich selbst weg auf den anderen. Er schiebt ihm sein Eigenes zu und verurteilt dies als Unrecht oder Unzulänglichkeit. Das kommt einer Abwertung seiner selbst gleich. Die Mediative Kommunikation ‚bebrillt' mit Wertschätzung. Das bedeutet, dass es das zu sehen und anerkennend aufzugreifen gilt, was vorhanden ist. Dies ist nicht zu verwechseln mit dem Blick durch eine rosarote Brille, durch die vor allem problematische oder unangenehme Elemente der Realität ausgeblendet werden. Im Gegenteil: Es geht darum, die Sicht zu erweitern und mehr von den vielen Alternativen zu sehen, die einem im jeweiligen Reden, Denken, Handeln sowie in dessen Konsequenz zur Verfügung stehen.

Der mediative Umgang mit kritischen und negativen Bemerkungen

Im Umgang mit kritischen oder negativen Bemerkungen, der beliebtesten Form des so genannten Dschungelgebrülls, gibt es beispielsweise vier verschiedene Reaktionsmöglichkeiten: Man kann sich über die Äußerung ärgern und den anderen beschuldigen, dass er etwas falsch gemacht hat. Offen oder versteckt hinter einer Projektion. Dies beeinflusst auf Dauer die Beziehung zum Gegenüber. Und es kann sich bis dahin ausweiten, dass jemand schon darüber nachdenkt, was andere wohl falsch gemacht haben, sobald er realisiert, dass eines seiner Bedürfnisse nicht erfüllt ist. Die Menschen um ihn herum erklärt er dann zu mit entsprechenden Sensoren ausgestatteten Bedürfniserfüllungsmaschinen: „Wenn sie mich lieben würden, hätten sie gesehen, wie es mir geht, und etwas dafür getan, dass sich das bessert!"

Eine weitere Möglichkeit ist, sich selbst die Schuld dafür zu geben: Vorwürfe und Kritik zu hören und persönlich zu nehmen. Wer diese Variante wählt, akzeptiert damit ein vermeintliches Urteil über sich und fühlt sich dementsprechend schuldig. Er geht davon aus, dass er so ist, dass er dieses Urteil auch verdient. Das kratzt an seinem Selbstvertrauen und zeugt von der Bereitwilligkeit, der eigenen Person Befindlichkeitsstörungen von anderen zuschieben zu lassen. Wer so verfährt, ist ein geradezu perfektes Gegenüber für den, der zur ersten Variante greift.

Die Mediative Kommunikation plädiert für die Kombination von zwei weiteren Möglichkeiten: Die eigenen Gefühle und Bedürfnisse können so klar wie möglich wahrgenommen werden. Man kann sich dafür entscheiden, das, was man denkt und fühlt, zu äußern. Dies führt dazu, dass oft auch Bewusstheit darüber entsteht, woher das aktuelle Gefühl eigentlich kommt. Eine vierte Möglichkeit ist, darüber hinaus auch die Gefühle und Bedürfnisse anderer wahrzunehmen. Das Verhalten des Gegenübers bekommt dann einen sichtbaren Hintergrund. Dem Zuhörenden wird verständlich, in welchem Zusammenhang das Gesagte steht.

In diesen letzten beiden Möglichkeiten liegt die Chance, die Äußerung als Material dafür zu nutzen, etwas über sich selbst und das Gegenüber in Erfahrung zu bringen: Es eröffnet das Gespräch oder zumindest den Inneren Dialog. Die Selbstverantwortung wird ernst genommen. Die eigenen Gefühle, Bedürfnisse, Wünsche, Erwartungen, Werte oder Gedanken werden als solche erkannt. Sie können akzeptiert und dann vielleicht umgesetzt werden. Je direkter eine Person die Verbindung zwischen ihren Gefühlen und Bedürfnissen zieht, desto leichter ist es für sie selbst und andere, einfühlsam zu reagieren. Wenn jemand sagt: „Ich fühle ..., weil ich ...", kann es aufgrund der Universalität der Bedürfnisse für sein Gegenüber nachvollziehbar sein. Oder der Gesprächspartner hat zumindest die Möglichkeit, sich zu interessieren und nachzufragen. Wenn er stattdessen versucht, in anderen Schuldgefühle auszulösen, um sie zu etwas zu motivieren, dann bedient er sich strategisch der Manipulation (2.1): Er schreibt die Verantwortung für seine eigenen Gefühle anderen zu. Dass dies einiges an Konfliktpotenzial stellt, wurde bereits erläutert. Der mediative Ansatz der Gewaltfreien Kommunikation nutzt symbolisch die Dschungelkenntnis der Giraffe: Sie zeigt einen gangbaren Weg zum Ziel einer gelingenden und bedarfsgerechten Alltagskommunikation.

Wenn man den Alltag betrachtet, dann scheint dieser Weg recht weit zu sein. Und vor allem muss erst einmal die entsprechende Fährte gefunden werden, damit man ihn beschreiten kann. Sich über Bedürfnisse und Gefühle im Alltag bewusst zu werden setzt voraus, die Strukturen so weit zu durchleuchten, dass man mögliche Verschiebungen erkennen kann. Im Folgenden sind daher noch einige erweiterte Ausführungen zur Reflexion und Identifikation des ‚Dschungelgeschehens' ergänzt.

Die notwendige Bewusstheit über statische Bedürfnisverschiebungen im Alltag: Der Konfliktherd um das Thema Abhängigkeit

Der Alltag eines jeden Menschen ist geprägt durch das System um Abhängigkeit, Co-Abhängigkeit und Anti-Abhängigkeit. Es geht um den Umgang mit Bedürfnissen oder besser gesagt: um das Herumschieben von Bedürfnissen und Gefühlen, die man meint, nicht haben zu sollen. Wer seine Bedürfnisse nicht offen leben kann, gerät in Gefahr, die Strukturen, die er zum Umgang damit entwickelt hat, zu verfestigen. Die Verschiebung wird statisch. Sie äußert sich in Verhaltensmustern, die sich je nach ihrer genauen Ausformung den Begriffen Abhängigkeit, Co-Abhängigkeit oder Anti-Abhängigkeit zuordnen lassen.

Abhängigkeit zeigt sich, wenn sich ein ‚Ich kann nicht ohne ... leben' über die Ebene der körperlichen Grundbedürfnisse hinaus verlagert. In der Sucht- und Drogenberatung gilt eine Person dann als süchtig, wenn sie ein zwanghaftes Bedürfnis nach einer Substanz oder einem Ereignis außerhalb ihrer Selbst hat. Und wenn das Begehrte wichtiger wird als ihre eigene innere Klarheit. Auf den Rahmen verschobener Bedürfnisse im Alltag lässt sich dies ebenso beziehen. Meist gibt es dann mindestens eine andere Person, die dafür Sorge trägt, dass es dem Abhängigen gut geht, die ihm dafür alles zur Verfügung stellt. Sie meint dabei, dass sie ihm hilft, erhält allerdings damit auch die Sucht: Wo diese sonst hindern und kaputtmachen würde, springt eine solche „Co" dann ein.

Co-Abhängigkeit entsteht, wenn ein Mensch lange Zeit starre Regeln befolgt, die seine Gefühle unterdrücken und eine offene Kommunikation verunmöglichen. Zu Co-Abhängigkeit neigen vor allem Personen, die in einem Umfeld aufgewachsen sind, in dem Gefühle wie Angst, Trauer oder Wut unterdrückt wurden. Erst recht, wenn zusätzlich rigide Strukturen vorhanden waren, Realitätsverleugnung stattfand, Familiengeheimnisse und Tabus das Klima bestimmten und/oder zwanghaftes Verhalten existierte.[83] Co-Abhängigkeit ist ein Muster erlernter Gefühle, Haltungen und Verhaltensweisen, die das Leben behindern. Sie ist Beziehungsabhängigkeit, in der sich das Leben um ein Suchtmittel (im weiten Sinne) arrangiert.[84] Weil die Abhängigkeit von Süchten heute sehr weit verbreitet ist, gilt dies auch für die Co-Abhängigkeit. Sie gehört schon zur Normalität und ist damit auch ursächlich beteiligt an einer Vielzahl von Konflikten.[85]

Auch der vermeintliche persönliche Weg aus dem Thema Abhängigkeit hinaus ist ein tragender Bestandteil dieses Systems. Es ist der Kampf mit der wegerzogenen Bedürftigkeit, der sich in der **Anti-Abhängigkeit** zeigt. Anti-Abhängige verneinen, überhaupt etwas zu brauchen. Dies zeichnet sich oft dadurch aus, dass sie Nähe vermeiden. Sie haben Angst vor Ablehnung und lehnen lieber von vorneherein selber ab. Damit einher geht die Sorge, vereinnahmt oder überwältigt zu werden. Sie scheuen sich davor, Erwartungen zu haben und die der anderen doch nicht erfüllen zu können. Das nährt ihre große Angst, Nähe und Intimität zuzulassen. Wie jede Anti-These, so birgt auch die Anti-Abhängigkeit eine intensive Beschäftigung mit dem Grundthema, der Abhängigkeit. Sie ist also kein realer Weg heraus, sondern eher eine Vertiefung. Im Grunde steht dahinter meist die Angst, verletzt oder verlassen zu werden. Deshalb lassen Anti-Abhängige andere nicht zu nah an sich heran. Wo der Abhängige zwanghaft festhält, greift der Anti-Abhängige gar nicht erst zu. Er lehnt meist sogar ab, dass für ihn überhaupt ein Festhalten beziehungsweise Annehmen zur Debatte steht. Wer anti-abhängig ist, der flüchtet sich in die Grundsätze: ‚Ich brauche nichts und niemanden' beziehungsweise ‚Ich darf nichts und niemanden brauchen' oder ‚Brauchen ist gefährlich'. Diese Verneinung des Vorhandenen ist auch eine rigide Struktur. Sie gilt für den Anti-Abhängigen selbst häufig genau wie in Bezug auf andere. Der Slogan „Man kann sich nur auf sich selbst verlassen" erzieht zur Unterdrückung von Bedürfnissen und Gefühlen. Er bildet eine der Grundlagen für die Entwicklung von Abhängigkeit und Co-Abhängigkeit.

Das Abhängigkeitssystem im Dreieck der Themenzentrierten Interaktion

Alle drei Säulen des Suchtsystems bilden die Geraden eines Dreiecks, in dem sich jeder Mensch nach der individuellen Ausprägung seiner Strukturen räumlich in Bezug stellen kann. Man kann hier auch die Parallelen zum Triangel ‚Ich' – ‚Wir' – ‚Es' ziehen. Die Abhängigkeit lenkt ab von einem unbewältigten Gefühl. Sie steuert vom ‚Ich' hin zum ‚Es'. Die Co-Abhängigkeit bewegt sich vom ‚Es' (der Sucht oder dem Thema des einen) zum ‚Wir' (‚Gemeinsam sind wir stark!'). Die Anti-Abhängigkeit verneint das ‚Wir'. Sie begrenzt auf das ‚Ich', die vermeintliche Unabhängigkeit:

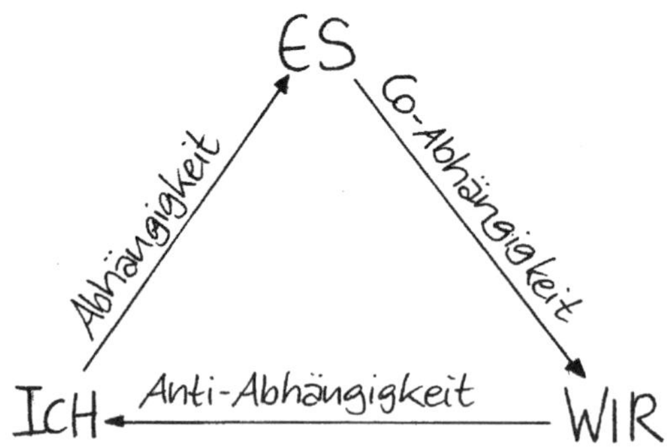

Abb. 18: **Das Abhängigkeitssystem im TZI-Dreieck**

Der Abhängige flüchtet meist vor inneren Konflikten, die er als unlösbar empfindet. Beispielsweise vor Angst oder Depression. Er dreht sich lieber um einen Themenbereich oder um etwas außerhalb seiner selbst (Sucht). Die Anti-Abhängigkeit schafft die Illusion einer Stärke, die Unaushaltbares aushalten lässt. So beispielsweise schwelende Konflikte, denen sie Unabhängigkeit entgegenstellt. Es kann sein, dass eine anti-abhängige Person sich einfach in sich zurückzieht (2.1) und sich als nicht an der Konfliktbewegung interessiert abwendet. Sie bewegt sich vom ‚Wir' weg, hin zum ‚Ich'. Wer ‚nichts und niemanden braucht', der ‚braucht auch keine Klärung in einer Beziehung, die er sowieso nicht braucht'. Für jemanden, der sonst beständig zwischen unheilvollen und unvorhersehbaren Konflikten steht, schafft dies die Elefantenhaut, mit deren Hilfe er es durchstehen kann. Die Co-Abhängigkeit ist Beziehungsabhängigkeit. Wie die beiden anderen Verschiebungsstatiken ist sie eine Überlebensstrategie. Co-Abhängigkeit steht oft anstelle von körperlicher Krankheit, die sonst entwickelt werden würde. In von Abhängigkeit geprägten Familien kann sich ein Kind meist nur über Co-Abhängigkeit in das bestehende System integrieren. Sie ist eine erlernte Haltung, die in einem bestimmten Lebensabschnitt überlebensnotwendig war.

···› *Die Co-Abhängigen im Inneren Team*

Fast jeder Mensch hat heute in seinem Inneren Team ein mehr oder weniger präsentes co-abhängiges Mitglied. Die „Sucht hinter der Sucht" ist gekennzeichnet durch Symptome wie die vorrangige Beschäftigung mit einem Menschen (meist einem Sucht-/Kranken) oder einem Objekt (der Sucht-/Krankheit). Die Co-Abhängigkeit kann sich emotional und körperlich äußern. Sie beeinträchtigt aber nicht nur die Person selbst, sondern auch alle anderen Kontakte und Beziehungen, die diese hat: ihre Familie, Freunde und alle anderen sie umgebenden Systeme. Dies ist wichtig zu wissen, gerade wenn man in Konflikten mediativ agiert.

Co-Abhängige fühlen sich nicht frei, ihre Position, ihre Wahrheit anderen gegenüber zu äußern und zu leben. Sie haben Angst, Anerkennung und Liebe von anderen zu verlieren. Daraus entsteht bei ihnen eine betonte **Außenorientierung**: Es gilt, die Erwartungen der anderen zu erfüllen. Dabei bleibt wenig Raum für den Kontakt zu den eigenen Bedürfnissen. Das bedeutet, dass jemand, der co-abhängig ist, fremdbestimmt lebt. Er fühlt sich dann sicherer und akzeptiert, wenn er sich so verhält, wie andere ihn haben wollen. Jemand stellt beständig die Frage danach, was die anderen von ihm denken, versucht, es allen recht zu machen und gut zu sein, anstatt sich zu zeigen und auszudrücken. Es ist also eine Art Täuschungsmanöver, das von der eigenen Person ablenkt. Co-Abhängige können sich schlecht oder gar nicht abgrenzen: Sie übernehmen die Trauer, Freude und Angst anderer Personen. Der Bezugspunkt für das eigene Denken, Fühlen und Sehen liegt außerhalb ihrer selbst. Sie vertreten keine eigenen Standpunkte und Gedanken. Folglich empfinden sie häufig eine innere Leere, sowohl wenn sie allein sind als auch im Zusammensein mit anderen. Co-Abhängige sind nicht in Kontakt mit den eigenen Gefühlen. Diese sind daher verzerrt und blockiert. Gefühle und gezeigte Empfindungen resultieren aus den vermeintlichen Erwartungen der anderen. Es gibt Co-Abhängige, die machen den Eindruck, sie fühlten sich immer nur gut. Andere scheinen dauerbetroffen. Oder sie wechseln vom einen zum anderen. Je nachdem, was von ihnen erwartet wird.

Weitere Merkmale der Co-Abhängigkeit sind **übertriebene Fürsorge und Kontrolle**, häufig in Verbindung mit einer enormen **Selbstbezogenheit**. Co-Abhängige helfen und opfern sich auf, um sich unentbehrlich zu machen. Sie benötigen die Sicherheit der Kontrolle und machen sich häufig die Illusion, dass sie für das Verhalten eines anderen Sorge tragen können: „Ich kann das Trinken meines Partners unter Kontrolle bringen!" Oder sie glauben, dass sie die Wahrnehmung der anderen beeinflussen können: „Wenn ich mich noch ein bisschen mehr anstrenge, kann ich die Familie wieder ins Gleis bringen!" Sie versuchen, ihre (vermeintliche) Handlungsfähigkeit und Kontrolle zu perfektionieren. Die Selbstbezogenheit von Co-Abhängigen zeigt sich am deutlichsten in dem Glaubenssatz, dass alles, was passiert, etwas mit ihnen zu tun hat. Was immer passiert, nehmen sie als Appell oder Signal an sich.

***Abb. 19:* Zitronenwitz**

Co-Abhängige trauen dem anderen nicht zu, dass dieser seine Probleme selbst bearbeiten kann. Sie wollen ständig vermitteln, als könnten und müssten sie alles in Ordnung bringen. Im Effekt fördern sie mit dieser ‚Aufdringlichkeit' die Abhängigkeit. Nicht bewusst, sondern aus dem Grund heraus, dass ihnen **die eigenen Grenzen fehlen**. Besonders deutlich wird die Abhängigkeit eines „Co", wenn Schwierigkeiten auftreten, sobald die abhängige Partnerin ‚trocken' ist.

Nicht immer sind all diese Merkmale bei einer Person vorhanden. Die meisten Menschen weisen nur einige davon auf. Sie haben in ihrem Inneren Team Co-Abhängige in mehr oder weniger ausgeprägter Form. Wichtig ist hier, diese Ansätze als co-abhängige Strukturen zu identifizieren. Denn schon die Ausprägung einer einzigen kann im Alltag immer wieder für Konfliktstoff sorgen oder die Mediative Kommunikation behindern. Manchmal ist eine Struktur sogar bei einer Person so verfestigt, dass sie sich quasi selbständig macht: Wer beispielsweise das mangelnde Zutrauen in andere tief verankert hat, der braucht kein abhängiges Gegenüber, um dies auszuleben. Er kann sogar für jeden Menschen sofort bereit sein einzuspringen, sobald sich ein Problem auftut. Vielleicht hat er immer einen ‚guten Ratschlag' parat. Wenn ihm das Gegenüber spiegelt, dass Ratschläge auch eine Form von Schlägen sind, ist er völlig irritiert. Womöglich hat er auch ein sehr ausgeprägtes fürsorgliches Eltern-Ich, und es kann passieren, dass er andere mit einem gutmütigen „Lass mal: Ich mach das schon!" geradezu beiseite schubst. Menschen mit stark ausgeprägter ‚co-abhängiger Aufdringlichkeit' mischen sich ein, wo sie können. Sie reißen Aufgaben an sich, weil ‚nur sie diese zur vollständigen Zufriedenheit erfüllen können'. Sie tun dies ihrer Wahrnehmung nach mit den besten Absichten. Und meist verbirgt sich dahinter unbewusst die übergroße Angst, einmal nicht gebraucht zu werden.[86] Dies bildet einen Gegenpol zu dem Grundsatz der Wahrung der Eigenverantwortlichkeit im mediativen Konfliktmanagement. Es ist also ein langer Weg, von dem einen zum anderen zu gelangen. Gleichzeitig kann das Vorhandensein eigener Co-Abhängiger im Inneren Team aber auch Wahrnehmung und Verständnis für ähnliche Strukturen in äußeren Konflikt- und Alltagssituationen fördern. Vorausgesetzt diese sind bewusst und reflektiert.

Wie man in der Mediativen Kommunikation mit dem Abhängigkeitssystem konfrontiert werden kann

Auch hier führt der Weg hinaus nur über die Wertschätzung und Anerkennung dessen, was ist. Eine erwachsene Person hat die Möglichkeit, sich alte Strukturen bewusst zu machen und sich schließlich von ihnen zu verabschieden. Um das Gegenüber dabei zu unterstützen, gilt es, ihm Wahlmöglichkeiten aufzuzeigen, ihm einen Perspektivwechsel zu ermöglichen. Dann kann es sich entscheiden, ob es sich auf den Weg machen möchte, neue Beziehungsmuster zu erlernen. Nicht zu vergessen ist allerdings, dass Abhängigkeit ein zum Teil medizinisch und in jeder Form psychologisch ernst zu nehmendes Thema ist. Nur wenige Menschen, die Symptome aufweisen, können einfach auf dieses Verhaltenssystem verzichten. Hinzu kommen der Teufelskreis der wechselseitigen Abhängigkeit und der Ausblick auf das, was im Gesamtsystem passiert, wenn eine Person aus dem Karussell ausscheidet. Hier ist therapeutische Hilfe angesagt, die die Mediative Kommunikation allein nicht leisten kann und möchte. Im Zusammenhang dieses Buches geht es darum, die Aufmerksamkeit auf das Vorhandensein derartiger Strukturen zu lenken. Vor allem die Co-Abhängigkeit stellt einen Fundus, aus dem fast jeder etwas bei sich entdecken kann. Absicht ist hier, dazu anzuregen, sich bei Interesse weiter zu informieren, um sich hinsichtlich der eigenen Anteile im System und im Konflikt reflektierter verhalten zu können.

Als mediativ Kommunizierende wird man unter Umständen rasch mit den eigenen co-abhängigen Strukturen konfrontiert: Man fühlt sich vielleicht schnell für die Streitparteien verantwortlich oder möchte ihnen gefallen. Gerade in helfenden Berufen sind Co-Abhängige bekanntermaßen stark vertreten (bis zu 80 Prozent[87]) (2.5). Auch in die Rolle der Vermittlerin gehen typischerweise Menschen, die wenig Zugang zu ihren eigenen Gefühlen und Bedürfnissen haben. Die Bewusstwerdung hilft, eigene Projektionsfallen zu vermeiden. Co-Abhängigkeit kann auch in der Beziehungsstruktur der Streitenden ein Thema sein. In der Mediativen Kommunikation geht es darum, zur Eigenverantwortlichkeit zu motivieren. (Wenn dies gar nicht geht, ist dies häufig ein Zeichen dafür, dass psychotherapeutische Hilfe angesagt ist.)

Die Gewaltfreie Kommunikation leitet methodisch dazu an, selbstverantwortlich die eigenen Gefühle, Bedürfnisse und Wünsche benennen zu lernen. Hier ist häufig erst einmal viel Unterstützung notwendig. Dann folgen meist recht ‚plötzlich' Anzeichen für einen Veränderungsprozess: Die eigenen Bedürfnisse werden wahrgenommen, erst nach innen, dann nach außen formuliert. Schließlich hat auch die Suche nach Erfüllung Erfolg. Das Ziel umfasst Aufbau beziehungsweise Klärung der eigenen Identität (so weit diese dessen bedarf) und die Übernahme der Verantwortung für das eigene Denken, Fühlen, Brauchen, Handeln, Leben. Dies beinhaltet auch die manchmal sehr schmerzhafte Einsicht, dass jeder Mensch alleine steht: Jeder Mensch muss seine eigene Wahrheit finden und damit leben. Natürlich kommt so ein Postulat einer Anti-Abhängigen im inneren oder äußeren Team gerade recht. Sie wird sich anerkennend auf die Schultern klopfen und vielleicht sagen: „Habe ich's nicht gleich gesagt?!" Und das kann sie auch mit voller Berechtigung. Die Wertschätzung ermöglicht es, ihr Mut zu machen, das Wagnis der Berücksichtigung dessen einzugehen, dass dennoch jeder Mensch Bedürfnisse hat. Und dass diese sich auch auf die soziale Ebene erstrecken. Was wiederum heißt, dass Menschen sich bei aller Selbstverantwortlichkeit doch nicht ausschließlich selbst genügen können. Damit das Zwischenmenschliche gelingt, ist bekanntlich nicht nur das Geben, sondern auch das Nehmen von großer Wichtigkeit. Und weil der Abhängige sich hier mit seiner ganzen Kompetenz im Annehmenkönnen profilieren darf, sei diesem dann tendenziell hinzugefügt, dass es bei allem grundlegend ist, die eigenen Bedürfnisse klar zu erkennen und ihre Erfüllung gezielt anzugehen. Denn auch wenn jemand noch so viel nimmt, so ist doch für das Ausmaß der Befriedigung entscheidend, dass dies auch das ist, was er wirklich braucht. Und hier findet sich der Angelpunkt in den Strukturen der Abhängigkeit: Wer seinen Bedarf auf einen Stoff oder anderes projiziert, der bedient im Nehmen auch nur die Projektion. Seine eigentliche Bedürftigkeit bleibt unberührt bestehen („Fass-ohne-Boden-Syndrom"). Der Schlüssel im mediativen Umgang mit dem Suchtsystem liegt in der Balance der drei Pole ‚Ich', ‚Wir' und ‚Es'. Sache, Beziehung und Individualität sind im Alltag wie in einem Konflikt gleichwertig mit einzubeziehen. Die Haltungselemente unterstützen dabei, dies als Beteiligte und Außenstehende anzugehen. Besonders das Einnehmen der Metaebene hilft, davon Abstand zu nehmen, sich getreu seinen Strukturen unheilvoll verwickeln zu lassen.[88]

Erwartungen: Privat verpönt und beruflich gefordert?

Ein besonders für anti-abhängige Strukturträger ambivalentes Thema ist der Umgang mit den eigenen Erwartungen. In der direkten Konfrontation weisen zum Beispiel viele Seminarteilnehmende jegliche Erwartungen weit von sich. Als wenn es eine ansteckende Krankheit wäre, Erwartungen zu haben. Auch die Akzeptanz im Hinblick auf Erwartungen knüpft sich an den Umgang mit den eigenen Bedürfnissen. Daher ist hier ergänzend lediglich anzumerken, dass diese Abwehr in offenkundigem Gegensatz zum Trend in der sekundären Wirtschaftswelt steht. Die setzt auf Klarheit der eigenen Ziele, Wünsche, Erwartungen, um eine berufliche und persönliche Weiterentwicklung zu erreichen, die den Anforderungen auf dem Arbeitsmarkt gerecht wird.

Erklären lässt sich diese Divergenz ansatzweise in der allgemeinen Beobachtung, dass sich viele Menschen eher auf Ziele in der fernen Zukunft als auf ihre Erwartungen im Hier und Jetzt besinnen. Die Auseinandersetzung mit den eigenen Erwartungen ist trotz aller Abwehr dennoch grundlegend für ein gelingendes Miteinander und das Praktizieren einer Mediativen Kommunikation. Zumal auch hier gilt, was bereits beim Thema Projektion deutlich wurde: Unbewusste Erwartungen machen das Gegenüber zum Objekt eigener Wünsche. Dies verhindert, dass es als individuelle Persönlichkeit wahrgenommen wird. Eine solche Projektion führt zu Enttäuschung. Infolge kommt es zum Einsatz von Strategien zu ihrer Bewältigung (2.1). So werden Erwartungen zu einer Quelle der Zerstörung des Miteinanders. Wer sein Gegenüber zum Objekt macht, verhindert damit eine gelingende Kooperation. Bis er seine Erwartungen bewusst zu sich nimmt, um sie wieder zu dem zu machen, was sie in ihrem Ursprung sind: ein Ausdruck seiner dahinter liegenden Gefühle und Bedürfnisse.

Erwartungen haben darüber hinaus einen erzielenden Charakter. Schon wörtlich drückt sich aus, dass da jemand auf etwas wartet. Erwartungen sind also eng an das Prinzip der sich selbsterfüllenden Prophezeiung gebunden. Wie in den vorangegangenen Ausführungen deutlich wurde, kennzeichnet ein erfolgreiches privates, berufliches und gesellschaftliches Leben abgesehen von körperlichen Grundbedürfnissen der Drang nach Sicherheit, Beziehung (beinhaltet Zuwendung und Anerkennung) und Autonomie. Diese Bedürfnisse und die daran anknüpfenden Gefühle und Erwartungen sind die Motivationsfaktoren im Leben eines Menschen. Und Motivation ist bekanntlich ‚der Schlüssel zum Erfolg'. Für die Mediative Kommunikation heißt das, dass hier seine theoretische Erklärung findet, was beispielsweise in der erweiterten Anwendung von Fragetechniken seine Umsetzung erfährt: Es ist in vielen Fällen äußerst hilfreich, nicht nur nach dem Wie, Was, Wozu und Wann, also nach den ‚sauberen' Fakten zu fragen. Darüber hinaus ist der Eisberg an Beweggründen einzubeziehen. Es sind weiterführende Fragen zu stellen, die der Spur von differenzierten Motivationsaspekten folgen und hinführen zum Eigentlichen: „Was hat Sie bewegt?", „Wie wichtig ist ...?" oder „Was wäre, wenn ...?" (4.2). Verdeckte Bedürfnisse oder Erwartungen sind genau wie verdrängte Persönlichkeitsanteile oder Gefühle Ressourcen. Das wurde an einigen Stellen dieses Buches bereits näher erklärt. So beispielsweise anhand des Sonne-Schatten-Modells (2.1): Undeutliche Interessen, Bedürfnisse und Erwartungen sind bei vielen Menschen auf die Schattenseite geschoben. Sie können entweder projiziert werden oder aber genau wie das andere Projektionsmaterial für ein Weiterkommen im Konflikt genutzt werden.

Zum Zusammenhang zwischen Bedürfniserfüllung und Verhaltensänderung

Bedürfnisse sind nicht nur universal. Sie sind gleichzeitig Ausdruck der inividuellen Persönlichkeit. Wenn jemand sich öffnet und zeigt, wie es ihm gerade geht, dann verlangt das vom Gegenüber auch ein gewisses Fingerspitzengefühl. In der Personzentrierung wurde bereits darauf hingewiesen, wie wichtig dabei Wertschätzung und Empathie, eine eigene innere Offenheit sind. Gerade in immer wiederkehrenden Konflikten zeigen sich die Grenzen eines Menschen. Solche Konflikte sind Lernfelder. Sie regen zu Verhaltens- oder Einstellungsänderungen an. In Beziehungskrisen können die Einzelnen dann ihre jeweiligen Beziehungsbeiträge überdenken. Und wenn sie so weit sind, erhalten sie die Möglichkeit, Neues auszuprobieren.

Zur Entwicklung, Änderung und Aufgabe von Einstellungen ist im Hinblick auf die Bedürfnisse und über die personzentrierte Haltung hinaus wichtig, auch die möglicherweise beteiligte Pyramidenebene in den Blick zu nehmen. Das Loslassen einer Position, die im Konflikt Halt verspricht, setzt voraus, dass dazu auch die grundlegenden Bedingungen vorhanden sind. Eine solche Basis besteht allgemein aus der Ermöglichung der Befriedigung von den grundstämmigen Bedürfnissen: Damit jemand seine Einstellung oder auch ein Verhalten ändern kann, braucht er das Gefühl sozialer Zugehörigkeit und Anerkennung. Dann greift die so genannte Anpassungsfunktion, die ihm eine Änderung erleichtert. Schließlich wird sich selten jemand zu seinem Schlechten verändern wollen. (Wer nimmt schon solch einen Prozess auf sich, wenn dies nicht entsprechend lohnend erscheint?) Die Anerkennung von anderen ist für viele durchaus verlockend.

Auch wenn eine Veränderung sich sichtlich lohnt, braucht sie vorab die Sicherung des Selbstwertgefühls. Der Grund dafür liegt in der so genannten Ich-Verteidigungsfunktion: Für jemanden, der durch eine Veränderung das Gesicht zu verlieren fürchtet, bedeutet dies einen Anerkennungsverlust. Dieser ist auch durch die in Aussicht stehende Würdigung des neuen Verhaltens nicht auszugleichen. Die erzielte Veränderung muss auch den eigenen Werten, der sozialen Selbstdarstellung zuträglich sein. Sie steht also auch in einer wertexpressiven Funktion. Wenn sich jemand verändert, dann muss er diesen Schritt nicht unbedingt vor anderen rechtfertigen. Auf jeden Fall tut er dies aber vor sich selbst.

Schließlich und endlich braucht ein Mensch für eine Einstellungs- oder Verhaltensänderung ‚gute Gründe'. Sie geben ihm die entsprechende Sicherheit. Er findet Orientierung innerhalb eines solchen Prozesses vorwiegend durch die Deutung der Umwelt, eine Fähigkeit, die er durch Wissen erlangen kann: Wenn sich jemand verändert, dann ist es für ihn wichtig, einschätzen zu können, wie sich dies in seinem Alltag auswirken kann. Die meisten verfallen erst einmal von einem Verhaltensextrem in ein anderes, bevor sie sich dann in der Mitte einpendeln können. Es ist für sie wichtig, dies zu wissen, damit sie im Übungsprozess anhand von negativen Reaktionen nicht resignieren, die womöglich statt der in Aussicht gestellten positiven Anerkennung erst mal von außen auf sie zukommen. Es hilft, wenn klar ist, dass sie noch immer im Prozess und nicht am Ziel angelangt sind. Dann brauchen sie nicht zu befürchten, dass dies ein Zeichen dafür ist, dass die Veränderung, die sie schon vollzogen haben, eine falsche und das Alte doch das Beste für sie war.[89]

Wie Mediative Kommunikation eine hilfreiche Verhaltensänderung im Konflikt unterstützt

Die Mediative Kommunikation ist nicht dazu da, Menschen im Hinblick auf ihre Einstellungen ‚umzupolen'. Würde sie dies versuchen, dann wäre das ein Ausdruck von Abwertung statt von Wertschätzung. Dennoch führen die methodischen Ansätze häufig in Situationen, die von den Einzelnen erfordern, dass sie ihre gewohnten Verhaltensweisen für diesen Ansatz beiseite legen. Es ist hilfreich, sich darüber bewusst zu sein, wie ungewohnt allein das Herausfiltern von Bedürfnissen und Interessen hinter den Positionen ist. Kaum einer würde vermutlich die eigene Position so festlegen und festhalten, wenn er nicht denken würde, dass dies das beste und (von den wichtigsten Bezugspersonen) akzeptierteste Verfahren ist.

Mithilfe eines personzentrierten, mediativen Verfahrens lässt sich unter Berücksichtigung der Bedürfnisse in Gespräch und Konfliktlösung viel erreichen, solange es allseitig auch als gewünscht erscheint. Beim Gespräch auf der Sachebene kann man zur Selbstbehauptung und Einfühlung ermutigen, zu Konsens und Kooperation. Ein solcher Ansatz gewährt in seinen Grundfesten Fairness. Er ist individuell und dabei gleichwertig personzentriert und situationsgerecht. Auf der emotionalen Ebene lassen sich destruktive Gefühle verwandeln in beidseitige Zufriedenheit und Dankbarkeit oder Erleichterung. Dies birgt die Chance auf Erneuerung, Vertiefung und Bewahrung der persönlichen Beziehung, auf die Wandlung von Gegnerschaft in Freund- oder Partnerschaft. Eigene Kompetenzen und Kreativität werden durch gegenseitige Aufwertung bestärkt. Es entsteht ein Win-Win-Effekt. Der Blick hinter die Fassade ist ebenso intensiv wie berührend. Die Bearbeitung des Konfliktes orientiert sich direkt und ohne Aufschub an der Dynamik von Gefühlen, Bedürfnissen und Zielen. Unter Einbezug dessen, was vielfältig vorhanden ist, macht Mediative Kommunikation letztendlich eine allseitige Erfüllung der Interessen möglich. Die Bedürfnisse und Gefühle weisen ihr den Weg.[90]

Mithilfe von Ich-Botschaften und im Modell der Gewaltfreien Kommunikation wird es einfacher, klar auszudrücken, was jemand wahrnimmt oder denkt. Was er fühlt, braucht und sich deshalb wünscht. Es funktioniert sowohl in der Anwendung auf sich selbst als auch auf das Gegenüber (3.3). Um die Bedürfnisse und Interessen im Gespräch beidseitig herauszufiltern, propagiert die Mediative Kommunikation eine Kultur des gegenseitigen Aktiven Zuhörens. Auch wenn nur eine Person diese Methode beherrscht, kann sich das Gespräch dahingehend konstruktiv gestalten. Das folgende Kapitel zeigt, was sich hinter diesem Ansatz konkret verbirgt.

3.2 Zuhören und Aktiv Zuhören

Zuhören kann man auf verschiedene Weise. Es gibt das so genannte **„Ich verstehe"-Zuhören**, das im Grunde die Einleitung zum eigenen Sprechen ist. Die Gesprächspartnerin sagt: „Ich verstehe, und Sie haben ja auch ganz Recht, aber ..." Und dann folgen ihre eigenen Ausführungen, die sie schon so lange zurückgehalten hat. Man kann auch **aufnehmend zuhören** und dabei mit vielen „Mmhs" und „Sosos" und „Jas..." und kommentierenden Blicken seine Aufmerksamkeit hör- und sichtbar machen. Dann gibt es noch die Variante des **umschreibenden Zuhörens**: Das Gehörte wird mit eigenen Worten wiedergegeben. Als Rückmeldung darüber, wie das Gesagte verstanden wurde. Es wird häufig genutzt, um im Gespräch Zeit zu gewinnen. Gerade wenn sich jemand in einer Auseinandersetzung befindet, kann dies sehr sinnvoll sein. Er hat die Möglichkeit, seine Antwort vorab zu reflektieren, und kann konstruktiver (re)agieren. In der paartherapeutischen Arbeit verwendet man das umschreibende Zuhören in der Methode des Kontrollierten Dialoges. Diese Methode bezeichnet den wechselseitigen Dialog zwischen zwei Personen nach Regeln, die vorher dafür vereinbart wurden. Die wichtigste Regel ist, dass jeder erst das Verstandene zusammenfasst und sich dessen Richtigkeit rückversichert, bevor er selbst zu reden beginnt. Das gegenseitige Verständnis wird gezielt gesichert, wo sonst aus einem ständigen Aneinander-vorbei-Reden heraus Runde um Runde der Konflikt festgefahren wird. Das **Aktive Zuhören** greift diese Verständnissicherung im Ansatz auf: Was emotional in den Äußerungen des Gegenübers mitschwingt, wird verbalisiert. Auf die Gefühle des anderen wird so eingegangen. Statt zu umschreiben, was gesagt wurde, fasst es das Wichtigste an geeigneter Stelle knapp zusammen und in Worte, was zwischen den Zeilen zu hören war.[91]

Das Verständnis sichern im Gespräch

Sieht man sich mehr oder weniger plötzlich einer in einen komplexen Konflikt verstrickten Person gegenüber, dann fällt auf, wie wichtig es ist, dabei nicht in eine passive Haltung zu verfallen und sich in seiner Reaktion auf archaische Urlaute zu begrenzen: Man verliert den Faden oder schweift spätestens dann ab zu anderen Themen, wenn das Gegenüber wiederholt in die gleiche Erzählschleife verfällt. Um das Erzählte zu verstehen und wenn nötig die Tiefenstrukturen des Gesamtkonfliktes aufzudecken, ist es wichtig, aktiv zuzuhören. Wenn das Gegenüber sich verstanden fühlt, dann muss es sich in der Regel auch nicht wiederholen. Es kann einen Schritt weiter gehen, wenn es weiß, dass seine Zuhörerin ihm dahin folgt. Dies ist ein weiteres Beispiel für den Effekt, der beim Thema Anerkennungsbedürfnisse in Bezug auf wiederholte Äußerungen in einer öffentlichen Diskussion bereits beschrieben wurde (3.1).

Auch wenn das Prinzip ganz einfach ist, so findet sich im Alltag ein solch verständnissicherndes Zuhören eher selten. Auf das Gehörte folgt meist sogleich die Reaktion. Oft entstehen dabei Missverständnisse. Oder die Gesprächspartnerinnen reden ‚aneinander vorbei'. So muss das Gegenüber auch immer wieder von vorn beginnen, wenn es eine Chance auf Verständnis haben will. Aber solange die Zuhörende das Gesagte schon innerhalb des ersten Satzes unter ‚Erzählschleife Nummer zweihundert und vier' einsortiert, um sich das weitere Zuhören zu ersparen, wird es wohl nicht zum gegenseitigen Verständnis kommen. Weniger salopp ausgedrückt findet sich die Ursache für die häufigen gegenseitigen Verständnisschwierigkeiten im allgemeinen Selektions- und Kategorisierungsprozess, der sich unmittelbar an das Hören anschließt: Die Worte des Gegenübers werden zwar grundsätzlich wahrgenommen. Das heißt allerdings nicht, dass sie in ihrer Gesamtheit Zugang zur Hörenden finden. Bereits in deren Wahrnehmung wird nämlich schon ausgewählt: nach Frequenzen und Tonarten, Interesse, Beziehungen, Bedürfnissen und Gewohnheiten. Nur um ein paar Beispiele zu nennen. Und wenn sich unter dem Aussortierten ein Signal befindet, was zum Verstehen des Gesagten von Bedeutung ist, dann stehen die Chancen schlecht, dass dies die Zuhörende überhaupt mitbekommt.

Solche Gewohnheiten leiten sich von der sozio-kulturellen Prägung eines Menschen ab, aus seinem sozialen und familiären Umfeld. Sie unterscheiden sich demnach anhand dessen, ob jemand aus einer westlichen oder östlichen Kultur, aus einer Stadt oder vom Land kommt, Frau oder Mann ist. Aus den damit einhergehenden Rollen, die sich im Alltag verteilt finden und die ein Mensch seiner Meinung nach zusortiert bekommt. Eine gute Veranschaulichung der vielen Möglichkeiten, die eine Person bereits beim Hören zur Verfügung hat, bietet das Modell der Vier Seiten einer Nachricht (auch Vier-Ohren-Modell genannt), das der bereits im Zusammenhang mit dem Konzept des Inneren Teams benannte Kommunikationswissenschaftler Schulz von Thun in seinen Büchern zum Thema „Miteinander Reden" ausführlich entwirft.[92] In Trainingskreisen wird es auch als Vier-Ohren-Modell bezeichnet. Korrekter wäre dann allerdings ‚Vier-Ohren-und-Vier-Schnäbel-Modell'.

Die vier Seiten einer Nachricht berücksichtigen: Sache, Appell, Selbstoffenbarung und Beziehung

Friedemann Schulz von Thun (2.2) benennt als vier Grundebenen im Gespräch die Sachebene, die Ebene der Selbstkundgabe, die Beziehungsebene und die Appellebene. Die Sachebene bezeichnet den rein sachlichen Inhalt der Aussage und die Frage danach, wie dieser zu verstehen ist. *So kommt Gerald Groß beispielsweise gut gelaunt in die Büroküche, um sich einen Kaffee aufzubrühen. Als er die Dose aus dem Schrank nimmt, stellt er fest: „Der Kaffee ist alle." Sein Kollege, Herr Gleichgroß, kommt in eben diesem Moment zur Tür herein und sagt: „Aha, dann mach ich mir mal einen Tee." Gerald bemerkt also sachlich, dass sich kein Kaffee mehr in der Dose befindet. Und bei Herrn Gleich-*

groß kommt dies auch genauso an. Kommt nun stattdessen die Sekretärin Frau Klein in die Küche, greift sich das Portemonnaie und rennt sofort zum nächsten Supermarkt, dann hat sie aus Herrn Groß' Bemerkung den Appell gehört, sofort neuen Kaffee zu besorgen. Sie könnte auch auf der Beziehungsebene verstanden haben, dass Herr Groß sie nur für eine gute Sekretärin befindet, wenn sie sich sofort um dessen leibliches Wohl, den frischen Kaffee, kümmert. Kommt nun direkt hinter Frau Klein die sehr erfahrene Sekretärin Frau Informell-Riesengroß zur Küchentüre hinein, dann legt sie vielleicht der eilenden Frau Klein ruhig stellend die Hand auf die Schulter und sagt dabei zu Herrn Groß: „Was ist denn mit Ihnen los? Haben Sie nicht gut geschlafen?" und nutzt so die Ebene der Selbstoffenbarung für ihre Reaktion.

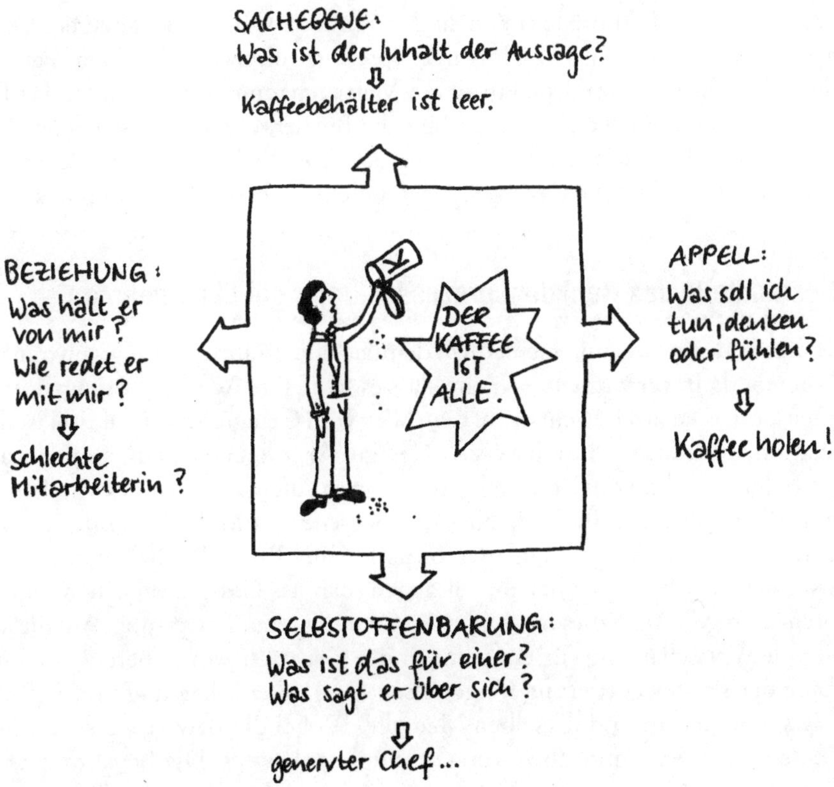

***Abb. 20:* Die vier Seiten einer Nachricht**

An der Auswahl der Ebenen ist bereits zu erkennen, dass es in der Kommunikation sowohl auf die innere Verfassung der Sprechenden ankommt als auch auf die Rollen, die sie und ihr jeweiliges Gegenüber in der Situation einnehmen. Die in einer Gesprächssituation beteiligten Ebenen werden beeinflusst durch den Kontext. Dies ist zum einen der Rahmen des Gesprächs: Befinden sich die Beteiligten in einer dienstlichen Besprechung, liegen die Schwerpunkte natürlich anders, als wenn sie zuhause gemeinsam vor dem Fernseher sitzen oder sich auf der Straße zufällig begegnen und so weiter und so fort. Zum anderen ist es die Beziehung, in der die Beteiligten zueinander stehen: Mögen sie sich oder mögen sie sich nicht? Sind sie Freundinnen, Kollegen oder Kontrahentinnen? Oder befinden sie sich gleichzeitig in mehreren Rollen? Dann wäre zu berücksichtigen, welche Rolle sie im Moment aus ihrem Gesamtrepertoire ein(zu)nehmen oder überhaupt zur Verfügung haben.

Verhältnismäßig leicht ist es noch, wenn eine Bemerkung auf derselben Ebene gehört wie gemeint wird. Im Alltag ist dies aber häufig anders: Herr Groß sagt seinen Satz beispielsweise auf der Sachebene. Und Frau Klein springt trotzdem. Weil sie es gewöhnt ist, auf dem Appellohr zu hören. Es gibt Berufe, wie den von der Sekretärin und Assistentin Frau Klein, die geradezu prädestiniert sind, bestimmte Ohren zu trainieren. Genauso verhält es sich in Kulturen: Die Hör- und Sprechgewohnheiten in einem Patriarchat dürften sich wohl stark von denen in einem Matriarchat unterscheiden. Und es finden sich in unserem kulturellen Rahmen zahlreiche Bücher, die dies zwischen Mann und Frau erläutern.[93] Die meisten sind sich einig, dass pauschal gesagt Frauen eher auf der Beziehungsebene, Männer dagegen häufiger auf der Sachebene kommunizieren.

Die Bestandteile des Reaktionsprozesses unter die Lupe nehmen

Wenn man bedenkt, wie unterschiedlich demnach die Wahrnehmungsgewohnheiten sein können, dann verwundert es nicht, dass es schnell zu Wahrnehmungsstörungen kommen kann. Der zweite Schritt auf dem Weg vom Gesagten zur Reaktion ist die Interpretation: Eine Situation oder etwas Gesagtes wurde bereits ausgewählt wahrgenommen. Jetzt wird es von der jeweiligen Person so aufgefasst, dass sie es in dem Sinnzusammenhang, der sich für sie stellt, auch begreifen kann. Dabei kommt es oft zu Missverständnissen. Wie anhand der Situation im Büro deutlich wurde, gibt es grundsätzlich verschiedene Ebenen, auf denen man das Gesagte verstehen und interpretieren kann. Wie man dies tut, bildet die Grundlage zur Bewertung. Auf die Wichtigkeit von Wertschätzung für ein gelingendes Gespräch wurde bereits im Zusammenhang der Personzentrierung hingewiesen (2.4). Wertschätzung und Bewertung bilden zwei Seiten ein und derselben Medaille. Wobei die Bewertung sich zwischen den beiden Polen Auf- und Abwertung hin und her bewegt. Die Bewertung ist Ausdruck dessen, wie Menschen das Wahrgenommene in ihrem Inneren einsortieren. Sie geben ihm den Stempel hilfreich oder unbrauchbar, gut oder schlecht, richtig oder falsch, wahr oder unwahr. Dies ist ein wichtiger Prozess, der vorrangig der Orientierung gilt. Dabei fällt allerdings oft aus ihrem Bewusstsein, dass es lediglich ihr eigener Stempel ist, der die Kategorisierung anzeigt. Und dass es passieren kann, dass die Schublade, in der das Gehörte landet, ganz anders aussieht als die, die das Gesagte eigentlich gern hätte. Beispiele für solche Unstimmigkeiten wurden ja bereits zur Erläuterung des Vier-Ohren-Modells benannt. Bewertungen sind also der so genannte eigene Senf einer Person. Sie verstärken die Selektion und Verzerrung im Gesprächsprozess. Sie sind das letzte Puzzleteil zur Reaktion. Im Konflikt kann es manchmal sehr hilfreich sein, alle vier Teile (Wahrnehmung, Interpretation, Bewertung und Reaktion) auseinander zu sortieren. Nicht zuletzt zur Auflösung von Missverständnissen, die sich bereits bei der Wahrnehmung ergeben haben.

Wahrnehmung und Wahrnehmungsstörungen

Eine weit verbreitete Erscheinung ist, dass jemand nur das hört, was er hören will. Weil er dies gewohnheitsmäßig als angemessen für die Situation empfindet. Oder weil er in sich gerade einen dementsprechenden Bedarf beherbergt: *Herr Mittelgroß braucht vielleicht dringend etwas, was ihn dabei bremst, in seinen innovativen Ideen zu weit zu gehen. In der Befürchtung, er hätte dies schon getan, und sein Vorgesetzter täte ihn in der unmittelbar bevorstehenden Sitzung nun als Spinner ab, hört er in der Bemerkung eines Kollegen das deutliche Signal, sein Konzept schnell noch einmal zu überdenken und das traditionelle Verfahren stärker mit einzubeziehen. Unabhängig davon, ob dieser tatsächlich auch der Ansicht war.* Die Ursachen von Wahrnehmungsstörungen liegen allerdings nicht nur in den Gewohnheiten, sondern ebenso in der jeweiligen „Vor-Einstellung". Dies meint die Erwartungshaltung, die einer Person entgegengebracht wird. Natürlich liefert das Gewohnte auch einen Teil der Basis für derartige emotionale Voreingenommenheit. Sie kann aber beispielsweise genauso auf einer Bemerkung oder einem sonstigen ‚Hinweis' anderer Personen beruhen.

Weitere Ursachen für Wahrnehmungsstörungen finden sich im so genannten ‚Ablenkungskegel' und dem Motivationsfaktor, der einer Person in der jeweiligen Situation zur Verfügung steht. Hat jemand kein Interesse am Inhalt des Gesagten, dann wird er wohl auch wenig differenziert davon wahrnehmen. Ist der Motivationsfaktor dagegen hoch, brennt er vielleicht auf die Inhalte und nimmt so viel davon wahr, wie er nur irgend greifen kann. Der ‚Ablenkungskegel' umfasst sowohl das Äußere (wie zum Beispiel eine laute Umgebung) als auch das, was die Aufmerksamkeit einer Person von innen heraus auf sich zieht. Ist sie innerlich angespannt, dann fällt das Gesagte auf eben diesen Boden und nährt beispielsweise ihr Stressgefühl. Der eigentliche Inhalt kann dabei schnell in den Hintergrund geraten: *Wenn Frau Klein schon gar nicht weiß, wo ihr der Kopf steht, kommt sie vielleicht eigentlich in die Küche, um dort einen klaren Gedanken jenseits ihres Schreibtisches fassen zu können. Sie wird ihren Chef, den sie als Urheber ihres Stresses betrachtet, auch dann als einen solchen verstehen: Sie hört die Bemerkung über den ausgegangenen Kaffee auf dieser Grundlage statt so sachlich, wie diese eigentlich gemeint war. Herr Groß wundert sich daraufhin, dass Frau Klein noch Zeit hat, Kaffee besorgen zu gehen. Es entsteht in ihm die Idee, ihr noch eine weitere Aufgabe zu übertragen, und so entwickelt sich möglicherweise eine ganze Spirale aus Missverständnissen.*

⋯› Interpretation

Grundlage dessen, was ein Mensch interpretiert, ist der jeweilige Hintergrund des Gespräches. Er ergibt sich aus der konkreten Situation, in der er sich äußerlich wähnt und innerlich empfindet. Interpretation ist also eine weitere Portion des ‚eigenen Senfes'. Die Fehlinterpretation wird daher als „Fehlerquelle auf der zweiten Stufe des Zuhörens" bezeichnet. Das Gesagte wurde also vielleicht sogar vollständig wahrgenommen, dann aber nach dem Dafürhalten einer Person einsortiert. Bei einer Fehlinterpretation steht dies bisweilen in krassem Gegensatz zum Gemeinten. Im Alltag wird an vielen Stellen deutlich, wie ärgerlich das für beide Seiten sein kann. Häufige Fallen in der Kommunikation sind die so genannten „Nur-klar-wenn-bekannt-Missverständnisse", die sich besonders schnell aus verschieden zu beantwortenden Definitionsfragen ergeben können. Es empfiehlt sich daher für einen konstruktiven Umgang miteinander, Interpretationen als solche zu kennzeichnen und auszudrücken. Dann besteht die Möglichkeit, Missverstandenes vor der weiteren Verwicklung aufzuklären. Das Gegenüber erhält auch nicht den Eindruck, dass man ‚die Wahrheit pachten' will. Dies macht es ihm möglich, ohne Abwehr weiter zuzuhören, das Gesagte vielleicht zu überdenken. Es kann dann zustimmen oder gegebenenfalls verneinen und noch einmal formulieren, worum es ihm eigentlich ging.

⋯› Bewertung

Bewertungen sind abhängig von der Präsentation des Gesagten und vom (Bewertungs-)Rahmen im Gespräch: *Wenn jemand beispielsweise in einem vierzigminütigen Vortrag ein für den Laien völlig unverständliches Fachwort nach dem anderen aneinander reiht, hängt die Bewertung dessen davon ab, ob er dies im Rahmen einer Präsentation seiner Fachkompetenz vor weiteren Koryphäen tut. Oder ob er im Begriff ist, ein Grundlagenseminar für Studierende zu halten.* Darüber spiegelt sich in der Bewertung des Gehörten, Wahrgenommenen und Interpretierten auch die der Einstellung sich selbst und dem eigenen Gesagten gegenüber: Wer sich beispielsweise zugesteht, Fehler zu machen, wird mit den Fehlern anderer Menschen deutlich toleranter umgehen als der, der selber dem Anspruch gerecht zu werden versucht, perfekt zu sein. (2.4)

Sowohl Auf- als auch Abwertungen können im Gesprächsverlauf konfliktfördernd sein (3.5). Eine Abwertung wirkt meist demotivierend. Sie provoziert beim Gegenüber eine Abwehrhaltung oder auch Resignation (2.1). Ein Lob bringt in manchen Zusammenhängen eine hohe Messlatte an, die Druck auslösen kann. Es kann sein, dass die Gelobte nun fürchtet, die Anerkennung des Gegenübers zu verlieren, wenn sie jetzt nicht weitere Highlights vorweisen kann. Bewertungen sind deutliche Positionierungen. Sie weisen über die konkrete Situation hinaus auf die Bedingungen, die ein Mensch an seine Wertschätzung knüpft. Auf Grundlage des allgemeinen Bedürfnisses nach Anerkennung, das Menschen miteinander teilen (3.1), zeigt sich die Ambivalenz, die in wertendem Verhalten, einer wertenden Haltung steckt. Wenn im Konflikt allerdings so viel Abwertung vorhanden ist, dass sich die Kraft in der Resignation so weit bindet, dass es keinen Ausweg zu geben scheint, dann allerdings kann Aufwertung eine hilfreiche Methode sein. Dabei geht es allerdings ausschließlich um die Wiederherstellung der Balance. Um die Milderung der Abwertung durch eine entsprechende Gegendosis Aufwertung. Eine ausführliche Darstellung zum Thema und auch Aufwertungsstrategien birgt das Kapitel zur methodischen Aufwertung im Abwertungsprozess der Konfliktkultur (3.5).

An dieser Stelle liegt es nahe, die Dynamik der Abwertung näher zu erläutern. Sie zeigt sich offensichtlich in geringschätzigen Kommentaren. Viel verbreiteter ist sie allerdings in untergründiger Form: Abwertung findet sich in allgemeinen Strategien im Umgang mit Konflikten, wie sie bereits benannt wurden (2.1), im Dummstellen, Vernebeln, in Blindheit oder Scheuklappensicht.[94] Auch das Dramadreieck ist ein Abwertungssystem, weil der Retter die konstruktive Handlungsfähigkeit der Einzelnen infrage stellt und die Veränderbarkeit der Konstellation insgesamt negiert wird. Wo sich jemand als Opfer fühlt und ein anderer in die Retterrolle springt, da muss es nicht wirklich einen Täter geben. Die Retterenergie findet trotzdem einen. Sie nimmt dabei nicht wahr, was tatsächlich hilfreich und gut wäre anhand der konkreten Situation. Das Opfer wird als Opfer gestempelt. Eigene Stärke darf es nicht haben, weil darin die Gefahr besteht, dass der Retter überflüssig wird. Und das ist es, was alle Bewertungen miteinander verbindet: Sie begrenzen auf eine Seite der Medaille, obwohl diese in der Realität nicht ohne die andere existieren kann. Dass jede Situation beide Möglichkeiten umfasst, wird in der folgenden Übung deutlich:

Diese Übung können Sie zu zweit oder auch allein und dafür schriftlich durchführen:

Rufen Sie sich eine für Sie konfliktbehaftete Person auf Ihren inneren Bildschirm. Stellen Sie diese Ihrem Gegenüber oder schriftlich auf einem Blatt Papier vor und beschäftigen Sie sich drei Minuten lang mit dem, was Ihnen an dieser Person missfällt. Sie dürfen dabei ruhig direkt sein, sich über diese Person aufregen, bis sich Ihr Kopf tiefrot färbt. (Stellen Sie sich allerdings bitte einen Wecker, wenn Sie dies alleine tun!) Sind die drei Minuten um, dann gilt es, dieselbe Person nun genauso lange aufzuwerten. Für die Person, die Ihnen zuhört (wenn Sie die Übung schriftlich machen, sind Sie das natürlich selbst) gilt es, präsent, wertfrei und ohne Worte wahrzunehmen. Führen Sie diese Übung zu zweit durch, danach erfolgt ein Wechsel. Ihr Gegenüber erzählt jetzt, und Sie hören zweimal drei Minuten personzentriert und präsent ohne Wertung zu. Erst erfolgt die Abwertung, dann die Aufwertung.

Übung 7

Die Mediative Kommunikation nutzt den in der Übung verdeutlichten Effekt in Anwendung auf eine Konfliktsituation. Wie dies genau aussehen kann, wird in der Vertiefung des Ansatzes der methodischen Aufwertung im Abwertungsprozess der Konfliktkultur modellartig dargestellt. (3.5) Bewertungen sind meist unbewusst und verlaufen automatisch. Es sei denn, sie werden durch einen vorgeschalteten Prozess reflektiert. Bewertungen sind integriert ins alltägliche zwischenmenschliche Geschehen.

Reagieren

Eine Reaktion ist das Ergebnis des Prozesses von der Wahrnehmung über die Interpretation und Bewertung des Gehörten. Es kommt einem in der Regel so vor, als erfolge sie unmittelbar auf das Gesagte. Dass sie in Wirklichkeit doch mittelbar erfolgt, ist vorausgehend bereits beschrieben worden. Hier stellt sich nicht die Frage nach dem Huhn und dem Ei und dem, was zuerst vorhanden war: Erst kommt die Auswahl, der Bezug und die Bewertung, dann erfolgt die Reaktion. Manche Reaktionen sind trotzdem so schnell und reflexartig, dass sie diesen Prozess anscheinend gar nicht durchlaufen haben können. Dies ist Ausdruck dessen, dass ein Mensch mit einer Äußerung oder Situation die vielleicht tausendste Wiederholung erlebt. Der Prozess muss sich also nicht erst individuell entwickeln. Er ist bereits vorbereitet und die Reaktion folgt der bereits eingefahrenen Schiene reibungslos und schnell. Jeder Mensch hat beispielsweise eine solche Sofortvariante für alles, was er unter Gefahr und Bedrohung einsortiert. Er erkennt und reagiert, berücksichtigt dabei aber meist dennoch den aktuellen Rahmen. In einer bissigen Antwort drückt sich dann aus, was er aus Zivilisiertheitsgründen nicht wirklich zu tun vermag. Ein Teil der Realität ist also bewusst und in die Reaktion mit einbezogen. Ein anderer und die bereits fertig gestellte Schiene, auf die er fällt, sind unbewusst und nur mit Mühe zu verlassen.

Ein Mensch reagiert verbal und nonverbal, je nach seinen Gewohnheiten und individuellen Ausdrucksformen. Er verleiht seinen Gefühlen, Stimmungen und Gedanken Aus- und Nachdruck durch seine Worte und die sie begleitende Körpersprache: durch die Körperhaltung, Gesten, Mimik und auch die äußere Erscheinung (Kleidung, Frisur et cetera). Die Aussage der Körpersprache kann bewusst oder unbewusst sein. Die vier Ebenen der Kommunikation gelten auch für die nonverbale Kommunikation: Sie kann sachlich erklärend demonstrieren oder ausdrücken, wie es um die Beziehung zum Gesprächspartner steht. Sie kann etwas über die eigene Person mitteilen (Selbstoffenbarung). Sie kann auch auf jemanden Einfluss nehmen und ihn manipulieren. Letzteres zeigt sich zum Beispiel im Flirten oder wird in der Werbung genutzt. Wir-Gefühle werden besonders oft nonverbal ausgedrückt. Sie zeigen Zusammengehörigkeit, können aber auch Gruppendruck unterstreichen, besonders, wenn sie durch andere aufgegriffen und fortgeführt werden. Es finden sich eine ganze Reihe symbolhafter nonverbaler Wir-Botschaften in traditionellen Ritualen wie Klatschen, Beifall, Buhen, „Bravo!"-Rufen und so weiter.[95]

Es gibt weltweit schätzungsweise tausend Körperhaltungen. Einige sind in Bezug auf mehrere Kulturkreise universal, andere unterscheiden sich sehr stark in der Bedeutung, die ihnen gegeben wird. Am eindeutigsten dienen sie als Kommunikationsmittel, wenn sie in ihrer wortbegleitenden Funktion belassen sind. Bisweilen widersprechen sich dabei Aussage und Ausdruck. Das jeweilige Gegenüber kann sich, wenn es dies wahrnimmt, dann entscheiden, welches von beiden es spiegelt. Oder es nutzt die Hilfsmittel von beispielsweise der Mediativen Kommunikation, um beides anzusprechen oder andersartig in seine Reaktion mit einzubeziehen. Das Aktive Zuhören bietet eine Variante, das wie auch immer Wahrgenommene in seiner Gesamtheit und Ambivalenz aufzugreifen und das Gespräch auch anhand von herausfordernden Reaktionen konstruktiv voranzubringen.

Das Aktive Zuhören praktizieren

Aktiv Zuhören ist (wie der Begriff schon vermuten lässt) eine Leistung, die eine Person erbringt, um sich in einen Kontext zu versetzen, mit dem sie sich vertraut machen will (2.4). Aktiv Zuhören bedeutet, in der nötigen Offenheit für die Sichtweise des Gegenübers immer wieder nachzufragen und sich zusammenfassend über ein korrektes Verständnis rückzuversichern. Dabei ist es von großer Wichtigkeit, die vielfältigen Möglichkeiten des Aussendens und Aufnehmens von Botschaften im Blick zu behalten. Die ermittelten Bestandteile, subjektiven Wahrheiten und Realitäten sind wertfrei nebeneinander zu stellen. Sie sind in die Sammlung der Informationen und Erkenntnisse zur konkreten Konfliktsituation aufzunehmen. So kann es beispielsweise passieren, dass der Konflikt auf einer lange zuvor getanen Äußerung einer Konfliktpartei beruht, die diese inzwischen schon wieder vergessen hat. Die Empfangende hat sie dagegen in Kopf und Gefühl behalten. Vielleicht hat sie diese sogar für so wichtig erachtet, dass sie alles Kommende auf deren Grundlage interpretiert hat. Zusätzlich zur Auflösung eines solchen Sachverhaltes wäre dann zu berücksichtigen, wie genau die Äußerung damals gemeint war und wie sie verstanden worden ist.

Im Aktiv-Zuhören kann dies leicht deutlich und beim Gegenüber belassen werden. Es kann sich in seinen Gefühlen und Reaktionen angenommen fühlen, bevor es die Rückmeldung darüber bekommt, wie es damals gemeint war. Statt eines „Ich habe einen Fehler gemacht und die andere Person hat es gesehen"-Schocks erfährt es personzentrierte Akzeptanz. Es muss sich dann beispielsweise nicht übermäßig verwundbar fühlen, weil es im Reagieren seiner Verletzlichkeit so starken Ausdruck verliehen hat. Im Mediativen Konfliktmanagement nutzt man diesen heilsamen Effekt bisweilen durch die bereits benannte Intervention des Kontrollierten Dialogs. Besonders im Streit, in emotionsgeladenen Situationen ist dies ein Ansatz, der deeskalierend wirken kann. Er verlangsamt den Streit- oder Diskussionsprozess.

Aktiv Zuhören bezeichnet eine sowohl im privaten als auch im beruflichen Kontext sinnvolle Form der Kommunikation. Sie hält sich an den Grundsatz, das was verstanden wird, (in überwiegend eigenen Worten) zusammenfassend zu wiederholen, bevor man mit dem Gespräch fortfährt. Dies dient der beidseitigen Verständnissicherung.

Es gilt also, sich dabei kurz zu fassen und das Gesagte auf den Punkt zu bringen. Gefühle werden dabei benannt. Man kann Emotionsangebote machen und so eine unbestimmte Äußerung klar mit einem „Sie sind ärgerlich ... (?)“ umreißen. Dabei ist es wichtig, den ‚eigenen Senf‘ herauszuhalten. Soweit es dem weitergehenden Verständnis dient, kann man das Gegenüber durch empathische Fragen begleiten. Allerdings haben diese nicht den eigenen Weg, sondern den des Redenden zu unterstützen. Das Verhältnis zwischen Zusammenfassen und Fragen beträgt in etwa siebzig zu dreißig. Das heißt: Es wird mehr zusammengefasst, als einem am Anfang der Übung darin nahe liegend erscheint.

In einem Konflikt kann Aktiv Zuhören auch eine hilfreiche Reaktion auf Eskalationsschübe bieten. Wenn ein Beteiligter plötzlich ausfallend wird, dann kann dies beispielsweise Ausdruck seiner Hilflosigkeit sein, die Wut, die er empfindet anders auszudrücken. Vielleicht weiß er auch nicht genau, wie er eigentlich genau empfindet, und steigert sich in Hass oder Aggression. Dann situationsabhängig zu verbalisieren, was man sehen kann, und zusammenzufassen, was der aktuelle Standpunkt des Gespräches ist, verhilft ihm vielleicht zu mehr Sicherheit und Orientierung. Wird sein Ausdruck geschickt in Worten zusammengefasst, so steckt darin die Würdigung dessen, was er im Hintergrund des Eskalationsaktes an Hinweisen auf seinen Standpunkt eingebracht hat. Oft ist es in solch einer Situation nicht schwer, das Gespräch auf die eigentlichen beidseitigen Bedürfnisse zu lenken. In der Eskalation zeigt sich, dass sich jemand im Bedürfnisdschungel gefährdet fühlt. Mithilfe des Aktiven Zuhörens kann man erreichte Ergebnisse sichern und die leisen, konstruktiven Töne hinter dem Dschungelgebrüll in den Vordergrund stellen.

Das Aktiv Zuhören wird oft mit dem Positiv Umformulieren verknüpft. Besonders im Konflikt ist dies sehr hilfreich, um einem fortlaufenden Abwertungsprozess entgegenzuwirken. Es schafft Klarheit bei der Zuteilung von Verantwortlichkeiten. Eventuelle Projektionen, Schuldzuweisungen oder sonstige Verschiebungen können an der ursprünglichen Stelle belassen werden, bevor es zur unheilvollen Verwicklung kommt. Man kann durch Positiv Umformulieren wertschätzend die Schärfe rausnehmen, Vorwürfe und Beschuldigungen zu Bedürfnis- und Gefühlsäußerungen auflösen. Du-Botschaften werden zu Ich-Botschaften. Wie dies methodisch geht, zeigt im Einzelnen das Kapitel zum Thema Gesprächstechniken (4.2).

Die Überschneidungen im Konflikt erfragen

Wenn im Konfliktfall über die beteiligten Bedürfnisse geredet wird, dann stößt man aufgrund der Universalität von menschlichen Bedürfnissen zwangsläufig an einen Punkt, wo sich die jeweiligen Fundamente des Eisbergs der beteiligten Personen in Überschneidung befinden. Aktiv Zuhören bietet eine effektive und schnelle Möglichkeit, um bis zur Offenlegung dieser Überschneidung zu gelangen. Nicht gewaltvoll und fordernd, sondern Schritt für Schritt in der Begleitung des anderen. Bis dieser in seinem Tempo, auf seinem individuellen Trampelpfad diesen Punkt erreicht. In der Mediativen Kommunikation steht dabei beständig der Grundsatz im Hintergrund, dass jeder Experte für den eigenen Konflikt ist. Das heißt: Gefühle, Bedürfnisse, Folgerungen und Lösungen, die eine andere Person für sich feststellt, müssen dem Zuhörenden selbst nicht nahe liegen. Einer Person aktiv zuzuhören, ist etwas völlig anderes, als ihre Meinung zu teilen! *Wenn Anna beispielsweise jemandem erzählt, er fände das Fällen sämtlicher Bäume in der Stadt eine gute Idee, weil dann sicher die Anzahl der Verkehrsunfälle, die an Bäumen enden, schnell sinken würde, dann kann sie entspannt erwidern: „Ich höre, Sie machen sich Sorgen anhand der vielen Unfälle, bei denen Menschen verletzt oder getötet werden, weil sie gegen einen Baum gefahren sind." Und der andere kann dann sagen: „Ja. Meine Schwester hatte vor zwei Wochen solch einen Unfall. Sie liegt immer noch im Krankenhaus. Es ist nicht klar, ob sie wieder ganz gesund werden kann." Und dann weiß Anna den eigentlichen Grund für diese Einstellung. Sie kann (wenn sie will) dem Gegenüber im Gespräch etwas näher kommen. Würde Anna stattdessen sagen: „Das ist ja wohl nur völliger Blödsinn, den Sie da von sich geben! Wie sähe das denn aus, wenn die Stadt ohne Bäume wäre. Und überhaupt: Wie sollte sich denn anhand der vielen Autos die Luft auch nur ansatzweise regenerieren können?!", dann liefe der andere von da an für sie offensichtlich mit dem Stempel „Totalhirni" herum. Beide würden sich bei der nächsten Begegnung wahrscheinlich aus dem Weg gehen, obwohl sie sich bis jetzt eigentlich recht sympathisch fanden. Und auf den Veranstaltungen, zu denen sie gemeinsam eingeladen werden, müssten sie sich jemand anderen zum Unterhalten suchen.*

Das Aktive Zuhören als Element Mediativer Kommunikation

Aktiv Zuhören geht in der Anwendung als Element Mediativer Kommunikation über das zusammenfassende Wiederholen und Nachfragen hinaus. Es kombiniert mit weiteren mediativen Elementen oder integriert sie. So integriert es beispielsweise als weitere Techniken des Zuhörens das Paraphrasieren, bei dem die eine die Aussage der anderen mit eigenen Worten wiederholt. Weiterhin das Verbalisieren, das die Emotionen in Worte fasst. Außer des Nachfragens *(„Wie war das, als Sie ...?)* und Zusammenfassens *(„Als sie ging, waren Sie verärgert ... [?]")* beinhaltet es das Klären *(„Habe ich das richtig verstanden, dass ... ?)* und Weiterführen des Themas, sowie das Abwägen *(„War das Ende der Beziehung schlimmer als die Demütigungen?").* Wie hier weiterführend und mediativ ergänzt werden kann, beschreibt das Thema Fragetechniken (4.2). Die folgende Übung bietet die Möglichkeit, sich erst einmal in den Grundlagen des Aktiven Zuhörens auszuprobieren.

Probieren Sie einmal aus, die oben beschriebene Situation zwischen Anna und ihrem Kollegen mithilfe des Aktiven Zuhörens selbst zu managen:

Die Beispielprotagonistin Anna ist Ihnen ja bereits aus den vorangegangenen Kapiteln vertraut. Stellen Sie sich vor, Sie wären Anna. Suchen Sie sich einen Gesprächspartner, der die Rolle des Bekannten einnimmt, dessen Schwester im Krankenhaus liegt. Versetzen Sie sich beide einige Minuten lang in ihre Rolle. Dann begrüßen Sie sich und beginnen mit dem Gespräch. Der Bekannte sagt: „Man sollte diese ganzen Bäume in der Stadt einfach fällen! Dann würde es nicht mehr so viele furchtbare Unfälle geben!" Hören Sie ihm nun aktiv zu. Als Hilfestellung können Sie die folgenden Satzanfänge benutzen:

- „Aha, Sie machen sich Gedanken über ..."
- „Sie sind besorgt (frustriert/erleichtert etc.), weil ..."

Oder wenn Ihnen etwas unklar ist:

- „Meinen Sie damit, dass ...?"
- „Könnte es sein, dass ...?"

Natürlich können Sie das Aktiv Zuhören auch anhand anderer Beispielsituationen oder in Ihren Alltag integriert ausprobieren. Die Satzanfänge bieten auch dabei hilfreiche Ansatzpunkte.

Übung 8

Die Übung im Aktiven Zuhören erhöht im Allgemeinen die Sensibilität eines Menschen. Wer viele Schritte in den Schuhen eines anderen gegangen ist, erhöht sein Vorstellungsvermögen, wo diese überall drücken können. Oder positiv gesagt: Er ahnt, wie viele Denkweisen und Empfindungen möglich sind. Zusammenfassend wird er feststellen, dass jeder versucht, mit seinen individuellen Bedürfnissen und den Gegebenheiten der konkreten Situation, wie er sie individuell als solche wahrnimmt, so gut wie möglich zurechtzukommen. Er wird dabei eventuell die ihm völlig fremde Erkenntnis gewinnen, dass es Menschen gibt, für die dies bedeutet, ihr eigenes Leiden zu erhöhen, weil sie nicht damit zurechtkommen können, glücklich zu sein. Oder er erfährt, dass jemand bereits einen anerkennenden Blick als verunsichernd wahrnehmen kann und, und, und. Kurzum: Es eröffnet sich ihm ein Stück Horizont, das er sonst nie hätte erahnen können.

3.3 Gewaltfreie Kommunikation

Die Gewaltfreie Kommunikation (GfK) ist ein weiterführendes Grundelement der Mediativen Kommunikation. Sie stellt eine Möglichkeit dar, dem Erkenntnisstand eines Aktiv Zuhörenden gerecht zu werden. Die Gewaltfreie Kommunikation ist einfühlsame, empathische Kommunikation. Sie bezieht sich sowohl auf andere als auch auf die eigene Person. Sie plädiert für einen bewussten Umgang mit Sprache (und einzelnen Worten). Die GfK fördert bewusste, ehrliche und klare Antworten anstelle von gewohnheitsmäßigen, automatischen Reaktionen, die den Alltag häufig prägen. Auch wenn die Umgangssprache nicht unbedingt als gewaltvoll wahrgenommen wird, so verursacht sie dennoch oft Verletzungen. Aus Verletzungen entstehen Konflikte. Und Konflikte bedingen, wenn sie in automatischen Reaktionen weitergeführt werden, meist weitere Verletzungen. Zielstellung der Gewaltfreien Kommunikation ist, diesen Kreislauf zu durchbrechen und dabei befriedigende Beziehungen aufzubauen und zu erhalten. Sie erzielt die Erfüllung eigener Bedürfnisse, ohne anderen Gewalt anzutun. Die Veränderung von schmerzlicher Kommunikation in einen einfühlsamen Umgang miteinander. Dieser ermöglicht, die Energie in die Erfüllung beteiligter Bedürfnisse statt in die Verfestigung von Konflikten zu investieren.

Dieser Ansatz erinnert an die Personzentrierung. Und das ist nicht verwunderlich, da der Begründer der Gewaltfreien Kommunikation, Marshall B. Rosenberg, ein Schüler Carl Rogers' (2.4) war.[96] Rosenberg bezog sich mit seiner Arbeit auf die Erweiterung des empathischen Zuhörens und Kommunizierens über den gesprächstherapeutischen Rahmen hinaus. Im Rahmen dieses Buches stellt die Gewaltfreie Kommunikation eine Methode, die das Verfahren von den bereits benannten Dschungelduellen ersetzen kann. Sie bietet ein Handwerkszeug, das Verschiebungen und Verstrickungen auflösen kann.

Grundlegende Annahmen der Gewaltfreien Kommunikation

In der Gewaltfreien Kommunikation wird grundsätzlich davon ausgegangen, dass die Bedürfnisse eine tragende Rolle in Kommunikation und Verhalten eines Menschen einnehmen. Alle Menschen möchten ihre Bedürfnisse befriedigt bekommen. Von der Art, wie Menschen miteinander kommunizieren, hängt ab, ob ihnen dies gelingen kann. Ein wesentlicher Faktor dabei ist, inwieweit sie Einfühlung für ihr Gegenüber entwickeln können. Hinter jeder Aggression versteckt sich ein Bedürfnis. Dieses Wissen macht es möglich, aus der Schleife der Gewalt, die sich an ein aggressives Verhalten knüpft, auszusteigen. Jedes Bedürfnis dient dem Leben. Es gibt also in diesem Sinne keine ‚negativen' Bedürfnisse.

Menschen sind soziale Wesen. In vielen ihrer Bedürfnisse sind sie voneinander abhängig. Das hat die Beschäftigung mit der Bedürfnispyramide bereist gezeigt (3.1). Eine gute Beziehung zeichnet sich dadurch aus, dass Menschen diese Bedürfnisse durch Zusammenarbeit statt durch aggressives Verhalten erfüllen. Dies erinnert an die Perspektive des Win-Win und daran, dass das mediative Konfliktmanagement stets auf eine Kooperation hin ausgerichtet ist (2.6). Wenn ein Mensch sich selbst und anderen dementsprechend Einfühlung gibt, kommt er dahinter, dass jeder Mensch bemerkenswerte Ressourcen und Fähigkeiten hat. Die Gewaltfreie Kommunikation ermöglicht es, mit den in den Tiefen des Eisbergs verborgenen Schatten ressourcenorientiert umzugehen.

Sie zielt auf sprachliche und kommunikative Fähigkeiten, die das Potenzial eines Menschen erweitert, selbst unter herausfordernden Umständen menschlich und konstruktiv zu bleiben. Aus automatischen Reaktionen werden bewusste Antworten. Es wird einbezogen, was die jeweilige Person wahrnimmt, fühlt und braucht. Die Gewaltfreie Kommunikation macht es durch sorgfältige Beobachtung von Verhaltensweisen und Umständen möglich, konkret zu bestimmen, wodurch sich jemand behindert oder gestört fühlt, wo er sonst mit Ärger oder Verurteilung reagiert. Die GFK nimmt Abstand von Verurteilungen und Schuldzuweisungen, indem sie sich auf die Bedürfnisse und Gefühle, die sich hinter Handlungen und Konflikten verbergen, konzentriert. Sie regt an, sich ehrlich und klar auszudrücken und anderen Menschen respektvolle, einfühlsame Aufmerksamkeit zu schenken. Sie trainiert das Erkennen und Bestimmen von Bedürfnissen. Ob dies nun die eigenen oder die der anderen sind (3.1). Statt gewohnheitsmäßig und automatisch pauschal zu reagieren, geht es darum, situationsgerechte, klare Antworten zu geben, die Ausdruck dessen sind, dass jemandem bewusst ist, was er wahrnimmt, fühlt und braucht.

Dies bedeutet in der Konsequenz die Auflösung der alten Muster von Verteidigung, Rückzug und Angriff (2.1). Widerstand, Abwehr und gewalttätige Reaktionen werden durch einfühlsame Kommunikation vermindert. Die GFK regt das intensive Zuhören nach innen und nach außen an. Sie fördert damit Wertschätzung, Aufmerksamkeit und Einfühlung. Sie lenkt die Aufmerksamkeit eines Menschen so, dass die Wahrscheinlichkeit steigt, dass er bekommt, wonach er sucht. Etwas zu geben ist dann ein bewusster und bereitwilliger Akt. Wer dies nicht vermag, erklärt das dem Gegenüber ebenso gewaltfrei. Statt es trotzdem zu tun und dann die Rechnung dafür unabgesprochener Weise bereitzuhalten. Die Gewaltfreie Kommunikation greift den humanistischen Gedanken auf, dass es Menschen eigentlich Freude macht, das Leben eines anderen bewusst bereichern zu können. Dies ist eine Win-Win-Situation: Wer etwas bekommt, was er wirklich braucht, freut sich darüber. Der Gebende hat etwas getan, was etwas Gutes bewirkt, und gewinnt an Selbstachtung. Wer bekommt und zufrieden ist, der kann auch geben. Und so setzt sich der Win-Win-Gedanke fort.

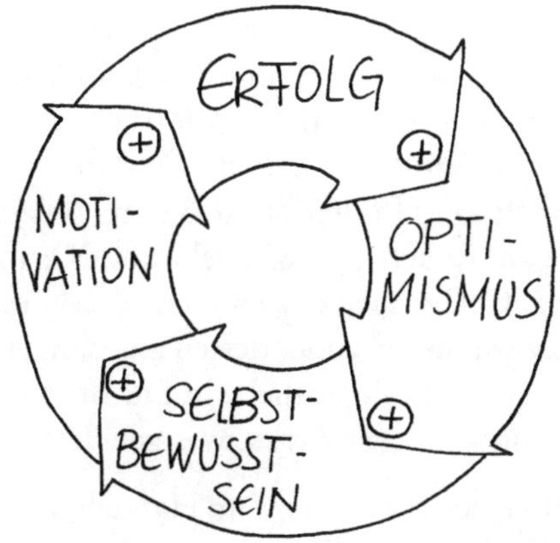

Abb. 21: **Zirkuläres Win-Win-Modell nach dem anreiztheoretischen Ansatz**

Durch die Klärung von Beobachtung, Gefühl und Bedürfnis kann ein Mensch das Potenzial seines Einfühlungsvermögens entdecken, statt sein Gegenüber durch Diagnosen und Verurteilungen vor den Kopf zu stoßen oder seiner Integrität zu berauben (3.5). Die GFK ist Bewusstwerdung über Möglichkeiten der empathischen Kommunikation. Im Gegensatz zu allgemeinen Kommunikationsstrategien, wie man sie zum Verkaufen oder Werben benutzt, geht es um die Haltung zum Gegenüber statt um ein Üben von Floskeln und Gesprächsstrukturen. Rosenberg unterscheidet daher zwei Einstellungen, zwei Formen von Kommunikation: die schmerzliche, oft alltägliche Kommunikation in der Wolfssprache (das Dschungelgebrüll) und die gewaltfreie, bedarfsgerechte Giraffensprache (3.1).

··→ *Die Wolfssprache: lebensentfremdende Kommunikation*

Der Wolf symbolisiert ein schnelles, gewaltvolles Reagieren. Er ist Symbol für Gewalt in der Kommunikation. Der Wolf steht für Grenzüberschreitungen. Hierzu zählen demonstratives Schweigen, Brüllen, verbale Verletzungen, Beschuldigungen (direkte Du-Botschaften), Abwertung (verbal und in der Berührung), „Niederreden", erstarrte Systemstrukturen, Rassismus, Sexismus, Pauschalisierungen, Respektlosigkeit gegenüber den Gefühlen anderer, Sarkasmus, „Oberwasserrhetorik" (den anderen ‚in die Ecke stellen'), Verharmlosung, Moralisieren, Manipulieren oder Suggerieren. Der Wolf handelt in der Regel nicht absichtsvoll. Er ist es nur gewöhnt, so zu verfahren. In der Wolfssprache finden sich viele alltägliche Kommunikationsstrategien: Er erzählt Situationen aus dem eigenen Leben, statt dem anderen zuzuhören. Er bemitleidet und gibt drängende Ratschläge, sodass man sich auf den Spruch „Ratschläge sind auch Schläge!" besinnt. Er analysiert: „Wenn du dies und jenes beachtet hättest ..." und psychologisiert: „Das kommt dir nur so vor, weil du sehr früh in deinem Leben erfahren hast ...", wo kein Rahmen dafür gegeben ist. Er sagt seinem Gegenüber, dass es solche Konflikte ja schon immer verursacht hat, um sich dann in den Retter mit dem wehenden roten Umhang zu verwandeln und die vorher prophezeiten Folgen und Konsequenzen abzuwenden. Der Wolf kritisiert das Äußere, die Grammatik, den Wortschatz oder was sonst noch so zu finden ist und gar nicht zur Debatte steht. Er bewertet, lobt, legt Maßstäbe an. Er achtet auf Regeln und Normen und sucht sofort nach dem Schuldigen, wenn er Gelegenheit dazu wittert. Er hält es nicht für nötig, den anderen zu Ende reden zu lassen, und beendet dessen angefangenen Sätze oder unterbricht sie einfach so. Er kommuniziert mit Vorliebe in Du-Botschaften und weiß immer ein „Aber ...!" anzubringen, um zu negativieren, was gerade im Keim entstehen will.

Der Wolf findet sich im Hören, Reden und im Handeln. Er wird bestärkt durch Internalisierungen, wie es beispielsweise die Stimmen der Eltern sein können. Sie finden sich im Inneren Team der meisten Menschen, genau wie der Innere Richter oder der Miesmacher. Oft bilden sie den Ausgangspunkt für das, was zum Gegenüber gesagt wird. Sie verfestigen sich zu Gesamtstrategien. Als drei Grundstrategien der lebensentfremdenden Kommunikation können hier das (moralische) Urteilen und Verurteilen, das Leugnen der Verantwortung für eigene Gefühle und Bedürfnisse und das Stellen von Forderungen zusammengefasst werden.

Die Wolfssprache wird auch als lebens-ent-fremdende Kommunikation bezeichnet: Ohne den empathischen Umgang mit sich selbst und mit anderen entfremden sich Menschen langfristig gesehen voneinander. Sie stellen sich darauf ein, mit Desinteresse für ihre Gefühle, Bedürfnisse und Hintergründe behandelt zu werden. Und praktizieren dies vorsorglich anderen gegenüber und dann meist auch bei sich selbst. Das geschieht vor allem, wenn der Teil des Eisbergs, der sich unter der Oberfläche verbirgt, als störend wahrgenommen wird. Wenn Gefühle unangenehm oder unbequem sind. Wenn sie nicht mit ihnen umzugehen vermögen. Also gehen sie über sie hinweg. Sie ignorieren sie bei sich selbst und auch bei anderen. Kommt nun jemand daher und möchte, dass man ihn mit seinen Gefühlen und Bedürfnissen wahrnimmt, so wie es beispielsweise Kinder tun, finden sie verschiedene Möglichkeiten, sich dessen zu (ver)wehren. Sie ignorieren es oder nutzen eine der vielseitigen Strategien. Und weil sie in dieser Ein-Stellung nicht bei jedem Mal neu ausklügeln wollen, wie sie dies am besten tun, greifen sie zu Taktiken, die ihnen alltäglich ersparen, sich mit eigenem oder fremdem Emotionsmaterial beschäftigen zu müssen. Sie halten Pauschallösungen, vorgefertigte Stempel parat, auf denen je nachdem ‚gut' oder ‚schlecht', ‚richtig' oder ‚falsch', ‚faul', ‚fleißig', ‚klug', ‚dumm' und so weiter geschrieben steht.

Die Wolfssprache bezeichnet nach Rosenberg den missglückten Versuch, ein (vielleicht noch nicht bewusstes) Bedürfnis auszudrücken. Im Normalfall fühlt sich das Gegenüber nach einem solchen Verhalten schlecht, unverstanden oder gemaßregelt. Es reagiert mit Abwehr, ist unwillig, wehrt sich oder weicht aus. Nach dem Prinzip der Gewaltfreien Kommunikation wird ein solches Verhalten als Anlass genutzt, nach dem dahinter liegenden Bedürfnis zu suchen. Eine Giraffe kennt sich im Bedürfnisdschungel auch viel besser aus. Sie behält mit ihrem langen Hals den Überblick. Ihre Giraffenohren können hören, was sich hinter dem Wolfsgebrüll versteckt.

···› *Die Giraffensprache: empathische und unterstützende Kommunikation*

Die Giraffe ist das Symboltier für die Gewaltfreie Kommunikation. Giraffen können bis zu fünf Meter fünfzig hoch werden und wiegen bis zu 900 Kilogramm. Ihr Hals ist so außergewöhnlich lang, dass er an vielen Stellen aus dem Dschungel ragt. Er bedeutet eine besondere Herausforderung für das Kreislaufsystem: Schließlich muss das Gehirn zuverlässig mit genug Blut versehen werden. Das Herz einer Giraffe ist deswegen besonders leistungsstark. Ungefähr 60 Liter Blut pro Minute pumpt es durch den Körper. Es wiegt 12 Kilogramm und sorgt für einen Blutdruck, der dreimal so hoch ist wie beim Menschen.[97] Was den Wolf unter den Menschen zum Dampfen und fast zur Herzattacke bringt, macht ihr stimmungsmäßig überhaupt nichts aus: Sie bleibt ruhig, standfest und wahrt den Überblick. Ihr riesiges Herz macht die Giraffe sinnbildlich fähig, mit einer großen Vielfalt mehr oder weniger schwieriger Situationen zurechtzukommen. Die Giraffe ist darauf eingestellt, dass im zwischenmenschlichen Alltag viele verschiedene Gefühle und Bedürfnisse Thema sind. Die Giraffe wäre schlecht beraten, zu ignorieren, was am unteren Ende ihres Halses im Bedürfnisdschungel vorhanden ist. Es macht für sie auch keinen Sinn, ihre Wahrnehmung zu begrenzen. Im Gegenteil: Es gefährdet ihre Sicherheit.

Zurück auf die menschliche Kommunikation übertragen bedeutet dies, dass ein bewusstes Hinsehen Sicherheit gewährt: Zu realisieren, was wirklich da ist, lässt weniger Raum für Interpretationen und weitere Verzerrungen (3.2). Die Giraffe spricht die Sprache des Herzens. Sie achtet auf ihre Gefühle und ist sich der dahinter liegenden Bedürfnisse bewusst. Sie respektiert, dass jeder Mensch Bedürfnisse hat und akzeptiert diese personzentriert. Wenn die Giraffe etwas aufnimmt, nutzt sie das, was in ihr dazu vorhanden ist. Sie bezieht Gefühle und Bedürfnisse als zugehörig ein. Sie lässt sich mit ihrer Reaktion die Zeit, die sie dafür braucht. Auf Giraffisch wird zwischen Beobachtung und Bewertung getrennt. Es wird gebeten oder gewünscht, ohne zu fordern. Die Giraffe übersetzt Angriffe, Vorwürfe, Beleidigungen und Forderungen in Gefühle und Bedürfnisse. Sie hat verstanden, dass die Bedürfnisse und Gefühle eines Menschen die Motivation seiner Handlungen sind.

Die vier Komponenten der Gewaltfreien Kommunikation

Die Gewaltfreie Kommunikation vertritt ein ebensolches humanistisches Menschenbild wie es im Kapitel zur Personzentrierung beschrieben wurde. Es wird davon ausgegangen, dass Menschen unter freien Bedingungen gerne geben und die empathische

Verbindung zum Mitmenschen suchen. Die GFK soll helfen, sich dementsprechend auszudrücken und empathisch aktiv zuzuhören. Empathie schafft, wie bereits anhand der Personzentrierung beschrieben, die Voraussetzung für gelingende Kommunikation. Sie hilft, auch mit Menschen in ein wirkliches Gespräch zu kommen, die selbst nicht gewaltfrei kommunizieren oder aggressiv sind. Am Anfang des Vier-Komponenten-Modells der GFK steht die Beobachtung: Es wird beschrieben, was zu sehen war. Dies wird den anderen mitgeteilt, ohne zu beurteilen oder zu bewerten (2.4). Dann gilt es, die Gefühle zu benennen, zu sagen, wie es dem gewaltfrei Kommunizierenden mit dem, was er wahrgenommen hat, geht. Um zu klären, was sich hinter diesen Gefühlen verbirgt, bezieht sich die GFK dann auf die Bedürfnisse: Sie erfragt, welche Werte, Wünsche, Interessen beteiligt sind und was eigentlich gebraucht wird. Den Abschluss bildet eine konkrete Bitte. Das Gegenüber wird beispielsweise gebeten, sein Verhalten in der beschriebenen Situation zu verändern. Die Gewaltfreie Kommunikation schafft die nötigen Voraussetzungen zur Veränderung einer Einstellung oder eines Verhaltens (3.1): Weil die andere Person anhand der Vier-Komponenten-Kommunikation nachvollziehen kann, warum sie um etwas gebeten wird, hat sie die Möglichkeit, sich zu verändern, ohne das Gesicht zu verlieren. Das Grundmodell kann also helfen, sich verständlich zu machen. Gleichzeitig kann es genutzt werden, um die Aussagen anderer zu verstehen.

Abb.22: **Die vier Komponenten der Gewaltfreien Kommunikation**

Das Grundmodell der Gewaltfreien Kommunikation ist wie die meisten Modelle im Zusammenhang der Mediativen Kommunikation situationsgerecht anzuwenden. Die Reihenfolge kann verändert werden. Es bietet eher eine Hilfestellung dafür, soziale Beziehungen bewusst zu gestalten, als eine Technik. Wie fast alles, was man aus einem Rahmen befreit flexibel anwenden möchte, so braucht auch die GfK eine gewisse Übungsbasis als Grundlage dafür. Um diese zu erleichtern, werden im Folgenden die vier Grundkomponenten noch etwas ausführlicher erläutert. Die Gewaltfreie Kommunikation kommt vielen Menschen im Modell erst einmal umständlich vor. Auch wenn es ihnen gut nachvollziehbar erscheint, können sie sich nicht vorstellen, im Alltag tatsächlich so zu kommunizieren. Es stellt sich also die Frage, wie dieses Vier-Komponenten-Modell in den Alltag sinnvoll zu integrieren ist, wie man ‚geschmeidig' gewaltfrei kommunizieren kann.

···› Beobachten, ohne zu bewerten

Zur Auseinandersetzung mit dem Thema Bewertungen wurde bereits wiederholt angeregt (2.4/3.2). Eine alltägliche Wolfsstrategie ist das (moralische) Urteilen oder Verurteilen von Menschen, die sich nicht in Übereinstimmung mit den eigenen Werten verhalten. Wenn das Verhalten anderer als Fehlverhalten diagnostiziert wird, verbirgt sich dahinter meist Ärger: Darüber, dass jemand von anderen nicht bekommt, was er will, oder dass andere etwas tun, was er sich auch gern zugestehen würde. Das Gegenüber wird analysiert und als schlecht, egoistisch oder böse befunden. Das derart einsortierte ‚falsche' Verhalten anderer wird als Konfliktursache deklariert. Die hinter den Handlungen liegenden Bedürfnisse bleiben getarnt und können nur schwerlich eine direkte Erfüllung erfahren (3.1).

Wenn beispielsweise im Freundeskreis nicht akzeptiert wird, dass Anna bei der nächsten Verabredung zum gemeinsamen Essen lieber etwas anderes machen möchte, kann der Gastgeber Gerald die anderen entfremdend und mit ausreichend Moralin gehörig verbal ‚in die Ecke stellen' und sich entrüsten: „Was seid ihr alle intolerant! Freunde machen so etwas nicht!" und das Ganze mimisch mit einem „Pfui, schämt euch!" ergänzen. Um das eigene Ego ausdrücklich zu streicheln, könnte er auch sagen: „Also ICH akzeptiere, dass du etwas anderes tun möchtest, Anna. Und ich bin von euch anderen sehr enttäuscht. Ich habe den Eindruck, dass ich hier der einzige wirkliche Freund bin!" Und natürlich gibt es da noch zahlreiche weitere Möglichkeiten ...

Eine gewaltfreie Version, mit so einer Situation umzugehen ist, das Werturteil zu verteidigen, ohne andere Personen dabei zu verurteilen. Das Verhalten an sich wird dabei von der Person getrennt. (Anhand des Integrativen Verhandelns nach dem Harvard-Konzept wird dies noch erläuternd aufgegriffen.) *Gerald kann beispielsweise sagen: „Mir ist es wichtig, das Bedürfnis von Anna als solches stehen zu lassen. Ich habe Sorge, dass ich selbst sonst einmal in eine Situation gerate, in der ich etwas dringend brauche und ich von euch keine Unterstützung bekomme. Gegenseitige Unterstützung ist mir in Freundschaften besonders wichtig."* Wie immer dies in der konkreten Situation angemessen Ausdruck findet: Diese Beispielformulierung enthält das Anliegen und den Grund dafür, der sogar noch durch den hintergründigen Wert (‚das ist mir wichtig') erläutert wird. Anknüpfen könnte daran ein Gespräch über das, was für die Einzelnen zu Freundschaften dazugehört.

Wenn man eine Person und ihr Verhalten gleichsetzt, dann ist dies eine Personifizierung. Sie drückt sich meist in „Du bist ...“-Vorwürfen statt „Du hast ... getan“-Beschreibungen aus. Ein wichtiger Faktor, der die Wirkungsweise der Gewaltfreien Kommunikation bestimmt, ist die Aufmerksamkeit und Genauigkeit, die sie der Sprache zuteil werden lässt. Auf den Einfluss der besonders in der systemischen Arbeit betont einbezogenen narrativen Perspektive wird später im Zusammenhang mit dem Harvard-Konzept noch einmal Bezug genommen. Mensch und Problem zu trennen ist eines seiner vier Prinzipien. Hier ist daraus entscheidend, dass sich die Darstellung der Situation mit der Art und Weise der Erzählung ändert. Sowohl für einen selbst als auch für das Gegenüber. Verschiedene Geschichten bieten im Zuhören unterschiedliche Wahrnehmungsvorlagen, die im Prozess über Interpretation und Bewertung auch andere Reaktionen erzielen. Der Einfluss der narrativen Perspektive wird im Alltag häufig genutzt. Dies geschieht sowohl unbewusst als auch strategisch (3.4).

Der Verzicht auf moralische Urteile kann ganz pragmatisch sein: Es erhöht sich dabei die Chance, dass das eigentlich zugrunde liegende Bedürfnis erfüllt wird. Bereits in der Beschreibung einer Beobachtung ist dies grundlegend. Es geht darum, das auszudrücken, was tatsächlich sichtbar war, eine konkrete Handlung, einen Sach- oder Tatbestand. Wird dies schon mit einer Bewertung vermischt, kann es für das Gegenüber bereits ein Grund sein, seine Ohren zu verschließen. Gerade wenn es um ein Verhalten geht, welches Unbehagen ausgelöst hat, ist es anhand einer wertenden Haltung des Sprechers schnell geneigt, nur die Kritik zu hören. Eigentlich geht es diesem aber vielleicht darum, etwas über die eigenen Gefühle und Bedürfnisse zu erzählen und es im Endeffekt um etwas zu bitten. Es ist also wichtig, dass seine Ohren offen sind für das, was gesagt werden will. Eine gewaltfrei kommunizierende Person beginnt auf einer Basis, die möglichst für beide Seiten beobachtbar war. Oder die Beschreibung ist so, dass die andere Person dies als eine tatsächliche Beobachtung annehmen kann (2.4). Es kann natürlich vorkommen, dass das Gegenüber trotz wertfreier Äußerung ausschließlich eine Kritik daraus hört. Dann ist es hilfreich, ein gegenseitiges Aktiv Zuhören anzuleiten und den anderen zusammenfassend wiederholen zu lassen, was gesagt wurde. Ihn zu fragen, was er verstanden hat (3.2). Beim Zuhören kann man die Gewaltfreie Kommunikation nutzen, indem man zusammenfassend rückversichert und dabei Beobachtungen und Bewertungen trennt. So wird eine gemeinsame, beobachtbare Basis gefördert, auf der ein Austausch über begleitende Gefühle, Interpretationen und Bewertungen stattfinden kann: *„Du hast gesehen, dass ... – genau wie ich auch. Und dann hast du dir gedacht, ... ?“ Und wenn der andere dies bejaht, dann kann man im Anschluss daran hinzufügen: „Und ich habe gedacht, ... und war sauer. Und deshalb habe ich mich so verhalten ...“*

In der Gewaltfreien Kommunikation geht es nicht darum, die Subjektivität im Miteinander zu schmälern. Keiner muss grundsätzlich anstreben, objektiv zu sein oder sich jeglicher Bewertung zu enthalten. Im Gegenteil: Es geht vorrangig um das Bewusstsein über die Subjektivität, die eigenen Interpretationen und darum, sauber zwischen Beobachtung und Bewertung zu trennen. Wenn einer Person vorab klar ist und sie transparent macht, wo das eine aufhört und das andere beginnt, dann kann sie auch gewaltfrei Bewertungen vornehmen. Dem Gegenüber ist dann klar, dass sie nicht die Absicht hat, ihre Bewertungen und Interpretationen als die Wahrheit hinzustellen. Sie erhebt dann keinen Anspruch auf Definition der Wirklichkeit. Weiterhin ist es ratsam, der Bewertung noch einen klaren Rahmen zu geben, indem konkret gemacht wird, worauf sich das Gesagte bezieht (Zeit, Handlungszusammenhang). Verallgemeinerungen fördern die Abwehr des Gegenübers.

···› Über Gefühle reden

Beim Reden über Gefühle geht es vorrangig um den empathischen Kontakt, der dabei entsteht. Dem Gegenüber wird mitgeteilt, was eine Person empfindet, wenn sie beobachtet, was sie ihm gerade beschrieben hat. Sie kann es weiterführend nach seinem Gefühl dazu fragen. Beide können sich dann darüber austauschen. Es eröffnet sich ein von Nähe geprägtes Gespräch. Wird stattdessen eine vielleicht als Beobachtung und Gefühl getarnte wertende Interpretation mitgeteilt, entsteht dagegen ein Abstand zwischen den Beteiligten. Ebenso geschieht es durch Schuldzuweisungen, Vorwürfe und Pauschalierungen.

Gefühle zu äußern bedarf ebenso wie das Aktive Zuhören einiger Übung. Es finden sich im alltäglichen Repertoire wesentlich mehr Schimpfwörter als Gefühlsbeschreibungen. Oft wird auch das Reden über Gefühle mit Meinungsäußerungen verwechselt. Die Gewaltfreie Kommunikation unterscheidet Gefühlsausdrücke von Einschätzungen: von Begriffen, die beschreiben, wie eine Person darüber denkt, dass sie ist. Eine solche Einschätzung wäre beispielsweise: *„Ich habe als Vater versagt."* Der Mann, der dies äußert, beschreibt damit, wie er seiner Meinung nach gemessen an seiner verinnerlichten Messlatte für gute Väter abschneidet. Würde er seine wirklichen Gefühle ausdrücken, würde er vielleicht sagen: *„Ich bin enttäuscht über mich."*

Ähnlich ist es mit Aussagen, die Gedanken, Einschätzungen oder Interpretationen in Bezug auf eine andere Person wiedergeben. Die Frage dabei ist, worauf sich der jeweilige Focus des Sprechenden richtet: Richtet er sich auf das Wort Vater, ein anderes Thema oder auf eine andere Person, dann bleibt dieser nicht bei sich selbst und seinen Gefühlen. Er sagt nichts darüber aus, wer oder wie er ist. Dies tut eine Person ebenso wenig, wenn sie darüber redet, was sie denkt, wie andere reagieren oder sich ihr gegenüber verhalten: „Ich habe das Gefühl, ich bin meinem Freund völlig egal" ist beispielsweise keine Gefühlsbeschreibung. Die Äußerung richtet sich auf den Freund und unterstellt ihm ein Gefühl der Gleichgültigkeit. Gefühlsäußerungen wären: „Ich fühle mich einsam." Oder: „Ich bin traurig." Will man über Gefühle reden, ist es daher hilfreich, Wörter zu nutzen, die spezifische Gefühle benennen. Begriffe, die Gefühle klar und deutlich beschreiben, beugen vor, dass sich jemand in Eindrücken und Zuweisungen wiederfindet, wo er eigentlich über sich reden wollte. Wenn man die eigenen Gefühle verbalisiert, schafft man sich den Rahmen, um sie mit der dann möglichen Distanz klären zu können. Der innere Beobachter wird also mobilisiert (2.3).

··› *Bedürfnisse äußern: Verantwortung für die eigenen Gefühle übernehmen*

Wenn ein Mensch in der Wolfssprache die Verantwortung für seine eigenen Gefühle und Bedürfnisse leugnet, so kann er sie auf andere oder auch auf gesellschaftliche Normen und Wertvorstellungen schieben. Er sagt dann: „Ich muss sparen, weil dies anhand der gesellschaftlichen Situation angebracht erscheint" statt: „Ich möchte für ein kleines Glas Cola nicht vier Euro ausgeben." Werte stellen eine der größten Barrieren in der Auseinandersetzung dar: Man kann über Verhalten oder Aufgaben oder Interessen verhandeln, nicht aber über Werte. Aber man kann über sie reden. Es ist durchaus möglich, die eigenen Wertvorstellungen zu verteidigen und den Kontakt zum anderen beizubehalten, wenn man dahinter gekommen ist, dass sie in ihrem Kern auch Bedürfnissen entspringen, die grundsätzlich jedem Menschen zu Eigen sind. Der Wert Tradition verweist beispielsweise auf die Bedürfnisebene der Sicherheit. Genauso verhält es sich mit Ehrlichkeit und Pünktlichkeit, die allerdings für andere vielleicht eher Ausdruck der Anerkennung und Wertschätzung für den anderen sind (3.2).

Genauso verhält es sich mit der Verantwortung für die eigenen Gefühle. *Anna sagt zum Beispiel eines Abends zu ihrem äußerst hilfsbereiten Sohn Paul aus ihrem Zustand der Erschöpfung heraus: „Es macht mich wütend, dass du den Müll immer noch nicht runtergebracht hast." Eigentlich verbirgt sich hinter Annas Gefühlsäußerung ihr Bedürfnis nach Unterstützung im Haushalt. Sie könnte auch nachfragen, wie sie es an jedem anderen Abend tun würde oder in die Küche gehen und entdecken, dass Bertram da eine seiner exklusiven Kochaktionen startet. Und dass Paul mit dem Müll so lange wartet, bis die Küche sauber ist und alles, was im Eimer sonst unangenehmen Geruch verbreiten würde, gleich mit beseitigt wird.* Die eigene Verantwortung zu sich zu nehmen bedeutet, von sich zu sprechen, in so genannten Ich-Botschaften und dabei auch das aufzugreifen, was gerade das Aktuelle ist. *Würde Anna zu ihrem Sohn direkt sagen: „Heute bin ich besonders müde. Deshalb brauche ich heute auch besondere Unterstützung von dir", dann könnte dieser daraufhin erwidern: „Ja, das haben wir uns schon gedacht. Vater ist gleich mit dem Essen fertig, und ich bringe den Müll danach runter, damit alles wieder ordentlich und sauber ist und gut riecht, wie du es gerne hast." Und sie würde ihrem Bedarf ganz sicher besser gerecht werden und sich entspannter fühlen als in der ersten Variante* (4.2). Das Äußern von Pseudogefühlen, die Flucht in Zukunft oder Vergangenheit ist eine häufige und sehr schwer erkennbare Form, die Verantwortung für eigene Gefühle zu leugnen.

Anna schiebt Paul ungerechtfertigt zu, dass er sie im Stich gelassen hat (versteckte Du-Botschaft: „Ich fühle mich im Stich gelassen."), statt bei sich zu bleiben und zu sagen: „Ich bin sehr erschöpft." Ein Pseudogefühl besteht in der Regel aus einem Urteil über den anderen und schiebt ihm die Verantwortung zu. Um auf das Thema Wut zurückzukommen, wäre ein weiteres Beispiel die Aussage: „Ich fühle mich provoziert." Bei wirklichen Ich-Botschaften wird von den eigenen Bedürfnissen ausgegangen. Es müsste dann etwa heißen: „Ich bin aggressiv." Statt in einem Verweis in Richtung „Du machst mich wütend" auf den anderen geschoben zu werden, bleibt die Wut so deutlich das eigene Gefühl.

Hinter jedem Gefühl verbirgt sich mindestens ein Bedürfnis und damit eng verbunden Vorstellungen und Wünsche, Interessen und Werte. Sie bilden die Basis, auf der Gefühle entstehen. Daher der Spruch: ‚Gefühle sind die Kinder der Bedürfnisse.' Trotzdem sind Bedürfnisse nicht immer auf den ersten Blick erkennbar. Weder für den Betroffenen selbst noch für andere. Das veranschaulichte bereits das Eisbergmodell. Um jemanden dabei zu unterstützen, das Untergründige dennoch herauszufischen, ist es hilfreich, ihm Angebote zu machen. Dann kann er überlegen, ob er das angesprochene Bedürfnis in sich entdeckt oder nicht. Gerade bei einem Grundgefühl von Ärger oder Wut ist es hilfreich, die Bedürfnisse dahinter zu erfragen. Meist sind diese nicht erfüllt. Und dies drückt sich in Aggression aus. Während Ärger das Gegenüber auf Abstand hält, kann ein Nachfragen die Chancen auf die Bedürfniserfüllung erhöhen. Ein solches empathisches Handeln macht Aggressivität möglicherweise überflüssig. Der Betroffene kann Verantwortung für seine Gefühle übernehmen und für sich sorgen, damit er bekommt, was er braucht. An diesem Punkt in der Gewaltfreien Kommunikation werden Bedürfnisse, Vorstellungen und Wünsche, aus denen Gefühle entstehen, betrachtet und klar mitgeteilt. Sie vermeidet es, den anderen moralisch zu verurteilen, und unterstützt die Gesprächskultur des „Ich brauche ..." statt die des „Du bist ...".

Dass es diverse Möglichkeiten gibt, das aufzunehmen, was andere sagen, verdeutlicht bereits das Vier-Ohren-Modell (3.2). Es obliegt immer der eigenen Entscheidung, eine Äußerung beim anderen zu belassen und Oswald Neubergers Zitat „Jede Aussage ist auch eine Einsage" auf die innere Leinwand zu rufen. Oder sie als gegen sich gerichtet aufzunehmen und dann mit Schmerz, Enttäuschung, Wut, Ärger, Scham und dergleichen zu reagieren. Was andere sagen oder tun, wird dann als Auslöser für die eigenen Gefühle genutzt. Die Ursache liegt aber ganz woanders: in den eigenen Bedürfnissen und Erwartungen in der aktuellen Situation. Dies ist sehr hilfreich zu wissen, wenn man Mediative Kommunikation betreiben will. Genauso sind sämtliche Urteile über andere entfremdete Äußerungen der eigenen, unerfüllten Bedürfnisse: Jeder Vorwurf birgt ein unerfülltes Bedürfnis. Drückt jemand seine Bedürfnisse indirekt, durch Bewertungen, Interpretationen und Unterstellungen aus, bietet er anderen die Vorlage, Kritik zu hören. Sie bekommen das Gefühl, sich verteidigen zu müssen, und setzen meist zum Gegenangriff an. Es besteht dann zwar immer noch die Möglichkeit, den drohenden Kampf mit einer einfühlsamen Reaktion abzuwenden. Meist endet ein so begonnenes Gespräch aber in einem Streit, der viele Verletzungen nach sich zieht.

Kritik kränkt. Umso mehr, wenn sie nicht in Form von hilfreicher Unterstützung vermittelt ist. Statt das Gegenüber zu analysieren und Fehler zu vermuten hilft es, sich auf die Bedürfnisse zu beziehen: Darauf, was man selbst und was das Gegenüber brauchen kann. Dazu ist es wichtig, sich klarzumachen, dass Bedürfnisse grundsätzlich ein Bestandteil des Lebens sind. Denn gerade bei anti-abhängigen Menschen sind sie so etwas wie ein zu bekämpfendes Überbleibsel aus einer fernen Zeit. Und anti-abhängige Züge finden sich bei Menschen einer Karrieregesellschaft noch viel häufiger, als man meint (3.1). Die Gewaltfreie Kommunikation plädiert dafür, die volle Verantwortung für die eigenen Absichten, Gefühle, Bedürfnisse und Handlungen zu übernehmen. Nicht weniger, aber auch nicht mehr: Die Verantwortung für die Gefühle anderer liegt bei den anderen. Viele unangenehme Situationen beruhen auch darauf, dass ein Mensch die Verantwortung für das Verhalten anderer zu übernehmen versucht. Ein Extrem dafür findet sich in einem Schuldgefühl, das jemand zwar als bedrückend wahrnimmt, aber bei dem er nicht einmal weiß, worauf es eigentlich beruht. Wenn man dies berücksichtigt, wird klar, dass in einem empathischen Miteinander die eigenen Bedürfnisse nicht auf Kosten anderer erfüllt werden können. Ein empathisches Miteinander zeichnet sich dadurch aus, dass dem einen die Bedürfniserfüllung des anderen am Herzen liegt. Ganz genauso wie die eigene.

Wünsche formulieren: Bitten statt Fordern

Forderungen vergiften das Miteinander. Im Allgemeinen wehrt sich ein Mensch dagegen, zu tun, was ein anderer von ihm verlangt. Es sei denn, dieser hat begründet das Recht dazu. Und selbst dann kann dies schwierig sein. Forderungen zu stellen, wo eine Bitte möglich ist, verringert die Empathie zwischen Menschen. Eine Bitte lässt dem Gegenüber die Freiheit, sie gern zu erfüllen. Eine Forderung zwingt zur Handlung und droht im Falle der Nicht-Erfüllung mit negativen Sanktionen. Diese sind nicht immer so offensichtlich wie die der Versagung *(„Dann darfst du nicht ...")* bei einem Kind. Manchmal sind dies auch Angst oder Schuldgefühle. *Wenn Herr Gleichgroß beispielsweise Gerald gegenüber äußert: „Ich möchte, dass Sie mir bis heute Abend die Ergebnisse der Untersuchung vorlegen", kann dies eine Bitte, aber auch eine Forderung sein. Erst wenn dies bis zum Abend nicht passiert ist und der Kollege ihm zu verstehen gibt: „Sie lassen mich immer hängen. Sie sind einfach schlecht im Job, und darüber werde ich jetzt mal mit unserem Vorgesetzten reden", zeigt sich, dass es eine Forderung war.* Die Gewaltfreie Kommunikation ist keine Methode, um andere zu manipulieren. Auch eine in GFK gestellte Bitte kann abgelehnt werden. Allerdings erhöht diese Form der Kommunikation die grundsätzliche Chance auf die Erfüllung von Bedürfnissen. Wenn jemand um etwas bitten will, dann ist es für andere leichter nachvollziehbar, wenn er sein Anliegen mit seinen Gefühlen und dem eigentlichen Bedürfnis dahinter in Verbindung bringt. Diese Erkenntnis findet sich bereits im Win-Win-Ansatz. Sie erhöht aber auch einfach das Verständnis beim Gegenüber. Wenn eine Person etwas tun soll, was ein anderer ihr sagt, dann neigt sie dazu, nach dem Warum zu fragen. Erfolgt darauf die Antwort: „Weil ich es sage", dann regt sich ihr Trotz. Sie tut es (von Ausnahmen einmal abgesehen) wenn überhaupt, dann zähneknirschend.[98] Es entsteht das Gefühl, dass sie dafür aber ‚etwas gut hat'. Der andere müsse dann auch etwas für sie tun, um das Gleichgewicht wieder herzustellen. Die Forderung bedingt also häufig eine weitere.

Das Geheimnis beim Bitten ist, das eigene Anliegen so zu formulieren, dass das Gegenüber es gern erfüllen kann. Ein hilfreicher Ansatz ist, Bitten grundsätzlich in positiver Handlungssprache zu formulieren. Widerstände werden beim anderen vor allem durch Negativformulierungen aufgebaut. Aber auch bei positiv formulierten Bitten ist es wichtig, sprachlich sensibel zu sein. Es ist grundsätzlich vereinfachend, dabei den Fokus bei sich zu behalten. Das gilt jedenfalls dann, wenn dies nicht Ausdruck von Egomanie ist und von einem offenen Ohr für das Gegenüber begleitet wird. Jemandem zu sagen, was er zu tun oder zu lassen hat, und das mit „Du sollst ...", „Du solltest ...", „Du musst ..." oder „Kannst du nicht einmal ..." zu spicken, legt Hindernisse in den Weg zum anderen. Die gleiche Wirkung hat es, zu fordern und hinsichtlich einer Nichterfüllung mit Sanktionen zu drohen. Je konkreter ein Wunsch oder eine Bitte geäußert wird, desto besser. Um Missverständnisse auszuschließen, ist es auch dabei manchmal hilfreich, gegenseitig paraphrasierend zusammenzufassen. Wenn jemand klar sagt, was er gern hätte, entsteht darüber auch kein Missverständnis. *Wenn jemand sagt: „Ich brauche jetzt noch eine Antwort auf meine vorhin gestellte Frage", erspart dies die nachträgliche Beschwerde: „Wenn du mich sowieso nicht wahrnimmst, dann kann ich ja das nächste Mal auch zuhause bleiben."* Er sagt, was er will, und sein Gegenüber muss dann nicht raten, worum es ihm denn eigentlich geht. Auch lassen sich die „Nur-klar-wenn-bekannt-Missverständnisse" (3.2) verringern. Eine Negativformulierung entbehrt meist jeglichen Hinweises darüber, wie die Situation nach Empfinden des anderen positiv zu verändern ist. Das Gegenüber startet dann vielleicht Versuche, aus denen besonders in Paarbeziehungen häufig ganze Verwicklungen in Richtung „Du kennst oder verstehst mich überhaupt nicht" entstehen können. Das Kapitel „Kooperative Gesprächstechniken" gibt Anleitung, wie eine positive, sinngebende Formulierung aussehen kann (4.2).

Eine Vier-Komponenten-Bitte würde zusammengefasst in einem Satz folgendermaßen aussehen: „Wenn a, dann fühle ich mich b, weil ich c brauche. Deshalb möchte ich jetzt gerne d." Auf das oben umrissene Beispiel bezogen hieße es also: *„Wenn ich dich etwas frage und die Antwort für mich offen bleibt, dann fühle ich mich frustriert, weil ich es brauche, mit meinen Anliegen gesehen zu werden (das heißt: Ich brauche Aufmerksamkeit.). Deshalb möchte ich dich darum bitten, meine Frage beim nächsten Mal gleich zu beantworten." Und vielleicht noch in Ergänzung: „Was hältst du davon, das zu tun?"*

Oder: „Würdest du das für mich tun?" Das Gegenüber kann dann ja oder nein sagen, oder auch: „Oh, wann und was hast du mich denn gefragt?"

Die Giraffensprache in der Mediativen Kommunikation

Die Gewaltfreie Kommunikation beinhaltet in ihrem Konzept zwei Aspekte: Mit Hilfe der vier Komponenten ist es möglich, sich ehrlich auszudrücken. Man kann sagen, was man beobachtet und fühlt, welche Bedürfnisse man hat und schließlich, welche Bitte sich daraus ableitet. Das Vier-Komponenten-Modell erleichtert auch das empathische Zuhören. Es ist möglich, die Anliegen der anderen gezielt herauszuhören und das Gegenüber zu fragen, was es beobachtet, wie es sich fühlt, was es braucht und worum es bitten möchte. In diesem Prozess entsteht keine Schuldfrage: Man gibt weder sich selbst noch anderen die Schuld. Gefühle und Bedürfnisse sind da. Sie brauchen keinen Schuldigen. *Wenn Bertram beispielsweise wütend ist, weil er in der Situation am Essenstisch von Anna nicht die Aufmerksamkeit bekommt, die er gerne hätte, dann stellt sie nur den Anlass für seine Wut. Wenn man die beteiligten Gefühle und Bedürfnisse auseinander sortiert, dann zeigt dies, dass sein Gefühl daher rührt, dass er selber unzufrieden ist.* So wie Wut im Alltag dargestellt wird, könnte man meinen, dass sie immer einen Adressaten hat. Das macht es für viele auch so schwierig, ihr gerade in wichtigen Beziehungen angemessen Raum zu geben. Wenn jemand wütend ist, dann ist er es. Es ist in erster Linie seine Wut. Es ist eine dieser Verwicklungen, davon auszugehen, dass sich Wut immer auf jemanden bezieht. Sie wird mit weniger Abwehr behandelt, wenn sie als losgelöstes Gefühl betrachtet werden kann (3.1).

··· Das Imageproblem der Wut

Die Wut hat wie alle anderen Gefühle auch ihre Sonnen- und Schattenseiten. Auf der Sonnenseite befinden sich Kraft und Lebensenergie, Anschubpotenzial, Instinkt, Selbstbehauptung, Selbstbewusstsein oder Selbstwertgefühl und damit einhergehend Durchsetzungsvermögen. Wenn sich die Wut so zeigt, dann tut sie keinem weh. Sie steht für sich. Auf ihrer Schattenseite sind Gewalt, verletzendes Verhalten bis hin zu Mordenergie sowie unkontrollierte Ausbrüche verbaler und körperlicher Zerstörung.

Besonders die Eigenschaften auf der Schattenseite machen Angst: derjenigen, die die Wut hat, genau wie dem, der sie mit- oder sogar abbekommt. Es sind Energien, mit denen viele Menschen besser nichts zu tun haben wollen. Sie erleben und bezeichnen sie als Gewalt. In ihrer Verdrängung liegt der Versuch, sie aus dem System herauszukatapultieren. Das führt dazu, dass die Schattenseite der Wut und Aggression indirekt, ‚passiv' gelebt wird[99]: zum Beispiel durch Manipulation, Kontrolle über andere oder auch im Täter-Opfer-Modell. Es gibt ganze Wutsysteme, die sich auf Grundlage dieser unterdrückten Energie gebildet haben.[100] Im Grunde sind dies Varianten, die der Wolfssprache entspringen. Verbalisieren bedeutet dann: „Ich habe das Gefühl von Wut." Und weist den Weg weg vom „Mich hat die Wut", weg von den Mechanismen aus der versteckten Aggression heraus. Diese ist manchmal für eine Person nicht einmal fühlbar, lässt aber andere vor ihr zurückschrecken. Selbst dann, wenn sie sich selbst nicht als gewalttätig erlebt.

Dass so viele Menschen nicht in der Lage sind, ihre Wut zu zeigen, liegt im Wesentlichen am Konditionierungsprozess durch ihre Bezugspersonen und den Rahmen (die Gesellschaft) (3.1). Vielleicht hatten ihre Eltern keinen Zugang zu ihrer eigenen Wut und konnten ihnen deshalb nicht den Raum geben, sie zu leben. Dann haben sie ursprünglich als Kinder vielleicht ihre Wut gezeigt, wenn jemand ihre Grenzen verletzte. Oder wenn sie etwas, was sie wollten, nicht bekamen. Daraufhin wurden sie bestraft, verurteilt oder mit Liebesentzug bedroht. Sie wurden für ihre Wut nicht geliebt oder anerkannt. Deshalb haben sie ihr wahres Gefühl in den Schatten gestellt. Die unterdrückte Wut hat dann andere Wege gefunden, sich indirekt oder auch passiv auszudrücken. Manche haben sich eingeschmeichelt, extrem viel Verantwortung übernommen, anderen geholfen, um etwas zu kriegen, heimlich genommen, gelogen oder die Bedürfnisse anderweitig getarnt. Diese Muster finden sich zum Teil auch heute noch, beispielsweise in ihren Konfliktstrategien. Die Wutverdrängung geschieht bei vielen sogar in bester Absicht. Die Motivation dazu war ausschließlich, Kontakt, Liebe und Zuwendung zu bekommen. Das hat sie vielleicht co-abhängig und loyal im Sinne von unterwürfig gegenüber anderen gemacht. Auf die Co-Abhängigkeit in der Partnerschaft und anderen Beziehungen wurde bereits im Zusammenhang mit Bedürfnisverschiebungen Bezug genommen (3.1). Eine andere Variante ergibt sich aus der Bereitschaft, über Gefühle zu reden, diesen Versuch zu wagen, weil die äußere Realität jetzt eine andere ist. Dies setzt allerdings voraus, dass man das auch so wahrnehmen kann.

···› *Auch unbeliebte Gefühle weisen auf dahinter liegende Bedürfnisse*

In der Mediativen Kommunikation ist es gerade im Zusammenhang mit Konflikten besonders wichtig, mit eigener und fremder Wut und Aggression umgehen zu können. Wenn jemand im System seine Wut nicht wahrnimmt und lebt, dann hat dies sehr häufig den Effekt, dass sie automatisch delegiert und von anderen im System übernommen wird. Im familiären Rahmen kann sich das zum Beispiel durch ein Kind äußern, das besonders aggressiv ist. Auch durch Krankheit können sich Wut und Aggression oder auch andere Gefühle ausdrücken, für die das System offen keinen Platz bereithält. Auch in Arbeitsteams lassen sich entsprechende Gefühlsträger mit geschärftem Blick erkennen. In Gesprächen kann es passieren, dass man als vermittelnder Dritter plötzlich die von den Streitenden unausgelebten Gefühle zu spüren beginnt. Um das erkennen und damit umgehen zu können ist es wichtig, die eigenen

Gefühle zu kennen und sie von anderen abgrenzen zu können. Zu wissen, was man als Wut (und deren Auslöser) empfindet und wie es einem mit diesem Gefühl dann geht.

In einem Konflikt können sich versteckte Aggressionen auch in passiver und bisweilen schwer erkennbarer Form wiederfinden: Manchmal tarnen sie sich durch Ratschläge, die natürlich in bester Absicht geäußert werden. Nur wenn man genau hinsieht, erkennt man dahinter die Abwertung, die beispielsweise darin liegt, dass sie pauschalisieren, unpassend oder Handlungsanweisungen statt Hilfestellung zur Selbsthilfe sind. Wut und Aggression haben immer etwas mit nicht erfüllten Bedürfnissen zu tun. Durch einen sicheren Rahmen und gegenseitiges Vertrauen entsteht ein Raum, solche Gefühle auszudrücken. Wenn dies schon ermöglicht ist, ist es wichtig, mit den Gefühlen wertfrei umzugehen, statt sie zu verurteilen. Das eigene Mitgefühl ist deutlich von Mitleid abzugrenzen. Um dies alles gewährleisten zu können, wird ein großes Maß an Präsenz benötigt. Bei passiver Aggression braucht es eine gewisse Zeit, bis sich die Dynamik herausfinden lässt. Letztlich lässt sich das am besten aus der Metaperspektive in der Personzentrierung und methodisch beispielsweise mit Aktivem Zuhören und Gewaltfreier Kommunikation bewerkstelligen. Manchmal ist es in der konkreten Konfliktsituation wichtig, zumindest einen Teil der Eskalation zuzulassen. Im Durchschnitt erweisen sich in etwa drei bis fünf Minuten als sinnvoll, damit die aufgestaute Energie in der konflikthaften Auseinandersetzung vor einem Dritten Freisetzung erfährt. (Vorausgesetzt, dieser hat die nötige Erfahrung, um mit der Situation souverän umgehen zu können.) Bevor sie sich zum Destruktiven entwickelt und in gegenseitige Verletzung ausarten kann, bieten Empathie und Mitgefühl einen hilfreichen Ansatz. Die positiv umformulierte Zusammenfassung der jeweiligen Standpunkte bietet einen Einstieg in die mediative Bearbeitung der Situation. Mit Hilfe der Gewaltfreien Kommunikation kann den beteiligten Gefühlen der Raum gegeben werden, den sie brauchen, um aus der Verfestigung heraus ihre Auflösung zu erfahren. Sie werden verbalisiert. Sind sie erst aufgegriffen, müssen sie nicht mehr blockierend untergründig wirksam sein.

···› Wie kann das eigene Anliegen so formuliert werden, dass bei anderen die Bereitschaft steigt, einfühlsam auf die beteiligten Bedürfnisse zu reagieren?

Gerade in konfliktträchtigen Situationen ist es sehr hilfreich, sich diese Frage vorab zu stellen. Wenn eine Person spürt, dass ihr Gegenüber sie um etwas bitten möchte, oder wenn sie plötzlich mit einem „Du sollst“ oder Ähnlichem konfrontiert ist, dann kann sie nachfragen und klären, worum es geht. Vielen Menschen ist nicht bewusst, worum sie bitten oder bitten wollen. Und der Person, an die sich das Anliegen richtet, geht es genauso. Je bewusster sich jemand darüber ist, was er vom anderen bekommen möchte, desto wahrscheinlicher wird es, dass sich seine Bedürfnisse auch erfüllen. Selbst mit der größten Bereitwilligkeit ist es bisweilen nicht möglich, anhand von vagen, abstrakten Aussagen herauszufinden, um was wirklich gebeten werden soll. Daher ist es wichtig, die Bitten konkret und erfüllbar zu formulieren. (Hierin haben sie große Ähnlichkeit mit den Zielformulierungen, mit denen sich Kapitel 4.5 befasst.) Wenn nur Gefühle ausgedrückt werden und sich daran die Erwartung knüpft, dass der Zuhörende die Bitte davon abliest, ist ihm vielleicht nicht klar, was von ihm gewollt ist. Um sicherzustellen, dass die Bitte so gehört wurde, dass sie dem Bedürfnis auch entspricht, kann es sich daher als hilfreich erweisen, zur Verständnissicherung nachzufragen oder sie mit einer Spiegelung des Wahrgenommenen abzuschließen.

Bei der Äußerung einer Bitte ist es wichtig, dass der Bittende mit seinen Gefühlen und Bedürfnissen dahinter steht. Sonst klingt sie leicht wie eine Forderung. Dies geschieht vor allem dann, wenn sich jemand nicht sicher ist, ob er so empfinden darf, wie er es tut. Wenn er sich nicht zugesteht, das zu brauchen, was er benötigt. Oder wenn er Angst hat, dass sein Gegenüber es ungehörig findet, dass er um etwas bitten will. Wer sich so unsicher fühlt, sagt dann lieber nicht, was er möchte, sondern kommandiert beispielsweise herum, wie Gerald es entsprechend seiner Strategie (Angriff ist die beste Verteidigung) tut. Sein Gegenüber denkt dann schnell, es wird von ihm erwartet, das Geforderte zu tun. Und Erwartungen auf Grundlage einer Forderung gerecht zu werden macht in der Regel ein weit weniger gutes Gefühl, als sich anhand einer Bitte zu entscheiden, diese zu erfüllen.

Die Gewaltfreie Kommunikation richtet sich an Menschen, die zwar möchten, dass andere auf sie reagieren, und sich vielleicht ändern, aber nur dann, wenn sie es freiwillig und einfühlsam tun. Ihr Ziel ist es, Beziehungen aufzubauen, deren Basis Offenheit und Mitgefühl ist. Sie will einen zwischenmenschlichen Prozess anregen, der zur freiwilligen Erfüllung von Bitten und zur Erfüllung der Bedürfnisse aller Beteiligten führt. Die Gewaltfreie Kommunikation ist situationsgerecht anzuwenden. Sie ist sowohl der konkreten Situation als auch unterschiedlichen persönlichen und kulturellen Gegebenheiten anzupassen. Die GFK legt Wert auf eine bewusste Kommunikation, setzt aber nicht viele Worte dabei voraus: Es ist genauso möglich, alle vier Komponenten ohne Worte auszudrücken. Sie fördert vor allem das intensive Zuhören, gegenseitigen Respekt und Empathie. Sie erzeugt einen beiderseitigen Wunsch, das zu geben, was man geben kann. Im Paraphrasieren steckt die Möglichkeit, das Verstandene zu korrigieren, wenn unsicher ist, ob eine Aussage bei einem selbst oder bei anderen richtig angekommen ist. Dazu gewinnen beide Seiten Zeit, über das Gesagte nachzudenken und genauer in sich hineinzuhorchen. Paraphrasieren bedeutet in der Gewaltfreien Kommunikation, in eigenen Worten anhand der vier Komponenten zusammenzufassen, was der andere beobachtet und fühlt. Welche Bedürfnisse diese Gefühle in ihm hervorrufen und was er erbittet. Und dann abschließend noch zu fragen: „Ist das so?" Oder: „Habe ich das richtig herausgehört?" Dies entspricht einer ausdrücklichen Einladung, zu revidieren, was gegebenenfalls anders verstanden wurde, als es gemeint war. Im Verzicht darauf, zu beanspruchen, dass das Gehörte das Gesagte ist, drückt sich die Bewusstheit für mögliche Interpretationen und Bewertungen aus.

Eine dementsprechende Achtsamkeit in Bezug auf die Gewaltaspekte der Sprache macht erkennbar, was die beteiligten Menschen wirklich denken, fühlen und wollen. Dies dann auszudrücken, kann zur Öffnung und Abrüstung im persönlichen oder weiteren Rahmen führen.[101] Wie beschrieben steckt in jedem Ärger im Kern ein unerfülltes Bedürfnis. Empfundener Ärger ist also ein Signal, ein Wecker, der darauf aufmerksam macht, dass da unerfüllte Bedürfnisse sind. Wer den Ärger von erzielter Bestrafung oder Rachegelüsten weglenkt und stattdessen empathisch mit sich und anderen umgeht, kann sich um die eigentliche Ursache, die unerfüllten Bedürfnisse besser kümmern. Das Drama erfährt kein Revival, in dem jemand sich in die Opferrolle begibt und sein Gegenüber als Täter stempelt, der seine Bedürfnisse nicht erfüllen will. Die Gewaltfreie Kommunikation wirkt, selbst wenn nur ein Kommunikationspartner sie berücksichtigt. Das Gegenüber braucht nicht die bewusste Absicht und geschulte Kenntnisse zu haben, sich einfühlsam zu verhalten. Das Prinzip orientiert sich an allgemein menschlichen Grundbedürfnissen. Es hat daher im Alltag den Effekt, dass, wenn eine Person einfühlend zu geben und zu nehmen beginnt, häufig ein Prozess in Gang gerät, der das Gegenüber mitziehen lässt. Die Regeln für ein Gespräch manifestieren sich im Miteinander, auch wenn sie nicht offiziell dessen Bestandteil sind. Im Ansatz Gewaltfreier Kommunikation entsteht eine Gesprächskultur, die die Basis schafft, um einfühlsam miteinander zu kommunizieren.

Was man kritisch anmerken kann, „damit Blauäugigkeit nicht zum blauen Auge führt"

Es ist umstritten, inwieweit es möglich ist, mit der Gewaltfreien Kommunikation bei massiven Übertretungen durch den anderen Grenzen zu ziehen. Wenn nur eine Seite die Gewaltfreie Kommunikation praktiziert, erhöht dies zwar die Chance auf ein verständnisvolles und konstruktives Miteinander. Dazu gehört allerdings ein festes Fundament an Geübtheit. Gerade in Zusammenhängen, in denen eine solche Form der Kommunikation besonders ungewohnt ist, ist es wichtig, flexibel genug zu sein, um die einzelnen Komponenten situationsgerecht anzuwenden. Häufig stehen anfangs sehr motivierte GFK-Lernende nach den ersten Versuchen mit dieser Kommunikationspraxis schnell an dem Punkt, der sie nicht begreifen lässt, warum sie trotz großen Bemühens in ihrem Alltag auf Abwehr stoßen. Dann ist es ratsam, die Gewaltfreie Kommunikation erst einmal zur Selbstklärung zu nutzen: Ihren Tenor erst einmal in den Umgang mit sich selbst zu integrieren. Wer dies geübt und mit Leichtigkeit praktiziert, der strahlt es meist ganz von selbst nach außen. Er gerät dann nicht mehr in die Gefahr, akribisch und angestrengt überlegt nach ‚richtigen' Formulierungen zu suchen. Seine Sprache integriert das Konzept natürlich. Und dann klingt sie auch nicht mehr so ‚gestelzt', wie man sie bisweilen hören kann. Die Gewaltfreie Kommunikation setzt grundsätzlich die Bereitschaft zur Reflexion und zu reflexivem Handeln voraus.

Auch mit mehr Übung gilt es, sich von Misserfolgen nicht entmutigen zu lassen. Es gibt Menschen, denen Gewaltvolle Kommunikation so viel gibt, dass sie es ablehnen, darauf zu verzichten. Viele der Wolfsstrategien verleihen dem Machtanspruch eines Menschen Ausdruck. Und es gibt Menschen, die können das nicht ohne Gewalt und wollen keinesfalls darauf verzichten. Dann werden sie die Gewaltfreie Kommunikation nicht weiterführen, auch wenn ihr Gegenüber noch so viele Ansätze macht und Vorlagen bietet. Was man dann machen kann ist, im Sinne der GFK das Verstandene knapp zusammenzufassen und dabei für sich selbst in der Formulierung die Schärfe herauszunehmen. Das Bewusstsein, dass hinter jedem Vorwurf ein unerfülltes Bedürfnis steckt, und auch das Wissen um Zuschreibungen und andere Bedürfnisverschiebungen (3.1) hilft, um das andere dann deutlich beim anderen zu belassen und für sich selbst Kommentar für Kommentar Klarheit zu schaffen und dies auch nach außen zu demonstrieren.

Im Rahmen der Mediativen Kommunikation bietet die Gewaltfreie Kommunikation trotz dieser Einschränkungsmöglichkeiten eine in der Praxis bewährte Möglichkeit zur Erhöhung der Chance, in konfliktreichen Situationen empathisch miteinander umzugehen und die gegenseitigen Bedürfnisse zu erfüllen. Wenn das Gegenüber sich sträubt, Empathie für einen zu entwickeln, dann kann es die Situation nur besser machen, wenn man dies dann wenigstens selber für sich tut. Das ist immerhin eine Alternative zum Entzug der Empathie für die Gegenseite, der, wenn man selber an einem gelingenden Gesprächsausgang interessiert ist, das Ganze mit hochprozentiger Sicherheit scheitern lässt.

3.4 Sach- und menschengerecht verhandeln nach dem Harvard-Konzept

Unter den vielen verschiedenen Verhandlungsansätzen[102] bilden sich die Gegenpole in den Grundsätzen von Effektivität und Humanität. Bestimmt ist Ihnen im Alltag schon beides begegnet. Man spricht entweder von einem harten oder von einem weichen Verhandlungsstil. Unter der alleinigen Zielstellung, die Gegenseite zu besiegen, bilden die Verhandelnden Gegnerinnen, die im Prozess je auf der eigenen Position beharren. Mit Drohungen und starkem Druck versuchen die Beteiligten, Härte zu demonstrieren und die Gegenseite in die Knie zu zwingen. Ein solcher „effektiver", harter Verhandlungsstil unterscheidet sich im Extrem von einem Ansatz, der die Menschlichkeit in den Vordergrund rückt: Die Verhandelnden sind Freunde, die um jeden Preis eine Übereinkunft erreichen sollen. Der Prozess ist geprägt von Zugeständnissen, die die Beziehung verbessern sollen. Man geht davon aus, dass man den anderen vertrauen kann. In der Suche nach der Lösung, die die anderen auch akzeptieren können, werden Angebote gemacht. Um Willenskämpfe zu vermeiden, wird die eigene Position bereitwillig geändert. Auch einseitige Zugeständnisse werden bisweilen in Kauf genommen, sofern dies der Übereinkunft dienen kann.

Sowohl die humane Verhandlungslinie als auch die nach den alleinigen Grundsätzen der Effektivität haben ihre Vor- und Nachteile. Sie können unter jeweils schon durch eine solche Positionierung geprägten Hintergrundbedingungen durchaus sinnvoll sein. Das humane Verfahren kann sinnvoll und erfolgreich sein, wenn es im sozialkulturellen Rahmen tatsächlich vorrangig um die Aufrechterhaltung der Beziehung geht. *Es findet sich ein solcher Ansatz bisweilen im Rahmen von Konflikten oder Verhandlungen, bei denen es im Eigentlichen darum geht, den aktuellen Stand einer Beziehung zu verdeutlichen. Zum Beispiel, wenn sich jemand einer Beziehung unsicher ist und zu streiten beginnt, weil er eine Bestätigung dafür braucht, dass er dem Partner noch sehr wichtig ist. Und oft spürt dies auch das Gegenüber und steigt entsprechend darauf ein. Dies wäre also ein Verhandlungsspiel im Kontext von „Liebst du mich noch, Schatz?".* Die Verhandlung unter den alleinigen Gesichtspunkten der Effektivität kann sinnvoll sein, wenn die Beziehung zwischen den Beteiligten überhaupt keine Rolle spielt. Ob auf dem kleinen oder großen Markt kann eine verhandlungsstarke Person damit chancenreich und gut durchs Leben gehen. Mediation und Mediative Kommunikation folgen beim Verhandeln den Grundlagen des Harvard-Konzeptes. Es birgt in sich die Mediationsformel (Konflikt = Sachebene + Gefühl) und auch einige andere Ansätze, die im bisherigen Verlauf des Buches bereits angesprochen wurden. Der Ansatz des Harvard-Konzeptes ist von herausragender Bedeutung, wenn sowohl Sachebene als auch die Beziehung, die beteiligten Gefühle und Bedürfnisse wichtig sind.

Der ‚Moon-Guide': prinzipiengeleitete Verhandlung

Die Richtlinien der prinzipiengeleiteten Verhandlung wurden 1976 im Rahmen eines Forschungsprojekts an der Harvard Law School von einem Gremium von Wissenschaftlern auf Basis der Ideen der frühen Organisationstheoretikerin Mary Parker Follet entwickelt[103]. Es ging dabei um die Verbesserung der Theorie und Praxis der Konfliktlösung. Darum, was effiziente und erfolgreiche Verhandelnde im Gegensatz zu denen tun, die weniger erfolgreich sind.[104] Um die Methode des Harvard-Konzeptes zu beschreiben, ist sie am besten als ‚sach- und menschengerechtes Verhandeln' zu bezeichnen. Es ergründet die Frage, wie sich ein optimales Verhandlungsresultat auf der Sachebene erzielen lässt, das gleichzeitig eine gute Beziehung zum jeweiligen Verhandlungspartner realisiert. So wie man sich im Dunkeln am Mond (englisch: *the moon*) orientiert, sollte man beim Verhandeln die vier wesentlichen Prinzipien des Harvard-Konzeptes nicht aus den Augen verlieren: Grundsätzlich ist zwischen dem **M**enschen an sich und seinem Problem zu unterscheiden. Man **o**rientiert sich an den Interessen statt den Positionen, um daraufhin **o**ptionale Entscheidungsmöglichkeiten zum beiderseitigen Vorteil entwickeln zu können. Schließlich gilt es, **n**eutrale Kriterien zur Lösungsfindung und Ergebnissicherung heranzuziehen. Aneinander gereiht ergeben diese Grundsätze einen ebenso guten Wegweiser durch die (Konflikt)Verhandlung wie der Mond in der Dunkelheit.[105]

···› *M...ensch und Problem getrennt behandeln*

In unserer Alltagskultur ist selten zu erleben, dass zwischen einer Person und ihrem Verhalten unterschieden wird. Jemand hat sich nicht ‚dumm verhalten', sondern er ‚ist dumm.' Und zwar gerade dann, wenn er nicht tut, was man selbst vielleicht getan hätte. Und wenn dann der Diskurs auf der Ebene des Verhaltens ansetzt, gibt es im alltäglichen Dualismus von Richtig oder Falsch nur zwei Möglichkeiten. Die erste formuliert das ‚Du bist dumm.' Die zweite und für die meisten wesentlich unattraktivere wäre: ‚Ich bin dumm'. Erst im Grundsatz, die Person von der Sache, das Gegenüber von dessen Verhalten, den Menschen von seinem Problem und letztlich die Beobachtung von der Bewertung zu trennen, eröffnen sich Alternativen.

Das Prinzip, Mensch und Problem getrennt zu behandeln, knüpft an das, was im systemischen Ansatz als narrative Perspektive bezeichnet wird und bereits im Zusammenhang des wertfreien Beobachtens angesprochen wurde (3.3): Wie sich eine Situation entwickelt, hängt davon ab, wie sie von der betroffenen Person wahrgenommen und dargestellt wird (3.1/4.3). Ohne Unterscheidung zwischen Mensch und Problem ist es nicht möglich, etwas an der Erzählperspektive einer Person zu ändern: Erst wenn aus dem verknüpften Paar Mensch und Problem zwei einzelne Schuhe werden, kann man meist wirklich weitergehen. Will beispielsweise jemand aus seiner Problemgeschichte aussteigen, so muss er sich bewusst machen, welche Informationen die Erzählung aus welchen Gründen auch immer ausgespart hat, und am besten auch noch, warum sie aus ihr verbannt worden sind. In diesen weggefallenen Elementen liegt das Material, mit dem sich nachher ‚der Kuchen erweitern lässt' (2.6).

Ein Leitsatz aus dem NLP (1.3/3.0) sagt aus, dass die Landkarte nicht die Landschaft ist. Genauso wenig ist die Geschichte die Situation oder die (Verhandlungs-)Position das Interesse. In einem Konflikt zwischen Problematik und beteiligten Personen zu unterscheiden eröffnet die Möglichkeit, mit Abstand auf das Geschehen zu schauen. Einen Perspektivwechsel zu vollziehen, der auch die Bewusstwerdung von Hintergründen weiterführend möglich macht. Wird das Problem oder die Problemgeschichte von den beteiligten Personen getrennt, dann können diese sie wie ein Schauspiel betrachten. Sie können bemerken, was noch wahrgenommen werden kann. Ohne die gewohnten Scheuklappen unterliegt die Betrachtung nicht mehr der alten Definitionsmacht. Manchmal ist das Problem unter veränderten Gesichtspunkten gar keines mehr. Dann bestimmt das Leben wieder die Geschichte und nicht mehr die Geschichte das Leben. Für die Situation in einem Konflikt oder einer Verhandlung bedeutet dies einen gewaltigen Zuwachs an Flexibilität. Man kann heraustreten aus alten Schienen und neue Wege ausprobieren. Sehen, was sich über das Gewohnte hinaus erreichen lässt. In Beziehungen bedeutet dies einen Ausstieg aus alten Rollenverteilungen. Beispielsweise aus dem Drama um Täter und Opfer hin zu einer gleichberechtigten Partnerschaft. Will man um etwas verhandeln, ist es nicht mehr nötig, sich dafür zu entscheiden, ob das Gegenüber Freund oder Feind ist. Es ist möglich, es einfach als Verhandelnde oder Problemlösenden zu betrachten, als das, was es eigentlich am nahe liegendsten ist.

Im Beziehungsrahmen kann man nachfragen, welche Rolle eine Person traditionell in ihrer Familie, in ihren Freundschaften oder ihrer Partnerschaft übernimmt: Spielt sie die Starke, das Opfer, die Unerschrockene, die Herzlose, das personifizierte Sozialamt oder den Feuerwehrmann, den Macho, die Mutter oder eine andere Figur? Ist dies herausgefunden, dann wäre zu untersuchen, welchen Mitgliedern des Inneren Teams stattdessen noch Ausdruck verliehen werden kann: Wie ist das, was jemand will und braucht, noch anders zu erreichen als auf dem bisher gegangenen Weg? Ein ähnlicher Narrationseffekt entsteht beim Umformulieren oder Paraphrasieren. Immer dann, wenn die Erzählung von jemand anderem und damit aus einer anderen Perspektive, mit anderen Formulierungen und Schwerpunktsetzungen übernommen wird. Es geht dabei auch um die Konstruktion der Wirklichkeit. Darum, ob man diese als Dschungel wahrnimmt und sich deshalb wappnen muss. Als eine „Lass uns mal diskutieren"-Show oder eine sachliche Verhandlung nach den Grundsätzen der Effektivität. Was auch immer man als seiner Wahrnehmung angemessen empfindet. Solange sich der Konstrukteur mit ihr identifiziert, lässt sich eine Konstruktion jedenfalls schwerlich mit Abstand betrachten. Die Unterscheidung zwischen der Person und dem Problem ermöglicht die Wahrnehmung einer Rollenverteilung, in der der Mensch der Regisseur und seine Psyche die Schauspielgruppe ist. Natürlich kann man deshalb nicht die Realität herumschieben, wie man will. Oder vielleicht doch? Hier liegen die Grenzen in den Bedingungen der jeweiligen Situation. In diesem Zusammenhang ist es wichtig, sich zu vergegenwärtigen, dass die Definitionsmacht, die der Betroffene selber hat, oft größer ist, als er und andere vermuten. Die Reflexion der Möglichkeiten, die daraus entstehen, erleichtern den Prozess von Lösungsfindung in Konflikt und in Verhandlung.

In allen Konflikten und Verhandlungen begegnen sich Menschen mit ihren Gefühlen und Bedürfnissen. Kommt es zu Missverständnissen oder Störungen, können diese die Kommunikation mit dem Gegenüber bestimmen. Beide spielen vielleicht Wölfe, die im Gegner Beute wittern. Oder die Gegenseite wird als das Problem angesehen, und sie versuchen, sie nun unschädlich zu machen. Die Sachebene, der Verhandlungsgegenstand, verliert an Gewicht. Die schlechten Seiten des Gegenübers treten in den Vordergrund. Befürchtungen und Vermutungen treten anstelle des Verstehens. Der Umgang mit den eigenen Emotionen ist für die Verhandlungsführung von großer Bedeutung, um das Ziel nicht aus den Augen zu verlieren. Spätestens hier empfiehlt es sich, in die Metaposition zu gehen: die Situation vom inneren Balkon aus zu überblicken und aus dieser (neuen) Perspektive heraus die Realitätswahrnehmung narrativ zu erweitern. Wenn dies nicht so einfach ist, weil man beispielsweise schon in gegenseitige Personifizierungen (3.3) verwickelt ist, dann ist es auch möglich, eine Verhandlungspause einzulegen. Dies kann eine emotionale Abkühlung begünstigen. Aus dem Abstand heraus kann man sich dann wieder sortieren. Sich ins Gedächtnis rufen, worum es eigentlich geht. Das Gegenüber wieder zum Problemlösepartner statt zum Problemfaktor zu erklären und sich so wieder auf das Ziel des Prozesses konzentrieren.

···› *O...rientierung auf Interessen statt auf Positionen*

Bereits die Beschäftigung mit dem Eisbergmodell und mit Maslows Bedürfnistheorie hat gezeigt, dass hinter dem Verhalten eines Menschen, seinen Standpunkten und Positionen immer die sie bedingenden Motivationen stehen. Motivationen sind Interessen. Interessen sind die Basis dessen, was in der Verhandlung als Ergebnis und in der Mediativen Kommunikation zur Konfliktlösung erarbeitet wird. Die Motivation bringt einen Menschen dazu, auf die Erfüllung seines Bedürfnisses zu drängen. Es gibt Menschen und Situationen, die es nicht ermöglichen, über Gefühle und Bedürfnisse zu reden. Dann kann man also allgemein auf den Begriff ‚Interessen' zurückgreifen. Besonders im beruflichen Umfeld, in der Wirtschaftswelt ist dies häufig ratsam: Interessen sind etwas, was dort im günstigsten Fall sogar jeden interessiert. Interesse ist Ausdruck von Engagement. Aber egal, wie man dies nun formuliert: In der Frage nach den Interessen und Bedürfnissen steckt die Chance auf eine ressourcenorientierte und zufrieden stellende Lösung im Konflikt. Auch im Zusammenhang mit Verhandlungen, in dem das Harvard-Konzept verwurzelt ist, sind Interessen der gebräuchliche Begriff.

Was die Orientierung auf die Interessen hinter den Positionen bewirken kann, hat das Orangenbeispiel (1.2) bereits visualisiert. Beispiele aus dem beruflichen Alltag finden sich in Gehaltsverhandlungen oder im Falle von Fusionen. Auch bei Stellenbesetzungen und der Aufgabenverteilung ist man mit diesem Grundsatz gut beraten. *Martin wurde vor zwei Monaten in der sozialpädagogischen Einrichtung, in der er arbeitet, zum Teamleiter befördert. Diese neue Position stellt an ihn täglich große Herausforderungen. Um seinen vielen Anforderungen besser gerecht zu werden, beschließt er, regelmäßige Supervision zu nehmen. Anna empfiehlt ihm Gabriele Lamm, eine ehemalige Kommilitonin. Sie ist erst seit kurzem fertig mit ihrer Ausbildung, aber dafür ganz gut nachgefragt. Von vielen ihrer Auftraggeber wird sie weiterempfohlen. Martin und Gabriele Lamm sind sich auf Anhieb sympathisch, haben aber sehr verschiedene Vorstellungen, was ihre künftige Zusammenarbeit betrifft. Martin ist der Meinung, mehr als 30 Euro sollte eine Stunde Supervision nicht kosten, denn sein Gehalt ist trotz all der Verantwortung nicht gerade hoch. Gabriele Lamms Stundensatz liegt zwischen 60 und 120 Euro. Beide Positionen sind also weit voneinander entfernt. Wenn Martin nicht so viel mehr zahlen kann und Gabriele Lamm dennoch auf einen solchen Stundensatz angewiesen ist, um über die Runden zu kommen, dann sieht das Ganze nicht sehr erfolgversprechend aus. Es sei denn, sie orientieren sich auf die Interessen hinter ihren Positionen. Martins Interessen sind: Unterstützung für das berufliche Fortkommen und Anregungen in seiner Führungsposition zu erhalten. Er wünscht sich einen Ort, an dem er ‚als Mensch' offen über seine damit verbundenen Gefühle und Erlebnisse sprechen kann. Gabriele Lamms Interessen sind: einen neuen Klienten zu gewinnen und ausreichend Geld zu verdienen, damit sie sich finanzieren kann. Sie ist zudem zeitlich bereits stark eingebunden, sodass sie für das Geld, was sie braucht, nicht mehr als ihrem Satz entsprechend arbeiten kann. Beidseitig ergibt sich die Sympathie als ein weiteres, gemeinsames Interesse an der Zusammenarbeit.*

Hier zeigt sich bereits, dass gegenseitige Positionen nicht Ausdruck eines Gegeneinanders sein müssen. Martin möchte Gabriele Lamm nicht unter Wert bezahlen. Frau Lamm möchte Martin nicht ‚schröpfen' oder in den Ruin treiben. Dieses Beispiel zeigt, wie wichtig es sein kann, eine beidseitig zufrieden stellende und sachlich angemessene Lösung zu finden. Denn wenn eine Person mit dem Ergebnis „Bauchschmerzen" hat, dann behindert dies sicher die weitere Zusammenarbeit. Solange das Problem als Konflikt der auseinander liegenden Positionen verhandelt wird, kommt es schnell zum Stillstand. Erst die Erkundung der zugrunde liegenden Interessen bringt die für eine Einigung notwendige Bewegung.

Interessen sind die persönlichen Beweggründe für das Handeln eines Menschen. Sie bieten die Grundlage von Forderungen oder Verhandlungspositionen. Stellen sich diese als gegensätzlich heraus, bedeutet das aber nicht automatisch, dass auch gegensätzliche Interessen vorhanden sind. Mit der Frage: „Weshalb ...?" bzw. „Was bewegt Sie zu Ihrer Forderung?" lassen sich die Interessen des Gegenübers herausfinden und mit den eigenen vergleichen. Das Verhandeln über das, was dann hintergründig zutage befördert wird, macht es möglich, dennoch zu einem Win-Win-Ergebnis zu gelangen.

···› O...ptionen zum beiderseitigen Vorteil entwickeln

Bei Verhandlungen können die Vorstellungen beider Parteien weit auseinander liegen. Wie anhand der nebeneinander liegenden Eisberge versinnbildlicht, gibt es dennoch meist ab einem Punkt beidseitige Überschneidungen (3.2). Durch Optionen lässt sich der Verhandlungsspielraum grundsätzlich erweitern. Kreativität fördert die Effizienz. Kreative Prozesse in der Verhandlung ermöglichen es, zu einem Ergebnis zu gelangen, das vor Beginn der Verhandlung nicht denkbar war. Eine methodische Variante zur Entwicklung von Optionen ist das Brainstorming. Übersetzt bedeutet dies „Gedankengewitter“: Jede Idee wird ohne sofortige Bewertung und Analyse aufgenommen. Viele Konfliktpartnerinnen und Unternehmen sind anhand dieser Methode zu kreativen Lösungen oder neuen Verfahren gelangt. So zum Beispiel eine renommierte Süßwarenfirma, die als Neuerung eine Praline mit einer ganzen Nuss darauf auf den Markt bringen wollte. Sie stand vor dem Problem der Inrentabilität, da beim Knacken der Nüsse horrend viel Ausschuss entstand. Das Kreativteam traf sich daraufhin zu einem gemeinsamen Brainstorming, in dem alle Beteiligten alles äußerten, was ihnen einfiel. Irgendwann während der vielen vielen Kommentare sagte jemand lachend, dass man ein winzig kleines Männchen haben müsste, das in die Nuss klettert und dann von innen die Schalen auseinander drückt. Lachend wurde diese Idee in die Liste der Einfälle mit aufgenommen. Und das ist das Verfahren des Brainstormings: Alles, was kommt, wird wertfrei als Idee gesammelt. Dann gilt es, die besten Ideen zu kennzeichnen und eventuell miteinander zu verbinden. Erst in einem dritten Schritt geht es darum, auszuwählen, was wirklich umsetzbar ist. Später entstand aus dem eher scherzhaften Ansatz der Idee mit dem Männchen ein Verfahren, welches mit Druckluft arbeitet, sodass die Schalen der Nuss so tatsächlich von innen nach außen auseinander gedrückt werden[106] (4.3).

Dahinter steht das kreativitätsbedingende Prinzip, für Lösungsansätze offen zu sein statt „die“ richtige Lösung zu suchen. *Für Martin und Gabriele Lamm war die schließlich ausgewählte Option die einer Gruppensupervision. Gabriele Lamm hatte bereits eine bestehende Gruppe, in die sich Martin gut und gern integrieren ließ. Er erhält die Gelegenheit, von den Geschichten der anderen zu profitieren und eigene Belange einzubringen. Seinen Interessen nach Anregung, Unterstützung und einem Ort zum Reden wird dies vollständig gerecht. Gleichzeitig bleibt er im Rahmen seines finanziellen Limits und Gabriele Lamm gewinnt einen Zusatzverdienst, ohne zusätzliche Investition an Zeit. Natürlich kann man jetzt fragen, was denn gewesen wäre, wenn Gabriele Lamm keine passende Supervisionsgruppe aus dem Hut hätte zaubern können. Dann hätten sich beide vielleicht auf den Einbezug von Optionen wie Werbung machen, eine Gruppensupervision in der Dienststelle, die so viel einbringt, dass es sich ausgleichen würde, wenn Martin weniger zahlt, oder auch die Möglichkeit eines Zuschusses für Martin von dessen Arbeitsrahmen aus, die er bis dato noch gar nicht in Erwägung gezogen hatte, geeinigt. Eine Verkürzung der Supervisionszeit bei gleichzeitig anregenden Literaturtipps, die Gabriele Lamm sowieso in ihrem Repertoire hat und durch die sich Martin effektivierend auf die Sitzungen vor-*

bereiten kann, wäre eine weitere Option. Je nach den tatsächlichen Rahmenbedingungen einer Situation lassen sich diese so weit ausleuchten, dass mit großer Wahrscheinlichkeit etwas gefunden werden kann. Die Optionen können für jeden der Vertragspartner unterschiedliche Bedeutung und Wertigkeit haben. Um tragbare Ergebnisse zu erhalten ist es wichtig, dies transparent zu machen.

N...eutrale Kriterien heranziehen

Ein angemessenes Ergebnis zu erzielen ist vor allem dann wichtig, wenn die Beziehung zum Gegenüber eine Rolle spielt. Das Feilschen ist vielleicht auf dem Markt eine sinnvolle Methode: Fühlt sich eine Person betrogen, kann sie sich darüber ärgern. Sie kann es dann auch ohne Verstrickung dabei belassen und entscheiden, dass sie die Verkäuferin nie wieder sehen will. Sie kauft eben woanders. Und der Verkäuferin macht dies auch nicht wirklich etwas aus, wenn sie noch genügend andere Laufkundschaft hat, die bei ihr überteuert kauft. Wenn es aber darum geht, nach der Verhandlung auch eine gute Beziehung zum anderen beizubehalten, ist ein „Fair Play“ von Belang. Sonst entwickelt sich Konfliktstoff, wo eigentlich Klärung entstehen soll. Unangemessene Ergebnisse gefährden die Vertrauens- oder Arbeitsbasis.

In dieser Situation helfen Kriterien, die unabhängig vom Willen der Verhandelnden existieren: Gutachten, gängige Marktpreise oder andere Vergleichswerte wie das letzte Angebot. Beim Heranziehen neutraler Kriterien kann Zeit gespart werden. Es wird verhindert, dass auf der Richtigkeit von Positionen beharrt wird und die Verhandlung festfährt. *Bei der Verhandlung um die Supervision wären solche neutralen Kriterien beispielsweise schnell anhand von Internetrecherchen herauszufinden. Das wissen beide Beteiligten, und so ist zumindest mit großer Wahrscheinlichkeit gewährleistet, dass Gabriele Lamm nicht unangemessen hohe Honorarsätze als Grundlage benennen wird. Auch Martin wird ihr nicht ernsthaft mit einem „Ich hab da noch jemanden in petto, der will nur zehn Euro für die Stunde“ kommen wollen. Sie würde wahrscheinlich darauf antworten: „Das kann ja sein, aber es ist gut möglich, dass da irgendwo ein Haken ist. So eine Supervisionsausbildung kostet annähernd acht- bis zehntausend Euro. Wenn man sich dann selbständig macht, hat man natürlich auch seine laufenden Kosten. Es gibt einen Durchschnittssatz im Berufsverband. Der Preis birgt da meistens auch für die Qualität. Ich würde gern mit Ihnen arbeiten. Für zehn Euro pro Stunde kann ich mir das allerdings leider nicht leisten.“*

Die Anerkennung der in Frage kommenden Kriterien, die Beurteilung und ihr Einsatz müssen zwischen den Verhandelnden besprochen werden. Was für die eine ein neutrales Kriterium ist, kann für den anderen genau das Gegenteil davon sein. Hier ist es hilfreich, sich mithilfe des Aktiven Zuhörens gegenseitiges Verständnis zu sichern, um die Tragfähigkeit des Ergebnisses zu gewährleisten, die auf der Grundlage beidseitiger Zufriedenheit beruht.

Die beste Alternative: Wie man den ‚Verhandlungskuchen' erweitern kann

Jede Verhandlungsmethode hat ihre Grenzen. Eine ist dann gegeben, wenn die andere Seite die Übermacht hat. Man kann wohl kaum rechtmäßig an einen Neuwagen für 20.000 Euro kommen, wenn man nicht das Geld dazu besitzt. Ohne festes Einkommen bekommt man keinen Kredit. Und wenn man nicht im Lotto gewinnt oder irgendjemanden auftreiben kann, der einem diesen Wagen schenkt, dann wird man ihn auch mit Hilfe des Harvard-Konzeptes oder aller anderen Verhandlungsstrategien nicht für die zehn Euro bekommen, die man grad noch in der Tasche hat. Dennoch lässt sich die eigene Verhandlungsposition in vielen Situationen durch die „Beste Alternative" verbessern. Sie eröffnet sich durch die Frage nach den grundsätzlichen Alternativen zur Verhandlung sowie durch das Bedenken der Handlungsmöglichkeiten im Falle ihres Scheiterns. Beides bewahrt sowohl vor der Annahme allzu schlechter Konditionen als auch vor der Ablehnung von Angeboten, die auf Grundlage der Interessen akzeptabel sind.

Wenn man seine „besten Alternativen" gründlich bedenkt, dann ist man lockerer in Bezug auf eine Lösungsfindung. Ein allzu großer Lösungs- oder Leidensdruck führt dazu, dass man vom Gegenüber erpressbar wird. Es bekommt eine Macht, die das Gespräch aus dem Gleichgewicht hebeln kann. Durch mangelhafte Vorbereitung kann sich deshalb auch in einer Verhandlung das Prinzip der sich selbst erfüllenden Prophezeiung bewahrheiten, indem das Gefühl der Erpressbarkeit und Chancenlosigkeit auf der einen Seite zu einem verheerenden Machtzuwachs auf der anderen Seite führt (2.6). Die Haltung der Win-Win-Perspektive schützt davor, dass dies passiert. Als mediativ Kommunizierende kann man dann intervenieren und nach der besten Alternative fragen.

Die Bedeutung der Alternativen wird am Beispiel einer Gehaltserhöhung am besten klar: Bei vielen weiteren und besseren Angeboten und einer gefragten Qualifikation der Mitarbeiterin kann es sein, dass der Chef nicht unbedingt die bessere Position bezieht. Er hat nur so lange die größere Macht, wie die Mitarbeiterin nicht attraktive „beste Alternativen" zur Verfügung hat. Auch wenn er der Personalverantwortliche einer renommierten Firma ist. Wenn die Verhandlung scheitert, hat die Mitarbeiterin noch die anderen Angebote, die ihre Forderungen unterstützen. Der Chef dagegen verliert eine gute Mitarbeiterin. Er muss nun in die Suche nach einem Ersatz investieren. *Auch beim Beispiel der Supervisionsverhandlung ist nur so lange keine von beiden in der besseren Position, wie beide Seiten gleich viele „beste Alternativen" haben. Wenn Gabriele Lamm auf einen weiteren Klienten angewiesen ist, wird sie wohl mit dem Preis unter ihr Limit gehen. Wenn Martin keine weiteren Angebote einholt und für ihn nur Gabriele Lamm als Supervisorin in Frage kommt, wird er wohl auch mehr zahlen, als er sich leisten kann. In beiden Fällen wirkt sich dies allerdings wahrscheinlich auf die gemeinsame Arbeitsbeziehung aus.*

Es kann in einer Verhandlung oder auch in einem Konflikt in Bezug auf die Einigung auch passieren, dass die „besten Alternativen“ sehr schlecht aussehen oder auch gar nicht vorhanden sind. Dann ist es wichtig, sich dies zu vergegenwärtigen. Es bewahrt davor, unangemessene Hoffnungen oder Illusionen beizubehalten und daraufhin starre Positionen zu vertreten, was zum Abbruch des Ganzen führen kann. Wenn jemand seine Lage inmitten ausschließlich unattraktiver Alternativen erst nach einer gescheiterten Auseinandersetzung realisiert, dann ist es wahrscheinlich, dass es nun für ihn noch schlechter aussieht. Er kann zwar vielleicht noch einmal in den Kontakt mit dem Gegenüber treten. Aber dieses ist ihm dann vielleicht schon nicht mehr so zugewandt. Im Gegenteil: Es ist sehr wahrscheinlich, dass sich seine Position inzwischen weiter verschlechtert hat.

Die Einschätzung und Entwicklung der „Besten Alternative“ können aktiv verbessert werden. So vergrößern beispielsweise vor einer Gehaltsforderung eine weitere Bewerbung und die Kenntnis über den eigenen Marktwert die Alternativen zum bereits verabredeten Termin. *Auch Martin kann vor dem Treffen mit Gabriele Lamm aktiv werden und weitere Angebote einholen. Genauso hat diese die Möglichkeit, sich darüber klar zu werden, mit wie vielen weiteren Supervisionsanwärterinnen sie dank der guten Empfehlungen rechnen kann und wie viele sie für ihr Auskommen braucht.*

Anleitung zur Verhandlungsvorbereitung

Das Gelingen einer Verhandlung kann also unterstützen, indem man sich gut auf sie vorbereitet. Um Ihnen den Übungsprozess zu erleichtern, finden Sie hier eine Übersicht, die eine Verhandlung oder auch einen Konflikt in der Win-Win-Perspektive nach den vier Grundprinzipien des Harvard-Konzeptes angehen lässt. Sie sind also eingeladen, dies einmal auszuprobieren, indem Sie die folgende Tabelle vor Ihrer nächsten beruflichen oder privaten Verhandlung ausfüllen. Dann können Sie die Situation gut vorbereitet in „Nicht-Angriff“ nehmen.

Bereiten Sie sich auf eine (Konflikt-)Verhandlung win-win-perspektivisch vor:		
	Selbstreflexion	Einschätzung des Gegenübers
Grundlegende Fakten und Informationen		
Sachebene: Beziehungsebene: Zentrale Fragen:		
Verhandlungsinteressen		
Sachebene: Beziehungsebene (Gefühle, Bedürfnisse und Wünsche): Zentrale Absichten dahinter: Ziele: Maximale Forderung: Ich will ... Mein Gegenüber will ... Minimale Forderung: Ich brauche unbedingt ... ... braucht unbedingt ... Argumente: Womit begründe ich eine Forderung? Womit begründet ... seine Forderungen? Allgemeine, ‚mittlere' Strategie:		
Optionen		
Möglichkeiten und Ideen: Mögliche Lösungen:		
Objektive Kriterien		
Gibt es Vergleiche, Präzedenzfälle etc.? Spielräume ausloten (Preislimits etc.):		
Hinzufügend können Sie ergänzen, welches Ihre Besten Alternativen sind: Welche Möglichkeiten haben Sie, wenn Sie sich nicht einigen können? Was können Sie tun, um Ihre Lage zu verbessern? Entwickeln Sie gute Ideen weiter! Wandeln Sie sie in praktische Optionen um! Und wählen Sie schließlich die beste dieser guten Möglichkeiten aus! (Darüber hinaus kann es auch nützlich sein, sich über die Alternativen der anderen Gedanken zu machen.) Schließlich können Sie aus der Tabelle klare Formulierungen ableiten: Welche Sätze werden Sie und Ihr Gegenüber benutzen? Die Zeit bis zur Verhandlung können Sie nun nutzen, um sich persönlich in eine gute Verfassung zu bringen. Dies kann genauso wichtig sein wie die Klarheit über Verhandlungs- oder Konfliktinhalte.		

Übung 9

Situationsgerecht verhandeln in der Mediativen Kommunikation: Weich zu den Menschen und hart in der Sache

In der Mediativen Kommunikation geht es grundlegend darum, ein bestmögliches, zufrieden stellendes Ergebnis bei gleichzeitiger Förderung einer guten Beziehung zwischen den Gesprächspartnerinnen zu gewinnen. Sie bezieht in ihrem Ansatz grundsätzlich die individuellen Gegebenheiten der konkreten Situation mit ein. Das Harvard-Konzept zeigt eine erfolgreiche Möglichkeit, diese Zielstellungen durch sach- und menschengerechtes Vorgehen zu verwirklichen. Die Verhandelnden sind und bleiben Problemlösende, die ein angemessenes, effizient und gütlich erreichtes Ergebnis erzielen. Sie unterscheiden zwischen Menschen und Problemen. Dies schafft ihnen die Möglichkeit, weich zu den Menschen und hart in der Sache zu sein. Sie gehen unabhängig von Vertrauen oder Misstrauen vor, konzentrieren sich auf Interessen, nicht auf Positionen. In der Interessenerkundung können sie nach Möglichkeiten für gegenseitigen Nutzen suchen. Wenn sie dann unterschiedliche Wahlmöglichkeiten haben, dann gilt es, anhand von objektiven Kriterien zu entscheiden. Das so erreichte Ergebnis ist unabhängig vom jeweiligen Willen: nachhaltig emotional und sachlich zufrieden stellend.

3.5 Methodische Aufwertung im Abwertungsprozess der Konfliktkultur

Die Ambivalenz von Bewertungen wurde bereits ausführlich im Zusammenhang mit dem Aktiven Zuhören und der Gewaltfreien Kommunikation erläutert: Aufwertung kann genau wie die Abwertung zu Konflikten und schwierigen Situationen führen. Typischerweise zeichnet sich eine Konfliktsituation dadurch aus, dass zumindest eine Person (wenn nicht gar beide) bereits eine Abwertung erfahren hat: Sie wurde beispielsweise als unfähig bezeichnet oder wütend beschimpft. Manche Menschen empfinden es schon als Abwertung, überhaupt in einen Konflikt verstrickt zu sein. Umso mehr empfinden sie es dann, wenn sie allein nicht wieder herausfinden und ihnen nichts weiter übrig bleibt, als Hilfe von außen zu holen. Sie fühlen sich dann sowohl im Konflikt als auch durch den Konflikt und durch den Bedarf an Hilfestellung von außen gekränkt. Die methodische Aufwertung stellt eine Möglichkeit dar, das Ganze so weit auszubalancieren, dass die Betroffenen sich von ihrer Resignation lösen und mit der Bearbeitung der schwierigen Situation beginnen können. Ein allzweckliches Handwerkszeug in der Mediativen Kommunikation ist die Bewusstmachung von Hintergründen, Strategien und der genauen Beschaffenheit einer Situation. Kränkungssituationen und das Gefühl der Lähmung, das einige Menschen in der Konfrontation erst einmal befällt, wurden bisher ausgespart. Um methodische Aufwertung anzuwenden, ist es dennoch wichtig, beide Erscheinungen grundsätzlich zu verstehen. Sich mit beiden abwertungsträchtigen Themen eingehend auseinander zu setzen schafft die Voraussetzung, um an der richtigen Stelle hilfreich mit Aufwertung ansetzen zu können.

Abwertung und Kränkung: Wenn wunde Punkte Konfliktstoff werden

Viele Konflikte beruhen auf einer Kränkungssituation. Der Begriff Kränkung bezeichnet gemeinhin eine durch äußere Einwirkung bedingte Verwundung, eine Läsion der seelisch-psychischen Integrität einer Person. Ähnlich einem Trauma kann eine solche Kränkung kurz- oder langfristig sein. Die Folgen, die sie nach sich ziehen kann, bewegen sich im Spektrum zwischen gering und verheerend. Kränkungen berühren die wunden Punkte eines Menschen. Die seelischen Verletzbarkeiten, die ihm zu Eigen sind. Und die finden sich bei jedem Menschen. Sie machen ihn empfindlich und sensibel zugleich. Kränkbar zu sein weist also gleichzeitig hin auf eine Angriffsfläche und eine soziale Kompetenz.

Es gibt viele Möglichkeiten und Strategien, um mit Kränkungsgefühlen und -situationen umzugehen – Handlungsanweisungen, um sich zu wehren, und Strategien für ein so genanntes ‚dickeres Fell'.[107] Die Mediative Kommunikation bevorzugt hier den

Weg über das Verständnis, das in der reflektierten Bewusstmachung von beteiligten Gefühlen wie Verletztheit, Wut, Scham, Groll und Ärger fußt. Sie postuliert konstruktive Möglichkeiten psychologischer und verbaler Strategien zum Umgang mit Kritik und Zurückweisungen, Abwehr oder Ignoranz. Sie setzt an am Gefühl der Kränkung, das zu sich genommen positive Veränderung erfahren kann. Im Grunde ist es eine Entscheidung, die eine Person selber trifft: ob sie eine Kränkung annimmt, indem sie die Worte oder Handlungsweisen des Gegenübers persönlich nimmt oder nicht. Die vier Möglichkeiten, mit Kritik oder anderweitigen ‚negativen' Äußerungen umzugehen, wurden ja bereits ausführlich erläutert (3.1). Dasselbe gilt auch für Kränkungsmaterial: Man kann es undifferenziert sich selbst oder dem anderen zuschieben. Oder aber seine Wahrnehmung schärfen, nur das annehmen, was auch das Eigene ist und den restlichen Krempel getrost beim anderen belassen. Auch wenn dies leichter gesagt ist als getan. Es geht dabei nicht darum, die eigenen Gefühle zu verleugnen, sondern sie im Gegenteil bewusst wahrzunehmen und zu bedenken, wo sie ihren wahren Ursprung haben. Viele Gefühle von Kränkung beruhen auf dem eigenen Bewertungsmodell. Sie formulieren sich dann in einem „Was denken die denn von mir?" und zeigen nur das eigene Repertoire an verurteilenden Stempeln, die man in der Situation drohend auf sich gerichtet fühlt. Die Übernahme der Verantwortung für die eigenen Gefühle zieht die Möglichkeit nach sich, das was von anderen kommt, auch bei denen zu belassen.

Als Kränkungen können auch ‚zerplatzte Idealbilder' empfunden werden: Ent-Täuschungen, die aus einer Idealisierung heraus entstehen und die Wertschätzung des Gegenübers in seiner Individualität zumindest zeitweilig unmöglich machen. In diesem Fall müsste die obige Definition dahingehend verändert werden, dass die erlittene Läsion der Integrität, die meist mit einer Verletzung des Selbstwertgefühls einhergeht, zwar an äußere Gegebenheiten geknüpft, aber nicht zwangsläufig direkt von außen zugefügt ist. Der Anlass zur Kränkung kommt dann nur insofern von außen, als dass ihr eine Situation vorausgeht, die in Kontrast zur eigenen Idealbildvision steht.

Wie man vom Zielscheibendasein zur Beweglichkeit finden kann

Wenn jemand gekränkt ist, drückt dies aus, dass er sich als gesamte Person in Frage stellt, dass er sich abgelehnt oder zurückgewiesen fühlt. Im bewussten Aufgreifen der Gefühle beginnt ein Prozess, der es ermöglicht, sich im Laufe der Zeit nicht mehr so stark und lange gekränkt, nicht mehr so intensiv verletzt zu fühlen. Mit einiger Übung wird es möglich, den Stein, den der andere wirft, nicht mehr aufzufangen. Oder sich anhand eines anschnellenden Pfeils zur Seite zu drehen und ihn sein Ziel verfehlen zu lassen. Zu erkennen, dass ein Mensch im Gegensatz zu einer statischen Zielscheibe beweglich genug ist, um sich von einer kränkenden Aktion nicht einfangen zu lassen, ist der erste Meilenstein aus der Kränkbarkeit heraus. Dabei hilft es, die wunden Punkte zu lokalisieren, die vielen kleinen Zielscheiben, die an einem kleben, auszumachen und dafür zu sorgen, dass man sie wachsam und in der Wahrung der Verantwortlichkeit für sich selbst im Auge behält. Diese Erkenntnis eröffnet die Möglichkeit, sich zu entscheiden, ob man die Verletzungen überwinden will oder ob man daran festhält und weiter schnell gekränkt reagiert. Das eine oder andere ist nicht unbedingt besser oder schlechter. Es kommt darauf an, was man grundsätzlich will. Für viele Strategien sind Kränkungen ein wichtiger Ausgangspunkt. Für Menschen, die mit ihren Strategien erfolgreich durchs Leben gehen, kann das Festhalten durchaus ertragreich sein.

In einem Konflikt können Kränkungen allerdings das Vorankommen blockieren. Besonders hinderlich ist es, wenn man selber involviert und gekränkt ist. Dies kann es verunmöglichen, die Mediative Kommunikation anzuwenden, auch wenn man dies eigentlich will. Abhilfe im Falle einer Kränkung kann man sowohl über den Körper als auch über den Kopf (am besten in der Kombination von beidem) schaffen. Gekränkte Menschen sind häufig auch körperlich angespannt. Es macht also gleich ein ganz anderes Grundgefühl, wenn sie ihren Körper in der Situation bewusst entspannen. Wer dann wieder Luft holen kann, kann sich auch daran machen, seinen Blickwinkel zu erweitern. Er kann dann die daraus resultierende Bewertung verändern. Hier ist deutlich abzugrenzen von einem sich Verbiegen in Negation der eigenen Befindlichkeit. Oder von einem verdrängenden Herumbasteln an den eigenen Gefühlen, welches die Gesamtsituation mit Sicherheit nur noch schlimmer macht. Es geht (wie unter anderem schon anhand der Gewaltfreien Kommunikation beschrieben) darum, die eigenen Gefühle als das Eigene wahrzunehmen, als Ergebnisse des eigenen Interpretations- und Bewertungsprozesses. Aus dem heilsamen Abstand der Metaebene heraus ist dann zu eruieren: ‚Kommt da wirklich ein Pfeil angeflogen? Oder ist es vielleicht nur die Gurke für den Salat, den man gerade sowieso zubereiten wollte?‘ Hier wäre wieder der Verweis auf die Konstruktion der Wirklichkeit angebracht (3.1/4.3). Nicht jede Kränkung lässt sich durch ein solch reflektiertes Verhalten vermeiden. Und es gibt ja auch Kränkungen, die gezielte Angriffe sind. Auch wenn man ihnen damit nicht vollständig aus dem Weg gehen kann, schafft die Reflexion die Basis, um anders, erleichtert mit der Situation umgehen zu können.

···› Mediativer Knoblauch gegen kränkende Aufmerksamkeitsvampire

Eine Bewusstheit des emotionalen und körperlichen Reagierens hilft auch im Umgang mit Menschen, die dauernd Aufmerksamkeit fordern, indem sie sich kränkend verhalten. Man kann ihr Verhalten ebenfalls bei ihnen belassen, wenn man weiß, dass sich dahinter genau wie hinter Vorwürfen oder anderen Konfliktstrategien unerfüllte Bedürfnisse verbergen. Manche Menschen haben beispielsweise noch aus ihrer Kindheit heraus ein so großes Aufmerksamkeitsdefizit, dass sie später als Erwachsene ständig provozieren, um zu versuchen, dieses Manko aufzufüllen. Beides ist ihnen in der Regel nicht bewusst. Sie machen dies, weil sie nachhaltig emotional erfahren haben, dass sich ihr Bedarf auf gemäßigtem Wege nicht erfüllen ließ.

Sieht man sich einem kränkenden Aufmerksamkeitsvampir gegenüber, dann ist es hilfreich, in Anwendung von Mediationsformel und Themenzentrierter Interaktion zur Wiederherstellung der Balance auf die Sachebene zu gehen. Provokationen und anderes kränkendes Verhalten sind nicht sachlich, sie gehören zur Ebene des Gefühls. Im Dreieck der TZI bedeutet dies, das Geschehen von der Ich-Ebene des Kränkenden weg auf das ,Wir' und das Thema zu lenken. Es ist auch möglich, im Paraphrasieren, mit Hilfe der vier Komponenten der Gewaltfreien Kommunikation oder zusammenfassend im Aktiv Zuhören zu verbalisieren, was von dem ankommt, wie sich das Gegenüber fühlt. Dem Vampir im Spiegel zu zeigen, dass er als ein solcher kein Feedback seines Selbst erfahren kann (4.1). Dass nichts von dem zu sehen ist, für das er sich eigentlich Aufmerksamkeit wünscht. Vielleicht erscheint es ihm dann verlockender, ein Mensch zu sein statt ein Vampir.

Eine mediativ Kommunizierende vermag dem Weg der Kränkung andere Angebote entgegenzustellen. Sie kann die Bemerkung umformulieren und die Verantwortung dabei beim anderen belassen. Im Bild mit dem anschnellenden Pfeil hieße das, diesen in der Luft abzufangen, anzusehen und zu registrieren: „Aha, der ist hier falsch. Er gehört zum Gegenüber." Ihm den Pfeil dann ganz einfach freundlicherweise zurückzugeben, wie man es auch mit anderen ,verflogenen' Objekten gewöhnlich tut. Es kann sein, dass man hinterher feststellt, dass damit auch der Ärger an seinen rechtmäßigen Eigentümer zurückgekehrt ist. Manche Menschen ziehen allerdings solche verflogenen Pfeile geradezu magnetisch an. Vielleicht scheinen sie auch von kränkenden Aufmerksamkeitsvampiren nahezu verfolgt zu sein. Dann kann es sich als hilfreich erweisen, die Baupläne zur Konstruktion ihrer Wirklichkeit einmal genau unter die Lupe zu nehmen. Die Mediative Kommunikation gelangt da schnell an ihre Grenzen. Therapeutische Verfahren sind deutlich konstruktionskundiger. Sie haben für die Entfaltung der Pläne den passenden Raum und geeignetes Werkzeug parat. In diesem Zusammenhang geht es lediglich um die Betonung dessen, dass es wichtig ist, auch alte unbewältigte Kränkungen bewusst zu machen und anzugehen, damit sie nicht die Gegenwart mehr bestimmen als ihr gütlich tut. Alte Kränkungen finden sich oft zusammengefasst in Glaubenssätzen. Sie bilden Affirmationen, die das Leben dann bestimmen. Nur wenn man sie bearbeitet und umformuliert, können sie eine andere Richtung nehmen.[108] Die Reduktion der Kränkbarkeit erhöht proportional die Handlungsfähigkeit im Konflikt.

Schockreaktionen im Konflikt: Wenn Abwertungspotenzial hilflos macht

Insgesamt betrachtet sind Kränkungssituationen, die sich in einem Konflikt manifestieren, durch die vier Grundgefühle Schmerz, Angst, Scham und Wut geprägt. Diese Gefühle teilen sich der Situation und den Charaktereigenschaften der Einzelnen entsprechend auf die Beteiligten auf. Sich einer Situation grundsätzlich gewachsen zu fühlen bringt im Falle der Herausforderung einen Energieschub. Das Erlangen und die Bewusstwerdung der eigenen Handlungsfähigkeit ist ein Aufwertungselement. Stellt eine Situation allerdings eine große Belastung dar, dann entsteht ein Stress, der blockiert und lähmt. Die Vielfalt der einem Menschen sonst zur Verfügung stehenden Körperreaktionen beschränkt sich auf die Alternativen Kampf, Flucht oder Erstarrung[109]. Die ganze Energie richtet sich darauf, zwischen den Möglichkeiten die beste Entscheidung zu treffen. Manche Menschen geraten vorübergehend in eine Art Schockzustand. *So zum Beispiel Martin, der sich plötzlich in einer ausweglosen Situation wiederfindet, als seine Partnerin Lisa aus Eifersucht auf Lara heraus von ihm verlangt: „Wenn du dich weiter mit Lara triffst, verlasse ich dich." Lara und Martin verbindet seit der Trennung eine gute Freundschaft. Darüber hinaus die gemeinsame Sorge für ihre beiden Kinder Phine und Lars. Sie kennen sich bereits seit über 15 Jahren und haben miteinander viel erlebt. Beide sind sich einig, dass sie zwar gute Freunde, aber keinesfalls gute Partner füreinander sind. Lisa und Lara sind die wichtigsten Personen in Martins Leben. Deshalb versetzt ihn dieses Ultimatum in eine Art Schock, der sich in der Hin- und Hergerissenheit zwischen zwei nicht akzeptablen Bewegungen manifestiert. Er verharrt in der Erstarrung, die sich aus seiner Angst vor den Konsequenzen einer Bewegung in die eine oder andere Richtung ergibt. Er möchte weder Lisa noch Lara verlieren.*

Ein solcher Schockzustand verursacht bei den meisten im Nachhinein großen Ärger auf sich selbst. Dies geschieht aus dem Unverständnis für die Verwirrung heraus, die einen weder fühlen noch bewegen, sagen oder denken lässt. Nicht umsonst gibt es so viel Literatur mit Tipps zur Schlagfertigkeit[110], die gezielt Hilfestellung leisten, einen solchen Schockzustand schneller zu überwinden. Ähnlich verhält es sich mit dem Gefühl der Hilflosigkeit. Es wird (wenn nicht sofort, dann doch meist im Nachhinein) als eine Einbuße in Selbstwertgefühl oder Selbstbewusstsein, als Kränkung empfunden. Dabei kommt es häufig zu dem emotionalen Eindruck, verkehrt oder unfähig zu sein, sich in einer schwierigen Situation zu behaupten. Daraus entsteht die Furcht vor einem erneuten Versagen. Und da die Kehrseite von Angst Wut ist, bedeutet dies auch ein beachtliches Aggressionspotenzial. Auf solchen inneren Vorgängen basieren im Endeffekt Strategien wie die des Angriffs als beste Verteidigung.[111]

In der Beschränkung auf die Sachebene in diesem Konflikt hätte sich Martin nach Überwindung des Schocks wohl zwischen Lisa und Lara zu entscheiden. Oder er müsste eine andere Möglichkeit finden, den gleichzeitigen Kontakt zu Lisa und Lara zu vereinbaren und sich beispielsweise heimlich mit Lara treffen. Vielleicht könnte er auch in die Aushandlung weiterer Optionen mit Lisa gehen. Solange ihm allerdings noch keine Idee zur Bewältigung der Situation zur Verfügung steht, kann er den Schock nicht überwinden.

Eine nähere Betrachtung der Gefühlsebene zeigt als Konfliktmotivation zum einen Lisas Eifersucht. Zum anderen Martins Ärger über Lisa, dass sie ihn in solch ein Ultimatum stellt. Verbunden ist dies möglicherweise bei Martin mit dem Eindruck, dass Lisa ihn bevormunden oder kontrollieren will. Das heißt, in Martin entsteht vielleicht zusätzlich eine damit gekoppelte Kränkungswut über Lisas vermeintlich mangelnde Wertschätzung in Be-

zug auf Martins Fähigkeit, Freundschaft und Beziehung auseinander zu halten. Zudem möchte Martin selbst entscheiden können, mit wem er sich wie und wann trifft. Lisas eingeschränktes Vertrauen in seine Loyalität und Liebe ihr gegenüber bestärkt in ihm das Gefühl, nicht verstanden zu werden. Er fühlt sich einsam, nicht gesehen in seinen Gefühlen, Bedürfnissen und Wertvorstellungen. Der Schockzustand, in den Martin spontan gerät, ist Ausdruck seiner persönlichen Verlustangst, die sich in den Konsequenzen, die sich aus einer Entscheidung zwischen Lisa und Lara ergeben, manifestiert.

Hinter Lisas Verhalten steht eine ebensolche Verlustangst. Sie ist gepaart mit Unsicherheit aus Minderwertigkeitsgefühlen heraus. Diese lassen sie befürchten, Martin könnte durch den weiteren Kontakt zu Lara das Interesse an ihr verlieren. Sie hat Angst, er könnte doch noch feststellen, dass Lara schöner, klüger und angenehmer, kurzum die bessere Partnerin für ihn sei. Schließlich haben sie ja auch die gemeinsamen Kinder, die sie miteinander verbinden. Sowohl Martin als auch Lisa reagieren auf diese Angst unter Zuhilfenahme ihrer individuellen Bewältigungsstrategien. Bei Lisa zeigt sich dies in der Forderung an Martin, die sich in weiteren Ausführungen den Strategien des Angreifens und Manipulierens zuordnen lässt. Martins Strategie wird anhand dieses Beispiels noch nicht deutlich, da seine Gefühle durch den Schockzustand vorerst blockiert sind. Vielleicht greift er auf das Bitten und Betteln zurück. Wohlmöglich aber auch auf eine andere Strategie. Die Situation enthält sowohl für ihn als auch für Lisa umfangreiches Kränkungspotenzial. Die Abwertung findet sich schon im Ansatz des Ultimatums der Entscheidung zwischen zwei Personen, die beide gleichwertiger und fester Bestandteil seines Lebens sind. Würde sich Martin tatsächlich entscheiden, würde er eine der beiden ihm vertrauten Personen in ihrer Bedeutung für ihn reduzieren, also ab-werten. Weil Körpersprache und Gedanken sich gegenseitig beeinflussen, kann das Ändern der Körperhaltung in solch einer Situation bereits neue Gedanken wecken. Es lohnt sich also in Bezug auf Kränkungen und Konflikte auch über den Innenblick hinaus zu beobachten, welche Haltung jemand typischerweise und in der konkreten Situation einnimmt. Im Anschluss daran kann man ausprobieren, was passiert, wenn diese von ihm verändert wird. Das Kapitel zum Thema Spiegeln zeigt, dass man dazu nicht unbedingt aus seinem mediativen Vermittlungssessel aufspringen und am Gegenüber herumkneten muss. Durch den Spiegeleffekt kann man eine Haltungsveränderung des Gegenübers anregen, indem man selber seine Körperhaltung gezielt verändert. Das Gegenüber ‚geht dann mit' (4.1).

Abwertungstransaktionen im Alltag und die Chance der Wert-Schätzung

Dass so gut wie jeder Konflikt durch Abwertung gekennzeichnet ist, wird anhand der zahlreichen Beispiele bereits deutlich. Einer mediativ agierenden Person, die mit Personzentrierung und Win-Win-Perspektive an den Konflikt herangehen will, stellt sich daher früher oder später die Aufgabe, den Abwertungsprozess zur Einleitung eines Konfliktlösungsprozesses zurückzuführen. Anhand des Umgangs mit Kränkungen bereits beschriebener Ansätze sind das Positiv Umformulieren und die Gewaltfreie

Kommunikation. In den Ausführungen zum Thema Gesprächstechniken finden sich noch weitere Varianten wie das Reframing, das Umdeuten einer Situation oder deren Veränderung in Bezug auf ihren Zusammenhang (4.5). Aufwertungselemente sind nach den Grundlagen des Aktiv Zuhörens anzuwenden: Mit einem „Wird schon wieder" ist in der Regel keinem geholfen, der sich gekränkt oder handlungsunfähig fühlt. Aufwertung braucht einen förderlichen Rahmen und angemessene Worte. Um beides zu finden, gilt es, sich am Gegenüber zu orientieren, (sich gegenseitig) aktiv zuzuhören und mit der nötigen Empathie Einblick in die Situation zu gewinnen. In der Transaktionsanalyse wird Abwertung als ein Nicht-Wahrnehmen oder Verdrängen eines vorhandenen Problems (oder dessen Lösungsmöglichkeiten) beschrieben.

Tangentiale und blockierende Transaktionen

Die Transaktionsanalyse (3.0) ordnet dem Abwertungskomplex tangentiale und blockierende Transaktionstypen zu. Derer bedienen sich Menschen besonders dann, wenn sie einer unangenehmen Konfrontation ausweichen wollen. In tangentialen Reaktionen wird aus dem eigentlichen Thema ein Aspekt herausgesucht, den man dann weiterverfolgt. (Die Tangente ist eigentlich ein Begriff aus der Geometrie: Sie berührt den Kreis an seinem Rand, hat also wenig Kontakt zum eigentlichen Inhalt.) Eine tangentiale Reaktion auf die an Martin gerichtete Frage „Kannst du verstehen, warum Lisa eifersüchtig ist?" wäre: „Sie ist immer eifersüchtig." Der Focus wird von der gefragten auf die in der Frage erwähnte Person verschoben. Die Abwertung findet sich in der Verminderung der Bedeutung von konkreten Gefühlen und Reaktionen des Gegenübers: ‚Wenn Lisa sowieso immer eifersüchtig ist, dann hat das Ganze überhaupt nichts zu bedeuten.' Was real wichtig ist, wird unwichtig gemacht.

Bei der blockierenden Transaktion wird noch intensiver ausgewichen, indem die Gesprächsgrundlage überhaupt infrage gestellt wird. Eine blockierende Antwort wäre zum Beispiel: „Verständnis ist hier überhaupt nicht angesagt." Die Frage selbst wird angezweifelt. Das Gespräch wird geblockt. Dem Gegenüber wird indirekt zu verstehen gegeben, dass es das Ganze falsch versteht. Für die Mediative Kommunikation ist es sehr hilfreich, in diesen Transaktionen die Abwertung zu erkennen. Sie machen eine unbedarfte Person in der Regel sprachlos. Sie weiß nicht, wie sie das Gespräch daraufhin fortsetzen soll. Wie immer birgt hier das Bewusstsein die Möglichkeit, transparent zu machen, was passiert. Und das Gespräch dann erneut auf das Erfragte zu lenken, statt sich vom Abwertungsmaterial davon abbringen zu lassen.[112]

Wer blockierend oder tangential reagiert, der hat vorab unbewusst oder bewusst beschlossen, die Situation oder den anderen abzuwerten. Meist geht dem die Interpretation voraus, dass es gefährlich oder unangenehm sein könnte, sich auf das Gespräch, das vom Gegenüber angefangen wird, einzulassen. Abwertung ist in diesem Sinne keine bedacht eingesetzte Strategie. Sie lässt sich darauf zurückführen, dass ein Mensch in einer bestimmten Situation die Realität nur eingeschränkt wahrnehmen kann. So werden beispielsweise Informationen, die zur Lösung eines Problems wichtig sind, nicht beachtet. Wie bereits in der analytischen Betrachtung des Zuhörens beschrieben, ist Wahrnehmung immer selektiv. Dabei kann es bewusst, teil- oder unbewusst passieren, dass jemand einen durchaus bedeutenden Aspekt des Ganzen nicht zur Kenntnis nimmt. Er vernebelt ihn oder gibt ihm nicht die ihm angemessene Bedeutung. So wird ein Teil des Ganzen verharmlost oder verschwiegen.[113]

Der Gesamtprozess einer solchen Abwertung vollzieht sich in vier Stufen: An ihrem Anfang steht die Ausblendung dessen, dass überhaupt etwas geschehen ist. Dann wird die Bedeutung falsch eingeschätzt, möglicherweise die Relevanz des Ganzen bestritten. Wie sich die Situation dann darstellt, wird daraufhin als unveränderbar postuliert. Letztendlich wird dann meist betont, dass man persönlich nicht dazu fähig ist oder war, anders zu reagieren, als man es tut oder getan hat (Abb. 23). Umgangssprachlich nennt sich dieser Abwertungsprozess „Teppichkehrerei“: Wo man „etwas unter den Teppich“ fegt, entsteht ein Hügel. Er wird (selbst wenn sich bereits der Teppich hebt) hartnäckig ignoriert. Man stolpert vielleicht schon durch das Zimmer, betrachtet das aber als Normalität. Schließlich kann man daran ja auch gar nichts ändern, weil man ja ‚nicht einmal weiß, dass der Berg unter dem Teppich überhaupt vorhanden ist‘.

···› *Abwertungsprozesse zurückführen: Lösungswege von Stolperfallen befreien*

Wird jemand mit dieser eingeschränkten Sicht konfrontiert, dann besteht die Chance, dass mit Hilfe von Geduld und Konsequenz der von ihm durchschrittene Prozess der Abwertung wieder zurückgeführt werden kann. Die Stufen der Abwertung kann man sowohl vorwärts als auch rückwärts gehen. In seiner Umkehrung ist das Abwertungsmodell eines der Aufwertung. Es hilft, Probleme aufzulösen: Man fragt auf der ersten Stufe nach dem Konflikt, sortiert auseinander, was genau das Eigene und was das der anderen ist. Dann geht es darum, die Bedeutung des Ganzen zu eruieren, herauszufinden, was für einen selbst und die anderen davon abhängt. Zurückgekehrt auf Stufe zwei kann man nun nach Alternativen und Zieldefinitionen fragen: Was kann oder soll anders werden? Und schließlich: Was wird wer wann tun, um dieses Ziel zu erreichen?[114] Oder in der Metapher beschrieben und für einen selbst: Man registriert, dass der Hindernislauf einem Mühe macht. Man geht dem Stolpern auf den Grund, schaut unter den Teppich und macht sich daran, das, was darunter zum Vorschein kommt, angemessen zu entsorgen.

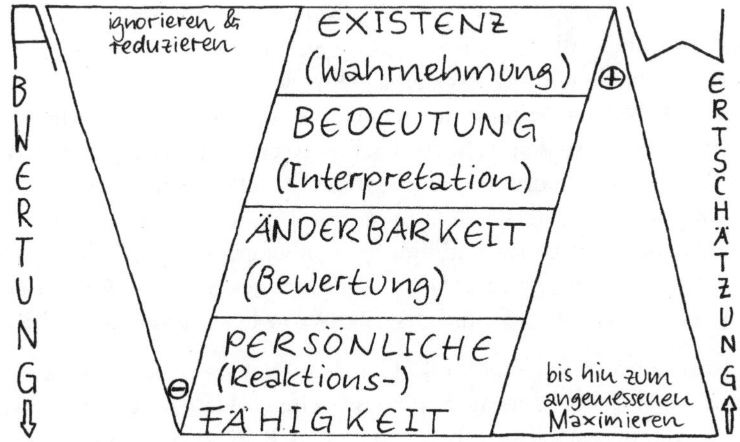

Abb. 23: **Das Schema der Auf- und Abwertung**

Dieses Schema bietet eine gute und einfache Grundlage für die alltägliche Anwendung Mediativer Kommunikation. Wenn jemand also Abwertung wahrnimmt, dann kann er die Schritte zurückführen bis zu deren Ausgangspunkt. Er erhält so die Möglichkeit, das, was abgewertet oder nicht gesehen wurde, erneut in den Blick zu nehmen. Es sowohl sach- als auch menschengerecht zu betrachten. Mit der Rückführung der Abwertung hält die Transaktionsanalyse also einen methodischen Ansatz zur Aufwertung bereit. Er ist darüber hinaus auch allgemein eine hilfreiche Methode zur Identifikation von Problemebenen und zur Konfliktauflösung. Auch die beschriebenen kommunikativen Abwertungsstrategien der tangentialen und blockierenden Transaktion lassen sich damit konstruktiv angehen. Beide Formen der Transaktion sind nach Definition der Transaktionsanalyse Abwertungen, weil sie die Frage an sich (nach dem Motto „Das möchte ich nicht gehört haben“) boykottieren. Sie vermeiden damit unbewusst wie die Abwertung bewusst das zielgerichtete, verantwortliche und aufrichtige Umgehen mit Konflikten. Sie erhalten ihn stattdessen aufrecht und vertiefen ihn noch.[115]

Die mediative Haltung wahren: Wertungen im Konflikt ausbalancieren

Einen Konflikt abzuwerten, indem man ihn als solchen nicht einmal wahrnimmt und aber ihn der anderen Seite zuschiebt, haben einige Menschen bereits in ihre Alltagshaltung integriert. Die hier beschriebene Variante der Abwertung ist äußerst beliebt. Da Konfliktvermeidung allerdings auch eine Form des Konfliktumgangs ist, setzt sie dennoch in sich voraus, dass ein Konflikt vorhanden ist. Wenn eine Person allein ein Problem hat, dann ist das Gegenüber gefragt, bei der Lösung als außenstehende Person zu helfen. Tut es das nicht mit der Äußerung „Dein Problem! Sieh zu, wie du das löst!“, dann ist dies ein sehr deutliches Zeichen für einen gemeinsamen Konflikt. Eine im Alltag nötige und sinnvolle Abgrenzung sähe ganz anders aus. Genauso abwertend ist es, sich im Konfliktfall unerreichbar zu machen, jemandem aus dem Weg zu gehen. Es kann manchmal sehr schwer sein, sich nach einer Situation, in der man sich geärgert hat, dem Gegenüber zu stellen. Sehr viel leichter ist es, stattdessen auf „Die ist doch sowieso doof" umzuschalten und Desinteresse am Kontakt vorzugeben. Trotzdem: Abwertung und Ignoranz verstärken Konflikte nur. Ob dies nun dem anderen oder den eigenen Wahrnehmungen oder Gefühlen gegenüber erfolgt. Die Mediative Kommunikation plädiert auch hier wieder dafür, Vorhandenes wahrzunehmen und zu bearbeiten: in Verständnis, Klarheit und der Suche von Lösungsmöglichkeiten.

Sowohl in Reaktion auf eine Kränkung als auch aus der vermeintlichen Schmach eines zu überwindenden Schockzustandes heraus greifen viele darauf zurück, sich durch Abwertung des anderen selbst aufzuwerten. Das Prinzip dahinter ist ganz simpel: Wird der andere kleiner, kann sich jemand größer fühlen, ohne dafür wachsen zu müssen. Wachstumsprozesse können durchaus schmerzhaft sein. Und manch einer zieht es dann vor, lieber dem anderen wehzutun. Solch ein Verfahren findet sich in der bereits beschriebenen Konfliktstrategie nach dem Motto „Angriff ist die beste Verteidigung" (2.1/3.1). Wie in deren Erläuterung allerdings ebenfalls beschrieben wurde, läuft die Anwendung dieser Strategie im Endeffekt doch auf Selbstabwertung hinaus.

Das Zugestehen und die Übernahme der Selbstverantwortung ist an solchen Punkten bereits eine methodische Aufwertungsstrategie. Dahinter steht die bewährte Grundidee mediativen Konfliktmanagements, dass die Konfliktaustragenden am allerbesten wissen, was die Ursachen und den Hergang des Konflikts betrifft. Und dass sie dies auch befähigt, miteinander eine optimale Lösung zu finden. Wenn man dieses Zutrauen bei den Beteiligten bestärkt, dann wertet dies beide Seiten auf. Sie werden mobilisiert, zusammen nach einer Lösung zu suchen. Für den Fall, dass man selbst in einen Konflikt involviert ist, bedeutet dies, gleichzeitig sich selbst und das Gegenüber derart aufwertend zu bestärken. Die Energie, die beide Seiten sonst in das Wiederherstellen ihrer Integrität, in die Spirale gegenseitiger Abwertung zur Verbesserung der eigenen Lage stecken müssen, wird frei. Durch beidseitige Stabilisierung des Selbstwertgefühls wird es möglich, die Kraft für ein konstruktives Verfahren der Lösungssuche zu gewinnen.

Der Ansatz der Aufwertung findet sich in diversen Elementen der Mediativen Kommunikation: in der Personzentrierung, im ressourcenorientierten Ansatz und dem Herausfiltern von Interessen und Bedürfnissen, im Aufgreifen und dem Nutzbar-Machen von allem Vorhandenen. Er zeigt sich bereits im Erkennen und Begreifen des Konfliktes als eine vorwärtsstrebende Bewegung in Strukturen, die statisch zu werden drohen oder bereits verfestigt sind. Besonders plakativ zeigt sich dieser Ansatz in der Methode des Positiv Umformulierens (4.2). Die Aufwertung hebt über das gegenwärtige Niveau auf eine neue Ebene. Sie zieht aus dem unheilvollen Graben auf die Straße zurück, die weiter in Richtung Ergebnis, der zufrieden stellenden Auflösung führt.

4. Methoden der mediativen Gesprächsführung

Wie hilfreich es gerade in konflikthaften Situationen ist, sich darüber klar zu sein, was man sagen will und dies dann auch entsprechend ausdrücken zu können, wurde anhand der Ausführungen zum Herausfiltern von Bedürfnissen und Interessen, zur Auflösung von Positionen und in der Gewaltfreien Kommunikation deutlich vor Augen geführt. Dennoch lässt sich Kommunikation im Alltag nicht auf die inhaltliche Information und die Art und Weise ihrer Weitergabe begrenzen. In der Beschäftigung mit dem Thema Zuhören zeigt sich, wie wichtig es ist, die Aufmerksamkeit im Gespräch gleichmäßig auf Sender und Empfänger zu richten. Wenn der eine zum anderen etwas sagt und dieser es nicht verstehen kann, dann führt dies selten weiter. Auch wenn er sich noch so klar und reflektiert verhalten hat. Es gilt also, gerade in Situationen, die das Verstehen erschweren, Methoden an der Hand zu haben, die weiterhelfen. Ein Konflikt ist grundsätzlich Ausdruck dessen, dass eine solche Situation vorliegt: Er ist an sich bereits als Kennzeichen von Unverständnis definiert.

Kommunikation ist immer psycho-logisch und sozio-logisch zu vollziehen, wenn sie zu erfolgreichem Verständnis führen will. Psycho-logische Kommunikation beinhaltet die bereits fokussierten Ebenen Wahrnehmung, Persönlichkeit und Beziehung. Sozio-logische Kommunikation ist zielgruppen-, situations- und problemgerecht. Das bedeutet in diesem Zusammenhang, dass die Mediative Kommunikation in ihrem Repertoire ein reichhaltiges Angebot verschiedenartiger Techniken braucht. Dabei ist allerdings zu berücksichtigen, dass Kommunikation nicht nur aus dem Sprechen, sondern auch aus Schweigen besteht. Schweigen gehört zur Kommunikation wie die Pause zur Musik. Sie setzt Akzente und drückt aus, was Worte nicht deutlich machen können. Und manchmal kommt es vor, dass es auch keinen Weg über die Sprache gibt, um auszudrücken, was in einer Person gerade vorgeht. Vor der Anwendung von Methoden ist es also wichtig, dies zu berücksichtigen und nicht schon die Kommunikation an sich in Frage zu stellen, indem man beispielsweise Gesprächspausen gar nicht erst aushalten kann. Häufige Pausen in der Kommunikation zwischen zwei in einen Konflikt verstrickten Personen können beispielsweise Ausdruck dessen sein, dass sie den gegenseitigen Austausch möglicherweise auf einer anderen Ebene besser fortführen können als durch das verbale Gespräch. Wenn eine mediativ Kommunizierende allerdings Pausen an sich nicht aushalten kann, weil sie ihre Befürchtung, ihre Aufgabe nicht gut zu machen, in sie hineinprojiziert, dann kann es passieren, dass sie die Gesprächspartner mit methodischen Ansätzen überfällt, wo diese eigentlich einen Moment der Besinnung und des Nachdenkens brauchen. Erst wenn man die Grundsätze der Kommunikation vollständig berücksichtigt und verinnerlicht hat, gilt es, sich dem zuzuwenden, wie sich das bisher beschriebene Repertoire der Mediativen Kommunikation durch weitere Methoden ergänzen lässt.

Im Folgenden soll beispielsweise verdeutlicht werden, wie ein vollzogener Abwertungsprozess unter Zuhilfenahme der Methode des Spiegelns methodisch zurückgeführt werden kann. Das Spiegeln wird hier im Sinne des Pacing und Leading beschrieben: als eine das Aktive Zuhören erweiternde Methode, die es möglich macht, in einem vertrauten Rahmen die Stimmungen des Gegenübers auch nonverbal aufzunehmen und zu verdeutlichen. Es ist eine nonverbale Variante dessen, was im Verbalisieren hörbar gemacht wird. Am Beispiel des Aufmerksamkeitsvampirs wurde bereits darauf hingewiesen, dass dies manchmal hilfreich sein kann. Vor allem, wenn man ein Gegenüber hat, das gar nicht durch Worte erreichbar ist.

Der Methodenkoffer: Ergänzende Gesprächstechniken im Überblick

Die bereits erläuterten Elemente der Mediativen Kommunikation lassen sich je nach den individuellen Erfordernissen einer Situation vor allem durch in der Mediation und in diversen weiteren Kommunikationsansätzen verwendete Methoden, weitergehend durch Techniken der Moderation und auch der Präsentation, vervollständigen. Bereits eingeführt wurden die verständnisfördernden Interventionen des kontrollierten Dialoges und das Vorgeben von Satzanfängen (3.2/3.3). Des Weiteren wurde bereits auf einzelne Fragetechniken, auf das Paraphrasieren und die Ich-Botschaften verwiesen. Dies alles sind so genannte **kooperative Gesprächstechniken**: Sie werden für alle erkennbar und nachvollziehbar praktiziert. Sie erleichtern auf Basis des mediativen Allgemeinwissens den Umgang mit schwierigen Gesprächs- und mit Krisensituationen und werden im folgenden gleichnamigen Kapitel näher ausgeführt und ergänzt.

Der bereits im Zusammenhang mit dem Harvard-Konzept ausführlich beschriebene Ansatz des Brainstormings zur Lösungsfindung ist eine Assoziationstechnik zur Anregung der Kreativität. Das ungehinderte Entwickeln von Ideen sowie der Perspektiv- oder Ebenenwechsel sind hier unter **Kreativtechniken** angeführt und in ihren Varianten näher erläutert. Eine andere Sichtweise einzunehmen erleichtert die Suche nach einer Lösung. Das wurde anhand von Narrationseffekt und Konstruktivismus bereits wiederholt gezeigt. Im Folgenden werden Perspektiv- und Ebenenwechsel daher genau wie die noch zu erläuternde Umkehrmethode unter die Techniken der Suchfeldauflockerung gefasst. Kreativtechniken finden hauptsächlich bei der Entwicklung von Optionen, zur Ideen- oder Lösungssuche ihre Anwendung.

In Anknüpfung an die Kreativtechniken gilt es, auf die veranschaulichenden Methoden der Imagination und Visualisierung hinzuweisen. Wenn es im Konflikt beispielsweise um verworrene Strukturen geht, die für den Zuhörenden kaum verständlich sind, dann kann er sie sich beispielsweise aufmalen lassen. Das Kapitel zu **Imaginations- und Visualisierungstechniken** erläutert dazu das Genogramm und das Organigramm. Man kann auch diffizile Konfliktlösungsprozesse veranschaulichen: Eine Möglichkeit, dies zu tun, findet sich in der Sternanalyse. Will man Handlungsalternativen ausprobieren und ihre Wirkung veranschaulichen, dann kann man das in einem Rollenspiel stellvertretend für die Realität. All diese Methoden ergänzen die Möglichkeiten der verbalen Ebene in der Kommunikation. Sie werden daher in vielen Zusammenhängen auch unter die Kreativtechniken gefasst.

Die im Anschluss erläuterten **Operationalisierungstechniken** helfen vor allem bei der Umsetzung gefundener Handlungsmöglichkeiten in eine Lösung. (Natürlich kann man das auch vom Rollenspiel behaupten – ein Beispiel dafür, wie flexibel die Handhabung und wie groß die Definitionsmacht der jeweiligen Konstrukteurin des Ganzen sind.) Hierunter fallen beispielsweise das integrative Verhandeln, welches im Harvard-Konzept bereits erläutert wurde, das im Unterkapitel erläuterte Reframing und die Zielformulierungen.[116]

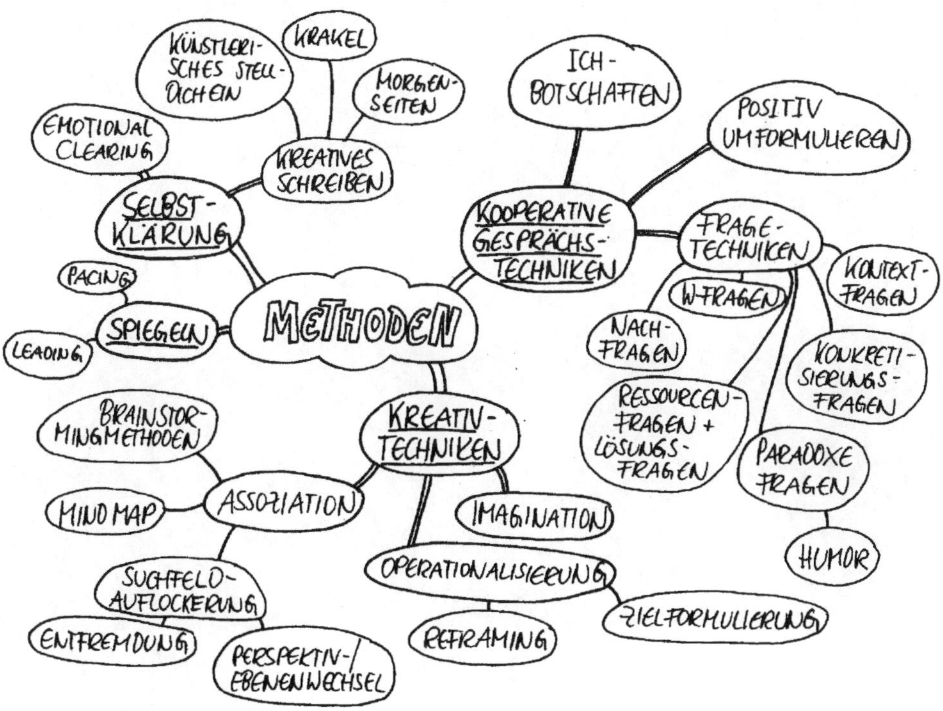

Abb. 24: **MindMap zum Kapitel Gesprächstechniken**

Dieses Kapitel erhebt keinen Anspruch auf Vollständigkeit. Es ist aus dem Sortiment gepickt, was in der Mediativen Kommunikation oftmals hilfreich sein kann. Aber auch dabei fällt einiges aufgrund der Begrenzung im Rahmen eines Buches, das vieles in sich zusammenfasst und dabei noch tragbar bleiben will, aus dem Rahmen der Betrachtung. So eröffnet allein der Begriff ‚Imaginationstechniken' an sich einen Fundus von hier nicht einmal erwähnten, aber dennoch mitunter sehr nützlichen Methoden. Auch gibt es beispielsweise außer den hier ausgewählten viele weitere Kommunikationsmethoden: Das Differenzieren und Konkretisieren (2.6) oder die durchaus sehr hilfreichen Moderationstechniken der Kartenabfrage, des Problem- und Themenspeichers, des Blitzlichtes, des Punktens, der Kleingruppenarbeit und des Tätigkeitskataloges[117] werden hier lediglich ergänzend benannt. Da die Mediative Kommunikation in ihrer Anwendung im Alltag viele verschiedene Zielgruppen ermöglicht, ist es hilfreich, besonders wenn man oft Gespräche mit größeren Gruppen führt, auch ein umfangreiches Repertoire an Moderationsmethoden zur Verfügung zu haben: ein weiteres Fach im Methodenkoffer, aus dem man jeweils eine angemessene Methode hervorholen kann.[118]

4.1 Aufwertung spiegeln im Gespräch: Der Prozess des „Pacing und Leading“

Am besten lässt sich der Sinn der Methode des Spiegelns mit dem aus dem NLP[119] stammenden Konzept des Pacing und Leading erläutern. Das Pacing wäre dabei das „Spiegeln“: Das Gegenüber wird in seiner Mimik, Gestik, Sprechweise, seinem Sprechtempo und vor allem seiner emotionalen Befindlichkeit gespiegelt. Ziel ist, eine gemeinsame Wellenlänge herzustellen, die die Kommunikation effektiver macht. Dies ist natürlich nicht mit einem sturen Nachahmen und clownshaften Gleichmachen zu verwechseln. Es ist ein empathisches Einpendeln auf das Gegenüber, wie wir es beispielsweise bei engen Freunden oder Paaren oft ganz von allein beobachten können. Ein gutes Beispiel für ein solches unbewusstes Pacing ist die bisweilen witzig anzuschauende Anpassung eines gesunden Menschen an sein durch Kehlkopfentzündung geplagtes Gegenüber. Er fängt ebenfalls an zu flüstern, obwohl dazu keine Notwendigkeit besteht. In einer empathischen Haltung, im „Rapport“, redet eine Person in der Regel nicht laut, wenn ihr Gegenüber leise spricht. Sie lacht nicht, wenn die oder der andere verzweifelt weint. Sie umarmt einen Gast nicht, wenn er vor der Begrüßung zurückweicht. Das Spiegeln im Pacing bedeutet, sich aufeinander emotional einzustimmen. Die zuhörende oder um Rat gefragte Person überlässt dabei der anderen die Führung. Erst dann käme als ergänzender aktiver Part das Leading hinzu. Im Gesamten eine vorsichtige Überleitung in einen positiven Emotionsbereich, der eine Lösung des Problems möglich werden lässt. Der Prozess des Pacing und Leading soll hier anhand eines Gespräches aus Gabriele Lamms Beratungsarbeit verdeutlicht werden:

Das Pacing

Katharina, eine gutaussehende Frau Anfang dreißig, kam in die Beratung, weil sie Probleme damit hatte, das Ende ihrer zweijährigen Beziehung zu verarbeiten. Ihr Freund hatte sich von ihr getrennt, als sie ihn mit ihrem Kinderwunsch konfrontierte. Er konnte ihn nicht mit ihr teilen. Zuerst erzählte sie leise und deutlich bedrückt von ihrem Trennungsschmerz und der Traurigkeit über den empfundenen Verlust. Obwohl die Stimmung von Gabriele sich in etwa gegenteilig durch die Energie eines arbeitsreichen Tages auszeichnete, glich sie ihre Haltung, Lautstärke und Mimik der Ausstrahlung, die sie von Katharina aus wahrnahm, an. Diese Spiegelung kam einer Versicherung einer Empathie gleich. Katharinas Stimme wurde kraftvoller und ihre Energie konnte nun eher als wutdurchsetzt bezeichnet werden. Nach der Trennung hatte sie das Gefühl, nur mit den falschen Männern Beziehungen einzugehen. Sie schien durch ihren eigenen problematischen familiären Hintergrund so geprägt zu sein, dass sie es niemals schaffen würde, glücklich zu werden und eine eigene Familie zu haben. Während sie darüber redete, glich sich Gabriele wieder dieser ver-

änderten Stimmung empathisch an. Katharina war auf ihrem Stuhl deutlich nach vorn gerutscht. Gabriele Lamm spiegelte dies durch ein leichtes Vorbeugen ihres Oberkörpers.

Das Leading

Da Katharina das Sprechtempo steigerte und die Stimmung im Raum sich durch sie selbst beeinflusst veränderte, leitete sie im Grunde zum Leading hin. Verharrt das Gegenüber dagegen beispielsweise im Sumpf der Traurigkeit, ist es ein Mittel, dem Trauernden die Hand zu reichen und über die Sprache quasi transformierbare Energie zur Verfügung zu stellen. Über eine Steigerung des Sprechtempos kann er so in einem kontinuierlichen Prozess Unterstützung erfahren, den emotionalen Morast langsam zu verlassen und Perspektiven entwickeln zu können. In ihren Reaktionen gegenüber Katharina verstärkte Gabriele dezent den Ausdruck der Wut, die im Raum stand. Dies war ihr erster Ansatz von Leading, da es hier galt, die Energie für den emotional positiven Bereich zu nutzen. Zur Sprache kam dabei Katharinas Gefühl von Neid auf andere Frauen, die so augenscheinlich einen Partner fanden und mit ihm glücklich waren, obwohl sie keine so gute Partie abgaben wie Katharina selbst. An dieser Stelle war Katharina bereits im Leading mitgezogen, sodass es möglich war, miteinander über diese Bekundung zu lachen. Auf der Basis des durch das Pacing verdeutlichten sicheren Rahmens gegenseitigen Verstehens wurde es möglich, den Focus mit Hilfe des Leading auf Wünsche zu lenken und beispielsweise nachzufragen, was denn eine glückliche Beziehung Katharinas Empfinden nach beinhalten würde. Das Gespräch gelangte auf eine Ebene, in der sowohl Wünsche und Bedürfnisse besprochen als auch Verhaltensoptionen entwickelt werden konnten.

Die Personzentrierung als Anwendungshintergrund

Ausschlaggebend für einen solchen Prozess des Pacing und Leading ist die Bereitschaft, sich auf das Gegenüber einzulassen und Empathie zu entwickeln. Zu verweisen ist hier auf die Erläuterungen zum Ansatz der Personzentrierung (2.4), der dem schnellen Aufmuntern *(„Wird schon wieder!" oder „Andere Mütter haben auch schöne Söhne!")*, dem verändern Wollen *(„Also wenn du das immer so angehst, dann kann das ja nichts werden!")* oder dem Wechsel von der Emotionsebene zur Sachebene *(„Jetzt hör mal auf zu weinen und lass uns das Ganze klar und sachlich betrachten.")* entgegensteht. Die Motivation dieser zuletzt genannten Ansätze liegt meist in der Übernahme der Retterinnenrolle (2.5). Während dies wie beschrieben mit Abwertung verbunden ist, bietet das Spiegeln einen aufwertenden Ansatz. Dem Gegenüber wird mit Wertschätzung und empathisch offenen Ohren aktiv zugehört. Wird dann festgestellt, dass es sich in einem Zustand befindet, der so weit von Abwertung gekennzeichnet ist, dass diese die Kraft zur Konfliktlösung blockiert, dann ist es möglich, mithilfe des Leadings methodisch aufzuwerten. Natürlich bietet dieser Ansatz genau wie andere mediative Elemente auch eine gute Möglichkeit zur Manipulation. Die Abgrenzung zu manipulativen Verfahren liegt klar in der Intention, die dahinter steht. Als mediativ Kommunizierende gilt es grundsätzlich, zu hinterfragen, was einen dazu bewegt, ein Element in einer Situation bewusst einzusetzen. Das reine Spiegeln ist eine Kommunikationstechnik, die deren verbales Repertoire nonverbal ergänzt. Das Leading erfordert besonderes Fingerspitzengefühl und einen hohen Grad an gründlich vollzogener Selbstreflexion.

4.2 Kooperative Gesprächstechniken

Kooperative Gesprächstechniken eröffnen Raum zum Reden. Sie führen es richtungsweisend zu einer Kooperation zwischen den Beteiligten. Ich-Botschaften und Positiv Umformulieren werden auch als Mediationsmethoden bezeichnet. Die hier erörterten Fragetechniken reichen über den Rahmen eines Mediationssettings hinaus. Ganz im Gegenteil zu Kommunikationskillern und -sperren, wie sie im Zusammenhang mit der Wolfssprache bereits erörtert sind, zeichnen sich kooperative Gesprächstechniken dadurch aus, dass sowohl die Situation als auch die beteiligten Personen individuell in ihren Anliegen wahrgenommen werden können. Dies passiert nicht, wenn jemand Ratschläge macht, ungeachtet dessen, ob sie für die Person passend sind. Wird eine Situation oder ein Gefühl bagatellisiert, ignoriert oder rationalisiert, dann wird für beides weder Anerkennung noch Ernst gezollt. Wird jemand instrumentalisiert, dann fühlt er sich benutzt. Wenn jemand regrediert oder resigniert, dann dreht er sich um sich selbst und ist nicht offen für sein Gegenüber. Er kann es also auch nicht wahrnehmen. Die hier benannten kooperativen Gesprächstechniken geben der grundsätzlich wertschätzenden mediativen Haltung Ausdruck und helfen, im Gespräch Barrikaden zu überwinden. Sie unterstützen dabei, Gefühle, Interessen, Bedürfnisse und Wünsche herauszufiltern und zum Wesentlichen zu gelangen.[120]

Ich-Botschaften

Das in der Mediativen Kommunikation gewonnene Bewusstsein über Gefühle und Bedürfnisse ermöglicht auch eine Kommunikation in Ich-Botschaften. Diese ist ein grundlegendes methodisches Handwerkszeug in der Mediativen Kommunikation, das auch für den Alltag leicht zu gebrauchen ist. Wie bereits anhand des Themas Gewaltfreie Kommunikation verdeutlicht wurde, ist es möglich, Gefühle zu äußern, ohne dass sie zur verletzenden Kritik am anderen werden. Dazu ist es hilfreich, sie in der Ich-Form zum Ausdruck zu bringen und dann sachlich mitzuteilen, was diese Gefühle ausgelöst hat: Statt „Du bist unzuverlässig!" kann man zum Beispiel sagen: „Ich fühle mich überfordert ..." Oft ist es hilfreich, dies noch mit einem „... wenn ich das, was du übernehmen wolltest, zusätzlich tue" zu ergänzen. Eine ausführliche Ich-Botschaft vereint in sich alle vier Komponenten der Gewaltfreien Kommunikation:

1.	**Gefühl:**	Ich fühle mich ...	überfordert,
2.	**Beobachtung:**	wenn ...	ich den Einkauf erledigen soll,
3.	**Hintergrund:**	weil ...	ich den ganzen Tag gearbeitet habe und jetzt sehr müde bin und
4.	**Wunsch:**	ich möchte, brauche oder will, ...	dass der Einkauf von jemand anderem übernommen wird.

Es ist im Alltag nicht immer notwendig, sich so differenziert auszudrücken. Eine Ich-Botschaft ist allerdings nur eine solche, wenn sie sich in Aussage und Konsequenz ausschließlich auf den, der sie ausspricht, bezieht. Formulierungen wie ‚man' oder ‚wir' beziehen andere oft ungefragt mit ein. Dies sorgt im Alltag vielfach für Konfliktstoff und ist nicht im Sinne des Konzepts. Ich-Botschaften sind Verantwortungsbotschaften: Der Aussendende übernimmt die Verantwortung für seine eigenen Empfindungen und Äußerungen. Er überlässt dann auch der Empfängerin die Verantwortung für ihre Reaktion. Ich-Botschaften zeichnen sich aus durch einen hohen Selbstoffenbarungsanteil. Dieser macht es leichter, auch bei Kritik zuzuhören. Beliebte Varianten, um die Ich-Form mit Verantwortungsabgabe zu verbinden, sind: „Ich finde, du bist stur." Oder: „Ich habe den Eindruck, Sie wollen sich überhaupt nicht an der Lösung beteiligen." Ebenso Äußerungen wie „Ich fühle mich falsch verstanden (unterdrückt, belogen und so weiter)", die im Grunde auch Interpretationen oder Bewertungen des Verhaltens anderer sind. Sie muten an, Ich-Botschaften zu sein, beinhalten aber schon von Anfang an eine Wertung oder gar ein Urteil. Dass sie dem Bedürfnisdschungel entspringen, ist zu erkennen: Solche Äußerungen sind klare Du-Botschaften, aber verblüffend gut getarnt.

Besonders, wenn man jemandem Feedback geben möchte, ist es wichtig, auf die Formulierung zu achten: *Paul ist durch eine seiner schriftlichen Abiturprüfungen gefallen und muss diese nun mündlich ausgleichen. Eine in der Ich-Botschaft formulierte Variante für Bertrams Reaktion wäre: „Wenn ich mich recht erinnere, dann komme ich auf insgesamt ungefähr zwei Tage, in denen ich dich für diese Prüfung lernen gesehen habe. Ich habe den Eindruck, dass du lieber alles mögliche Andere gemacht hast. Vielleicht, könnte ich mir jedenfalls vorstellen, um dich von der Angst, von der du mir ja erzählt hast, abzulenken. Wie ich gehört habe, war die Prüfung so schwer, dass man sie nur mit sehr viel zusätzlich zur Vorlesung angeeignetem Wissen bestehen konnte." Eine getarnte Du-Botschaft wäre: „Ich finde, du hast dich viel zu wenig vorbereitet. Kein Wunder, dass du die Prüfung nicht bestanden hast. Hättest du mehr gemacht, müsstest du sie jetzt nicht noch mal machen." In der genauen Betrachtung zeigt sich als klare Du-Botschaft: „Du bist selber schuld."*[121]

Eine glaubwürdige Ich-Botschaft umfasst ausschließlich den Ausdruck der eigenen Gefühle und Empfindungen. Abzusichern ist dies dadurch, dass das Gegenüber nicht zur Verantwortung gezogen wird und werden kann. „Ich fühle mich missverstanden" ist beispielsweise keine Gefühlsäußerung: Hinter dem Wort ‚missverstanden' verbirgt sich eigentlich ein Verb: Und wer hier vermeintlich miss-versteht, ist das Gegenüber. Anders verhält es sich bei ärgerlich, traurig, empört. Das sind wirkliche Adjektive. Ich-Botschaften umfassen ein „Ich bin ...", keinerlei verdecktes „Du hast". Und dabei sollten es die Ich-Botschaften auch belassen. Denn sie werden schnell zu einem versteckten Vorwurf wie „Ich bin traurig, weil du ...". Eine erweiterte Ich-Botschaft wäre: „Ich bin traurig, weil ich ... brauche."

Positiv Umformulieren

Eine zusätzliche Möglichkeit, den Gesprächsverlauf und die Gesprächsatmosphäre konstruktiv zu beeinflussen, bietet das Positiv Umformulieren. Eine positive Umformulierung der Bemerkung „Du störst mich nicht" wäre: „Ich empfinde deine Anwesenheit als angenehm." Oder einfach: „Schön, dass du da bist." Bei der ersten Variante entsteht im Hörenden möglicherweise ein ‚Da hab ich aber Glück gehabt'. In den letzteren erfährt er eine Würdigung. Positiv Umformulieren findet sich in der Mediativen Kommunikation häufig integriert ins Aktive Zuhören. Es erwirkt einen Perspektivenwechsel von negativ nach positiv, von der Vergangenheit zur Zukunft *(„Noch nie hat sie mich gefragt, wie es mir dabei geht!" in: „Sie wünschen sich, gefragt zu werden, wie es Ihnen dabei geht ..."),* von einem individuellen Problem zu einer gemeinsamen Aufgabe *(„Ich erfahre nie, wenn etwas Wichtiges ansteht, erst in der letzten Minute."* Zu: *„Sie sind unzufrieden darüber, wie es in Ihrer Kommunikation untereinander läuft. Sie haben von dem Vorhaben erst eine Stunde vor Beginn erfahren und konnten sich daher nur sporadisch in die gemeinsamen Vorbereitungen einbringen ...").* Die Methode des Positiv Umformulierens wurde im bisherigen Verlauf des Buches bereits wiederholt im Zusammenhang erläutert. Dabei wurde auch darauf hingewiesen, dass die Verwendung von Positivformulierungen im Alltag eine grundsätzliche Möglichkeit bietet, die Wirksamkeit von Glaubenssätzen zu nutzen. Sie ermöglichen es, erleichtert zu mehr Zufriedenheit zu gelangen, als es in einem durch Negativformulierungen geprägten Kontext möglich ist. Eine der Wahrnehmungsgewohnheiten des Gehirns spart beispielsweise Wörter wie ‚nicht' oder ‚kein' beim Speichern aus. Und so kann es passieren, dass man dann erst recht geradewegs auf das zusteuert, was man tunlichst vermeiden will (2.6/4.5): „Denken Sie NICHT an Softeis essende Giraffen!"

Fragetechniken: Wer, wie, wann ... und was man sonst noch fragen kann

Kooperative Gesprächstechniken schaffen Freiheit. Offene Fragen wie „Was ist passiert?" oder „Wie fühlst du dich?" erweitern den Gesprächs- und Handlungsraum. Geschlossene Fragen grenzen dagegen ein, wenn zu viele Möglichkeiten hilflos machen. Der Grundsatz lautet: fragen statt behaupten! Aber natürlich kann man es auch fertig bringen, ein Gespräch mit entsprechenden Fragen zu bremsen, wenn man sie nicht zu verwenden versteht. Es reicht schon, den Einsatz von offenen und geschlossenen Fragen in ihrem Sinn zu vertauschen. Damit dies nicht passiert, finden Sie im Folgenden eine Übersicht hilfreicher Fragetechniken.

„W-Fragen“: Fragen, die zum grundlegenden Verständnis führen

Die einfachsten Fragen zur Klärung einer Situation sind salopp unter der Kategorie ‚W-Fragen‘ gefasst: Hierzu gehören die Fragen: ‚Wer?‘, ‚Was?‘, ‚Wie?‘, ‚Wofür?‘. Und wenn es nicht ohne Blick auf Begrünungen geht: Weshalb? Das Fragewort ‚Warum‘ bleibt außerhalb dessen, was als unterstützend angesehen wird. Es ruft Rechtfertigungen hervor und bringt einen Menschen dazu, sich beispielsweise aus Angst davor, verurteilt zu werden, zu verschließen. In der Mediativen Kommunikation braucht das Gegenüber die Möglichkeit, bei sich zu bleiben, um seiner Selbstverantwortung gerecht werden zu können. Warum-Fragen haben meist ‚etwas von oben‘. Auf sie folgt gewöhnlich eine Erklärung für den anderen. Und dann geht es nicht weiter.[122] Nicht nur in Bezug auf das ‚Warum‘, sondern grundsätzlich ist zu beobachten, dass Vergangenheitsfragen oft blockieren. Jedenfalls dann, wenn man in einem Gespräch vorwärts kommen will. Sie werden im Rahmen eines strukturierten Gespräches eingebracht. Sie verfolgen dann das Ziel, mit drei Schritten zurück Hindernisse aus dem Weg zu räumen, um dann vier vorwärts zu machen (5.1).

Nachfragen, die den Gesprächsprozess unterstützen

Hilfreiche Fragen können sowohl offen als auch geschlossen sein. Offene Fragen regen zum Reden und in die Tiefe-Gehen an. Eine solche offene Frage ist beispielsweise: „Wie erleben Sie die gegenwärtige Situation?“ Sie ist hilfreich, wenn es darum geht, das Gegenüber zum Erzählen anzuregen. Fragt man dagegen: „Hast du dich in dieser Situation gut gefühlt?“, so gibt es nur die beiden Antwortmöglichkeiten „Ja“ oder „Nein“. Geschlossene Fragen können in einem Gespräch zur Zusammenfassung genutzt werden und für Klarheit sorgen. Fragen, die den Prozess unterstützen, sind von Seiten des Fragestellenden wertfrei.

Das erfragte Hintergrundwissen ist nicht für Interpretationen zu nutzen. Denn Interpretationen regen das Schutzprogramm des Gegenübers an. Gerade wenn sie unzureichend sind, führen sie zu Blockaden. Daher ist es in der Mediativen Kommunikation ein Grundsatz, keine Interpretationen zu äußern. (Es sei denn, jemand erzählt von sich selbst und macht diese dann auch als Interpretationen transparent.) Im Grunde fängt die Zurückhaltung schon im Inneren an. Denn wenn eine Zuhörerin interpretiert und dies auch nur ‚innerlich feststampft‘, dann hat es automatisch Einfluss auf ihre Fragen. Oder es kommt auf anderen Wegen beim Gegenüber an. Hier gilt das

Prinzip „VadP“: „Vertrau auf den Prozess!“ Was es auch ist: Die Erzählenden kommen allein dahinter, wenn es für sie dran ist. Ein hilfreiches Gegenüber begrenzt sich also auf Fragen, die für den Prozess unterstützend sind. Dies sind Informationsfragen (nach Fakten oder Meinungen) sowie Klärungsfragen („Könnten Sie mir dies an einem konkreten Beispiel veranschaulichen?“) und weiterführend Beurteilungsfragen („Was ist für Sie interessant daran?“), teilnehmende Fragen, mit denen sich Einstellungen und Wünsche erfahren lassen („Was macht Ihnen bei dieser Entwicklung ein gutes Gefühl?“). Das so gesammelte Hintergrundwissen ist von der Zuhörenden zu nutzen, um Einfühlung zu geben. Es hilft ihr, beständig hinten dranzubleiben, um mit dem zu gehen, was kommt. Interpretationen oder Deutungen sind in jedem Fall hinter den Prozess zu stellen.

Kontextfragen

Vor allem im Beratungsbereich findet sich eine Reihe weiterer Fragetechniken, die über die im Rahmen des Mediativen Konfliktmanagements üblichen Nachfragen oder Verständnis- und Verdeutlichungsfragen hinausreichen. Grundsätzlich angebracht sind Fragen, die dazu beitragen, den Konflikt zu verstehen. Es ist beispielsweise sehr häufig hilfreich, Fragen nach Daten mit Kontextfragen zu verbinden: „Wie ist Ihre private Situation insgesamt? Haben Sie zurzeit mit einer besonderen Situation zurechtzukommen?“, „Wie ist Ihr Verhältnis zu Ihren Freundinnen insgesamt?“, „Hat der Konflikt eine Bedeutung im Hinblick auf Ihre berufliche Situation?“, „Hat Sie das Problem auch privat beeinflusst? Welche Folgen kann der Konflikt in Ihrer Familie nach sich ziehen?“ Stellt man erweiternd noch eine metamorphorische Frage, so ermöglicht dies einen neuen Zugang zum jeweiligen Problem: „Wenn Sie Ihren Konflikt in einem verfremdeten Bild, in einer Metapher oder in einer Theaterszene darstellen sollten, wie würde das aussehen?“ Was man oft zwischen den Zeilen liest, aber noch nicht fassen kann, erfährt so eine Verbildlichung, die sowohl der Zuhörerin als auch dem Erzählenden weiterhilft.

Wenn es darum geht, die Bedeutsamkeit eines Problems herauszufinden, dann wird dies klarer, wenn man Skalierungs- oder Rangfragen stellt: „Wenn Sie Ihrem Thema eine Note für Wichtigkeit geben müssten, wobei eins furchtbar wichtig und sechs unwichtig wäre, welche Zensur würden es bekommen?“ Oder: „Wenn Sie es in eine Rangfolge zu anderen Dingen, die Sie derzeit beschäftigen, setzen müssten, an welcher Stelle würde es stehen?“

Konkretisierende Fragen

Wenn beim Zuhören nicht deutlich wird, worauf sich eine Beurteilung des Erzählenden bezieht, dann helfen konkretisierende Fragen. Dies sind Fragen zu Verhaltensmustern wie: „Woran erkennen Sie, dass Ihre Partnerin Sie ablehnt?", „Woran merken Sie, dass Ihre Mutter Ihnen nie zuhört?", „Was genau machen Sie, wenn ...?" oder auch Fragen nach der konkreten Situation: „Was genau hat Ihre Freundin gesagt, und wie haben Sie darauf reagiert? Können Sie das bitte wörtlich wiedergeben?" Zirkuläre oder auch triadische Fragen ergänzen das bereits Erfahrene durch zusätzliche Perspektiven in der Situation. Die Erzählende schätzt dabei ein, wie eine zweite oder auch dritte Person das Ganze wahrnehmen oder empfinden könnte: „Was glauben Sie, dass Ihr Kind, Ihr Partner und die Putzfrau über den Konflikt zwischen Ihnen und Ihrer Kollegin denken?", „Was würde Ihr Vater Ihnen in Ihrer Situation raten?", „Wer weiß noch etwas von diesem Konflikt? ... Aha, Bertram also. Und wie denkt dieser darüber?", „Was würde Gerald sagen, wenn Sie das Folgende täten?" Auch ein Perspektivwechsel kann die vorhandenen Sichtweisen erweitern: „Wenn Sie sich in Ihre Kontrahentin hineinversetzen, wie würde sie die aktuelle Situation beurteilen?, ... welche Gründe würde sie für ihr Verhalten nennen?, ... wie würde sie auf den von Ihnen gemachten Vorschlag reagieren?" Und so kann sich ein Zuhörender Schritt für Schritt im Konflikt nach vorne bewegen.

···› *Ressourcenorientierte Lösungsfragen*

Um die Lösungsfindung zu unterstützen, kann bereits nach der Lösung gefragt werden, auch wenn diese noch in einiger Entfernung liegt. Um dem Erzählenden dabei keinen Druck zur schnelleren Lösung zu vermitteln, ist es wichtig, dabei auf Zukunfts-, Wunder- oder auch ‚Als-ob-Fragen' zurückzugreifen: „Wie stellen Sie sich Ihr zukünftiges Zusammensein mit Ihrem Freund vor? Wie wird es sich entwickeln?", „Woran wird sich Ihre Reaktion zukünftig festmachen?", „Wie soll Ihre Situation in fünf Jahren aussehen?" („Was werden Sie, wenn Sie groß sind?") „Stellen Sie sich vor, die Finanzierung wäre überhaupt kein Problem ..." oder „... Ihre dickköpfige Partnerin zeigt Einsicht und ändert ihr Verhalten ..." oder „... Sie hätten eine liebevolle Beziehung ...": „Wie würden Sie die Situation dann beschreiben?" „Stellen Sie sich vor, Sie könnten Wunder bewirken – was würde geschehen und welche Auswirkungen hätte das?" Die ‚Wunder-Methode'[123] ist eine ganz einfache Technik aus der lösungsorientierten Beratung, Therapie und Supervision. Sie hilft, die eigenen Stärken und Ressourcen zu sammeln und zu bündeln. In ihrem Fundus birgt sie eine Vielzahl an konstruktiven Sprachspielen (‚solution talk'). Darunter vor allem Frageformen und -strategien, die die Eigeninitiative und das Selbstmanagement unterstützen. Der Schwerpunkt liegt auf dem Suchen und Gewinnen von Ressourcen statt auf der Diagnose von Defiziten oder der (Re-)Konstruktion der Problemgeschichte. Lösungs- und ressourcenorientierte Fragen finden sich auch integriert in dem so genannten Fragen-3-Schritt. Der erste Schritt ist die Frage nach dem Problem: „Was genau ist das Problem?" Der zweite erkundet die Lösungsvision: „Was ist Ihre Idealvorstellung einer Lösung?" und der dritte zielt auf die Ressource, indem er fragt: „Was wäre ein Fortschritt?" Fragen nach der Zukunft erweitern den Horizont, während Vergangenheitsfragen, wie bereits erwähnt, oft blockieren.

Paradoxe Fragen und Humor

Eine weitere, allerdings mit Vorsicht anzuwendende Möglichkeit, im Konflikt zu intervenieren, bieten paradoxe Fragen. Humor wird als wirkungsvolles Lockerungsmittel eingesetzt. Er ist Mittel zur Distanzierung, kann Bewegung in den Konflikt bringen und eröffnet neue Perspektiven. Eine groteske Übersteigerung des Problems führt es ad absurdum und nimmt ihm bisweilen die Schärfe. Paradoxe Fragen wären beispielsweise: „Was müsste man tun, damit in drei Tagen alles doppelt so schlimm ist?", „Wie könnten Sie sich verhalten, um Ihre Freundin nachhaltig vor den Kopf zu stoßen?", „Was müsste Ihr Kollege anstellen, damit der ganze Betrieb den Bach runterginge?" Bekanntlicherweise liegt in der Übertreibung die Veranschaulichung. Wenn man dies berücksichtigt und angemessen umzusetzen versteht, dann kann die Absurdität Konfliktursachen und mögliche Lösungsansätze verdeutlichen. Die Beteiligten gewinnen dann an Erkenntnis darüber, was zu den Konflikten geführt hat. Eine solche Form der Analyse weist manchmal leichter den Weg zur Lösung als ein Ausharren in der Diffusion von Spannungen und Vorwürfen.

Das Paradoxon gipfelt in dem Ausspruch: „Wenn das Problem die Lösung ist, ist vielleicht die Lösung das Problem."[124] Es gibt Situationen, da ist die wirkliche Lösung das Gegenteil von dem, was bisher als Lösung deklariert worden ist. Dabei ist hier zu verweisen auf die vorangegangenen Ausführungen zu den Aufgaben eines Problems. Es kann durchaus passieren, dass die Lösungsversuche das Problem stabilisieren, weil es an sich gebraucht wird. Oder es ist auf dem Hintergrund der Situation notwendig, einen Konflikt immer wieder neu zu erzeugen, weil es dadurch zu als heilsam erlebten Wechselwirkungen kommt. *In der Beziehung von Lisa und Martin ist dies beispielsweise zu beobachten, wenn es immer gerade dann zum Konflikt kommt, wenn Lisa Abstand oder Raum für sich selber braucht. Es zeigt sich dabei, dass sie nicht fähig ist, ihr Bedürfnis direkt zu äußern und die Distanz andersartig herzustellen. Nach der Versöhnung wird die Beziehung wieder sehr schön und sehr nah, bis es Lisa nach einiger Zeit wieder zu dicht wird. Und dann ist für sie die Lösung, ein Problem zu initiieren. Der Weg heraus führt über die Bewusstwerdung und die Konzentration auf Ressourcen. Im Beispiel wäre herauszufinden, welche Möglichkeiten Lisa noch hat, ihrem Bedarf gerecht zu werden: Wie kann sie spüren, dass sie jetzt wieder Abstand braucht? Wie ist es für sie möglich, dies in der Beziehung zu äußern, sodass es dabei nicht zum Konflikt kommen muss?* Manchmal liegt in so einem Beispiel das Ende des periodisch auftretenden Streitens schon in der Vereinbarung eines freien Abends pro Woche, die der vorher distanzierungsbedürftigen Person die grundsätzliche Wahrung ihres Eigenlebens deutlich macht.

Erweiterte Fragetechniken in der Mediativen Kommunikation

Die Mediative Kommunikation erweitert das Spektrum des mediativen Konfliktmanagements um gesprächsführende Elemente, die in einem Beratungs- oder Coachinggespräch hilfreich und angemessen sein können. Ebenso im Alltag, wenn es gilt, eine Situation schnell und nachhaltig zu verändern. Voraussetzung zur Nutzung erweiterter Fragen und Interventionen ist, dass die Person, die im Begriff ist, sie anzuwenden, hinreichend reflektiert hat, wozu sie dies zu tun gedenkt. Im Grunde sind diese Techniken in der Mediativen Kommunikation etwas für Fortgeschrittene, die die Grundhaltung bereits so weit verinnerlicht haben, dass es ihnen gelingt, auch anhand nicht mediativer Elemente mediativ zu bleiben. Sie halten den Rahmen dann mittels ihrer mediativen Ausrichtung.

Mit Hilfe der erweiterten Fragetechniken, die sich in ihrer Struktur grob am Mediationsraster (den Konflikt darstellen, dann erhellen und danach nach Lösungen suchen) orientieren, soll der Erzählende mit seinen Ressourcen nach Lösungen suchen. Das bedeutet, dass die Zuhörerin konsequent darauf verzichtet, Ratschläge zu erteilen, und versucht, auch an die eigenen Anteile des Sprechenden im Konflikt heranzukommen.[125] Hier kann der Perspektivwechsel sehr hilfreich sein (4.6). Das Aktive Zuhören spielt eine ebenso wichtige Rolle, damit das Gegenüber sich verstanden fühlen kann. Statt Fragen können auch Satzanfänge vorgegeben werden. Ein Beispiel dafür findet sich in der Übung: „Ja, aber – ja, wenn“: Dabei geht es darum, in dem alltäglichen Ansatz „Ja, aber …“ die Verneinung des vorher Gesagten zu erkennen und stattdessen mit Hilfe des Satzanfangs „Ja, wenn …“ den Weg zum konstruktiven Gespräch zu beschreiten.[126]

Eine möglicherweise hilfreiche formale Ergänzung für den Fall, dass man sich mindestens zwei Streitenden gegenübersieht oder aber auch selbst in den Konflikt involviert ist, ist die bereits erwähnte Methode des kontrollierten Dialogs (3.2). Mit dessen Hilfe kann man sich an den Fragen sprichwörtlich entlanghangeln und erhält dabei eine gewisse Garantie für ein Schritt für Schritt vollzogenes Verständnis.[127]

4.3 Kreativtechniken: Wie man auf Ideen kommen kann

Kreativtechniken unterstützen beim Entwickeln von Ideen. Und dass dies in der Mediativen Kommunikation hilfreich ist, wird deutlich, wenn man bedenkt, wie viele der mediativen Elemente gute Einfälle nutzen wollen. Mediative Kommunikation versucht, eine Situation ihren individuellen Gegebenheiten entsprechend zu behandeln. Um vieles Unterschiedliches zusammenzubringen, bedarf es einer Menge guter Ideen. Und die muss man schließlich erst einmal haben, damit man sie auch nutzen kann.

Die Kreativitätsforschung hält ein reichhaltiges Angebot zur Ideengenerierung bereit: Meist zur anschließenden Bewertung in Bezug auf ihre Nutzbarkeit. In diesem Zusammenhang ausgewählt werden Assoziationstechniken und Methoden zur systematischen Ideensuche. Methoden, die die Assoziation unterstützen, schmieden im Grunde Gedankenketten, an denen man sich von Einfall zu Einfall bis hin zu einer guten Idee entlanghangeln kann. Techniken zur systematischen Ideensuche lockern das Gebiet oder Thema, in dem man nach einer Idee sucht, auf. Sie arbeiten damit, dass man die gewohnte Sichtweise, also die Scheuklappen des Alltags ablegt und sich davon befreit und sich gezielt auf die Suche macht. Man möchte also selber finden, was sonst vielleicht nur ein anderer finden kann.

Die Gedankenkette schmieden: Techniken der Assoziation

Bestimmt kennen Sie aus Ihrer Kindheit Spiele, wo man Gedanke um Gedanke spinnt, bis ein buntes Ganzes entsteht. So kann man beispielsweise ein ganzes Märchen erfinden, indem in einer Gruppe von Menschen Person für Person reihum jeweils einen Satz beisteuert, so dass sich dabei eine Geschichte bildet. Dieser Zeitvertreib nutzt die menschliche Eigenart der Assoziation – die Gewohnheit, an einen Impuls Gedankenketten anzuknüpfen, die einen auf kreative Ideen bringen. Assoziationstechniken, die in der Mediativen Kommunikation genutzt werden können, sind beispielsweise das bereits eingeführte Brainstorming, dessen erweiterte Form des Brainwriting und das MindMapping.

Brainstorming, Brainwriting und was es sonst noch gibt

Für die Mediative Kommunikation ist das Brainstorming eine äußerst hilfreiche Methode. Vor allem da, wo es gilt, bei der Suche nach Lösungen und Optionen Kreativität anzuregen und auch stimmungsmäßig positive Veränderungen ins Gespräch zu bringen. Die schriftliche Variante, das Brainwriting, bietet einen entsprechenden Ansatz, der auch dann durchführbar ist, wenn das Thema vielleicht zu persönlich oder heikel ist, um es in der Gruppe lautstark zu entfalten: Die Teilnehmenden schreiben ihr Brainstorming selbst auf. Auch über Tabus lässt sich leichter reden, wenn sich dabei deren Grundsatz, dass „keiner etwas sagt", beibehalten lässt. In der Bearbeitung von kalten Konflikten ist diese Methode ebenso gut einzusetzen. Weiterhin gibt es die Varianten des Brainwalking oder Brainstomp.[128] Je nach Situation ist hier auszuwählen, was weiterbringt und worauf sich die jeweiligen Personen einlassen können oder wollen.

MindMapping: Eine Gedächtnislandkarte erstellen

Eine weitere Assoziationstechnik stellt das MindMapping dar: Auf einem Blatt Papier oder per Computerprogramm wird wie in Abbildung 24 eine „Gedächtnis-Landkarte" erstellt. Dies wird zur Selbstklärung genau wie zur Vermittlung eines komplexen Themas herangezogen. Ein MindMap kann auch eine hilfreiche Visualisierung darstellen, wenn es dann mal fertig ist. Wie bereits erwähnt (3.4), ist die Landkarte bekanntlich nicht der Weg. Das MindMap gibt aber Hilfestellung, den Weg anhand der gewonnenen Klarheit besser entlanggehen zu können. Auch für die Selbstklärung ist es ein hilfreiches Element. In der Mediativen Kommunikation kann ein MindMap beispielsweise angeregt werden, wenn es zur konstruktiven Weiterführung des Gesprächs einer Klärung der konkreten Anliegen der einzelnen Beteiligten bedarf. Es bietet auch eine bereits reflektierte Möglichkeit dessen, was ein Brainwriting in Bezug auf das ‚Weitergehen des Lösungsweges' unmittelbar ausdrücken würde. Es kann hier nur immer wieder betont werden, wie wichtig es ist, die jeweiligen Methoden situationsgerecht und im Bewusstsein über die jeweilige Intention anzuwenden.[129]

Außergewöhnliche Lösungsfindung durch Methoden der Suchfeldauflockerung

Jede Definition stellt eine Begrenzung dar. Wer eine genaue Vorstellung von der Lösung hat, der erkennt womöglich die noch bessere Variante nicht: Er wartet bis in alle Ewigkeit auf etwas, was sich dann vielleicht als nicht mal realisierbar herausstellt. Wie leicht diese Gefahr besteht, ist bereits mit der Notwendigkeit der Entwicklung einer Besten Alternative anhand des Harvard-Verhandlungskonzeptes deutlich geworden. Für zufrieden stellende, situationsgerechte Ergebnisse braucht es Kreativität und Flexibilität (3.4). Methoden der Suchfeldauflockerung oder auch der Bedingungsvariation sind Techniken der systematischen Ideensuche, die die Flexibilität in Problemdefinition und Lösungssuche erweitern.[130]

Perspektiv- und Ebenenwechsel

In der Beschäftigung mit Bedürfnissen und entsprechenden Verschiebungen wurde bereits am Beispiel des Dschungelkämpfers Gerald im Blumenladen humorvoll darauf hingewiesen, dass die Wahrnehmung eines Menschen davon abhängt, wie er für sich die Realität konstruiert (3.1). Der Konstruktivismus rankt sich entlang der Frage nach der Entstehung der jeweils wahrgenommenen Wirklichkeit. Demnach ist jegliche Erkenntnis eine Konstruktion: Ein Ergebnis der Sicht aus einer bestimmten Brille. Es gibt dann keine wirklich objektive Betrachtung. Man kann sich in jedem Falle um-sehen und ein verändertes Bild auf die konkrete Situation gewinnen. Eine Feststellung ist also nicht unter den Dualismen richtig und falsch, wirklich und unwirklich, wahr und unwahr zu diskutieren, sondern es ist zu berücksichtigen, von wo aus sie wie erscheint. Bei einer These ist man also gut beraten, zu erfragen, wer sie weshalb und in welchem Anliegen vertritt. Dabei wirkt dennoch der allgemeine Anspruch der Menschen, dass alles irgendwie zusammenpassen muss: Die Wirklichkeit wird passend gemacht, weil deren Widersprüchlichkeit so schlecht auszuhalten ist. Auch Vergangenheit und Zukunft sind Konstruktionen der Gegenwart. Dies ist in einem Konflikt sinnvoller Weise zu berücksichtigen. Die Möglichkeit der anderen Betrachtung ist eine Ressource, die gerade in einer Auseinandersetzung genutzt werden kann.[131]

Mit Hilfe von Methoden zum Perspektiv- und Ebenenwechsel kann ein Problem in verschiedenen Sichtweisen erörtert werden. Man kann es auf sachlicher oder emotionaler Ebene, graphisch oder verbal in seiner Variabilität darstellen. Das Haltungselement der Metaebene ist als ein solches Element bereits beschrieben worden: Die Arbeit mit dem ‚Inneren Beobachter' erleichtert es, sich in einem Konflikt nicht emotional verwickeln zu lassen und stattdessen den Überblick über das Geschehen zu behalten. Dass dies eine der vielen Möglichkeiten darstellt, die Wahrnehmung heilsam zu verändern, wurde ebenfalls erörtert. Was im Verlauf des Buches schon zu Brillensichten, Glaubenssätzen und zur Lösungskonstruktion beschrieben wurde, gehört in den theoretischen Hintergrund des methodischen Ansatzes des Perspektiv- und Ebenenwechsels. Als Verfahrensansätze wurden bereits die Fragen zur Erweiterung der Sichtweise in einem Konflikt benannt: Ist jemand sehr auf dem eigenen Standpunkt verwachsen, kann die Frage danach, wie wohl seine Kollegin Schulze das Ganze sieht, in der Regel hilfreich sein, um Bewegung und Flexibilität in den Konflikt zu bringen. Dies nutzt vor allem dann, wenn es kein Gegenüber gibt, das eine weitere Sicht zum Geschehen beisteuern kann.

In der Konfliktlösung mit zwei Personen ist der **Stuhltausch** eine gute Variante, gegenseitiges Verständnis zu fördern: Die beiden tauschen ihre Plätze und versuchen, die Situation aus der Perspektive des Gegenübers zu verstehen. Dabei lässt sich schnell in Erfahrung bringen, wo die Missverständnisse liegen. Wie im Verfahren des kontrollierten Dialoges gilt es für die beiden, sich so lange rückzuversichern, bis sich das Gesagte vollständig mit der Empfindung des Gegenübers deckt.

Die **„Sechs Denkhüte“**-Technik ist eine weitere Methode zur Erweiterung von Perspektiven. Sie ermöglicht es, eine Entscheidung aus möglichst allen Denkstilen heraus zu betrachten. Allein, zu zweit oder in einer Gruppensituation. Bei Diskussionen bietet sie eine einfache Variante, das Aggressionspotenzial zu managen: Viele Konfrontationen sind darauf zurückzuführen, dass ein und dasselbe Problem von verschiedenen Denkebenen aus diskutiert wird. Dem kann man die Schärfe nehmen, indem man dies methodisch offen initiiert. Erzielt wird dadurch der Blick über den Tellerrand. Es gibt Menschen, die sind es gewohnt, ein Problem grundsätzlich rational und positiv, sozusagen ‚konstruktiv‘ zu betrachten. Wenn dies in einer Situation aber nicht weiterhilft, dann kann in das Ganze Bewegung kommen, wenn sie auch dessen emotionale und kreative Seite, das Intuitive oder Negative ins Blickfeld nehmen. Und andersherum gilt das Gleiche: Wer gewohnheitsmäßig pessimistisch ist, dem eröffnen sich neue Möglichkeiten im Ausstieg aus der Destruktivität. Wenn jemand grundsätzlich emotional reagiert, kann ihm die rationale, ruhige Betrachtung weiterhelfen. Ein Problem unter den sechs Denkhüten (weiß, rot, gelb, schwarz, grün und blau) zu betrachten, trägt dazu bei, die vielen Möglichkeiten der Betrachtung zu nutzen und es mit deren Hilfe zu lösen. Der weiße Hut betrachtet Informationen, Zahlen, Daten oder Fakten. Er ist objektiv, neutral und macht einen kühlen Kopf. Der rote Hut symbolisiert die Betrachtung von Stimmungen, Gefühlen, Eindrücken auf Grundlage von Intuition und ‚Bauchgefühl‘. Der gelbe Hut ist rational-positiv, ein optimistischer und konstruktiver „advocatus coeli“: Er beschäftigt sich mit dem, was dafür spricht und wie es gehen könnte. Den Ausgleich dafür schafft der schwarze Hut: er ist rational-negativ (der „advocatus diaboli“) und zeichnet sich aus durch seine pessimistische, destruktive Sicht. Der grüne Hut lässt fragen, wie es anders gehen könnte, nach Alternativen, Träumen und Ideen. Der blaue Hut ruft auf zu Ordnung, Struktur, Organisation und Planung. Er steht im Modell für die Meta-Kommunikation.[132]

Eine weniger umfangreiche Vorgängerin dieser Methode ist die der **„drei Denkstühle“**: Es wird erzählt, dass der berühmte Filmemacher Walt Disney großen Wert darauf legte, in seiner Arbeit verschiedene Anteile seiner Persönlichkeit anzuregen: den Träumer, der auf verrückte Ideen kommt, den nüchtern abwägenden Realisten, der das Ganze dann plant und umsetzbar macht, und schließlich den Kritiker, der die Idee auf ihre Schwächen hin hinterfragt. Disney förderte diese drei Perspektiven, indem er sich bei der Arbeit abwechselnd auf drei für diese Charaktere sinnbildliche Stühle setzte. Später soll er dafür sogar verschiedene Räume genutzt haben. Als Methode kann man „die drei Denkstühle“ in Coaching, Beratung, Konfliktmanagement oder sich selbst auch heute noch anwenden. Der in der Mediativen Kommunikation häufig angeregte Perspektivwechsel lässt sich durch das Umsetzen auch physisch nachvollziehen. Um sich noch besser in die jeweilige Rolle hineinversetzen zu können, kann man diese Stühle auch unterschiedlich gestalten. Vielleicht hat der Träumer ein kleines verspieltes Sofa, der Realist einen taffen Schreibtischstuhl und der Kritiker einen Sitzball, der ihn wachsam bleiben lässt.[133] Die Anregung eines Perspektivwechsels auf möglichst verschiedenen Ebenen schafft optimale Bedingungen für die Entwicklung von Ideen, ob nun zur Konfliktlösung oder in einem anderen (Arbeits-)Prozess.

Das **Doppeln** stellt dagegen eher einen Ebenen- als einen Perspektivwechsel her und setzt in einem Problemlöseprozess zweier Beteiligter eine dritte Person voraus: Die vermittelnde Dritte stellt sich nacheinander hinter die beiden Konfliktbeteiligten. Sie erläutert dabei in Ich-Form aus ihrer metaperspektivischen Sicht heraus, welche Einsichten sie in das Denken und Fühlen der jeweiligen Person gewinnen konnte. Damit dies nicht übergriffig wird, begrenzt sie sich dabei auf die konkrete Konflikt- oder Gesprächssituation. Dann rückversichert sie dies und stellt sich hinter die andere Person, um dort dasselbe zu tun. Das Doppeln ist eine erweiterte Form des Positiv Umformulierens. Eine visuellere Variante aktiv zugehörter Zusammenfassungen. Mit Hilfe dieser Methode lässt sich konkret auf den Punkt bringen, was die Beteiligten in ihren Formulierungen immer wieder verdeckt oder diffus halten.

···› *Die Umkehrmethode und weitere hilfreiche Entfremdungen*

Die Umkehrmethode bildet die Umkehrung einer Definition. Oder sie entfremdet durch das Übersetzen in eine andere Sprache und das Zurückübersetzen durch eine andere Person. Eine weitere Möglichkeit, der Begrenzung einer Definition zu entgehen, ist, das jeweilige Problem durch einen Außenstehenden beschreiben zu lassen. Im beruflichen Bereich könnte dies beispielsweise eine fachfremde Person sein. Das positiv Umformulieren schafft einen ähnlichen sprachlich bedingten Effekt.

In Bezug auf Personen leistet dies die Beschäftigung mit den Unterschieden zwischen Selbst- und Fremdbild. Die Anleitung von Äußerungen über das Selbstbild eines Menschen kann Veränderungen in das Fremdbild des Gegenübers bringen. Genauso hat die Einschätzung der eigenen Person durch den anderen Einfluss auf das Selbstbild. In Bezug auf die Mediative Kommunikation sind Methoden der Umkehrung und weiteren Entfremdung als Methoden der Entfernung zu verstehen: In der Entfernung vom Vertrauten (2.3) liegt die Chance eines erweiterten Blicks. Gerade in der Anwendung der Mediativen Kommunikation auf Objekte (5.2) kann es hilfreich sein, neue Formulierungen und Ansätze zu finden, die auf Möglichkeiten verweisen, aus eingefahrenen Schienen herauszusteigen und erfolgversprechendere neue Wege zu gehen.

4.4 Wenn Bilder weiterhelfen: Techniken der Visualisierung und Imagination

Die Imagination verhilft zu einer anderen Ebene im Denken. Wenn es verbal nicht mehr weitergeht, dann eröffnet die Visualisierung durch Bilder einen gefühlsgeleiteten Weg zu neuen Ideen. Was man nicht in Worte fassen kann, bekommt so dennoch eine Gestalt, die bisher unberücksichtigte gedankliche Ressourcen greif- und nutzbar macht. Imaginations- und Visualisierungstechniken verhelfen dazu, sich eine Situation erweitert oder besser vorstellen zu können. Die Aufstellung des Inneren Teams bietet beispielsweise solch einen Ansatz. Genauso das Aufmalen von Familien- oder Arbeitszusammenhängen im Geno- oder Organigramm. Weitere Möglichkeiten finden sich durch Rollenspiel oder Sternanalyse. Visualisierungstechniken tragen dazu bei, dass das Gegenüber besser verstehen kann, worum es geht. Bereits in lerntheoretischen Ansätzen ist verankert, dass es sinnvoll ist, zu einem besseren Verständnis die verschiedenen Ebenen der Wahrnehmung und des Verstehens einzubeziehen. Dasselbe gilt auch in der Situation eines Konfliktes oder im Hinblick auf die Erhöhung der Effektivität einer Zusammenarbeit. Gerade wenn im Konflikt intensive Gefühle das Wahrnehmungsvermögen eines Beteiligten beschränken, kann es hilfreich sein, von der Kopflogik auf die Gefühls- oder Erlebnisebene umzusteigen. Ihn sprichwörtlich dort abzuholen, wo er gerade ist, und Sachverhalte beispielsweise visuell darzustellen, damit er das, worum es geht, über andere Kanäle erfassen kann.

Das Genogramm

Ein Genogramm zeigt die Struktur in einer Familie, ähnlich der Darstellung des Freundeskreises am Anfang des Buches (Abb. 1). Die Übersichtlichkeit wird erhöht, wenn wie üblich beispielsweise die Notizen zu Frauen in Kreisen, die zu Männern in Vierecken gerahmt werden. Die Intensität von positiven und negativen Gefühlen, die verschiedenartigen Verknüpfungen innerhalb des Bezugsrahmens sind (meist durch entsprechende Linien) gekennzeichnet, so dass ein Außenstehender sowie die Person, die es malt, sich darüber vereinfacht klar werden kann.

Das Organigramm

Das Organigramm leistet dasselbe für eine berufliche Einrichtung. Es zeigt, wie die Hierarchien sich aufbauen, welche Wechselwirkungen in der Aufgabenverteilung, welche Ansprechpersonen der jeweilig betroffenen Person systemisch logisch zur Verfügung stehen. Dies kann davor bewahren, dass sie sich an die falsche Ebene wendet, was gerade in großen, innovativen Unternehmensformen sehr schnell passieren kann. Es bewahrt gegebenenfalls vor einer weiteren Umdrehung im Austragungsprozess eines Konfliktes.

⋯› Das Rollenspiel

Das Rollenspiel regt an zur Simulation eines Gespräches oder Konfliktes. Es schafft die Möglichkeit für einen Einzelnen, die Varianten der Konfliktlösung durchzuspielen. Es bietet auch eine plakative Variante zur Entwicklung der besten Alternative zur Verhandlung oder Konfliktaustragung. Wenn zwei sich miteinander Auseinandersetzenden diese Methode angeboten wird, geschieht dies in der Regel in einem therapeutischen Setting. Es gibt allerdings Situationen, in denen dies auch für die Mediative Kommunikation eine sinnvolle Variante ist. Beispielsweise dann, wenn es darum geht, verschiedene Versöhnungsansätze oder neue Verhaltensalternativen probehalber miteinander auszuprobieren. Dies sollte allerdings in einer bereits gelockerten Atmosphäre, vielleicht sogar als greifbarere Variante des Brainstormings geschehen.

⋯› Die Sternanalyse

Die Sternanalyse lässt zu einem Themenschwerpunkt als Erstes die noch offenen problematischen Fragen erfassen. Vom Mittelpunkt eines großen Blattes wird ein davon wegzeigender Pfeil bis nahezu an den Rand gemalt und stichpunktartig mit der problematischen Frage gekennzeichnet. Mit den restlichen Problemstellungen wird genauso verfahren, bis die den offenen Fragen entsprechende Anzahl von Pfeilen strahlenartig vom Mittelpunkt nach außen auf dem Blatt visualisiert ist. Wenn alle derart beschrieben sind, wird ein Strahl nach dem anderen abgearbeitet: Die Problemstellung wird erörtert und gelöst. Ist dies gelungen, wird der Pfeil mit entsprechender stichwortartiger Kennzeichnung durch die jeweilige Lösung wieder in die Mitte zurückgeführt. So wird bildlich nachvollziehbar ein Ausflug gemacht: Vom Wesentlichen und Wünschenswerten über die davon wegführenden konkreten Problemstellungen in den Abstand. Und von dort aus über verschiedene Wege der Lösungsfindung wieder zurück. Die Bearbeitung und Lösung der einzelnen Fragmente stellt eine viel leichter erfüllbare Aufgabe dar, als wenn man versuchen würde, stattdessen alles auf einmal anzugehen. Was sich sonst als Mauer vor dem Zielpunkt auftürmen würde, kann so Stein für Stein abgetragen werden und zur erfolgreichen Umsetzung des Eigentlichen führen.

4.5 Operationalisierungstechniken: Die Definitionsmacht nutzen

Operationalisierungstechniken sind in ihrem Ursprung Methoden der Datengewinnung[134]. Sie erfordern eine gewisse Flexibilität, die Begrenzung der wahrgenommenen Realität zu verlassen: Das selektiv Wahrgenommene wird verfahrensartig erweitert. Insofern haben sie etwas von einer Operation. Bereits erläutert wurde eine solche Methode im Harvard-Konzept: Integratives Verhandeln erweitert die wahrgenommene Realität durch die Eröffnung neuer Lösungsräume (3.4). Im aus dem Kapitel zur Win-Win-Perspektive verwendeten Sprachbild ausgedrückt, wird also „der Kuchen erweitert“ (2.6). Auch die Wunder- und Als-ob-Fragen nach der Lösung eröffnen neue Gesprächsräume (4.2). In Ergänzung zu den bereits in den bisherigen Inhalt des Buches gestreuten Hinweisen findet sich hier eine ausführliche Erklärung zum Reframing und zum Ansatz der Zielformulierungen: Eine Zielformulierung operiert die erwünschte Zukunft verbal in die Gegenwart. Auch beim Reframing wird etwas ‚operativ‘ aus einem Kontext entfernt und in einen anderen ‚eingepflanzt‘. Dort kann es dann unabhängig vom ursprünglichen System betrachtet und/ oder bearbeitet werden.

Das „Reframing“: Die hilfreiche Umdeutung einer Situation

„Reframing“ bedeutet, wenn man es genau nimmt: „Neurahmung“. Es wird aber gebräuchlich als Umdeutung übersetzt. Dahinter steht eine von Virginia Satir eingeführte Methode aus der Systemischen Familientherapie, die ebenso Einbezug ins NLP gefunden hat: Ein Problem wird in einen anderen Kontext gestellt, sodass es eine neue Bedeutung bekommen kann. Im Gespräch kann dies beispielsweise durch Fragen geschehen, die eine Person, die sich in die Opferrolle begeben hat, in die Eigenverantwortung (zurück)holen. *Wenn Lars nach einer Rauferei in der Schule sagt: „Die Wut kam über mich“, vollzieht man beispielsweise eine Umdeutung des Ganzen, indem man fragt: „Wie sehen denn die Situationen aus, in denen du dich dann entscheidest, einen anderen zu schlagen?“*[135]

Ein weitergehendes Reframing wäre dann, anhand dieser situativen Beschreibungen einen Impuls, ein Bedürfnis auszuwählen. *Unter den verschiedenen Situationen, die Lars als Anlass für seine verheerende Wut benennt, könnte man vielleicht feststellen, dass es immer darum geht, dass jemand nicht zuhört, was er eigentlich sagen will. Und dass es dann zu einer gewaltvollen Reaktion kommt. Vor allem dann, wenn es sich um etwas handelt, was ihn wütend macht. Weil Lars anhand eines vermeintlich unwilligen Zuhörers schnell mit Worten am Ende ist, wählt er eine andere Ebene, um dem Ausdruck zu verleihen, was er empfindet. Im körperlichen Angriff findet er einen Weg, den anderen schnell, intensiv und nachhaltig spüren zu lassen, dass er wütend ist. Damit wäre also die ‚positive Absicht' der alten Reaktion bestimmt. Hinter dem Zuschlagen versteckt sich das Bedürfnis nach Aufmerksamkeit und Anerkennung seiner Gefühle.* Im Reframing wären dann beispielsweise drei alternative Verhaltensweisen auszudenken, um dieser Absicht anders nachzukommen.

Beide Varianten verdeutlichen das Grundmodell des Reframing. Es gibt diverse weitere Formen, die mehr oder weniger Wissen über den Inhalt eines Verhaltens oder eines Problems voraussetzen. So setzt zum Beispiel das inhaltliche Reframing differenzierte Kenntnisse voraus, um die Bedeutung oder den Kontext wechseln zu können. In diesem Zusammenhang geht es vor allem um den Ansatz: um die Möglichkeiten, die eine Umdeutung eröffnen. Sei es nun im Falle eines Konfliktes oder eines Verhaltens oder eines Gefühls.

Zielformulierungen

Ziele sind sowohl in Konflikten als auch darüber hinaus im beruflichen und privaten Alltag ein wichtiges Thema. Wer ohne Ziel durch die Gegend läuft, der erklärt meist den Weg zum Ziel. Und auch wenn dies manchmal sehr sinnvoll (und natürlich nicht immer Ausdruck von Ziellosigkeit) ist, so kann das Entlanggehen eines Weges ohne bestimmte Richtung vor Augen auch sehr unbefriedigend sein. Bereits anhand der Maslow'schen Motivationstheorie wurde hier deklariert, dass der Mensch nach Sinnhaftigkeit und Orientierung strebt. Sicher ist der diesbezügliche Bedarf unter Menschen unterschiedlich ausgeprägt. Gerade im Konflikt ist dies dennoch ein Ansinnen, welches sich zu berücksichtigen lohnt. Einen Konflikt empfinden viele Menschen schon an sich als Irritation: Die Welt wird ihrem Gefühl nach durch die gegensätzliche Position des Gegenübers ‚auf den Kopf gestellt'. In solch einer Situation sind Klarheit und Zielorientierung wichtig, damit ein Ende der Verwirrung in Aussicht steht.

Auch wer sich bewusst in einen Prozess (beispielsweise eine Ausbildung) begibt, visualisiert am Anfang die Ergebnisse, die für ihn zu erreichen sind. Ein guter Lehrer, Trainer oder Dschungelführer zeichnet sich unter anderem dadurch aus, dass er klare (Lern)Ziele setzt, die von den Lernenden zu erreichen sind. Er begleitet sie auf ihrem Weg zum Ziel. Wenn er dies hilfreich tut, können sie auch zu den jeweiligen Zielen gelangen. Erfolgserlebnisse erfüllen das menschliche Bedürfnis nach Anerkennung, von anderen sowie von sich selbst. Sie bieten die Motivation für eine erneute Zielsetzung, weitere Schritte in Richtung dessen, was sie sich letztendlich und im Ganzen vorgenommen haben (3.1). So wie Lernziele eine Unterstützung im Ausbildungsprozess bieten, so fördern Ziele allgemein die Entwicklung, das Vorankommen einer Person. Ziele präzise und konkret zu formulieren hilft dabei, sie auch zu erreichen, statt an ihnen vorbeizupeilen.

⇢ Die Bestellung im kosmischen Supermarkt

Im Kapitel zur Gewaltfreien Kommunikation wurde bereits beschrieben, wie wichtig es ist, die Verantwortung, die man selber trägt, auch zu übernehmen (3.3). Verantwortlichkeit schafft in diesem Zusammenhang Handlungsfähigkeit. Wer handlungsfähig ist, hat Einfluss auf das, was passieren wird und kann es demnach auch in seinem Sinne zumindest anteilig mitgestalten. Wer seine Verantwortung zu sich nimmt, der kann die Verantwortung des anderen auch besser beim anderen belassen, ohne dabei überhaupt eine Schuldfrage zu stellen. Er kann zu sich selber stehen und muss sich nicht verbiegen. Er gibt damit dem Gegenüber die Chance, dies auch so zu tun. Wäre das im Alltag das gängige Verfahren, dann würde wohl schon ein Drittel aller Konflikte gar nicht erst entstehen, weil es mehr Klarheit statt Verstrickung gäbe. Anliegen in der Mediativen Kommunikation ist, die Konfliktbeteiligten in ihre jeweilige Verantwortung zu bringen, damit diese ihre Handlungsfähigkeit wahrnehmen und nutzen können.

Übernimmt man die Verantwortung für die Ziele, die man selbst formuliert, dann ist es von großer Wichtigkeit, dass sich dies auch in deren Formulierung ausdrückt. Hier verbildlicht die Geschichte vom kosmischen Supermarkt, was sonst passieren kann: *In den unendlichen Weiten des Universums gibt es einen kosmischen Supermarkt mit ebenso unendlich vielen Regalreihen, in denen alle möglichen Wünsche gelagert sind. Am Eingang des Supermarktes sitzt Tag und Nacht ein Lagerarbeiter, der alle eingehenden Wunschaufträge bearbeitet. Montags ist das Knut. Bestellt jemand bei Knut: „Ich will glücklich sein", dann packt er aus dem, was er so um sich herum sehen kann, ein Paket zusammen. Das enthält dann eine 20-jährige vollbusige Brünette, einen Jaguar Cabrio und ein Dauerappartement am Ballermann. Und er schickt es ganz schnell los, damit der Wunsch möglichst schnell erfüllt wird. Die Bestellung war nun allerdings die von Laras Großtante Georgette, einer 81-jährigen Klassikmusik liebenden, verheirateten und gut situierten älteren Dame, die sich jetzt, wo sich ihr jüngerer und rüstiger Mann Georg mit dem Glückspaket nach Mallorca aufgemacht hat, gar nicht glücklich fühlt. Unter Glück stellt sie sich ganz etwas anderes vor. Das heißt: Wenn sie das bekommen möchte, was sie für sich selbst unter Glück versteht, dann muss sie es so formulieren, dass auch Knut ihr ein entsprechendes Paket zusammenstellen kann. Sie muss die Verantwortung für den Inhalt des Pakets selbst übernehmen, statt sie dem Lagerarbeiter zu überlassen.*[136]

⇢ Die eindeutige Zielformulierung

Ein Ziel ist ein greifbares, sinnlich wahrnehmbares angestrebtes Ergebnis, das meist aus einem Wunsch oder Traum entsteht. Die Geschichte vom kosmischen Lagerarbeiter verdeutlicht, wie wichtig es ist, Ziele auch so konkret und klar wie möglich zu formulieren. Wer in seinem Leben etwas erreichen will, dem hilft es, sich sowohl große als auch kleine Ziele zu setzen: für das Ende des Lebens, für die nächste Dekade und für dieses Jahr, für den Monat, die Woche, den Tag und so weiter. Es ist wichtig, sie sich immer wieder vor Augen zu halten. Und da die Merkfähigkeit nur bei wenigen Menschen für ganze Pamphlete reicht, macht sich dies am besten in einem einzigen Satz. Ein vollständiger Zielsatz beantwortet die Frage: ‚Wer macht was, wann, wie, auf welche Weise?'. Das ‚Wie?' bezieht sich auf die Mittel. Das ‚Auf welche Weise?' beschreibt den Weg.

Bei der Beantwortung dieser Fragen ist allerdings noch einiges zu beachten: Das Ziel muss im eigenen Einflussbereich liegen, damit man die Umsetzung auch tatsächlich selber steuern kann. Am besten ist es, wenn man das Ergebnis schon vorab sinnlich realisiert: Wie sieht es aus, hört und fühlt es sich an? Wie wäre es, wenn es jetzt schon erreicht wäre? Vergleiche sind grundsätzlich zu vermeiden.

Damit man nun das Nötige daran setzen kann, sein Ziel auch zu erreichen, ist es wichtig sicherzustellen, dass es keine untragbaren Folgen oder unangenehmen Nebenwirkungen hat. *Wenn Paul sich beispielsweise das Ziel setzt, die Abschlussprüfung am 16.7.2006 bestanden zu haben, dann ist es wichtig, dass dies nicht für ihn bedeutet, mit diesem Datum gleichzeitig finanziell in den Abgrund zu fallen. Wenn der Wegfall eines sozialen Status' schlimmer ist, als die Abschlussprüfung nicht zu bestehen, dann mutiert das Ziel schnell zur Bedrohung und die Lösung findet sich im Problem. Es ist dann vielleicht sogar besser, beim Lernen nicht voranzukommen und die Prüfung doch nicht zu bestehen.*

Schließlich wäre noch zu bedenken, ob das Ziel in einen oder mehrere Kontexte eingebunden ist: Will man es im beruflichen und im privaten Leben, immer und überall, gegenüber allen Personen haben oder nur für sich selbst? Zielformulierungen sind immer gegenwärtig und positiv zu formulieren. Man stellt sich vor, man hat es bereits und formuliert dann so genau wie möglich, wie das Ganze aussieht.

4.6 Methoden zur Selbstklärung

In den vorangegangenen Buchteilen wurde bereits vielfach auf die Wichtigkeit der Selbstreflexion verwiesen. In der Auswahl der einzelnen Übungen im Text zeigen sich einige methodische Ansätze. Selbstklärung liegt in der Bewusstmachung persönlicher Stärken und Schwächen sowie in der Vergegenwärtigung von Zielen, Interessen und der eigenen Motivation. Dazu kann man sich alle hier gesammelten Fragen (4.2) selber stellen oder auf Methoden wie das Brainwriting (4.3), das Geno- oder Organigramm (4.4) zurückgreifen. Auch der Ansatz der drei Denkstühle oder der sechs Denkhüte (4.3) hat einen selbstklärenden Effekt. Insbesondere für Anschaulichkeit sorgt das Konzept des Inneren Teams (2.2). Mit dessen Hilfe lässt sich die eigene Kommunikation klarer, bewusster und fruchtbarer gestalten. Man kann es dazu nutzen, „innere Teamkonflikte" bei sich selbst und auch bei anderen zu erkennen und diese dann zu lösen mit den zahlreichen Hilfsmitteln der Mediativen Kommunikation (5.1).[137]

Den Begriff der Klärung führte Carl Rogers in die Psychologie erst ein. Es gab ihn nicht in Zeiten, zu denen ausschließlich direktiv gearbeitet wurde.[138] Um *Klärung* oder auch *Klarifikation* ging es erst, als der offene Blick auf das Individuum frei wurde. In seinen Anfängen wurde so die Begleitung der Gefühle und hauptsächlichen Gedankengänge eines Patienten und dessen klarere und eindeutigere Verbalisierung durch den Therapeuten bezeichnet. Es ist also wieder ursprünglich der therapeutische Kontext, auf dem dieser Teil der Mediativen Kommunikation basiert. Dies verwundert allerdings nicht, wenn man einen Konflikt als ein Symptom betrachtet (3.0). Die Psychotherapie macht nichts anderes, als Konflikte zu bearbeiten. Meist sind dies intra-individuelle, die bereits Krankheitswert haben. Und wenn man sie dann in der Therapie genau unter die Lupe nimmt, dann setzen sie sich oft aus vielen kleinen Konflikten zusammen. Der Unterschied zwischen therapeutischen Ansätzen und daraus entspringenden Elementen in der Mediativen Kommunikation liegt in der persönlichkeitsbezogenen Vertiefung. Die Therapie setzt das Ziel einer Veränderung der Persönlichkeitsstruktur, wo die Mediative Kommunikation lediglich sichtbar macht und bearbeitet, was in einer Situation aktuell und spürbar vorhanden ist. Und dabei vielleicht vorbeugt, dass ein Konfliktstoff sich verhärtet, ein Konflikt eskaliert.

Selbstklärung beinhaltet das Erforschen und Klären der eigenen Gedanken, Gefühle, Werte, Prägungen und Überzeugungen. Ob lediglich soweit diese im Konflikt eine Rolle spielen oder auch darüber hinaus, liegt hier im Ermessen des Betrachters. Im vertraulichen Gespräch mit einem Gegenüber oder im Inneren Dialog bezieht sie vielleicht auch eigene Glaubenssätze mit ein. In der Mediativen Kommunikation trägt sie bei zur Klärung des Eigenanteils im Konflikt und zur Bewusstmachung des jeweiligen Beziehungsbeitrags, den eine Person im Miteinander stellt (3.1).

Ein Konflikt hat immer innerseelische und zwischenmenschliche Aspekte. Daher findet sich Selbstklärung auch eingebunden in die Konfliktbearbeitung im Rahmen des Zweier- oder Dreiergesprächs. Wenn die Beteiligten nacheinander den Konflikt darstellen, klären sie ihn dabei auch für sich selbst. Es kann sehr unterschiedlich sein, wie tief diese Klärung geht: Man kann nach der individuellen Sichtweise des Einzelnen fragen und sich dabei auf den konkreten Kontext des Konflikts begrenzen. Genauso ist es möglich, Hintergründe und die Ursachen seiner Entstehung sowie dessen Auswirkungen auf das Offensichtliche, Äußere oder Innerseelische zu beziehen. Selbstklärung ist die Eigenanalyse eines Konflikts oder einer Situation. Sie erstreckt sich auf das Herausfiltern der eigenen Gefühle und Bedürfnisse, der Interessen, Erwartungen und Motivationen im Verhalten, in einer Situation (3.1/3.3). In der Selbstklärung finden die Einzelnen ihren Standpunkt. Ohne ihn fehlt die nötige Konzentration, auch den anderen wahrzunehmen. Besondere Wichtigkeit kommt der Selbstklärung im Zusammenhang mit der personzentrierten Haltung der Mediativen Kommunikation zu: Die Hilfe zur Selbstklärung bedeutet hier eine Förderung der Entwicklung zur Authentizität.

Methoden der Selbstklärung finden Sie in diesem Buch bereits an einigen Stellen. So zum Beispiel in den diversen Übungen zur Reflexion. Auch das MindMap (4.3) hat in Anwendung auf ein Thema, zu dem man seine eigenen Gedanken und Positionierungen schriftlich nachvollziehen kann, einen deutlich selbstklärenden Effekt. Auch die Gewaltfreie Kommunikation und die Vorbereitung zur Verhandlung, die Entwicklung der Besten Alternative im Harvard-Konzept sind zu einem großen Teil zur Klarifikation in Bezug auf sich selbst gedacht. Der abschließende Teil dieses Buches birgt ein Kapitel, in dem es darum geht, wie sich Mediative Kommunikation insgesamt zur Selbstklärung anwenden lässt (5.1). Hier lässt sich diese Ansammlung ergänzen durch hilfreiche Ansätze aus dem Selbst-Coaching oder der Selbst-Supervision und der Meditations- beziehungsweise Retreat-Arbeit.

Von Krakeln, Morgenseiten und künstlerischen Stelldicheins

Es gibt ein reichhaltiges Angebot an Formen und Methoden, sich in konfliktbehafteten Situationen Gefühle und Gedanken ‚von der Seele zu schreiben'. Man kann es direkt zu einem Thema tun, wie in der vorangegangenen Wertschätzungsübung (2.4). Man kann auch nach Gefühl in einem Strich mehrmals über ein Blatt Papier fahren und die vielen Innenräume des entstandenen Krakels (Abb. 9) dann intuitiv mit Worten oder Farben, kleinen Zeichnungen, Pfeilen oder Ähnlichem versehen.[139] Dies ist ein Weg, um mit dem Innerseelischen in Verbindung zu kommen. Gefühle derart auszudrücken, hat häufig einen befreienden Effekt. Wenn sie auf einem Blatt Papier Gestalt annehmen, dann verdeutlicht dies in ihnen das Muster. Dies zeigt manchmal auch ausgediente Vorstellungen, Meinungen und Verhaltensweisen. In jedem Fall ist es eine Form des Perspektiv- und Ebenenwechsels. Häufig stellen solche intuitiven Visualisierungen auch Wegweiser dar: Sie zeigen auf Entwicklungen, die der aktuellen Situation, den neu gewonnenen Gefühlsebenen angemessener als die alten sind.

Eine Möglichkeit, konstant durch kreatives Schreiben für Selbstklärung zu sorgen, ist das tägliche Schreiben von Morgenseiten. Damit ist gemeint, dass man direkt nach dem Aufstehen drei A4-Seiten mit den ungefilterten Gedanken füllt, die einem durch den Kopf gehen.[140] Man startet ‚gedankengelüftet' und sortiert in den Tag und kann sich dadurch viel klarer auf das konzentrieren, was man eigentlich will. Zwischen den Zeilen über den voll geregneten Balkon oder den schon wieder kalt gewordenen Kaffee finden sich im Text zusammenhanglose Bemerkungen. Bei Martin ist vielleicht zu lesen: „Ich fühle mich nicht wohl mit der neuen Arbeitssituation." Und bei Lisa: „Ich brauche einfach mehr Freiraum in meiner Beziehung." Das Aufschreiben bietet eine Möglichkeit, aktuellen Bedürfnissen auf die Spur zu kommen, deren Bewusstwerdung und Umsetzung zu unterstützen. Durch das Aufschreiben kann man Gedanken, Gefühle und Wünsche entdecken, wo sie sonst vielleicht im Wust der Gedanken untergehen.

Zur gleichzeitigen Anregung der Kreativität empfiehlt die Künstlerin und Retreat-Leiterin Julia Cameron, von der auch die Idee der Morgenseiten stammt, ein wöchentliches künstlerisches Stelldichein. Dies kann ein Nachmittag im Wald oder ein zweistündiges Stöbern im Antiquitätengeschäft genau wie ein Besuch im Museum, Autohaus oder Musikladen sein. Wichtig ist dabei, dass man frei ist, das zu tun, wonach einem gerade ist. Sinn des Ganzen ist, die Gedanken sich sortieren zu lassen und sich dabei sozusagen zu defragmentieren. Mit seinem Computer sollte man dies bei ständiger Benutzung schließlich auch mindestens einmal pro Woche tun, damit er aus allem vorhandenen Material die sinnvollste Ordnung herstellen kann. Ein künstlerisches Stelldichein wirkt ähnlich: Denkblockaden werden gelöst. Es entstehen neue Ideen, die im Alltag und gerade in den aktuellen Konflikten weiterhelfen. Schon ein halbstündiger Spaziergang zur Arbeit kann einen solchen Effekt haben, soweit man dabei nicht bereits Jobinhalte durchdekliniert. Genauso verhält es sich mit körperlicher Bewegung: Dass man dabei auch Bewegung in seine Gedanken bringt, betonen Methoden wie das Brain Gym (Gehirn-Gymnastik) oder gedankliches Feng Shui. So räumen viele Menschen beispielsweise auf, trainieren oder putzen, wenn sie ein Problem beschäftigt, das dringend zu lösen ist. Ein deutliches Indiz dafür, dass nach außen verlagerte ‚Übersichtlichkeitsbeschaffung' auch Selbstklärung mit sich bringt.[141]

Die Methode des Emotional Clearing

Das Emotional Clearing ist eine Methode, um mentale und emotionale Probleme gezielt zu lösen. Sie werden so angegangen, wie sie entstanden sind. Dahinter verbirgt sich die Erkenntnis, dass die Psyche immer von innen nach außen wirkt. Hinter einem Problem steht also ein ursprüngliches diffuses, unstimmiges Gefühl, das sich unbewusst belassen zur jeweiligen Problematik ausgewachsen hat. Mit den daraus resultierenden Schwierigkeiten konfrontiert, versuchen die meisten, es wieder wegzudrängen: das Gefühl loszuwerden, was die Unstimmigkeit bewirkt. Aber es lässt sich meist auch mit Mühe und Cleverness nicht verscheuchen.

Das Emotional Clearing ergründet stattdessen diese Emotionen. So wird nicht nur das augenscheinliche Problem, sondern es werden auch eventuelle damit zusammenhängende, bedingende Verschiebungen ins Blickfeld gerückt: Es kann sein, dass das Gefühlte nicht einmal ursprünglich das Eigene ist. Dass man es von jemandem übernommen hat. Genauso kann es passieren, dass sich Gefühle auf das Gegenüber übertragen. Das wurde im Zusammenhang mit dem Thema Wut bereits erklärt[142] (3.3). Das Emotional Clearing leitet schrittweise dazu an, die ursprünglichen Emotionen bei sich selbst herauszufinden. Es wird danach gesucht, was zu einem Verhalten oder einem Befinden in der Gegenwart geführt hat. Dabei wird davon ausgegangen, dass die Psyche effektiver und intelligenter ist, als man ihr gemeinhin zutraut. Sie verhält sich stimmiger, als es intellekt- und verstandesmäßig gesteuert möglich ist. Wenn ein Mensch beispielsweise davon überzeugt ist, sich etwas Gutes zu tun, und er trotzdem mit innerer Abwehr reagiert, dann ist dies Ausdruck dessen, dass seine Psyche dabei den Vorrang behält. Sie stellt sich gegen Ansätze und methodische Hilfestellungen, die ihr nicht gerecht werden. Bereits angesprochen wurde ja schon die Unmöglichkeit, jemandem eine Lösung aufzudoktrinieren, die für ihn keine Lösung ist. Dies gilt im Konflikt wie im Alltag: Er wird sie so lange nicht wirklich als Lösung empfinden, bis eine ihm innerlich angemessene Variante gefunden ist.

Das Emotional Clearing beruft sich auf die Selbstheilungskräfte beziehungsweise die „Lösungskräfte", die dem Inneren eines Menschen zur Verfügung stehen. Dieser Grundsatz findet sich auch in dem Verfahren, die Konfliktparteien als Expertinnen für ihren eigenen Konflikt zu akzeptieren. Ob nun dabei oder bei der Beschäftigung mit dem eigenen Inneren gilt der Grundsatz, weder manipulierend noch behandelnd, therapierend, beeinflussend, ein- oder übergreifend zu sein. Vorschläge oder Interpretationen gehören in diesen Rahmen ebenso wenig wie pädagogische Ansätze oder die bereits erläuterte ‚Rettermanie'. Erst in der ihr tatsächlich gewährten Freiheit kann die Psyche ihre Intelligenz ungehindert ausschöpfen. Sie kann Lösungen konstruieren und eventuelle Blockaden überwinden. Ein deutliches Beispiel, an dem dieser Effekt zu beobachten ist, ist die Beobachtung, dass viele durchaus kommunikative Menschen in schwierigen Situationen erstarren oder blockieren und erst außerhalb der Anspannungssituation wieder einen klaren Gedanken fassen können (3.5). Wird jemand beispielsweise gemobbt, dann hat seine Psyche keinen Handlungsraum. Wie zerstörerisch und blockierend dies ist, ist wohl jedem klar, der auch nur ansatzweise solch eine Situation erfahren hat: Wer kann schon gut arbeiten, wenn ihm jemand genau und gnadenlos auf die Finger guckt? Wer fühlt sich wohl, wenn er etwas vom Boden aufheben muss und ein so genannter ‚Miesmensch' aggressiv oder stur beobachtend darauf herabguckt? In solchen Situationen steckt so viel Abwertung, dass man sich nicht wohl und frei fühlen kann. Man verschließt sich innerlich, weil dies zum Schutzprogramm eines Menschen dazugehört. In den vielen begrenzenden Strukturen des Alltags wird bei weitem nicht alles genutzt, was einem Menschen insgesamt an Geisteskraft zur Verfügung steht. Das kreative Schreiben und andere Kreativtechniken nutzen die völlige Freiheit, um Blockaden aufzulösen, die Intelligenz der Psyche auszuschöpfen.

Wenn man beginnt, das innere Potenzial zu entfalten, dann ist es normal, dass man sich erst an die freien Räume der Psyche gewöhnen muss. Es kann passieren, dass man plötzlich so viele Gedanken im Kopf hat, dass man sie gar nicht fassen kann. Das Emotional Clearing geht mit Gefühlen und Gedanken wertschätzend um: Es rät, in die Ursprünge weit genug einzutauchen, um das Problem erkennen und ganz erfahren zu können. Es gibt keine universalen Gesetze für die Wahrnehmung von einer Situation, die beteiligten Gefühle und Gedanken. Die Gemeinsamkeiten zwischen Menschen finden sich in der Auswahl, die zur Verfügung steht. Die Ausprägung und Anwendung ist individuell. Daher ist ein Problem auch erst nachhaltig zu klären, wenn es individuell gerecht werdend angegangen wird. Das Grundkonzept zum Emotional Clearing ist der ressourcenorientierte Ansatz, die Intelligenz in einem Problem zu entschlüsseln, statt es verschwinden lassen zu wollen[143] (3.0). Auch die Mediative Kommunikation tut dies in ihrem Konzept. Sie geht davon aus, dass derjenige, der den Konflikt in seinen Strukturen begreift, daraus nachhaltig Energie und Klarheit schöpfen kann. Wenn man ihn dagegen ausschließlich oberflächlich betrachtet und bearbeitet, dann kostet er einen mehr Energie. Auch Klarheit büßt man dabei meist noch ein. Vor allem, wenn der Konflikt sich dann auf untergründige Sphären verschiebt und sich in vielen kleinen Ärgernissen tarnt, die man schon bald nicht einmal mehr zuordnen kann (3.1).

Das gilt für einen äußeren genau wie für einen inneren Konflikt. Die Mediative Kommunikation stellt ein recht kompaktes Modell, dem Eigentlichen auf den Grund zu gehen. Sie enthält eine Auswahl von Methoden, die wohl für jeden etwas bereithält, der sich einmal entschieden hat, die Hintergrundhaltung einzunehmen. Und wenn einem dann doch noch etwas fehlt, dann lädt sie ein, diesen speziellen Bedarf mediativ herauszufiltern und ihr hinzuzufügen, wodurch sie sich hilfreich vervollständigen lässt. Auch hier gilt es, situationsgerecht und individuell auszuwählen, was angemessen erscheint. Es geht bei der Selbstklärung darum, sich besser kennen zu lernen.[144] Vor allem im Hinblick auf die eigenen Gedanken, Gefühle, Bedürfnisse und Wünsche im Konflikt. Darum, sich die eigenen Wahrnehmungs-, Interpretations- und Bewertungsgewohnheiten bewusst zu machen, um sie von dem abgrenzen zu können, was andere in eine Situation einbringen. Es gilt, die eigenen Bedürfnisverschiebungen zu reflektieren und gegebenenfalls gerade zu rücken. Oder sie zumindest klar vor Augen zu behalten, soweit man dazu fähig ist. Dies ist es, was das Emotional Clearing unterstützt. Die Ausführungen zur Mediativen Selbstklärung, dem Herausfiltern von Interessen und Bedürfnissen bei sich selbst, befassen sich weiterführend damit, wie das in Anwendung der Mediativen Kommunikation genauer aussehen kann (5.1).

5. Die situationsgerechte Kombination für den Alltag – ein Ausblick in die Anwendung Mediativer Kommunikation

In den vorangegangenen Buchteilen wurden die grundlegenden Elemente zur Mediativen Kommunikation dargestellt und mit Hilfe einiger Methoden zur Gesprächsführung ergänzt. Wie erwähnt, ist das beschriebene Handwerkszeug durch zusätzliche Elemente aus Psychologie, Kommunikationswissenschaften, Mediation und anderem Konfliktmanagement und deren Methoden im Gepäck zu erweitern. Vor allem in den neueren praktischen Ansätzen, beispielsweise im NLP, der Transaktionsanalyse oder den vielen Pfaden, die Systemische Ansätze beschreiten, findet sich zusätzliches hilfreiches theoretisches und methodisches Material. Hinweise darauf geben die Verweise auf Literatur im jeweiligen Zusammenhang. Sie vervollständigen im Selbststudium das Wissens- und Handlungsspektrum im Hinblick auf ihre Anwendung. Auch themenbezogene Seminare vertiefen selbstverständlich die Praxis. Es gibt sie zum Thema Kommunikation, Konfliktmanagement, Mediation oder Verhandlung im Allgemeinen wie auch speziell zur Personzentrierung, zum Umgang mit dem Inneren Team, zu Gewaltfreier Kommunikation oder zum Verhandlungsansatz des Harvard-Konzeptes. Auch das Angebot in Mediativer Kommunikation ist beständig dabei, sich zu erweitern. Die Erlebnisebene ist eine der grundlegenden Möglichkeiten, Erfahrungen zu sammeln und Kompetenzerweiterung zu stabilisieren.

Wie sich die Übung in Mediativer Kommunikation bemerkbar machen kann

Die Übung in Mediativer Kommunikation macht sich unter anderem dadurch bemerkbar, dass eine Person plötzlich fähig ist, mit Situationen umzugehen, die sie sonst als schwierig oder unlösbar wahrgenommen hat. Wenn jemand sich in Selbstmitleid oder Verallgemeinerungen verliert, stellt sie plötzlich konkretisierende Fragen, die das Gegenüber dazu anregen, Verantwortung für das eigene Verhalten, die eigenen Gefühle und Bewertungen wahrzunehmen. Genauso kann es passieren, dass sich eine solche Frage in den inneren Dialog einschleicht, wenn man selber dieser jemand ist. Wer sich mit diesen Fragen konfrontiert sieht, kann dann immer noch die Augen verschließen und sich weigern, die Selbstverantwortung tatsächlich zu übernehmen. Aber die Situation ist zumindest geklärt. Die Gefahr, sich in Manipulationsfallen und Rechtfertigungsschleifen zu verfangen, ist verringert. Auch das Retterkostüm bleibt im Schrank. Das Drama im Täter-Opfer-Verfolger-Dreieck muss keine Neuauflage erfahren (2.5).

Wenn jemand seine eigenen Empfindungen dahinter versteckt, dass er sich auf andere bezieht, hilft der Ansatz der Personzentrierung und das klärende Handwerkszeug der Gewaltfreien Kommunikation. Einem „Ich weiß, dass viele andere das genauso sehen wie ich" kann man aus diesem Blickwinkel mit Empathie und Wertschätzung begegnen. Es ist möglich, dann zu formulieren, dass hier die Konzentration auf dem Einzelnen liegt, weil dieser wichtig ist in all seiner Individualität. Und dann kann man die Person bitten, ihre eigenen Gedanken mitzuteilen. Durch Aktives Zuhören kann man ihr dann einen Rahmen bieten, der durch Zusammenfassungen und Klarifikation die Befürchtung, sich selber bloßzustellen, begrenzen lässt. Vor allem in einer Gruppe ist es ein deutlicher Unterschied, ob jemand allein am Stück vor den anderen redet oder ob eine weitere Person unterstützend mit ihm zusammen spricht. Er hat dann jemanden, der hinter ihm steht und muss sich nicht durch Verallgemeinerungen die Gruppe vermeintlich stärkend in den Rücken reden. Wenn jeder für sich selber spricht, dann erhöht dies die Wahrscheinlichkeit wirklichen gegenseitigen Verständnisses. Interpretationen werden leichter sichtbar und können auf ihre Übereinstimmung mit dem Gemeinten hin überprüft werden.

Ebenso verhält es sich in der Konfrontation mit Vorwürfen. Das Wissen darum, dass sich hinter jedem Vorwurf ein unerfülltes Bedürfnis verbirgt, lässt mit Hilfe der Vier-Komponenten-Kommunikation Einfühlung geben und das Eigentliche erfragen. *Wenn Lara in einen Streit zwischen ihrer Freundin Anna und ihrem Sohn Paul platzt, während der gerade sagt: „Du bist nie da, wenn ich dich brauche!" und beide Lara fordernd ansehen, als wenn sie nun Position beziehen sollte, dann kann Lara dies umgehen, indem sie in feststellendem Ton zusammenfasst: „Du wirfst also deiner Mutter gerade vor, dass sie nicht für dich da war." Und Lara kann weiterfragen, worauf sich dieser Vorwurf bezieht und wie sich Paul dabei gefühlt hat. Wenn er dann zu reden beginnt, dann kann sie nach den Komponenten der Gewaltfreien Kommunikation weiterfragen, was Paul denn braucht, wenn er sich so fühlt. Und schließlich kann sie sich mediativ dem Gegenüber, also Anna zuwenden und fragen: „Was löst das bei dir aus, wenn du das hörst?" Statt Türenknallen und einer den Rest des Abends niedergeschlagenen Freundin entsteht ein interessantes Gespräch, das sich bestimmt zu Ende führen lässt, bis Paul zu seiner abendlichen Verabredung aufbricht.*

Anstatt sich dann am nächsten Morgen im Büro gleich von der Sekretärin abfangen zu lassen und anhand ihrer Suggestion in Frageform („Ist das nicht völlig unverantwortlich, so etwas ohne Zustimmung der anderen zu tun?") mit einem Ja oder Nein verwickeln zu lassen, kann Martin das Wahrgenommene in einem Gefühlsangebot verbalisieren. Er fasst vielleicht zusammen: „Es macht Sie sauer, weil Sie nicht gefragt hat?" und eröffnet ein ein-

fühlsames Gespräch. Martin kann dann herausfinden, was eigentlich konkret passiert ist und was an dem Ganzen die Empfangssekretärin so in Rage bringt. Ohne sich dabei unheilvoll verwickeln zu lassen. Sogar wenn diese vor Gefühl zu platzen droht, wenn ihr schon die Haare zu Berge stehen und der Kopf sich gerade tiefrot färbt, kann es sein, dass dies schlagartig besser wird, wenn Martin anerkennend verbalisiert: „Sie sind wütend." Selbst wenn die Sekretärin dies bereits gerade selbst schreiend verkündet hat. Die Verdeutlichung dessen, dass bei Martin bereits klar angekommen ist, wie es ihr gerade geht, wirkt insofern beruhigend, als dass sie es ihm dann nicht mehr zeigen muss. Sie kann dann dazu übergehen, ihr Gefühl zu leben und damit umzugehen. Das Auffällige und Pompöse in der Darstellung ist oft ein Showeffekt, der dafür Sorge tragen soll, dass es der andere auch mitbekommt.

Die Übung in Mediativer Kommunikation wirkt sich sowohl im Privatleben als auch bei der Arbeit aus. Es gelingt, anhand zahlreicher Herausforderungen ruhig zu bleiben und aktiv zuzuhören. In der Metaposition entsteht eine hilfreiche, handlungsbefähigende Distanz, die die Allparteilichkeit wahrt. Ob nun zwischen verschiedenen Konfliktparteien oder in Bezug auf das Gegenüber und sich selbst. Im Falle von Kritik ist es möglich, beweglich zu bleiben und die Verantwortung zurückzugeben, statt sich vor den Kopf stoßen zu lassen. *Martin kann in seinen Teamsitzungen dann einfach fragen: „Haben Sie einen anderen Vorschlag?", „Was brauchen Sie denn?" oder in einer Gruppensituation: „Wie denken denn die anderen darüber?" Im Anschluss daran bleibt ihm die Coolness eines transparenten „Ich tue das, weil ...". Statt einer überflüssigen Rechtfertigung folgt lediglich eine Erklärung an die Beteiligten.*

Wenn Gerald Bertram zum zehnten Mal in fünf Minuten unterbricht (und das ist für viele eine Herausforderung), dann kann er dies erst einmal wahrnehmen und verbalisieren, statt gleich abwertend zum Moralin zu greifen und zu tönen: „So etwas macht man grundsätzlich nicht! Ist doch sonst nicht deine Art!" Vielleicht schaut Bertram auf seine Uhr und sagt freundlich: „Du, ich glaube, das waren zehn Unterbrecher in drei Minuten", wenn er Humor in die Situation bringen möchte und dabei mit der GFK ansetzen will. Danach kann er auf der zweiten Komponente zusammenfassen: „Du scheinst sehr ungeduldig zu sein." Und fragen: „Was hindert dich denn daran, mich ausreden zu lassen?" Vielleicht grinst er auch freundschaftlich und fragt: „Was ist eigentlich deine Sorge, was passieren würde, wenn du mich zu Ende reden ließest?" Es empfiehlt sich jedenfalls im Alltag häufig, solche Störungen aufzugreifen und zu identifizieren, damit die Situation sich davon befreien lässt. Wer einmal untypischer Weise angefangen hat, den anderen zu unterbrechen, der hat meist tatsächlich etwas, was ihn nicht zuhörfähig macht. Und dann kann man entweder Gehör fordern und dabei immer aggressiver oder lauter werden. Oder man greift das Problem an seiner Wurzel und macht den Weg gegenseitigen Verständnisses wieder frei.

Die Frage nach der Anwendbarkeit des Gesamtkonzeptes Mediativer Kommunikation

Bei all den bereits angeführten kleinen Beispielen und verdeutlichenden Situationen stellt sich hier nun gezielt die Frage nach der Anwendbarkeit des Gesamtkonzeptes Mediativer Kommunikation. Danach, wie sich die einzelnen Fragmente sinnreich miteinander verbinden lassen. Die Mediative Kommunikation schafft einen umfangreichen Handlungsspielraum, den jede Anwenderin, jeder Anwender individuell für sich auszuschöpfen vermag. Der folgende Buchteil wird hierzu hilfestellend einen Ausblick bieten. Dann gilt es, eigene Wege zu finden und die begangenen Trampelpfade mit zunehmender Übung zu verfestigen und zu verbreitern.

Grundsätzlich gilt es, die Haltungselemente miteinander zu einem Ganzen zu verbinden. Auf dieser Basis sind die hier ausgewählten Elemente situationsbezogen miteinander zu kombinieren. So finden sich beispielsweise in der Wirtschaft häufiger Elemente aus dem Harvard-Konzept, während für ähnliche Situationen im privaten Rahmen eher die vier Komponenten der Gewaltfreien Kommunikation herangezogen werden. Dies ist Ausdruck der Gewohnheit. Die Konzepte an sich lassen offen, sie sowohl als auch zu verwenden. Die meisten empfinden es anfänglich als einfacher, eine Methode nach der anderen auszuprobieren. Sie entwickeln so ein Gespür für die voraussichtlichen Erfolge und die Chancen, die darüber hinaus offen stehen. Genauso wie für die Eigenproblematik, die eine Person mit einer bestimmten Methode entwickelt sowie für die Grenzen, die diese konzeptionell hat. Jonglieren lernt man auch im ersten Schritt mit einen Ball. Genauso ist es hier: Erst eine Methode, dann zwei. Und letztendlich kann man sie alle bunt ineinander mischen, damit sich in der Kombination ein individuelles Gesamtbild ergibt.

Die Mediative Kommunikation ist in jedem Fall situationsgerecht zu verwenden. Das heißt: Es braucht vorab die Fähigkeit, eine Situation entsprechend einzuschätzen und das jeweilige Handwerkszeug so weit zu kennen, dass man es angemessen zusammenstellen kann. Das macht sich leichter auf einer sicheren Basis, aus dem gefestigten Stand eines geklärten Inneren heraus. Schließlich muss die „AG Mediative Kommunikation" erst eingerichtet und eingespielt werden (2.2/2.3). Wenn diese dann einige Erfahrungen gesammelt hat, wird es auch möglich, in der nötigen Flexibilität den äußerlichen Alltag anzugehen. Man kann beginnen, die verinnerlichte Haltung wirken zu lassen und schließlich einzelne Situationen mit Methoden der Mediativen Kommunikation anzureichern.

Wie bereits bei der Gewaltfreien Kommunikation angemerkt, empfiehlt es sich also auch im Hinblick auf die Mediative Kommunikation in ihrer Gesamtheit, sie als Erstes in Bezug auf sich selbst, zum Emotional Clearing, anzuwenden. Die damit geförderte Reflexion der eigenen Anteile und Belange bildet eine wesentliche Voraussetzung, um im Alltag schließlich mit den verschiedenen Elementen sicher zu jonglieren.

Die Praxis zeigt, dass sich dieser Ansatz sowohl subjekt- als auch objektorientiert anwenden lässt. Aus der Tradition heraus ist das Naheliegende eine Anwendung im zwischenmenschlichen Rahmen: Mediative Kommunikation zwischen Einzelpersonen oder/und Gruppen. Die einzelnen Elemente werden aus ihrem ursprünglichen Setting gelöst und situationsbezogen angewandt. Über die traditionelle Anwendung auf Subjekte hinaus kann die Mediative Kommunikation ebenso auf Objekte erweitert angewandt werden. Dieser Teil des Buches bietet eine Art Sprungbrett für das Probieren und Anwenden der Mediativen Kommunikation. Er begrenzt sich auf das wegweisende Aufzeigen von Richtungen. Die Beschreibung der Wege, das Erstellen einer Landkarte sei nachfolgenden Projekten überlassen. Dass der Anwendungsbereich Mediativer Kommunikation flexibel in Bezug auf die Anzahl beteiligter Personen ist, wurde anhand der Vielfältigkeit im Methodenkoffer und den weiterführenden Verweisen ja bereits deutlich. Dieser Buchteil bezieht sich zur Förderung der Nachvollziehbarkeit allerdings schwerpunktmäßig auf den Rahmen von ein bis drei Personen. Die Vielzahl der Bemerkungen ist auch auf einen größeren Rahmen zu transferieren.

5.1 Die subjektorientierte Anwendung von Mediativer Kommunikation

Die subjektorientierte Anwendung von Mediativer Kommunikation ist deren traditionelle Form. Ähnlich wie in der Mediation und in anderen konfliktmanagenden Ansätzen ist die Grundsituation ein Gespräch oder eine Streitsituation. Typischerweise findet sich eine mediativ Kommunizierende dann in der mittleren Position wieder. Sie ‚sitzt zwischen den Stühlen' und muss aufpassen, dass sie weder von der einen noch von der anderen Seite herunterrutscht. Es kann sich dabei durchaus auch um eine oder mehrere Gruppen handeln. In diesem Buch wurden bereits diverse Beispiele aus dem privaten wie beruflichen Umfeld benannt, die die Anwendung und Wirkungsweise der einzelnen Ansätze verdeutlicht haben. Wie dies in seiner Gesamtheit aussehen kann, macht sich der Leserin, dem Leser auf der Erlebnisebene mit zunehmender Übungspraxis facettenreich erfahrbar. Schon für genug Raum zu sorgen, der es den Beteiligten möglich macht, ihren Konflikt vollständig und ohne Unterbrechung darzustellen und dann nachhaltig zu lösen, ist eine mediative Intervention. Und in der Regel ist man dazu motiviert und in der Lage, wenn man sich selbstklärend und ausführlich mit den Inhalten dieses Buches auseinander gesetzt hat.

Mediative Kommunikation aus der Position des vermittelnden Dritten

In der Position eines vermittelnden Dritten gilt es, den Prozess zwischen den beiden Konfliktbeteiligten aufmerksam zu begleiten. Eine Person nach der anderen erzählen zu lassen, worum es ihr denn grade geht. Im beständigen Aktiven Zuhören kann sich ein mediativ Vermittelnder leicht an den ersten drei Komponenten der Gewaltfreien Kommunikation entlanghangeln. In Kopf und Gefühl behält er dazu den theoretischen Hintergrund aus dem gleichnamigen Kapitel, der das Herausfiltern von beteiligten Gedanken und Gefühlen, Interessen und Bedürfnissen sinn- und ergebnisreich macht. Im Zusammenfassen und Verbalisieren kann dann eine Person nach der anderen von ihm erfahren, was es heißt, in ihren Anliegen wertschätzend gehört zu werden. Das dabeisitzende Streitgegenüber kann sich anhand dessen entspannen, dass der mediative Mittler dabei allparteilich bleibt. Es ist für ihn nicht notwendig, sich zu positionieren. Er weiß, dass es lediglich um Verständnis, nicht um Einverständnis geht.

Wenn er die Bedürfnisse und Interessen so weit gesammelt hat, dass sie viel greifbarer sind als die ursprünglichen Positionierungen, dann kann er es sich bequem und in gutem Gewissen einfach machen und die gemeinsamen Interessen betonen. Dies ist für alle Beteiligten der leichteste, ertragreichste und motivierendste Weg. Der vermittelnde Dritte kann nun das Harvard-Konzept heranziehen und die Beteiligten dazu anleiten, Optionen zum beidseitigen Vorteil zu entwickeln. Vielleicht unterbricht er an dieser Stelle auch erst einmal das Gespräch. Der Tunnelblick der Streitenden hat sich ja bereits dem Licht geöffnet. Sie können sich nun auch selber daranmachen, beispielsweise die verhandlungsvorbereitende Tabelle (3.4) auszufüllen. Unter entsprechender Hilfestellung von Seiten Dritter können die beiden stattdessen auch mit Hilfe des Brainstormings oder anderer Kreativitätsmethoden Ideen und Möglichkeiten entwickeln, wie man den einzelnen Interessen und Bedürfnissen gerecht werden kann. Vielleicht erstellt der mediative Mittler mit ihnen auch ein MindMap und clustert[145], punktet oder markiert darin dann die Hauptwege, die zu einer Lösung führen. Er kultiviert also gemeinsam mit den Verstrickten schon mal auf der gedanklichen Landkarte, wie sich die zugrunde liegende Realitätslandschaft strukturieren lässt (4.3).

Für welche dieser oder der vielen weiteren Möglichkeiten sich der mediativ Vermittelnde auch entscheiden mag: Er beschreitet zusammen mit den Streitenden den Weg von den herausgefilterten Interessen bis hin zu deren Umsetzungsmöglichkeiten. Das Harvard-Konzept bietet einen Ansatz, sie so zu verhandeln, dass sich mit großer Wahrscheinlichkeit die erreichten Ergebnisse letztendlich als zufrieden stellend erweisen: sowohl menschlich als auch dem Streitgegenstand (der Sache, um die es geht) angemessen.

Wenn dies trotz allseitiger Bemühungen nicht möglich wird, dann weiß der vermittelnde Dritte, dass er das nicht persönlich nehmen muss. Er ist reflektiert genug, um der Falle zu entgehen, eine Schuldfrage daraus zu machen oder aber mit Kränkung zu reagieren. Er ist ein mediativ Kommunizierender und kein Retter. Denn das heißt, dass er auch dann noch Aktiv Zuhören kann, wo das Geschehen für sich selber spricht. Er kann die aktuelle Lage zusammenfassen, so wie sie sich ihm darlegt. Und da alle drei Problemlösende sind, können sie sich dann gemeinsam daranmachen, mit der Situation entsprechend deren individuellen Erfordernissen umzugehen. Die Hintergrundhaltung der Mediativen Kommunikation beeinflusst auch die Atmosphäre in der Konfliktlösungssituation. Aus den beiden Streitparteien sind inzwischen Problemlösepartner geworden. Im mediativen Agieren hat der vermittelnde Dritte diese höchstwahrscheinlich mehr zum wertschätzenden Umgang mit sich selbst, dem Gegenüber und der Situation angeleitet, als sie selbst registrieren konnten. Und das bestätigt ihn mit dem Effekt der zirkulären Verstärkung (Abb. 21), weil er sich bereits bei der Einnahme der mediativen Haltung dazu entschlossen hat, auf ein positives Menschenbild und dessen prozesshafte Wirkung zu vertrauen (2.0).

Wie auch immer sich das Ergebnis schließlich abzeichnet: Zu dritt werden schriftlich die Ziele ausgearbeitet, die es in dessen Sinne anzustreben gilt. Wie das in wenigen Satzbauelementen vollständig und motivierend gehen kann, wurde ja bereits erläutert (4.5). Der vermittelnde Dritte kann also im Hinblick auf die Ergebnisformulierungen der beiden anderen darauf achten, dass diese unmissverständlich, konkret und im Rahmen ihrer eigenen Möglichkeiten erreichbar sind. Er kann daraus Richtlinien zum besseren Umgang miteinander machen oder auch klare Schritte auf dem Weg eines endgültigen Auseinandergehens. Hat er seine bewertenden Stempel zuhause gelassen, dann gerät er hierbei nicht in Versuchung, danach zu greifen. Er kann stattdessen akzeptieren, dass das Resultat die individuelle Lösung ist, die die Beteiligten mit- und füreinander gefunden haben. Wie immer es auch aussehen mag. Und wenn ihm dies auch am nächsten Morgen noch im Kopf herumgeistert, dann hat er ja seine Morgenseiten und die anderen Möglichkeiten zum Emotional Clearing. Er kann dies selbstverantwortlich als seinen ‚eigenen Senf' betrachten (3.2) und ‚hat damit dann nicht nur den Salat', sondern kann ihn quasi auch noch so weit auslöffeln, dass er damit seine Selbsterkenntnis nährt.

Besonders wenn einem mediativen Dritten eine Lösung völlig unbegreiflich ist, dann ist dies jedoch nicht immer leicht. Er kann dann davon ausgehen, dass er wieder auf eines seiner Lernfelder gestoßen ist: Diese ermöglichen es einem Menschen, sich seiner eigenen Gefühls-, Denk- und Handlungsmuster, den eigenen Bedürfnissen, Wünschen, Träumen, Zielen und Werten ein weiteres Stück bewusster zu werden. Die Position des vermittelnden Dritten erfordert besonderes Fingerspitzengefühl. Aufgrund der fehlenden äußeren Stabilität braucht es zumindest innere Sicherheit. Wie man mit Hilfe der Mediativen Kommunikation Halt und Standfestigkeit finden kann, wurde bereits an einigen Stellen des Buches beschrieben (3.1/3.3/3.4). Das folgende Kapitel wirkt vertiefend, um die Anwendung der Mediativen Kommunikation im Alltag zu erleichtern.

Mediative Selbstklärung: Herausfiltern von Gefühlen, Bedürfnissen und Interessen bei sich selbst

Mediative Kommunikation hat, wenn sie zum Emotional Clearing eingesetzt wird, den Anspruch, mit Hilfe einer Veränderung der persönlichen Einstellung die arbeitsbedingten oder privaten Belastungen zu verringern. Es ähnelt darin Konzepten wie der Selbst-Supervision, dem Selbstcoaching und weiteren Ansätzen des Selbstmanagements[146]. Entsprechend des sich in den letzten Jahrzehnten wandelnden Menschenbildes rückt es den Selbsthilfegedanken in sein Zentrum. Dieser erfordert ein hohes Maß an Selbständigkeit und Selbstverantwortung. Grundlegend ist die Bereitschaft zur Reflexion eigenen Verhaltens und eigener Gefühlsprozesse. Im Hintergrund steht die humanistische Idee vom Menschen als selbstbestimmtes, eigenverantwortlich handelndes, entwicklungsfähiges Wesen, das fähig ist, Lernen und Veränderung systematisch und gezielt selbst zu initiieren (2.0). Genau wie im Umgang mit den Komponenten der Gewaltfreien Kommunikation (3.3) ist es wichtig, die Grundideen der Personzentrierung (2.4) dabei nicht aus den Augen zu verlieren:

Mediative Selbstklärung bedeutet, all das, was im Buch bereits an Klärungselementen auf das Gegenüber angewandt wurde, bei sich selbst zu tun. Die Bedeutung dessen zeigt sich bereits an der anfänglich gewöhnlich großen Schwierigkeit, die Metaebene einzunehmen. Sein inneres Team zu definieren ist Selbstklärung, ein Herausfiltern von Bedürfnissen und Interessen bei sich selbst. Ob es sich nun um große oder kleine Konflikte handelt: Sie sind mit klärenden Methoden empathisch, wertschätzend und in der notwendigen Offenheit anzugehen. Es eröffnen sich die dahinter liegenden Gefühle, Glaubenssätze, Bedürfnisse, Werte, Interessen: der verborgene Teil des Eisbergs, die einzelnen Mitglieder des Inneren Teams oder in welchem Bild man dies auch immer betrachten möchte. Emotional Clearing ist in dem Sinne ein Metakonzept: Es vergegenständlicht Emotionen und personifiziert Gedanken, um mit ihnen besser umgehen zu können. Innerlich werden drei Schritte zurückgegangen, um dann das Vorhandene aus dem hilfreichen Abstand überblicken oder durchschauen zu können.

Das Krebsverfahren: Drei Schritte zurück, um vier voran zu gehen

Die Wut ist ein Gefühl, das im Zusammenhang mit Konflikten im gesamten Buch wohl am häufigsten herangezogen wird. Das liegt daran, dass sie von den meisten als bedrohlich wahrgenommen wird und bisweilen heftigste Reaktionen herausfordert. Auf ihr entsprechendes Imageproblem wurde bereits eingegangen (3.3). *Anna fühlte sich beispielsweise wütend, als Gabriele ihr nach einem Vortrag sagt, sie hätte sie ungewöhnlich nervös gefunden.*

***Schritt eins** im mediativen Umgang mit dieser Situation besteht in der Bereitschaft, sich das Vorhandene anzusehen, ohne durch die Brille der eigenen Bewertungen zu schauen. Abstand zu nehmen von der Gewohnheit, Wut als etwas Schlechtes abzulehnen (2.3). So kann Anna sie erst einmal als solche da sein lassen, statt sich aus Scham oder schlechtem Gewissen zu verbieten, ihr Gefühl überhaupt zu beachten und näher anzuschauen.*

***Schritt zwei** eröffnet die Möglichkeit auf eine vollständige Betrachtung, die auch das mit einbezieht, was Anna am liebsten nicht als zu sich selbst gehörig zählt. Sie nimmt dann wahr, dass sie sogar einen ganzen Berg an Wut in sich hat. Und dass sich damit viele unschöne Gedanken, aggressive und zerstörerische Impulse, vielleicht sogar Hass verknüpfen.*

***Schritt drei** zeigt die Perspektive der jeweiligen Umfeldbedingungen, der situativen Elemente. Er ermöglicht die Betrachtung des Gefühlsfundamentes im ‚Globe' (3.1). Aus diesem Abstand wird Anna klar, in welchen Situationen sie so wütend wird und dass es ihr im Rahmen von anderen Menschen und Gegebenheiten nicht so geht. Ihr fällt vielleicht auf, dass sie solch eine Wut nur so stark empfindet, wenn sie sich in Gabriele einer Person gegenüber sieht, die sehr viel jünger ist als sie und (nach den Maßstäben ihrer Wertung) viel mehr erreicht hat. Im bewussten Blick auf den jeweiligen Anlass ihrer Reaktion, den Kontext, in dem ihr momentanes Sein steht[147], liegt für Anna die Chance, herauszufinden, dass sich hinter ihrer Wut Eifersucht, Neid oder Angst verbergen. Und dass sie die Rückmeldung von Gabriele daher so in Rage bringt.*

Anna ist es aus dem Abstand der drei Schritte also gelungen, die eigenen Bewertungen als solche zu erkennen. Das Hauptgefühl (die Wut) wurde wie in der Problemorientierung so weit analysiert, dass die zugehörigen, eigentlichen Gefühle darin entdeckt werden konnten. Schließlich wurde die Situation als Ganzes betrachtet: Es wurde beobachtet, wann und was dazu beiträgt, dass jemand so reagiert, wie er es tut. Mit Hilfe des Modells der Gewaltfreien Kommunikation können nach diesen drei hilfreichen Rück-Schritten nun in der Vier-Komponenten-Bitte wieder vier Schritte vorgegangen werden: Dazu ist vorab die Situation zu beschreiben, wie sie wahrgenommen wurde. Die bereits vollzogene Konfliktanalyse ermöglicht dies. Der Weg ist frei, um lösungsorientiert und mediativ auf ein gelingendes Miteinander zuzusteuern. *Anna würde dann beispielsweise zusammenfassen: „Wir haben uns das erste Mal gesehen, seit ich diesen Vortrag gehalten habe. Und ich höre von dir als Erstes Kritik." Und dann könnte sie sagen, dass sie dies wütend macht. Und weil Gabriele eine gute Freundin ist, sagt Anna dann vielleicht sogar, dass es sie neidisch macht, weil diese als Jüngere schon mehr Routine erlangen konnte als sie selbst. Anna könnte hinzufügen, dass sie gern Anerkennung dafür hätte, was sie gut gemacht hat. Schließlich könnte sie Gabriele darum bitten, Feedback künftig so zu geben, dass es wert-schätzend ist. Wie auch immer diese darauf reagiert, Anna ist sich so weit klar über sich selbst, dass sie sich in weiteren solchen Situationen nun bewusst und gezielt verhalten kann. Sie hat ihre Karten nun in der Hand. Sie kann agieren, statt zu re-agieren (2.3). Vorausgesetzt, sie will dies auch.*

···› Von den Ressourcen in der Selbstverantwortlichkeit

Ein Mensch betrachtet Emotionen wie die Wut also als verboten, weil seine Biographie es ihn so gelehrt hat. Genauso verhält es sich mit dem Recht auf die eigene Meinung bei Menschen, die sich grundsätzlich unterordnen müssen und womöglich kulturell oder andersartig dazu gedrängt sind, möglichst keine Meinung zu haben. Wer in seinem Leben das Motto „Von Nichtstun kommt nichts" verfolgt, verpönt vielleicht Nichtstun als Faulheit, statt es als Entspannung anerkennen zu dürfen. Sich etwas zu gönnen ist unmöglich in dem Glaubenssatz, es nicht verdient zu haben. Andere solcher oft tabuisierten inneren Elemente sind im Allgemeinen Machtphantasien, sexuelle Phantasien oder Bedürfnisse und die vermeintliche schwache Seite. *Eine solche könnte beispielsweise bei der Geschäftsfrau Lisa deren Mädchenhaftigkeit sein: Ihre zarten, einfühlsamen Seiten, die sie am liebsten gar nicht haben möchte, weil sie denkt, sich grundsätzlich sehr stark präsentieren zu müssen. Lisa arbeitet in einer renommierten Werbeagentur. Dabei präsentiert sie sich mit dem Image einer knallharten Powerfrau. Sie geht davon aus, dass sie nur mit diesem Image ihrer Stellung gerecht werden kann.* Die breite Palette von alternativen Gefühlen, Bedürfnissen, Gedanken und Verhaltensweisen eines Menschen wird also von ihm unterteilt in legitime und unerlaubte innere Anliegen. Die Grundlage dafür bilden die eigenen Erfahrungen und Ziele. Das, wovon sich jemand abgrenzen möchte und was er als sein Persönlichkeitsbild betrachten will. Wie die Einteilung in erlaubte und unerlaubte innere Impulse angelegt ist, beeinflusst das Verhalten zu anderen. Es steuert die Sympathie und Einfühlung, die ein Mensch für sein Gegenüber aufbringen kann (2.1).

Würde ‚Powerfrau' Lisa im Büro auf eine ‚Kindfrau' stoßen, würde sie diese zwangsläufig ablehnen müssen, weil sie ihr inneres Verbot, ihre eigenen mädchenhaften Seiten auszuleben, infrage stellt. Eines Tages kommt tatsächlich eine ‚Neue' mit Ringelsöckchen und Seitenzöpfen ins Großraumbüro getanzt. Und als sie auf die in ein schnittiges Armani-Kostüm gehüllte Lisa trifft, prallen dabei zwei völlig unterschiedliche Konstruktionen der Wirklichkeit aufeinander. Es stellt sich die Frage: Was ist die Agentur für eine Welt? Ist es eine kunterbunte Ideenvilla oder ein Wirtschaftsmolekül, in dem es gilt, straight Ideen zu produzieren und zu vertreten? Vielleicht ist es beides und noch viel mehr dazu[148] *(3.1/4.3). Lisa reagiert wahrscheinlich jedes Mal mit Ablehnung auf ihre neue Kollegin. Es wäre wohl für beide zu hoffen, dass die Zusammenarbeit nicht allzu intensiv gefordert ist. Jedenfalls so lange, bis Lisa den Weg hinaus aus der Unvereinbarkeit findet, der in der Bewusstwerdung liegt. In der Selbstklärung liegt für Lisa die Chance, dass sie entdeckt, wie viele Seiten es in ihrem Inneren noch zu entdecken gibt (2.2).*

Vielleicht fällt ihr ein, dass ihre Ausbilderin sie mit 19 Jahren seinerzeit davon abgehalten hat, sich mädchenhaft zu zeigen. Dann kann sie sich verbildlichen, dass dies in dem Ansinnen geschah, ihr zu einem schnelleren Berufsein- und -aufstieg zu verhelfen. Und das macht es ihr möglich, zu registrieren, dass die Realität und deren Erfordernisse jetzt andere sind. Sie kann die Vorzüge entdecken, die es hat, sich so zu verhalten, wie ihre Kollegin es tut. Und wenn sie die Zusammenarbeit als Feldstudie zur ‚Möglichkeit der Selbstvervollständigung' nutzt, dann kann diese sich als äußerst hilfreich dabei erweisen. Ohne die von Lisa durch deren Ablehnung provozierte Abwehrhaltung kann die Kollegin dies ganz ähnlich tun. Meist ist zu beobachten, dass in solchen Konstellationen beide Seiten voneinander lernen und profitieren. Die Wahrnehmung der Einzelnen kann im gegenseitigen Austausch erweitert werden. Solche Lernfelder zeigen sich meist an der spontanen Reaktion auf ein Gegenüber, an einer besonders ausgeprägten Antipathie oder Sympathie. Zu Lernfeldern zieht es einen immer wieder mit Nachdruck hin. Das sind die Wiederholungen des Alten, von denen schon die Urväter der Analyse, Freud und Jung, gesprochen haben. Oder, wie es in der Humanistischen Psychologie, in Personzentrierung oder den motivationstheoretischen Überlegungen Maslows beschrieben wird, der Drang des Menschen danach, sich weiterzuentwickeln. Die Ecken und Kanten aus den inneren Konflikten zu lösen und sie zur Vervollständigung des Menschen wieder heranzuziehen (2.1). Eine allparteiliche, wertschätzende Betrachtung des Inneren führt dazu, dass dabei die Win-Win-Perspektive eingenommen und genutzt werden kann, während Verdrängung in die Verhärtung führt.

Hier zeigt sich die Bedeutung von Geduld beim Emotional Clearing. Selbstklärung zu betreiben, setzt Offenheit und Nachsicht in Bezug auf sich selbst voraus. Bei all der Bekanntheit des grundsätzlichen Verfahrens des Erinnerns, Wiederholens und

Durcharbeitens[149] nach Freud fällt es bekanntlich dennoch schwer, zu akzeptieren, dass ein Verhalten nur über die bereits näher beschriebenen Schritte veränderbar ist (2.1). Sie sind als solche wahrzunehmen, sich einzugestehen und merkbar zu differenzieren, damit sie wiedererkannt und bewusst verändert werden können.

Ein anschauliches Bild, wie solch ein Prozess des Emotional Clearing sich in der vollständigen Betrachtung gestalten kann, beschreibt das im Folgenden abgedruckte Gedicht. Es beschreibt den Prozess der Persönlichkeitsentwicklung als Abschied vom Gewohnten, den Weg vom Haus (dem Bekannten) zum Bahnhof (dem Aufbruch ins Neue, Unbekannte).

Stolpersteinballade

Es ist Montag. Ich gehe den Weg vom Haus zum Bahnhof. Nur endlich raus aus dieser Stadt!
Ich will dieses Stück meines Lebens hinter mir lassen! Ich hasse es, ich hab es so satt!
Sehr lange, zu lange hab ich nach dem Weg gesucht.
Bleiben nur noch fünf Minuten, dann fährt der Zug!
Wenn ich renne, kann ich es schaffen. Sonst komme ich bestimmt zu spät.
Oh nein: Ein Stein. Und das mitten auf dem Weg!

Ich stolpere und falle. Nun liege ich und kann nicht mal was dafür!
Es dauert ewig, bis ich wieder stehe, mit all dem wuchtigen Gepäck.
Ich reiße mich zusammen und gehe. Doch als ich am Gleis bin, schließt sich grad die letzte Tür:
Der Zug ist weg.

Er fährt ohne mich! Und das nur wegen dieses dummen Steins!

Dienstag. Ich gehe den Weg vom Haus zum Bahnhof. Nur endlich raus aus dieser Stadt,
dies Stück meines Lebens hinter mir nur lassen! Ich hasse es, ich hab es satt.
Nur vier Minuten bleiben mir, aber ich kenne den Weg jetzt ja.
Oh nein, schon wieder: der Stein. Ich tu einfach so, als wär er gar nicht da.

Ich stolpere. Mir bleibt auch nichts erspart! Ich falle hin und weine: Ich kann doch wirklich nichts dafür!
Ich höre von weitem eine Stimme: „Abfahrt!" Noch ein Pfiff, und der Zug schließt Tür um Tür.
Ich komme nicht umhin, die Fäuste zu ballen:
Ich habe die Nase voll davon, wieder und wieder hinzufallen.

Es tut so weh! Ich streichle sanft die verletzte Stelle meines Beins.

Mittwoch: Alles schmerzt, doch tapfer gehe ich vom Haus zum Bahnhof. Nur endlich raus aus dieser Stadt,
dies Stück meines Lebens hinter mir lassen! Habe ich es wirklich so satt?
Da sehe ich den Stein. Er gehört zum Weg, und so stoße ich mich, ganz automatisch. Ich weiß nicht, warum.
Mein Knöchel knickt leider noch einmal um.
Immerhin: Ich fange mich ab, bevor ich schmerzhaft fallen kann.
Aber wann werde ich endlich fahren? Wann nur? Wann?!

Mein Fuß tut weh, wird noch von gestern sein. Ich setze mich schließlich und betrachte eingehend den Stein:
„So groß ist er doch gar nicht: Warum stolpere ich?" Ich sehe vom Zug nur noch in der Ferne das Licht.

Donnerstag: Ich gehe den Weg vom Haus zum Bahnhof. Nur endlich raus aus dieser Stadt,
dies Stück meines Lebens hinter mir lassen! Ja: Ich habe es satt.
Ich habe getrödelt und bin spät dran.
Fällt mir der Abschied schwerer, als ich zugeben kann?

Es ist meine Entscheidung, keine Ausflüchte mehr! Da ist der Stein. Ich gehe um ihn herum.
Als der Zug fährt, sehe ich ihm hinterher und denke: Meine Zeit an diesem Ort ist tatsächlich um.

Freitag: Ich wache auf, voll von neuer Energie. Ich will zum Bahnhof, bin so entschlossen wie nie.
Es ist meine Verantwortung, ob ich bleibe oder fahr. Ich möchte fahren, das ist mir nun klar.
Ich will es hinter mir wissen, dieses Stück meines Lebens. Ich nehme mir zwanzig Minuten, ausreichend Zeit.
Ich gehe, und diesmal nicht vergebens. Eigentlich ist es gar nicht weit.

Den Stein, den brauche ich nicht mehr.
Ich will nicht riskieren, noch einmal zu stolpern, und wähle daher einen anderen Weg.[150]

Selbstklärung setzt die Übernahme der Verantwortung für die eigenen Gefühle und Bedürfnisse sowie die eigenen Anteile in der Interaktion mit anderen voraus.[151] Nur in der Bereitschaft der Selbstverantwortung liegt die Möglichkeit zur Offenheit für die eigenen Gefühle. Selbst dann ist es gerade bei lange als nicht repräsentativ oder sogar verboten geglaubten inneren Anliegen oftmals schwer, sie wahrzunehmen und als Elemente des Selbst anzuerkennen. Ein mediativer Umgang mit sich selbst zeigt sich in der integrativen Wahrnehmung dessen, dass der eigene Weg nur von einem selbst gegangen werden kann. Die Erkenntnis spitzt sich zu in dem Titelspruch eines Buches: „Es gibt keinen Weg, es sei denn, du gehst ihn."[152]

Methodisches Know-How zur Selbstklärung verbirgt sich bereits im Ansatz der Gewaltfreien Kommunikation und im Harvard-Konzept. Was in der Mediativen Kommunikation in Bezug auf das Gegenüber oder den Konflikt durchgeführt wird, kann im Emotional Clearing auch in Bezug auf sich selbst vollzogen werden. Das gilt wie beschrieben ebenso für Gesprächstechniken und Kreativmethoden. Eine besonders zur Strukturierung von Gedanken geeignete Variante ist das MindMap. Es bildet auf dem Papier eine Außenansicht des Inneren (Abb. 24). Selbstklärung eröffnet einer Person die Klarheit, die sie braucht, um für sich zu sorgen, während sie gleichzeitig Empathie für ihr Gegenüber empfindet. Auch die Auflistung von möglichen Gefühlen (2.1) ist wie deren Visualisierung in Eisbergmodell und Bedürfnispyramide ein Hilfsmittel zum Verständnis. Klarheit erfolgt über das Erkennen und An-erkennen dessen, was man in sich trägt. Sie ist ein Prozess der Bewusstwerdung, der Kopf und Bauch in Verbindung bringt. Konflikte veranlassen Menschen leicht zu einem inneren Clearing. Die gewohnten Methoden der Konfliktlösung werden dazu schnell herangezogen und integriert (2.3). Menschen können selbst über sich richten, sich Sanktionen und Bestrafungen selbst auferlegen. Oftmals sind sie härtere Richtende, als sie sich bisweilen im Gerichtswesen finden lassen. Die Mediative Kommunikation plädiert für ein wertschätzendes Konfliktmanagement auch in einer Person selbst. Eine solche Haltung gewährt auch hier einen sicheren Rahmen, der die Übernahme der Selbstverantwortung für die eigenen Gefühle und Bedürfnisse begünstigt.

Emotional Clearing im Sinne der Mediativen Kommunikation ist ressourcenorientiert. Sie betrachtet Projektionen als Abbilder der beiseite geschobenen Schattenseitenelemente (2.1). Was dort zu finden ist, kann genutzt werden, wenn die Abwertung dafür in Wertschätzung umgewandelt wird. In all diesem verschobenen Material finden sich vielseitige Ressourcen, mit deren Hilfe ein Mensch seine Kompetenzen erweitern kann. Mit der Brille der Mediativen Kommunikation lässt sich Wut als Energie, Schüchternheit als Sensibilität, Misstrauen als Vor-Sicht, Angst als Schutzsignal erkennen. Die Selbstklärung ist Voraussetzung und Anwendung der Mediativen Kommunikation zugleich. Sie gewährt die Klarheit, um mediativ agieren zu können. Zum anderen beinhaltet die Mediative Kommunikation zahlreiche Ansätze, die eine Selbstklärung ermöglichen. Wer darauf gewartet hat, wann sich die Frage nach dem Huhn und dem Ei und was zuerst an der Reihe war endlich doch noch stellt, dem sei gesagt, dass es jetzt so weit ist (3.2). Die Grenze zwischen beidem zerfließt. Es findet sich hier ein Kreislauf, der sich mit zunehmender Übungspraxis intensiviert.

Anwendung der Mediativen Kommunikation bei intra-individuellen Konflikten

Sowohl für den Beruf als auch für den Alltag stellt die Anwendung der Mediativen Kommunikation bei intra-individuellen Konflikten eine weitere sinnvolle Möglichkeit dar. In der Beratungsarbeit, einem persönlichen Gespräch mit der Freundin, mit dem Partner oder in Selbstreflexion werden wie im Emotional Clearing die eigenen Standpunkte und Gefühle betrachtet. Eigene Interessen und Bedürfnisse hinter Positionierungsmöglichkeiten werden analysiert. Ziele werden definiert und Handlungsalternativen entwickelt. *Ein sehr anschauliches Beispiel findet sich anhand der Beratungsarbeit mit Menschen, die in sich so viele widerstrebende Argumente bergen, dass der Überblick verloren geht. Da gibt es viele Prioritäten, die um den ersten Platz rangieren. Eine aktuelle Paradevariante ist die Vereinbarung dessen, bereits Mutter zu sein und den erhöhten Anforderungen im unvergüteten Ausbildungsalltag entsprechen zu können. In Verbindung mit der Notwendigkeit, Geld zu verdienen, und der Überlegung, sich vom Partner zu trennen, entsteht leicht ein verworrenes Gedankenknäuel. Dieses kann dann in der Beratung Stück für Stück in seine Bestandteile zerlegt werden. Es entsteht eine Klarheit, die in der Situation Unterstützung gibt. Hilfreich ist hier beispielsweise die Visualisierung durch das Modell des Inneren Teams. Einzelne innere Impulse und Strebungen eines Menschen werden als seine internen Teamangehörigen veranschaulicht. Im Inneren Team kann dann mediativ vermittelt und verhandelt werden. Die Ratsuchende erfährt so eine Anleitung, zwischen den einzelnen Elementen des Konfliktes wie zwischen Konfliktparteien zu vermitteln. Sie werden also vorübergehend aus ihr ‚ausgelagert', damit sie mit der Beraten-*

den in der Metaebene verweilen und den notwendigen Raum zur Entwicklung von Handlungsalternativen erfahren kann. Es ist auch möglich, dies bei sich selber auszuprobieren. Anleitung dazu gibt die folgende Übung.

Die Innen-Mediation oder: Wie man mit sich selber mediativ verhandeln kann

Diese Übung eignet sich sehr gut dafür, um sie sich zu zweit gegenseitig oder in einer Gruppe von einer anleitenden Person vorlesen zu lassen. Sie können diese Übung auch allein durchführen, indem Sie sie lesen und dann innerlich nachvollziehen. Erleichtert wird Ihnen dieser Prozess, wenn Sie die nachfolgende Beschreibung vorab auf eine Kassette sprechen, um sie dann Stück für Stück abzuspielen und durchzuführen.

***Wählen Sie als Ausgangspunkt eine berufliche oder private Situation**, in der Sie sich buchstäblich hin und her gerissen fühlen. Einen ungelösten Konflikt zwischen zwei in Ihrem Inneren streitenden Teilen. Geben Sie diesen beiden Teilen (man könnte auch sagen: den „zwei Seelen in Ihrer Brust") zunächst Namen, wie Lisa es in der Aufstellungsarbeit mit ihrem Inneren Team tat. (2.2)*

Stellen Sie sich die beiden ganz konkret vor: Wie genau sehen sie aus? Wie alt sind sie? Geben Sie ihnen eine menschliche Form. Welche Mimik, welche Gestik sind typisch für ihren jeweiligen Charakter? Schließen Sie am besten die Augen und nehmen Sie den einen Teil zu Ihrer rechten Seite, den anderen zu Ihrer Linken vor sich wahr.

***Konzentrieren Sie sich in Ihrer Aufmerksamkeit dann gezielt auf einen der beiden Teile:** Bleiben Sie in der Metaebene und nehmen Sie dabei eine allparteiliche, personzentrierte, wertschätzende Win-Win-Haltung ein. So wie es im zweiten Teil dieses Buches beschrieben wurde. Begeben Sie sich in die Rolle einer/s Mediierenden. Bemühen Sie sich um Empathie und Verständnis. Legen Sie dazu Ihre Voranahmen und Wertigkeiten so weit es geht beiseite.*

Beginnen Sie mit dem Teil zu Ihrer Linken: Fragen Sie ihn nach seinem Standpunkt: Was möchte er gern von Ihnen? Fragen Sie ihn nach seiner Absicht und nehmen Sie sich dafür bitte ausreichend Zeit. Hören Sie ihm aktiv zu und würdigen Sie das, was er bisher für Sie getan hat, seine Leistung oder die Absicht, die dahinter steht. *(Erinnern Sie sich an den positivistischen Ansatz der Humanistischen Psychologie: Jeder Teil in Ihnen möchte Sie auf seine Art und Weise unterstützen, sogar wenn er gegensätzlich wirkt.)* Vervollständigen Sie seinen Namen so, dass er die positive Absicht umschreibt.

Wenden Sie sich dem anderen Teil in gleicher Weise und genauso lange zu: Was möchte der Teil zu Ihrer Rechten gern von Ihnen? Was möchte er für Sie erreichen? Würdigen Sie das, was er bisher für Sie getan hat, seine Leistung oder die Absicht, die dahinter steht. Vervollständigen Sie abschließend auch seinen Namen anerkennend und seiner positiven Absicht entsprechend.

Geben Sie beiden Teilen in Gedanken nun die Möglichkeit, in Ruhe zu erklären, wie genau sie sich durch den anderen Teil gestört fühlen: Finden Sie aktiv zuhörend heraus, wobei sie sich gegenseitig im Weg stehen. *Hangeln Sie sich an den vier Komponenten der Gewaltfreien Kommunikation entlang. Tauchen Sie ein in den ‚Globe' der jeweiligen Hintergründe und nehmen Sie das Fundament des Eisberges genauer in den Blick.* Bauen Sie Ihren beiden Teilen über die Klärung der beteiligten Gefühle und Bedürfnisse eine Brücke zueinander, die die Wünsche deutlich werden lässt. Möglicherweise wissen die beiden zu wenig voneinander, um Verständnis füreinander entwickeln zu können? Will der eine Teil vielleicht etwas von dem anderen erfahren? Machen Sie den beiden deutlich, dass Sie sie beide als Ihre Anteile gleichermaßen schätzen.

Besprechen Sie mit ihnen die Gründe, die für eine Versöhnung und für die Zusammenarbeit sprechen. *Oft wollen solche Teile sogar das gleiche, übergeordnete Ziel erreichen. Zum Beispiel, dass Sie ein gutes Leben führen, dass Sie geschützt sind vor Enttäuschung oder Verletzungen.* Betonen Sie dann das gemeinsame Ziel! Konzentrieren Sie sich auf das Verbindende!

Stellen Sie den beiden jetzt innerlich einen Ort zur Verfügung, an dem sie sich zu zweit (oder mit Ihrem kreativen Teil als Vermittler) zu einer (Konflikt-)Verhandlung treffen. *Sollte sich die Vorstellung eines konstruktiven Streits der Teile ergeben, so nehmen Sie dies wertschätzend auf: Ein Streit zeugt von einer intensiven Auseinandersetzung, die nach langer Zeit des Ärgerns den ersten Schritt im Miteinander bilden kann. Die Verhandlung so zu beginnen, kann (wie das sprichwörtlich reinigende Gewitter) letztlich positiv wirken. Nutzen Sie die Klarheit der Gewaltfreien Kommunikation und verhandeln Sie mit Hilfe Ihrer bereits gewonnenen Harvard-Kenntnisse weiter:* Wie lassen sich unterschiedliche Interessen, Anliegen, Bedürfnisse und Wünsche gewinnbringend, sachlich und emotional zufrieden stellend kooperieren? *Es kann hilfreich sein, sich dabei methodisch des Brainstormings oder eines Mind-Maps zu bedienen.*

Verabreden Sie schließlich mit den beiden Teilen, wie viel Zeit sie für die Einführung einer dauerhaften und zuverlässigen Zusammenarbeit benötigen werden. *Wenn der Streit daraufhin wieder entflammt, fragen Sie danach, was Ihre beiden Teile für die Einführung einer dauerhaften und zuverlässigen Zusammenarbeit brauchen: voneinander und darüber hinaus. Gerade bei hartnäckigen oder lange aufgestauten Konflikten dauert es manchmal seine Zeit, bis eine Kooperation möglich wird. Schaffen Sie so lange und so oft Raum zur (Konflikt-)Verhandlung, bis beide Teile bereit sind, miteinander weiterzugehen.* Der unbewusste Prozess hat nun konstruktiv Aufschwung erfahren und kann sich in diesem Sinne weiterentwickeln. Geben Sie den Beteiligten noch einmal Wertschätzung, indem Sie sich bei ihnen bedanken. Reichen Sie ihnen innerlich zum Abschied die Hand. *Sie können sich natürlich auch vor ihnen verbeugen. Wählen Sie, was Ihnen am ehesten entspricht.* Nehmen Sie später die ersten Fortschritte wahr, dann bedanken Sie sich innerlich erneut. So können Sie den Prozess mit Wertschätzung auch weiterhin positiv unterstützen.

Übung 10

Wie man mediative Elemente im Alltag integrieren und erweitern kann

Die Anwendung Mediativer Kommunikation muss natürlich nicht unbedingt in einer Gesamtheit erfolgen. Oft werden hier und da einzelne ihrer Elemente in den beruflichen und privaten Alltag mit eingestreut. Und in manchen Situationen gibt sie lediglich die Richtung vor. Die verschiedenen integrierten psychologischen und kommunikationswissenschaftlichen Ansätze kommen einem ins Gedächtnis. Man beginnt, diese im Alltag zu vertiefen und in sein Handeln mit einzubeziehen. So ist es auch möglich, Gewohnheiten im Miteinander, die einem schon lange nicht mehr angenehm sind, auf andere Schienen zu geleiten.

Man kann sich beispielsweise anhand der Beschreibungen der Spiele der Erwachsenen, die sich im Fundus der Transaktionsanalyse finden, die zwischenmenschlichen Rituale und Handlungsabläufe, in die man alltäglich integriert ist, genauer ansehen. Die erweiterten Kenntnisse aus der Transaktionsanalyse bieten unter vielem anderen die Chance, die Konzentration von gewohnheitsmäßig ‚anspringenden' Eltern-Introjekten im eigenen und im Inneren Team des anderen wegzulenken, hin zu den Erwachsenen-Ichs aller Beteiligten. Dies kann methodisch durch einen angeleiteten Perspektivwechsel oder andere entsprechende Inputs erfolgen (4.3). Mit einigem Training wird es möglich, die verschiedenartigen Transaktionen der Introjekte schneller zu bemerken. Die Einmischung der eigenen inneren Eltern-Ich-Stimmen ist im Konfliktgeschehen wahrzunehmen. Und man kann sich vergegenwärtigen, dass die Kindheits-Ichs der Streitenden ebenfalls beteiligt sind. Im Konflikt kann dies sehr hilfreich sein: Als drittes Gegenüber läuft man häufig Gefahr, auf Grundlage früherer Erfahrungen mit den ehemaligen Bezugspersonen der Beteiligten assoziiert und ‚verwechselt' zu werden. Es reicht schon die unbewusste Erinnerung an ein damaliges „Nun streitet euch doch nicht, Kinder!", und ein kindliches Schuldbewusstsein wird aktiviert. Dies kann den Prozess der Lösungsfindung behindern.[153]

Wenn man die Rolle des mediativen Konfliktbegleiters ausfüllt, kann man den Betroffenen in einer solchen oder auch einer anderen Sackgasse weitere Formen der Auseinandersetzung aufzeigen. Sie können dann wählen. Dies bietet häufig einen gelungenen Ausweg. Denn auch für die Streitenden selbst gilt, dass in der Übernahme der Selbstverantwortung eine gewinnbringende Ressource steckt. Die Intensität der Auseinandersetzung ist grundsätzlich zwischen den Betroffenen zu belassen. Sie brauchen dies, um zu Veränderungen finden zu können (2.4/3.1/4.6). Als mediative Dritte ist es von besonderer Wichtigkeit, den hilfreichen Abstand der Metaebene zu wahren. Dass dies, durch die Kombination aus Selbstreflexion und praktischer Übung erleichtert, möglich wird, wurde ja bereits erläutert.

5.2 Die objektorientierte Anwendung von Mediativer Kommunikation

Die Mediative Kommunikation lässt sich durch deren freie Verwendbarkeit außerhalb jedweden Settings nicht nur auf Menschen, sondern auch auf Objekte bezogen verwenden. Als mediativ Kommunizierender setzt man im Einnehmen der Hintergrundhaltung die Brille auf die Nase, mit der man eine ‚Sache' dann unter die Lupe nimmt. Man betrachtet sie allparteilich von allen ihren Seiten. Und kramt dann im mediativen Handwerkszeug, bis man das gefunden hat, mit der sie sich am besten anpacken lässt. Sie ist gekennzeichnet in ihrem Kern durch das Erörtern und Ansehen verschiedener Meinungen und Sichtweisen, durch Bilder von der Wirklichkeit. Dies legt nahe, dass es ebenso gut möglich ist, die Menschen dabei wegzulassen und sich konkret auf verschiedene Sachverhalte zu beziehen.

Die Anwendung der Mediativen Kommunikation zur Fokussierung von Konzepten

Ein besonders gutes Anwendungsfeld objektbezogener Mediativer Kommunikation ist das Fokussieren von Konzepten. So ist beispielsweise im Projektalltag oft zu erleben, dass verschiedene Ansätze und Pläne zur Auswahl stehen. Hier gilt es im Sinne der Mediativen Kommunikation genau wie beim Vermitteln zwischen verschiedenen Personen oder inneren Anteilen zu ergründen, welche Gedanken, Interessen, Bedarfsmöglichkeiten hinter den jeweiligen Konzeptionen stehen. Diese sind dann entweder mit dem eigenen Ansatz oder untereinander zu vergleichen. Eine weitere Möglichkeit ist, sie in Blickrichtung der Win-Win-Perspektive auf ihre Gemeinsamkeiten zu untersuchen. Dann können beispielsweise unter Gesichtspunkten von Finanzierungsmöglichkeiten und Kapazitäten alternative Umsetzungsoptionen diskutiert werden, um so zu einem effektiven Ergebnis zu gelangen. Die Mediative Kommunikation greift in der Kombination der verschiedenen Elemente zur Veranschaulichung sowohl auf die Personifizierung von Emotionen als auch auf die Versachlichung von Persönlichem zurück. Diese Schritte lassen sich im Rahmen ihrer objektbezogenen Anwendungspraxis auch rückwärts gehen.

Die Bedeutung der Allparteilichkeit in Bezug auf die Objekte

Allparteilichkeit ist bei der objektbezogenen Anwendung der Mediativen Kommunikation im Sinne von Kontinuität im Hinblick auf Wertschätzung und Interesse für einzelne Bestandteile zu verstehen. Nur so können jene in ihrer Bedeutung erfasst und effektiv genutzt werden. Dies steht im Gegensatz zum herkömmlichen Verfahren der Bevorzugung des Bekannten und gegebenenfalls Bewährten gegenüber des Neuen, Unvertrauten. Statt daraufhin das Innovative oder nicht hilfreich Klingende bis hin zum ganzen Ansatz von vornherein abzulehnen, wird es möglich, die sinnhaften Elemente oder Gedanken dennoch zu nutzen.

Auch in ihrer objektbezogenen Anwendung ist die Mediative Kommunikation ein wertschätzender Ansatz. Die Personzentrierung richtet sich mit ihren Richtlinien der Empathie, Akzeptanz und Kongruenz dann auf das vorliegende Konzept. Die meisten Dinge sind von Menschen hergestellt. Selbst wenn man getreu dem Harvard-Konzept analysierend zwischen Mensch und Sache trennt, ist es wenig sinnvoll, dabei das Bewusstsein dafür zu verlieren, dass es da durchaus Verknüpfungen gibt. Man kann auch dem Weg eines Konzeptes empathisch folgen. Auch dabei ist schneller und leichter voranzukommen, wenn man dies in wertschätzender Akzeptanz und ohne sich zu verbiegen tut. Statt sich in die Einzelheiten eines Planes so weit zu verstricken, dass man nicht mehr weiß, wo er eigentlich hinführen soll, hilft es, die Metaebene wieder einzunehmen. Konzepte und Gedanken, Fakten und wissenschaftliche Erkenntnisse können einen Menschen genauso aus der Fassung bringen wie ein herausforderndes Gegenüber. Selbstklärung ist hierbei also ein ebenso wichtiger Punkt. Sie verhilft zur notwendigen Allparteilichkeit in der Betrachtung. Was das Fundament des Eisberges betrifft, so liegt dies bei Konzepten manchmal im Rahmen der Hintergrundinteressen und des so genannten ‚Kleingedruckten'. Hat man dies erst einmal herausgefiltert und gegebenenfalls anhand der vier Komponenten der Gewaltfreien Kommunikation klar auf den Punkt gebracht, dann lässt es sich integrierend und allparteilich nach dem Harvard-Konzept verhandeln. Hier wäre dann aus der Auswahl der gängigen Optionen die des prinzipiengerechten Verhandelns am passendsten.

Allen Anwendungsmöglichkeiten der Mediativen Kommunikation gemein wird unter der Prämisse von Wertschätzung statt Bewertung ein Gedanke, Objekt oder Ergebnis betrachtet. Es wird in seine Bestandteile zerlegt, spezifiziert und analysiert, bis es vor seinem individuellen Hintergrund verstanden wird. Interessen, Bedürfnisse, Ziele werden geklärt. Erst dann wird diskutiert und verhandelt: nicht der Gedanke oder das Ergebnisobjekt an sich und erst recht nicht über die Person, die sich damit identifiziert, sondern Alternativen zur Vereinbarung möglichst vieler Ziele, Interessen und Bedürfnisse. Jenes Verfahren folgt entsprechend den Grundprinzipien des Mediativen Konfliktmanagements dem Anspruch, sowohl die Sach- als auch die Gefühlsebene gleichrangig einzubeziehen. Dies bezieht sich natürlich bei der objektbezogenen Anwendung auf die jeweils beteiligten Voraussetzungen und zu erwartenden Konsequenzen.

Hier schließt die Vorstellung des Grundkonzeptes Mediativer Kommunikation. Erst wurden die Idee und ihre Wurzeln, dann die mediative Hintergrundhaltung und im Anschluss daran das wesentliche Handwerkszeug erläuternd dargestellt. Auf Möglichkeiten zur Vertiefung und Ergänzung wurde an vielen Stellen verwiesen. Nach diesem Einblick wurde ein richtungsweisender Ausblick auf die Fülle der Anwendungsmöglichkeiten Mediativer Kommunikation gewährt. Nun bleibt es vorerst den Einzelnen überlassen, konkrete Wege zu beschreiten und das Konzept als ein flexibles Praxiselement zu nutzen. Sein Anwendungsspektrum ist prismatisch weiter zu entfalten. Auf der Internetseite www.mediative-kommunikation.de besteht die Möglichkeit, sich in einem Forum über individuelle Wegfindungen und Erfahrungen auszutauschen. Mein Dank gilt hier meinem Bruder Matthias Klappenbach, der mit seiner Offenheit, Kompetenz und Kreativität die technische Umsetzung dieser Idee ermöglicht hat.

Literatur

Amabile, T. M.: *The social psychology of creativity.* New York: Springer 1983.
Argyle, M.: *Körpersprache und Kommunikation.* Paderborn: Junfermann [9]2005.
Arnold, M. B.: *Emotion and personality (Psychological Aspects).* New York: Columbia University Press 1960.
Bach, G. R. & Goldberg, H.: *Keine Angst vor Aggression.* München: Diederichs 1974.
Bamsey, C. et al.: *Kreatives Problemlösen.* Düsseldorf: McKinsey & Company 1992.
Bandler, R. & Grinder, J.: *Reframing.* Paderborn: Junfermann [8]2005.
Bandura, A.: *Lernen am Modell.* Stuttgart: Klett-Cotta 1976.
Bartsch, E.: *Sprechen, Führen, Kooperieren in Betrieb und Verwaltung.* München: Ernst Reinhardt 1994.
Beattie, M.: *Die Sucht gebraucht zu werden.* München: Heyne 1990.
Behr, M. & Hinz, A.: Biografische Rekonstruktionen und Reflexionen – Zum 100. Geburtstag von Carl Rogers. In: *Gesprächspsychotherapie und Personzentrierte Beratung* 33/ 3. (S. 197-210) 2002.
Berne, E.: *Spiele der Erwachsenen.* Reinbek: Rowohlt 2002.
Berne, E.: *Was sagen Sie, nachdem Sie ‚Guten Tag' gesagt haben? Psychologie des menschlichen Verhaltens.* Berlin: Kindler 1975.
Berse, N. & Steinitz, D.: *Besonderheiten des Konflikt- und Mediationsfeldes Wirtschaftsunternehmen – Eine qualitative Studie.* Frankfurt/Oder: Europa-Universität Viadrina 2005.
Besemer, C.: *Mediation. Stiftung Gewaltfreies Leben.* Karlsruhe: Werkstatt für gewaltfreie Aktion, Baden 1999.
Besser-Siegmund, C. & Siegmund, H.: *Du musst nicht bleiben, wie du bist.* München: Econ TB Verlag 1993.
Bibring, E.: Das Problem der Depression. In: *Psyche* 6. (S. 81-101) 1952.
Bierhoff, H. W.: *Sozialpsychologie: Ein Lehrbuch.* Stuttgart: Kohlhammer 1998.
Biermann-Ratjen, E.-M., Eckert, J. & Schwartz, H.-J.: *Gesprächspsychotherapie. Verändern durch Verstehen.* Stuttgart: Kohlhammer 2003.
Binder, J. L. & Strupp, H. H.: *Kurzpsychotherapie.* Stuttgart: Klett-Cotta 1991.
Birkenbihl, V. F.: *Psycho-logisch richtig Verhandeln.* Heidelberg: mvg 2005.
Birkenbihl, V. F.: *Signale des Körpers: Körpersprache verstehen.* Heidelberg: mvg 2002.
Bourne, L. E. & Ekstrand, B. R.: *Einführung in die Psychologie.* Eschborn: Dietmar Klotz 1992.
Bradshaw, J.: *Familiengeheimnisse.* München: Mosaik 1999.
Brinkmann, M. C.: *Online-Mediation.* Berlin: Edition sigma 2003.
Bühler, K.: *Sprachtheorie: die Darstellungsfunktion der Sprache.* Frankfurt/M.: Fischer 1934.
Bühlmann, R.: *Zur Entwicklung des Tiefenpsychologischen Begriffs der Projektion.* Zürich: Juris-Verlag 1971.
Cameron, J.: *Der Weg des Künstlers.* München: Droemer Knaur 2000.
Cohn, R. C.: *Von der Psychoanalyse zur Themenzentrierten Interaktion.* Stuttgart: Klett-Cotta 1997.
de Shazer, S.: *„... Worte waren ursprünglich Zauber": lösungsorientierte Kurztherapie in Theorie und Praxis.* Dortmund: Verlag Modernes Lernen 1996.
de Shazer, S.: *Wege der erfolgreichen Kurztherapie.* Stuttgart: Klett-Cotta 1989.
Devereux, G.: Charismatic Leadership and Crisis. In: Muensterberger, W. (Hg.): *Psychoanalysis and the Social Sciences* (S. 145-157). New York: International Universities Press 1955.
Dießner, H.: *Gruppendynamische Übungen und Spiele. Ein Praxishandbuch für Aus- und Weiterbildung sowie Supervision.* Paderborn: Junfermann [5]2005.
Dieter, A., Montada, L. & Schulze, A. (Hg.): *Gerechtigkeit im Konfliktmanagement und in der Mediation.* Frankfurt/M.: Campus 2000.
Dietzen, A.: „Das Expertenwissen von Beratern und Prozessbegleitern – ein Ansatz zur Erfassung betrieblicher Kompetenzentwicklungen". In: *Entstaatlichung und soziale Sicherheit. Verhandlungen des 31. Kongresses der Deutschen Gesellschaft für Soziologie in Leipzig 2002. Beiträge aus Arbeitsgruppen und Ad-hoc-Gruppen.* Leske + Budrich 2003 (CD-Rom).
Doppler, K. & Lauterburg, C.: *Change-Management.* Frankfurt/M.: Campus 1997.
Dornes, M.: *Der kompetente Säugling.* Frankfurt/M.: Fischer 1995.

Eberling, W. & Vogt-Hillmann, M. (Hg.): *Kurzgefasst: Zum Stand der lösungsorientierten Praxis in Europa.* Dortmund: Borgmann publishing 1998.
Eckert, J., Höger, D. & Linster, H. (Hg.): *Praxis der Gesprächspsychotherapie – Störungsbezogene Falldarstellungen.* Bd.1. Stuttgart: Kohlhammer 1997.
Eckert, R. & Willems, H.: *Konfliktintervention. Perspektivenübernahme in gesellschaftlichen Auseinandersetzungen.* Wiesbaden: Leske + Budrich 1992.
Ellis, A.: *Die rational-emotive Therapie.* Hersbruck: Pfeiffer 1979.
Epstein, S.: Controversial issues in emotion theory. In: P. Shaver (Ed.): *Review of personality and social psychology (S. 64-88).* Beverly Hills: Sage Publication 1984.
Erb, C.: *Die Ordnungen des Erfolgs: Einführungen in die Organisationsaufstellung.* München: Kösel 2001.
Erikson, E. H.: *Identität und Lebenszyklus.* Frankfurt/M.: Suhrkamp 1981.
Eunson, B.: *Betriebspsychologie.* Columbus: McGraw-Hill 1990.
Falk, G., Heintel, P. & Pelikan, C. (Hg.): *Die Welt der Mediation. Entwicklung und Anwendungsgebiete eines interdisziplinären Konfliktregelungsverfahrens.* Klagenfurt: Alekto-Verlag 1998.
Fatzer, G. (Hg.): *Supervision und Beratung.* Bergisch Gladbach: EHP 1990.
Fenichel, O.: *Psychoanalytische Neurosenlehre.* Bd. 2. Düsseldorf: Walter 1975.
Finke, J. & Teusch, L. (Hg.): *Gesprächspsychotherapie bei Neurosen und psychosomatischen Erkrankungen. Neue Entwicklungen in Theorie und Praxis.* Kröning: Asanger 1991.
Finke, J.: *Empathie und Interaktion.* Stuttgart: Thieme 1994.
Fisher, R. & Brown, S.: *Gute Beziehungen. Die Kunst der Konfliktvermeidung, Konfliktlösung und Kooperation.* Frankfurt/ M.: Campus 1996.
Fisher, R. & Ertel, D.: *Arbeitsbuch Verhandeln.* Frankfurt/M.: Campus 1997.
Fisher, R., Ury, W. & Patton, B. M.: *Das Harvard-Konzept: Sachgerecht verhandeln – erfolgreich verhandeln.* Frankfurt/M.: Campus 1997.
Fisher, R., Ury, W. & Patton, B.: *Das Harvard-Konzept.* Frankfurt/M.: Campus 2002.
Flammer, A.: *Entwicklungstheorien.* Bern: Hans Huber 1996.
Follet, M.: Parker. Constructive Conflict. In: Metcalf, H.C. & Urwick, L. (eds.): *Dynamic administration. The collected papers of Mary Parker Follet.* New York: Harper and Row 1940.
Frei, D.: *Kriegsverhütung und Friedenssicherung.* Bern: Hans Huber 1970.
Freud, S.: *Das Ich und das Es.* Frankfurt/M.: Fischer TB 1923.
Frois-Wittmann, J.: The judgement of facial expression. In: *Journal of Experimental Psychology* 13. (113-151) 1930.
Gerhold, D.: *Das Kommunikationsmodell der TA. Ein Übungs- und Materialhandbuch zum Kommunikationstraining für Trainer, Lehrer und Gruppenleiter.* Paderborn: Junfermann 2005
Gigerenzer, G., Todd, P. M. and the ABC Research Group: *Simple heuristics that make us smart.* New York: Oxford University Press 1999.
Glasl, F.: *Konfliktmanagement.* Bern: Haupt 1999.
Glasl, F.: *Selbsthilfe in Konflikten.* Bern: Haupt 1998.
Goldstein M.: *The acoustic method.* St. Louis: Laryngoscope Press 1939.
Gordon, T.: *Die neue Familienkonferenz.* München: Heyne 1994.
Grawe, K., Donati, R. & Bernauer, F.: *Psychotherapie im Wandel: von der Konfession zur Profession.* Göttingen: Hogrefe 1994.
Haeske, U.: *Konflikte im Arbeitsleben.* München: Kösel 2003.
Hagehülsmann, U. & Hagehülsmann, H.: *Der Mensch im Spannungsfeld seiner Organisation.* Paderborn: Junfermann [2]2001.
Hagemann, M. & Rottmann, C.: *Selbst-Supervision für Lehrende.* Weinheim: Juventa 1999.
Hales, D.: *Warum haben Frauen so kleine Füße? Wie die moderne Forschung die neue Weiblichkeit definiert.* Bergisch Gladbach: Bastei Lübbe 1999.
Hecken, C. & Hecken, D.: Mediation und Architektur. In: *Infoblatt Mediation* 8/1999. S. 10-11.
Heckhausen, H.: *Motivation und Handeln.* Heidelberg: Springer 1989.

Heigl-Evers, A. (Hg.): *Kindlers „Psychologie des 20.Jahrhunderts".* Beltz: Weinheim 1984.
Heintel, P. & Götz, K.: *Das Verhältnis von Institution und Organisation (Managementkonzepte Bd. 7).* Mering: Hampp 2000.
Hellinger, B.: *Ordnungen der Liebe.* Heidelberg: Carl-Auer 1994.
Hermer, M.: *Evaluation der psychiatrischen Versorgung in der Bundesrepublik zur Qualitätssicherung im Gesundheitswesen.* Wiesbaden: Vs Verlag 1996.
Hirigoyen, M.-F.: *Die Masken der Niedertracht.* München: Beck 2000.
Horney, K.: *Unsere inneren Konflikte.* Frankfurt/M.: Fischer 2001.
Hösl, G. G.: *Mediation: Die erfolgreiche Konfliktlösung.* München: Kösel 2002.
Internetenzyklopädie: www.wikipedia.org
Jung, C. G. & Jacobi, J. (Hg.): *Mensch und Seele.* Düsseldorf: Walter 1971.
Jung, C. G.: *Symbolik des Geistes: Studien über psychische Phänomenologie.* Zürich: Rascher 1948.
Kahn, H.: *On escalation, metaphors and scenarios.* New York: Penguin Books 1965.
Katz, D. & Katz, R. (Hg.): *Handbuch der Psychologie.* Basel: Schwabe 1960.
Keil, W. & Stumm, G.: *Die vielen Gesichter der Personzentrierten Psychotherapie.* Berlin: Springer 2002.
Kellner, H.: *Karrieresprung durch Selbstcoaching.* München: Hanser 2001.
Klein, H.-M.: *Konflikte am Arbeitsplatz.* Berlin: Cornelsen 2002.
Kochinka, A.: *Emotionstheorien. Begriffliche Arbeit am Gefühl.* Bielefeld: transcript 2004.
König, K.: *Abwehrmechanismen.* Göttingen: Vandenhoeck & Ruprecht 2003.
Königswieser, R. & Keil, M. (Hg.). *Das Feuer großer Gruppen.* Stuttgart: Klett-Cotta 2000.
Langmaack, B.: *Themenzentrierte Interaktion: einführende Texte rund ums Dreieck.* Weinheim: Beltz 1991.
Laplanche, J. & Pontalis, J.-B.: *Das Vokabular der Psychoanalyse.* Frankfurt/M.: Suhrkamp 1999.
Leuner, H.: *Katathym-imaginative Psychotherapie (K.I.P.).* Stuttgart: Thieme 1994.
Leuner, H.: *Lehrbuch der Katathym-imaginativen Psychotherapie.* Bern: Hans Huber 1994.
Linneweh, K.: *Kreatives Denken.* Karlsruhe: Dieter Gitzel 1981.
Lipp, U. & Will, H.: *Das große Workshop-Buch.* Weinheim: Beltz 2004.
Loch, W.: *Die Krankheitslehre der Psychoanalyse: eine Einführung.* Stuttgart: Hirzel 1983.
Lohmeier, F.: *Bisoziative Ideenfindung. Erforschung und Technisierung kreativer Prozesse.* Frankfurt/M.: Peter Lang 1985.
Maslow, A. H.: *Motivation und Persönlichkeit.* Reinbek: Rowohlt 1999.
Mediation Training Institute: *Conflict Transformation: A vision and skills for peacemaking and conflict resolution in our daily lives (Mediation Training Manual).* Mennonite Conciliation Service-Akron. PA 1988.
Mellody, P.: *Verstrickt in die Probleme anderer.* München: Kösel 1991.
Miller, S. & Berg, I. K.: *Die Wunder-Methode.* Dortmund: Verlag Modernes Lernen 1997.
Molcho, S.: *Alles über Körpersprache: sich selbst und andere besser verstehen.* München: Goldmann 2001.
Montada, L. & Kals, E.: *Mediation. Lehrbuch für Psychologen und Juristen.* Weinheim: Beltz PVU 2001.
Morris, D.: *Manwatching: Reisen zur Erforschung der Spezies Mensch.* München: Heyne 2001.
Moshagen, D. H.: *Klientenzentrierte Therapie bei Depression, Schizophrenie und psychosomatischen Störungen.* Kröning: Asanger 1997.
Nestmann, F.: *Das Handbuch der Beratung.* Tübingen: Dgvt 2004.
Neuberger, O. & Kompa, A.: *Wir die Firma: Der Kult um die Unternehmenskultur.* Weinheim: Beltz 1987.
Payer, M.: *Internationale Kommunikationskulturen. Nonverbale Kommunikation. Gesten, Körperbewegungen, Körperhaltungen und Körperkontakt als Signale.* Fassung vom 6. November 2000. Materialien zur Lehrveranstaltung HBI Stuttgart. 2000/2001.
Pease, A. & Pease, B.: *Warum Männer nicht zuhören und Frauen schlecht einparken: ganz natürliche Erklärungen für eigentlich unerklärliche Schwächen.* Berlin: Ullstein 2000.
Perls, F.: *Was ist Gestalttherapie?* Wuppertal: Hammer 2004.

Pervin, L. A.: *Persönlichkeitstheorien.* München: Ernst Reinhardt 2000.
Peschanel, F.: *Phänomen Konflikt. Die Kunst erfolgreicher Lösungsstrategien.* Paderborn: Junfermann 1993.
Phillipp, E. & Rademacher, H.: *Konfliktmanagement im Kollegium.* Weinheim: Beltz 2002.
Pöhlmann, S. & Roethe, A.: *Die Streitschule.* Paderborn: Junfermann [2]2003.
Pondy, L.R.: Organisational conflicts: concepts and methods. In: *Administrative Science Quarterly.* vol. 14. 1967 (pp. 296-320).
Probst, G. J. B. & Ulrich, H.: *Anleitung zum ganzheitlichen Denken und Handeln.* Bern: Haupt 1995.
Quaiser-Pohl, C. & Jordan, K.: *Warum Frauen glauben, sie könnten nicht einparken – und Männer ihnen Recht geben. Über Schwächen, die gar keine sind. Eine Antwort auf A. & B. Pease.* München: Beck 2004.
Rapoport, A. & Lewis, F.: Richardson's mathematical theory of war. In: *Journal of Conflict Resolution.* vol. 1. 1957 (pp. 249-299).
Reddemann, L.: *Imagination als heilsame Kraft.* Hersbruck: Pfeiffer 2001.
Reichel, R. & Rabenstein, R.: *Kreativ beraten. Methoden und Strategien für kreative Beratungsarbeit, Coaching & Supervision.* Münster: Ökotopia 2001.
Rheinberg, F.: Motivation. In: Selg, H. & Ulrich, D. (Hg.): *Grundriss der Psychologie: eine Reihe in 22 Bänden.* Bd. 6. Stuttgart: Kohlhammer 1995.
Richter, H. E.: *Flüchten oder Standhalten.* Gießen: Pychosozial-Verlag 1997.
Rico, G.: *Von der Seele schreiben.* Paderborn: Junfermann 1999.
Riemann, F.: *Grundformen der Angst.* München: Ernst Reinhardt 1997.
Risto, K.-H.: *Konflikte lösen mit System.* Paderborn: Junfermann [2]2005.
Rogers, C. R. & Schmid, P. F.: *Person-zentriert.* Mainz: Grünewald 1991.
Rogers, C. R.: *Der neue Mensch.* Stuttgart: Klett-Cotta 1997.
Rogers, C. R.: *Die klientenzentrierte Psychotherapie.* Berlin: Kindler 1972.
Rogers, C. R.: *Die Kraft des Guten. Ein Appell zur Selbstverwirklichung.* Berlin: Kindler 1992.
Rogers, C. R.: *Die nicht-direktive Beratung.* Frankfurt/M.: Fischer 1995.
Rogers, C. R.: *Eine Theorie der Psychotherapie, der Persönlichkeit und der zwischenmenschlichen Beziehungen.* Köln: GwG [2]1989.
Rogers, C. R.: *Entwicklung der Persönlichkeit.* Stuttgart: Klett-Cotta 1992.
Rosenberg, M. B.: *Gewaltfreie Kommunikation.* Paderborn: Junfermann [6]2005.
Rubner, J.: *Was Frauen und Männer so im Kopf haben.* München: dtv 1996.
Ruskan, J.: *Emotional Clearing.* New York: R. Wyler & Co. 1993.
Sachse, R. & Takens, R. J.: *Klärungsprozesse in der Psychotherapie.* Göttingen: Hogrefe 2004.
Sachse, R.: *Lehrbuch der Gesprächspsychotherapie.* Göttingen: Hogrefe 1999.
Sachse, R.: *Persönlichkeitsstörungen. Leitfaden für die psychologische Psychotherapie.* Göttingen: Hogrefe 2004.
Sachse, R.: *Praxis der zielorientierten Gesprächspsychotherapie.* Göttingen: Hogrefe 1996.
Sachse, R.: *Von der Gesprächspsychotherapie zur klärungsorientierten Psychotherapie. Kritik und Weiterentwicklung eines Therapiekonzeptes.* Lengerich: Pabst Science Publishers 2005.
Satir, V., Banmen, J. & Gerber, J.: *Das Satir-Modell.* Paderborn: Junfermann [2]2000.
Schiepek, G.: Der systemwissenschaftliche Ansatz in der Klinischen Psychologie. In: *Zeitschrift für Klinische Psychologie* 23 (77 – 92).
Schmid, P. F.: *Personale Begegnung.* Würzburg: Echter 1989.
Schmidtchen, S.: *Allgemeine Psychotherapie für Kinder, Jugendliche und Familien: ein Lehrbuch.* Stuttgart: Kohlhammer 1993.
Schreyögg, A.: *Coaching.* Frankfurt/M.: Campus 1995.
Schreyögg, A.: *Supervision – ein integratives Modell.* Paderborn: Junfermann [3]2000.
Schulz von Thun, F. & Stegemann, W.: *Das Innere Team in Aktion.* Reinbek: Rowohlt 2004.
Schulz von Thun, F.: *Miteinander Reden 1-3.* Reinbek: Rowohlt 2003.
Schwarzer, R.: *Stress, Angst und Handlungsregulation.* Stuttgart: Kohlhammer 1993.

Schweizer, J. & von Schlippe, A.: *Lehrbuch der systemischen Therapie und Beratung.* Göttingen: Vandenhoeck & Ruprecht 1996.
Senge, P. M.: *Die fünfte Disziplin.* Stuttgart: Klett-Cotta 2003.
Senghaas, D.: *Kritische Friedensforschung.* Frankfurt/M.: Fischer 1971.
Sinner, A. von & Zirkler, M.: *Hinter den Kulissen der Mediation.* Bern: Haupt 2005.
Speirer, G.-W.: *Das differenzielle Inkongruenzmodell (DIM). Handbuch der Gesprächspsychotherapie als Inkongruenzbehandlung.* Kröning: Asanger 1994.
Stahl, T.: *Triffst Du nen Frosch unterwegs.* Paderborn: Junfermann [6]1995.
Sternberg, R. J. (Ed.): *Handbook of creativity.* New York: Cambridge University Press 1999.
Stevens, B. & Rogers C. R.: *Von Mensch zu Mensch.* Wuppertal: Hammer 1992.
Swildens, H.: *Prozessorientierte Psychotherapie.* Köln: GwG 1991.
Tausch, R., Langer, I. & Schulz von Thun, F.: *Sich verständlich ausdrücken.* München: Ernst Reinhardt 1974.
Teusch, L., Finke, J. & Gastpar, M.: *Gesprächspsychotherapie bei schweren psychiatrischen Störungen.* Kröning: Asanger 1994.
Trobe, T.: *Liebeskummer lohnt sich nicht.* Herrsching: Koregaon 2003.
Tversky, A. & Kahnemann, D.: *Judgement under uncertainty: Heuristics and biases.* New York: Cambridge University Press 1974.
Ulsamer, B.: *Das Handwerk des Familienstellens.* München: Goldmann 2001.
Ulsamer, B.: *Ohne Wurzeln keine Flügel.* München: Goldmann 1999.
Vogelauer, W.: *Methoden-ABC im Coaching.* München: Luchterhand 2001.
Vopel, K. W.: *Spiele, die verbinden.* Salzhausen: Iskopress 2000.
Walter, J. L. & Peller, J. E.: *Lösungs-orientierte Kurztherapie.* Dortmund: Verlag Modernes Lernen 2004.
Wardetzki, B.: *Mich kränkt so schnell keiner!* München: dtv 2004.
Wardetzki, B.: *Ohrfeige für die Seele.* München: dtv 2005.
Watzlawick, P. et al.: *Menschliche Kommunikation. Formen, Störungen, Paradoxien.* Bern: Hans Huber 2000.
Watzlawick, P.: *Anleitung zum Unglücklichsein.* München: Piper 2005.
Weinberger, S.: *Klientenzentrierte Gesprächsführung.* Weinheim: Juventa 2001.
Weisbach, C.-R.: *Professionelle Gesprächsführung.* München: dtv 2003.
Weiskopf, R.: *Menschenregierungskünste.* Wiesbaden: Vs Verlag 2003.
Wienands, A.: *Choreographien der Seele.* München: Kösel 2005.
Wilson-Schaef, A.: *Die Flucht vor der Nähe.* München: dtv 2002.
Wilson-Schaef, A.: *Im Zeitalter der Sucht.* München: dtv 2002.
Wolf, D.: *Ab heute kränkt mich niemand mehr.* Mannheim: Pal 2003.
Woodworth, R. S. & Schlosberg, H.: *Experimental psychology.* New York: Methuen 1954.
Wright, Q.: The escalation of international conflicts. In: *Journal of Conflict Resolution.* vol. 9. 1965. pp. 263-275.
Zeitschriften: Infoblatt *Mediation* 8 (1999), 12 (2000)
Neon Juniausgabe 2005
Zundel, E. & Zundel R.: *Leitfiguren der Psychotherapie.* München: dtv 1991.

Anmerkungen und weiterführende Literatur

1 – Die Veröffentlichung der wissenschaftlichen Studien erfolgt erst nach deren Abschluss im Rahmen meiner Dissertation. Das diesem Buch zugrunde gelegte Material umfasst die ‚Nebenprodukte': wertvolles Material, das im Zuge der Hauptuntersuchung entstanden ist, aber nicht in deren begrenzten Rahmen fällt.

2 – Weiteren Einblick in die Grundlagen wirkungsvoller Kommunikation gibt der 1999 herausgegebene gleichnamige Band der Friedrich Ebert Stiftung.

Zum Ursprung der Mediativen Kommunikation

3 – Auch wenn es keine Rassen gibt, wird der Begriff ‚rassisch' hier als zeitbezogene Bezeichnung verwendet.

4 – Als Graswurzelprojekte werden politische Initiativen bezeichnet, die von unten nach oben, aus der politischen Basis heraus entstehen.

5 – Hier wird auf Besemer 1999 verwiesen. Sein Buch *„Mediation: Vermittlung in Konflikten"* bot die erste deutschsprachige Einführung in das Konzept der Mediation. Eine weitere ausführliche Darstellung zu den Wurzeln der Mediation ist zu finden bei von Sinner/Zirkler 2005.

6 – Konkrete Daten zu den vier Bundesverbänden können Sie der folgenden Tabelle entnehmen:

Verband	**BM**	**BAFM**	**BMWA**	**DGMW**
Name	Bundesverband Mediation e.V. – Fachverband zur Förderung der Verständigung in Konflikten	Bundes-Arbeitsgemeinschaft für Familien-Mediation	Bundesverband Mediation in Wirtschaft und Arbeitswelt e.V.	Deutsche Gesellschaft für Mediation in der Wirtschaft e.V.
Sitz	Minden	Berlin	München	Stuttgart
Telefon	+49 (0)561 73964-13	+49 (0)30 23626266	+49 (0)38203 7762-0	+49 (0)711 2376812
Website	www.bmev.de	www.bafm-mediation.de	www.bmwa.de	www.dgmw.de

Zu verweisen ist weiterhin auf die Gesellschaft für Schlichtung und Mediation (GSM) und die Centrale für Mediation (CfM), die für Vernetzung und Infoaustausch sorgt.

7 – Zum Weiterlesen kann hier auf Ewers, E./Hoff, E./Petersen, O.'s Kapitel „Zum Wandel der Arbeitsgesellschaft und zu dessen individuellen Konsequenzen für das Arbeitshandeln" in Ewers, E./Hoff, E. (Hg.) *„Neue Formen arbeitszentrierter Lebensgestaltung"* verwiesen werden, das 2006 bei Waxmann erscheint.

8 – Eine als grundlegend heranzuziehende Konfliktdefinition findet sich bei Friedrich Glasl, der 1997 mit seinem Buch *„Konfliktmanagement"* den wohl umfassendsten Überblick über dieses komplexe Thema bot.

9 – In der themenbezogenen Literatur finden sich hier meist weitere Unterscheidungen in der Begrifflichkeit. Als inter-personale Konflikte werden speziell Konflikte zwischen Einzelpersonen bezeichnet. Konflikte innerhalb einer Gruppe sind als Intra-Gruppenkonflikte, Konflikte zwischen Gruppen als Inter-Gruppenkonflikte, Konflikte zwischen Einzelnen und Gruppen als Personen-Gruppenkonflikte benannt. An dieser Stelle des Buches sind allgemein zwischen-menschliche Konflikte vereinfachend unter dem Begriff inter-personale Konflikte zusammengefasst.

10 – Bei einem intra-individuellen Konflikt könnte dies der Selbstmord sein. Zu finden bei Glasl 1997, basiert das Eskalationsmodell auf zeitlich vorangegangene Theorien von Pondy 1967, Wright 1965 und Kahn 1965. Weitere angeführte theoretische Modelle, die sich der Untersuchung von Konflikteskalation widmen, finden sich bei Senghaas 1971, Frei 1970, Rapoport 1957 und Peschanel 1993.

11 – In Industrie- und Handelskammern kommt es beispielsweise häufig vor, dass statt eines Gerichtsverfahrens, das sich an die üblichen Zeiten und Abläufe zu halten hat, ein Schlichter herangezogen wird,

der spezielle Fach- und Sachkenntnisse hat. Weitere ausgewiesene Schlichtungsstellen finden sich in der Gemeinwesenarbeit, häufig auch in Form des Ehrenamtes. Weiterhin zu verweisen wäre auf verwandte Verfahren wie das Güte- und das Ombudsverfahren. Auch der Täter-Opfer-Ausgleich ist in gewissem Maße ein institutionalisiertes Verfahren zum Konfliktmanagement.

12 – Weitere Informationen zu Moderation und Moderationstechniken finden Sie u.a. bei Lipp & Will 2004.

13 – Hier wird auf Glasl 1999, S. 362 ff. verwiesen. Informationen zur Prozessbegleitung finden sich bei Dietzen 2003, auf persönlicher Ebene bei Doppler & Lauterburg 1997, bei Senge 2003 in Bezug auf Organisationen, in Bezug auf Großgruppen bei Königswieser & Keil 2000.

14 – Vgl. hierzu: Glasl 1999

15 – Natürlich gibt es wie überall Gegenbeispiele, in denen dies nicht erreicht werden kann. Auch die Buchveröffentlichung des der Win-Win-Perspektive zugrunde gelegten Harvard-Konzepts enthält ein dickes Kapitel mit der Überschrift „Ja, aber ...". Es setzt sich mit einer Vielzahl an Gegenargumenten und Befürchtungen auseinander. Hier geht es zum einen um die grundsätzliche Ermöglichung des Erfolges durch ein „für möglich Halten", das den Konfliktpartnerinnen im Mediationsprozess Hoffnung macht. Sie werden angeregt, weiterzusuchen, wo sie sonst vielleicht aufgegeben hätten. Sie können so ins Auge fassen, was es jenseits ihrer gewohnten Sichtweisen noch an Optionen gibt (2.6). Zum anderen geht es darum, das methodische Know-how, welches das Harvard-Konzept im Ansatz des sach- und menschengerechten Verhandelns bereithält, auch für die Mediation und die Mediative Kommunikation gezielt zu nutzen (3.4).

16 – Ressourcen meint (orientiert am Konzept des NLP, das nach Stahl 1988 die Konzepte von Perls, Satir, Rogers und Erickson integriert und weiterentwickelt, vgl. Endnote 23): Stärken, Kräfte, Quellen, Potenz im Gegensatz zu Defiziten, Schwächen, Fehlern, Problemen. Dazu zählen Lebens-Erfahrungen im Rahmen der Herkunftsfamilie (vgl. V. Satir), das, was das Unbewusste beinhaltet (C.G. Jung, M. Erickson), die ‚Potenzen des Leibes' (F. Perls, W. Reich, Ch. Selver), das Wachstumsvermögen des Organismus (C. Rogers, R. Cohn) und im erweiterten Verständnis: geistige Fähigkeiten (Wissen, Fertigkeiten, Techniken etc.), „materielle und technisch-organisatorische Aspekte des Arbeitsfeldes" und der Umgang mit angestrebten Veränderungen im Arbeitsfeld (vgl.: Hinnen, Peter: „Gestaltansatz in der Supervision". In: Fatzer 1990. S. 135-136).

17 – Eine aktuelle Studie zu „Qualitätsstandards und Besonderheiten der Mediation in Wirtschaftsunternehmen" wurde kürzlich fertig gestellt (Berse & Steinitz 2005).

18 – Nähere Informationen finden Sie beispielsweise im Artikel „Mediation und Architektur" (Hecken 1999).

19 – Mit internetgestütztem Konfliktmanagement in politischen Problemlagen befasst sich Fitkau 2001, mit der Online-Mediation Brinkmann 2003. Weiteren Bezug auf Entwicklung und Anwendungsbereiche von Mediation nehmen Falk/Heintel/Pelikan 1998.

20 – Einen umfangreichen Überblick geben Montada & Kals 2001.

21 – Diehl, Thomas: „Ein kritischer Blick hinter die Fassade". In: *Infoblatt Mediation* 12 (2000), S. 2-3.

22 – Die TZI verbindet unterschiedliche Konzepte, um ‚lebendiges Lernen' in der Gruppe zu ermöglichen. Die in der Schweiz lebende Psychoanalytikerin Ruth Cohn begründete sie in dem Motto: „Die Couch ist zu kurz!" und integrierte Erlebnistherapie-Ideen von Elsa Gindler sowie Gedanken aus der Gestalttherapie von Fritz Perls. Cohn formulierte Regeln, auf die zur Effektivierung von Teamarbeit bei gleichzeitig angenehmer Arbeitsatmosphäre zurückgegriffen werden kann. Welche Regeln für hilfreich erachtet werden, entscheidet dabei das Team. Zur Auswahl stehen: ‚Vertritt dich selbst in deinen Aussagen (‚Ich' statt ‚Wir' oder ‚Man'.)!', ‚Mache den Hintergrund deiner Fragen transparent.', ‚Kommuniziere bewusst (was du denkst, fühlst), wähle aus, was du sagst und tust.', „Sprich deine persönlichen Reaktionen statt Interpretationen aus!', ‚Sei zurückhaltend mit Verallgemeinerungen.', ‚Wenn du etwas über das Benehmen oder die Charakteristik eines anderen sagst, füge hinzu, was es dir bedeutet, dass er so ist, wie du ihn siehst.', ‚Störungen haben Vorrang.', ‚Nur einer (redet) zur gleichen Zeit.', ‚Wenn mehr als einer gleichzeitig sprechen will, verständigt euch in Stichworten, über was ihr sprechen wollt.' Diese Regeln berücksichtigen als drei Eckpunkte der Gruppeninteraktion die Ich-Ebene (Persönlichkeit), die Wir-Ebene (die Gruppe) und das Es (die Sachebene, das The-

ma) (3.1). Das Symbol der TZI ist das Dreieck im Kreis, der Globe. Er symbolisiert die die Gruppe oder Situation umgebenden Einflüsse. Kritik an der TZI können Sie beispielsweise bei Raguse, Hartmut: „Kritische Bestandsaufnahme der TZI" in: Löhmer & Standhardt 1992 nachlesen. Vor allem wird die Überladung des TZI-Begriffs durch Feminismus, Religion, Esoterik, Friedenspolitik, Ökologie angeführt. Im Kontext der Mediativen Kommunikation werden hilfreiche Materialien aus der TZI von einer vermeintlichen Mystifizierung und Überfrachtung losgelöst herangezogen. (Zum Weiterlesen wird auf Langmaack 1991 und Cohn 1997 verwiesen.)

23 – Das Neurolinguistische Programmieren (NLP) wurde als ein Verhaltensmodell, ein System bestimmter Fähigkeiten und Techniken von John Grinder und Richard Bandler 1975 begründet. Es befasst sich mit der Struktur der subjektiven Erfahrung, untersucht die Muster, die „Programmierung" der Interaktion zwischen Gehirn (Neuro), Sprache (linguistic) und Körper. Grundlagen dafür bilden Beobachtungen von Experten aus diversen Bereichen professioneller Kommunikation, wie der Psychologie und Psychotherapie, der Wirtschaft, des Rechtswesens, der Hypnose und der Erziehung. Stahl 1988 gibt beispielsweise einen kurzweiligen Einblick in grundlegende Ansätze des NLP.

24 – An dieser Stelle wird auf den von Laplanche & Pontalis (1972) definierten Begriff des Ich-Ideals verwiesen: Ihrer Meinung nach stellt es nicht wie bei Freud (1923) einen Teil des Über-Ichs dar, sondern eine „Instanz der Persönlichkeit, die aus der Konvergenz des Narzissmus (Idealisierung des Ichs) und den Identifizierungen mit den Eltern, ihren Substituten und den kollektiven Idealen, entsteht. Als gesonderte Instanz stellt das Ich-Ideal ein Vorbild dar, an das das Objekt sich anzugleichen sucht" (ebd.). Dieser Ansatz erklärt die gewichtige Bedeutung, die dem Eltern-Ich in der zwischenmenschlichen Kommunikation zukommt (3.0).

Zu Hintergrund und Haltung der Mediativen Kommunikation

25 – Der im Zusammenhang mit dem Thema Bedürfnisse erwähnte Psychologe Abraham H. Maslow gründete 1961 die "American Association of Humanistic Psychology" (3.1). Sie vertrat hauptsächlich die folgenden Thesen: Die erlebende Person bildet den Mittelpunkt der Betrachtung (nach theoretischen Erklärungen und sichtbarem Verhalten). Es werden dabei schwerpunktmäßig spezifische menschliche Eigenschaften wie die Fähigkeit zu wählen, Kreativität, Wertschätzung und Selbstverwirklichung berücksichtigt. Die Auswahl von Fragestellung und Forschungsmethoden erfolgt vor allem nach Sinnhaftigkeit (weniger nach Objektivität). Das Interesse gilt der Entwicklung der jedem Menschen innewohnenden Kräfte und Fähigkeiten. Wert und Würde des Menschen werden stets aufrechterhalten. Weitere wichtige Vertreter der Humanistischen Psychologie sind unter anderem Carl Rogers, Fritz Perls, Charlotte Bühler, Sidney M. Jourard, Rollo May und Fred Massarik.

26 – Die Wurzeln der Humanistischen Psychologie gehen zurück auf die europäischen Traditionen der Psychologischen Anthropologie, der Phänomenologischen Psychologie und auf die Leipziger Ganzheitspsychologie. Methodisch greift sie u.a. zurück auf von Edmund Husserl, Theodor Lipps und Ludwig Klages verwendete phänomenologische Ansätze. Auch zur Reformpädagogik (Georg Kerschensteiner, Peter Petersen, Maria Montessori) und zur geisteswissenschaftlichen Psychologie lassen sich in der Betonung der Eigengesetzlichkeit und Dynamik menschlichen Denkens und Handelns Anknüpfungen feststellen. Maslow ging davon aus, dass der Mensch von Natur aus gut ist und sich selbst entfaltet: „Destruktivität, Sadismus, Grausamkeit sind nicht inhärent (also sie sind keine ureigenen menschlichen Bedürfnisse wie etwa bei Freud), sondern wesentliche Reaktionen auf Frustrationen unserer inhärenten Bedürfnisse" (Maslow, 1973, S. 21). Weiterlesen können Sie bei Maslow 1999 und bei Pervin 2000. Beschreibende und kritische Kommentare finden Sie in: Bourne & Ekstrand 2001 (1992).

27 – Im Zusammenhang mit der Mediation wird hier von der Wirkung eines ‚Konfliktoptimismus' gesprochen (vgl. hierzu beispielsweise Haeske, Udo: „Konfliktoptimismus vorleben" in: ders. 2003. S. 89-91).

28 – Die Gestalttherapie wurde in den dreißiger und vierziger Jahren von den beiden deutschen Psychoanalytikern Fritz und Lore Perls im Exil in Südafrika und dann in Zusammenarbeit mit dem amerikanischen Sozialphilosophen und Schriftsteller Paul Goodman (später Mitbegründer der amerikanischen Schüler- und Studentenbewegung) entwickelt. Ihren Durchbruch erreichte sie in den sechziger Jahren durch Fritz Perls im Zuge der Human-Potential-Bewegung. Seine Arbeit war schlicht und

phänomenologisch: Statt zu interpretieren lud er die Einzelnen zur Identifikation mit ihren abgespaltenen Persönlichkeitsteilen ein. In kleinen Schritten wurde dann darauf hingearbeitet, sie wieder zu integrieren. Die auch körperlich nachvollzogenen Demonstrationen bewirkten eine Veränderung im Fühlen und Denken, die dann auch für das ganze Leben eines Menschen prägend war. Zum Weiterlesen wird hier Perls 2004 empfohlen.

29 – Diese Elemente finden sich bei Eberling & Vogt-Hillmann 1998 und gehen auf einen Workshop von Robert Dilts zum Thema: ‚Generatives NLP' zurück, der 1996 am NIK in Bremen stattfand. Die Ressourcenorientierung kennzeichnet die lösungsorientierte Psychotherapie. Sie betont, dass alle Menschen Ressourcen finden und erfinden können, die sie ihr Leben verbessern und ihre Ziele leichter erreichen lassen (de Shazer 1989, 1996; Walter & Peller 1994). Auch in anderen therapeutischen Schulen und nicht-therapeutischen Ansätzen findet sich dieser Grundgedanke. So wird beispielsweise bei Hermer 1996 und Nestmann 2004 ebenso das Entwickeln und (Zusammen-)Wirken von persönlichen, sozialen und ökologischen Ressourcen beschrieben. Bei Grawe et al. 1994 und Schiepek 1994 wird eine ressourcenorientierte Arbeitsweise als wichtiges schulenübergreifendes Kennzeichen eingefordert. Zum Weiterlesen wird hier verwiesen auf Eberling & Vogt-Hillmann 1998.

30 – Beschreibungen von ressourcenorientierter Imagination im Rahmen der Traumaarbeit finden Sie beispielsweise bei Reddemann 2001.

31 – Diese Regel ist wohl die bekannteste der TZI. Nicht zuletzt aufgrund ihrer Umstrittenheit: Störungen, wie es beispielsweise Seitengespräche sind, empfindet die Gruppe im Allgemeinen als störend. Sie können Ausdruck dessen sein, dass das noch nebenbei zu Beredende oder auch die Redenden selbst nicht genügend Berücksichtigung finden. Dann kann es konstruktiv sein, diese Regel zu befolgen. Fraglich bleibt, in welchem Ausmaß Störungen Vorrang gegeben werden soll. Kommt ihnen beispielsweise dann, wenn potenzielle Störer in der Gruppe damit ihr Profilierungsbedürfnis ausleben, mehr Raum zu als angemessen, dann führt dies zu Frustration.

32 – Aus der systemisch-zirkulären Perspektive stellen sich hier beispielsweise die folgenden Fragen: „Welche wichtigen Infos über Bedürfnisse, Wünsche, Sehnsüchte der Beteiligten enthält das Problem oder das, was sie gegenseitig aneinander stört? Was ist die Aufgabe des Konfliktes und was braucht es, damit der Umweg erspart und die Aufgabe aufgegeben werden kann?" (vgl. Wienands 2005, S. 32).

33 – Hilfreiche Listen mit Gefühlsausdrücken finden sich beispielsweise bei Rosenberg 2002, der Primärliteratur zur Gewaltfreien Kommunikation.

34 – Die beschriebenen Untersuchungen gehen auf die beiden Psychologen Woodworth (1938) und Schlosberg (1953) zurück. Die linken Tabellenstufen eins bis sechs sind nach Woodworth 1938 zusammengefasst, die Stufen sieben und acht nach Argyle 1979 ergänzt. Zur Vervollständigung wird auf Schlosberg 1953 verwiesen. In Bezug auf die Häufigkeit der Verwechslungen ergab Woodworth' Experiment, dass nur eine Stufe voneinander getrennte Gefühle eher miteinander verwechselt werden als solche, die mehrere Stufen auseinander liegen. Schlosberg war der Ansicht, dass es zwischen den Klassen I und VI häufiger zu Verwechslungen kommt als auf Grundlage der tabellarischen Darstellung erwartet. Er schlug deshalb vor, eine weithin akzeptierte kreisförmige Anordnung vorzunehmen und ordnete den Gefühlsfächer durch die Bedeutungsachsen pleasantness (Freundlichkeit) – unpleasantness (Unfreundlichkeit), attention (Zuwendung) – rejection (Ablehnung) und tension (Anspannung) – sleep (Schlaf).

35 – Anhand der hier geformten Tabelle stellt sich die Frage, warum rechts gleiche Gefühle mehreren Stufen auf der linken Seite zugeordnet werden können. Es liegt nahe, zu behaupten, dass die Überschneidungen sich vor allem bei Kategorien finden, die die ‚Kehrseite ein und derselben Medaille' darstellen. Dies wären hier Interesse und Angst, Überraschung und Abscheu, Freude und Traurigkeit, Ärger beziehungsweise Entschlossenheit und Verachtung. Ärger und Wut zeigen sich gewöhnlich durch eine gerunzelte Stirn, entblößte untere Zähne, eine hängende Unterlippe, ein hochgezogenes oberes Augenlid und ein gebogenes unteres Augenlid. Ein glücklicher Gesichtsausdruck kennzeichnet sich dagegen häufig durch zurückgezogene und angehobene Mundwinkel, ein hängendes oberes Augenlid, offene Lippen und geweitete Nasenflügel (nach Untersuchungen von Frois-Wittmann 1930). Während ein Mensch 43 Muskeln braucht, um finster zu gucken (zum Beispiel Stirn-

muskeln, Ringmuskeln, Augenringmuskeln, Augenmuskeln, Trompetenmuskeln, Augenbrauenmuskulatur, Mundwinkelheber und -herabzieher, Mundringmuskeln), beansprucht er lediglich 17 Muskeln, um zu lachen. Es gibt vielfältige Möglichkeiten, sich mimisch auszudrücken. Und damit erscheint es hier als notwendig, uns vom Ansatz der Physiognomik, den Johann Caspar Lavater (1749-1801) mit Johann Wolfgang von Goethe (1749-1832) entwickelte, abzugrenzen. In diesem pseudowissenschaftlichen Ansatz wird versucht, vom Gesichtsausdruck auf die Persönlichkeit zu schließen. Die Stereotypisierung der Temperamentenlehre (Phlegmatiker, Choleriker, Sanguiniker, Melancholiker) ist bis heute umgangssprachlich weit verbreitet. Sie kann natürlich denen, die sie als hilfreich empfinden, auch weiterhin zur Orientierung dienen, steht allerdings der Mediativen Kommunikation insofern entgegen, als dass sie Individualität eingrenzt und nicht berücksichtigt, dass Gesichtsausdrücke durch Erziehung und Nachahmung gelernt und kulturell geprägt sind. Wenige Gefühle haben einen universalen Gesichtsausdruck gefunden. Die Formulierung, ‚das Gesicht wahren' oder der landläufige Ausdruck des ‚Pokerface' weisen hin auf die Möglichkeit zur Kontrolle des Gesichtsausdruckes. Bis zu einem gewissen Maße ist dieser demnach Selbstdarstellung, eine Art der Selbstkundgabe, genau wie die Körperhaltung auch. Hier wäre ergänzend zu verweisen auf Untersuchungen von Sarbin und Hardyck 1953, die Argyle 1979 (S. 256-258) zitiert. Dort (S. 202) findet sich auch ein Überblick über Gesichtsausdrücke als Ausdruck persönlicher Eigenschaften, Ausdruck von Gefühlen und Einstellungen anderen Personen gegenüber und als Interaktionssignal. Anzumerken ist, dass sich die Kultur beständig weiterentwickelt und dies natürlich auch im Zusammenhang mit Körperhaltungen und Gesichtsausdrücken normativ zu berücksichtigen ist. (Weitere Literaturverweise: zur Körpersprache im engeren Sinne inklusive Gesten: Eunson 1990. Gesten im Sinne der visuellen Kommunikation: Desmond Morris 1977 und 2001.)

36 – Ich danke den Mediationsausbilderinnen Isabel Kresse und Kerstin Kittler für die Anregung zu dieser Übung. Ebenso gilt dies im Zusammenhang mit den Übungen 2 und 4.

37 – Hier wird weiterführend verwiesen auf Graumann, Carl F.: „Wahrnehmung und Beurteilung der anderen und der eigenen Person. Probleme und Erkenntnisse", in: Heigl-Evers 1984, S. 154-183.

38 – Wie dies bis hin zu einer projektiven Identifizierung führen kann, beschreibt Karl König in seinem Buch *„Abwehrmechanismen"* (2003). Siegmund Freud beschreibt Projektionen als einen Abwehrmechanismus, in dem eigene Gedanken oder Bedürfnisse dem Außen zugeschrieben werden. Wenn beispielsweise jemand sich gewohnheitsmäßig als Opfer von Handlungen anderer fühlt, schiebt er dabei anderen die Täterrolle zu. (Nach dem Motto: ‚Ich bin verletzt, und einer muss es ja gewesen sein.') Projiziert wird das, was jemand an sich selber nicht wahrnehmen, akzeptieren und anerkennen will oder kann (die eigenen Schattenseiten also). Projektionen sind meist unbewusst. In Beziehungen und Freundschaften werden diese Schatten berührt und (er)lebbar gemacht. Projektionen haben viel mit Co-Abhängigkeit zu tun: Je mehr ein Mensch projiziert, desto stärker macht er sich abhängig. Zur wissenschaftlichen Vertiefung des Begriffs der Projektion siehe Bühlmann 1971.

39 – Mit der Entstehung der Schatten befasst sich beispielsweise Jacobi 1971.

40 – Zum Weiterlesen sei hier Trobe 2003 empfohlen.

41 – Und es gibt noch viele weitere Beispiele für solche Regressionen im Alltag. Konflikte sind häufige Auslöser, aber sie lassen sich auch im Baden, in der Schlafhaltung oder dem Nuckeln an der Bierflasche vorm Fernseher erkennen.

42 – Friedemann Schulz von Thun ist Autor der Bestsellertrilogie *„Miteinander reden ..."*. In Band drei erläutert er das Konzept des Inneren Teams: eine Metapher, die auf Ähnlichkeiten zwischen der inneren Dynamik des Menschen und der in einer Teamsituation verweist. Schulz von Thun bezeichnet den Begriff dort als ein ‚Kompasswort', das bereits die Entwicklung zum Ideal beschreibt, während in der Wirklichkeit noch Gegeneinander in Rivalität, Konkurrenz oder Feindseligkeit, Chaos oder Mangel an Kontakt und Koordination herrschen.

43 – In diesem Sinne ist es angesagt, auch unliebsame und blockierende Teile anzuerkennen in dem Bewusstsein, dass sie in jedem Fall eine gute Absicht verfolgen. Es gilt, diese positive Absicht mit Hilfe von Höflichkeit und Respekt herauszufinden, um als blockierend empfundene Teile in den eigenen Erfolgskurs einzubeziehen. Auf dieser Grundlage ist es möglich, mit jedem Element des Inneren Teams wie mit einem guten Freund zu verhandeln, bis alle Teile optimal und im Sinne des Ganzen

miteinander auskommen. Dies wäre ein mediativer Weg, um die Potenziale des Inneren Teams zu nutzen. Übungsanleitungen, um in einem inneren Konflikt mit dem Inneren Team zu verhandeln, geben beispielsweise Hagemann & Rottmann 1999. Ihr Buch zur Selbst-Supervision kann auch im weiteren Zusammenhang mit dem Emotional Clearing empfohlen werden.

44 – Es gibt zahlreiche Angebote solcher Aufstellungsarbeit. Meist sind dies Workshops, in denen die Gruppe aus Teilnehmenden einen Tool von Stellvertretenden bildet. Sie lassen sich für die jeweils anzuschauende Konstellation in Vertretung für die realen Familien- oder Teammitglieder aufstellen. In der Mitte der Gruppe entsteht dann eine Anordnung von Stellvertretenden, die verbildlicht, wie eine Person die Situation in ihrer Familie oder auch auf Arbeit empfindet: Ein Standbild, das meist mehr aussagt, als mit Worten beschrieben werden kann. Im Gegensatz zur Realität bietet eine solche Aufstellung die Möglichkeit, die Beteiligten symbolisch für die Realität so lange im Raum herumzuschieben, bis sie eine Anordnung finden, die der Aufstellenden ein gutes Gefühl macht. Unterstützt wird dies durch Anmerkungen und symbolische Handlungen, die die Stellvertretenden ausführen können. Ihren Ursprung hat die Aufstellungsarbeit im Therapieansatz des viel kritisierten Theologen Bert Hellinger. Eine Familienaufstellung umfasst nach Hellinger bis zu drei Generationen. Grundannahme dabei ist, dass die Dynamik des Systems dafür sorgt, dass die Rolle eines Familienangehörigen, der nicht genug gewürdigt wurde, von einem später geborenen Familienmitglied noch einmal neu eingenommen wird. Bedeutsam ist vor allem die durch die Bindung definierte Rangfolge und die Unterscheidung zwischen der Eltern- und der Paarebene (als Hierarchieebenen). Zur näheren Erläuterung sei verwiesen auf Hellinger 1994. In Anwendung auf Organisationen auf Erb 2001. Im Zusammenhang mit der Mediativen Kommunikation gilt es, sich eher Hellingers Nachfolgern zuzuwenden, das Hilfreiche zu nutzen und von dem, was in der Kritik auch auf diesen Kontext bezogen zu beanstanden ist, angemessen Abstand zu nehmen. Daher wird hier zum Weiterlesen beispielsweise auf Ulsamer 1999 und 2001 verwiesen.

45 – Hier ist zu verweisen auf Bandura 1976. Die von ihm entwickelte sozial-kognitive Theorie ist die meist verbreitetste Theorie des Modelllernens im deutschsprachigen Raum.

46 – Vgl. hierzu: Besser-Siegmund & Siegmund 1993. Eine Zuordnung einzelner Teile und ihrer guten Absichten, Hintergrundbedürfnisse und positiven Funktion finden Sie bei Hagemann & Rottmann 1999 (S. 161-162). Hier finden Sie auch Übungen und Anregungen zur Arbeit mit dem Inneren Team.

47 – Anschauliche Beispiele für solche Reaktionsketten finden sich im von dem Transaktionsanalytiker Eric Berne eröffneten Repertoire an Spielen der Erwachsenen. So treibt beispielsweise jemand, der „Jetzt hab ich dich endlich, du Schweinehund!" spielt, sein Gegenüber in eine Position der Rechtfertigung, um im Konflikt von seinen eigenen Defiziten abzulenken. Er sorgt dafür, dass sich dieses schlecht fühlt und verzweifelt herumrudert, um sich aus dieser misslichen Lage zu befreien. Befreit vom sofortigen Reaktionszwang können wir die Spiele erkennen und benennen, statt in die für uns vorgesehenen Rollen zu tappen. Eine hilfreiche Übersicht über solche ‚Gesellschaftsspiele' und ihre Zuordnung zu den Rollen aus dem Dramadreieck findet sich bei Risto 2003. Die Primärliteratur stellt Berne 1981/2002.

48 – Vgl. Haeske 2003, S. 39/40.

49 – Diese Bilder eines Metastandpunktes lassen sich hier durch die Metapher des Feldherrenhügels von Schulz von Thun ergänzen. Hilfsmittel zur Konfliktanalyse finden Sie in 3.0. Montada & Kals 2001 geben ergänzend eine Einführung in Konfliktforschung, Emotions- und Motivationsforschung, Kommunikationsforschung, Gerechtigkeitsforschung, soziale Kognitionsforschung, Persuasionsforschung, Problemlöseforschung und Kreativitätsforschung.

50 – Als Wurzelmaterial für Rogers Ansatz lässt sich hier auf Sören Kierkegaard (‚Es ist die tiefste Form der Hoffnungslosigkeit, ein anderer zu sein als man selbst, es geht darum das Selbst zu sein, was man in Wahrheit ist') und den existenzialphilosophischen Standpunkt Martin Bubers verweisen. Ebenso auf Heidegger, der ebenfalls eine Bewegung der Wissenschaft vom Objektiven zum Subjektiven forderte, und auf den gestaltpsychologischen Ansatz Kurt Lewins.

51 – Die Ursache für die Probleme einer Person in entwicklungshemmenden Umständen oder einem ungünstigen Umfeld zu sehen, erinnert an die Forschungsarbeit des Entwicklungspsychologen Eric H. Erikson, der die Entfaltung einer Persönlichkeit durch jeweils zwei Pole begrenzt (vgl. hierzu: Erikson

1981 oder den Überblick in: Flammer 1996). Die Beziehung zwischen Berater und Ratsuchendem soll den Rahmen schaffen, um den Zugang zu dessen tieferen Persönlichkeitsschichten wieder herzustellen und die bisher abgewehrten Teile zu integrieren. Wertschätzung ist dabei von großer Wichtigkeit, da sie eine Öffnung überhaupt erst möglich macht. In Abgrenzung zu den direktiven Verfahren nannte Rogers sein Konzept ursprünglich non-direktive (nicht-lenkende) Beratung. In ihrer ersten Entwicklungsphase von 1938 bis 1950 zeichnete sich der neue Ansatz vor allem durch diese Abgrenzung aus. Einen wichtigen Schwerpunkt bildete die Reflexion von Gefühlen, die durch Methoden und Techniken wie Paraphrasieren und Aktives Zuhören begleitet wurde. Der non-direktive Ansatz gilt als die am wenigsten eingreifende und manipulierende Methode im (Beratungs-)Gespräch. Da auch in der weiteren Entwicklung des Konzepts grundsätzlich die innere Erfahrungswelt des Ratsuchenden im Mittelpunkt stand, führte Rogers 1951 den Begriff ‚klientenzentrierte Therapie' ein. Danach weitete sich der Ansatz immer mehr aus. 1961 erfuhr der Ansatz durch Rogers eine weitere und voraussichtlich seine letzte begriffliche Umprägung: Er wurde als Antwort auf seine erweiterte Anwendung künftig Personzentrierung genannt. Gegen Ende der 70er Jahre wurde der personzentrierte Ansatz auch zum Umgang mit (interkulturellen) Spannungen und Konflikten herangezogen (3.3). Er floss in die anfangs (1.0) beschriebene Entwicklung der Mediation ein.

52 – Rogers & Schmid 1991, S. 167.

53 – Literatur zur Entwicklung des Klientenzentrierten Konzeptes: Rogers 1972 und 1997.

54 – Hier kann vertiefend auf Rogers & Schmid 1989 verwiesen werden.

55 – Rogers zentrale Begriffe der Aktualisierungstendenz und Inkongruenz sind bei Weinberger 2001 weiter ausgeführt. Vertiefend ist hier stichwortartig auf die Begriffe ‚Über-Ich' (vgl. Endnote 24) und ‚Öffentliche Selbstaufmerksamkeit' (vgl. hierzu beispielsweise Schwarzer 1993) zu verweisen.

56 – Den Befreiungsprozess der Entwicklung aus der Neurose heraus beschreibt Rogers 1997 in Form einer siebenstufigen Skala (S. 33f). Rogers Persönlichkeitskonzept wird ausführlich in Rogers 1991 *„Eine Theorie der Psychotherapie"* und Rogers 1991 *„Entwicklung der Persönlichkeit"* dargestellt. Die Gesprächstherapie ist heute eine der bedeutendsten psychotherapeutischen Therapiemethoden bei Angststörungen und depressiven, psychosomatischen Persönlichkeitsstörungen oder schizophrenen Erkrankungen. Literatur zum Weiterlesen stellen Finke & Teusch 1991, Teusch, Finke & Gastpar 1994, Sachse 2004 und Moshagen 1997. Rogers Beratungs- und Therapiekonzept wurde von dem Hamburger Psychologen Reinhard Tausch im deutschsprachigen Raum als „Klientenzentrierte Gesprächstherapie" eingeführt. Literatur zum Menschenbild in der Klientenzentrierung: Rogers 1991, Stevens & Rogers 1992. Informationen zur Person Rogers bergen Behr & Hinz 2002 und Zundel 1991. Erweiterung auf störungsspezifische und zielorientierte Handlungskonzepte der Gesprächstherapie findet sich in: Binder & Strupp 1991, Swildens 1991, Finke 1994, Speirer 1994, Sachse 1996 und 1999. In den neunziger Jahren bildeten sich Konzepte einer gesprächstherapeutischen Krankheitslehre heraus (Finke 1991 Eckert u.a. 1997, Schmidtchen 2001, Speirer 1994). Zu den gesprächstherapeutischen Standardwerken zählen: Biermann-Ratjen/Eckert/Schwartz 2003 und Finke 1994. Die Bandbreite des klientenzentrierten Konzeptes im Rahmen psychotherapeutischer Arbeit zeigen Keil & Stumm 2002 auf.

57 – Bereits im Ansatz der Mediativen Kommunikation findet sich als Neuerung gegenüber den ursprünglichen Konfliktmanagementverfahren die Gleichstellung der Personen. Dies entspricht dem humanistischen Menschenbild Rogers, der in seinen Erfahrungen die Bestätigung fand, dass der Mensch von Natur aus in seinem Kern positiv ist: Wenn er nicht darin behindert wird, erzielt der Mensch Konstruktivität. Er ist vertrauenswürdig, schöpferisch, sozial und auf Reife hin ausgerichtet. Der Mensch strebt nach Selbstverwirklichung und der Entfaltung all seiner Potenziale (3.1). Nach Rogers gibt „das Individuum, wenn es sich der ihm offen stehenden Wahlmöglichkeiten voll bewusst ist, einer konstruktiven Wahl in Richtung auf soziale Harmonie den Vorzug ... gegenüber einer destruktiven Richtung auf soziale Disharmonie. Es ist [s]eine Hypothese, dass diese konstruktiven Potenziale in einem wachstums- und entwicklungsfördernden Klima freigesetzt werden können" (Rogers 1997, S. 7; vgl. Schmid 1989, S. 100). Eine vertrauensvolle Beziehung bietet demnach den Rahmen, indem diese menschlichen Strebungen wirksam werden. „Es geht nicht darum, dass dieser Ansatz der Person Macht verleiht, er nimmt sie ihr niemals weg." (Rogers übertrug mit diesem Satz ein Zitat von Gertrude Stein über Paris auf den personzentrierten Ansatz, in: Rogers 1992, S. 8.)

58 – Wenn man selbst in einem Konflikt beteiligt ist, bezieht sich die Allparteilichkeit auf die Wahrnehmung aus der Metaebene. Eine mediativ Kommunizierende ist dann gefordert, die Anliegen des Gegenübers als gleichwertig mit den eigenen Anliegen zu betrachten. Dies kann aus der Perspektive des inneren Beobachters auch gelingen: Er weiß, dass der Einbezug aller Interessen eine Win-Win-Lösung zur beidseitigen Zufriedenheit näher bringt. Vor allem in Konflikten mit einem Gegenüber, das einem wichtig ist, lohnt es sich daher, die allparteiliche Betrachtung zu trainieren. Da das Gegenüber vor allem seine eigenen Interessen wahrt, kann ein Teil des Inneren Teams der mediativ Kommunizierenden das in den Konflikt verstrickt ebenso weiterhin tun. Mit einiger Übung kann der innere Beobachter dies in seine Betrachtung mit einbeziehen. Aus der Metaebene sieht man also allparteilich auf das Eigene wie auf das des Gegenübers.

59 – Hier geht es nicht um eine Verharmlosung des wirklichen Opferseins und -werdens und der Täterstrukturen auf der Gegenseite. In diesem Zugang wird lediglich zu einer genauen Betrachtung dessen angeregt, was im Alltag allzu schnell an Rollenzuteilung geschieht.

60 – Die Rollenverteilung zwischen Täter und Opfer kann durch den Retter gelenkt und auch vertauscht werden. Es gibt eine ganze Anzahl von Berufen, die die Retterrolle geradezu herausfordern. So zum Beispiel der von Juristen oder Pädagoginnen. Hierzu zählen auch Dienstleistungsberufe, die erfordern, dass man sich auf die Seite des Klienten stellt: die so genannten „Rettersalons" von Friseuren oder anderen Seelentröstern. Aus der Retterrolle kann man nur aussteigen, wenn man das Gegenüber bei sich lässt und seine Lösung als eine solche akzeptiert. Von besonderer Wichtigkeit ist dies im Zusammenhang mit der Win-Win-Perspektive und dem Harvard-Konzept.

61 – Hier kann verwiesen werden auf den viel zitierten Spruch aus dem Talmud: „Achte auf deine Gedanken, denn sie werden Worte. Achte auf deine Worte, denn sie werden Handlungen. Achte auf deine Handlungen, denn sie werden Gewohnheiten. Achte auf deine Gewohnheiten, denn sie werden dein Charakter. Achte auf deinen Charakter, denn er wird dein Schicksal."

62 – Hier zeigt sich die Notwendigkeit einer vor allem in einem konflikthaften Gespräch immer mal wieder durchzuführenden Realitätsprüfung.

63 – Bereits der Ausspruch „Was du hasst, das hast du!" zeigt, dass häufig real wird, worauf sich die Energie richtet. Ein anschauliches Beispiel gibt der Konstruktivismusautor Paul Watzlawick in seiner Geschichte mit dem Hammer: Ein Mann möchte ein Bild aufhängen, hat zwar einen Nagel, aber keinen Hammer. Er beschließt, sich den vom Nachbarn zu leihen. Als er hinübergehen will, kommt ihm ein Zweifel: ‚Was, wenn der Nachbar ihn mir nicht borgen möchte? Gestern hat er mich nur so flüchtig gegrüßt. Vielleicht war er in Eile. Oder er hat die Eile nur vorgeschützt und hat was gegen mich. Aber was? Ich hab ihm schließlich gar nichts getan! Der bildet sich da etwas ein. Wenn jemand sich von *mir* einen Hammer leihen wollte, ich täte es sofort! Und warum er nicht? Wie kann man einem Nachbarn einen so einfachen Gefallen abschlagen? Leute wie dieser Kerl versauern einem das Leben. Der soll sich bloß nicht einbilden, ich sei auf ihn angewiesen! Nur weil er einen Hammer hat. Jetzt reicht es mir wirklich.' - Und so poltert der Mann hinüber und klingelt. Der Nachbar öffnet. Doch bevor er auch nur „Guten Tag" sagen kann, schreit er ihn an: „Behalten Sie Ihren Hammer!" (Watzlawick 2005, S. 37-48). Vera F. Birkenbihl gibt in ihrem Buch *„Erfolgstraining. Schaffen Sie sich Ihre Wirklichkeit selbst"* Hilfestellungen, die diesen Effekt positiv nutzen.

64 – Diverse Affirmationen in Zuordnung zu Krankheiten oder Lebenssituationen finden sich beispielsweise bei Louise L. Hay in: *„Balance für Körper und Seele"* (2002) und *„Das große Buch der heilenden Gedanken"* (2002). Louise L. Hay entwickelte in den achtziger Jahren das erste psychologische Programm zur Aktivierung der Selbstheilungskräfte. Im Bestseller *„Gesundheit für Körper und Seele"* (2001) beschreibt sie ihr Konzept.

Zu den Elementen der Mediativen Kommunikation

65 – Vgl. Montada & Kals 2001 (S. 193).

66 – Verweis auf Virginia Satir u.a. 2000: *„Das Satir-Modell"*.

67 – Hier ist zu verweisen auf Berne 1981/2002 und auf seine beispielhaften Erläuterungen zu Skripten und Transaktionen in Berne 1978.

68 – Zur weiteren Reflexion des Themas werden hier die Materialblätter zum Erkennen von Ich-Zuständen in Gerhold 2005 empfohlen.

69 – Hier kann auf Besser-Siegund 2003: „*Killerphrasen – wie man sie knackt*" verwiesen werden.

70 – Hier kann vertiefend über Vereinfachungsvorgänge zum Umgang mit der Komplexität von Sachverhalten und Geschehen, deren sinnhafte Motivation, mögliche Konsequenzen und Auflösungsstrategien reflektiert werden. Dazu kann beispielsweise auf die wissenschaftlichen Darstellungen von Tversky und Kahnemann 1974 (Tversky & Kahnemann 1974) und Gigerenzer & Todd et al. 1999 verwiesen werden. Auch bei Montada & Kals 2001 finden sich Erläuterungen zu Heuristiken und Schemata, die zum Beispiel in Vorurteilen, Generalisierungen (z.B. von negativen Einstellungen aufgrund von schlechten Erfahrungen) und Stereotypisierungen der Gegenseite ihren Ausdruck finden. Sie bieten eine Übersicht über empirisch nachgewiesene Schemata zur Interpretation des Kontextes, der Konfliktgegenstände und der Verhandlungsziele (Kals & Montada 2001, S. 204ff).

71 – Konfliktmanagement in Theorie und Praxis beschreiben ausführlich die Autoren Glasl und Schwarz. Auf Information über Mediation, Moderation und Prozessbegleitung wurde bereits Bezug genommen (1.2). Auf Verhandlungsansätze verweist Kapitel 3.4. Therapeutische Ansätze finden Sie beispielsweise in Schmidbauers Psychotherapieführer, Supervision und Coaching bei Schreyögg 1992 und 1995.

72 – Systemische Ansätze und deren Hintergründe finden Sie bei Fritz B. Simon und Arist von Schlippe. Die Methode des Organigramms ist in den Kapiteln 3.4 und 4.4 erläutert.

73 – Der Psychologe Abraham Harold Maslow (1908-1970) arbeitete am Brooklyn College in New York zusammen mit Karen Horney, Erich Fromm, Alfred Adler, Max Wertheimer und Ruth Benedikt. Die Bedürfnispyramide Maslows stammt aus: *"A Theory of Human Motivation"* (1943). Originally Published in *Psychological Review,* 50, 370-396. Maslows Theorie wird vor allem in Hinsicht auf die ‚Unschärfe' und fehlende Operationalisierbarkeit seiner Begriffe kritisiert. Es gibt in seinem Modell kaum Hinweise darauf, was den Übergang von einer Stufe zur anderen betrifft. Weiterhin wird beanstandet, dass es vor allem im Hinblick auf die Selbstverwirklichung mögliche Einwirkungen von außen weitgehend unberücksichtigt lässt. Weitere Motivationstheorien finden Sie u.a. bei Heckhausen 1989 und Rheinberg 1995. Einen Überblick zu den motivationstheoretischen Ansätzen der Patriarchen der Psychologiegeschichte: Charles Darwin, Wilhelm Wundt, William James finden Sie bei Kochinka 2004.

74 – Einen Überblick über die neuere Säuglingsforschung gibt beispielsweise Dornes 1995.

75 – Auch Emigrationen und die Situation von Aussiedlern ist durch Entwurzelung geprägt. Im Hinblick auf die Bedürfnistheorie erklärt sich der häufige Zusammenschluss von Menschen ähnlichen nationalen/kulturellen Ursprungs als ein Versuch, den verlorenen vertrauten Rahmen wieder herzustellen.

76 – Hier gehen die Meinungen auseinander, inwieweit Sexualität ein körperliches Grundbedürfnis darstellt. Dieses Buch stellt nicht den Anspruch, das zu beschließen. Genauso auch in Bezug auf die Zuteilung von Bedürfnissen, die Sie hier finden. Machen Sie sich darüber Gedanken, was Ihrer Meinung nach stimmig ist. Nehmen Sie die Vorgabe als Vorschlag und sortieren Sie dann neu, wie immer es sich für Sie richtig anfühlen mag. Es wird hier auf die Primärliteratur verwiesen, damit Sie sich vertiefend über die angerissenen Theorien und deren wissenschaftliche Untermauerung informieren können. Denn Sicherheit auf geistiger Ebene wird vermittelt durch Verständnis. Dies ist ein Anliegen in diesem Kapitel: dass Sie wie in der Personzentrierung empathisch nachvollziehen, welche Bedürfnisse hier wie und weshalb zusortiert sind.

77 – „In der Deutschen Röhren AG werden plötzlich riesige, den Bedarf für 40 Jahre deckende Mengen an Schreibpapier angeliefert. Als sich herausstellt, dass Einkaufsdirektor Heinrich Lohse dies veranlasste, um einen Mengenrabatt auszuhandeln, wird er in die Frühpensionierung geschickt. Lohse möchte nun das in 37 Berufsjahren erworbene Organisationstalent im Haushalt einsetzen ..." (Regie: Loriot – Buch: Loriot – Kamera: Gerard Vandenberg – Schnitt: Annette Dorn – Musik: Rolf Wilhelm – Darsteller, Loriot, Evelyn Hamann, Gerrit Schmidt-Foss, Dagmar Biener, Ortrud Beginnen, Inge Wolffberg, Irm Hermann, Heinz Meier u.a. – 1990; 84 Minuten)

78 – Vgl. Maslow 1999, S. 62 ff.

79 – Z.B. Arnold 1960, Ellis 1979 und Epstein 1984.

80 – In Bezug auf Empörung, die zu Gerechtigkeitseinstellungen und Rechtsgefühlen führt, ist zu verweisen auf Kals & Montada 2001, S. 104. Weitere Ausführungen zum Thema Gerechtigkeit(sempfindungen) in der Mediation finden sich in Dieter/Montada/Schulze 2000.

81 – Es ist grundsätzlich hilfreich zu wissen, dass in jedem Gespräch, in jeder Gruppe alle drei Ebenen vorhanden sind. Ein Konflikt zwischen Gruppenmitgliedern (Wir-Ebene) kann beispielsweise die Kommunikation auf der Sachebene beeinflussen. Und es kann auch passieren, dass jemand durch seine persönlichen Probleme die Teamatmosphäre beeinflusst (Ich-Ebene). Häufig entstehen Konflikte, wenn ein persönliches Problem in die Wir-Ebene geschoben wird. Wenn ein ‚Wir'-Problem auf der Sachebene behandelt wird, richtet sich manchmal die Beurteilung eines Sachbeitrags nach der Sympathie für den, der ihn eingebracht hat. Solche Verschiebungen können die Zusammenarbeit erheblich beeinträchtigen. Im Sinne der TZI ist es, die Ebenen auszugleichen, Probleme und Konflikte dann anzusprechen, wenn (oder noch besser bevor) sie den Prozess behindern. Und ohne dass die Sachebene darunter leidet.

82 – Die Hintergründe des jeweilig sichtbaren Verhaltens reflektieren beispielsweise Riemann 1997 oder Horney 1954.

83 – Beispiele für solche Strukturen zeigen sich beispielsweise im familiären Alltag des „Es wird gegessen, was auf den Tisch kommt". Wenn Mahlzeiten immer pünktlich eingenommen werden müssen, selbst wenn keines der Familienmitglieder hungrig ist. Sie zeigen sich in der peinlichen Wahrung von so genannten Familiengeheimnissen wie (Drogen-)Abhängigkeit, sexuelle Neigungen, Schwangerschaftsunterbrechung, (Selbst-)Mord oder psychischer Krankheit in der Familie (vertieft wird dieses Thema in: Bradshaw 1999) und auch in dem überzogenen Anspruch, ordentlich zu sein, immer gepflegt auszusehen, auch sonntags am Frühstückstisch: Kinder dürfen ihr Spielzeug nicht ausschütten, müssen strenge und peinigende religiöse Rituale befolgen oder was immer es noch an lebensverneinenden Regeln gibt. Die Bandbreite erstreckt sich von prägend bis zu selbstvernichtend. Und da sich die Wirkungen an viele umliegende Gegebenheiten und auch an individuelle Persönlichkeitsmerkmale knüpfen, lässt sich nicht grundlegend sagen, wie starke Auswirkungen eine Struktur konkret auf eine Person haben kann.

84 – Definitionen geben beispielsweise die Autoren und Autorinnen Robert Subby, Sondra Smally, Sharon Wegscheider-Cruse, Pia Mellody und Charles Whitfield.

85 – Nach Wilson-Schaef sind 98% der amerikanischen Bevölkerung von Sucht betroffen. Co-Abhängigkeit findet sich bei circa 96% der Bevölkerung (vgl. dies. 1991). Die Folgen einer Co-Abhängigkeit fördernden Erziehung erläutert die Autorin Alice Miller. Sie beschreibt die vielfachen Facetten der so genannten schwarzen Pädagogik und weist dabei auf einen Weg aus diesen Strukturen heraus.

86 – Zum Vertiefen empfiehlt sich Mellody 1991.

87 – Zum Vertiefen sei hier auf Beattie 1990 und Wilson-Schaef 1990 verwiesen.

88 – Eine Vertiefung zum Thema Abhängigkeit und Anti-Abhängigkeit findet sich beispielsweise bei Trobe 2003.

89 – Grundlagen der Verhaltensänderung nach Katz 1960. Zur Vertiefung empfehlen sich Goldstein 1939 und Maslow 1954.

90 – Katharina Sander und Christoph Hatlapa bieten eine Gegenüberstellung von mediativem und gerichtlichem Konfliktmangement („Die Stärken und Chancen in der Klientenzentrierten Mediation" in: *Infoblatt Mediation* Nr. 8/Herbst 1999, S. 2-9.).

91 – Vgl. vier Arten des Zuhörens nach Weisbach 1994.

92 – Das von Schulz von Thun veröffentlichte Vier-Ohren-Modell zur Analyse von Kommunikationsstörungen und -problemen modifiziert Ansätze von Bühler (1934) und Watzlawick u.a. (1969). In Bezug auf die schriftliche Kommunikation ist zu verweisen auf den Hamburger Verständlichkeitsansatz (Reinhard Tausch, Inghard Langer & Friedemann Schulz von Thun 1974). Die Bewusstheit über diese Ebenen hilft in Konflikten, nicht alle Bemerkungen persönlich zu nehmen. Das Vier-Ohren-Modell ergänzt das TZI-Dreieck aus Ich (Selbstkundgabe), Es (Sachebene) und Wir (Beziehungsebene) durch die vierte Ebene des Appells. Es steht zur Anwendung für das Gespräch mit anderen sowie für die Selbstreflexion.

93 – Hier kann beispielsweise auf Pease 2000, Quaiser-Pohl & Jordan 2004 und Rubner 1996 *(„Was Frauen und Männer so im Kopf haben")* verwiesen werden. Eine feinfühlige Untersuchung bietet die Medizinjournalistin Dianne Hales im Kapitel „Geschlecht und Emotion" in: Hales 1999, S. 334-359.

94 – Vgl. Risto 2003.

95 – Ergänzend kann hier auf Payer 2000 und auf Molcho 2001 verwiesen werden.

96 – Weitere Einflüsse sind anhand von Gandhis Überlegungen zur Gewaltfreiheit zu erkennen. Er bezeichnet so ‚das einfühlende Wesen eines Menschen, das sich wieder entfalten kann, sobald die Gewalt in seinem Herzen nachlässt'. Marshall B. Rosenberg promovierte 1961 als klinischer Psychologe an der Universität in Wisconsin. 1966 ernannte ihn die amerikanische Prüfungsbehörde für klinische Psychologen zum offiziellen Prüfer in klinischer Psychologie. 1984 gründete er das Center for Nonviolent Communication in Sherman, Texas. Eine Einrichtung, die aus seiner jahrelangen Arbeit mit Bürgerrechtlern in den frühen sechziger Jahren hervorging und seine Ansätze und Ideen nun allgemein zugänglich machte. Mit ihnen hatte er Mediationsprogramme und Trainings zur Verbesserung der Kommunikationsfähigkeit durchgeführt. Vor allem wurden dabei Gemeinden unterstützt, die die Rassentrennung an Schulen und anderen öffentlichen Einrichtungen überwinden wollten. Inzwischen bietet Rosenberg seit mehr als drei Jahrzehnten seine Seminare überall in der Welt an. Es wird in Familien, Schulen, in Therapie und Beratung, Organisationen und Firmen und bei diplomatischen und geschäftlichen Verhandlungen herangezogen. Auch in den Krisen- und Kriegsgebieten wurde Rosenberg beauftragt, um Gewaltfreie Kommunikation zwischen verfeindeten Volksgruppen (in Israel, Palästina, Ruanda und Kroatien) zu fördern.

97 – Diese Informationen stammen aus dem Internetprojekt Wikipedia (Stichwort: Giraffe).

98 – Es gibt natürlich Ausnahmen, Menschen mit unterwürfigen oder devoten Zügen. Dies soll hier allerdings nicht zur Normalität erklärt werden. Einen Verweis auf ausgebildete Unterwürfigkeit, die Loyalität nach außen mimt, finden Sie beim Thema Co-Abhängigkeit (3.1).

99 – Nach Bach & Goldberg 1974.

100 – Hier wird weiterführend auf Hirigoyen 2000 verwiesen.

101 – Die GFK wird in diesem Ansatz zur Grundlage für Konfliktmanagement im mikro-sozialen Bereich (in der direkten Auseinandersetzung von Mensch zu Mensch). Dies kann ohne weiteres auf das meso- und makro-soziale Feld übertragen werden – Vertreter von Interessen anderer sind dann beispielsweise Delegierte eines Staates. Hier ist zu verweisen auf Rosenbergs Friedensarbeit (vgl. Endnote 95).

102 – Verhandlungsstrategien finden sich beispielsweise in Birkenbihl 2005 *(„Psycho-logisch richtig verhandeln")*.

103 – Mary Parker Follet (1868-1933) leistete einen großen Beitrag zum Übergang vom Scientific Management zur Human Relation Bewegung, dem Personalmanagement. Sie prägte die Begriffe der Kooperation, des „power with" statt „power over" und wies den Weg zu einem konstruktiven Konfliktmanagement. Hier sei verwiesen auf Graham 1995, die in ihrem Band: *„Mary Parker Follet – Prophet of Management"* zahlreiche Rückgriffe, Reaktualisierungen und „Wiederentdeckungen" ihrer Ansätze durch weltweit führende Managementkapazitäten zusammengetragen hat. Einen hilfreichen Überblick gewährt Birgit Althans' Artikel „In terms of desire: Mary Parker Follet und der Diskurs der Organisationstheorie", in: Weiskopf 2003 (S. 262-279). Dort finden sich auch vertiefende Verweise auf die Primärliteratur. Ich danke an dieser Stelle Peter Knapp für seine Anregungen aus der Trainingsarbeit.

104 – Die offizielle Übersetzung von „principled negotiation" ist „sachgerechtes Verhandeln". Wenn man es genau nimmt, dann hieße es eigentlich „prinzipiengeleitetes Verhandeln". Es findet sich im Zusammenhang aber auch der Ausdruck integratives Verhandeln oder Positivsummenspiel. In ihrem Buch *„Getting to Yes" („Das Harvard-Konzept")* veröffentlichten die drei Begründer Roger Fisher, William Ury und Bruce Patton 1981 ihre Forschungsergebnisse. Grundlagenliteratur zum Thema stellen: Fisher/Ury/Patton 2002. Die Ursprünge finden sich in Fisher & Ertel 1995, Fisher & Brown 1996, Fisher/Ury/Patton 1997, Fisher & Ertel 1997.

105 – Das Harvard Negotiation Project war auch beteiligt an der Entwicklung von Ideen wie dem Ein-Text-Verfahren, das bei den Nahost-Friedensverhandlungen in Camp David (September 1978) von den Vereinigten Staaten angewendet wurde. Es wurden Programme für Juristen, Geschäftsleute,

Diplomaten, Journalisten, Beamte, Gewerkschaftsführer, Offiziere und andere Fachleute entwickelt. Auch für Hochschulabsolventen und Studierende stellte es diverses Material. Für High-School-Schüler entwickelte es ein Pilot-Curriculum.

106 – Das Brainstorming oder auch „Gedanken-Gewitter" wurde 1963 von Alexander Osborn entwickelt. Es fußt im Grunde auf dem Gedanken der psychoanalytischen Arbeit, demzufolge sich so das Innere eines Menschen am besten nach außen bringen lässt. Was in der Therapie quasi in schwarz-weiß für die Lösung intra-individueller Problemstellungen angewandt wurde, gibt es damit in Farbe: Zur Entwicklung von kunterbunten Ideen, die im beruflichen und privaten Alltag genutzt werden können. Manch einem wird es dabei schnell zu bunt, und es gibt inzwischen recht heftige Kritiken an der Brainstormingwut. So beispielsweise im Artikel: „Schluss mit Brainstorming!" in der Zeitschrift *Neon,* Juni 2005.

107 – Zu Vor- und Nachteilen der Empfindlichkeit und zum Thema Kränkungen allgemein wird hier auf Wolf 2003 *(„Ab heute kränkt mich niemand mehr")* verwiesen.

108 – Hier ist zu verweisen auf die Begriffe ‚Kränkungswut' und ‚Majestätsbeleidigung', die beispielsweise von der Gestalttherapeutin Bärbel Wardetzki 2004 und 2005 erläutert werden.

109 – Mit den beiden Reaktionsmustern (Flucht/Unterwerfung und Angriff/Standhalten) beschäftigt sich beispielsweise Richter 1997.

110 – Tipps und Anregungen zum Thema Schlagfertigkeit geben beispielsweise Barbara Berckhan in: *„Die etwas intelligentere Art, sich gegen dumme Sprüche zu wehren"*, Bernd Latour in: *„Schlaue Antworten auf fiese Fragen"* oder Irene Becker in: *„Everybody's Darling, Everybody's Depp"* oder Antonia Cicero & Julia Kuderna in: *„Clevere Antworten auf dumme Sprüche"*.

111 – Eine weitere Reaktion ist das Weinen aus hilfloser Wut, das im Endeffekt zu ähnlichen Schutzhaltungen führen kann. Bisweilen ergibt sich (meist in Beziehungen, in denen es wiederholt zu Konflikten mit Schockreaktion kommt) daraus die unbewusste Strategie, dieses Weinen als Mittel einzusetzen, um eine Person, die mit solch einem Weinen nicht umgehen kann, ebenfalls in so einen Schockzustand zu versetzen und damit das Gleichgewicht wiederherzustellen.

112 – Hierbei ist es wichtig, die Grenzen des Gegenübers zu respektieren. Fingerspitzengefühl zu entwickeln und dem anderen die Möglichkeit zu geben, beispielsweise zu sagen, wenn er an diesem Punkt nicht weiterreden will. Wichtig ist, die Situation zu klären, statt sich unbewusst abhalten zu lassen, weil man sich der drohenden Abwertung nicht gewachsen fühlt. Es unterstützt die häufige Anwendung von Abwertungsstrategien, wenn sich diese als schnell und erfolgreich erweisen.

113 – Nach Risto 2003 (S. 100 ff). In der Transaktionsanalyse wird dies als Discounten bezeichnet.

114 – Das zugrunde gelegte Modell stammt von Hagehülsmann 2001, vgl. Risto 2003. Hier sind Parallelen zur Behandlung des Themas Problem- und Konfliktanalyse (2.3) zu ziehen.

115 – Zum Weiterlesen wird hier Karl-Heinz Risto: „Nicht Abwertung, sondern Anerkennung" In: Risto 2003 (S. 98ff.) empfohlen. Dort finden sich auch zahlreiche Beispiele und Übungen, die die Praxis der Mediativen Kommunikation erleichtern können.

Zu Methoden der mediativen Gesprächsführung

116 – Methoden, auf die hier noch verwiesen werden sollte, wären das Ausarbeiten von Aktionsplänen oder ‚Machbarkeits-Checks'.

117 – Als Tätigkeitskatalog wird beispielsweise das Anfertigen einer Tabelle mit den Spalten: ‚was', ‚wer', ‚mit wem' und ‚bis wann' bezeichnet.

118 – Hier kann weiterführend auf die Methodensammlungen von Vopel 2000 (u.a. Anwärmrituale, Übungen zum Vertrauen-können, Sich selbst kennen, Differenzen anerkennen, Präsent sein, Besser kommunizieren), Reichel & Rabenstein 2001, Vogelauer 2001 und Dießner 1997 verwiesen werden. Um kreative Denkprozesse zu unterstützen weiterhin auf Birkenbihl 2002.

119 – Der Ansatz des NLP, das vor etwa 20 Jahren auf Basis der Beobachtung der Arbeit von Fritz Perls, Milton Erickson und Virginia Satir von R. Bandler und J. Grinder als Kommunikationsmodell entwickelt und vor allem für die Gesprächspraxis im weiteren Sinne gedacht war, wurde bereits eingeführt (1.3/3.0). Diesem Modell entlehnt sind die im Folgenden verwendeten Begriffe Rapport, Pacing und Leading.

120 – Sinnvolle Ergänzungen bieten hier Montada & Kals 2001, S. 227 ff.

121 – Vgl. hierzu Gordon 1974/1994 und dessen Ausführungen zur Annahme von Feedback.

122 – Eine sehr anschauliche Begründung für die Vorsicht im Umgang mit der Frage nach dem ‚Warum' bietet Alexa Mohl mit der Geschichte: „Das empfindliche Fragezeichen" in: *„Das Metaphern-Lernbuch"* (1998). Zur allgemeinen thematischen Vertiefung ist hier auf Schweizer & von Schlippe 1996 zu verweisen.

123 – Vgl. Miller & Berg 1997, S. 17.

124 – Vertiefung bietet hier Wienands 2005.

125 – Mediative Kommunikation ist auch dabei deutlich von einem therapy-talk abzugrenzen. Derartige Vertiefung ist an einigen Stellen durchaus sinnvoll, aber grundsätzlich begrenzt und vorsichtig anzugehen.

126 – Diese und andere kommunikative und mediative Übungen finden Sie in: Pöhlmann & Roethe 2001.

127 – Hier kann ergänzt werden durch die Stichworte ‚Alternativ-Fragen', ‚Suggestiv-Fragen', ‚von-Opfern-zu-Tätern–Fragen', ‚Fragen nach Ausnahmen' und ‚zirkuläre Fragen'. Letzteren liegt die Betrachtung der Kommunikation als kreiskausaler Prozess zugrunde. Demnach bedingen sich Verhaltensweisen wechselseitig. Durch Fragen kann also eine neue Richtung eingeschlagen werden. Weiterhin kann die Sammlung ergänzt werden durch so genannte ‚Verflüssigungsfragen', die feste Zusagen aufweichen sollen: Statt „sie ist" weisen sie beispielsweise den Weg zur Formulierung „sie zeigt sich", die auf diverse weitere Möglichkeiten im grundsätzlichen Sein verweist.

128 – Diese und weitere mentale Aktivierungsprogramme zum Durchbrechen von Denkblockaden und zum Hinterfragen tradierter Denk- und Verhaltensmuster finden Sie z.B. erklärt bei Hösl 2002. Eine häufig angewandte Brainwriting-Methode trägt den Namen „Methode 635": Sechs Teilnehmende schreiben je drei Lösungsideen in fünf Minuten auf je ein Blatt Papier, das eine Tabelle mit drei Spalten und sechs Zeilen enthält. Nach fünf Minuten werden die Blätter ausgetauscht. Die Tabellen werden ergänzend, verknüpfend und übernehmend mit weiteren Ideen versehen, bis jede/r jedes Blatt einmal hatte. Bei sechs Teilnehmenden entstehen so insgesamt 108 Ideen. Natürlich kann man diese Methode auch mit mehr oder weniger Teilnehmenden durchführen. Die Anzahl der Ergebnisse variiert dann dementsprechend. Eine anonyme Version nennt sich „Decision center": Die ‚Brainwriter' geben ihre Ideen an vernetzten Computern in eine allen zugängliche Datei, die nachher zur Lösungsfindung ausgewertet wird.

129 – Hier sei ergänzend auf den Ansatz des vernetzten Denkens nach Probst/Gomez/Urich 1995 verwiesen. Es bezeichnet das Denken in komplexen Strukturen, ein übergreifendes Denken in Zusammenhängen, das anhand einer immer komplexer und vernetzter gestalteten Gesellschaft zunehmend gefordert ist. Den realen Systemen werden einfache Ursache-Wirkungsketten nicht mehr gerecht. Sie wirken unterschiedlich stark aufeinander ein und integrieren Rückkopplungen, die teilweise noch nicht einmal bekannt sind und bestenfalls geschätzt werden können. Aus dieser Einsicht heraus entwickelten Gomez, Probst und Ulrich an der Universität St. Gallen eine Methodik des „ganzheitlichen Problemlösens", die in vielen Bereichen didaktisch herangezogen wird und interdisziplinär zur Erweiterung der Denkstrukturen angewendet werden kann.

130 – Darüber hinaus gibt es noch viele verschiedene Möglichkeiten, Suchprozesse auszulösen. Man kann dies zum Beispiel durch Metaphern und Geschichten, die erst verstanden werden müssen, initiieren. Oder durch Loopen, eine Methode des NLP: durch das Anregen von verschiedenen Themen, die dann im Kopf des Zuhörenden weiterverfolgt werden müssen. Oder auch durch ein ausgesprochenes ‚Ich verstehe nicht, dass ...'.

131 – Hier ist zu verweisen auf die vielfältigen literarischen Beiträge von Watzlawick, die sich hauptsächlich mit den vielen Aspekten der Konstruktion der Wirklichkeit auseinander setzen.

132 – Das Modell der „Sechs Denkhüte" wurde vom Managementberater und Autor Edward de Bono aus Ergebnissen der modernen Gehirnforschung zur Ausschöpfung von Denkpotenzialen entwickelt.

133 – Um Innovatives zu denken und darüber hinaus auch zu verwirklichen, ist jede dieser Rollen wichtig. Ein Träumender ist kreativ, hat aber oft mit der Planung Schwierigkeiten. Wer realistisch plant, setzt mit Leichtigkeit um, ist aber für Fehler im Konzept möglicherweise ‚betriebsblind'. Die Kritike-

rin sieht vielleicht die Fehler, der Verbesserungsvorschlag bleibt aber dem Träumer überlassen und so weiter.

134 – Den Operationalisierungstechniken liegt anwendungserweiternd der wissenschaftliche Ansatz zugrunde, dass eine Aussage erst dann bedeutsam ist, wenn sich ihr Wahrheitswert bei allen zulässigen Transformationen nicht verändert.

135 – Hier wird metaphorisch aufgegriffen, dass ein Bilderrahmen beeinflussen kann, wie ein Kunstwerk vom Betrachter empfunden wird. Eine Ausbildung in Reframing ermöglicht es, durch Kommunikation Situationen in einem anderen Blickwinkel oder „Rahmen" erscheinen zu lassen, sodass es den Beteiligten leichter fällt, mit der Situation zurechtzukommen. Zur Vertiefung wird verwiesen auf Bandler & Grinder: *„Reframing"*.

136 – In diesem Zusammenhang ist auf Bärbel Mohrs Handbuch zur Wunscherfüllung *(„Bestellungen beim Universum")* zu verweisen.

137 – Im beruflichen Kontext findet sich die Selbstklärung in der Stärken-Schwächen-Analyse sowie in vielen verschiedenen Beiträgen zum Selbstmanagement. Dazu gehört der persönliche Umgang mit Zeit und Belastungen oder die arbeitstechnische Effektivität, die Organisation und Delegation von Aufgaben, die Reflexion und Evaluation.

138 – So fehlt der Begriff der Klärung beispielsweise in der gesamten klassischen psychoanalytischen Literatur, sowohl in Freuds gesammelten Werken als auch in der weiteren Standardliteratur wie Fenichel 1975, Laplanche & Pontalis 1972. Er wurde erstmals von Rogers 1951 genannt und dann von Bibring 1952 in die Psychotherapie eingeführt. (Beispiele für Gesprächsprotokolle und empirische Untersuchungen finden Sie bei Leuner 1994.) Die Klärung oder Klarifikation bezeichnet bei Bibring 1952 die Begleitung von Gefühlen und Gedankengängen eines Patienten sowie deren klarere Verbalisierung durch den Therapeuten. Loch 1983 zog die Parallele zum von Devereux 1955 bevorzugten Begriff der Konfrontation. Die Konfrontation ist nach Leuner 1985 ein ausgeprägt kognitiver, rational betonter Vorgang unter Erhöhung der Subjekt-Objekt-Substanz. In der Vergegenständlichung von Emotionen verweist sie im Grunde darauf, dass sie ein Metakonzept ist (2.3).

139 – Hier wird verwiesen auf die vielen Anregungen, die Gabriele Rico 1999 im Buch *„Von der Seele schreiben"* gibt.

140 – Die Erfahrung zeigt, dass sich in der ersten Seite das Wach- und Warmwerden vollzieht. Die zweite Seite birgt den aktuellen Konfliktstoff. Die dritte Seite glättet die Wogen und lässt oft anklingen, wie man mit dem Ganzen umzugehen vermag.

141 – Hier können Sie weiterlesen bei Cameron 2000 *(„Der Weg des Künstlers")*, 2001 *(„Der Weg des Künstlers im Beruf")* oder 2003 *(„Von der Kunst des Schreibens")*. Und dabei sei ausdrücklich betont, dass auch bekennende ‚Nicht-Künstler' in diesen Büchern hilfreiche, alltagsbezogene Anregungen finden können. Ansätze wie der Künstlerspaziergang gehen zurück auf Methoden wie das Brainwalking. Zur wissenschaftlichen Vertiefung kann beispielsweise verwiesen werden auf Amabile 1983, Sternberg 1999, Linneweh 1981 und Lohmeier 1985.

142 – Auch die Ausbildung von Co-Abhängigkeit/en ist Ausdruck solcher emotionalen Verschiebungen. Dies gilt oft ebenso für die Entwicklung von (psychosomatischen) Krankheiten. Häufig tragen so die Kinder aus, was die Eltern oder Großeltern an unverarbeitetem seelischem Konfliktmaterial (zum Beispiel Kriegs-Traumata) unbeachtet mit sich herumtragen. In der Bewusstwerdung solcher Verschiebungen liegt die Möglichkeit, das eigene Verhalten und Befinden besser zu verstehen. Ein solches Vorgehen zieht auch die moderne, alternative Medizin heran, um beispielsweise Auswege zu finden aus Krankheiten wie der Depression.

143 – Das Emotional Clearing (EmC) wurde von dem Meditationslehrer und Pianisten Joerg Dao 1981 bis 1989 entwickelt. In der Ausbildung wird großer Wert auf die persönliche Unterweisung gelegt, da es bei der Anwendung der einzelnen Elemente des EmC darauf ankommt, sie jeweils im richtigen Zusammenhang zu begreifen. Emotional Clearing ist nach Dao eine Arbeit mit dem innersten Bereich der menschlichen Psyche. In der Mediativen Kommunikation geht es in Angrenzung dazu um ein deutlich ‚gröberes Clearing'. Es geht wie an anderen Stellen auch darum, das Vorhandene zu orten und bewusst zu machen, damit es möglich wird, reflektiert und mediativ zu agieren.

144 – Das Emotional Clearing empfiehlt, Äußerungen des Körpers als Signale wahrzunehmen. Häufig sind diese unmittelbarer und schneller als die restlichen Ebenen wahrzunehmen. Und Schnelligkeit kann gerade in der Mediativen Kommunikation sehr hilfreich sein, um angemessen zu reagieren. Das eigene Gefühl schneller und differenzierter wahrzunehmen und sich auch der körperlichen Signale bewusst zu sein, erhöht die Wahrscheinlichkeit, dass man sich der eigenen Interessen und Intentionen rechtzeitig bewusst ist, um reflektiert und mediativ agieren zu können. Zum Weiterlesen ist hier Ruskan 1993 empfohlen.

Zur Anwendung der Mediativen Kommunikation

145 – Beim Clustern sortiert man, indem Zusammengehöriges gesammelt und unter einer neuen Überschrift gefasst wird.

146 – Hier kann wieder auf Hagemann & Rottmann 1999 und ergänzend beispielsweise auf Kellner 2001 verwiesen werden.

147 – Hier ist auf das psychologische Modell Bronfenbrenners zu verweisen (nachzulesen in Flammer 1996).

148 – Zur Vertiefung des Themenkomplexes Konstruktivismus in Bezug auf Unternehmenskultur sind hier Neuberger & Kompa 1987 und Heintel & Götz 2000 zu empfehlen.

149 – Vgl. hierzu: Freud 1914/1946 *(„Erinnern, Wiederholen und Durcharbeiten")*. Der Begriff des Durcharbeitens bezeichnet in der Psychoanalyse „eine Form psychischer Arbeit, die es dem Subjekt erlaubt, bestimmte verdrängte Elemente zu akzeptieren und sich von der Bemächtigung der Wiederholungsmechanismen zu befreien" (Laplanche & Pontalis 1972).

150 – Inspirationsquelle zu diesem Gedicht war Portia Nelsons „Autobiographie in fünf Kapiteln".

151 – Das „klärende Konzept" bezeichnet in der Psychoanalyse, „die verborgenen Konflikte, die den Symptomen des Patienten zugrunde liegen, in Worte zu fassen" (Hartmann 1972, in: Leuner 1994, S. 228). In diesem Sinne ist auch der Begriff der Selbstklärung zu verstehen. Er bezeichnet einen Prozess der „Selbstklärung" von Gefühlen, Affekten und weiteren emotionalen Zusammenhängen innerhalb einer Person, den Symptomen, die wir in einer Konfliktsituation auch abgesehen von einem Krankheitswert und der damit verbundenen Rolle einer Patientin aufweisen.

152 – Hier sei verwiesen auf Elisabeth Wellendorf 1999: „Es gibt keinen Weg, es sei denn, du gehst ihn". In ihrer therapeutischen Arbeit mit Kindern lassen sich viele Parallelen zur Personzentrierung finden.

153 – Solche und ähnliche Verwechslungen im Konflikt können manchmal sogar so weit gehen, dass die Konfliktparteien stellvertretend den Konflikt ihrer Eltern, Kollegen, Geschwister, Kinder und so weiter austragen. Hier hilft es, wenn man selber davon betroffen ist, sich zu fragen, ob einem der Konflikt bekannt vorkommt. Oder ob man vielleicht einen stellvertretenden ‚Krieg' führt, um eine dieser alten Bezugspersonen zu rächen. Eine Erforschung der hintergründigen Interessen erleichtert diese Analyse. Man kann sich beispielsweise nach den eigenen Forderungen fragen und danach, ob sie einem selbst wirklich entsprechen oder doch eher einem anderen. Manchmal zeichnet sich ein solcher Bezug auch dadurch aus, dass man einen genauen Gegenstandpunkt einnimmt (Hilfestellung in Form von Fragen, die man sich dann stellen kann, finden sich bei Wienands 2005, S. 35). Wenn man dies dann eruiert hat, kann man sich entscheiden, welchen Konfliktteil man so weiterführen will und welchen man beim alten Zusammenhang belassen will. Hier wäre also wieder ein Emotional Clearing gefragt.

M. Alcader

Le vrai Visage de l'islam

Préface du Général Gallois

Éditions KYROLLOS

Préface du Général Gallois

Recherchant l'objectivité, c'est en athée et même en agnostique que je résume ici les pages qui documentent la courageuse entreprise de M. Alcader.

Puisant dans ses racines familiales les deux confessions chrétienne et musulmane, l'auteur du "*vrai Visage de l'islam*" est en mesure de les traiter l'une comme l'autre avec autorité et peut encore juger l'islam à la lumière du christianisme. L'ouvrage expose avec clarté ce qu'est l'islam, comment il se manifeste et comment il cherche à se faire connaître. Sont également présentés ses échecs moraux et sociaux et la complaisance avec laquelle ses victimes, séduites par les attraits des pétrodollars s'en remettent à l'ignorance et à l'apathie.

La meilleure défense étant l'attaque, M. Alcader critique vivement, et pertinemment, dans son ouvrage, l'islam. Il s'en prend non pas bien sûr aux musulmans qu'il respecte et auxquels il veut adresser le message d'amour que lui dicte sa foi chrétienne, mais à une religion dont il récuse l'apport moral, condamne le matérialisme, fustige l'intolérance et l'agressif prosélytisme.

En effet, plus particulièrement depuis une décennie, les pays de l'islam font preuve d'un zèle envahissant afin de répandre, à la fois, leur doctrine religieuse et leur ressortissants, se livrant à une troisième expansion. Mais, cette fois, à la différence des deux premières expansions, sans recourir à la force des armes, d'une manière bien plus insidieuse, en exploitant la situation démographique, politique et économique du monde à conquérir. Pour certains pays soutenant cette dynamique expansionniste les événements intérieurs et extérieurs favorisent leur démarche.

Aussi, et M. Alcader y insiste, la confession islamique est une religion de combat car à son origine il s'agissait pour elle de se caser dans un monde méditerranéen en passe d'être christianisé. L'auteur du "*vrai Visage de l'islam*" cite à ce propos l'article de Mgr. Bernardini, évêque de Smyrne, texte qu'a publié "*l'Osservatore Romano*" : "*La population musulmane tranquille, en réponse à un ordre donné au nom d'Allah ou du Coran marchera toujours unie et sans hésitation*". C'est que le Coran et nombre de prescriptions de la religion islamique ne relèvent pas seulement de la théologie mais définissent une forme de vie en société et traitant de tous les aspects de l'existence.

Ainsi que l'a démontré la "*déclaration islamique*" de Alija Izetbégovic (1970), l'incompatibilité est manifeste entre ces prescriptions et le fonctionnement d'un Etat démocratique, avec la séparation de l'Etat et la vie religieuse d'un peuple, le pouvoir n'émanant que de la représentation populaire, indépendamment de toute confession. Ou bien celle-ci arrête les dispositions contraires à la loi coranique et l'Etat islamique les rejette, ou bien ces dispositions sont conformes et il n'est pas besoin de les formuler, il suffit d'appliquer la loi religieuse. Certes, ainsi exprimé, il s'agit d'une alternative réductrice mais c'est bien ce que laisse entendre le texte d'Izetbégovic. Pour lui, d'ailleurs, sur un même territoire, là ou vit un peuple musulman il n'y a pas de place pour une autre forme d'existence que celle prescrite par l'islam.

M. Alcader démontre ainsi clairement que l'islam est une religion de combat. La discorde entre les deux religions chrétienne et musulmane est encore mise en évidence par la recension de leur dogme respectif : avant tout, le monothéisme des musulmans récuse la Sainte Trinité et un Dieu unique en trois "personnes".

D'autre part, toute manifestation de la foi admet, et même requiert, le surnaturel jugé selon les lois terrestres. L'islam en a pris sa part, par exemple lorsque dans la grotte de Hirâ, Mahomet reçut de l'ange Gabriel, qui lui apparut fréquemment, les premières paroles du Coran. En revanche, Mahomet affirme que Dieu est Un et prêcha le "*monothéisme intégral*", Jésus étant un simple prophète et l'ange Gabriel le messager de Dieu. Les origines des deux religions, leur chronologie, expliquent, pour une part, les conceptions très différentes qu'elles ont de la "*reconnaissance par l'homme d'un principe supérieur*". Aussi Mahomet, après avoir gardé les troupeaux, excellé dans le négoce, a-t-il été aussi un homme de guerre luttant contre les polythéistes, les "associateurs", avant de pouvoir s'emparer de la Mecque.

Jésus a vécu dans un tout autre cadre politico-social : persécution d'Hérode (massacre des Innocents), fuite en Egypte, vie difficile en exil, retour à Jérusalem et début de 3 ou 4 années de prêche. A l'arbitraire de l'ordre romain il opposera l'amour-charité : l'avènement d'un autre monde sur terre et au ciel après sa Résurrection. Le recours au surnaturel (les miracles) signe du caractère divin de Jésus décidera de la démarche d'Hérode et des pharisiens pour le faire condamner par le préfet Ponce Pilate. A l'image de ce monde si cruel et qu'il voulait transformer, sa courte vie a été ardente et douloureuse, sordide a été la trahison des siens, atroce l'agonie. Ce ne sera pas le cas de Mahomet qui profita largement des biens terrestres...

Bien fort, M. Alcader sonne donc le tocsin : ses sonorités s'évanouiront-elles dans les essoufflements du déclin ? L'irréversible n'a-t-il pas en effet déjà été commis ?

Avant-propos

Je souhaite, avant de commencer cette étude, m'adresser à tous mes frères musulmans et les assurer du respect que j'ai pour eux. Ayant moi-même des origines arabes, c'est toujours avec beaucoup de plaisir que je retrouve ma famille musulmane au Maghreb, durant les vacances d'été, et que je côtoie nombre de mes amis musulmans. Pourtant, j'ai eu l'immense grâce de connaître, dès ma jeunesse, le mystère insondable de l'amour du Christ, à travers une éducation chrétienne authentique.

Si mes paroles, au cours de cette étude, paraissent dures à l'égard de l'islam, que les musulmans sachent qu'elles n'enlèvent rien à ce respect que je leur porte. Il s'agit ici, en effet, de **juger des idées**, ainsi qu'il est de mon devoir, **et non des personnes**, que je me dois de respecter. **Mais si toute personne est digne de respect**, ainsi que nous l'enseigne notre bien-aimé Seigneur et Maître Jésus-Christ, **la vérité doit être dite** car, comme Il le déclare encore, **"elle rend libre"** (Jn 8, 32).

Introduction

Trois religions pour un seul Dieu ?

"Deux Messagers pour un seul Dieu", tel pourrait être le titre de cet ouvrage s'il n'était copié sur celui d'un célèbre islamologue français, M. Roger Arnaldez : "*Trois Messagers pour un seul Dieu*". Cet auteur pensait, évidemment, aux trois fondateurs des trois grandes religions monothéistes, à savoir Moise pour le judaïsme, Jésus pour le christianisme, et Mahomet pour l'islam. Mais, explique-t-il, parle-t-on réellement d'un même Dieu ? Et d'un même Abraham, "père" de ces trois religions ? M. Mohammed Christophe Bilek, converti de l'islam au christianisme, à propos de son livre "*Un Algérien pas très catholique*", ose quant à lui répondre à ceux qui ne distinguent pas entre le Dieu de l'islam et celui du christianisme :

> *"Est-ce que la cause est définitivement entendue, que chrétiens et musulmans ont le même dieu ? Dans ce cas j'aurai perdu mon temps (à me convertir) !", ("L'Homme nouveau",* mai 2003*).*

Et, pourrait-on ajouter, s'agit-il, entre l'islam et le christianisme, d'un même monothéisme, ou encore la révélation qui les sous-tend est-elle de même nature ? Car si l'on peut à proprement parler de "Révélation" dans le christianisme, en est-il réellement de même pour l'islam ? Et Mahomet, le prophète de l'islam, a-t-il vraiment bénéficié d'une "révélation divine", ainsi que l'affirment, depuis les origines, ses autorités religieuses ? Ou encore, celle-ci a-t-elle apporté un message nouveau au sein d'un groupe d'origine arabe de tendance polythéiste ? Quelles sont, enfin, les conséquences de cette religion sur ses adeptes et sur l'ensemble des peuples soumis à la politique qui découle de ses principes ? **C'est à l'ensemble de ces questions que nous essaierons de répondre au cours de cette étude.**

L'islam, une religion nouvelle

L'islam a-t-il constitué au moment de sa naissance, ainsi que le prétendent les musulmans, une **"religion nouvelle"** apportant, par conséquent, une **"révélation nouvelle"** ? Est-il original, en ce sens qu'il apporte un message nouveau au monde, complémentaire du judaïsme et du christianisme et clôturant la révélation divine, *ainsi qu'il le dit de lui-même* ?

C'est bien sûr ce que soutiennent nos frères musulmans : l'islam se présente en effet depuis ses origines comme une religion monothéiste, c'est à dire qui ne reconnaît qu'un seul Dieu, qui clôt les deux précédentes (le judaïsme et le christianisme) en les complétant et les dépassant, mais également **détentrice d'une nouveauté radicale**. Elle se veut donc *religion nouvelle* (l'islam), gratifiée d'une *révélation nouvelle* (le "message" mahométan) transcrite dans un *nouveau "livre saint"* (le Coran) par un *nouveau "prophète"* (Mahomet) s'adressant à de nouveaux fidèles (les musulmans) dans un *nouveau contexte géographique* (La Mecque et le désert sub-arabique), en une ère nouvelle (l'hégire), etc. Tout serait donc finalement emprunt de "nouveauté" en contexte islamique !

Il est de notre devoir ici de vérifier ces affirmations. Y a-t-il eu réellement "révélation nouvelle" à Mahomet, l'incitant à créer une religion nouvelle : l'islam ? L'analyse historique, l'exégèse coranique et l'étude des sources nous permettront désormais d'y voir un peu plus clair sur cet a priori musulman.

Analyse historique

Les origines de l'islam

La véritable identité des musulmans

De quel groupement est finalement issu cette religion qui, jusqu'à aujourd'hui, engendre tant de problèmes de par le monde ? D'où provient-elle et quelle est son originalité ? nous allons dès lors répondre à cette question centrale : élucidée, elle donne en effet les clefs de compréhension de l'attitude conquérante de l'islam.

Qui étaient donc les premiers "musulmans" ? Probablement, selon beaucoup d'historiens de la religion, **les adeptes de l'une des hérésies judéo-chrétiennes apparue après la mort du Christ et la naissance de l'Eglise,** groupement qu'ils estiment être celui des "*ébionites*". Quelle est la particularité de ce groupement appelé "*ébionite*" ou "*nazaréen*" ("*nasara*" en arabe), et en quoi consiste plus spécialement son action ? Saint Jérôme, au début du Vᵉ siècle, parle déjà de cette hérésie chrétienne dans sa correspondance avec saint Augustin en affirmant de ces "ébionites" :

> *"Ils se veulent juifs et chrétiens, mais ils ne sont, en fait, ni l'un ni l'autre."*

Cela signifie que, d'une part, se voulant juifs parce que suivant scrupuleusement les traditions juives, ils ne le sont pas car ils acceptent le Messie, Jésus, rejeté par ces juifs ; d'autre part, se voulant chrétiens parce qu'ils reconnaissent le Christ comme Messie, ils ne le sont pas non plus car ils en refusent sa divinité, le considérant comme un simple prophète.

Le judaïsme officiel ayant rejeté la Révélation chrétienne au point de faire crucifier Jésus ne pouvait, évidemment, reconnaître aucun groupe se réclamant, d'une manière quelconque, du Christ-Messie, ni de son ministère prophétique. L'on peut déjà constater, dès après la Résurrection du Christ, combien les premiers juifs devenus chrétiens ont été rejetés et persécutés par leurs frères de race. Les Actes des Apôtres sont remplis de ces exemples et l'apôtre saint Paul lui-même, persécuteur des chrétiens avant sa conversion, dut subir à son tour nombre de persécutions (jusqu'à la lapidation) de la part de ses coreligionnaires. Le judaïsme officiel, jusqu'à aujourd'hui, rejette donc systématiquement tout groupe se référant a Jésus, suit-il scrupuleusement toutes les règles juives.

Les ébionites furent donc rejetés également par les juifs et les chrétiens. Par les juifs car ils reconnaissaient le Christ comme Messie, par les chrétiens car ils lui refusaient sa divinité ! Prenant acte de ce double rejet, **ce groupement fonda alors son identité sur l'opposition à ceux-là même qui le rejetaient**.

Une tendance conquérante

Dès les premiers siècles de notre ère, en effet, de nombreuses dissidences du judéo-christianisme se sont manifestées, se divisant en deux grandes tendances : la tendance spiritualiste, appelée encore "*gnostique*", et la tendance conquérante, appelée encore "*messianiste*".

> La première regroupe des hérésies marquées par une idéologie de type spiritualiste, c'est à dire recherchant Dieu

essentiellement dans une spiritualité, fut-elle déformée ou fausse, et pour beaucoup imprégnées de concepts issus de la gnose.

La deuxième, des hérésies marquées par une idéologie conquérante, c'est à dire cherchant essentiellement à instaurer sur terre, fut-ce par la force, le "royaume de Dieu", soit encore à anticiper, fut-ce par une action guerrière, le retour du Messie.

Nombre d'historiens de la religion s'accordent à penser que l'islam dérive de l'un des groupements de la tendance "*messianiste*", dont fait partie le groupe ébionite.

Une idéologie messianique

Il est à présent important d'approfondir cette notion de "*messianisme*", afin de mieux comprendre le soubassement idéologique de bien des hérésies et particulièrement de celle de l'islam. Le mot "messianisme" provient de la racine hébraïque Meshiah, (en français : Messie). Il signifie "oint", "consacré" par Dieu, et désigne, depuis l'époque des prophètes de l'Ancien-Testament, un être exceptionnel envoyé par Dieu et attendu chez le peuple juif. **Les chrétiens ont quant à eux reconnu le Christ Jésus comme ce Messie attendu.**

Le terme de "messianisme" exprime également, comme en filigrane, l'idée d'attente de la venue glorieuse de ce Messie. Les juifs en effet, attendant toujours le Messie qu'ils n'ont pas reconnu en jésus de Nazareth, voient son avènement comme décisif pour le rétablissement du royaume de Dieu sur terre. Tout chrétien, de même, attend, ainsi que le propose l'Eglise, le retour glorieux du Christ et la venue de son Royaume, et selon ses propres paroles :

"Je reviendrai vers vous", (Jn 16, 16),

et surtout des paroles de l'ange aux disciples après son Ascension :

"Vous le verrez revenir comme vous l'avez vu partir", (Actes 1, 11).

Tout chrétien se doit d'ailleurs, encore aujourd'hui, d'attendre cette Parousie, ainsi que le rappellent chaque jour, durant la Sainte Messe, les paroles de l'Anamnèse :

"...Nous attendons son retour dans la gloire".

Malheureusement, **cette notion d'attente du Royaume de Dieu et de son Christ s'est transformée, dans certains groupes sectaires tels les ébionites, en principe de conquêtes militaires,** justifiant ainsi la guerre, devenue désormais "sainte", parce qu'ayant pour but d'instaurer "*au nom de Dieu*" une nouvelle ère de paix sur le monde ! Notons au passage le paradoxe qui, malheureusement, est l'apanage de l'idéologie totalitaire : *faire la guerre pour imposer la paix !...*

Comme beaucoup d'hérésies judéo-chrétiennes, l'ébionisme (ou "nazaréisme") se caractérise donc par un messianisme exacerbé, ou plus exactement par un pseudo-messianisme cachant une idéologie conquérante. Car si le Christ a promis à ses disciples son retour glorieux et l'avènement d'un Royaume de paix, il n'a jamais demandé à quiconque de le faire advenir par la force, celle des armes en particulier. La seule arme qu'il ait sans cesse recommandée étant celle de la prière. N'a-t-il pas d'ailleurs sévèrement réprimandé saint Pierre lorsque celui-ci voulut défendre son Maître le glaive à la main, à la veille de sa passion ?

Du messianisme à la conquête du Royaume

Le groupe ébionite se proposait donc de hâter l'avènement du Christ en aidant celui-ci par quelques conquêtes militaires qui permettraient la reprise de Jérusalem et la reconstruction de son temple. La restauration du temple est en effet, dans les Ecritures, le signe de l'avènement du Royaume de Dieu sur terre (Ap. 21). En reprenant Jérusalem et en rebâtissant le temple, les messianistes pensaient donc hâter la venue en gloire du Messie, le voir ainsi redescendre miraculeusement sur terre et instaurer glorieusement, dans une sorte de Parousie, son Royaume céleste.

Les études historiques montrent d'ailleurs que les premières conquêtes arabes, le pays autour de Jérusalem d'abord dès 634, puis la ville elle-même en 638 par le calife Omar ont été réalisées par des groupes de conquérants arabes manipulés depuis Médine, en Arabie, par les meneurs d'un groupe messianiste d'origine juive issu de la tendance ébionite. Ce groupe s'appelait lui-même du nom de "*Mouhadjiroun*" (qui signifie : "exilés"), et non pas encore "musulmans", terme qui ne sera utilisé qu'à partir de la deuxième moitié du VIIe siècle. Ceux-ci n'ont finalement jamais agi qu'au nom d'un certain messianisme.

Ce groupe ébionite dissident n'aura donc de cesse que ce Royaume céleste ne soit instauré sur terre et, s'il le fallait, par la force et la guerre. Malheureusement, le simple fait qu'il veuille l'imposer de cette façon annule, par principe, son caractère pacifique, la violence ne pouvant engendrer que la violence. **Vision déformée, donc, et par trop fondamentaliste, de la Venue en gloire du Christ-Messie. C'est pourtant bien ce processus que nous retrouvons, jusqu'à présent, en son successeur et héritier : l'islam.**

Une réponse au double rejet : la double opposition

Aujourd'hui, donc, à l'instar du groupement ébionite, l'islam poursuit-il encore cette attitude d'opposition violente au judaïsme et au christianisme. Rejet du judaïsme qui n'a pas accueilli le caractère messianique de Jésus, rejet du christianisme parce qu'il en professe sa divinité, et désormais rejet des deux qui n'ont accueilli ni l'un ni l'autre le caractère prophétique de Mahomet !

L'islam se considère donc lui-même comme véritable héritier de la tradition d'Abraham : davantage héritier que les juifs car il reconnaît le Messie descendant d'Abraham que ceux-ci ont rejeté, et davantage héritier que les chrétiens car, comme Abraham, il pense reconnaître l'Unicité divine. A ce titre de "*double héritier*", et comme son ancêtre le groupe ébionite, il veut donc **rétablir le véritable royaume de Dieu sur terre, et réparer ainsi la double injustice qui lui est faite**.

Mais à la différence de nombreuses autres hérésies judéo-chrétiennes, notamment de la branche spiritualiste, ayant simplement pris leurs distances vis-à-vis du judaïsme ou du christianisme, le groupe ébionite, de tendance conquérante, s'opposera donc à eux de manière violente. Dès le IIe siècle en effet, les ébionites tentèrent d'instaurer sur terre, *par la force des armes*, le royaume de Dieu promis par le Messie à ses disciples.

C'est ce groupe qui, ayant pris dans la seconde moitié du VIIe siècle le nom "d'islam", continue, aujourd'hui encore, à s'opposer et aux juifs et aux chrétiens. L'on aura en effet reconnu, à travers cette description, **les projets messianistes de l'islam actuel qui n'ont donc pas changé depuis ses origines, tout comme les principes qui régissent aujourd'hui encore ses fondements : instaurer par la force le royaume d'Allah sur terre !**

Analyse des sources

Les origines du Coran et sa formation

Il sera désormais plus aisé, à partir de la connaissance de ses origines, de comprendre l'élaboration de la doctrine islamique comme de celle de son texte fondateur : le Coran.

Un Coran increé

Pour vérifier si l'islam constitue réellement ou non une "religion nouvelle", il est donc d'abord de principe de scruter ses textes fondateurs, à savoir essentiellement le Coran et la Sunna (tradition musulmane).

Le mot Coran signifie en arabe "lecture" et, par extension, "récitation". La théorie musulmane étant que celui-ci aurait été présenté par Allah directement à Mahomet sous forme de livre, le "*kitab*", puis donné ensuite 'à lire' par bribes au "prophète" par l'intermédiaire de l'ange Gabriel. Il est donc considéré par le musulman comme "Parole révélée", comme "Parole même de Dieu" et donc quasi "increé". La question de la révélation est donc bien au cœur de la religion musulmane, car un musulman appuie totalement sa foi sur ce caractère "révélé" du Coran. Telle est, en tout cas, la théorie que soutient imperturbablement l'islam.

Mais peut-on soutenir une telle affirmation ? Peut-on accréditer la thèse d'un Coran "incréé" et comme "descendu du ciel" ?... **Le Coran apporte-t-il des éléments nouveaux, et jusqu'à une révélation nouvelle ?**

Des sources bibliques

Il est tout d'abord à noter que **les références bibliques sont très nombreuses dans le Coran,** telles celles des textes sapientiaux (psaumes, proverbes, etc.), des règles vétéro-testamentaires (règles alimentaires, vestimentaires, rituelles, religieuses, etc.), des prophètes (Moïse, Elie, Zacharie, etc.), ou des patriarches (Abraham, Isaac et Jacob) qui ont, pour ces derniers, vécu près de deux mille ans avant Jésus-Christ, soit près de trois mille ans avant Mahomet et l'existence même de l'islam ! Quant à Jésus et sa Mère Marie (pour les musulmans arabes "*Aïssa*" et "*Myriam*"), cités bien souvent aussi dans le Coran, ils étaient plus que connus lors de l'avènement de l'islam, **le Moyen Orient étant totalement christianisé depuis plus de quatre siècles avant lui !**

L'islam, pour se différencier des deux autres grandes religions alors en place en Orient, le judaïsme et le christianisme, et prétendre même les surpasser, devait alors nécessairement annoncer quelque chose de radicalement nouveau. Mais on a peine à trouver, dans le Coran et toute la tradition musulmane, quelque chose de vraiment nouveau, **les sources faisant en effet clairement apparaître leurs origines bibliques, néo comme vétéro-testamentaires.**

Des traditions d'origine judéo-chrétienne

Il est important, dès lors, de scruter plus précisément les origines des *traditions musulmanes*, afin de mieux comprendre de quelle culture religieuse est issu l'islam et vérifier si l'on peut effectivement y trouver ou non **quelque nouveauté susceptible de confirmer la thèse d'une "révélation nouvelle".** Ce rapide tour d'horizon sur les traditions musulmanes *issues pour la plupart du texte coranique* éclairera le lecteur, l'aidera à saisir plus profondément les motivations réelles de cette religion et à entrer ainsi plus aisément dans ses principes fondateurs, principes que nous développerons plus loin. Ces traditions, dont se réclament les musulmans, et pour la plupart interprétées à partir du texte coranique, ne sont ni plus ni moins elles aussi, ainsi que nous allons le voir maintenant, que **des traditions juives ou chrétiennes**.

Les traditions musulmanes d'origine juive

Les règles alimentaires, telle l'interdiction de consommer de la viande de porc ou de chameau, sont typiquement juives et proviennent de la bible, (Lv. 11). **Aucun autre peuple, d'ailleurs, que le peuple juif, et jusqu'à aujourd'hui, ne les a jamais pratiquées de cette façon.**

De même la circoncision (le fait de couper une partie du prépuce de l'enfant en bas âge dans une optique religieuse), notifiée maintes fois dans la Torah, (Gn. 17, 12 ; Lv. 12, 3 etc.), n'a **jamais été pratiquée dans l'histoire et encore aujourd'hui, (en dehors des musulmans), que par le peuple juif**. Au Maghreb, par exemple, la circoncision est l'occasion d'une fête au cours de laquelle le moment de l'incision du prépuce de l'enfant est mis en relief de façon visuelle autant que sonore : tambours et cymbales, spots, flashs et vidéos !

Les ablutions (purification de certaines parties du corps avec de l'eau avant les prières communautaires), appliquées strictement par les musulmans sont, de même, un **rite typiquement juif** (Ex. 40, 30 ; Lv. 14, 9 etc.) **pratiqué encore aujourd'hui par ceux-ci, tout comme les règles alimentaires ou la circoncision.**

La prosternation des musulmans lors des cinq prières quotidiennes, (appelée "*roukou*"), et que l'on nous présente régulièrement pour exalter leur ferveur, est de même **empruntée à la tradition hébraïque** : dans la *Torah* (les cinq premiers livres de la Bible), les patriarches tels Abraham, Isaac ou Jacob, comme le peuple répondant à Moïse, se prosternent jusqu'à terre pour adorer leur Dieu, (Gn. 24, 26 ; Ex. 4, 31 ; Dt. 9, 18 ; etc.).

Les grandes figures bibliques tels les patriarches ou les prophètes sont également pour beaucoup cités dans le Coran : Adam et Eve, Noé, Abraham, Isaac, Jacob, Joseph, Moise, Elie, etc. Mais les récits qui leur sont attachés sont pour la plupart enjolivés ou nettement déformés.

Le "voile islamique" n'est ni plus ni moins, lui aussi, que le "voile israélite", **dont la tradition biblique rapporte que les femmes juives le portaient en présence des membres extérieurs à la famille,** (Gn. 24, 65 ; 38, 14 ; etc.). Cette tradition s'est d'ailleurs perpétuée chez les chrétiens jusque tout récemment par le port de la mantille (voile dont les chrétiennes se couvrent la tête pour assister à la Sainte Messe).

Les fêtes musulmanes, à part évidemment celle de la naissance de Mahomet, sont empruntées à la tradition juive, telle la "fête du mouton" , "*id el kebir*" (jour où l'on égorge les moutons pour rappeler le sacrifice d'Isaac (Gn. 22)). Notons au passage que *pour la cause islamique* l'islam a transformé Isaac en Ismaël !

Nombre de règles ou lois religieuses musulmanes sont également tirées de la tradition ancestrale hébraïque telle la célèbre "loi du talion" ("*Oeil pour œil dent pour dent...*"), dont chacun sait qu'elle provient du texte biblique (Lv. 24, 19-20). Celle-ci est citée pratiquement telle quelle dans le Coran (S. 5, 45). Cette liste est loin d'être exhaustive, et bien d'autres lois ou traditions musulmanes d'origine juive seraient à relever dans le Coran. Mais tel n'est pas le but de notre propos qui n'est ici que de dévoiler le caractère ancien des règles et traditions musulmanes.

Les traditions musulmanes d'origine chrétienne

Quant aux traditions qui ne sont pas typiquement juives, elles ont été empruntées directement à la tradition chrétienne, ce qui ne fait que confirmer les origines judéo-chrétiennes de l'islam.

Les personnages du Nouveau Testament sont ainsi parfois cités dans le Coran tels Jésus lui-même considéré comme le plus grand prophète après Mahomet, et Marie sa Mère reconnue comme Vierge. Preuve que la bible était bien connue et utilisée par les premiers musulmans ! D'ailleurs, les références bibliques ne se comptent plus dans le Coran, même si elles sont souvent arrangées.

L'attente du retour de Jésus en gloire est restée, elle aussi, une tradition bien vivante dans la communauté musulmane. Mais elle n'est que le pâle reflet, et même la caricature, de l'Espérance chrétienne. Car cette dernière ne consiste pas, comme en islam, en l'instauration d'un royaume terrestre et matérialiste, mais bien davantage en l'attente du Royaume glorieux du Christ Sauveur, Lui qui nous libérera définitivement de la mort et du péché et, par voie de conséquence, de toute peine et de toute souffrance. En islam, cette vertu d'Espérance s'est donc transformée en messianisme politique et en une sorte de mythe du retour, Jésus devant "atterrir" sur le minaret de la grande mosquée de Damas…

Le chapelet musulman ne ressemble-t-il pas encore de façon étonnante au chapelet des chrétiens, sinon qu'il ne porte pas de croix, et même si les prières qui le concernent sont aujourd'hui différentes, les musulmans y récitant les 99 noms divins ? Il provient plus spécifiquement de la tradition chrétienne orientale dont les chapelets complets comptaient et comptent encore aujourd'hui 99 boules symbolisant trois fois l'âge du Christ lors de sa Passion-Résurrection, soit trois fois 33 ans. Il est utilisé encore de nos jours par les moines orthodoxes russes et l'ensemble de la Tradition orientale.

Les cinq piliers de l'islam

Les "cinq piliers" de l'islam ne sont-ils pas encore repris à la tradition judéo-chrétienne ?

1er pilier : *la profession de foi (en arabe : "el chahada") reprenant l'affirmation de l'Unicité divine (en arabe : "el wahid") :* ce dogme à été professé dès l'origine du judaïsme par Abraham et a constitué, et constitue encore, **la spécificité de la religion juive, son identité même**, et qui lui a valu tant d'opposition de la part des autres nations. Moïse et les prophètes ont, quant à eux, défendu cette unicité avec zèle tout au long de leur prédication, face aux adorateurs d'innombrables dieux et autres idoles (Dt 6, 4 ; etc.). La foi chrétienne, en tant qu'accomplissement des Ecritures, ne s'est pas départie de cette affirmation dans le dogme de la Sainte Trinité : *"**Un seul Dieu** en trois Personnes"*.

2e pilier : *la prière rituelle (en arabe : "el salat")*, (c'est-à-dire l'ensemble des cinq prières que le musulman doit réciter chaque jour) : **son rythme est calqué sur la prière des moines chrétiens orientaux** : elle se pratique encore aujourd'hui dans beaucoup de communautés religieuses orientales ou occidentales et à laquelle s'associaient et s'associent toujours de nombreux fidèles. On retrouve également ce rythme dans les cinq offices divins dont les prêtres catholiques doivent s'acquitter chaque jour.

3e pilier : *l'aumône légale (en arabe : "el zakat") :* **elle est apparentée à l'aumône judéo-chrétienne**, même si elle revêt aujourd'hui, comme son nom l'indique, un caractère plus légal. Elle reprend la tradition ancestrale qui court tout au long de la bible. Les prophètes de l'Ancien-Testament, tout comme Jésus lui-même, ont bien souvent fustigés ceux des responsables de l'ancienne comme de la nouvelle Alliance qui se refusaient à venir en aide aux pauvres, aux orphelins, au veuves, etc.

4e pilier : *le jeûne du ramadan (en arabe : "el ramadan") :* **il est emprunté à la tradition chrétienne du carême** : cette période de jeûne avant la "fête de rupture du jeûne" (en arabe "'*id el fitr*"), fait évidemment penser au jeûne du Carême des chrétiens avant la fête de Pâques. D'autant que le mot arabe "*ramad*" signifie "*cendres*", ce qui n'est pas sans rapport, on s'en doute, avec le premier jour de Carême appelé "*Mercredi des Cendres*", où l'Eglise invite les fidèles à considérer la pauvreté de la condition humaine selon l'expression biblique :

> *"Tu es poussière et tu retourneras à la poussière",*
> (Gn. 3, 19).

5e pilier : *le pèlerinage à La Mecque (en arabe : "el hajj") :* **il ne fait que reprendre la grande et séculaire tradition juive du pèlerinage à Jérusalem**, (Dt. 12, 14 ; Tb. 1, 6 etc.), et celle non moins séculaire des chrétiens sur le tombeau du Christ depuis sa mort au Golgotha. L'on sait d'autre part l'importance de cette cité sainte pour les premiers groupes judéo-chrétiens, et spécialement du groupe hérétique ébionite qui l'a conquise pour la première fois quelques années seulement après la formation du premier groupe musulman (les "*mouhadjiroun*") avec l'aide du premier groupe conquérant arabe.

Nous pourrions ainsi multiplier les exemples. Mais ceux-ci suffiront à montrer que, de fait, **pas une seule tradition de l'islam** (sinon évidemment la fête de la naissance du " prophète " Mahomet : le "*mouled*") **ne provient d'une autre source que celle du judéo-christianisme. Où trouverions-nous, en effet, en dehors des traditions juives ou chrétiennes, de tels éléments ?**

Un système apologétiquement modifié

Le substrat coranique provient donc en grande partie des données bibliques. Les versets et les sourates du Coran sont en effet manifestement **le reflet d'une élaboration lente et progressive marquant l'opposition au judéo-christianisme rencontrée par l'islam lors de ses débuts**. Il est clair, en effet, à sa lecture, que le Coran fut fabriqué par étapes, comme pour répondre à une argumentation de ses adversaires juifs et chrétiens. Il faut se rendre à l'évidence que le Coran n'est qu'une apologétique de combat pour, d'une part, s'opposer à la doctrine chrétienne et, d'autre part, répondre à l'opposition des juifs et des chrétiens devant les erreurs de l'islam, ainsi que nous le verrons dans la partie doctrinale.

Le Coran a donc été rédigé par étapes, par ajouts successifs, à partir du substrat biblique. Si le texte originel correspond, ainsi que l'on confirmé plusieurs chercheurs actuels sur les origines du Coran, à un *lectionnaire liturgique* utilisé par les groupes judéo-chrétiens dissidents des premiers siècles, les déformations et transformations qui s'en sont suivies n'ont eu pour but que **"l'adaptation" à l'idéologie naissante**.

Le substrat coranique relève donc davantage d'une apologétique, soit d'un *système de défense théologique structuré*, que d'une théologie, dans le sens où il forme un ensemble organisé cherchant à combattre des théories déjà existantes plutôt qu'à construire une véritable doctrine. **Le Coran est donc le témoin privilégié de ce système apologétique**, soit de combat théologique, retraçant le parcours d'opposition à ces deux communautés.

Les nombreux remaniements dus à cette apologétique, et qui relèvent, dans le Coran, d'une grande habileté, entraînent donc des **déformations textuelles importantes du substrat biblique**. Vous pouvez ainsi y trouver les versets les plus contradictoires et les textes bibliques aux transformations les plus abracadabrantes... En voici quelques exemples, *parmi d'autres...* :

Myriam, la sœur de Moïse, devient la Mère de Jésus ! Il n'y a guère (pourtant !) que douze siècles entre leurs existences respectives...

Ce n'est plus Isaac, (le fils de Sarah), qui échappe à la mort sur l'autel mais Ismaël, (le fils de son esclave, Agar) !

L'Esprit-Saint devient "l'ange Gabriel" qui apparaît à Mahomet !
Ce n'est donc plus Lui, l'Esprit-Saint, la Troisième Personne de la Trinité, mais la Sainte Vierge !...

Ce n'est pas Jésus qui est mort sur une croix, mais Judas, ou Barabas, ou un sosie qui lui a été substitué (selon les "versions"...), etc. etc.

Lisez le Coran, ou plongez-vous dans la *Sunna* ou les *hadiths* (tradition musulmane), et vous constaterez les innombrables invraisemblances tirées des sources bibliques, **sources déformées dans le but de leur donner un sens nouveau**. Elles finissent ainsi par produire chez ses adeptes (et n'est-ce pas là le but recherché ?) une vaste confusion !

Abraham : le premier musulman

Pourtant, au-delà de ce qui apparaît comme une confusion générale, l'on peut déceler, *derrière chacune de ces transformations*, un même fil conducteur. Nous en analyserons ici un exemple des plus connus qui vous montrera la manière de faire de l'islam et les buts qu'il recherche. Nous avons choisi pour cet exemple l'assertion très répandue aujourd'hui parmi les musulmans (et de plus en plus parmi les occidentaux non-musulmans) de leur prétendue "*filiation ethnique d'Ismaël*". Ceux-ci se réclament en effet d'être les véritables descendants d'Abraham par son fils Ismaël.

Que l'islam se réclame, de par son adhésion à un monothéisme exclusif, d'une certaine *filiation spirituelle à Abraham*, peut-être peut-on le lui concéder ; encore qu'Abraham n'ait probablement pas eu la même conception de ce monothéisme et de sa "proposition" au monde que son "héritier"... Mais qu'il prétende en être le pionnier et en posséder l'exclusivité au point qu'Abraham aurait été, à ses dires, le "premier musulman", il y a là un pas irréaliste qu'il a franchi ! L'islam prend ici, il faut bien le dire, tout simplement "*ses désirs pour des réalités*" : par sa foi en l'unicité divine manifestée concrètement dans la circoncision, Abraham est en effet d'abord et avant tout le "premier juif"... **L'islam ne possède en effet ni l'exclusivité ni le caractère originel de ce monothéisme : le judaïsme le professe depuis plus de quatre mille ans, soit près de trois mille ans avant lui !**

Un anachronisme bimillénaire

A partir de cette assertion déjà péremptoire, l'islam passe un cap de plus en sautant, sans plus de raison, du registre spirituel au registre temporel : il affirme en effet désormais que les musulmans sont les descendants directs d'Ismaël... Ce "postulat" aujourd'hui très répandu jusqu'en milieu occidental non-musulman, directement issu de l'idée qu'Abraham est le "premier musulman", ne repose pourtant sur aucune donnée scientifique et fait fi de toute logique historique : comment serait-il en effet possible qu'Ismaël, *patriarche ayant vécu environ 2000 ans avant Jésus-Christ*, soit l'ancêtre des musulmans, alors que **l'islam n'existe historiquement que depuis le VIIe siècle de notre ère ?...** Il y a là un "vide" à combler de plus de 2500 ans... Cet anachronisme notoire ne semble pourtant "faire peur" à personne, pas même aux "savants" musulmans, les "*oulémas*"...

L'amalgame arabité-islamité alimentera encore cette confusion : car on dira, par ce “double jeu” que, si les musulmans n'existent que depuis le VIIe siècle, les arabes sont, quant à eux, une race ancienne qui peut par conséquent très bien descendre d'Ismaël. Mais les descendants nombreux promis à Agar (la servante de Sarah qu'Abraham a pris pour seconde femme) par Ismaël (Gn. 16, 10) n'ont-ils pas de tout temps, *avant comme après l'islam*, été appelés “*ismaélites*” ? Et ce peuple ismaélite n'est-il pas connu depuis ses origines comme bien distinct de celui des arabes, au point qu'ils se sont parfois fait mutuellement la guerre ? Et comment finalement Ismaël, d'origine Chaldéenne par son père Abraham et égyptienne par sa mère Agar, né en Canaan (Gn. 16, 3) et ayant vécu sa vie durant en ce pays pourrait-il avoir une once de sang arabe ?...

Cette confusion grossière et sans aucun support historique est donc permise par l'ignorance et entretenue par le brassage de clichés propres à faire entrer les fidèles dans un système mythique issu d'un processus légendologique. Car l'islam, passant sans sourciller du registre spirituel à tout autre, fut-t-il historique, ignore la simple logique !

Ismaël : fils d'adoption

L'on comprendra dès lors que la référence permanente de l'islam à la filiation ethnique d'Ismaël est une pure illusion entretenue par ses responsables. Mais pourquoi, se demandera-t-on, vouloir à tout prix maintenir les musulmans dans cette illusion qu'ils sont *les véritables descendants d'Ismaël*, au point que le Coran affirme que ce fut ce dernier, Ismaël, et *non plus Isaac selon les données bibliques* (Gn. 22, 1-24), qui était destiné à être immolé par Abraham ?

Tout d'abord parce que le judaïsme et le christianisme se réclament de leur filiation abrahamique par le “*fils légitime*” : Isaac. Or, nous avons vu dans la partie historique que l'islam considère ces deux religions monothéistes comme dépassées et condamnées par Dieu à cause de leur refus d'accueillir le message mahométan et son "messager". Dieu se devait donc, pour remplacer ceux qui furent indignes d'être son peuple, d'en "adopter" un nouveau. Pour cette raison, le peuple musulman se réclame désormais de sa filiation abrahamique par Ismaël, ce dernier considéré comme "*fils d'adoption*". La communauté musulmane "adoptée" par Dieu serait ainsi, par sa filiation du fils "adopté" Ismaël, véritable et nouvel héritage d'Abraham....

D'autre part, **pour justifier sa nature conquérante, l'islam doit se présenter comme victime**. Or, pour les musulmans, Ismaël est le symbole de la victime par excellence : Abraham ayant en effet, sur l'instance de sa femme Sarah, décidé de renvoyer sa servante Agar et son fils Ismaël, ce dernier est donc perçu par l'islam comme "l'enfant rejeté", l'enfant "mal-aimé", *victime* de la jalousie d'une femme : Sarah. Celle-ci aurait en effet été jalouse de sa servante Agar, et Ismaël en aurait subi la conséquence directe : le rejet par son père Abraham qui aurait voulu pour cette raison le sacrifier... Ce n'est que par intervention divine que cette "innocente victime" fut sauvée in extremis de la mort.

Les musulmans : un peuple victime

La déformation du texte biblique est donc ici manifeste, et son sens interprété pour asseoir une thèse purement imaginaire ! Car, ainsi que nous l'avons signalé, c'est tout d'abord *Isaac et non Ismaël* qui fut l'objet du sacrifice (Gn. 1-18). Et ce dernier le fut uniquement par amour premier de Dieu et non par une quelconque jalousie de la part d'Abraham. Il ne fut encore nullement adopté par Abraham mais bien le fils de sa seconde femme Agar.

Ainsi les débuts de l'islam nous sont présentés de façon analogique : Mahomet, par la *jalousie* de ses frères juifs et chrétiens, (comme Ismaël par la *jalousie* de Sarah), s'est vu "rejeté" et "pourchassé" par eux (comme Ismaël et sa mère Agar devant Sarah) : devant s'enfuir de La Mecque (selon la "tradition" musulmane...) où son "message" *ne fut pas reçu*, il dû *se réfugier* à Médine (comme Ismaël dû *s'enfuir* devant Sarah et se *réfugier* dans le désert) d'où il partit ensuite, évidemment, pour une "juste reconquête".

La justification présentée aux arabes de Médine pour se lancer dans les reconquêtes, comme de nos jours aux musulmans pour tout acte de djihad, est donc de cet ordre : agissant "en toute justice", ils ne font que réparer le "tort" fait au "prophète" Mahomet non reçu par ceux à qui il avait charge d'annoncer un message "nouveau". Ils se considèrent ainsi depuis les débuts de l'islam comme le "peuple rejeté", mal-aimé", à l'instar d'Ismaël, le "fils rejeté" et "mal-aimé". Le prétexte est donc tout trouvé de vouloir imposer le message mahométan... **Il fallait donc que ce fut lui, Ismaël, le "rejeté", le "mal-aimé", qui fut "l'ancêtre" du peuple musulman !**

Notez enfin que l'islam se présente encore aujourd'hui de la même façon et que, *en dehors de toute considération politique de parti*, c'est bien **cet aspect victimal qui en constitue encore de nos jours son moteur et son unité en toute action violente**.

D'ajouts en ajouts...

Nous avons vu que le substrat coranique était en grande partie composé d'éléments issus de données bibliques, mais que celles-ci furent souvent déformées dans le but de soutenir la thèse d'une "religion nouvelle". Mais tenter de convaincre des fidèles chrétiens ou judéo-chrétiens de l'authenticité d'une "nouvelle révélation" ne fut pas chose si facile pour les premiers musulmans, et souvent même source d'oppositions et de conflits. Du fait de l'opposition théologique de certains judéo-chrétiens peu prompts à croire n'importe quelle "nouveauté", la matière coranique originelle, soit *les textes bibliques compilés en un lectionnaire liturgique*, a du sans cesse, au cours des premières décennies de l'islam, subir maintes "améliorations" et "ré-adaptations".

Mais ces transformations du substrat biblique, si elles donnaient une assise à l'idéologie que l'on voulait faire passer, diminuaient en même temps la cohérence du texte originel. D'où de nouvelles oppositions elles-mêmes consécutives à l'incohérence d'un texte originel "amélioré" et finalement si malmené qu'il finit par ne plus avoir grand chose à voir, aux yeux des non encore musulmans de ces lieux, en majorité judéo-chrétiens rappelons-le, avec les réalités bibliques et le contenu de la foi... Et ainsi d'ajouts en ajouts, d'adaptations en améliorations, d'accommodements en remaniements... **Jusqu'à ce que l'on n'y comprenne plus rien !**

A force, donc, "d'améliorations" en tous sens, "d'adaptations" en tout genre, ou autres "accommodations" en toutes circonstances, la cohérence du texte devenu très vite le "*Qor'ân*" ("*le texte lu*", "*proclamé*", appelé aujourd'hui "*Coran*") s'en trouva si fortement diminuée quelle finit par disparaître totalement. Pour aboutir finalement à **une incompréhensibilité générale de la matière originelle comme du texte lui-même !**

Allah : un auteur incompréhensible

Il fallut, dès lors, pour l'islam, et afin de palier à l'argumentation de ses adversaires qui n'ont pas manqué de faire remarquer ces nombreuses "anomalies", incohérences et confusions du Coran, **trouver une raison d'être à ce fatras indescriptible** ! Or, l'argument "de choc" "élaboré" face à cette "imperméabilité" (comprenez qu'il est désormais totalement incompréhensible !) du texte actuel, est finalement aussi simple qu'efficace :

"l'inaccessibilité du langage divin" !...

Rien de plus normal, dès lors, que de n'y rien comprendre à cet embrouillamini coranique, puisque le texte vient directement d'Allah, être suprême et *inconnaissable, insondable, inaccessible*, et finalement le "*Tout-Autre*" ! Son langage ne peut donc être *qu'incompréhensible* : il est "si divin" qu'il ne permet pas aux simples mortels que nous sommes d'y avoir accès... Bref, de quoi alimenter la théorie de certains islamologues s'extasiant devant les "penseurs musulmans" utilisant la *théologie négative* pour définir Allah !

Faudrait-il donc, comme l'ensemble des musulmans, pour ne pas prendre le risque de la remise en question, avaler sans broncher que **les invraisemblances du Coran proviennent, à n'en pas douter, de l'intelligence divine qui dépasse notre entendement ?** Argument ultime que l'on vous ressert aujourd'hui en islam à chaque fois que l'on en est à court... Mais quel autre "argument" l'islam pourrait-il bien inventer pour expliquer les méandres d'un **texte devenu hermétique à force de remaniement ?**

L'affaire est donc classée : **Allah est "lui-même" l'auteur de l'incompréhensibilité du texte !** Et nous sommes par conséquent, nous, simples êtres humains, bien incapables et surtout indignes de saisir quoi que ce soit à cette "sagesse éternelle"... Nous sommes par conséquent *tenus* à n'y rien comprendre ! Pour parler clair, nous ne serions que des analphabètes appelés à le rester... Avec cela, inutile de vous dire que l'on peut faire avaler n'importe quoi à n'importe qui ! Ce qui est malheureusement le cas de la majorité des musulmans ! Et malheureusement aussi de nombre "d'islamologues" en mal de repos intellectuel...

Une authentique falsification du Coran

Les versions anciennes du Coran présentent de fait des "variantes" textuelles nombreuses, et certaines de ces versions sont très éloignées du Coran actuel ! Le dernier Coran antique retrouvé en 1972 dans une mosquée en Syrie et à l'étude aujourd'hui, très différent de la version actuelle, montre clairement les "transformations ajoutées"...

Et comme certains "esprits forts" refusaient, à l'époque de la première islamisation, d'accueillir les nouvelles "adaptations" qui leur étaient *proposées*, force fut de les leur *imposer* ! **Les premières versions du Coran furent donc changées et détruites à plusieurs reprises par les premiers califes**, et remplacées par de *nouvelles versions*, afin d'être "mieux adaptées" aux besoins politiques du moment... La célèbre destruction totale des premiers Coran par le troisième calife, Uthman, imposant **à tous** sa "nouvelle version", traduit bien la façon de faire des falsificateurs des Ecritures : les fidèles devaient donc rapporter les versions qu'ils détenaient sous peine de condamnation à mort...

Ainsi, l'argument si souvent avancé par les musulmans de la falsification de la Bible par les chrétiens ne peut-elle pas se retourner contre leurs auteurs ? Le Coran n'est-il pas en effet plutôt lui-même la seule "véritable falsification" des Ecritures ? Et ne pourrait-on pas finalement se poser cette simple question :

> *"De tous les Coran falsifiés, lequel est le plus authentique, c'est à dire : le plus authentiquement falsifié ?..."*

Occulter le passé

On ne compte plus, d'ailleurs, dans l'histoire musulmane, **le nombre de transformations opérées par les premiers califes dans le**

but de faire disparaître les sources. Notons le nombre de Coran changés, remplacés après avoir été brûlés, de bibliothèques détruites, telle la plus célèbre bibliothèque de l'antiquité, celle d'Alexandrie, sur un ordre du calife Omar, dont les livres brûlés ont permis l'alimentation du chauffage des quatre mille bains publics de la ville durant plus de six mois... Trésor de sources culturelles et religieuses de l'antiquité parti en fumée en quelques semaines...

Ce qui nous vaut, encore aujourd'hui, une pauvreté d'information inégalée sur les origines de l'islam, le but étant évidemment d'en faire disparaître toutes traces pour accréditer la thèse d'une "révélation nouvelle" octroyée à Mahomet. Car si l'on découvrait qu'une "révélation" n'était que la continuation d'une hérésie antique et qu'on y trouvait donc rien de "nouveau", elle ne serait tout simplement plus une révélation ! Et si l'on découvrait que la "révélation nouvelle" avait des racines judéo-chrétiennes, elle ne serait, alors, plus vraiment "nouvelle" et, surtout, pas du tout "révélée"…

Occulter toute trace du passé pour accréditer la thèse d'une religion "toute nouvelle", tels sont donc les buts que se sont fixés, depuis les origines et jusqu'à nos jours, les autorités musulmanes. Et ce, évidemment, dans le but de faire perdurer une idéologie qui permette de tenir en main un troupeau aveugle.

Voici ce qu'en a dit un historien de la religion et journaliste, M. Markovitch, (cf. le livre de Mme Annie Laurent "*Vivre avec l'islam ?*", éd. St. Paul), au cours d'une conférence donnée à Paris devant un public spécialisé :

> ***"Il est impérieux pour l'islam d'occulter l'origine "très humaine" du Coran, à savoir biblique, sans laquelle il ne peut prétendre posséder une révélation divine nouvelle !"***

Des isnâd "à la chaîne"

Peut-on encore s'appuyer sur les *hadiths* (compilation extra-coranique de paroles et d'actes de Mahomet ou de ses successeurs), pour fonder l'authenticité de l'islam ?

Le livre des *hadiths*, contenu dans l'ensemble de la tradition musulmane appelée Sunna, revêt pour les musulmans une grande importance, et constitue avec le Coran l'essentiel des données de bases de la *charia* (la loi islamique). Il est quasiment indissociable du Coran car il contient, *selon la tradition musulmane*, les paroles du "prophète" Mahomet ou de ses successeurs, recueillies par leurs disciples.

Mais il faut savoir que ce recueil de paroles du "prophète" est immense et que, bien évidemment, l'authenticité des actes comme des paroles qui y sont relatés ne repose sur rien de scientifique, mais seulement sur les "témoignages" de personnalités de l'époque, dont personne, évidemment, ne peut prouver l'existence ! Chacun de ces hadiths en effet est soit disant "certifié" par une sorte de "chaîne de transmission" (appelée "*isnâd*" en arabe) et du type :

> *"L'on sait par Farouk qui le tient de Rachid, qui l'a appris de Mourad qui lui-même en a eu connaissance par Moustapha qui l'avait entendu de la bouche de Ahmed, que ben Ali a su par Béchir, l'oncle de Youssef, que le prophète Mahomet a dit que..."*.

Et l'on prétend encore en islam que chaque personnage de cette chaîne a "réellement" existé, "vraiment" entendu de la bouche du précédent et "fidèlement" transmis "l'authentique" parole du "prophète"... Que de guillemets ! Bref, que de suppositions purement hypothétiques ! Et il est bien sûr **totalement impossible, dans la plupart des cas, de prouver l'existence même de l'un seulement des personnages cités !**

Et des hadith à profusion...

Mais la question pertinente qui se pose à ce propos est plutôt celle-ci : pourquoi faut-il donc que les musulmans aient éprouvé le besoin, pour chaque hadith, soit chaque parole "authentique" de Mahomet, de "prouver" son authenticité, sinon parce que, justement, ces paroles sont douteuses ?... La raison de ces authentifications n'est-elle donc pas tout simplement le signe qu'il y ait *doute* sur le message et sur son auteur ? La nécessité de l'authentification systématique par les isnâd laisse en effet supposer qu'il y eut à l'origine des opposants à cette authenticité. **Sinon, l'on ne voit pas pourquoi on se soit vu dans l'obligation, pour chacune de ces paroles et chacun de ces actes, de les authentifier par une chaîne de témoins !**

Aucune autre religion parmi celles qui viennent avant ou après l'islam n'a d'ailleurs jamais éprouvé ce besoin, *ni sûrement même jamais eu l'idée*, de chaînes authentifiantes de ses textes sacrés ! Y a-t-il seulement un prophète de l'Ancien Testament dont les paroles furent *si surprenantes* qu'il faille, pour les authentifier, recourir à la recherche systématique des intermédiaires qui les ont recueillies ? Et si par malheur elles l'étaient, l'on comprendrait alors qu'il ne s'agit que d'un "faux prophète"...

Et comme parmi les *centaines de milliers* de paroles prononcées par Mahomet il y a treize siècles il ne manque encore aujourd'hui pas même un maillon, soit un seul personnage, à un seul isnâd, il y a de quoi basculer franchement du scepticisme à l'agnosticisme...

Les historiens de la religion ont d'ailleurs maintes fois démontré que la plupart de ces hadith ont été créés a posteriori, et à toutes fins politiques. Quand un calife ou n'importe quel chef musulman voulait en effet imposer une nouvelle loi qui se devait, selon la charia, d'être conforme aux paroles du "prophète", il lui suffisait de "*découvrir*" (comprenez : inventer), dans quelque maison antique ou grotte "préhistorique" un nouveau hadith qui allait dans le sens politiquement désiré… Ce qui fut tellement pratiqué que l'on se retrouve aujourd'hui avec plus d'un million et demi de hadith… Le "prophète" avait peut-être le verbe haut, mais tout de même !...

Ces hadith peuvent d'ailleurs, bien évidemment, se contredire les uns les autres, l'un pouvant appuyer une loi et un autre son contraire ! Politique opportuniste de la plupart des califes oblige… Et quand on sait que l'Ayatollah Khomeyni en a "*découvert*", à lui seul, au cours de son temps de pouvoir en Iran, rien que quatre mille, on ne se pose désormais même plus la question de leur authenticité…

Faire du neuf avec du vieux

L'islam peut-il donc être une religion révélée alors que les éléments qui le constituent, tirés du Coran ou de la Sunna sont d'origine judéo-chrétienne, soit encore tirés d'un fond commun de religions et de cultures antérieures ? **Car il n'y a, de fait, aucun élément culturel ou doctrinal nouveau dans le Coran et la Sunna.** Ceux-ci sont seulement empruntés à la tradition judéo-chrétienne, transformés pour asseoir l'idéologie du moment et accréditer la thèse d'une "religion nouvelle". Le fait qu'il n'y ait aucun élément nouveau dans le Coran, facilement vérifiable à sa lecture, comme dans toute la tradition musulmane, devrait donc suffire à dissuader tout islamologue sérieux de suivre la théorie musulmane qui voit en la religion de Mahomet une "révélation"…

On ne peut donc accepter d'emblée le point de vue musulman qui soutient la thèse d'une "religion nouvelle" et d'une "inspiration divine". Car l'islam ne s'appuie, pour affirmer ce qu'il avance, que sur le texte même du Coran ou de la *Sunna*, Sunna provenant elle-même des données du Coran... **Aucune autre donnée d'ordre historique, archéologique ou tout simplement rationnelle n'est prise en**

compte. Comment un texte, quel qu'il soit, pourrait-il être témoin de sa propre authenticité ? Ou comment pourrait-il authentifier les origines de la nouvelle religion que lui-même prône ? Autant alors tout de suite affirmer que la théorie des mormons, des témoins de Jéhovah ou de toute autre secte est authentique puisque :

> *"Dieu l'affirme dans le livre "authentique" que le fondateur a lui-même écrit"...*

Si nous avons donc montré combien les traditions de l'islam n'étaient pas nouvelles, ont été mis également en évidence les ingrédients qui composent le Coran et qui n'en sont pas plus récents ! Si l'islam prétend "*faire du neuf*", force est donc de constater que c'est toujours "*avec du vieux*"...

La Bible ou le texte originel du Coran

Je donnerai ici, pour confirmation des origines bibliques du Coran et de toute la tradition musulmane, un témoignage personnel vécu lors de mes périples en pays arabes.

Alors que je passais quelques jours chez une famille algérienne musulmane amie, Mona, l'une des jeunes filles, qui recherchait honnêtement la "vérité", fut un jour étonnée par mes paroles concernant Jésus et la doctrine chrétienne. Je lui expliquai également la présence dans la bible des prophètes qu'elle vénérait, des patriarches, de la Vierge etc. Je lui apportai une Bible qu'elle commença à feuilleter en ma présence. Ayant plongé les yeux dedans, elle ne put bientôt plus les retirer... Elle ne cessa dès lors de s'y intéresser et, durant les trois derniers jours de mon séjour en Algérie, elle en avait déjà lu les trois cents premières pages ! Quand je la revis l'année suivante, elle l'avait lue entièrement ! Y a-t-il seulement beaucoup de chrétiens qui l'ont lue en entier ? (Mieux vaudrait éviter les sondages en ce domaine...).

Si Mona fut enchantée par cette découverte biblique c'était, m'a-t-elle confié :

> ***"que j'y ai retrouvé les racines de ma religion musulmane. Tout y est et rien n'y manque : d'Abraham à Jésus en passant par les rites et les traditions ! Mais plus clair et plus détaillé".***

Son témoignage résonnait comme si la Bible était le "*texte originel du Coran*"... Mona ne s'est donc pas sentie perdue en la lisant, car elle y a retrouvé toutes les histoires des prophètes et des patriarches dont parle le Coran, mais "plus précis" m'a-t-elle déclaré. De même, toutes les règles et traditions musulmanes y sont présentes avec plus de détails, ce qu'elle a particulièrement apprécié. Etonnée, elle poursuit désormais sa quête de "vérité" et est toujours très assoiffée d'entendre parler du Christ, de la vie des saints ou des apparitions mariales.

La parole aux femmes

Mais laissons la parole à des femmes pour résumer ce que pourraient être, en réalité, le Coran et la Sunna. Mme Laurent, spécialiste en islamologie et auteur d'ouvrages et d'articles scientifiques sur ce sujet, auteur du livre "*Vivre avec l'islam ?*" (éd. St. Paul), résume son opinion sur la prétendue authenticité du Coran :

> *"En définitive, ce qui frappe dans un Livre qui est censé avoir existé de toute éternité et être valable pour tous les temps et tous les lieux, c'est de voir à quel point il épouse la vie de Mahomet. Il répond à ses interrogations, résout ses problèmes de relations, de vie conjugale, cautionne ses choix et ses attitudes.* ***Peut-on, dès lors, vraiment parler d'œuvre divine ?****"*

Mme Fallaci, auteur d'un best-seller dans lequel elle dénonce ce qu'elle estime être les excès de l'islam, (vendu à plus d'un million d'exemplaires dans le monde), résume quant à elle en une phrase succincte cette évidence qu'il ne peut être une religion nouvelle pour la bonne raison que le Coran ne fait que reprendre des données anciennes. Il n'est, selon cet auteur, tout au plus :

> ***"Dans ses côtés les plus acceptables, qu'un plagiat de la religion chrétienne et de la religion judaïque ainsi que** de la philosophie hellénique", ("La Rage ou l'Orgueil",* éd. Plon, p. 102).

Et l'on ne saurait, pour conclure ce sujet, oublier les propres paroles, célèbres même en contexte musulman, de Aïcha, l'épouse préférée du "Beau Modèle", Mahomet, et à propos des seuls versets coraniques :

> *"Mon cher mari, permets-moi de te dire que ton Dieu a tendance à faire descendre du ciel des lois qui t'arrangent drôlement !..."*

Mahomet : un "prophète" ?

Des références extra-coraniques inexistantes

La question de l'existence de Mahomet prend, dès lors, une valeur toute relative. Si, ainsi que nous l'avons exposé, l'islam est une religion fabriquée à partir de données préexistantes telles celles du substrat biblique et de traditions judéo-chrétiennes ancestrales, il s'ensuit que la figure d'un "prophète" quel qu'il soit ne peut avoir pour but que de soutenir l'idéologie naissante. Que Mahomet ait existé ou non n'a donc que peu d'importance dans la mesure où l'on sait que l'islam a été créé à partir d'éléments déjà existants.

Il n'y a d'ailleurs **aucune source extra-coranique qui fasse état d'un quelconque prophète de ce nom, en lien ou non avec la**

religion musulmane... Comment en serait-il alors le fondateur ? La connaissance *historique* du "prophète" Mahomet n'est en fait connue qu'à travers sa biographie, c'est-à-dire de source purement... islamique ! Et comment, dès lors, faire confiance à la Sirat (biographie de Mahomet), lorsque l'on sait qu'elle date du IXe siècle, soit deux siècles après les débuts présumés de l'islam, soit donc également deux siècles après sa supposée existence ?... Et soit encore au moment même où a été fixé le dernier canon coranique ? Est-ce bien un nouveau hasard qui fasse coïncider la fixation de ces deux entités : le canon coranique et la biographie de Mahomet ?

Chef de guerre mais pas " prophète "

Si quelques textes anciens font référence à un chef de guerre arabe nommé Ahmed, qui aurait guerroyé en Syrie et en Palestine au début du VIIe siècle, il ne saurait être question de l'inspirateur du Coran, ou de l'islam s'y référant. Car **le Coran actuel, revu et corrigé à maintes reprises** (comprenez : revu, corrigé et falsifié), **ne remonte au plus tôt qu'au début du IXe siècle, et ne saurait donc avoir pour auteur un chef de guerre arabe ayant vécu deux siècles plus tôt !**

La "*chahada*", ou *profession de foi musulmane*, composée actuellement d'une seule phrase en deux parties, n'avait pas encore, quant à elle, jusqu'au milieu du VIIIe siècle, sa deuxième partie : "*Mahomet est le prophète d'Allah*". En font foi les recherches archéologiques qui n'ont pu relever cette deuxième partie qu'à partir de cette époque. De nombreuses études montrent qu'au contraire la première partie était présente auparavant. Cela manifeste assurément que la mention du "prophète" Mahomet dans la chahada constitue un ajout tardif et confirme, par conséquent, que **le chef de guerre arabe Ahmed n'a jamais rien eu d'un prophète et n'a donc rien à voir, de près ou de loin, avec l'islam !**

Tout au plus pourrait-on envisager, par conséquent, que *son nom ait été utilisé a posteriori* par l'islam comme instigateur de cette religion et comme "figure guerrière" pour stimuler les populations arabes dans leur lutte, c'est-à-dire pour soutenir l'idéologie politico-messianique conquérante de l'islam naissant.

Mahomet, un "prophète" inspiré... par le passé

À partir des éléments cités ci-dessus, il est difficile de penser qu'il puisse y avoir eu une quelconque "révélation nouvelle" à un "nouveau prophète". Car il ne peut y avoir eu, ainsi que nous venons de le montrer, de prophétisme de Mahomet. Comment, dès lors, soutenir, ne serait ce qu'un instant, que Mahomet ait eu, a l'origine, une inspiration divine, mêmc déformée par la suite, ou qu'il ait été au contraire "inspiré" par le démon ? **Il ne peut être question d'une quelconque "révélation" à Mahomet, divine ou satanique, par le fait même qu'aucun prophète de ce nom n'est mentionné dans aucune source ancienne authentique et qu'aucun élément nouveau n'apparaît nulle part dans le Coran !**

Ces positions sont donc insoutenables pour la simple raison que les sources font clairement apparaître l'absence de ce "prophète" avant le début du VIIIe siècle, et que le Coran est bien postérieur à l'existence terrestre possible du chef de guerre Ahmed ou "Mahomet", ayant vécu du temps des premières guerres arabes, soit à la fin du VIe siècle ! De toute façon, il est indéniable que les sources coraniques sont *judéo-chrétiennes*, ainsi que nous l'avons montré plus haut. Il n'y a aucune révélation nouvelle dans le Coran qui permette de parler d'une quelconque inspiration, qu'elle soit divine ou démoniaque ! **Pour qu'il y ait révélation, il faut en effet qu'il y ait un élément nouveau et jusqu'alors inconnu, ce qui n'est pas le cas !**

Il est dit, d'ailleurs, dans deux Sirat (biographies de Mahomet), *El khalabia* et *El Makia*, que ce sont les juifs eux-mêmes qui enseignent le "prophète" par l'intermédiaire d'un moine judéo-chrétien. On comprendra donc que, si un "prophète" est "enseigné par un groupe de personnes", c'est qu'il n'est pas, à proprement parler, un prophète !...

Conclusion : songe ou inspiration ?

On aura compris, à la lecture de cet exposé, que **l'islam ne peut être, en aucun cas, une religion révélée, mais qu'il a été, dès ses origines, une idéologie fabriquée à partir des données du judaïsme et du christianisme**. Et il est clair, encore, à la lecture même du Coran, que celui-ci fut créé par étapes, comme pour répondre à une argumentation de ses adversaires. Il faut se rendre à l'évidence que le Coran n'est qu'une "apologétique de combat" pour répondre à l'argumentation opposante des juifs et des chrétiens en face des erreurs de l'islam.

À partir des données historiques et l'étude des sources il apparaît donc que l'islam ne peut prétendre être une religion nouvelle. Les éléments qui la constituent sont en effet anciens, matériaux utilisés depuis leurs origines par les communautés juives ou chrétiennes.

Et l'on pourrait finalement faire nôtre l'appel du père Avril, spécialiste des questions islamiques, ayant passé toute sa vie et jusqu'à aujourd'hui en terre d'islam, (Algérie et Liban plus spécialement), auteur du livre "*La douzième Croisade*" qui, dans un communiqué adressé aux membres de l'association qu'il a créée en faveur des jeunes libanais défavorisés, déclare que le préalable indispensable à toute entreprise de restauration de la vérité en ce domaine consiste d'abord à :

"démystifier l'islam, abolir les tabous séculaires, rompre le charme entretenu par beaucoup d'orientalistes et d'islamologues, et amorcer enfin une critique objective de l'islam et de ses origines : légende d'une "révélation nouvelle" et inanité de la religion conséquente".

Analyse critique

La critique textuelle

L'histoire du serpent qui se mord la queue

La science actuelle, qu'elle soit historique ou archéologique, analytique ou déductive, est assez avancée pour trancher définitivement des questions dont les éléments d'analyse sont suffisamment nombreux. **Pourquoi donc l'islam ne se prête-t-il jamais à cette critique des sources, ni à aucune autre de ces sciences ?** La réponse est simple : il y perdrait sa crédibilité et, par conséquent, mettrait directement en danger son existence même !

Car s'il veut perdurer, l'islam doit continuer à maintenir ses adeptes dans la conviction illusoire qu'il apporte une "révélation nouvelle". Or, pour prétendre être "nouvelle", une révélation ne peut laisser transparaître des informations provenant d'éléments déjà existants, tels ceux du judéo-christianisme. Il faut donc à l'islam occulter, aux yeux des fidèles, comme à ceux du commun des mortels, les *origines historiques* du mouvement. C'est ce qu'il s'attache aujourd'hui à faire par tous les moyens : interdiction de l'exégèse coranique et de la recherche historique mettant en lumière sa genèse, interdiction des fouilles archéologiques sur les lieux pré-islamiques ou des débuts de l'islam, etc. Bref, **interdiction de toute réflexion touchant de près ou de loin la compréhension de ses origines !**

Mme Laurent s'explique à ce sujet :

"Livre incréé, valable en tout temps et en tout lieu car il est l'ultime parole de Dieu communiquée à l'humanité par un "envoyé", Mahomet, dont l'analphabétisme garantit l'origine et l'intégrité, le Coran enveloppe les musulmans dans un système qui échappe, en principe, à toute analyse critique. (...). Appliquer au Coran un traitement exégétique tel que celui qui est admis par l'Eglise pour la Bible et qui implique la recherche de sources humaines, historiques ou littéraires à travers l'archéologie, la linguistique ou la philosophie, paraît impossible en l'état actuel pour les musulmans", ("l'homme nouveau", 19 sept. 2004).

M. Ashraf Sadek, Egyptien copte orthodoxe, professeur, égyptologue et orientaliste, dénonce encore ce fait que **toute exégèse coranique est prohibée en islam :**

"Le Coran pour un musulman, ne peut être soumis à une critique scientifique. On ne discute ni le contenu ni l'origine du Coran", (revue "*Feu et Lumière*", janvier 2002).

Et de citer le verset du dit Coran sur ce point :

"Quand tu les vois remettre en question nos versets, écarte-toi jusqu'à ce qu'ils discutent d'autres choses",(S. 6, 68).

Et Mme Delcambre, docteur en civilisation islamique, dans un de ses excellents ouvrages, de confirmer :

"Ce qui n'est absolument pas toléré (en islam) c'est la remise en question, le doute, la recherche critique. Le musulman ne se soumet qu'à Allah", ("l'Islam des Interdits", éd. DDB, p. 73).

Si donc vous voulez confronter les données du Coran manifestement erronées à l'exégèse coranique, à l'étude des sources ou à toute autre science historico-critique, vous recevrez pour toute réponse de la part d'un musulman l'affirmation "hautement scientifique" que voici :

"C'est écrit dans le Coran !"

C'est l'histoire du serpent qui se mord la queue... Elle n'a, en tout cas, jamais fait avancer ni la science ni l'histoire !

L'épreuve de la critique textuelle

Les musulmans ont donc le devoir d'adhérer à l'islam "*les yeux fermés*", ainsi qu'ils le répètent eux-mêmes, s'interdisant toute critique et ce, à partir de versets du Coran tel :

> *"C'est lui (Allah) qui a envoyé son Prophète avec la Direction et la Religion vraie pour la faire prévaloir sur toute autre religion - **Allah suffit comme témoin**" (S. 48, 28).*

Si Allah a lui-même dicté le Coran et qu'il en est son propre et "seul témoin", on comprend que l'intelligence n'ait plus même l'ombre d'une place ! A partir d'un tel postulat, comment pourrait-on encore faire marcher son intelligence et son sens critique ?...

Est-il admissible, au demeurant, que l'on puisse encore, à une époque aussi scientifique que la nôtre, croire, sans aucun esprit critique, n'importe quelle affirmation : dans notre cas l'authenticité du Coran et de sa "révélation" ? S'il en était ainsi, l'on devrait tout aussi bien accepter toute autre théorie hérétique telle celles des nestoriens ou des ariens, des témoins de Jéhovah ou des mormons, ou de toute autre secte se disant inspirée. Il serait donc pour le moins utile que les pseudos islamologues qui adhèrent si naïvement à la théorie de l'inspiration du "prophète" Mahomet, aient au moins l'honnêteté de vérifier l'authenticité de leurs sources !

L'on peut encore, à leur encontre, montrer combien la Bible, elle, a été soumise, et même parfois exagérément, à la critique textuelle.

Malgré certains excès, l'important est bien que cette critique ait permis de vérifier historiquement et archéologiquement la véracité des textes bibliques, comme de confirmer l'authenticité de leurs origines. Et Mme Laurent, politologue spécialiste de la question islamique, d'ajouter quant à l'islam même :

> *"Ainsi se pose la question des origines de l'islam, question qui n'a pas encore été résolue de façon crédible (...).* ***Mais au fond, n'est-ce pas la question cruciale de la confrontation à la Vérité qui est ainsi sans cesse repoussée ?****", ("Famille chrétienne"* n° 1238, 6-13 oct. 2001).

Faire disparaître les sources

Comment l'islam pourrait-il d'ailleurs accepter une réflexion sur ses origines sachant que **l'ignorance est le fondement même sur lequel il s'appuie pour exister ?** Si, en effet, l'islam permettait l'étude de ses origines, la critique textuelle du Coran, ou toute autre exégèse coranique, l'on découvrirait bien vite qu'il a pour origine le judéo-christianisme et qu'il n'apporte aucune révélation nouvelle. Et la conséquence directe de ces découvertes serait qu'il s'effondrerait de lui-même. M. Landrieux, théologien célèbre du début du siècle et versé dans la connaissance du monde musulman par son expérience et ses études a pu écrire :

> ***"L'islam n'a tenu que par la foi aveugle,*** *qui s'interdit toute question, toute réflexion, toute discussion. Il est resté debout parce qu'il y avait interdiction absolue d'y toucher.* ***Mahomet a mis un bandeau de plomb sur ses fidèles****", ("Le Trompe l'oeil de l'islam"*, éd. Lethielleux, p. 81).

Maintenir les musulmans dans l'ignorance en les obligeant à ne s'ébattre toujours que dans le cercle fermé de l'islam, dans un univers clos et entre seuls musulmans, et dans la défiance à tout

autre système de penser et d'agir, telle est la volonté pérenne des dirigeants de cette religion. M. Landrieux ne saurait contredire ce point quand il ajoute dans le même texte que cité précédemment :

> *"Cette passivité intellectuelle ne peut perdurer que dans l'ignorance et par l'isolement. C'est pourquoi le monde musulman est si rigoureusement fermé", ("Le Trompe l'oeil de l'islam", éd. Lethielleux,* p. 81).

Les méthodes de pérennité de l'islam

Répression et condamnations

Pour pouvoir se maintenir, l'islam doit donc absolument, dans ses principes même, instaurer un **système de pression qui interdise toute réflexion sur son identité et ses origines**. Bref, faire disparaître ses sources judéo-chrétiennes. Et pour ce faire, il doit utiliser la force : *recours à la force* pour interdire à tout musulman de réfléchir sur le Coran, sous peines de pressions ou de condamnation, celui-ci devant prendre le Coran " à la lettre " et sans réfléchir plus avant ! *Recours à la force* pour lui interdire de se convertir à toute autre religion sous peine de condamnation à mort. Aucune possibilité n'est donc laissée au musulman pour réfléchir sur sa foi et ses sources, et encore moins pour les remettre en cause. M. Ibn Warraq, converti de l'islam au christianisme, interrogé par M. Stéphane Barsacq, s'insurge :

> *"Que nous dit-on ? La vérité a été révélée une fois pour toutes, impossible de la discuter, de la relativiser ou même d'y réfléchir : on ne peut au mieux qu'interpréter son message. Le Coran se veut éternel, il s'ensuit qu'il contient l'encens de toutes les prophéties faites aux hommes et que* ***chacun se doit d'y obéir, corps et âme, faute de quoi les sanctions seront terribles****. Dans*

ces conditions, essayez de pratiquer la moindre ironie, le moindre esprit critique, la moindre remise en question d'ordre historique ou philologique..." ("Figaro Magazine", 6 oct. 2001).

Et pour dissuader les musulmans de tenter de se poser quelques questions sur le "livre sacré" et sceller définitivement ce risque, on déclarera finalement que la simple remise en cause d'un verset est un "blasphème" et celle du Coran "sacrilège". Ce que confirme Mme Delcambre :

"Pour les musulmans, l'analyse du Coran de façon scientifique et critique est sacrilège", ("l'Islam des Interdits", éd. DDB, p. 134).

Or, le blasphème et le sacrilège étant considérés, en religion, comme les fautes les plus graves parce qu'insultant directement la divinité, ils sont donc passibles de la punition la plus sévère, soit la peine de mort. Face à de tels "arguments", les musulmans auront donc "tendance à réfléchir" avant d'esquisser une quelconque remise en cause de leurs textes fondateurs... Ou mieux : **pour éviter tout risque, ils auront "tendance" à ne plus réfléchir du tout...**

Enlever aux adeptes des sectes la possibilité de réfléchir sur la valeur et l'authenticité de leurs textes fondateurs, soit du Coran en islam, c'est se donner la possibilité de **manipuler dans le sens désiré des groupes et des peuples entiers** qui suivront comme un troupeau aveugle dans la direction qui leur sera indiquée par leur "dieu", via leur gourou, leur imam, leur cheikh, leur mollah, leur calife, leur sultan, leur ayatollah... D'autant que, évidemment, les pouvoirs politiques et religieux musulmans ont bien compris que la **"volonté divine" pouvait évoluer au gré de leur "volonté propre"...**

Des penseurs peu inspirés

L'histoire compte d'ailleurs un certain nombre de penseurs musulmans qui ont essayé de relever le défi d'une réflexion authentique sur l'islam. Mal leur en a pris, et on sait le sort qui leur a été réservé !... Bien des auteurs ont cité de ces faits dramatiques qui perdurent jusqu'à aujourd'hui. Mme Delcambre, docteur d'Etat en droit et en civilisation islamique dénonce :

> *"On décourage toute critique qui risquerait de remettre en question l'héritage islamique, on cloue au pilori celui qui oserait douter, critiquer, s'insurger. Dans les cas extrêmes, comme au Soudan, le savant religieux moderniste est condamné à mort. Il convient de rappeler que* ***le théologien soudanais Mahmoud Taha fut pendu*** *pour avoir voulu différencier, dans le Coran, les appels à la guerre et les versets qui expriment les exhortations morales", ("l'Islam des Interdits",* éd. DDB, p. 74).

Aujourd'hui encore, tout musulman remettant en question les origines "inspirées" du Coran ou le caractère "prophétique" de Mahomet, ou souhaitant simplement s'informer sérieusement, aurait maille à partir avec les autorités religieuses (et donc politiques !) de son pays. **Il se verrait d'emblée menacé tant par les autorités musulmanes que par ses "frères" musulmans** qui chercheraient, par tous les moyens, à le ramener à la "foi de ses pères", sans comprendre et sans même chercher à comprendre...

Bien des cas de par le monde seraient à citer : l'Egyptien Nasser Abou Zeid et l'Iranien Hachem Aghajari qui prônent l'ouverture à la libre recherche et à la libre critique *y compris pour ce qui concerne le texte coranique* se voient actuellement poursuivis par les instances de leur pays. Le premier, condamné pour "apostasie", déchu de tous ses droits, s'est exilé aux Pays-Bas. Le second, d'abord condamné à mort, vient d'être libéré sous caution après deux ans de détention ! L'on peut donc constater, en islam, le peu de place laissé à la raison, à la réflexion, à toute recherche et spécialement celle des origines de cette religion, et pour cause : **du jour où cette réflexion serait permise, l'islam se verrait... "dévoilé"...**

L'affaire Salman Rushdie, où l'auteur critique la vie du "prophète" Mahomet, n'est quant à elle qu'une petite parenthèse connue dans la longue liste des condamnations à mort par les autorités islamiques, les tristement célèbres "*fatwa*". Cette *fatwa* qui pèse sur l'auteur d'origine anglaise, en plus du risque d'y perdre sa propre vie, a déjà coûté celle de certains de ses collaborateurs : l'assassinat, le 11 juillet 1995, à l'université de Tsukuba, de l'un des traducteurs des "*Versets sataniques*", le professeur Hitoshi Igarashi, en est l'une des conséquences directes. Et ces fatwa restent, elles, malheureusement, le plus souvent inconnues du public ou, en tous cas, ne reçoivent que peu, voire aucune réprobation de la part de la communauté internationale. **Fatwa dont beaucoup ont été mises à exécution !**

Se méfier de soi-même

Il est donc strictement interdit aux musulmans de rechercher les origines de sa religion ou de réfléchir sur son contenu (en dehors des interprétations officielles, évidemment !), sous peine de se voir en danger "d'incrédulité". La simple remise en question des textes fondateurs ou de la religion musulmane fait passer automatiquement son auteur sous le couperet de "l'apostasie", péché passible de mort en islam comme le stipule le droit musulman. M. Sélim Naguib, Egyptien copte, docteur en droit de l'université de Lyon et actuellement protonotaire spécial du Palais de Justice de Montréal au Canada, avalise cette triste réalité :

> *"La liberté de conscience au sens où l'entendent les constitutionalistes du XXe siècle n'existe pas dans l'islam. Dans la cité fondée par Mahomet, nul n'est libre de croire ou de ne pas croire. L'islam est une doctrine d'Etat, et à ce titre, il bénéficie d'une forte protection.* ***On s'expose à la peine capitale en l'abjurant ou en le blasphémant.*** *L'exercice des autres cultes n'est pas libre mais simplement toléré", ("Les Coptes dans l'Eglise d'aujourd'hui",* éd. Solidarité-Orient, Bruxelles, p. 40).

Et le même auteur de préciser :

"Le musulman qui abandonne sa foi n'est pas seulement un renégat, il est un traître et la loi insiste pour qu'il soit puni comme tel. Les juristes s'accordent sur la nécessité d'exécuter l'individu apostat. Les jurisconsultes musulmans sont presque unanimes sur ***la nécessité de mettre à mort la personne coupable d'apostasie****", ("Les Coptes dans l'Eglise d'aujourd'hui"*, éd. Solidarité-Orient, Bruxelles, p. 43).

Droit musulman faisant d'ailleurs tout simplement écho au Coran :

"S'ils renient leur foi (l'islam), ***attrapez-les et tuez-les*** *où que vous les trouviez" (S. 4, 89), etc..*

Tout musulman a même le devoir, dès lors qu'il a connaissance dans son entourage d'un cas "d'incrédulité", ou bien qu'il a vent de l'un de ses frères musulmans qui doute ou, a fortiori, s'écarte visiblement de sa foi, de le dénoncer aux autorités ou de faire justice par lui-même. Dans ce dernier cas il sera automatiquement protégé par la loi, loi qui a, par avance, recommandé son acte. **La loi islamique, (la charia), s'appuie directement sur le Coran ou la Sunna qui stipulent toujours la mise à mort de l'apostat :**

"Ceux qui renient leur foi (musulmane) sont des orgueilleux ; ils sont maudits ! Fais-leur la chasse et, où qu'ils se trouvent, ils seront ***capturés et tués impitoyablement,*** *car la loi d'Allah est irrémissible" (S. 33, 60-32), etc.*

Le musulman doit donc dénoncer son frère "apostat" et, qui plus est, faire tout son possible pour le faire revenir "à la raison", faute de quoi, si ce dernier persiste dans son "apostasie", il sera de son devoir d'agir "en conséquence" ! D'où les situations dramatiques que vous pouvez imaginer dans les familles, entre amis ou simples voisins, lors de la conversion de l'un d'entre eux à une autre religion… La délation, au delà d'un système, est donc *instituée en devoir*, sous peine de se voir soi-même condamné. L'on comprend dès lors qu'un climat de suspicion et de peur puisse s'installer dans ces populations, de façon sournoise, et engendrer ainsi des sociétés sans confiance. Les conditions de vie et de travail en sont rendues dès lors plus difficiles et souvent très pénibles. Le célèbre dicton arabe se vérifie donc :

"En pays musulman, il faut se méfier de soi-même" *!*

Le péché de conversion

Le simple fait de se convertir à une autre religion que l'islam, et surtout au christianisme, entraîne donc automatiquement pour le musulman sa condamnation à mort ce qui, on s'en doute, ne favorisera pas l'élan de celui qui cherche la vérité... Et si, en Occident, les personnes sont apparemment protégées par le droit, elles sont à l'inverse complètement vulnérables en régime islamique, c'est à dire en "pays arabe". C'est bien pour cette raison que les convertis de l'islam sont en danger dans n'importe quelle partie du monde et que, par conséquent, ils ne peuvent vivre leur foi le plus souvent que clandestinement.

Les baptêmes de convertis de l'islam au christianisme en pays musulmans, assez courants, sont donc toujours clandestins, et c'est pourquoi ils sont peu connus. Quant à nos pays occidentaux, et c'est là un fait intolérable, la plupart de ces baptêmes (et ils sont également courants) doivent se faire aussi bien souvent clandestinement et ce, pour éviter les représailles des familles et des proches à l'encontre des convertis. Et si cette situation est intolérable en pays occidental, ce n'est pas tant du fait des musulmans intolérants que des gouvernements occidentaux qui ferment les yeux sur ces violations manifestes de la liberté de conscience et de religion.

Le recours à la force est donc en islam un moyen habituel d'action comme de dissuasion. Moyen pour empêcher les conversions de musulmans à d'autres religions, moyen encore pour interdire à tout non-musulman de chercher à "convertir" les premiers : les missionnaires vivant en terre d'islam se voient par exemple interdire toute éducation religieuse aux autochtones et doivent se cantonner à des œuvres éducatives ou caritatives, et les chrétiens à travailler au service du pays sans confesser leur foi !

La force, toujours la force ! Système "forcément" dictatorial, donc !

Apostasier l'islam, un crime d'Etat

Dans "*l'Abécédaire de l'islam*" rédigé par M. Alain Chevalérias, paru dans la revue "*Spectacle du Monde*" de janvier 1998, on peut lire à l'article "*Apostat*" :

> " *"S'ils apostasient, appréhendez-les et tuez-les où que vous les trouviez", (S. 4, 89).*
>
> *Tout musulman qui se déclare athée ou abandonne l'islam pour une autre religion est concerné, en théorie, par cette prescription, (...), (la République islamique d'Iran prononce aujourd'hui encore et exécute des condamnations pour apostasie). On pourrait dire cette peine quasiment tombée en désuétude dans beaucoup de pays musulmans. Pourtant* ***aucun responsable religieux, aucun chef politique n'oserait la dénoncer clairement. Ainsi, dans l'ensemble de la zone musulmane reste-t-elle une sorte de menace intangible, une épée de Damoclès qui, dans la réalité des faits, limite la liberté d'expression****. Même les communistes arabes athées par conviction, en Syrie par exemple s'interdisent de livrer le fond de leur pensée en public. Récemment en Algérie, il fallut le*

traumatisme de la violence pour que certains kabyles osent se déclarer incroyants.

Le risque encouru par l'apostat explique la rareté des conversions au christianisme en terre d'islam. *Surtout qu'à cette menace s'ajoute l'exclusion sociale : perçu comme une trahison, le renoncement à la religion de Mahomet implique un véritable bannissement de fait".*

Des "penseurs" au pensées mortifères

L'on peut encore comprendre, dans cet abécédaire précis et bien documenté, combien la mise en doute de la religion d'Allah ou son renoncement, appelé improprement par l'islam "apostasie", fait encourir aujourd'hui à son promoteur des risques extrêmes. L'on peut en effet lire au même article que cité précédemment :

*"Au cours du XXe siècle les mouvements islamistes ont "enrichi" la notion d'apostasie en accusant de ce "**crime**" tous ceux qui s'opposent à leurs ambitions politiques".*

L'article "*Régicide*" du même Abécédaire confirme :

"Sans hésiter, Ibn Taymiya ("penseur " musulman du Moyen Age) regarde comme apostat tout musulman qui ne respecte pas scrupuleusement tous les préceptes de l'islam et, conséquent avec sa propre pensée, ***le condamne à mort****. Il inscrit dans cette catégorie le chef d'Etat musulman qui n'applique pas la charia, et insiste sur le droit au soulèvement et à l'assassinat politique".*

C'est l'expression de ces "penseurs" qui valut d'ailleurs à tant de califes d'avoir été assassinés et remplacés par leurs rivaux, comme ce fut le cas pour la plupart d'entre eux à commencer par Ali le propre beau-frère de Mahomet. Et cette "tradition" perdure jusqu'à nos jours ainsi que le remarque encore la même revue à l'article précédent :

> *"Anouar el-Sadate, (Président égyptien), en 1981, et l'écrivain égyptien Faraq Foda, en 1992, tombèrent sous les balles d'assassins qui les accusaient d'apostasie".*

Il est à noter que les écrits d'Ibn taymiya sont aujourd'hui *parmi les plus répandus et les plus suivis* de ceux des "penseurs" musulmans. De tendance stricte quant à l'interprétation des textes coraniques, (ainsi que nous venons de le voir !), **ils sont très largement diffusés dans l'ensemble des pays musulmans, et actuellement en vente dans la plupart les librairies musulmanes occidentales :** ce qui n'est pas pour nous rassurer (!) et peut donner une idée de l'orientation générale de la "pensée musulmane" aujourd'hui dans le monde !

Témoignages de convertis

Kabyle et chrétien

M. Mohammed-Christophe Bilek, dans un article paru dans l'hebdomadaire "L'homme nouveau" où il présente son livre "*Un Algérien pas très catholique*" (Cerf 1999), s'insurge contre cette emprise de l'islam sur sa personnalité et ses choix. Converti de l'islam au christianisme alors qu'il était encore enfant, on voulut en effet le maintenir dans sa religion d'origine par des amalgames qu'il dénonce :

> *"**Je ne pouvais être disciple du Christ sans devenir "roumi" et trahir les miens** faute de distinguo entre nationalité et religion. Le scandale des scandales en cette période de guerre et de post-indépendance. Je n'avais que 11 ans et déjà l'on voulait me convaincre que les choses étaient ainsi, définitivement acquises, depuis des siècles : les roumis avaient leur dieu et nous autres, algériens, kabyles et arabes confondus, avions le nôtre.*

Etait-il possible en 1962 de remettre en cause cette alternative ? ***Oui, à condition d'être naïf ou suffisamment téméraire.*** *Le récit de cette aventure (son livre) a tenté de le montrer. (...).*

Est-ce que la cause est définitivement entendue que musulmans et chrétiens ont le même Dieu ? Dans ce cas j'aurai perdu mon temps !", ("L'homme nouveau", 18 mai 2002).

M. Mohammed-Christophe Bilek a choisi dans cet article le "langage diplomatique", plein de délicatesse envers ses frères musulmans. Mais la *naïveté* dont il parle signifie qu'il fallait, en cette période *sanglante* d'après guerre, où des dizaines de milliers d'algériens favorables aux "roumis" (terme péjoratif pour désigner tout occidental supposé a priori de religion chrétienne) ont laissé leur vie, une insouciance presque providentielle pour affirmer sa foi. De même, le terme de *téméraire* indique combien il fallait prendre de risques, quasi démesurés, pour oser défier l'islam qui ensanglantait alors un pays entier. Soit dit en mots clairs, l'auteur, musulman d'origine, a pris **le risque de la conversion : pressions, menaces, dangers de toutes sortes sont le lot commun des musulmans convertis qui ont le courage de leur foi !**

Un témoignage désormais célèbre : la conversion de Mme Metwalli

Quand aux orientaux, on sait ce qu'ils peuvent subir s'ils sont pris en "flagrant délit" de conversion ! L'on connaît désormais le cas célèbre de cette égyptienne, Mme Nahed Mahmoud Metwalli : musulmane, directrice d'école dans un établissement public du Caire, elle poursuivait de sa haine et de ses violences tout élève ou professeur chrétien et cela jusqu'à faire, la nuit, des exactions dans les classes pour accuser, le lendemain, ces professeurs...

Mais un soir, dans sa chambre, lui apparut un homme drapé de lumière, dont elle sentit l'amour infini l'envahir jusqu'au plus profond de l'âme et qui l'appelait par son prénom : "Nahed". Se posant alors la question de son identité, elle s'enquit, dès le lendemain, auprès des professeurs chrétiens qu'elle haïssait auparavant, de savoir si cet être ne pouvait pas être le Christ lui-même. Elle n'en n'obtint pourtant pas une réponse certaine, ceux-ci désirant qu'elle le découvrit par elle-même, et ce n'est que peu à peu qu'elle en acquit la certitude. Le Christ lui apparut ensuite deux autres fois au cours de ce même mois. Elle comprit alors que la Vérité résidait dans la religion chrétienne et que le Messie, Jésus, considéré comme simple prophète en islam, était bien le *Fils de Dieu* : Dieu lui-même. Elle se fit alors baptiser *clandestinement* dans la communauté copte orthodoxe du Caire. "Découverte" deux ans après, **"coupable" d'apostasie**, elle fut de suite poursuivie par sa famille, haut-placée en Egypte, qui la fit rechercher pour la faire condamner :

> *"Tu as le "choix" entre trois solutions, lui écrirent-ils : ou bien tu passes dans les médias en disant que tu as menti, que tu n'as pas vu le Christ et que le christianisme n'est pas la vérité ; ou bien l'on te fait enfermer en hôpital psychiatrique ; ou bien encore on te fait disparaître et, comme nous sommes à la tête de l'Etat, ce ne sera pas chose bien difficile pour nous..."*.

Elle choisit quant à elle une quatrième solution à laquelle ses proches n'avaient peut-être pas pensé : elle s'enfuit du pays, non sans avoir été traquée par les autorités qui la poursuivirent durant plusieurs mois sur tout le territoire. Elle ne put quitter secrètement l'Egypte qu'avec l'aide d'un prêtre qui lui fournit de faux papiers. Passée clandestinement en Europe dans les années 90, où elle vit actuellement, **elle dut affronter, jusque en son exil, les menaces répétées de sa famille, haut placée dans la sphère politique de son pays, la recherchant encore pour la faire condamner.**

Ayant rencontré personnellement cette femme à son domicile en Europe, elle me confia à cette époque sa souffrance d'être poursuivie par *sa propre famille* et jusqu'à *son propre fils*, celui-ci voulant seulement accomplir son devoir premier de musulman : traquer tout apostat, fut-il sa propre mère...

Et si Mme Metwalli représente un cas connu grâce au témoignage qu'elle a donné dans un livre traduit de l'arabe, ("*Ma Rencontre avec le Christ*", éd. François-Xavier De Guibert), **elle n'est pourtant que l'une des nombreuses victimes de l'idéologie islamique érigée en régimes despotiques, victimes dont la plupart disparaissent dans la clandestinité la plus absolue et ce, dans n'importe quel pays musulman.**

Une algérienne victime de harcèlement.

Mais la situation des musulmans européens convertis au christianisme, ou délaissant simplement leur religion, n'est pas toujours meilleure. Ils se voient également souvent inquiétés ou même poursuivis par leurs propres congénères et risquent parfois la mort. Le simple fait de s'éloigner de leur religion ou de côtoyer de "trop près" des chrétiens peut les mettre en danger.

Nous voyons en effet régulièrement en Europe des musulmans convertis ou en voie de conversion être inquiétés et oppressés par leur famille. Témoin par exemple cette jeune musulmane algérienne vivant en région parisienne. Ayant vécu une dépression sévère à son arrivée en France à cause du divorce d'avec son conjoint musulman, elle rencontra un jeune chrétien catholique qui lui proposa, pour l'aider, de demander l'intercession de sainte Thérèse de l'Enfant Jésus. Se rendant avec lui à Lisieux, elle fut touchée par la grâce et compris que **le Christ était réellement Dieu.**

Elle me confia à ce moment là combien ses parents, émigrés dans la même région qu'elle, la poursuivaient sans cesse de leur violence verbale, l'oppressant sans cesse pour qu'elle se décide à revenir à sa "foi d'origine" : l'islam ! Elle m'avoua un jour, en pleurs au téléphone, qu'elle avait été insultée et traitée de prostituée par sa maman. Malgré les pressions terribles de ses parents voulant la dissuader à tout prix de renoncer au mariage avec un chrétien, elle se maria clandestinement et s'éloigna de sa famille. Grâce à un prêtre rencontré au cours d'un pèlerinage, elle put se préparer au baptême et le reçu pieusement au cours de la veillée pascale. Elle prépare actuellement celui de ses enfants.

À la mort de son mari, il y a quelques mois, la "compassion" de sa famille se manifesta comme un véritable "réquisitoire" : **elle fut considérée comme la cause de la mort de son conjoint, Allah ayant fait justice de son apostasie...** Comment, dans ces conditions, continuer à supporter de telles pressions psychologiques ? N'est-on pas ici véritablement en situation de "harcèlement psychologique", violence condamnée par la loi française ?

Quant à son père, il est lui-même dépressif depuis qu'il a appris le mariage de sa fille avec un chrétien et fait régulièrement le pèlerinage à La Mecque pour se faire "pardonner" d'Allah l'affront qu'elle lui a fait. Affront qui, sans aucun doute, retombera sur lui... C'est sa peur d'être condamné par Allah, m'a-t-il lui-même avoué, qui le pousse à faire et refaire ce pèlerinage, comme à oppresser sa fille pour qu'elle revienne à l'islam. Comment veut-on, dans ces conditions, que la paix et la concorde, voire l'amour, puisse régner dans une famille ? Seuls règnent finalement la crainte du jugement de Dieu et son joug tyrannique !

Un Droit de religion en Occident ?

Le cas cité à présent en est un autre exemple parlant : en Alsace, une jeune fille turque a été **exécutée par son propre frère parce qu'elle fréquentait un jeune français non-musulman**. La presse n'a fait état que du "caractère rustre" de la famille, sans aborder nullement la question de son appartenance à l'islam. Comment peut-on justifier un crime par le "caractère rustre" d'une famille ?... Il faut réellement avoir le désir de s'aveugler pour transmettre de telles sottises ! Mais c'est malheureusement le rôle de certains médias…

L'on ne saurait recenser le nombre de crimes commis en Occident pour cause "d'apostasie" de l'islam, crimes transformés "médiatiquement" en "rixe des quartiers de banlieues", "affrontement dans les cités" ou autre euphémisme diplomatique ! A Lyon récemment, un jeune maghrébin fut assassiné quelques jours après son baptême : "règlement de compte" de banlieue s'est-on alors empressé d'affirmer…

Analyse psycho-spirituelle

L'islam ou la soumission d'Allah

Un seul et unique principe : la soumission

Tout comme le christianisme est basé sur le seul et unique principe de l'Amour, Amour révélé en Jésus-Christ par sa mort sur la Croix et sa Résurrection, Amour reçu puis échangé, **l'islam professe donc lui aussi un seul principe : la "soumission" à Allah. Le terme même "*d'islam*", tiré du verbe "*aslama*" ("*être soumis*"), signifie en effet, en langue arabe, la "*soumission*".**

Quant au terme de "*musulman*", en arabe "*mouslim*", il est construit à partir de la même racine que "*aslama*" et "*islam*" (***s-l-m***), les racines des mots arabes étant toujours composées de trois consonnes ordonnées, les voyelles n'apportant que des distinctions au sein d'une même famille de mots, ainsi que nous le voyons dans cet exemple :

"aslama" : (a) ***-s-*** ***l***-(a)-***m***-(a)
"islam" : (i) ***-s-*** l-(a)-***m***
"mouslim" : (mou)-***s***- l-(i)-***m***
"musulman" : (mu) ***-s***-(u)-***l-*** ***m***-(an),

Le préfixe "mou" est ajouté ici pour désigner la personne qui fait l'action, ainsi qu'on le voit souvent dans des noms de métier :

"*moudarris*" : le professeur (celui qui enseigne) ; "*mouhandis*" : l'ingénieur (celui qui cherche avec son "génie") ; "*mouzi*'" : le journaliste (celui qui diffuse) ; "*moumassil*" : l'acteur (celui qui joue un rôle) ; "*moudjahid*" au pluriel "*moudjahidîn*" (de "*djihad*") : le guerrier (celui qui fait la guerre), etc. **Le "mouslim", (le musulman) est donc par définition : "celui qui est soumis"**.

Mais pourquoi ce terme de "*soumis*" pour désigner les adeptes de cette religion ? Tout simplement parce que dans les premiers temps de la conquête islamique on n'avait que le choix entre "*être soumis*" à la "nouvelle" religion "proposée", ou "*être passé au fil du sabre*"... Ceux qui étaient les "soumis" étaient donc ceux qui avaient "accepté" cette "nouvelle" religion *de gré ou de force*, ainsi que le note, de façon moins romantique, un auteur libanais dans son *"Petit Tour politiquement incorrect de l'islam"* :

> *"Avant d'être une soumission à Allah, il s'est souvent agi dans l'histoire d'une* ***soumission aux invasions des hordes musulmanes fanatisées, pour sauver sa peau !****"*.
>
> Certains "soumis" étaient donc fier de l'être, d'autres moins...

Pas de liberté en islam

Et cette "nouvelle" religion n'étant plus alors constituée **que** de "soumis" **ne pouvait que** prendre le nom de "islam" :

> *"Religion de ceux qui sont soumis" !*

Les termes "*d'islam*" et de "*musulman*" présagent donc déjà de mauvaise augure que cette religion puisse laisser quelque place à la liberté !...

La soumission “se voulant” alors être celle due à Allah, via le calife en poste, soit le pouvoir politique, il fallait dans un même temps l'affermir en lui donnant des assises à teinte religieuse. C'est ce que l'on verra se développer au cours des siècles et qui donnera le Coran et la Sunna, compilations de directives, règles et lois de tous ordres, le tout scellé de “paroles divines” reçues et transmises par le “prophète”, Mahomet. Et l'on présentera aux “soumis”, les musulmans, cette soumission, vous vous en doutez, comme venant d'Allah lui-même ...

Pour le musulman, cette soumission consiste donc à **répondre exclusivement et inconditionnellement aux ordres d'Allah “révélés” par l'intermédiaire de Mahomet, et contenus dans le Coran**. Et ces ordres consistent essentiellement à combattre les “infidèles” pour instaurer le “paradis islamique” qui sera, *selon l'islam*, “comme” un royaume de “paix sur terre”.

“Es salam” ou “el islam” ?

Mais alors que le terme “*islam*” signifie “*soumission*”, l'on cherche aujourd'hui à imposer, par un double rapprochement, de sens et de terme, qu'il veut dire “paix”... (Ce qui est vraiment un comble !). L'on ne saurait d'ailleurs faire contresens grammatical plus grossier ! Le premier rapprochement consiste en effet en une sorte d'amalgame entre le mot “islam” et le rêve de “messianisme” qu'il contient, messianisme tendant à vouloir instaurer par la force ce “royaume de paix sur terre”. Le deuxième à utiliser deux mots de consonance proche, mais sans aucun rapport de sens entre eux :

“*es salam*” qui signifie effectivement “la paix”, et qui est utilisé couramment dans le salut arabe “*salam alékoum*” (“la paix soit sur vous”) équivalant à notre “bonjour”.

“*el islam*” qui a, lui, une toute autre signification, celle de “soumission”, et que l'on retrouve par exemple dans l'expression biblique : "Judas a "soumis" Jésus aux autorités juives" ("livré" pour y être "soumis"), sachant que l'hébreu et l'arabe sont deux langues sémitiques, soit de même origine.

L'on sait d'ailleurs que tout musulman se réclame de cette "soumission" à Allah et à sa volonté, qu'elle est pour lui première et constitue "le principe de sa foi". Si, pour l'Occident, la simple évocation de ce terme de "soumission" rebute ou fait peur, il faut bien comprendre qu'elle fait tout au contraire, pour le musulman, sa fierté. Retirer, donc, le principe de sa foi à un musulman, et donner le sens de "paix" au terme "islam" par l'escroquerie verbale de quelque falsification des mots est tout simplement inadmissible, et ne correspondant de toute façon *aucunement à la réalité de cette religion* que traduit beaucoup plus fidèlement le terme de "soumission".

Un spécialiste de l'Arabe s'exprime

Né au Caire en 1938 et formé en France et en Hollande, le père Samir Khalil Samir vit à Beyrouth où il enseigne dans différentes facultés de l'université jésuite Saint-Joseph et où il a fondé le CEDRAC (Centre de Documentation et de Recherches arabes chrétiennes). Il est encore président de "l'International Association for Christian Arabic Studies". Dans le livre "*Cent questions sur l'islam*", (interview de Samir Khalil Samir, propos recueillis par Giorgio Paolucci et Camille Eid, éd. Marietti, Gênes, 2002), le père Khalil Samir répond à ceux qui soutiennent que l'Islam signifie étymologiquement "paix et tolérance" :

> *"**Les occidentaux, qui répètent ces affirmations, connaissent bien peu l'Islam.** Ils acceptent bien volontiers ces thèses provenant de milieux musulmans, alors qu'en réalité elles sont inexactes. Les mots islam et salam, s'ils dérivent de la même racine, n'ont pas entre eux un contact direct. La racine s-l-m, en arabe, comme sh-l-m en hébreux et dans toutes les langues*

sémitiques, signifie "être sain", "être en paix", et il y a un lien sémantique entre paix, salut, santé, etc. ***Salam, en arabe, signifie paix, salama signifie santé, alors que islam signifie soumission.*** *Le mot islam dérive du verbe aslama, qui signifie "se soumettre" ou "s'abandonner à". L'islam est donc l'acte de s'abandonner ou de se soumettre, sous-entendu à Dieu.* ***Il ne signifie donc pas "se mettre en état de paix"****.*

Mais il faut savoir également que cette nouvelle "interprétation" du mot "islam" est "toute récente" et, comme beaucoup d'idées reçues et erronées de ce type, propre à "endormir" les occidentaux ! En effet, en affirmant faussement qu' "islam" signifie "paix", on laisse entendre qu'il n'y a rien à craindre de son possible avènement et que, bien plus, celui-ci apporterait une "ère de paix"... On croit rêver !!!

Et **même si le but de cette religion était d'instaurer la paix, la question serait de savoir de quelle paix il s'agit et de quelle manière on veut l'instaurer !** La "paix islamique" n'étant de fait que de "soumission" à Allah, (selon le véritable sens du mot "islam"), et Allah ne se distinguant *pas clairement* des "autorités islamiques", elle s'apparenterait donc davantage à un esclavage tyrannique qu'à une liberté "paisible". Il n'est que d'observer les régimes islamiques en place !... Sont-ce bien des "havres de paix" ? Quant aux moyens de son instauration, il est inutile de s'y étendre : l'histoire et l'actualité parlent d'eux-mêmes...

L'enfermement du fidèle

Soumission ou crainte servile ?

De plus, la "soumission" envers son Dieu, loin d'être libérante, s'apparente davantage pour un musulman à la "crainte servile" des "esclaves d'Allah" (en arabe : "'*abd'Allah*") qu'au libre consentement à la volonté divine. **Le musulman vit dans un état de peur permanent, peur d'Allah et de son si terrible jugement.** Car si, par malheur, il n'obéissait pas strictement et inconditionnellement aux "ordres d'Allah", injonctions autoritaires s'il en est, contenues dans le Coran, il se verrait victime du sort réservé aux infidèles (sort que je vous souhaite de ne jamais connaître...), sans compter évidemment la damnation à l'enfer éternel.

La simple lecture des foudres d'Allah contre les "infidèles" et contre ceux qui les tolèrent, décrites dans le Coran, remplit en effet le musulman de crainte. Force lui est donc d'obéir à son maître, c'est-à-dire de lui être *soumis*, s'il ne veut pas goûter aux fruits amers de sa terrible (et c'est peu dire !) "vengeance".

Les descriptions coraniques vous laissent d'ailleurs à ce sujet un "souvenir inoubliable", tel être un frisson de terreur ! Et lorsque l'on sait que le musulman fidèle ressasse le Coran à longueur de temps, vous pouvez aisément comprendre que ce frisson devient bien vite pour lui un tremblement de peur irraisonnée !

Une peur irraisonnée

Plusieurs musulmans eux-mêmes m'ont confié leur peur viscérale de lire le Coran, tellement ils craignent la condamnation divine. J'avoue, il est vrai, que je ne conseille a personne, pas même à mes amis musulmans, d'en faire son livre de chevet, si toutefois on tient à passer une nuit paisible... Je me souviens, par exemple, de cette femme musulmane iranienne qui, alors que nous étudiions ensemble la Coran, devait régulièrement s'arrêter et, comme prise d'une panique contenue me disait :

"Changeons de passage car celui-ci me fait peur" !

Et elle m'expliquait alors combien elle avait peur lorsqu'elle lisait les foudres qu'Allah déversait sur les infidèles et sa crainte, par conséquent, de devenir elle-même infidèle.

Ou encore ce jeune maghrébin rencontré au hasard d'un voyage au Maroc et qui me confiait, se sachant condamné par la médecine, sa perplexité devant la peur qu'il avait d'Allah :

> *"Comment se fait-il, m'avoua-t-il, que nous, musulmans, nous ayons peur de Dieu, et que moi-même j'en ai très peur, alors que vous, les chrétiens, vous n'en n'ayez pas peur ?"*

Cette question, que beaucoup de musulmans se posent m'avait, je l'avoue, profondément ému, tant je sentis le désarroi de cette âme, à la recherche d'une paix intérieure. Il semblait en quête de l'Amour divin, et comme **cherchant désespérément à se débarrasser de cet ennemi, invisible mais ô combien présent et oppressant, de la peur de son Dieu**. Il avait en effet perçu chez les chrétiens un Dieu d'Amour dont son âme, avant de rejoindre le Père éternel, était assoiffée.

Et combien nombreux sont ces musulmans convertis au christianisme qui reconnaissent avoir été libérés de cette peur enchaînante. Peur enchaînante parce qu' "irraisonnée", et quasi "irraisonnable" mais qui, en réalité, a ses raisons, ainsi qu'on le voit.

Une miséricorde qui ne pardonne pas

Mais, nous dit-on encore, la Miséricorde divine pardonne et passe au dessus de tout, et nous ne devons par conséquent jamais avoir peur de Dieu. L'Eglise nous enseigne en effet que tout pécheur repentant doit croire à l'Amour divin et à la divine Miséricorde du Père Eternel qui efface son péché.

L'islam professerait également, aux dires de certains, cette même "Miséricorde" divine ! Il est un fait que le terme de "miséricorde" (en arabe "*raham*") est fréquemment notifié dans le Coran. Les musulmans l'emploient d'ailleurs systématiquement avant d'en lire un verset, dans la formule du bismillah : *"Bismillah irraham wé rrahim" ("Au nom d'Allah, le miséricordieux qui fait miséricorde").*

Mais qu'en est-il exactement ? Le terme de "miséricorde" est-il synonyme de "pardon" en islam ? Qu'entend-on par "faire miséricorde" dans ce contexte ? Cette "Miséricorde divine" si vantée par l'islam, correspond-elle à cette si douce et si tendre perfection divine que nous enseigne la Bible, Miséricorde qui pardonne au pécheur repenti ses pires méfaits ? Là est toute la question. Et toute la subtilité !

Tout d'abord, *selon l'enseignement même de cette religion*, un musulman ne peut jamais savoir et ne saura donc jamais sur cette terre si Dieu lui a pardonné ou lui pardonnera ses fautes. Car **le jugement d'Allah est totalement arbitraire** : il pardonne à qui il veut, si il veut, comme il veut, et selon des critères qu'il est impossible aux êtres humains de connaître ! Il en va donc uniquement de son "bon plaisir", de son "état d'âme"... Jugement arbitraire qu'il est donc absolument impossible à quiconque de connaître, fut-il après sincère repentir et expiation de ses fautes. **Terrible, insoutenable réalité que de n'être jamais sûr du pardon divin, surtout à l'heure de la mort !**

C'est d'ailleurs cette peur quasi insurmontable du jugement arbitraire de Dieu qui permet à certains musulmans une remise en question radicale de leur religion, et parfois un éveil au christianisme. Ceux-ci, découvrant en effet dans l'Evangile la véritable Miséricorde du Père céleste et la *certitude* de son pardon divin dans le repentir sincère, peuvent alors se tourner résolument vers celui qui vient les sauver : le Christ. Conversion dont beaucoup affirment d'ailleurs qu'elle correspond pour eux à une véritable libération.

D'autre part, ce terme de "miséricorde", *pourtant d'origine biblique*, a été une fois de plus vidé de son sens pour ne plus constituer, en contexte islamique, qu'une **formule orientée signifiant le soutien d'Allah à ceux qui pratiquent l'islam et, par conséquent, le rejet d'Allah de ceux qui ne le pratiquent pas...** L'on peut ainsi comprendre, et cela est clairement décrit dans le Coran, que la "miséricorde" ne s'adresse qu'aux seuls "fidèles musulmans", et certainement pas aux "ennemis d'Allah". Au contraire, il n'y a *aucun pardon ni aucune miséricorde pour le non-musulman*, car sa faute est trop grande : il refuse en effet d'adhérer à l'islam, c'est à dire de croire à la "révélation" à Mahomet.

Il est d'ailleurs clairement stipulé dans la "théologie" musulmane que les "infidèles" n'auront pas droit à la miséricorde divine au jour de la résurrection, le refus de l'accueil du message mahométan constituant en soi un péché impardonnable. Pas de pardon ni de miséricorde, donc, pour les "impies"... La miséricorde d'Allah étant donc réservée à une élite (aux seuls musulmans) de façon arbitraire, et refusée délibérément aux autres, est-elle encore vraiment "miséricordieuse" ?... **Et si la miséricorde elle-même ne pardonne pas, peut-elle encore tout simplement porter ce nom ?**

Nourredine, fils d'imam de province

De plus, "miséricorde divine" ne signifie nullement, pour les musulmans, qu'Allah leur pardonne leurs écarts et leurs péchés. Au contraire, elle peut manifester sa dureté à l'égard du fauteur. Si bien que ceux, parmi eux, qui ont une sensibilité éveillée risque de vivre une culpabilité intérieure des plus graves lors de la prise de conscience de leurs péchés. C'est le cas d'un certain nombre de nos frères musulmans intègres et de bonne volonté qui souffrent de cette peur irraisonnée du jugement d'Allah.

A titre d'exemple, je citerai le cas d'un jeune musulman vivant en France, Nourredine, dont le père est imam dans une petite bourgade de province, et qui me confiait un jour qu'il ne souhaitait plus aller prier à la mosquée. Mais par peur de représailles des autres musulmans qui faisaient pression sur lui, il n'arrivait pas à se résoudre à prendre une telle décision. Comme il tenait un petit café, il craignait en effet, me disait-il :

"Que ceux-ci ne me créent quelques ennuis...".

Sil ne voulait plus côtoyer la mosquée, me confia-t-il, c'était en réalité *qu'il avait peur d'Allah.* Son désarroi devant sa crainte de Dieu provenait du fait qu'il avait été, selon ses propres paroles, un "mauvais garçon". Il regrettait désormais le mal qu'il avait fait dans sa vie, **mais ayant pris conscience de ses fautes, il avait très peur du jugement de Dieu.**

Voyant sa peine et son repentir sincère, je lui témoignai de la Miséricorde divine. Je lui expliquai comment Jésus, le Christ-Messie qu'il vénérait en tant que prophète, était mort sur la Croix pour nous racheter de nos péchés. Et comment sur cette Croix il avait exercé, pleinement et définitivement, sa *Miséricorde divine* :

> ***"Non, Dieu ne t'a pas à tout jamais condamné et rejeté, lui ai-je expliqué. Au contraire, Jésus, dans son immense Miséricorde, t'a pardonné tes péchés par sa Croix. Accepte ce pardon et ne crains plus. Crois seulement qu'Il a fait cela par pur Amour, parce qu'il est Dieu".***

Je vis peu à peu son visage passer d'une grande tristesse à une joie intérieure, comme libéré d'un poids trop pesant ! Je sentis ce bonheur des libérations de détresses cachées l'envahir. Il me remercia mille fois et m'offrit le célèbre thé à la menthe oriental qui exhala ce jour dans mon palais, je dois le dire, une saveur délicieuse comme jamais je n'en avais goûté auparavant...

N'est-ce donc pas finalement un service à rendre au musulman que lui enseigner la vérité, vérité qui l'aidera à se libérer du joug trop lourd qui pèse sur ses épaules ? Et Renan n'a-t-il pas résumé en une formule succincte cette espérance :

> ***"Les musulmans sont les premières victimes de l'islam (...). Affranchir le musulman de sa religion est le plus grand service qu'on puisse lui rendre".***

L'enchaînement spirituel ou l'auto-soumission

Cette peur, utilisée par l'islam et érigée en véritable système, enferme le musulman dans ce cercle vicieux de "soumission", cercle dont il n'ose sortir, craignant de faire un faux pas qui lui serait fatal et le conduirait par conséquent directement en enfer. Système d'enfermement terriblement efficace et de loin le pire et le plus tenace parce que spirituel. **Si l'on peut en effet échapper à la main des hommes, on échappera pas au jugement divin !** Crainte dont Dieu, "*plus intime à nous-mêmes que nous-mêmes*" selon la parole de saint Augustin, devient alors lui-même l'origine et même l'auteur. Enchaînement spirituel, donc, sous couvert "d'auto-soumission" à la volonté divine.

Et si la souffrance, passagère en l'occurrence, due à une condamnation terrestre est terrible, combien plus terrible sera la damnation, éternelle celle-ci. La pensée même de ce jugement devient tout simplement insupportable pour le musulman et elle le conduit automatiquement à la logique sécurisante, mais certainement pas libérante, de la soumission aveugle. Cette soumission aveugle n'a d'ailleurs besoin que de quelques piqûres de rappel épisodiques pour perdurer. Le système d'auto-soumission sous contrôle direct d'Allah, extérieurement invisible, fonctionne en effet très bien à l'intérieur du fidèle, en sa conscience.

L'on retrouve ici le principe même de manipulation des sectes, culpabilisant leurs adeptes au nom de soi-disant volontés divines, que ces divinités s'appellent Vishnou, Krishna, Bouddha, Shiva, Baal, Astarté ou... Allah.

Un système de manipulation des peuples.

Ainsi, l'islam engendre la peur et c'est pourquoi, vous l'aurez compris, les états musulmans entretiennent constamment, pour se maintenir, un climat "d'islamisme", comprenez : d'intimidation de ses adeptes comme de persécution des non-musulmans.

Tout musulman qui chercherait en effet à s'enfuir de ce système se verrait, et il en est clairement averti par les autorités, sévèrement puni. Et cette condamnation civile ne serait d'ailleurs, au dire de l'islam, que celle d'Allah lui-même appliquée par les autorités musulmanes, les représentants de la loi islamique, la *charia*. Cette *charia* se présente en effet comme la loi de Dieu sur terre, amalgame qui ne fait que renforcer le pouvoir d'Allah, comprenez : celui des régimes islamiques dictatoriaux en place.

Le fidèle est donc trompé au point de ne pas oser s'opposer à des décisions de justice, la justice humaine se présentant alors directement comme l'expression de la justice d'Allah... Et quand on connaît la "justice" dans ces pays, on comprend que la simple évocation de celle d'Allah puisse donner froid dans le dos ! Pour les mêmes raisons il n'osera pas intervenir dans la vie politique : en Egypte par exemple, le "président", actuellement M. Moubarak, est toujours réélu avec 99,9% des voix !... Et à moins que le président ne mette lui-même dans l'urne "le" bulletin de son adversaire, on ne voit pas qui oserait se risquer à le faire !...

Sans cette pression constante, sans cette peur entretenue sournoisement, l'islam et les régimes qui le soutiennent ne sauraient subsister. Le musulman est en effet bien conscient, *et cela lui est rappelé de bien des manières*, à commencer par les invectives des responsables religieux, qu'il ne doit pas s'écarter de "l'enseignement" qu'il a reçu.

Analyse doctrinale

L'identité de l'islam

Mais après ces considérations peu engageantes sur le **système de pression et d'intimidation de l'islam, force est de se poser la question du "pourquoi" d'une telle volonté de domination ?** Qu'est-ce qui pousse l'islam à de telles extrémités, et pourquoi donne-t-il ce visage intransigeant et fanatique qu'on lui connaît encore aujourd'hui ? Quelle est donc, finalement, la véritable "*identité*" de l'islam, comme *sa raison d'être et de vivre ?* Qu'est-il, *en réalité et en lui-même*, pour qu'il veuille défendre et protéger si violemment sa pérennité ? C'est ce que nous allons découvrir à l'étude de sa doctrine, étude doctrinale indispensable à la compréhension de ses mécanismes et de ses desseins.

La chahada

Comme toute religion, l'islam exprime sa foi à travers des prières, et spécialement à travers une "profession de foi" appelée en arabe "*chahada*", de la racine "*ch-h-d*" qui signifie "témoigner". Celle-ci, telle la profession de foi catholique appelée "Credo", résume en quelques mots la foi musulmane. Contrairement à la profession de foi catholique au contenu développé, la profession de foi musulmane ne comporte qu'une courte phrase, composée de deux parties. La voici dans son intégralité :

> *"Il n'y a pas d'autres dieux qu'Allah, et Mahomet est son prophète".*

La proclamation de la *chahada* est encore aujourd'hui le signe de la "soumission" à Allah et elle représente, à elle seule, le signe de l'appartenance à l'islam. Pour être musulman il faut, et il suffit, en effet, de la prononcer une seule fois devant deux témoins. Elle constitue encore le coeur de la foi d'un musulman qui doit la répéter cinq fois à chacune des cinq prières quotidiennes. **Elle est par conséquent proclamée vingt-cinq fois par jour du haut des minarets.**

Cette formule, "il n'y a pas d'autres dieux qu'Allah", et qui constitue la première partie de la *chahada* provient, une fois de plus, de la Bible. Elle est souvent utilisée dans l'ancien testament, et citée pour la première fois dans le livre de Samuel :

> *"Il n'y a pas d'autre Dieu que Yahvé" (1 Samuel 2, 2).*

Mais elle est nettement détournée de son sens originel dans la *chahada* ainsi que nous l'allons voir. Les groupes hérétiques judéo-chrétiens, comme la plupart des sectes, ont en effet pour habitude de détourner le sens de la Parole de Dieu. C'est le cas par exemple des témoins de Jéhovah ou des mormons qui utilisent la Bible mais en en déformant le message.

La chahada : une formule négative

La première partie de la chahada "*il n'y a pas d'autre divinités qu'Allah*" (en arabe : "*La ilah ill'Allah*") commence par la particule "*la*" **qui marque dans une phrase la négation, indiquant par**

conséquent clairement son caractère d'opposition. Cette particule "*la*" signifie d'ailleurs également en arabe : "non".

En effet, si la *chahada* stipule qu'il "*n'y a pas d'autres dieux sinon Allah*", c'est bien pour dire que certains prétendent le contraire, c'est-à-dire "*qu'il y a d'autres dieux qu'Allah*", et donc pour s'opposer a eux ! **Une négation n'a en effet de sens que par rapport à une affirmation.** S'il n'y avait personne professant qu'il y a "*d'autres dieux qu'Allah*", quel intérêt l'islam aurait-il à dire et à répéter "qu'il n'y en a pas d'autres" ? S'ils "*n'étaient pas*", au moins aux dires de certains, quel intérêt y aurait-il même à en parler, et encore plus à s'y opposer, au point d'en faire sa "*profession de foi*", sa "*chahada*", et jusqu'à le crier **vingt-cinq fois par jour du haut des minarets ?...** Et quel intérêt Allah aurait-il eu à "révéler" à son "prophète", Mahomet, "*qu'il n'y avait pas d'autres dieux que Lui*" si, effectivement, tout le monde considérait "*qu'il n'y en avait pas d'autres*" ? Si Allah le "révèle" au "prophète" Mahomet, c'est donc bien **qu'il l'appelle à dénoncer et à combattre ceux qui osent affirmer "qu'il y a d'autres dieux que Lui" !**

L'identité des infidèles

Quels sont donc ceux qui auraient osé affirmer, au début de l'islam, et qui affirmeraient encore aujourd'hui,. qu'il y a "*d'autres divinités qu'Allah*" ? C'est ce que nous allons découvrir désormais à la lumière de cette brève étude des sources islamiques.

De dangereux "mouchrikoun"

Qui sont-ils donc ceux qui, à l'époque de Mahomet comme encore aujourd'hui professent, selon les dires même du Coran, qu'il y a "*d'autres dieux qu'Allah*" ou qui, du moins, sont supposés professer tel blasphème ? Le Coran lui-même répond :

> ce sont ceux qui "*associent à Allah d'autres divinités*" *(S. 4, 48 ; 5, 72-73 ; etc.)*

Ceux qui "*associent*" à Allah d'autres dieux, le Coran les appelle "*associateurs*", ("*mouchrikoun*" en arabe), c'est-à-dire ceux qui mettent sur le même plan qu'Allah d'autres divinités qui lui seraient comme associées. Alors qui peuvent donc bien être ceux qui, d'après le Coran et l'islam, "*associent*" ? S'agit-il, comme dans la Bible, des "*idolâtres*" qui adorent des idoles de bois ou de métal, appelés encore "*polythéistes*" ? **Il n'est nullement question de "polythéistes" dans le Coran et le terme "d'associateurs" ne les concerne en aucune façon.** Ce dernier terme a en effet dans le Coran un sens bien précis et s'adresse à un groupe bien particulier, ainsi que nous allons le voir désormais.

Eh bien, ceux qui "*associent*" et placent donc à côté de ce Dieu unique, Allah, "*d'autres dieux*" qui lui seraient comme "associés", **sont tout simplement les chrétiens... Ils sont en effet appelés "associateurs" par le Coran puisque, selon lui, ils "associent" deux autres divinités à Allah : Jésus et... sa Mère (!) :**

> *"Ô Jésus, fils de Marie, est-ce toi qui as dit : "Prenez-moi et ma Mère pour* ***deux divinités****" ?", (S. 5, 116).*

Ou encore :

> *"Oui, ceux qui disent "Dieu est le Messie (le Christ), fils de Marie" sont des impies, car le Messie a dit : "Adorez votre Seigneur"... Allah condamne à la géhenne de feu ceux qui lui attribuent des* ***"associés"****, (S. 5, 72-73).*

Analyse fondamentale

Un dogme en point de mire : la Trinité

L'on se doutera donc, après de tels versets, que le dogme de la Trinité ne saurait échapper aux foudres d'Allah :

> *"Oui, ceux qui disent "Dieu est le Messie, fils de Marie" sont des impies (...)* ***Ils sont donc impies ceux qui disent : "Allah est le troisième de Trois"*** *", (S. 5, 72-73).*

Le terme "*Trois*" désigne clairement ici la Trinité professée par les chrétiens. Allah ne serait donc considéré par ces derniers que comme un dieu de "troisième catégorie", ou comme relégué en "troisième position" dans l'ordonnancement de la divinité, après Jésus et Marie. La Trinité est donc manifestement dans le collimateur coranique ! Ne retrouve-t-on pas d'ailleurs encore, dans le Coran, d'autres "inepties trinitaires" telle :

> *"Ô gens du Livre... le Messie, Jésus, est seulement prophète de Dieu...* ***Alors ne dites pas "Trois"*** *" (S. 4, 171).*

Le "*Livre*", ci-dessus mentionné, désigne dans le Coran "*la Bible*", et l'expression "*gens du Livre*" "*les chrétiens*" ainsi qu'il y est précisé à plusieurs endroits. Les chrétiens sont donc bien visés nommément par le texte et accusés d'adorer, dans la Trinité, plusieurs dieux, soit précisément : trois ! On ne saurait donc être plus clair : les **"associateurs" sont bien les chrétiens qui sont considérés comme "tri-théistes"**...

Mme Delcambre, comme de nombreux autres spécialistes de la question, l'a bien perçu ainsi :

> *"En fait,* ***ce que l'islam rejette et vomit, ce sont les chrétiens trinitaires,*** *les catholiques donc, considérés comme des polythéistes, des trithéistes. Il semble que les "bons" chrétiens du Coran soient les nazaréens. Mais pour les chrétiens trinitaires, il n'y a pas de pardon possible (S. 4, 51/48)", ("L'Islam des interdits",* DDB, p. 57-58).
>
> Gare aux "*associateurs tri-théistes*" donc, appelés habituellement... "*chrétiens*" !

Trinité et non tri-théisme

L'islam objecte donc que les chrétiens sont comme des "tri-théistes", professant la foi en " trois dieux", (Jésus, Marie et Allah,) quand ils affirment le dogme de la Trinité ! Ce point de vue concernant la doctrine chrétienne, que l'islam répand parmi ses adeptes depuis ses origines, est une vision évidemment faussée du dogme chrétien de la Trinité puisque, d'une part, la troisième personne de la Trinité n'est pas Marie, mais l'Esprit-Saint et que, d'autre part, cette doctrine trinitaire n'a jamais professé "*trois dieux*", mais bien :

*"**Un Seul Dieu** en trois Personnes".*

Il est d'ailleurs logique, et par définition, qu'une hérésie s'oppose à la doctrine de laquelle elle est issue. Or, si l'islam provient, ainsi que nous l'avons montré, d'un groupement chrétien dissident, il est normal que, pour affirmer son existence, il s'oppose à celui-ci, notamment par des versets *négatifs* marquant l'opposition, tels ceux que nous venons de citer : "*ne dites pas Trois*", etc.

L'on retrouve bien ici les déviances et oppositions des premières hérésies chrétiennes, tels l'arianisme ou le nazaréisme ("ébionisme"), avec leur difficulté à saisir ce Mystère de la Trinité. L'islam, en tant qu'héritier direct de ces groupements, n'a donc pas échappé à cette logique.

D'autant qu'il faut reconnaître la difficulté supplémentaire, pour le monde arabe de saisir ce mystère trinitaire, puisqu'il n'a pas, dans sa langue, l'équivalent du mot latin "*persona*". Le mot arabe le plus proche pour exprimer cette idée de "*personne*" étant le mot "*charse*" qui signifie littéralement : "*statue*" ! L'on comprend alors le problème qui se pose, en langue arabe, pour parler des trois Personnes divines de la Sainte Trinité, si on ne les imagine que comme des "statues" qui rappellent, de suite, les idoles de bois ou de métal fondu des idolâtres...

Le polythéisme coranique

Des polythéistes détournés

Le véritable sens biblique du terme "*polythéistes*", désignant des personnes adorant des idoles, a donc été détourné par l'islam pour lui donner le sens restrictif et erroné de "*tri-théisme*", faisant ainsi passer les chrétiens pour des idolâtres, ou plus exactement pour des "humanolâtres", ceux-ci adorant le Messie Jésus et sa Mère Marie qui ne sauraient être que des êtres humains… Or, si les chrétiens ne font que vénérer Marie qu'ils considèrent comme une simple créature, ils adorent effectivement le Christ Jésus qu'ils considèrent comme de *nature divine* :

"Dieu fait homme",

et donc :

"vrai Dieu et vrai homme".

Les chrétiens sont, par ce fait, davantage que les musulmans, les vrais adorateurs de Dieu, l'adorant en "esprit et en vérité". Ils ne sauraient par contre adorer quelque idole de bois ou de métal, fut-elle couverte d'or ou d'argent, et se prosterner devant elle à la façon des idolâtres car, tout comme les prophètes tels Isaïe ou Jérémie, ils affirment qu'elles ont :

"Une bouche et ne parlent pas, des oreilles et n'entendent pas, des yeux et ne voient pas"...

Le mythe polythéiste

Il est d'ailleurs utile ici d'apporter une précision, concernant l'affirmation péremptoire de certains islamologues manifestement peu perspicaces. **Le terme coranique "d'associateurs" ne saurait désigner en aucune façon les "polythéistes"**, ces derniers ayant complètement disparu de la quasi totalité du Moyen Orient avant son islamisation.

En effet, tout le Moyen Orient et l'Afrique du Nord étaient depuis longtemps christianisés avant l'arrivée de l'islam et les groupes polythéistes devenus inexistants en ces régions. Les apôtres avaient permis, par leur évangélisation, la christianisation de toute cette région et **le christianisme avait donc, de fait, fait disparaître le polythéisme**. Si bien que le "polythéisme bédouin", si "prisé" par quelques islamologues en mal d'exotisme, est donc un mythe. Mythe d'autant plus invraisemblable que les tribus arabes avaient été évangélisées très tôt, dès le deuxième siècle, parce que de suite mises en contact avec le christianisme par le fait de leur commerce caravanier. Ce commerce les mettait sans cesse en contact avec les chrétiens d'Orient, comme le démontrent aujourd'hui beaucoup d'historiens de la religion.

Bref, on l'aura compris, le fameux "polythéisme" pré-islamique, auquel tiennent tant les islamologues occidentaux jusqu'à soutenir que "c'est à l'islam qu'est due sa disparition au moyen orient", n'est ni plus ni moins que le christianisme trinitaire, considéré par l'islam comme un "tri-théisme". Et finalement, en ce sens, ces islamologues occidentaux n'ont sans doute pas tort puisqu'on peut effectivement soutenir ce fait certain que **"c'est bien à l'islam qu'est dû la disparition du christianisme au Moyen-Orient" !...**

Des mouchrikoun tri-théistes

Il n'est d'ailleurs que de lire le Coran pour se convaincre qu'il ne parle pas de "polythéistes" mais bien "d'associateurs" (en arabe : *mouchrikoun),* ce terme désignant directement les chrétiens accusés de "tri-théisme", ainsi que nous l'avons montré. L'islam, moins aveugle sur lui-même que certains islamologues occidentaux, **ne parle d'ailleurs jamais de péché de "polythéisme" mais de celui "d'associationnisme", appelé "chirk" en arabe.**

Et ce péché d'associationnisme qui consiste, ainsi que nous venons de le voir à nier l'unicité de Dieu en plaçant près de Lui des "associés" est, de beaucoup, le plus grave en islam, et pour tout dire considéré comme irrémissible. Il est en effet le pire péché qui puisse être commis sur la terre comme au Ciel, et est pour cette raison absolument impardonnable :

> *"**Allah ne pardonne pas qu'il Lui soit donné des associés** alors qu'il pardonne, à qui Il veut, les péchés autres que celui-là." (S. 4, 48).*

Il voue, en effet, irrémédiablement à l'enfer éternel celui qui le pratique, à l'inverse de tous les autres péchés, tels le vol, l'adultère ou encore le crime, péchés qui ne vaudront à leur auteur, s'il est musulman, qu'une peine provisoire. Cela éclaire grandement sur la condition des chrétiens face à l'islam : ils sont considérés par celui-ci comme étant pires que des criminels et doivent donc être "*combattus jusqu'à l'anéantissement*", selon les termes même du Coran.

Il est donc erroné de traduire le mot arabe "*chirk*" par "polythéisme", tout comme il est impropre de traduire celui de "*mouchrikoun*" par "polythéistes". **La traduction exacte du terme "chirk" est " associationnisme ", et celui de "mouchrikoun" est "associateurs"**, tous deux dérivés du verbe *charaka* qui signifie "associer". Ce verbe est d'ailleurs couramment utilisé de nos jours en ce sens dans le langage arabe, ainsi que ses dérivés tels *charika* (société), *charik* (associé), etc.

D'ailleurs, si les occidentaux sont trompés par ce terme de "polythéistes", les musulmans, eux, ne sont pas dupes : les associateurs visés par le Coran sont bien pour eux les chrétiens ! Si vous témoignez, en effet, devant un musulman, de votre foi chrétienne, il vous opposera *immédiatement* la chahada qui stipule "*qu'il n'y a pas d'autres dieux qu'Allah*". Il connaît donc bien le lien entre celle-ci et l'affirmation "impie" des chrétiens à professer "trois divinités" ! Ce qui prouve bien que **cette affirmation négative est, pour le musulman, la réponse directe à l'affirmation chrétienne de la Trinité**.

Les chrétiens des pays orientaux ont d'ailleurs bien saisi *la difficulté et le danger* à professer la Trinité en terre d'islam, et c'est pourquoi, à la fin de la doxologie ("*Gloire au Père et au Fils et au St. Esprit*") ils ajoutent la formule "*Ilahi'l wahid*" qui signifie "*Dieu Unique*".

Le refus de l'Incarnation

Un refus de principe : la divinité du Christ

Ce qui est clairement remis en cause et vigoureusement dénoncé dans le Coran est donc bien la Trinité, avec son corollaire direct : "l'Incarnation" (terme qui signifie que Dieu s'est fait homme en la personne de Jésus-Christ). Ce dogme de l'Incarnation professé par les chrétiens, auquel est attaché celui de la *divinité du Christ* et dont découle encore directement celui de la Trinité, est par conséquent considéré comme une "hérésie" par l'islam.

Le groupe "ébionite" dont nous avons parlé dans la partie historique, ancêtre des musulmans et appelé "*nazaréen*" dans le Coran, rejetait déjà la doctrine chrétienne de la *divinité du Christ*, comme nombre d'hérésies des premiers siècles tel l'arianisme qui a, lui aussi, influencé l'islam naissant. La religion musulmane a donc, par voie de conséquence, adopté cette position de *rejet de la divinité du Christ*. Dans le Coran, en effet, elle est clairement rejetée et même combattue, par le biais de sa filiation divine.

À l'instar de son inspirateur et maître, le judaïsme, l'islam refuse donc à Jésus sa divinité. Nombreuses se trouvent, dans le Coran, les oppositions à la nature divine du Christ. Jésus n'est donc qu'un simple mortel. Pour cette raison, il sera également souvent spécifié dans le Coran que le Messie ne peut être Dieu car il est fils d'une créature elle aussi humaine : Marie. On peut lire par exemple :

> *"Ceux qui disent : "Dieu est le Messie, fils de Marie, sont des impies"." (S. 5, 72).*

Il ne sera donc, au mieux qu'un prophète et, de toute façon, créé :

"Ô gens du Livre (les chrétiens ; le "Livre" dans le Coran désignant "la Bible"), n'exagérez pas et ne mentez pas : le Messie, Jésus, fils de Marie, ***n'est que*** *le prophète de Dieu".*

Il est à noter également que le nom même de "Jésus" n'est jamais cité seul dans le Coran, mais *toujours* accompagné de l'expression "*fils de Marie*". Cela, on le comprend, pour affirmer et réaffirmer aux yeux des fidèles musulmans la filiation *purement humaine* du Messie enfanté par une créature de chair : sa mère Marie.

Les associateurs disent : Jésus est Fils de Dieu

La chahada se présente donc comme un mur face à l'affirmation de l'Incarnation. Car l'Incarnation c'est la réalité du mystère de :

"Dieu qui s'est fait homme",

et plus précisément du :

" "Fils de Dieu" qui s'est fait homme en Jésus-Christ".

Or, l'islam, à travers les paroles du Coran et spécialement la chahada qui en est issue, s'oppose directement à l'Incarnation de Jésus, Fils de Dieu, lorsqu'il affirme :

"Les chrétiens ont dit : "Le Messie est Fils de Dieu". Que Dieu les anéantisse : il n'y a pas d'autres dieux qu'Allah" *(S. 9, 30).*

L'Expression "*Fils de Dieu*" dans la tradition hébraïque révèle le caractère divin de celui qui porte ce nom, ainsi que le confirme d'ailleurs la deuxième partie de ce verset qui n'est autre que la *chahada elle-même* et qui indique qu'Allah seul est Dieu. Les chrétiens ne peuvent par conséquent lui "associer" (soit lui "adjoindre ") d'autre divinité, fusse-t-elle le Messie.

D'ailleurs, pour qu'un homme puisse se prétendre "*Fils de Dieu*", encore faudrait-il que Dieu ait des fils… Il suffit donc, pour démentir l'affirmation de la filiation divine de Jésus "prouver" qu'Allah n'a pas de fils. Or, vous savez désormais quelle est la "preuve" par excellence en islam : il n'y aura plus rien à ajouter, sinon de se "soumettre", si "*c'est écrit dans le Coran*"... Il ne suffit donc plus que d'introduire dans celui-ci cette "nouvelle révélation" qui "prouvera" la non divinité du "prophète" Jésus et fournira, à l'occasion, une "preuve" de plus du "mensonge" professé par les chrétiens... Ce qui fut fait à plusieurs reprises et sous différentes formes :

> *"Allah n'a pas de fils" (S. 5, appelée sourate "Mariam" Mère de Jésus).*
>
> ***"Allah ne s'est pas donné de fils, il n'a pas "d'associés"*** *" (S. 17, 111 ; 25, 2).*
>
> *"Ils (les chrétiens cités deux versets plus haut) ont dit : "Allah s'est donné un Fils" " (S. 2, 116).*
>
> *"Les chrétiens ont attribué un fils à Allah ! Comment Allah aurait-il un fils ?" (S. 19, 91), etc.*

La mention de non-enfantement d'Allah dans le Coran est donc directement dirigée contre le dogme chrétien de l'Incarnation : si en effet Allah n'a pas de fils, aucun être humain ne peut prétendre l'être et, en conséquence, se déclarer Dieu à l'égal d'Allah, soit encore "*Dieu à l'égal de Dieu*" ce que professe, depuis ses origines, le christianisme à propos de la Personne de Jésus.

D'autre part, on retrouve ici encore une formulation négative indiquant un caractère d'opposition : comme pour la chahada, l'on pourrait donc se poser la question de savoir, si on n'avait déjà deviné la réponse, pourquoi le "prophète" Mahomet aurait eu comme message de la part d'Allah qu'il n'avait pas de Fils ? Car s'il n'en a pas, à quoi pourrait-il bien servir qu'il le dise, et plus encore qu'il le "révèle" à un prophète pour que celui-ci en fasse la déclaration publique ? Une fois encore, la réponse est donc évidente et contenue dans la question : pour *contrecarrer ceux qui affirment qu'il en a Un...* Et qui l'affirmait aux débuts de l'islam et jusqu'à aujourd'hui ? Vous le savez désormais : **les chrétiens qui disent que jésus est le "Fils de Dieu" et qui affirment par là sa divinité.**

L'expression biblique : Fils de Dieu

Et si la divinité du Christ est le plus souvent combattue dans le Coran sous l'angle de sa filiation divine, ce n'est (toujours pas) quelque chose de "nouveau", puisque ce fut **l'objet même** de la demande de condamnation à mort de Jésus par les autorités juives, et donc de son jugement devant le tribunal romain, ainsi que nous le lisons dans l'Evangile :

"Tu es donc le Fils de Dieu ?", s'exclamèrent les juifs.
Et Jésus de répondre :
"Vous le dites, je le suis".
Ils crièrent alors :
"Il blasphème, qu'avons-nous encore besoin de témoins", (Lc 22, 70-71).

Tel fut donc l'objet de sa condamnation à mort et de sa crucifixion. Toujours rien de nouveau, donc, sous les cieux coraniques…

L'expression "*Fils de Dieu*" souvent utilisée dans les Evangiles pour qualifier Jésus était d'ailleurs clairement comprise, dans le milieu juif, comme synonyme de Dieu, et exprimait assurément la *nature divine* de celui qui portait ce nom. Et c'est d'ailleurs pour cette raison de l'affirmation explicite de sa divinité, et pour aucune autre, que Jésus fut condamné à mort. **L'islam, en tant que "fils spirituel" du judaïsme l'a donc bien compris en ce sens. Comme lui, il a rejeté cette réalité et, par voie de conséquence, celui qui la portait.**

Un Dieu incapable d'enfantement.

Tout tourne donc, pour prouver que le christianisme ne peut être une religion authentique et que le Christ ne peut être Dieu, autour de la question de savoir si Allah peut enfanter et avoir des enfants, fils ou filles. S'il ne le peut, (car il est Dieu), aucun homme ne peut donc prétendre l'être, et donc le Christ non plus. Si Allah n'enfante pas, Jésus ne peut ainsi prétendre être le "Fils d'Allah" et donc Dieu lui-même. Et comme le Coran "révèle" qu'Allah ne peut en aucune façon avoir des enfants, les chrétiens ne peuvent donc affirmer la filiation divine de Jésus.

Et pour confirmer que "l'Incarnation" est une affirmation inconcevable en islam, le Coran "inventa" encore une "révélation" supplémentaire… On peut lire, en effet, à la sourate 112, une autre phrase, connue par cœur des musulmans et répétée par ceux-ci régulièrement comme pour s'en imprégner :

> *"Allah n'a pas enfanté, et il ne s'est pas enfanté lui-même", (en arabe : "Lam ialed wè lam iouled").*

Celle-ci est formulée, tout comme la chahada, sur le mode de la négation ce qui montre, une fois de plus, son caractère d'opposition. L'on reconnaît encore ici la particule négative "*lam*", répétée deux fois et qui marque donc **le refus de la Révélation chrétienne combattue sous un double aspect, celui de la paternité divine et celui de l'Incarnation**. Refus d'abord de la paternité divine : Allah n'ayant pas enfanté il ne peut donc avoir de "Fils". Le Christ ne peut alors pas l'être et prétendre, par conséquent, à quelque origine divine. Refus de l'incarnation ensuite, Allah "ne s'étant pas enfanté lui-même" : car si la divinité ne s'enfante pas elle-même, alors Dieu ne peut s'être fait "*homme en Jésus-Christ*" ainsi que le professent les chrétiens, et le Messie ne peut donc être de nature divine et Dieu lui-même… La boucle est donc bouclée !

Et essayez, après cela, d'annoncer l'Evangile en contexte islamique !... Si vous n'avez pas connaissance de ces données, tout effort sera vain, et c'est bien la raison pour laquelle l'évangélisation des musulmans a été si difficile jusqu'à aujourd'hui.

Une négation combative

Cette citation que nous venons de voir, et qui peut se traduire également par :

"Dieu n'a pas engendré et il ne s'est pas engendré lui-même",

ne rappelle-t-elle d'ailleurs pas étrangement l'affirmation chrétienne du Credo :

"...Fils unique de Dieu... engendré, non pas créé...",

elle-même reprise de l'évangile :

"Tu es mon Fils bien-aimé. Moi, aujourd'hui, je t'ai engendré" ?

Qui en effet, aux débuts de l'islamisation, osait affirmer telle "hérésie" qu'un Dieu ait engendré et, *encore plus*, qu'il se soit engendré lui-même, c'est-à-dire "fait homme", en dehors des chrétiens ? Et quelle religion, en dehors du christianisme, a *jamais* professé cette doctrine ? Qui aurait d'ailleurs osé le faire sans passer pour un "illuminé", être traité de "blasphémateur" et risquer même, pour cette raison, sa propre vie ? Beaucoup ont pourtant fait ce pas en adhérant au dogme de l'Incarnation proposé par l'Eglise et l'ont, pour certains, payé de leur vie !

Encore une fois, si Allah "révèle" ce mystère (en réalité ce "contre-mystère") à son "prophète", n'est-ce donc pas pour l'inciter à combattre ceux qui, depuis longtemps, ne cessent de professer que "*Dieu a enfanté et s'est enfanté lui-même*" ? **Et qui, en dehors des**

chrétiens, a déjà professé chose si invraisemblable qu'un "Dieu s'enfante lui-même", c'est-à-dire que :

"Dieu s'est fait homme" ?

C'est donc bien que *la nature de l'islam* est toute d'opposition à l'Incarnation de Dieu et au prolongement de ce mystère dans la grâce de la Rédemption !

Les hurlements des loups près de la bergerie

Il est d'ailleurs significatif, à cet égard, de constater qu'à chaque veillée de Noël, le 24 décembre au soir, au moment même de la messe de minuit, les haut-parleurs de la mosquée de Bethléem, construite comme par "hasard" en vis-à-vis de la basilique de la Nativité, lieu de la naissance même du Christ, se mettent en branle pour hurler ce verset que nous venons de citer :

"lam ialed wè lam iouled" ("Dieu n'a pas enfanté et ne s'est pas enfanté lui-même").

Le message est donc clair : il s'agit simplement de crier plus fort que les chrétiens, **le jour même** de la fête de la venue du "*Fils de Dieu*" sur terre, et sur **le lieu même** de cette descente de "*Dieu parmi les hommes*" :

"Les chrétiens affirment que Dieu a enfanté un Fils, Jésus, et que par lui "Dieu s'est fait homme". Nous, musulmans, nous opposons à ce dogme et affirmons donc, en criant plus fort qu'eux (c'est-à-dire en hurlant dans les haut-parleurs, poussés à l'occasion au maximum) que ce n'est pas vrai, et donc que :

"Dieu n'a pas enfanté et il ne s'est pas enfanté lui-même" !"

S'il se trouvait une autre explication à ce hurlement de Noël face à la basilique de la Nativité, je serais curieux de la connaître… Mais il se trouverait bien encore quelque occidental pour affirmer candidement qu'il ne s'agit là que d'un pur hasard, la naïveté occidentale en la matière n'ayant pas nécessairement de limite !

Une propagande propagandiste

L'on reconnaît bien là, par ailleurs, les méthodes de propagation de l'idéologie musulmane. L'islam n'ayant pas, ainsi que nous l'avons vu à travers sa profession de foi, de fondement positif, il se doit, pour survivre, d'imposer la propagande guerrière de son opposition au christianisme. Propagande "propagandiste" s'il en est, à la manière communiste, et pire encore. Car si le communisme devait encore se cacher pour, aux yeux de l'Occident, sauver la face, l'islam n'a quant à lui aucune pudeur ni aucun complexe : il crie haut et fort, à grands renforts de microphones, dans les rues et les villes, sa "haine des impies associateurs" : les chrétiens.

La propagande islamique est donc "*ouverte sur l'extérieur*", c'est-à-dire **hurlée dans les rues du haut des minarets...** *Les quartiers sont d'ailleurs bien quadrillés*, c'est à dire bien pourvus en haut-parleurs, et il est donc difficile d'y échapper ! Haut-parleurs qu'il serait plus juste et adéquat d'appeler (croyez-en mon expérience de quelques années passées en terre d'islam !) "haut-hurleurs", tellement sont bien souvent poussés au maximum leurs décibels... Dans certains pays musulmans, il est en effet parfois impossible, dans les rues ou les maisons, de se parler pendant la "prière", soit durant les cinq minutes où le haut-parleur vomit ses hurlements, et au point parfois de se retrouver les oreilles sifflantes durant plusieurs minutes après la dite "prière"...

L'ensemble des ressortissants non-musulmans de ces pays avouent que ces "prières" répétitives et imposées à grand renfort de haut-hurleurs constituent une pression constante des plus pénibles. Des parents m'ont encore confié les frayeurs de leurs enfants en bas âge lors de la mise en branle de ces haut-parleurs placés parfois à quelques mètres seulement de leur chambre à coucher... Je ne conseille d'ailleurs à personne d'habiter à "l'ombre d'un minaret" dans ces pays, s'il souhaite passer des nuits paisibles et, par conséquent, ne pas sursauter lors de la mise en branle de ces "machines à hurler"...

Lavage de cerveau pour les uns, liberté de se taire pour les autres

Et si un peu d'humour peu détendre l'atmosphère, (bien lourde en ces contrées !), sachez tout de même que tout cela cache une terrible réalité : **celle de peuples musulmans endoctrinés par une propagande hurlante et répétitive, qui leur rabâche les oreilles cinq fois par jour**, ne leur laissant aucun moyen de penser et de réfléchir à ce qu'ils ressassent sans cesse. Un véritable *lavage de cerveau* donc, par voie de "hauts-hurleurs" interposés !...

Et celle également de peuples chrétiens qui vivent, dans cette ambiance, en pays musulmans, une oppression constante, supportant jour et nuit les vociférations *anti-trinitaires* braillées du haut des minarets. Quelle liberté et quelle paix ont donc ces chrétiens, dans ces régimes totalitaires, face à cette propagande intempestive, dont ils savent pertinemment qu'elle leur est hostile ? Les chrétiens orientaux pratiquent en effet la même langue que leur compatriotes musulmans : l'arabe. Ils comprennent par conséquent très bien le sens de ces "prières". Quel respect cette "religion", l'islam, a donc pour ceux qui ne la suivent pas ? Où est donc passé le fameux droit à la différence prôné par les instances internationales ? Et le respect des autres religions ?

Et pour confirmer, s'il en était besoin, que ces "prières", lancées du haut des minarets, ont aussi pour but de ramener au bercail islamique les brebis chrétiennes égarées, il n'est que de constater que, dans les pays musulmans, il est *systématiquement accolé, aux églises ou aux écoles chrétiennes, une mosquée*, dont le minaret sera justement orienté, vous vous en doutez, en direction des dits édifices... Les "infidèles" seront donc ainsi, au cours même des offices ou des enseignements scolaires, voire des récréations pour les enfants, *"enseignés" de force* et ce, cinq fois par jour, à coup de paroles rabâchées et hurlées du haut de ces minarets. De véritables "mosquées collantes", en somme... **Peut-on, donc, en islam, seulement concevoir la notion de liberté de religion ?**

Une opposition ouverte à la Croix du Christ

Le christianisme ou le salut par la Croix

Mais si la Trinité et l'Incarnation sont combattues par l'islam, la Rédemption ne pouvait, elle, échapper à ses foudres. Le Christ nous a sauvé par sa Passion et sa mort sur la Croix, ainsi que nous l'enseigne l'Eglise. La Croix, signe de l'Amour infini du Christ pour les hommes, cette "Grâce du Salut" qui nous rachète et nous sauve, Mystère de la Rédemption, est en effet balayée d'un coup en islam : le Coran stipule en effet que le Christ, au moment d'être crucifié, se serait enfui et, courrant très vite, aurait devancé ses adversaires. S'étant caché on prit, par méprise, un "sosie" à sa place pour être crucifié, sosie se trouvant être, par "hasard", Judas, (ou Barabas, ou un prophète, selon les "versions"...).

Malheureusement, de telles fables ont pour but de supprimer d'un coup le mystère de la Rédemption et, par conséquent, la Grâce du Salut donné aux hommes en Jésus-Christ. G. Bergmann, pasteur et docteur en philosophie, explique dans son livre "*Le défi de l'islam*" :

"La première déviation dogmatique de l'islam concerne la Trinité. La seconde concerne la crucifixion. Mahomet arrête que Dieu n'a aucunement besoin du sacrifice expiatoire qu'est la mort de Jésus-Christ. Il conteste donc le fait historique de la crucifixion. Le Coran contient en effet cette affirmation :

"Ce n'est pas lui (Jésus) qui a été crucifié mais un sosie lui a été substitué", (S. 4, 156), (diffusion : "Les bons semeurs", Paris, traduction française de Louis Picot).

L'islam, dans son principe même, rejette donc la Croix, ce sacrifice gratuit, par pur amour, pour le salut de tout homme, du "Fils de Dieu fait chair". Celle-ci disparaît avec son effet, la Rédemption, entraînant pour nombre de musulmans, faute d'avoir été guidés vers la vérité tout entière, le risque d'y perdre leur âme. Constatation amère et dramatique s'il en est !

La haine de la Croix

Si l'islam rejette la Croix et, par conséquent, le salut Rédempteur proposé par le Christ, il en refuse également tout signe extérieur. Il n'est, pour vous en convaincre, que de vous présenter devant un musulman en portant une croix sur vous. Vous remarquerez immédiatement une répulsion qui vous vaudra, *au mieux*, une remarque suivie de la fuite de votre interlocuteur. Mais cette répulsion peut se traduire également en violence verbale plus vive et vous valoir quelques insultes, que vous ne comprendrez pas nécessairement si elles vous sont lancées en arabe, la "langue même d'Allah", qui est d'ailleurs très bien fournie en ce domaine…

Mme Delcambre, docteur en civilisation islamique, dans l'un de ses ouvrages, confirme cette assertion :

"(En islam) l'Incarnation est refusée. Dieu qui se fait homme, l'idée est totalement rejetée de même qu'est rejetée la

crucifixion de Jésus sur la croix comme un vulgaire esclave. Un prophète ne peut avoir subi ce sort infâme. Au dernier moment quelqu'un lui a été substitué sur la croix. ***C'est pourquoi le symbole de la croix est un symbole honni qui hérisse le pieux musulman"****, ("L'islam des interdits"*, DDB, p. 59).

A titre d'exemple de la répulsion irrépressible des musulmans à l'égard de la Croix, je présenterai ici quelques témoignages vécus.

Tout récemment, un jeune prêtre de la région parisienne me racontait comment il avait été interpellé par un musulman alors qu'il passait dans le quartier où il était en mission. Le jeune maghrébin, qu'il ne connaissait pas, attrapa la croix en bois qu'il portait autour du cou pour la lui arracher, et cela alors qu'il ne faisait que passer... Le jeune prêtre, gardant son calme, fixa dans les yeux son jeune agresseur et lui demanda la raison de son geste. Celui-ci, déconcerté et perdant son assurance, partit sans aller jusqu'au bout de son acte.

Un autre prêtre français me racontait encore ses péripéties avec ces tout jeunes enfants d'origine maghrébine qui venaient lui rendre visite régulièrement pour obtenir quelques friandises qu'il leur prodiguait d'ailleurs avec joie et générosité. Un jour que les enfants attendaient leurs gâteries dans le hall d'entrée du presbytère, ils aperçurent le crucifix du salon fixé au mur. L'un d'eux s'exclama alors au moment où le prêtre revint :

"Pourquoi t'as la Croix" ?

Et lui de saisir l'opportunité pour tenter de leur expliquer en quelques mots ce mystère de l'Amour infini de Dieu pour les hommes. Mais à peine avait-il commencé que, jetant un regard haineux vers le crucifix, ils s'enfuirent sans même prendre les friandises, et le prêtre ne les revit plus. Il me confia sa douleur de "père" d'avoir perdu ses protégés, qu'il ne faisait pourtant que gâter avec le plus d'amour et de bonté possible…

Cet autre exemple témoignera encore de la haine viscérale de la croix de certains de nos frères musulmans : vivant au Caire, j'entrais un jour dans un petit magasin pour y acheter quelques marchandises. Un prêtre copte entra bientôt, vêtu d'une longue soutane noire et portant autour du cou une croix pectorale. Alors qu'il attendait silencieusement son tour pour être servi, un musulman passant dans la rue l'aperçut et l'invectiva aussitôt, dessina de son doigt une croix sur le sol et se mit à cracher dessus et à l'injurier... Sans aucune raison ! Apparemment... Cette croix ne lui avait pourtant rien fait… et le prêtre attendant sagement son tour non plus !…

Cette haine dépasse donc manifestement la raison et reste incompréhensible même de ceux en qui elle habite..

Des enfants enrégimentés

De même, passant un jour dans la ZUP d'une petite ville de province, portant une croix autour du cou, je fus invectivé par quelques jeunes enfants, âgés peut-être de sept huit ans. Après avoir proféré quelques insultes, ils me lancèrent :

"Pourquoi tu portes une croix ? Nous, on n'aime pas la croix !"

Et leur regard de haine me glaça ! Il reste marqué dans ma mémoire jusqu'à aujourd'hui, accompagné de cette terrible question : comment de si jeunes enfants, qui sont pourtant habituellement à cet âge encore remplis d'une saine innocence, peuvent-ils ainsi être déjà "*soumis*" à une telle force de haine ? Et pourquoi cette innocence devrait-elle être si tôt détruite par le fanatisme d'une religion de haine ?

Comment est-il en effet possible de se servir d'enfants si jeunes et si innocents, et les enrégimenter pour une cause religieuse ou politique ? De les emprisonner dans le cercle infernal du mépris et de la haine dont ils auront ensuite tant de mal à se départir ? A-t-on seulement le droit d'enrôler ainsi ces enfants comme dans une armée, et les préparer si jeunes à avoir de tels sentiments ? N'a-t-on donc rien de mieux à faire avec eux que de tuer leur innocence ? Et eux n'ont-ils pas autre chose à vivre que de gâcher leur jeunesse en se gavant de paroles et de sentiments haineux envers leurs frères ?

Honte et déshonneur à ceux qui font "*tomber ces petits*", ainsi que le déclare notre Seigneur Jésus-Christ qui était, lui, exempt de toute haine face à ses bourreaux et à ceux qui le mettaient à mort :

> *"Malheur à celui qui fait tomber un de ces petits, il vaudrait mieux pour lui se voir attaché une meule autour du cou et être jeté ainsi dans la mer"*, (Mt. 18, 6).

Peu importe même les raisons de cette haine : **son principe est là, et il est par lui-même condamnable !**

Cette haine, voire cette "horreur" de la Croix qu'ont les musulmans ne peut provenir que de l'identité même de l'islam. Celui-ci rejette, en effet, de par son essence même, le christianisme et son salut proposé par le Christ Rédempteur. Quelle autre explication pourrait-on d'ailleurs avancer, connaissant désormais les origines de l'islam, et sachant **qu'aucune autre communauté n'exprime une telle répulsion devant la Croix ?** A-t-on déjà vu, en effet, des hindous ou des bouddhistes, des krishnas ou les membres d'aucun autre groupement religieux ou sectaire s'offusquer ou vous insulter parce que vous portez une croix autour du cou ?

Processus négatif : système défensif

Une négation opposante

Les injonctions négatives sont donc nombreuses dans le Coran et elles révèlent, en tout état de cause, la nature essentiellement "opposante" de la religion musulmane. L'islam n'a pas une profession de foi positive comme le "Credo" du christianisme : *"Je crois en Dieu... Créateur... en son Fils... en l'Esprit-Saint..."* etc. Sa profession de foi est une négation, ainsi que nous l'avons vu. Ainsi, **l'islam n'affirme rien, mais s'oppose seulement à ce qui est déjà existant, en l'occurrence au judéo-christianisme et plus spécialement à l'Incarnation du Christ.**

Mme Annie Laurent, titulaire d'un doctorat d'Etat en science politique pour une thèse sur "*Le Liban et son voisinage*" (Université Paris II), confirme :

> *"En effet, à y regarder de près, on s'aperçoit que l'essentiel du dogme de l'islam en fait une religion non seulement autre mais aussi* ***une religion qui nie, contredit, voire combat la foi chrétienne en ce que celle-ci a de plus essentiel, à savoir la Sainte Trinité et la divinité de Jésus-Christ. L'islam donne l'impression de ne pouvoir exister qu'en s'opposant****. Cet aspect de négation apparaît d'ailleurs dans la profession de foi musulmane : "Il n'y a de dieu qu'Allah...".* ***Le Coran met l'accent sur l'unicité de Dieu qui s'oppose à la Trinité.*** *Il ne faut pas confondre unité et unicité. Pour les chrétiens, Dieu est à la fois Un et Trine", ("Famille chrétienne"* n° 1238).

Et Mme Laurent de citer à ce propos un verset du Coran :

> *"Notre Seigneur, en vérité, ne s'est donné ni compagne ni enfant !" (S. 72, 3).*

Et le même auteur de résumer dans un autre article :

> *"On sait que* ***le dogme essentiel de l'islam est l'unicité de Dieu qui s'oppose au Dieu trinitaire du Nouveau Testament****. Comme lui, tout doit être un et seulement un. L'islam est unitaire", ("l'homme nouveau",* 19 sept. 2004).

L'islam reposant de fait sur une négation n'a pas d'identité propre ! Sa raison d'être est toute d'opposition et donc de combat, et ce dernier est comme son moteur. L'islam n'existe pas en lui-même, mais seulement en référence aux groupes auxquels il s'oppose. Et il s'oppose en réalité à la Vérité qu'est le Christ en s'opposant à son Incarnation. En s'opposant ainsi à la Vérité, il se constitue en contre-Vérité, et son idéologie peut par conséquent être appelée une *contre-religion* : celle du christianisme. **C'est pourquoi l'on ne peut considérer l'islam, à proprement parler, comme une "religion". Il est davantage un "système d'opposition"** et constitue par conséquent, pour tout musulman, et sans qu'il en ait nécessairement conscience, un **"système de défense anti-christianisme"**.

Un système de défense invisible

Voici pour confirmation un témoignage personnel. Un jeune chrétien syrien me demanda un jour :

> *"Comment se fait-il que les musulmans soient plus difficiles à convertir que les autres, et que cela paraisse même souvent impossible ?"*

D'origine arabe et vivant dans un pays musulman, il n'arrivait pourtant pas à saisir la raison de cette difficulté. Cette question traduisait en effet chez ce jeune une totale méconnaissance des origines de cette religion et de ses principes. Je lui expliquai donc que l'islam est un **système de défense anti-christianisme bien élaboré et bien rôdé au cours du temps, avec des réponses adaptées pour parer à sa doctrine**. Comment, sinon, pourrait-on en effet expliquer que nos frères musulmans aient, même au contact de l'Occident, tant de mal à se convertir ?

Chose étrange, providentielle, une confirmation me vint par l'intermédiaire d'un ami musulman algérien. Celui-ci, inquiet, me raconta en effet un jour le rêve qu'il venait de faire la veille, à la suite d'une tentative de ma part de l'éveiller à la vérité de l'Evangile. Il me confia donc qu'il avait fait un terrible cauchemar : cette nuit là, il s'était senti comme réellement "*emprisonné dans une armure*". Durant plusieurs heures, m'affirma-t-il, il resta ainsi entre le rêve et la réalité, effrayé, se débattant mais ne pouvant, malgré ses efforts, se dégager de cette armure qui l'emprisonnait. Je compris alors, par la grâce de Dieu, le sens de ce cauchemar et le lui expliquai :

> "***Cette armure représente le système islamique qui t'emprisonne** : bloqué dans ton être comme dans une armure par les paroles du Coran, tu es empêché de d'accueillir le mystère de la Trinité, de revenir à la Vérité évangélique, et de bénéficier ainsi de la grâce de la Rédemption. C'est pour cette raison que tu n'as pu, jusqu'à aujourd'hui, et malgré les nombreux échanges que nous avons eus ensemble, prendre la véritable mesure des paroles évangéliques que je t'ai communiquées*".

Cette interprétation de son rêve le bouleversa et il en reconnut de suite l'authenticité. Il fut de fait, m'avoua-t-il quelques jours plus tard, instantanément apaisé après cette explication. Il eut tout le loisir ensuite de réfléchir à ce qu'il devait désormais entreprendre... Il fait, depuis lors, un chemin étonnant vers la recherche de la Vérité et bénéficie parfois, à cette intention, de grâces spirituelles exceptionnelles qui l'aident à poursuivre sa route.

Un pape avisé

L'islam se présente donc comme un refus, une négation de la foi chrétienne en ce qu'elle a d'essentiel et de ce sur quoi elle repose : *la divinité du Christ*. Il n'apporte donc rien de nouveau et, par conséquent n'ajoute aucune révélation mais, au contraire, réduit celle dont il provient, l'ampute de sa vitalité comme de sa Vérité même. Le dialogue islamo-chrétien ne saurait donc ignorer et ne pas prendre en compte, s'il veut porter des fruits authentiques, cette évidence. Le pape Jean-Paul II n'a-t-il pas d'ailleurs lui-même bien conscience de cet écueil lorsque, en quelque formule profonde et clairvoyante comme il a l'habitude d'en lancer, il déclare :

> *"Quiconque lit le Coran en connaissant déjà bien l'Ancien et le Nouveau Testament, percevra clairement le* **processus de réduction** *dont la Révélation divine (chrétienne) y est l'objet. (...).*
>
> *L'islam n'est pas une religion de Rédemption. Il n'offre aucun espace à la Croix et à la Résurrection. Jésus est mentionné, mais seulement comme prophète qui prépare la venue du dernier prophète, Mahomet. Marie aussi, la Vierge, est nommée. Mais le drame de la Rédemption est complètement absent. C'est pourquoi* ***non seulement la théologie mais encore l'anthropologie de l'islam sont très éloignées de celles du christianisme****", (Jean-Paul II : "Entrez dans l'Espérance"*, éd. Plon-Mame, p. 152).

L'islam : un judéo-christianisme anti-trinitaire

Disons-le donc, et redisons-le encore, et **on ne le dira jamais assez : l'islam est anti-trinitaire**. Il se présente comme un système de défense anti-Incarnation et, par conséquent, un système de défense contre le christianisme. Or, l'islam est passé tout naturellement de la défense à l'attaque tant est vraie et bien souvent vérifiée la maxime : "*la meilleure défense est l'attaque*"... Le mot "attaque" n'est d'ailleurs pas ici trop fort puisqu'il ne fait que traduire le mot arabe *djihad* que l'on peut traduire aussi par "guerre", "combat", "lutte", etc.

Car si le dogme chrétien professe la Trinité, le Dieu unique en trois Personnes, l'islam s'ingénie à proclamer que "les chrétiens prient trois dieux", et d'en appeler au *djihad* ! Celui-ci prendra donc pour raison d'être, pour prétexte, de venger Allah si outrageusement insulté par ceux qui lui "associent" d'autres dieux. Il se propose donc de passer tous les "infidèles", "impies", etc., c'est-à-dire les chrétiens "associateurs", au fil de l'épée ou, plus exactement, celui du sabre... :

> *"**Tuez** les "gens du Livre" (les chrétiens), car ils sont "infidèles" et ne croient pas en Allah", (S. 9, 29).*
>
> *"Ô vous qui croyez (les musulmans), **tuez** les "infidèles" de votre entourage ; et qu'ils trouvent de la dureté en vous" (S. 9, 123).*
>
> *"Ceux qui refusent de croire (à l'islam), sont des "**impies**" ; **que de générations avant eux avons-nous fait périr,** lesquelles ont crié quand il n'était plus temps d'échapper", (S. 38, 2).* Etc.
>
> L'islam se vante donc même, avec force détails d'horreur, de ses nombreux crimes !

Et le Coran déclare finalement :

> *"Les " gens du livre " qui sont incrédules, en enfer ! Pour y demeurer éternellement. Ce sont **les pires êtres de la création**", (S. 98, 6).*

Beau compliment, et qui résume bien la question !

Ce genre de versets appelés "*imprécatoires*" courent tout au long de ce "livre saint" ("*el qoran el karim*"). **Le Coran regorge en effet de ces appels au "combat contre l'infidèle", bref, au djihad.** Le terme de *djihad* est donc abusivement traduit par "guerre sainte". Il n'y a en islam que de "guerre punitive" pour venger Allah offensé par les "associateurs". Traduisons donc ce terme par "guerre punitive" plutôt que par "guerre sainte".

Faire des chrétiens ses amis

L'on objectera peut-être, à la lecture de ces citations, que l'on a "entendu dire" qu'il y avait dans le Coran des versets contradictoires et que, si certains en appellent les musulmans à combattre les chrétiens, d'autres les appellent au contraire à en faire leurs amis. Il est tout d'abord curieux de voir que ces contradictions n'éveillent chez ceux qui présentent cette objection aucun soupçon sur le caractère "inspiré" et même "divinement révélé" d'un texte qui présente de telles contradictions ! Allah dirait-il donc "*tout et le contraire de tout*" ? **Et comment le Coran qui en appelle sans cesse au combat contre l'ennemi infidèle, chrétien par excellence, souhaiterait-il parfois qu'on en fasse son ami ?** Aurait-il donc quelques remords, ou se laisserait-il parfois déborder par quelque excès de sentimentalité ?

La solution à ce problème est finalement toute simple et ne tient qu'en une question de traduction et d'interprétation du texte coranique : le terme habituel pour désigner les "chrétiens" dans le Coran est celui de "*gens du Livre*", c'est à dire ceux qui croient et suivent les enseignements de la Bible (appelée dans le Coran "*le Livre*") enseignements interprétés par le Magistère de l'Eglise, soit encore l'ensemble des chrétiens orthodoxes. Quant au mot arabe "*nasara*", traduit improprement par "*chrétiens*", il ne s'applique pas, ainsi que nous l'avons expliqué dans la partie historique de cet ouvrage, aux chrétiens, mais aux "*nazaréens*", appelés encore "*ébionites*" et qui étaient bien à l'origine les ancêtres des musulmans. Le terme "*nazaréen*" est d'ailleurs directement issu de la racine "*nasara*" !

Ici se situe donc le contre sens, qui devient évidemment un non sens si l'on maintient cette traduction erronée rigoureusement et à chaque fois qu'est évoqué le terme "*nasara*" dans le Coran. Car, ainsi que nous l'avons précisé au début de cet ouvrage, **les nazaréens étaient des adeptes d'un groupement chrétien dissident ne reconnaissant pas la divinité du Christ**. Or, des personnes ne reconnaissant pas la *divinité du Christ* ne peuvent se dire "chrétiennes", le christianisme se définissant précisément par cette affirmation dogmatique. Les "*nasara*" (nazaréens) formaient donc un groupement hérétique issu du christianisme *refusant sa divinité au Christ* et dont nous avons vu qu'il fut l'ancêtre des musulmans. C'est en ce sens, et *en ce sens seulement*, que les nazaréens peuvent être considérés et appelés parfois à être, dans le Coran, les amis des musulmans.

L'on comprendra donc aisément que les versets coraniques qui invitent les musulmans à faire des "*nasara*" leurs amis ne concernent pas les "*gens du Livre*", soit les *véritables chrétiens*, mais bien les *nazaréens* ennemis du Christ et de sa divinité. **Il n'y a donc aucune référence dans le Coran concernant un quelconque appel d'Allah aux musulmans à faire des chrétiens trinitaires leurs amis,** les "*gens du Livre*" ou les "*associateurs*" étant **toujours** rejetés et condamnés par celui-ci, ainsi que nous l'avons vu et comme nous pouvons encore le constater de nos jours !

Abrogations tous azimuts

Et si certains musulmans *risquaient* de comprendre dans le terme de "*nasara*" qu'il s'agit des chrétiens et d'en faire par conséquent leurs amis, la théorie des "*abrogations*", appelée encore théorie des "*versets abrogeants et versets abrogés*", entrerait alors immédiatement en vigueur pour palier à cette faiblesse ! En quoi consiste cette théorie ? Comme son nom l'indique *à abroger*, soit à considérer comme nuls et non avenus certains versets que l'on appellera donc "abrogés", et à les remplacer par d'autres que l'on appelle alors "abrogeants". Cette théorie provient directement du texte coranique :

> *"Nous n'abrogeons aucun verset sans le remplacer par un autre", (S. 2, 100).*

Et si l'on pensait encore contester le "prophète", à la lecture de ce verset, en l'accusant de vouloir n'en faire qu'à sa guise, Allah interviendrait aussitôt en sa faveur :

> *"Si nous changeons un verset du Coran, Allah sait ce qu'il fait", (S. 16, 103)...*

Il y a d'ailleurs peu à considérer, si on lit attentivement ce verset, que le "prophète" et Allah : c'est tout un... Et comme il parle de lui-même à la première personne du pluriel, il se pourrait même qu'il soit : ou multiple, ou plusieurs...

Si donc certains musulmans risquaient d'interpréter l'appel à faire des "*nasara*" leurs amis comme concernant les chrétiens, un verset abrogeant "moins sympathique" viendrait immédiatement "au secours" du djihad, en remédiant à la situation et y mettant bon ordre ! La théorie des abrogations arrive donc "à point" pour "régler", et de façon toujours aussi simpliste, ce genre de problème...

Et comme il est écrit dans le Coran, ainsi que nous l'avons montré au début de cet ouvrage, tout et le contraire de tout, et l'intelligence humaine se révoltant parfois contre de telles contradictions, il fallait pouvoir choisir entre ce "tout" et "son contraire"... Dans le cas de versets contradictoires on pourra ainsi écarter, même s'ils sont encore présents dans le Coran, les plus gênants, soit les moins virulents pour la cause islamique ! 207 versets sont ainsi abrogés *officiellement* par 93 autres. Un verset de la sourate 9 (sourate dite du "*sabre*" : c'est tout dire...) a ainsi été choisi comme verset abrogeant. Il stipule, à propos des "infidèles" :

"Tuez-les tous, partout où vous les trouverez",(S. 9, 5).

Il en abroge, à lui seul, rien que... : 124 autres ! Du type :

"Souffrez les infidèles avec patiente".

Ce qui vous donne une idée de l'état d'esprit de l'islam et de ses "théologiens", appelés encore "penseurs" musulmans, "commentateurs" du Coran ou autre "célébrités" musulmanes !

Conclusion

L'islam : une religion "inspirée", mais par qui ?

L'islam peut donc être appelé, à juste titre, et selon l'expression d'un prêtre libanais, la **"religion du "non"", tant il est l'expression de la négation unilatérale de la Révélation chrétienne.** Car les musulmans, en répétant sans cesse la chahada : "*Non, il n'y a pas d'autres dieux qu'Allah*", et s'enflammant finalement de haine et de violence à l'égard de ceux qu'ils croient être rejetés et condamnés par Allah, ne font que répéter ce cri contre Dieu et ses fidèles :

> *"Non ! Non, Dieu ne s'est pas fait homme ! Non, Jésus n'est pas le Fils de Dieu fait homme, venu pour sauver l'humanité !".*

Et cette expression, ce "non", ne rappelle-t-il pas le cri de l'ange révolté contre son Dieu, Satan qui, selon les Pères de l'Eglise, s'était écrié au jour de l'annonce au Ciel de l'Incarnation du Fils de Dieu :

"Non serviam !", "Non, je ne servirai pas !" ?

Il n'est pas possible de refuser d'ouvrir aujourd'hui les yeux et de voir cette dramatique réalité : l'islam est le fils de son maître, Satan.

Tout comme lui, il dit “Non !” à l'Incarnation, “Non !” au Salut rédempteur en Jésus-Christ, et comme lui il entraîne à sa suite, dans son refus infernal, tant d'âmes sur le chemin de la haine et donc celui de de l'enfer.

Religion “inspirée” par Satan ne signifie d'ailleurs pas que Mahomet, lui-même, fut “inspiré” par le diable, mais plutôt que **des hommes, inspirés par Satan, ont sciemment rejeté et transformé la Révélation chrétienne dans le but de manipuler des groupes ignorants, et exercer sur un troupeau aveuglé une domination tyrannique.**

L'islam est donc bien une religion “inspirée” comme l'affirment ses fidèles ! Mais la question est bien de savoir finalement par qui...

Analyse logique

Le dijhad

Mais qu'est-ce donc exactement que ce djihad dont on nous parle tant et dont on nous dit, d'ailleurs, tout et n'importe quoi ? Quelle est son origine et sa nature propre ? Quels desseins poursuit-il ? Nous allons le découvrir dès à présent.

L'islam ou le zèle vengeur

Le djihad a pour origine et pour base la chahada. En effet, comme nous l'avons vu plus haut, la *chahada*, basée sur les versets du Coran, s'oppose, par sa formule négative, à tous ceux qui affirment qu'Allah a des "associés". Allah est donc considéré comme grandement offensé par ceux qui "associent", et chaque musulman ressent, au plus profond de son âme, à chaque fois qu'il prononce la *chahada*, l'insulte qui est ainsi faite à son Dieu. Bien plus, il reçoit comme sienne *l'indignation* de son Dieu et s'enflamme de zèle pour la défense de ses droits : les "*droits d'Allah*". Ce zèle dont le moteur est la haine envers les infidèles et le devoir de les supprimer n'est donc malheureusement que violence pour venger Allah.

La chahada résonne donc comme un "appel à la guerre punitive", un "djihad" lancé vingt-cinq fois par jour du haut des

minarets et que le musulman accueille ainsi :

"Non, il n'y a pas d'autres dieux qu'Allah",

et qu'il reçoit comme un ordre directement enseigné par le Coran :

"Combattons (faisons la guerre à) tous ceux qui disent qu'il y a d'autres dieux que lui", (S. 5, 33 ; 9,5 ; 9, 29 ; 38, 2 ; etc.).

Et tout musulman est bien conscient de ce cri qui pourrait s'interpréter comme suit :

"Sus aux associateurs".

Et lorsqu'il lit le Coran, le musulman reçoit confirmation du djihad puisque, dans celui-ci, la chahada, suivie de l'ordre de combattre et de tuer l'infidèle y court tout du long. Chaque fois qu'il répète la chahada, le musulman set met donc en "état de combat" pour la cause d'Allah, en "état de guerre sainte", bref, en "état de djihad".

L'appel au combat

Plusieurs versets du Coran, résumés ainsi que nous l'avons dit dans la formule de la profession de foi musulmane, la chahada, sont susceptibles de concrétiser cette assertion. Nous en présentons ici quelques exemples qui permettront d'entrer plus avant dans la compréhension de *l'idéologie de combat* propre à l'islam et que l'on appelle "*djihad*" :

"Le combat est prescrit au musulman", (S. 2, 116).

*"**Ordre** est donné au prophète **de la part d'Allah** d'exhorter les musulmans au combat contre l'infidèle", (S. 8, 65).*

*"**Combattez** les infidèles jusqu'à leur soumission et que **l'islam seul règne**", (S. 2, 193).*

*"Combattez **ceux qui s'opposent à vous** jusqu'à l'élimination de toute subversion et **jusqu'à ce que le culte soit rendu à Allah**", (S. 2, 196).*

Toute la sourate 9, comprenant 103 versets, appelée justement "*Sourate du Sabre*" (ce qui peut déjà vous donner une idée de ce qu'elle contient...), en appelle au djihad et à passer par conséquent au fil du sabre les "infidèles" :

*"**Combattez** les infidèles et soyez durs envers eux", (S. 9, 123).*

*"**Egorgez** les non musulmans où vous les trouverez, attrapez-les, assiégez-les et tendez-leur des pièges", (S. 9, 5). Etc. etc.*

La revue "*Spectacle du Monde*" confirme :

*"Plusieurs dizaines de versets coraniques expliquent pourquoi et comment les musulmans **doivent** faire la guerre", ("Spectacle du Monde"* janvier 1998, article *"Guerre et paix").*

Avec cet arsenal de "versets de combat", il paraît donc difficile à un musulman de faillir à son devoir... divin !

Mais il serait encore plus simple que les chrétiens se "convertissent" d'eux-mêmes : le Coran leur prêche donc l'abjuration du christianisme et ordonne l'oppression de ceux qui restent fidèles au Christ Jésus, (S. 98 ; S. 9, 29 ; etc.).

Le bien-fondé du djihad, cette guerre aux impies, a encore pour motivation que la religion musulmane est la vraie et seule religion et que, par conséquent :

*"**L'islam doit prévaloir** sur toutes les autres religions", (S. 3, 85 ; 48, 28 ; 61, 9 ; etc.).*

Et si l'islam est la meilleure et seule vraie religion, ses adeptes, les musulmans, sont forcément :

"Les meilleures créatures", (S. 98, 7)...

et la race arabe qui la promeut forcément aussi :

"La meilleure des races", (S. 3, 110).

Vous comprenez bien qu'avec de tels versets, élogieux, flatteurs à souhait et cultivant si parfaitement le complexe de supériorité, il ne soit guère possible de résister à l'appel d'un dieu à combattre ses ennemis : **lui qui vous sait supérieur à tant de peuples, races et nations !** Belle illusion qu'il serait dommage de laisser s'envoler !...

Allah : un dieu criminel ?

Et si toutefois, après la tentative d'amadouer et d'exhorter au combat les guerriers par quelques versets coraniques onctueux, certains d'entre eux hésitaient encore à partir en guerre, le recours à des versets "moins sympathiques" entrerait alors en vigueur et sauraient très certainement les persuader, *avec force menaces*, de remplir leur "**mission**" et de faire leur "**devoir**", les remettant ainsi sur le "bon chemin" : celui du djihad... :

> *"Si vous ne partez pas en campagne militaire,* ***Allah vous infligera un châtiment douloureux****", (S. 9, 33).*

> *"Si vous refusez de marcher au combat, redoutez les vengeances divines :* ***les supplices attendent tous ceux qui reculent****", (S. 48, 16), Etc.*

La peur du châtiment peut, de fait, être un bon " argument " pour pousser des foules à agir, et d'autant plus si l'ordre donné provient d'une " source divine ", en l'occurrence le Coran considéré comme "la parole même d'Allah ". Et encore davantage si Dieu lui-même agit en personne :

> *"****Allah*** *terrorise les gens du livre (les chrétiens)", (S. 59, 2, et toute la sourate 59).*

*"***Allah** *va terroriser les infidèles", "frappez-les au cou", "coupez-leur le bout des doigts", (S. 8, 12).*

Bien plus, la mise à mort des "infidèles" durant le combat est l'œuvre *d'Allah lui-même* :

"Quand les musulmans tuent les infidèles ***c'est Allah qui les tue en réalité", (S. 8, 17).***

Autrement dit, le musulman doit se considérer comme *totalement innocent* et "irresponsable" (prenez-le dans les deux sens du terme…) des crimes qu'il commet ! Ce n'est pas lui qui agit c'est Allah, son dieu, qui agit par lui… Allah prend donc "sur lui" l'entière responsabilité des actes meurtriers de ses adeptes ! **A-t-on réellement conscience de la perversité et du danger d'un tel verset où toute culpabilité est niée de facto dans le meurtre d'un non musulman ?** Et comment voulez-vous à partir de là, si vous êtes musulmans, vous départir de la mission qui vous est confiée et où vous n'êtes finalement que l'expression concrète d'une puissance divine qui vous dirige infailliblement ? Drame des drames, et *cerveaux lavés* de nombreux musulmans qui pensent ainsi ! Mais "pensent-ils" vraiment encore, où d'autres ont-ils pensé pour eux il y a déjà plusieurs siècles ?…

En quête de vie spirituelle

La chahada (avec les versets qui s'y rapportent) agit donc comme une véritable machine coercitive "*extrovertissante*", en appelant au combat de tout ce qui est extérieur à l'islam. Elle conduit par conséquent à une forme d'idéologie matérialiste à teinte guerrière et conquérante. **La vie spirituelle en islam consiste fondamentalement en un esprit de combat : le djihad.**

La tradition musulmane formée d'un ensemble de rites issus du judéo-christianisme censés permettre au musulman de pratiquer sa religion et de se maintenir ainsi dans *une sorte* de vie spirituelle disparaît donc au profit de "*l'idéologie de combat*". Car qui dit "*vie spirituelle*" dit "*vie intérieure libre*". Or, force est de constater que le "*principe d'opposition*" sur lequel est fondé l'islam entraîne ses fidèles, non à une vie *intérieure* et spirituelle, mais au contraire à une *vie extérieure.*

Si un musulman "spirituel" cherche une relation à Dieu à travers la prière quotidienne, il se verra ainsi malheureusement déchiré entre son *devoir "extérieur"* de musulman, celui du combat contre "l'infidèle", et sa *conscience "intérieure"* d'être humain qui le pousse à l'amour du prochain, premier commandement de Dieu inscrit dans le coeur de tout homme et transcrit dans la Bible. Si, en effet, la prière est encore pour le chrétien le temps de la rencontre et de l'adoration de Dieu, *acte d'intériorisation* par excellence, elle devient, au contraire, en contexte islamique (le musulman étant appelé à sortir de lui-même pour combattre l'infidèle) *acte d'extériorisation.* Elle crée par conséquent chez ce dernier une dichotomie déstabilisante dont les conséquences funestes, morales, psychologiques ou spirituelles, ne sont plus à démontrer.

Une vengeance toute divine

Et, puisque fondant son identité sur une opposition, c'est à dire le perpétuel espoir de victoire sur ses ennemis, l'islam est donc également l'expression d'une perpétuelle instabilité. Car un espoir n'existe pas en lui-même : il n'est que l'idéalisation d'une possible réalisation à venir. Il est donc, par lui-même, quelque chose d'instable ! Un musulman n'est jamais arrivé, il est toujours en espoir du futur. C'est pourquoi il sera toujours insatisfait, toujours en espoir d'islamiser le monde, mais sans jamais vivre concrètement cette réalité.

Il ne sera donc encore jamais satisfait ni comblé de la présence de Dieu en lui, présence qui ne peut se découvrir qu'au *tréfonds de soi-même*. Tout au contraire il la fuit, sans même s'en rendre compte, ne cherchant de satisfaction que d'être rempli d'esprit de vengeance pour Allah et son "messager" (Mahomet) humiliés parce que rejetés par les "infidèles". **La mission fondamentale du musulman est donc de s'enflammer de haine pour venger Allah offensé par ceux qui refusent de croire au message mahométan.**

Plus qu'un obstacle, la chahada constitue par conséquent bien davantage une *auto-destruction de la vie spirituelle*. Et cette absence de véritable vie spirituelle conduit les âmes à un état permanent d'insatisfaction. Celles-ci deviennent ainsi facilement irascibles ou violentes, en manque qu'elles sont d'Amour et de Vérité que tout être humain recherche de par sa nature même d'être créé à l'image de Dieu. Il est d'ailleurs malheureusement aisé de constater les visages bien souvent durs et fermés de nos frères musulmans.

Le processus fondamentalement extériorisant de la chahada ne permet donc pas l'accès à la véritable vie spirituelle, mais il l'empêche au contraire radicalement : la chahada, fonctionnant comme un leitmotiv stimulant, pousse en effet le musulman à *s'extérioriser* pour combattre l'adversaire et non à rentrer en lui-même pour y découvrir la présence de Dieu. Il est "*soumis*" à son Dieu pour cette cause. C'est là même son devoir et sa raison d'être un musulman, un "*mouslim*", "*celui qui est soumis*" à la volonté d'Allah. Il s'ensuit qu'il n'est **pas d'abord un être spirituel mais bien plutôt un combattant sortant de lui-même pour soutenir la "cause d'Allah"**.

Un état permanent de combat

Il est désormais plus facile, à la lumière de ces explications, de comprendre l'attitude souvent paradoxale de musulmans pouvant passer de façon soudaine d'un stade en apparence pacifique à un stade de violence. Car, on l'a compris, **l'islam n'est pas en lui-même une "spiritualité" mais d'abord et avant tout un "combat religieux" :**

le but et la raison d'être d'un musulman sont de combattre les ennemis d'Allah, c'est à dire de s'extérioriser pour le combat. M. Arafat, dans son langage toujours aussi cru, confirme :

> *"**Dans son essence, notre guerre est une guerre de religion.** Celui qui le nie, ment. Tous les arabes et tous les musulmans doivent donc s'aligner : s'ils restent neutres, ils renient l'islam", (cité par Mme Oriana Fallaci dans "La Rage et l'Orgueil",* éd. Plon, p. 28)

Le musulman est en "état permanent" de combat. Sa vie spirituelle "*intérieure*" comme ses actes "d'adoration" *extérieurs* sont une attitude de combat, un "*état de guerre*" pour défendre la cause d'Allah sans cesse offensé par ceux qui lui "associent" d'autres divinités et, par extension, *tous ceux qui ne suivent pas la religion musulmane*. **La prière n'est donc qu'un support, un tremplin pour lancer et relancer le fidèle à sa "mission" : le combat contre "l'infidèle".**

Si donc quelques musulmans recherchent, dans leur prière quotidienne, une véritable relation a Dieu, il est rare que la méthode obtienne les résultats escomptés ! **Rares sont en effet ceux qui, malgré leur désir d'intériorité, parviennent réellement à se détacher de cet " esprit de combat " insufflé et même martelé vingt-cinq fois par jour dans leur esprit par la chahada.**

Le djihad : une guerre pour la cause d'Allah

Le djihad n'a donc rien à voir avec la vision soufi de "l'effort sur soi-même", et dont se réclament aujourd'hui quelques musulmans d'Occident à la suite de certains islamologues en mal de spiritualité... N'oublions en effet jamais que le soufisme et son interprétation spiritualiste du Coran sont totalement rejetés de l'islam orthodoxe. M. Samir Khalil Samir, président de l'International Association for Christian Arabic Studies, qui vit à Beyrouth où il enseigne dans différentes facultés de l'université Saint-Joseph, répond à ce propos dans une interview de Giorgio Paolucci et Camille Eid :

> *"Le mot jihad vient de la racine j-h-d qui, en arabe, évoque un effort, en général l'effort pour la guerre.* ***Dans le Coran, le mot jihad est toujours utilisé dans le sens de lutte pour Dieu****, selon l'expression intégrale "jihad fi sabil Allah", lutte sur le chemin de Dieu, et pour cela il est traduit dans les langues européennes, par les musulmans eux-mêmes, par "guerre sainte" ", ("Cent questions sur l'islam",* Ed. Marietti, Gênes, 2002).

Et quant à l'interprétation spirituelle ou mystique du djihad, M. Samir Khalil Samir explique :

> *"Tout cela est une élaboration qui ne correspond ni à la tradition islamique, ni au langage moderne. Tous les groupes islamiques qui adoptent le mot jihad dans leur nom ne le comprennent certainement pas dans un sens mystique, mais bien dans son acception violente, et les dizaines de livres publiés dans les dernières années sur le jihad se rapportent tous à la guerre sainte. Donc,* ***soit du point de vue historique, du Coran à nos jours, soit du point de vue sociologique, le sens actuel de jihad est univoque : il indique la guerre musulmane, au nom de Dieu,*** *pour défendre l'Islam."*

Mme Raphaëlle de Neuville, spécialiste des questions politiques et religieuses, confirme :

> ***"Dans le Coran, le djihad revêt une signification exclusivement militaire****, systématisée comme telle par divers*

juristes (musulmans) à partir du XIe siècle", (revue "Permanences", novembre 2002).

Une guerre d'obligation divine

M. Ibn Warraq, au journaliste Stéphane Barsacq qui lui pose la question suivante :

> *"Pour vous, le jihad est-il vraiment au cœur de l'islam, étant entendu qu'il ne fait pourtant pas partie des cinq piliers de la foi ?",*

répond :

> *"Bien sûr. Le jihad ne désigne pas dans le Coran l'effort sur soi, mais bien la guerre sainte, dont* ***le but est de conquérir le monde entier et de le soumettre*** *à la seule religion qui soit, la loi d'Allah.* ***Pour tout musulman, c'est une obligation religieuse établie dans le Coran que de porter, par tous les moyens, l'islam à toute l'humanité.*** *Exemple : "Que ceux qui troquent la vie présente contre la vie future combattent dans le chemin de Dieu. Nous accorderons une récompense sans limite à celui qui combat dans le chemin de Dieu, qu'il soit tué ou qu'il soit victorieux." (S. 4, 74),* ("Figaro Magazine", 6 oct. 2001).

Et le théologien musulman maghrébin Ibn Khaldoun (1332-1406), n'écrivait-il pas déjà que :

> *"Dans l'islam, la* ***guerre contre les infidèles est d'obligation divine****, parce que cette religion s'adresse à tous les hommes et qu'****ils doivent l'embrasser de gré ou de force****".*

Que l'islam doive s'imposer à tous, et de par la "volonté d'Allah", n'est donc pas un concept spécifiquement moderne !

Islam et djihad : même combat

Le djihad consiste donc d'abord et avant tout dans le combat contre l'infidèle professé dans la chahada. Il n'y a donc aucune différence essentielle entre le *djihad* et la *chahada*, c'est-à-dire, entre le *djihad* et la *profession de foi musulmane*. Cela signifie que l'appel à la guerre punitive (le djihad) est contenu dans la profession de foi du musulman qu'il récite vingt-cinq fois par jour (cinq fois à chaque prière) et que, bien davantage, ce djihad en est le contenu même. Et comme une profession de foi est, comme son nom l'indique, l'expression de la foi que l'on professe, le djihad constitue donc, à travers l'expression même de la chahada, **l'identité propre de cette religion**. Il est, par conséquent, indissociable de l'islam, en constituant intrinsèquement sa raison d'être. Autrement dit, il ne peut y avoir d'islam sans guerre punitive, c'est-à-dire de djihad, déclarée aux infidèles.

Ainsi, **par la proclamation quotidienne de la Chahada, le musulman place le djihad, la guerre aux infidèles, au cœur de sa foi, comme sa mission première et principale**.

Le djihad est donc, en lui-même, l'essence de l'islam, sa raison d'être et d'exister. Il est tout simplement l'islam et son expression : *l'islam n'existe donc pas sans le djihad et le djihad sans l'islam*. Il n'y a par conséquent aucune différence essentielle entre eux et ils ne forment qu'une seule et même réalité. L'un ne va donc pas sans l'autre et l'un est inséparable de l'autre car, en fait, **ils ne sont qu'un : l'islam c'est le djihad, et le djihad c'est l'islam !**

Un pléonasme notoire : le djihad islamique

L'on comprend dès lors que l'expression "djihad islamique" est un pléonasme à dessein de diversion ! Car si l'on affirme un djihad "islamique", c'est donc qu'il n'est pas propre à l'islam, soit que ce djihad pourrait tout aussi bien être bouddhiste ou hindou, juif ou jéhoviste, catholique ou protestant, etc. Et si le djihad, comme il est suggéré par cette expression, n'était qu'un vil attribut de l'islam, ou encore, ainsi qu'on nous le présente habituellement, l'une de ses orientations déviantes et extrémistes, il pourrait alors tout aussi bien l'être d'autres religions.

Mais le djihad n'est pas une sorte de malencontreuse "excroissance" de l'islam, **il est son essence même**. Le djihad n'est pas le combat facultatif et occasionnel contre l'infidèle, mais bien "l'état *permanent* de combat" contre celui-ci, combat dans lequel s'entretient chaque jour le musulman par la chahada et à actualiser quand il est possible, soit dès que les moyens le permettent. **Cet "état permanent" intérieur ou extérieur de guerre porte donc le nom de "djihad" !**

Le djihad : fondement de l'expansion future

Et comme nous l'avons dit plus haut, une négation ne peut subsister que par rapport à une affirmation. Par conséquent, s'il n'y a plus de *djihad*, c'est-à-dire de "guerre déclarée à l'infidèle", l'identité même de l'islam, qui est toute d'opposition, disparaît. Autrement dit : sans djihad, l'islam ne peut perdurer, car sa raison d'être n'est plus. **Ce qui tient, depuis ses origines, cette idéologie, et la fait exister, c'est sa dynamique de l'opposition et du combat permanent :** plus de combat, plus de "guerre déclarée aux infidèles", plus de *djihad*, plus d'islam !
Je ne ferai, pour appuyer cette triste réalité, que citer le dictionnaire Larousse à l'article "*Mahomet*" :

> *"L'institution de la "guerre sainte" (djihad), devoir de combattre ceux qui n'adhèrent pas à la foi nouvelle (l'islam), a donné à l'islam* ***le fondement de son expansion future****".*

Le combat contre l'infidèle consiste donc, selon le Larousse, (et par conséquent de source musulmane, celui-ci étant bien informé !) en un "devoir" pour le musulman. Et si le *djihad* est un "devoir" pour le musulman, c'est qu'il n'est pas facultatif ! Et s'il n'est pas facultatif, **c'est qu'il est inhérent à l'islam** : C.Q.F.D. !

Le dictionnaire ne fait d'ailleurs que reprendre la pensée musulmane, exprimée à travers les innombrables admonestations coraniques pour appeler les musulmans à cette guerre contre les *"infidèles", les "impies", les "hypocrites", les "menteurs", les "dévoyés"*, etc. (la liste est longue !). Toutes expressions tirées du Coran qui désignent toujours le même ennemi : "l'associateur", que le lecteur averti aura désormais identifié et que le musulman a, quant à lui, depuis toujours, discerné !

Le *djihad* est donc le "fondement de l'islam", et ce par le moyen répétitif et endoctrinant de la *Chahada*, la prière des musulmans répétée vingt-cinq fois par jour. Il est donc, d'abord, "l'état de guerre" dans lequel s'entretient chaque jour le musulman, tout spécialement par la récitation de la chahada et des versets du Coran. Il est contenu dans l'esprit même de l'islam, **il est l'islam, et comme son énergie vitale**.

Le système de répétition de la chahada en fait donc un véritable "cri de guerre", du djihad un "état de guerre" et de l'islam, par voie de conséquence, une véritable "machine de guerre".

Le lobby islamique sous la bannière saoudienne

Et si, après ces explications, l'on n'avait pas encore compris que **la profession de foi (la chahada) est un "appel au combat et à la guerre" et est donc, en elle-même, l'expression du djihad**, il n'est que d'observer le drapeau du Royaume Saoudien. Y est en effet transcrite en arabe la *chahada*, "soulignée" d'un joli sabre... Inutile de vous dire que le sabre est le symbole de l'appel à la guerre contre l'infidèle, bref du *djihad*, et qu'il sert généralement à autre chose qu'à se raser la barbe !

Le sabre étant accolé à la chahada, le message de ce drapeau est donc clair :

> *"Nous, Royaume Saoudien, berceau de l'islam, nous nous faisons un devoir de poursuivre la politique ancestrale de l'islam exprimée dans la chahada : couper la tête de tous ceux qui ne disent pas cette chahada, bref, de tous les non-musulmans !..."*.

L'Arabie Saoudite, "fer de lance", ou plus précisément "pointe du sabre" de l'islamisme, affiche donc sans vergogne le programme qu'elle se *propose d'imposer* : **couper les gorges à tous les non-croyants, c'est-à-dire ceux qui refuseront de prononcer la chahada, ainsi qu'il fut de principe dans la "méthode" d'islamisation depuis ses origines,** et bien évidemment à la suite de sentences du Coran telles :

> *"Lors donc que vous rencontrerez les non-croyants, (les non-musulmans, chrétiens en particulier), alors frappez aux cols. Puis, quand vous avez dominé, alors serrez le garrot." (S. 47, 4)*

Et pour ceux qui voudraient voir dans ce drapeau les seuls signes d'une animosité désormais révolue, il n'est que de demander pourquoi, alors, ce royaume ne l'a pas encore changé ? Mais s'il envisageait seulement de le faire, il perdrait d'un coup le monopole politico-spirituel qu'il a sur les âmes et sur les peuples, l'Arabie Saoudite étant, comme chacun sait, le lieu originel de la conquête musulmane partie de La Mecque. Décision absolument impossible à prendre, et pour le régime saoudien en place, et davantage encore pour l'idéologie islamique.

Ce drapeau confirme donc, s'il en était besoin, que **la chahada et le djihad sont intrinsèquement liés et inséparables, et que cette chahada est bien un cri de guerre !** Et à ceux d'une naïveté décidément incorrigible qui soutiendraient encore qu'il n'y a dans ce sabre accolé à la formule de la chahada qu'un simple décor artistique, placé là comme pour faire "joli", il est urgent de répondre qu'il représente, effectivement, un "joli" coupe-gorge !

Un état anti-chrétien : l'Arabie Saoudite

Et s'il fallait encore montrer que l'Arabie Saoudite se veut la "pointe du sabre" de l'islamisation mondiale, il faudrait signaler **qu'elle ne tolère sur l'ensemble de son territoire aucune église**, de quelque branche chrétienne qu'elle soit. Preuve, s'il en était encore besoin, **de la haine viscérale de l'islam devant tout signe rappelant de près ou de loin le christianisme**.

Chaque année, les responsables politico-religieux de cet Etat interdisent encore aux musulmans de souhaiter aux chrétiens, de façon publique ou privée, sous peine de poursuites, des voeux de Noël ! Cela à simple titre d'exemple de la "tolérance" de l'islam à l'égard des autres religions, ou même eu égard aux propres ressortissants d'un Etat, les chrétiens étant dans ce pays tout aussi saoudiens que les autres...

Il n'est pas même possible à cet Etat de tolérer sur son territoire une simple croix, ce qui valut à la "Croix rouge" (organisation humanitaire internationale), durant la Guerre du Golfe, on s'en souvient, de se voir contrainte à cacher son "logo" (une croix rouge, évidemment) pour obtenir l'autorisation d'entrer dans ce pays et y apporter son aide ! Principe oblige, donc, au détriment de toute logique ! Mais l'islam, ainsi qu'on l'a vu, n'en est pas à une aberration près, du moment qu'est sauvegardée son hégémonie !

Lorsque l'on sait que la compagnie d'aviation suisse, "Swissair", ne peut atterrir dans ce pays à cause de son sigle (le drapeau suisse composé d'une croix blanche sur fond rouge), on peut penser que ces manifestions fanatiques ridiculisent leurs auteurs… Sauf que tous les dirigeants occidentaux cèdent lâchement et honteusement devant ces manifestations fanatiques de l'islam !

Et c'est encore l'impossibilité d'assister a une messe dans ce pays qui fit refuser au courageux et "très chrétien" roi belge Baudouin Ier, mort en odeur de sainteté dans les années 90, de s'y rendre en visite officielle.

Quand on sait toute l'importance tant historique qu'idéologique que revêt pour un musulman l'Arabie Saoudite (La Mecque étant le centre spirituel de l'islam depuis ses débuts), il y a franchement de quoi s'inquiéter de l'impact que pourrait avoir, en cas de crise, un mot d'ordre émanant de n'importe quelle autorité politique ou religieuse de ce pays sur l'ensemble du monde arabe.

On en a eu la preuve pendant la Guerre du Golfe, où les musulmans n'ont pas réagi pour défendre leurs frères irakiens contre les américains, à cause de l'alignement derrière l'Arabie Saoudite politiquement alliée des Etats-Unis. **L'Irak étant alors, sous le régime de M. Hussein, le seul pays du Moyen-Orient à ne pas imposer la "charia" (loi islamique) sur son territoire, et à n'être pas officiellement musulman,** ne pouvait donc prétendre à l'aide des autorités musulmanes, représentées en premier lieu par l'Arabie Saoudite, plus soucieuses de capitaux que d'entraide fraternelle... L'Arabie Saoudite restant, politiquement et économiquement, l'alliée des Etats-Unis, on peut dès lors commencer à comprendre le double jeu américain au Moyen-Orient !

Un logo de combat ou de jolis sabres pour un joyeux programme

Quant à l'emblème des "Frères musulmans", il n'est pas moins éloquent que le drapeau saoudien. Pour bien marquer cette division du monde en deux, et rester ainsi en état de guerre permanent contre la "non-islamité", ce mouvement a choisi comme emblème un "*logo de combat*". Ce sigle est composé d'un Coran accompagné des mots "*wè a'dou*", sous lesquels sont placés deux "jolis" sabres qui se croisent... vous imaginez le programme ! mais vous le saisirez davantage lorsque vous saurez que le terme "*a'dou*" signifie en arabe "les ennemis". L'expression "*wè a'dou*" constitue l'ordre de tuer les ennemis et que l'on peut donc traduire par :

"à l'attaque, sus aux ennemis"...

Cet ordre de combat provient du Coran (S. 8, 60), d'une sourate particulièrement virulente, pour ne pas dire violente à l'égard des "infidèles impies", "infidèles impies" dont la plupart d'entre nous, parce que non-musulmans, faisons partie, je vous le rappelle...

Et si, sur ce sigle, les sabres sont placés en forme de croix, ce n'est bien sûr pas par hasard, ni pour la décoration, chaque élément ayant sa signification particulière dans un logo, **mais pour montrer que l'ennemi numéro un est bien la Croix, symbole du christianisme**. Ce rejet de la Croix, bien plus, cette haine viscérale de la Croix pour un musulman, est le signe extérieurement visible de sa "programmation" anti-chrétienne.

Les quatre éléments de ce sigle étant : le Coran, l'expression "wa adou" ("à l'attaque"), les deux sabres, et la croix formée par ces deux derniers, son message pourrait donc se traduire ainsi :

*"**Le Coran** est notre Livre sacré, et **il nous appelle à déferler** sur les ennemis infidèles **par le sabre**, ennemis qui sont **les amis de la Croix, les chrétiens**".*

Deux visions, deux esprits

Le djihad est donc inscrit, *de par la profession de foi musulmane sans cesse répétée*, dans l'esprit et dans le cœur de tout musulman. Mais l'esprit de combat n'est pas actuellement l'apanage des occidentaux, la tendance occidentale versant davantage aujourd'hui en un "esprit d'ouverture" et de "compréhension mutuelle" et, malheureusement aussi trop souvent, de torpeur... Un musulman peut donc difficilement, dans ce contexte de "tolérance et d'ouverture" exprimer, voire révéler, l'esprit duquel il est, lui, imprégné...

Le Père Mazzucchelli, missionnaire italien ayant passé la majeure partie de sa vie au Moyen Orient et spécialement en Egypte, y ayant côtoyé nombre de musulmans, témoigne à ce sujet :

> *"Si vous rencontrez un musulman et que vous lui demandez sur quoi se fonde l'islam, il vous répondra,* ***surtout en Europe*** *: "sur le Coran et sur la prière que l'homme pieux récite cinq fois par jour (contenant la chahada), sur le pèlerinage à La Mecque et sur l'aumône ou le Ramadan". Il vous parlera difficilement du* ***djihad, c'est-à-dire de la guerre au nom d'Allah qui doit être faite aux infidèles. Or cette guerre est toujours prescrite au musulman, afin d'assujettir le monde à Allah"****.*

Le droit musulman, lui-même, affirme :

> *"Le djihad (la guerre aux infidèles) est* ***l'état normal*** *du musulman", (Art. 245).*

Le musulman est donc dans son "bon sens" quand il pose un acte de djihad, soit de violence à l'encontre d'un non-musulman et particulièrement d'un chrétien "associateur"... Davantage, ces actes de djihad ne vaudront en contexte islamique à leur auteur aucune condamnation en justice ni même aucune réprobation. Inutile encore de vouloir lui trouver des circonstances atténuantes de type psychologique ou psychiatrique : non, rassurez-vous, **en perpétrant des actes de djihad, c'est-à-dire des violences, sévices, viols, crimes, tortures, etc. le musulman est bien, ainsi donc que le déclare "son droit", dans son "état normal"...**

Or, le droit musulman prévaut sur tout autre droit civil ou religieux. En contexte non-musulman, les musulmans se doivent de suivre les règles de la charia ou, tout au moins, les principes, règles et traditions islamiques universelles, tant que leur situation et le contexte dans lequel ils évoluent le leur permet. Si donc ils commettent un acte répréhensible au regard des textes législatifs du pays dans lequel ils vivent, ils seront pourtant encore considérés comme en "situation de droit" selon leur propres lois et passeront évidemment pour des héros dans la communauté musulmane...

Le djihad expansionniste

Tous dans le même sac

Le but inavoué de l'islam est donc d'éradiquer du monde toute trace d'associationnisme, c'est-à-dire de christianisme, comme de supprimer tout ce qui rappelle, de près ou de loin les valeurs chrétiennes. Par voie de conséquence, la religion musulmane verra d'un "œil inquisiteur" toute la culture occidentale qui en est issue et, a fortiori, l'Occident dans son ensemble, berceau des grandes civilisations chrétiennes. Il ne faut en effet pas perdre de vue que, désormais, pour l'islam (surtout en Orient), *tout occidental, croyant ou non*, est amalgamé au christianisme. Soit encore qu'il considère tout occidental, fut-il athée, agnostique ou appartenant à n'importe quel groupement religieux non-musulman, comme impie et infidèle.

Le simple fait de n'être pas musulman met donc automatiquement dans le camp ennemi ! Le non musulman ne pourra être considéré au mieux que comme complice des ennemis d'Allah. Le contexte des débuts de l'islam était en effet religieux, spécialement judéo-chrétien. Les "ennemis de l'islam", c'est à dire ceux qui se refusaient à embrasser la religion d'Allah étaient alors essentiellement juifs ou chrétiens. Aujourd'hui, ils sont juifs ou chrétiens, athées ou agnostiques, ou d'un quelconque groupement religieux ou sectaire. En effet, en plus des deux grandes religions monothéistes non musulmanes foisonnent toute sorte de religiosités, et une partie du monde a même basculé dans l'athéisme. **Les ennemis d'Allah sont donc désormais ceux-là autant que ceux-ci, du moment qu'ils n'adhèrent pas à l'islam.**

Une opposition virtuelle

Notez encore que, pour l'islam, l'expression "combattre Allah et son prophète" ne signifie souvent que l'opposition virtuelle à la foi musulmane, soit le simple fait de ne pas l'embrasser spontanément... N'être pas musulman ou refuser de le devenir est alors interprété comme une déclaration de "guerre lancée contre Allah et son prophète". En témoignent des versets tel :

> *"La rétribution de ceux qui combattent Allah et son prophète et sèment le désordre sur la terre sera* ***l'exécution, la crucifixion, l'ablation des mains et des pieds opposés ou le bannissement de leur pays...*** *" (S. 5, 33). Etc.*

Gare aux "résistants", donc !

Les versets qui s'adressaient plus particulièrement, dans les débuts de l'islam, aux chrétiens, sont donc le plus souvent interprétés aujourd'hui par les musulmans comme s'adressant à *tous les occidentaux* qui, **refusant de croire aux "révélations" du "prophète", s'opposent donc à la réalisation de la volonté d'Allah : l'avènement de l'islam sur la terre.**

C'est pourquoi ces lignes s'adressent **à tous** les non-musulmans de quelque confession qu'ils soient pour les mettre en garde quant à leur statut face à l'islam, tout comme aux musulmans pour les éclairer sur la manipulation dont ils sont les instruments plus ou moins actifs. Nous sommes donc tous, nous occidentaux, de par notre non-islasmité foncière, voire notre non-arabité, dans le "*camp des infidèles*". Il n'est à ce propos que de constater **l'épuration intellectuelle et religieuse qui sévit en de nombreux pays musulmans de par le monde**, tel c'est le cas actuellement pour l'Algérie, le Soudan, le Timor, le Nigeria, et bien d'autre pays d'Afrique et d'Asie, ou plus simplement encore les actions terroristes contre les intérêts occidentaux.

"Dar el harb", "dar el salem"

D'ailleurs, ce ne sont plus seulement les non musulmans en tant qu'individus isolés qui font l'objet de la haine de l'islam, mais les régions du monde où ils sont regroupés. La haine vouée aux infidèles sera donc d'autant multipliée qu'ils seront plus nombreux en telle partie du monde, et qu'ils offensent par conséquent davantage Allah par leur *incrédulité collective*. Un peuple, une nation, peuvent ainsi se voir voués à l'anathème islamique. **L'Occident, partie du globe qui rassemble plus spécifiquement les non musulmans, image ainsi visible de son "endurcissement" est donc la cible privilégiée des foudres d'Allah... et de ses disciples !**

Traditionnellement, Pour l'islam, le monde est en effet divisé en deux grandes parties :

- La partie orientale, qui regroupe les régions où il a pris un essor important, soit encore celle où il a pu s'imposer

politiquement, c'est à dire **l'ensemble des régimes islamiques concentrés au Moyen Orient et dans une partie non négligeable de l'Asie**. L'ensemble de ces régions est appelé "*cité de la paix*" ("*dar el salem*"), car soi-disant en paix avec Allah par le fait d'avoir adopté l'islam comme religion. Comme son nom l'indique, la cité de la paix "est censée" réaliser ce qu'elle prétend être, c'est à dire un "havre de paix" en terre d'islam ce qui, n'en déplaise à nos frères musulmans, ne s'y vérifie nullement et nulle part !
- La partie occidentale, qui regroupe les régions non encore islamisées dont les régimes ne sont pas encore tombés sous le joug de l'islam, et qui regroupe actuellement les pays à régimes démocratiques, soit en gros l'Occident. L'ensemble de ces régions est appelé la "*cité de la guerre*" ("*dar el harb*") car, pour l'islam, celles-ci se mettent automatiquement, de par leur refus d'adhérer au message mahométan, en *état de guerre contre Allah.* **Elles sont par conséquent à combattre dans leur ensemble, et tous ceux qui y vivent, hormis bien sûr les musulmans, sont considérés comme les ennemis d'Allah.**

De gré ou de force

La revue "*Spectacle du Monde*" de janvier 1998, dans "*l'Abécédaire de l'islam*", à l'article "*Guerre et paix*", précise :

"Depuis l'aube de l'islam, les commentateurs du texte sacré divisent le monde en deux parties : le "dar el islam" ou pays de l'islam et le "dar el harb" ou pays de la guerre. Au premier correspondent les régions de la planète passées sous autorité musulmane. Au second, les contrées où la population et les gouvernements refusent de se soumettre à la religion de Mahomet.

Dans le dar el islam, la loi coranique régit les relations entre les individus et définit le statut et le rôle des non-musulmans. Alors que ***dans le dar el harb les mahométans jouissent du droit de lancer des raids militaires, de réduire les populations à l'esclavage, ou de s'emparer de leurs biens (...)****.*

Les hommes du GIA algérien (entre autres groupements islamistes) croient que la France va bientôt passer du statut du "dar el harb" au "dar el islam"".

Soit, en clair, que la France va bientôt devenir un pays musulman sous le régime de la charia ce qui, disons le tout net, en prend bien le chemin !

Mme Raphaëlle de Neuville, politologue spécialiste de l'islam confirme :

"L'islam divise le monde en deux camps : les disciples de Mahomet, le parti de Dieu, (S. 5, 56), et les ennemis de Dieu, ceux qui refusent de se convertir à l'islam, (S. 41 ; S. 19 ; S. 28) et que l'on peut ***légitimement obliger, par la violence, à devenir des disciples d'Allah****. On oublie trop souvent que l'islam s'est répandu essentiellement par les armes et que Mahomet a conduit lui-même 27 campagnes militaires", (*revue *"Permanences",* novembre 2002*).*

Et à la même enseigne

Rejetant la "révélation" au "prophète", les non musulmans quels qu'ils soient sont donc devenus pour l'islam les " infidèles des temps modernes ". Ils sont perçus désormais comme *incroyants*, c'est à dire *rejetant Allah et sa parole* et sont donc, pour cette raison, eux aussi, *à combattre* :

"Les incroyants sont les ennemis avérés des musulmans", (S.4, 101).

"Ceux qui rejettent Allah sont ***les pires des bêtes****", (S. 8, 55).*

"Ce sont des ***criminels****", (S. 6, 147).*

Le simple fait de n'être pas musulman est donc considéré par l'islam comme un crime !

Ceux qui rejettent l'islam sont encore appelés :

"les amis de Satan", (S., 4, 76). "Ils iront en enfer", (S. 4, 169 ; 33, 64).

Et ainsi que nous l'avons dit, les versets d'appel à tuer les chrétiens, donc désormais les non musulmans, sont nombreux, tel :

*"****Tuez*** *les païens partout où vous les trouverez, attrapez-les, assiégez-les et tendez-leur des pièges", (S. 9, 5). Etc. etc.*

Notez que des millions d'individus, qu'ils soient chrétiens, juifs, hindous, *ou autres*, ont déjà payé de leur vie le prix de tels versets ! Dans un article intitulé "*Petit Tour politiquement incorrect de l'islam*", un auteur libanais, M. Antoine Besraoui, constate :

"Le djihad est donc un ***appel au combat qui a directement et légitimement mené au massacre de millions de personnes****, (persans, hindous, juifs ou chrétiens, etc.). Lui aussi qui a commandé et organisé l'oppression fiscale, politique et sociale de millions d'autres. C'est à ce prix que juifs et chrétiens ont pu goûter à la "tolérance" musulmane tant vantée par nos médias".*

Une guerre d'extermination

Le devoir, *l'ordre impératif*, qui incombe par conséquent à chaque musulman "digne de ce nom", est de participer par tous les moyens, fussent l'assassinat, et sous peine d'être lui-même damné par Allah, **à faire disparaître de la surface du globe les impies "associateurs" et, par extension, tous les non-musulmans**. Le droit musulman définit à ce propos ce qu'il estime être la vie même et sa raison d'être et d'exister d'un musulman :

> *"L'état de guerre (le djihad) doit être considéré au point de vue individuel et au point de vue international : au point de vue individuel, tout infidèle est virtuellement livré au musulman.* ***Au point de vue international, la guerre sainte est une guerre d'extermination*** *de tous les apostats arabes ou idolâtres qui ne se convertiraient point à l'islam, puis des chrétiens et des juifs qui refuseraient de se soumettre au joug musulman et de payer le tribut", (Art 246).*

Le langage des responsables musulmans est donc, ainsi que vous le constatez, toujours plus clair et plus précis que celui de nos islamologues en mal de spiritualité comme de nos médias occidentaux ! Ici, on parle net. Et on ne fait pas dans la dentelle !...

Entre djihad et conscience

Une armée prosternée

Mais par quelle gestuelle le "combattant" manifeste-t-il encore sa soumission aux injonctions totalitaires et conquérantes d'Allah et se prépare-t-il ainsi au combat ? Quelle attitude physique adopte-t-il finalement quand il prononce la chahada ? Se met-il debout ou à genoux ? S'assied-il ou se couche-t-il ? Non. : lorsque le musulman proclame la chahada *il se prosterne jusqu'à terre* en signe de soumission total à son Dieu, en signe de soumission total à ses ordres, **en signe de soumission total au djihad...**

Comme il est en effet plus efficace de mobiliser une armée en joignant “le geste à la parole”, les actes originels d'adoration de la transcendance divine se sont vus eux aussi transformés en signes extérieurs de la volonté de combat pour la cause d'Allah. Si bien que la *prosternation* des musulmans au cours des cinq prières quotidiennes qui apparaît aux esprits occidentaux peu avertis comme un acte d'adoration (ainsi que l'était d'ailleurs son sens biblique originel) n'est finalement devenu en contexte islamique qu'un signe de soumission à Allah et d'obéissance inconditionnelle à son ordre : le combat contre l'infidèle. Par cette *prosternation collective manifestée visiblement*, les musulmans se promettent en effet d'obéir et de défendre la cause d'Allah en combattant toute résistance au message édicté à son “prophète”. Prosternés comme en *rang de bataille*, **ils se mettent en état guerre, en état de djihad : ils forment “l'armée d'Allah” prête à se lever pour le combat !**

Ces manifestations ostentatoires cherchant à unir les combattants d'Allah en un même “corps d'armée” se déroulent le plus souvent à l'intérieur ou à l'extérieur des “mosquées”, terme traduit improprement par “lieux de prière”, “lieux de culte”, etc.. Ces traductions tendancieuses dues à la volonté interprétative de l'esprit occidental plaquant ses concepts sur des réalités essentiellement différentes tendent une fois de plus à détourner le sens réel et profond du langage mahométan. La traduction littérale du terme arabe “mosquée” (“*masged*”) est en effet précisément : “*lieux de prosternation*” (de la racine “*s-g-d*” “se prosterner”, dont est tiré le terme même de “prosternation” : “*sougoud*”. Le mot “*seggéda*” désigne quant à lui le tapis sur lequel se prosternent les musulmans lors de la prière et, par extension, tout tapis). Le musulman ne se rend en effet nullement chaque jour au “lieu de prière”, mais bien au “*lieu de prosternation*” c'est à dire encore au “*lieu de soumission total*” à Allah et à ses commandements, bref au “*lieu du rassemblement pour l'appel au combat*”.

Penserait-on donc encore, ainsi que se plaît à l'encourager la propagande médiatique intempestive occidentale, que les mosquées, qui poussent actuellement de par le monde comme des champignons parce que financées de pair par les pays arabes et les contribuables occidentaux (!), soient d'inoffensifs “lieux de prière” auxquels, dit-on, “chaque musulman a droit ” (notez qu'en Occident on ne parle que de “droits”, jamais de “devoirs” ! Après les *“**droits** de l'homme”, à quand, donc, les “**devoirs** de l'homme” ?*).

Mais qui, en dehors des musulmans ou de ceux qui parlent la langue arabe, sauraient ce qu'y transmettent les imam ? Tout un chacun peut pourtant se douter que les enseignements qui y sont transmis ne peuvent de quelque manière se départir de l'idéologie islamique de combat et de ses principes, à partir de ses textes fondateurs et suivant le corollaire qui en découle comme de sa source : l'incontournable djihad ! Selon ces mêmes principes, et suivant le matraquage idéologique provoqué par la répétition de la chahada, cet esprit de combat ne peut que sans cesse être ravivé, et sans cesse alimenté le feu de sa haine, par les chefs “spirituels” de l'islam, qui sont encore ses chefs politiques ! **Les mosquées ne peuvent donc être autre chose, et par définition, que des anti-chambres du djihad !**

Des mosquées aux senteurs de djihad

Je laisserai ici encore la parole à la grande journaliste italienne, Mme Fallaci, qui résume la question et permet ainsi de clore un interminable débat qui ne fait que profiter, une fois de plus, à l'islam et son inséparable acolyte : le djihad. Assimilant le rôle de la mosquée à celui de son chef, l'imam, elle répond à leurs sympathisants européens qui souhaiteraient ne voir, en ce dernier, dans la hiérarchie musulmane, qu'un personnage “inoffensif et insignifiant” :

> *“Faux. L'imam est un notable qui dirige et administre sa communauté avec tous les pouvoirs. (…). Il est un politicien*

qui durant le sermon lance des messages politiques, pousse les fidèles à faire ce qu'il veut. Toutes les révolutions de l'islam ont éclaté grâce aux imams des mosquées. La révolution iranienne commença dans les mosquées, c'est à dire grâce aux imams, non dans les universités comme leurs sympathisants et protecteurs européens voudraient nous le faire croire aujourd'hui. Derrière chaque terroriste islamique il y a nécessairement un imam, et je rappelle que Khomeyni était un Imam. Je rappelle que les révolutionnaires de l'Iran étaient des imams. ***Je le rappelle et j'affirme que d'une manière ou d'une autre les imams sont les guides spirituels du terrorisme****". ("La Rage ou l'Orgueil",* éd. Plon, p. 38*).*

Y aurait-il quelque commentaire à ajouter ? Sinon peut-être celui d'une confirmation : les agressions spontanées contre les non-musulmans dans les pays arabes se déroulent presque toujours en conclusion d'un exhortation d'un imam et, le plus souvent, *à la suite de la grande prière du vendredi*. En ce jour, le sermon de l'imam, dont les exhortations sont de plus en plus enflammées au fur et à mesure qu'il se déroule, se termine bien souvent dans un climat de surexcitation. Il n'est d'ailleurs pas même besoin de connaître l'arabe pour le comprendre : il suffit de constater combien, dans les rues, le microphone vibrant en réponse à ces stimulations hurlantes, parfois frénétiques, a tant de mal à supporter la saturation des décibels ! Et combien, par sa voix alors rauque et finalement incompréhensible autant qu'assourdissante, l'imam ne parvient plus même à garder son calme et assumer son rôle…

Et Mme Fallaci de s'offusquer encore :

"Non contents de se comporter en maîtres ils réclament toujours des mosquées : eux qui dans leur pays ne nous laissent pas construire la moindre chapelle et à ***la première occasion égorgent les missionnaires, déflorent les bonnes sœurs****". ("La Rage ou l'Orgueil",* éd. Plon, p. 142).

Les réservistes du djihad

Si donc quelques *rares* musulmans d'Occident se sont dégagés de l'emprise de "l'idéologie de combat" inhérente à l'islam, la plupart sont encore acquis à sa cause parce qu'entretenus régulièrement sur ce "sujet" dans les mosquées, et **attendent donc seulement l'heure décisive du djihad !**

Il faut bien avoir à l'esprit que cette idéologie de combat imprègne toute la "contemplation" comme l'action du musulman et qu'elle fait de lui, et avant tout, un combattant. Il lui est donc extrêmement difficile de sortir de cet esprit, vit-il en pays occidental.

Un musulman reste donc prêt, *dans tous les cas*, à intervenir pour la cause d'Allah. Si l'occasion lui en est donnée, il passera "*tout naturellement*" à l'action. Il est donc comme **un réserviste de l'armée d'Allah, un "réserviste du djihad"**. Or, un réserviste attendant d'être appelé au combat, n'est pas en fonction. Il ne porte donc aucun signe distinctif des autres membres de la population. Il vit et respire au milieu d'eux sans en être distinct et, par voie de conséquence, sans être remarqué ! **Si bien que les "armées d'Allah", invisibles à vos yeux, n'en sont pourtant pas moins réellement présentes et prêtes à l'action !**

Voici le témoignage recueilli par M. Philippe Aziz, journaliste, qui a publié "Le paradoxe de Roubaix", d'un jeune français d'origine algérienne, étudiant en sociologie à l'université de Lille :

> *"Notre invasion "pacifique" au niveau de l'Europe n'est pas terminée. Nous voulons agir simultanément dans tous les "pays d'accueil". Puisque vous nous faites de la place chez vous, pourquoi nous en priver !* ***Et ce que nous n'obtiendrons pas par la persuasion, nous l'obtiendrons par la force ! "Nous possédons une armée mobilisable à tout moment*** *de 3 millions*

de **"soldats d'Allah"**. *Même vos autorités reconnaissent 1 400 zones de non-droit sur votre territoire !". Nous vaincrons car notre cause est juste : "Allah akbar" (Allah est le plus grand) ! "*

Les "*soldats d'Allah*", ou "*moudjahidîn*" en arabe (de la racine "*j-h-d*" "*faire la guerre*" d'où est tiré le mot "djihad"), sont donc bien présentés ici comme des *réservistes* formant une "*armée mobilisable à tout moment*" et **attendant par conséquent d'être appelés au combat !**

Dans un même élan

Peut-être penserez-vous encore que cet exemple ne révèle que le cas d'un jeune fanatique isolé. Mais si l'idéologie islamique a une telle emprise sur une personne, on peut se demander alors pourquoi elle n'en n'aurait pas sur les autres ? Car la force du conditionnement n'est pas dû seulement à la psychologie d'une personne mais bien aussi à la nature du message idéologique et à sa méthode d'imprégnation. **La répétition incessante d'un leitmotiv, tel la chahada, et ce, durant des années, ne peut laisser son protagoniste exempt du message qu'il contient.** Bien au contraire, ce message prendra peu à peu **toute la place** dans l'esprit du sujet. L'effet n'est donc pas tant la conséquence du contenu de ce message que son martèlement **multi-quotidien**.

Et quel sera l'effet de la répétition de la chahada en cas de nécessité, quand on sait combien l'islam crée chez le "croyant" une emprise psycho-spirituelle telle que sa liberté de pensée et de sentiment est entièrement conditionnée par la volonté de soumission à son Dieu et par la peur de son jugement ? Et quand on sait, par conséquent, qu'elle crée, de fait, un véritable effet d'embrigadement des consciences ?

Qu'un mot d'ordre vienne donc à être donné, émanant d'une autorité islamique et ce, bien sûr, contre n'importe quel "ennemi" d'Allah, et **l'emprise des exhortations répétitives de la *chahada* réveillerait bon nombre de "combattants d'Allah", véritables "réservistes" du *djihad*.** Et comme celui-ci sera lancé par un chef religieux musulman, aux ordres d'un chef politique ainsi qu'on peut s'en douter il sera, de fait, considéré comme un "mot d'ordre divin" !

Mme Raphaëlle de Neuville précise quant à elle que la communauté musulmane, (la "*oumma*"), unie dans un même combat, suivra s'il le faut les plus extrémistes :

> *"En outre, le sens de la communauté est si fort chez les musulmans qu'il leur est difficile de se désolidariser de leurs coreligionnaires,* ***y compris les plus fanatiques****, si tant est qu'ils assurent agir pour la cause de Dieu", (revue "Permanences",* novembre 2002).

Mgr Bernardini, évêque de Smyrne en Turquie, dans un article adressé au Saint Père et retranscrit dans le journal "l'Osservatore Romano", ajoute lui aussi que :

> ***"La population musulmane tranquille, en réponse à un ordre donné au nom d'Allah ou du Coran, marchera toujours unie et sans hésitation".***

Dans la bouche d'un évêque expérimenté de 42 ans de présence et de responsabilité en Turquie, pays à 99% musulman, de telles paroles devraient au moins faire réfléchir !...

La dichotomie islamique.

Et penserez-vous encore, après cela, que l'esprit de combat insufflé par la chahada puisse être si facilement maîtrisé par le *jugement de la conscience personnelle* qui ne saurait faillir à sa mission ? Soit encore qu'un musulman fera appel à sa conscience ou prendra en considération ses motions avant de poser un acte de djihad, c'est à dire de violence à l'encontre d'un "infidèle" ? Un tel raisonnement n'a malheureusement que peu de fiabilité car il méconnaît, d'une part, la réalité de l'islam comme "*religion de la soumission totale*", où le jugement de la conscience est par conséquent facilement écarté, et d'autre part une dimension essentielle de la personne humaine : la liberté. C'est dans ce champ d'action que se situe le "choix" du *devoir imposé* par quelque loi extérieure, et le rôle de la conscience.

Malheureusement, en islam, cette dichotomie entre loi extérieure et conscience trouvera bien souvent son dénouement dans ce *devoir de soumission* que le musulman s'impose à l'égard d'Allah, et de "ses" autorités. Car le terme de "*musulman*" ("*mouslim*") signifiant "*celui qui est soumis*", le musulman se pense donc "*soumis*", selon les termes même "*d'islam*" et de "*mouslim*", à la toute puissance de la volonté divine.

La totale dichotomie entre ces deux instances, la loi extérieure et la conscience intérieure, est proprement dramatique, car elle enchaîne le plus souvent de façon quasi définitive la personne. Elle a pour conséquence **d'enlever toute possibilité de discernement moral de ses actes** et, par conséquent, de prendre conscience de leur gravité et des conséquences concrètes qu'ils entraînent. Car le musulman agira seulement parce que l'ordre lui en a été donné par l'une des sources qu'il estime être divine, soit le Coran ou les autres textes fondateurs, soit la parole d'un responsable les interprétant. Si l'on se demande encore comment certaines atrocités peuvent être perpétrées par de simples êtres humains, il suffit de relire ces quelques lignes...

Jugement de conscience et discernement moral

Vous l'avez donc désormais compris : si le mot "islam" signifie en lui-même "soumission", le musulman se pense "*obligé*", quant à lui, à un devoir de *soumission aveugle* à la volonté d'Allah. L'islam *impose* donc, par l'intermédiaire de la prière quotidienne, spécialement la chahada, et les récitations des versets coraniques, comme par les enseignements des responsables reprenant sans cesse ses principes, **une soumission excluant le "jugement de conscience"**. Celle-ci constitue, par ce fait, une emprise intérieure et extérieure sur chaque musulman. Ainsi, en islam, à cause de cet impératif de soumission qui en définit la religion même, on obéit à Allah inconditionnellement : Allah qui parle "par l'intermédiaire" d'un cheikh ou d'un imam interprétant les textes fondateurs. Le musulman considère par conséquent le plus souvent ces ordres comme expression même de la "volonté" divine... Il en ressort que **le musulman agira toujours "par devoir" et jamais "en conscience"**. L'ordre donné ne supporte aucun jugement personnel, ni aucune réflexion sur lui-même ou sur celui qui le donne.

Mgr Bernardini, évêque de Smyrne en Turquie, donne à ce propos un exemple significatif :

> *"Dans un monastère catholique de Jérusalem, remarque-t-il, il y avait, et peut-être y est-il encore, un domestique arabe musulman. Une personne gentille et honnête qui était très appréciée par les religieux. Un jour, avec un air triste, il leur dit : "Nos chefs se sont réunis et ils ont décidé que tous les infidèles doivent être assassinés. Mais vous, n'ayez pas peur, car c'est moi qui vous tuerai sans vous faire souffrir...", ("l'Osservatore Romano",* 26 octobre 1999).

Peut-être les religieux l'ont-ils encore remercié pour sa délicatesse...

Mais remarquons surtout au passage le dilemme intérieur d'un *homme pris entre sa conscience et son devoir*, et sa décision finale : **le devoir l'a finalement emporté !**

Tuer son frère pour "l'amour de Dieu" !

Que la réalisation leur en soit donc rendue possible et les musulmans agiront "pour la cause d'Allah", **aveuglant leur conscience comme il leur est ordonné impérativement**. Les exemples seraient trop nombreux pour étayer cette triste réalité, tel celui de ce prêtre libanais récemment égorgé par son serviteur musulman, ce dernier sachant que son maître travaillait à une étude comparative entre la Bible et le Coran. Celui-ci était pourtant au service du prêtre depuis plusieurs années sans avoir posé aucun problème particulier. Et sûrement personne dans l'entourage du prêtre ne se doutait de l'issue de leurs "relations" !

De tels déchaînements, aussi étranges que soudains, ne peuvent s'expliquer que par la nature même de l'islam. Car ce musulman n'a fait, somme toute, que son "devoir", ainsi que l'a déclaré au cours du procès la "justice" de son pays ! **La chahada étant répétée vingt-cinq fois par jour par les musulmans, elle crée effectivement sur eux une véritable emprise psycho-spirituelle.** Et le devoir de *soumission inconditionnelle*, principe premier de l'islam, ne peut venir que renforcer cette emprise.

Le cas en Alsace d'un jeune musulman turc ayant tué sa sœur est également typique de cette emprise de l'islam sur le fidèle. Cette jeune fille était amoureuse d'un français non-musulman, et la famille ne l'accepta pas. La jeune fille le paya de sa vie ! Les médias avaient alors déclaré que la cause du geste du jeune homme résidait dans son origine familiale : "d'une famille rustre" ont-il eu *l'inconscience* d'écrire !... Comme si tout était permis à la "rustrerie" et à la sauvagerie ! Toujours et encore le mythe du "bon sauvage", en somme ! Et, bien sûr, aucune allusion à son origine... musulmane !

L'islam pire que le nazisme

Pour perdurer, l'islam doit donc toujours et sans cesse se maintenir dans cette énergie, vitale pour lui, de combat et donc de progression permanente. Il se nourrit de l'esprit de combat : **la nourriture spirituelle d'un musulman c'est la Chahada et l'ensemble des versets du Coran qui s'y rattachent, soit le djihad, c'est-à-dire le combat permanent pour venger Allah et défendre sa cause.** Un musulman se nourrit donc spirituellement de "l'esprit de combat".

Or, la réalisation de "l'esprit de combat", c'est le combat ! par définition ! Et si le combat ne se réalise pas, il y a état d'insatisfaction. *Un soldat réalise pleinement ce pourquoi il est fait quand il part à la guerre.* Il s'y prépare depuis sa jeunesse et, si elle n'arrive pas, il est comme insatisfait, n'ayant pu pleinement se réaliser, c'est-à-dire réaliser sa mission.

Un musulman qui s'est préparé au combat contre l'infidèle durant toute sa vie par la répétition de la chahada n'aura-t-il pas soif de réaliser ce pour quoi il est fait et même, pense-t-il, ce pourquoi Allah l'a créé ? Va-t-il refuser l'occasion qui lui serait donnée de se réaliser, c'est-à-dire de réaliser la "volonté d'Allah", soit de faire avancer, par quelque moyen que ce soit, "sa cause" ? Répète-t-il sans cesse cette Chahada qui l'appelle à combattre l'infidèle pour, *au moment venu*, ne pas la mettre en pratique ? Que l'heure vienne, et elle viendra, et il pourra enfin réaliser ce pour quoi il a été fait, ce pour quoi Allah l'a créé : l'islam. Et par le moyen "divinement" enseigné : le djihad. **Il a donc soif que cette heure vienne, que cette "promesse" se réalise** et, s'il le fallait, il serait encore heureux de l'anticiper !

M. André Goffart, bruxellois, s'adressant aux responsables de l'Eglise de Belgique, constate que l'islam est d'abord et avant tout conquérant et que le djihad est sa vraie nature, et résume de façon concise autant que dense ce que nous venons d'évoquer :

*"**Le vrai but de l'armée, ce n'est pas de faire de beaux exercices, c'est de savoir bien combattre.** Soyons clairs, Allah commande aux musulmans de conquérir le monde entier, d'asservir les autres monothéistes qui refuseraient d'embrasser l'islam, de liquider physiquement les polythéistes (associateurs), les athées et les renégats de l'islam. **Les musulmans n'ont pas cessé, depuis près de 14 siècles, d'appliquer ces directives chaque fois qu'ils en avaient les moyens.***

*Tant que la Ligue Islamique Mondiale, les conseils des oulémas et les Etats à majorité musulmane n'auront pas abrogé solennellement et définitivement le côté politique, totalitaire et intolérant du Coran et auront été suivis dans les faits par les masses musulmanes, **l'islam restera le plus grave des dangers pour le monde, pour la civilisation, pour le christianisme**. Le jour où ce danger sera révolu n'est pas en vue à l'heure actuelle. Il nous faut donc être bien plus vigilants que nous ne le sommes.*

*Mais l'islam reste, en attendant, pire que le nazisme, car il a su exploiter le besoin religieux qui est au cœur de tout homme, au profit de **son idéologie totalitaire, haineuse et conquérante, intolérante, violente et discriminatoire**".*

L'on est heureux ici de lire, enfin, des propos courageux autant que... réalistes...

Le djihad et son heure

Un "fils de Dieu" face au djihad

Que la plupart des musulmans attendent l'heure du djihad et souhaitent ardemment voir son jour ne fait aucun doute. Le signal de la reconquête est attendu depuis plusieurs décennies, tout spécialement depuis l'émigration massive des musulmans en Occident que beaucoup d'entre eux ont perçue comme une percée islamique de par la "volonté d'Allah". Si cette percée est "providentielle" c'est donc que "l'heure du djihad a sonné"... Il ne suffit donc plus que d'en attendre le "signal d'Allah", qui sera donné évidemment par un intermédiaire peu divin, peut-être quelque autorité saoudienne ou autre notoriété de l'Université El Azhar du Caire !

Le père Mazzucchelli, longtemps missionnaire en pays arabe, raconte encore à ce sujet un fait vécu, très significatif et symptomatique de cette attitude d'attente de *l'heure du djihad* de nombre de musulmans occidentaux :

> *"Je venais de prendre un autobus à Sainte-Marie-Majeure à Rome. Un homme m'a invité à m'asseoir à ses côtés. C'était un arabe qui était en compagnie d'un de ses amis. J'ai d'abord refusé, vu que je n'avais à faire qu'un petit trajet. Il a insisté en me disant en italien : "Nous serons honorés d'avoir parmi nous un prêtre catholique, car nous avons du respect pour les prêtres catholiques". Comme j'allais m'asseoir il m'a dit en arabe : "Assieds-toi fils de chien". Avec son ami, il a repris sa conversation en dialecte égyptien, lui expliquant :* ***"Il faut toujours être gentil avec les prêtres, cela nous permet d'avoir accès aux paroisses, de rencontrer des gens. Il faut leur parler de paix et d'hospitalité orientale. Puis quand viendra l'heure du djihad, c'est par eux qu'il faudra commencer".*** *Quand je suis arrivé à ma station, je les ai gentiment remerciés, en italien, puis leur ai lancé, en arabe : "Merci beaucoup, mais écoutez-moi bien. Moi, je ne suis pas ' fils de chien ', je suis ' fils de Dieu '. Bonsoir !"".*

Si les musulmans ne posent pas toujours d'actes de djihad c'est souvent qu'ils n'en ont pas, ou *pas encore*, la possibilité matérielle, ou que la loi civile le leur interdit, soit encore à cause de toute impossibilité extérieure. Il ne s'agira donc, en tout état de cause, que d'un ajournement. La célèbre maxime arabe fournirait, à cette occasion, une clef d'explication :

> *"Si tu es piquet, patiente ! Si tu es maillet, frappe !".*

Tout le secret de la politique musulmane actuelle à propos du djihad est là : attendre le moment d'être maillet après avoir été, en Occident, piquet ! M. Maurice Landrieux, célèbre théologien du début du siècle et connaisseur du monde arabe, ajoute dans l'un de ses ouvrages :

> ***"Et si le piquet patiente encore on sent bien que le maillet s'impatiente, prêt à prendre sa revanche sur les francs de Charles Martel et sur les petits-fils des Croisés !"***, (*"Les Trompe-l'œil de l'islam"* éd. Lethielleux, p. 55).

Une reconquête tant attendue

Le Père Mazzucchelli, missionnaire dans plusieurs pays arabes, témoigne de cet état d'attente des musulmans orientaux de l'heure décisive du djihad :

> *"La construction de la mosquée de Rome a fait le tour du monde musulman. Un jour, dans un village de Haute-Egypte, à l'heure de la grande prière, la prière du vendredi où les musulmans se rassemblent à la mosquée, j'ai entendu l'imam qui déclarait que la construction de la mosquée de Rome faisait passer la ville sainte, Rome, sous la "coupe d'Allah", qu'elle "consacrait", en quelque sorte, le Vatican à Allah ! Il faut savoir qu'il y a, dans la tradition musulmane, une sorte de prophétie annonçant que, le jour où l'on construira une mosquée à Rome, ce sera le signal de la re-conquête musulmane en terre chrétienne.*
>
> ***Immédiatement après la prière, les musulmans sont allés brûler les maisons des chrétiens qui vivaient dans ce***

> ***village et ont battu ceux qui s'y trouvaient.*** *Sortant de la paroisse, je suis allé voir ce qui se passait. J'ai trouvé des maisons en flammes et une femme chrétienne entourée de ses enfants, qui m'a dit : "Tu es italien. Tu dois retourner en Italie pour témoigner de ce que nous vivons ici". À présent, de plus en plus de maisons sont brûlées".*

Dans l'attente du *djihad*, certains événements du monde musulman peuvent donc réveiller, voire "enflammer" les âmes, les maisons, et le reste ! Ceux qui ont vécu en terre d'islam peuvent témoigner de ces faits. Persécutions et injustices sont le lot quotidien de ces populations non-musulmanes abandonnées à leur triste sort. Mais que cela nous arrive demain en Occident et nous aussi nous nous réveillerons... **En espérant seulement que le réveil se fera "avant l'heure" : celle du djihad s'entend !...**

Une insécurité grandissante

Et cette attitude d'attente de *l'heure du djihad* n'est d'ailleurs pas de la fiction. Il vous suffit en effet de constater combien, **en n'importe quelle partie du globe le monde arabe peut, en quelques heures, s'enflammer pour ce qu'il estime être les spoliations des "droits d'Allah",** ou des siens propres… Dans les "cités", il n'est pas rare de constater ce genre de phénomène d'embrasement : mouvements de jeunes cassant des vitrines de magasin, s'introduisant dans des établissements et détruisant tout sur leur passage, incendiant des voitures, etc. Mouvements "incontrôlables" nous dit-on… Sauf si l'on en comprend les mécanismes, ce que vous êtes désormais à même de réaliser…

Dans nos propres cités, les délits tels les agressions, vols, meurtres etc. se sont multipliés ces dernières années : les chiffres de l'INSEE sont tout simplement alarmants ! Quant aux attentats, ils sont nettement plus nombreux depuis le début de la crise palestinienne : mais quel rapport peut-il donc bien y avoir entre des palestiniens et des israéliens qui se battent a l'autre bout du monde, et vos voisins de paliers ? Et pourquoi êtes-vous donc soudainement invectivés et pris en haine par des voisins de quartier qui, depuis des années, vous saluaient "aimablement" ? Vous-mêmes, constatant les événements en Israël, êtes-vous devenus d'un seul coup agressifs envers les musulmans que vous côtoyez, ou permettez-vous depuis lors à vos enfants de les insulter ?

Peut-on, de même, raisonnablement imputer tous ces faits aux seules causes politiques ? Non, ils sont inhérents à l'idéologie islamique : haine et violence sont prêtes à resurgir à la première occasion conflictuelle. **Les conflits ne font en effet que réveiller celles-ci tapies, de façon retenue, dans les cœurs de ceux qui pratiquent la "religion du combat pour la défense des droits d'Allah", et qui sont par conséquent les "combattants d'Allah".** Elles ne peuvent se réveiller subitement que si elles *existent déjà* dans leur cœur. Si donc cette haine et cette violence réapparaissent comme soudainement, dans un même élan, et entraînant des groupes entiers de musulmans, c'est donc qu'elles étaient **déjà présentes**, et comme en sommeil, prêtes a se réveiller à la première alerte, ou au premier mot d'ordre. C'est bien cela même que nous avons démontré, de l'essence même de l'islam, au début de cette étude.

Le djihad ou la rage de détruire

Ce djihad, tapi dans le cœur de tout musulman et prêt à resurgir à tout moment, emportant dans sa fureur les plus acquis à la cause d'Allah par l'idéologie de combat, se dévoile tout particulièrement au cours des altercations ou des conflits. Tel fut le cas de la guerre d'Algérie : Durant les années d'avant-guerre, les musulmans algériens imprégnés d'islam n'ont en effet que rarement manifesté *ouvertement* leur haine des français ou de leurs compatriotes favorables à la France. Mais à peine fut-elle déclarée qu'elle révéla son vrai visage, celui de la haine : elle se termina ainsi par **le massacre de plus de cent mille algériens musulmans modérés, sauvagement torturés et assassinés par leurs "frères" de sang lors du départ des français** à cause de leur sentiment envers la France ou leur amitié fraternelle à l'égard de quelques français. **Preuve que la haine était présente auparavant, invisible, cachée, tapie dans l'ombre, mais prête à bondir à tout moment.** Tels sont les faits, concrets s'il en est. Personne ne peut les nier. Ils sont présentement seulement expliqués !

Beaucoup d'algériens tolérants ont donc payés de leur vie leur attachement aux valeurs françaises, **valeurs éminemment chrétiennes**. Leur respect pour l'être humain ou leur amour pour la France leur ont fait refuser de jouer le jeu de la barbarie islamique. Car eux avaient des sentiments ! L'islam n'en connaît pas !

L'islam ne connaît donc pas même de "miséricorde" pour les brebis de son propre bercail ! Si ces dernières se départissent de sa cause, il les rejette et les frappe. Aucun sentiment n'auraient alors su subsister, chez leurs tortionnaires, pour les algériens modérés qui étaient, pensait-on, leurs "frères de sang" ! Car en islam, "Allah" passe avant le sang ! Seule compte donc sa promotion et ce, par le *djihad*, au mépris total de l'être humain. Pas de liberté, d'égalité ou de fraternité, fussent-elles de race, de couleur ou de sang. **Connaissances, amis, famille, n'existent plus face au djihad, cette rage de détruire.** Les massacres en Algérie n'ont pas d'autre explication. L'islam est aveugle, parce qu'idéologique. Et l'idéologie n'a pas d'humeur. Seule pourrait lui être comparée une autre idéologie, toute aussi aveugle et qui a fait elle aussi tant de ravages, le communisme. Et comme lui, l'islam bénéficie dans nos sociétés de l'immunité politico-médiatique !

L'exemple de la guerre d'Algérie est donc typique de cette méthode, celle de l'attente de "*l'heure du djihad*" et l'occasion de passer à l'action.

Une guerre en attente

Et c'est bien le même djihad, c'est-à-dire le même islam, qui tuait hier, qui tue encore aujourd'hui en Algérie, au Soudan, au Sri Lanka ou en Egypte, et dans combien de pays orientaux et africains, et qui tuera demain en France, en Angleterre, en Italie ou en Allemagne. **Il n'y a qu'un seul islam et il est le même hier, aujourd'hui et demain, de même qu'il n'y a qu'un seul djihad.** Et la guerre qui était hier "d'Algérie", du "Liban" ou du "Kosovo", qui est aujourd'hui de "Palestine", "d'Ouganda" ou du "Soudan", sera demain "d'Italie", "de France" ou "d'Angleterre", ou même "d'Europe".

Les événements d'Algérie, comme ceux du Liban ou du Kosovo, ou encore ceux du Soudan ou de l'Irak, n'apparaissent en effet que comme des "répétitions" avant le grand "avènement" de l'islam. Que l'occasion leur soit donnée, et l'on s'y prépare, et le grand carnage pourrait donc avoir lieu bientôt parmi nous ! Un résumé de "Tocqueville magazine", trouvé au hasard sur un site Internet, confirme précisément et avec force réalisme cette opinion :

> ***"La guerre d'Algérie, que certains croient terminée depuis la capitulation du 19 mars, serait-elle à ce point proche de se rallumer, non point au delà de la Méditerranée, mais ici même, chez nous, dans nos villes, dans nos villages, dans nos rues, sur nos paliers, même…",*** (Site Internet "*l'Electron libre*").

Ceux qui hier torturaient à mort au nom du *djihad* nos compatriotes français et leurs compatriotes algériens amis de la France ou encore nos chers et courageux harkis, se sont en effet, depuis longtemps déjà, installés en Europe, préparant la radicale et définitive, pensent-ils, "reconquête islamique". Quant aux tortionnaires et aux poseurs de bombes, après avoir laissés leurs patries exsangues, comme c'est le cas pour l'Algérie, ils viennent désormais en Europe pour y préparer les mêmes méfaits. Leurs pays, après avoir pris leur "indépendance", ce que beaucoup d'autochtones ne souhaitaient pas, sont désormais dans des situations politiques et économiques dramatiques au point qu'eux mêmes viennent se ravitailler en occident !

Les anciens français d'Algérie connaissent d'ailleurs bien les principes et les méthodes du F.L.N. pro-islamique. Je vous laisse imaginer le carnage qu'une telle "reconquête" provoquera si elle se déroule, comme ils le souhaitent, à une échelle européenne, et à l'image de la guerre d'Algérie… Autrement dit, celle-ci n'était-elle pas seulement la répétition d'un scénario désormais bien connu : **s'infiltrer peu à peu pour, le moment venu, surprendre l'adversaire dans son sommeil ? Tels sont pourtant les principes islamiques qui n'ont jamais changés, l'islam étant fidèle à lui-même !**

Et ce tristement célèbre dicton arabo-musulman (à l'instar de bien d'autres et comme il en est beaucoup trop de ce genre en cette religion !) ne pourrait-t-il révéler cette attitude secrète d'attente impatiente de "l'heure de la vengeance" et ses "méthodes" :

"Baise la main que tu ne peux encore couper" !

Mais bienheureux serions nous encore de penser qu'il ne s'agisse que de la main...

Des pratiques inhumaines

Le djihad passe donc "*au-dessus de tout*" : famille, amis, patrie et, pour cette même raison il est plutôt, en réalité, "au-dessous de tout" ! Au dessous et au delà même des considérations "bassement humaines" ! **L'humain, l'humanité, l'humanisme ne l'intéressent pas, et même, il les méprise. Ce qui l'intéresse c'est sa promotion, au mépris de toute règle et de toute considération humaine.**

D'ailleurs, on n'en finirait pas de présenter les méfaits de l'islam et de ses principes, comme ses pratiques inhumaines, le Coran permettant des actes inadmissibles autant qu'inhumains tels la torture avant la mort. Les chroniques passées en font suffisamment état pour ne pas considérer les faits comme authentiques. Mme Fallaci rapporte à ce propos, dans son dernier ouvrage, quelques unes de ces pratiques dont certainement beaucoup d'entre vous ont déjà eu connaissance :

> *"Au militaires soviétiques ils sciaient les jambes et les bras, t'en souviens-tu ? Un petit vice auquel ils s'étaient déjà livrés au Liban, sur les prisonniers chrétiens et juifs. (...). Au XIXe siècle, ils coupaient les têtes des diplomates et aux ambassadeurs anglais et avec ces têtes ils jouaient au polo. Les bras et les jambes, au contraire, ils les exposaient ou les vendaient dans les bazars". ("La Rage et l'Orgueil",* éd. Plon, p. 94).

Inutile de rappeler d'autres pratiques abominables connues de tous et auxquelles se sont livrés durant plusieurs siècles et jusqu'à aujourd'hui les musulmans contre ceux qui, parmi les infidèles ou leurs propres frères de sang ou de race, n'ont pas accueilli ou ont rejeté le message mahométan.

Des hommes "prêts au combat", voilà donc l'armée d'Allah. Ainsi pouvait déjà écrire, lors de la première phase de l'islamisation, en 633, Khalil ibn al Walid, à ses ennemis avant de les attaquer :

> *"Je viendrai contre vous avec des hommes qui aiment la mort autant que vous aimez le vin" !*

Des cours de djihad !

Et comme si la "chahada" ne suffisait pas à conditionner les musulmans à la haine et au combat, d'aucuns responsables musulmans se chargent d'entretenir et même d'attiser le feu du djihad afin qu'il ne s'éteignît pas :

> *"De nos jours encore, écrit M. Y. Masriya, **l'étude du djihad est prévu par les programmes d'enseignement de tous les instituts islamiques**. Sur les bancs des universités d'Al Azhar, de Nagaf et de Zeitouni, les étudiants apprennent que la guerre*

sainte est ***l'arrêt définitif de la prescription*** *prononcée contre les infidèles qui ne sera révoquée qu'à la fin du monde", ("Les juifs en Egypte"*, éd. de l'Avenir, Genève, p. 63).

Dans certains pays, comme l'Angleterre, des "**cours de djihad**" sont même publiquement organisés, tel c'est le cas à la grande mosquée de Finsbury Park... Il ne faut d'ailleurs en rien s'étonner puisque tout le monde sait que ce même Etat protège également les principaux chefs islamistes du monde, dont le Tunisien Rachid Ghannouchi, qui peuvent exprimer leur haine anti-occidentale en toute liberté, organiser des manifestations pro-GIA et lancer des appels au meurtre contre la France.... **À Nottingham ou Bradford, la charia concurrence même la loi anglaise !**

Pire, l'appel à s'armer pour le jour du djihad résonne à partir de voix on ne peut plus officielle ! Témoin ces lignes du cheikh de Médine, de tendance "salafiste modéré" affirme-t-on, M. Aboubakr Al-Djazairi, recueillies et présentées dans un quotidien du soir le 25 janvier 2002 :

> *"Il est du devoir des musulmans (...) de se doter de toutes sortes d'armements et de se perfectionner dans l'art militaire, [..] défensif, mais aussi offensif pour que le Verbe de Dieu soit le plus haut [...], de fabriquer tout genre d'armes, même au détriment de la nourriture, de l'habillement et du logement dont on peut se passer. Alors le djihad sera accompli dans les conditions les plus satisfaisantes".*

L'on peut donc encore ici constater que de tels propos ne sortent pas de la bouche de "dangereux terroristes", mais bien de celle de "dangereux responsables musulmans" qui sont, de fait, les représentants d'un "dangereux islam" ! **Et personne pour sanctionner de tels appels mettant en danger la paix civile internationale !**

Chaque musulman est donc prêt à fondre sur les "infidèles" dès "qu'Allah" en donnera l'ordre, soit dès qu'une autorité islamique le décidera. Et comme la rage destructrice est inculquée en beaucoup de musulmans par le martèlement quotidien de la *Chahada*, **le déferlement risque d'être d'une rapidité extrême !**

Analyse comparée

L'islam en ses débuts

Un islam conquérant

Et que l'islam veuille supprimer du monde toute trace de non-islamité, et a fortiori de christianisme, par la force des armes, n'est pas pure fiction. Ce fut d'ailleurs, **de tout temps et dès ses origines, son procédé "d'évangélisation", soit encore d'islamisation, c'est-à-dire tout simplement d'invasion…** En effet lorsque, durant les premières décennies de son existence, l'islam, après l'annexion d'un pays, par le "sabre" évidemment, s'installait dans une contrée, le gouvernement islamique faisait devoir à toute la population de prononcer la *chahada* preuve, par conséquent, de sa "soumission" à Allah, ou de son "libre" passage à l'islam... Et pour ceux qui refusèrent "librement" d'apostasier leur religion, et ils furent nombreux parmi les chrétiens, ils se firent évidemment massacrer par ces coupeurs de gorges ! L'histoire est suffisamment riche de martyrs chrétiens en terre d'islam qui sont autant d'exemples parlants ! Le *djihad* a beaucoup plus ressemblé aux invasions barbares qu'à l'évangélisation par des missionnaires !...

L'on peut ainsi, au cours de l'histoire, faire cette triste constatation : l'islam n'a jamais avancé que par la force des

armes. Il s'est en effet développé durant près de deux siècles exclusivement par des conquêtes sanglantes, provoquant un nombre incalculable de martyrs, ceux-là mêmes qui refusèrent de renier leur foi, chrétienne en particulier. **L'islam, selon ses principes même, ne se propose pas, il s'impose !**

Homicide depuis ses origines

L'islam est, dès ses débuts, et dans ses principes mêmes, conquérant. Il est, comme son maître, Satan, "*homicide depuis ses origines*" ! La prise de Jérusalem a, de fait, ouvert la voie a toutes sortes d'exactions orchestrées par le nouveau régime islamique. Le Moyen Orient, l'Afrique du Nord et même le sud de l'Europe n'ont pas été épargnés par les "armées d'Allah". Les deux premiers siècles de l'islam furent marqués par des invasions sanglantes, et les califes qui se succédèrent n'épargnèrent personnes. L'avancée de l'islam au Moyen Orient puis en Occident ne se termina qu'à Poitiers en 732 devant les troupes de Charles Martel.

Le christianisme a ainsi quasiment disparu du Moyen Orient et d'Afrique du Nord sous l'oppression islamique en quelques décennies. **Les populations non musulmanes ont été passées au "fil du sabre" durant toute la conquête islamique** (environ deux siècles !), islamisées de force, ou encore utilisées comme sources d'esclaves ! Et tout cela, bien sûr, "au nom d'Allah" !

Lorsqu'on lit quelques auteurs sérieux relatant des faits historiques et authentiques, l'on s'aperçoit bien vite que l'islam a toujours opéré de la même façon, et que de méthode expéditive et grégaire qu'il utilisait naguère pour sa promotion, il n'a pas varié de nos jours : l'islam n'aime pas, ainsi qu'on le sait, les changements, aménagements ou adaptations : il est même jaloux de ses "traditions"...

L'islamisation du monde depuis ses origines n'a donc eu comme fer de lance que le la menace du sabre. Mais si cette "méthode" fut l'arme privilégiée des origines, n'ayons pas la faiblesse de penser qu'elle ait été si vite oubliée, même aujourd'hui ! La nostalgie du sabre persiste au fil des siècles... Rappelons nous que, de nos jours encore, dans bien des pays arabes, **la "justice" islamique condamne à mort et exécute au sabre dans les rues ou sur les places publiques** les indociles, comme c'est le cas en Iran où les Mollah ne se gênent pas pour faire ce qu'ils appellent : "*des exemples*"...

Croire ou mourir

Et de djihad en massacres, les chrétiens furent décimés en quelques décennies, et leur nombre fut réduit au Moyen-Orient comme une peau de chagrin. Un seul exemple donnera la mesure de l'ampleur du désastre : du temps de saint Augustin, au début du IVe siècle, l'Afrique du nord comptait plus de cinq cents évêchés ; après l'arrivée de l'islam il n'en reste qu'une poignée, et la Tunisie ne compte plus aujourd'hui qu'un seul évêque !

Dans une interview accordé au journaliste Gérard Spitéri à propos de son livre "*Tous les dieux ne sont pas égaux*" (éd. J.-C. Lattès), Jean-Claude Barreau déclare :

> *"La caractéristique essentielle de l'islam est d'avoir pour fondateur un homme qui fut un guerrier et un chef d'Etat (...)* ***L'islam est né dans la "guerre sainte" (Le djihad), il ne s'est pas répandu au début comme le christianisme (...) par une mission mais par la conquête armée (...)*** *Tous les grands califes ont été des chefs militaires en même temps que des chefs d'Etat",* ("le Figaro", 6 oct. 2001).

Les conquérants ont donc imposé la " soumission " à l'islam, faute de quoi la mort était le plus souvent l'issue fatal d'un refus. Ainsi est resté fixé dans la mémoire de l'histoire, à cause de cette caractéristique de son "apostolat", le tristement célèbre dicton musulman :

"Crois ou meurs" !..

Une razzia de chrétiens

M. André Goffart, dans sa lettre aux responsables de l'Eglise de Belgique, après avoir affirmé que les musulmans :

"n'ont pas cessé , depuis près de 14 siècles, d'appliquer les directives du djihad chaque fois qu'ils en avaient l'occasion",

continue son développement en disant de l'idéologie totalitaire et conquérante de l'islam :

"Qu'elle se trouve codifiée dans le Coran et actualisée dans l'exemple de Mohammed, ce gourou immoral et criminel qui incarne pour tout musulman l'homme idéal, l'exemple à suivre.

Lorsqu'il extermina tous les hommes d'une tribu juive de Médine, (environ 900 personnes !), Mohammed présida lui-même aux exécutions, cinq par cinq au bord de la tranchée prête à recevoir leurs corps, ce que même Hitler ne fit pas, et il viola le soir même la veuve du chef de tribu. Quand Hitler enlevait les jeunes garçons polonais bien blonds pour en faire des nazis de choc, il ne fit qu'imiter ***les musulmans de Turquie qui enlevaient dans les Balkans un fils par famille voulant rester chrétienne, et les musulmans arabes qui, après avoir conquis le Maghreb, enlevaient un garçon sur cinq aux familles qui tardaient à faire allégeance à l'islam*** *".*

Les exemples d'exactions et de massacres des armées arabo-musulmanes au cours des premiers siècles de l'islamisation seraient trop longues à citer ici. Il y faudrait des catalogues entiers. Nous nous bornerons à citer un exemple célèbre de la barbarie islamique. Dans "*l'Abécédaire de l'islam*" rédigé par M. Alain Chevalérias, on peut lire à l'article "*Terreur, terrorisme*" :

> *"Du XIe au XIIIe siècle, la dissidence des hashashin, créée par Hassan al-Sabbah, sema la terreur au Moyen-Orient.* ***Les français firent de leur nom le mot "assassin".*** *A partir d'un réseau de forteresses qui s'étendaient de la Perse à la Syrie, leurs tueurs exécutaient les chefs politiques de l'époque et semaient la terreur parmi les populations afin de les assujettir. Ces spadassins, toujours prêts au sacrifice suprême, appartenaient à un rameau du chiisme. Leur tradition se voit maintenue à travers la République islamique d'Iran ou le Hezbollah libanais ",* (revue "*Spectacle du Monde*", janvier 1998).

Une évangélisation pacifique

D'ailleurs, il n'est que de faire un rapide tour d'horizon pour constater que, de son côté, **le christianisme** s'est développé par une évangélisation pacifique, et de nulle autre manière. A ceux qui prétendent encore que les chrétiens eux aussi veulent évangéliser la terre, Mme Raphaëlle de Neuville, spécialiste en islamologie, répond :

> *"Oui, mais par des moyens uniquement pacifiques. La foi chrétienne est une libre adhésion de l'intelligence et du cœur à une vérité révélée ?* ***elle ne peut être en aucun cas le fruit de la contrainte,*** (revue "*Permanences*", novembre 2002).

Dès les premières années après la mort et la Résurrection de Jésus, de fait, les apôtres ont sillonné le monde au risque de leur vie, pour *proposer* l'Evangile : saint Pierre, accompagné de saint Marc et d'autres disciples sont allés jusqu'à Rome, rejoint par saint Paul qui avait déjà annoncé l'Evangile dans toute la Turquie actuelle, et jusqu'en Grèce. Saint Marc évangélisa l'Egypte qui compta quelques années plus tard, à la fin du Ier siècle, 85 % de chrétiens, **tous librement passés au christianisme**, est-il besoin de le rappeler ? Saint Jacques poussa jusqu'au bout du monde, alors l'Espagne, et Lazare et ses sœurs, Marthe et Marie de Béthanie, accostèrent sur les côtes françaises d'où ils commencèrent l'annonce de l'Evangile à nos ancêtres. Les exemples seraient innombrables. Mais si quelques uns sont ici cités, c'est seulement pour montrer que, **contrairement a l'islam, le christianisme ne s'est développé que par l'annonce de la "Bonne Nouvelle", librement proposée et accueillie**.

Des missionnaires zélés

Les siècles suivants n'ont d'ailleurs pas démenti cette affirmation, remplis qu'ils l'ont été d'une foule de saints missionnaires dont il serait impossible de dresser la liste et qui, pour la plupart, ont librement donné leur vie pour le salut de leurs frères. L'Eglise, en effet, peut être fière du nombre de missionnaires qu'elle a envoyé de par le monde durant des siècles et qui l'ont christianisé au prix de leur vie. De saint Pierre ou de saint Lazare et de ses saintes sœurs, aux missionnaires de l'an 2000 encore dans des situations dangereuses pour un certain nombre d'entre eux, en passant par les saints moines Irlandais au VIe siècle, venus annoncer l'Evangile aux barbares du Continent, et à saint François-Xavier, au XVIe siècle, évangélisant des contrées inconnues jusqu'aux confins de l'Asie, tous ont pris le risque de l'annonce de l'Evangile en des lieux souvent inhospitaliers, au nom du Christ. **Il a fallu des livres entiers, et il en faudrait encore, pour décrire la foi et l'héroïsme de ces missionnaires, de ces saints ou de ces martyrs** qui ont, bien souvent, a l'exemple de leur Maître et Seigneur Jésus-Christ, librement risqué ou perdu leur vie pour le bien des autres et pour le salut de leur âme, comme pour l'amélioration de leurs conditions de vie, et ce, par l'annonce de l'Evangile.

Non, et contrairement à certaines affirmations péremptoires ou à certaines déformations, **l'Evangile ne s'est jamais répandu par la force des armes mais, bien au contraire, par l'annonce libre et aimante qu'a demandée le Christ à ses apôtres**. L'Eglise, fidèle aux enseignements du christ, n'a jamais pu accepter des méthodes d'intimidation. Et encore une fois, si elle est parfois accusée d'"Inquisition" ou autres "Reconquista", il faut bien comprendre qu'il ne s'est jamais agi, dans ces situations, d'évangélisation par la force, mais bien de protection de chrétiens en danger d'extermination par des sectes guerrières, virulentes et ô combien, dangereuses, telles les Cathares, les albigeois, les vaudois, ou certaines troupes des princes protestants.

Croisades et libérations

Ne disons pas, ainsi qu'on le répète trop souvent *par ignorance*, que le christianisme s'est développé, lui aussi, par les croisades ou les guerres de religion ! Car, tout d'abord, du temps des croisades (du XIe au XIIIe siècle), comme de celui des guerres de religion (du XVIe au XVIIe siècle), l'Occident était depuis longtemps christianisé !... L'on oublie trop souvent aussi que la première croisade, prêchée entre autre par le grand St. Bernard, et sous l'impulsion du pape Urbain II, n'était qu'un simple pèlerinage, le premier du genre puisque international, et qu'il n'était par conséquent pas armé... Conduit par Pierre l'Hermite, **il fut totalement décimé par les hordes de musulmans et ne parvint pas même, pour cette raison, à Jérusalem**. Ce n'est que le témoignage de quelques survivants qui valut aux occidentaux de connaître le sort de ces milliers de martyrs !

Les croisades suivantes n'ont eu alors pour but que de protéger la route du pèlerinage à Jérusalem sur laquelle les chrétiens étaient sans cesse attaqués et tués par des groupes musulmans et, par voie de conséquence, de libérer le tombeau du Christ inaccessible aux pèlerins sans risque d'être assassinés. **Il n'était donc question que de protection de groupes d'êtres humains, et par conséquent de simple justice humaine, et non de vouloir convertir, de force, des non chrétiens !**

L'accusation d'évangélisation forcée par des chrétiens est donc totalement infondée. Il ne viendrait à l'esprit de personnes, par exemple, d'accuser les anglais et les américains, de tendance protestante, d'avoir voulu "réformer" l'Europe lorsqu'ils sont venus libérer la France des nazis durant la seconde guerre mondiale !

Deux écoles, deux maîtres.

Jamais l'Eglise n'a donc pris l'initiative d'une évangélisation forcée ! Jamais, car cela serait contraire à ses principes et à l'esprit de l'Evangile ! Mais les chrétiens, en tant que citoyens, ou simplement en tant qu'êtres humains, n'auraient-ils donc pas le droit de défendre leur vie contre un danger qui la menace directement ? Faudrait-il que, à l'image de certaines sectes comme celle des témoins de Jéhovah, ils se maintiennent dans un "pacifisme" irénique qui leur fasse même refuser toute idée d'armée, laissant un peuple entier sans aucune défense et à la merci du premier fou venu ? De telles idées relèvent du plus pur idéalisme et sont dénuées du plus simple bon sens.

Il n'est donc nullement question pour l'Eglise, par les Croisades ou l'Inquisition, d'évangélisation forcée, mais bien de simple défense de ses fidèles devant de graves dangers, et par conséquent de simple justice à laquelle tout être humain a droit !

Ainsi, comment une religion pourrait-elle ne pas être à l'image de son fondateur, et ses disciples à l'image de leur maître et de son enseignement ? Si les disciples du Christ acceptent bien souvent de vivre et de mourir à l'image de leur maître, c'est-à-dire sans haine ni révolte et parfois jusqu'au martyr, pourquoi les disciples de Mahomet n'imiteraient-ils pas eux aussi la conduite de leur maître et ne suivraient-ils pas son enseignement : **la haine et la soif d'épuration religieuse du monde**. Et pensons-nous ainsi pouvoir "vivre avec l'islam", n'en gardant que ce qui est "bon", mais qui n'en constitue que des aspects secondaires, sans en subir directement son "idéologie de combat" qui en constitue, elle, son essence même ?

Analyse déductive

Caresser un doux rêve : "l'islam tolérant"

Un seul islam pour un seul Coran

Et si l'on entend dire aujourd'hui qu'il y a deux islam, l'un fanatique et l'autre tolérant, lui donnant l'image d'une religion à deux vitesses, j'ose espérer que cet exposé vous aura fait saisir qu'il s'agit d'une gageure ! **Car s'il y a bien des musulmans fanatiques et d'autres tolérants, il n'y a pourtant qu'un seul islam, intolérant, parce qu'il n'y a qu'un seul Coran, intransigeant !** La notion de tolérance ne peut donc, dans cette situation, que s'adresser à des personnes, en l'occurrence les musulmans, et non à l'idéologie islamique.

L'on entend pourtant régulièrement en appeler, dans les médias, à un islam "tolérant", en opposition à un islam qui serait, lui, "dur, et fanatique". Le Coran, selon les dires de certains, serait même "bon en lui-même" (!), tolérant (!!), non-violent (!!!)… Il serait seulement "mal interprété" par des "fondamentalistes". Ou encore, il serait interprété de deux manières différentes l'une, authentique, conduisant a l'islam tolérant, et l'autre, erronée, a l'islam fanatique. En clair, tout serait question d'interprétation, **l'islam étant bon en lui-même et le fanatisme ne constituant que la face dénaturée de l'interprétation**

coranique ! Il faudrait donc faire la distinction entre islam et islamisme, le premier, tolérant, correspondant à son interprétation juste, le deuxième, intégriste, à une interprétation dénaturée.

Une tolérance au crime

Nombre de spécialistes, malheureusement souvent écartés de la scène politico-médiatique, démentent pourtant formellement cette assertion d'un islam intrinsèquement tolérant, au prise avec le débordement d'un islamisme extrémiste et terroriste. M. Samuel Huntington, directeur du John Olin Institute for Strategic Studies de l'université de Harvard, auteur du livre "*Le Choc des Civilisations*", s'exprime ainsi dans cet ouvrage :

> *"Certains occidentaux soutiennent que l'Occident n'a pas de problèmes avec l'islam mais seulement avec les extrémistes islamistes violents.* ***Quatorze cents ans d'histoire démontrent le contraire****".*

Et de souligner encore que :

"Les causes de cet affrontement séculaire tiennent à la nature de ces deux religions et des civilisations fondées sur elles".

Ou de remarquer, à l'instar de nombre d'autres observateurs, que :

> *"L'on a guère vu de manifestations contre la violence exercée à l'égard de l'Occident dans les pays musulmans "...*

Penser que l'islam est lui-même tolérant et victime d'interprétations fondamentalistes déviantes est donc un leurre. Car c'est précisément le contraire qui est juste, à savoir que **l'islam est en lui-même intolérant, parce qu'il repose sur les principes intransigeants du Coran. A un unique Coran ne peut en effet correspondre qu'un seul islam**. Comment en effet l'islam pourrait-il être tolérant quand on sait que le Coran est rempli de versets imprécatoires, d'appels à tuer les "infidèles" (c'est-à-dire les non-musulmans) : le verbe "*qatala*" qui signifie précisément "égorger", et ses dérivés, "tuer", "combattre", etc., se retrouvent plus de 120 fois dans le Coran et dirigés directement contre les non-musulmans, spécialement les chrétiens, dont 22 fois avec l'ordre impératif de passer à l'action ! Et l'on voudrait encore que l'islam soit une religion de paix et de tolérance ! ! !

La maladie de l'islam

Tel est également l'avis de Mme Delcambre, professeur d'arabe, docteur en civilisation islamique, dans son excellent autant que clairvoyant livre "*l'Islam des Interdits*". Après avoir montré qu'il n'y a pas, et qu'il ne peut y avoir, au sein de la religion de Mahomet, de distinction entre les pouvoirs temporel et spirituel, elle soutient que la distinction "islam-islamisme" n'est pas fondée car :

> *"Entre l'islamisme qualifié d'islam politique et l'Islam,* ***il existe une différence de degré mais absolument pas de nature****.".*
>
> *"Il est en effet politiquement et religieusement correct de distinguer entre d'une part, l'Islam présenté comme religion de paix et de tolérance et d'autre part, ce qui en serait la dérive extrémiste - l'islamisme - qualifiée de "politique" "de terrorisme islamique", d'intégrisme, de fondamentalisme. L'islamisme serait la maladie de l'Islam. (...).*
>
> *On ne pourra éternellement faire comme si le Coran ne comportait que des versets de paix et de tolérance, comme si le prophète de l'Islam n'avait jamais appelé à la vengeance, jamais fait verser le sang. Au risque de choquer, il faut avoir le courage de dire que* ***l'intégrisme n'est pas la maladie de l'Islam. Il est l'intégralité de l'islam. Il en est la lecture littérale, globale et totale de ses textes fondateurs.*** *L'Islam des intégristes, des*

islamistes, c'est tout simplement l'Islam juridique qui colle à la norme", ("*l'Islam des Interdits*", éd DDB, p. 9-11).

Dans le même sens, M. Kerbourc'h écrivait dans la note de lecture d'un ouvrage concernant l'islam, que les musulmans de France :

> *"sont de plus en plus pratiquants, donc de plus en plus islamistes puisque* ***l'islamisme n'est rien d'autre que l'islam véritable du Coran*** *avec tout ce qu'il implique"* ("*La Nef*" n° 153, oct. 2004).

Il n'est donc pas légitime de parler "*d'islam modéré*". **L'islam est un et unique : il est extrémiste et fanatique !**

Un musulman converti s'exprime

Voici pour confirmation un extrait d'un article paru dans "*Le Figaro*" et signé de MM. Ibn Warraq, **musulman converti**, essayiste, auteur du livre : "*Pourquoi je ne suis pas musulman*", (éd. "*Âge d'homme*"", traduit de l'anglais, copréfacé par TaslimaNasreen), et Guy Hennebelle, directeur de "*Panoramiques*" qui a publié "*L'islam est-il soluble dans la République ?*" et "L'islam est-il rebelle à la libre critique ?" :

> *" "Attention aux amalgames !" entend-on ressasser sur tous les tons dans les milieux bien pensants de toute origine et de toute confession... À écouter ces belles âmes, l'islamisme ne serait qu'une dérive qui n'aurait "rien à voir", mais alors, on vous l'assure, rien de rien, avec "le véritable islam",* ***lequel serait, en son tréfonds, une idyllique religion de paix, de fraternité et de tolérance****. À cet égard, l'Andalousie, cette Algérie française inversée, est devenue une véritable tarte à la crème...*

> *Pourtant, n'est-il pas curieux que ce ne soit qu'à propos de cette religion que l'on juge bon d'ajouter l'adjectif "***modéré***" pour tenter d'accréditer l'idée qu'à côté "d'une petite minorité" de quelques excités fanatiques, "assurément non représentatifs", "l'immense majorité" du milliard de musulmans dans le monde, "d'ailleurs divisés en rites divers et variés " (et au-delà même de la scission historique entre sunnites majoritaires et chiites minoritaires, qui ont été un temps sottement seuls catalogués intégristes), serait composé de "paisibles citoyens" qui penseraient "leur spiritualité" et pratiqueraient "leur foi" avec la même sérénité que "tous les autres croyants" ?*
>
> ***La vérité, braves gens, est quelque peu différente : s'il existe, bel et bien, et Allah merci ! des "musulmans modérés", nos frères en humanité, l'islam en tant que tel n'est pas une religion modérée : il suffit de lire le Coran, truffé de menaces et d'imprécations en tout genre, pour s'en convaincre ! ("Le Figaro", 1er oct. 2001).***

Ce que confirme l'universitaire tunisien, M. Abdelmajid Charfi, qui a le courage de dénoncer publiquement dans une revue tunisienne cette violence *inhérente* à l'islam :

> ***"Quiconque soutient que ce n'est pas l'islam, en tant que tel qui justifie la violence, doit savoir qu'il heurte de front la lecture majoritaire des textes fondateurs (...)",*** (revue "*Réalités*", article : "*l'islam face à la violence, au terrorisme et à la guerre*" Tunis, n° 926, 25 sept.-1er oct. 2003).

Il faut bien avouer que de tels propos sortant de la bouche d'un ressortissant tunisien dans un hebdomadaire de ce pays révèle un courage peu commun et une audace émérite de la part de son auteur... La Tunisie n'est-elle pas en effet régulièrement dénoncée par des organismes internationaux tel Amnesty-International pour la dureté et l'intransigeance de ses gouvernements successifs comme de ses prisons inhumaines où l'on peut être enfermé sur simple *supposition* de "critique" du gouvernement.

Un leurre : l'islam pacifique

Dans une interview accordé au journaliste Gérard Spitéri à propos de son livre "*Tous les dieux ne sont pas égaux*" (éd. J.-C. Lattès), Jean-Claude Barreau, soutenant que toutes les religions n'ont pas les mêmes résultats sur l'humanité, affirme de même :

> *"Les musulmans peuvent bien sûr être pacifiques en tant qu'individus, mais **le djihad est inscrit partout dans le Coran**".*

Et de conclure :

> ***"Croire que l'islam est éminemment pacifique est ridicule".***

Laissons donc en la circonstance le dicton et ayons cette fois *bien peur du ridicule...*

Et à propos de son livre "*Pourquoi je ne suis pas musulman*" et à la question des journalistes :

> *"N'êtes-vous pas vous-même en train d'appliquer une grille de lecture un peu trop simpliste ?",*

M. Ibn Warraq répond :

> *"**Je plaide au contraire pour la lucidité, à l'épreuve de la lecture des textes sacrés.** L'islam a une mystique qui prend corps dans le politique, de sorte que les deux, à la fin, ne font plus qu'un. L'islam rejette l'idée de laïcité et de séparation des domaines religieux, politique ou militaire. **Toutes les atrocités commises en Afghanistan, en Egypte, en Algérie ou encore au Soudan, par exemple, sont la conséquence logique des principes fondamentaux gravés dans le Coran, les hadiths, la sunna et la charia. Il n'y a pas de tolérance islamique :** si l'islam s'est construit, ce fut à chaque fois par l'épée, en détruisant la chrétienté en Orient ou la culture persane séculaire, ne laissant jamais derrière elle que des ruines. À titre d'exemple, le dynamitage des bouddhas de Bamiyan, ordonné par le chef*

suprême des taliban, le mollah Omar, l'a rappelé avant les attentats de New York. Le problème de la loi divine islamique est qu'elle exclut toute approche sereine ou rationnelle", ("*Le Figaro*", 1er oct. 2001).

Un ou plusieurs islam

Ces interprétations abusives et non fondées des textes religieux musulmans qui aboutissent à la conclusion d'un *islam en lui-même tolérant* sont donc erronées. A cause même des principes intolérants du Coran, on peut en effet en déduire que l'interprétation correcte du Coran conduit tout naturellement au fanatisme ou, plus précisément encore, que **le fanatisme constitue l'interprétation authentique du Coran**.

S'il fallait encore quelques auteurs sérieux pour confirmer le fanatisme inhérent à l'islam, je donnerai la parole à des spécialistes. M. Ashrak Sadek, Copte orthodoxe, égyptologue et orientaliste, à la question du journaliste de "*Feu et Lumière*" : "Y a-t-il "un" islam ou "des" islam ?", répond :

"Il y a des tendances diverses, des inculturations différentes, ***mais il n'y a qu'un seul islam dont les ailes inséparables sont les deux livres fondateurs : le Coran et les Hadiths. Il y a un pouvoir politico-religieux au projet redoutable de dominer le monde entier****. Pour un musulman, seul existe, dans la nation, le pouvoir politique fondé sur la religion musulmane, et il n'y a pas de pouvoir religieux indépendant.",* ("*Feu et Lumière*", janvier 2002).

Au journaliste du figaro qui lui dit :

"Vous allez à contre-courant de nombreux théologiens qui, pour leur part, parlent de la modération de l'islam, et de l'islamisme comme d'un dévoiement",

M. Warraq répond :

> *"Tant pis pour ceux qui les croient. Le problème ne tient pas à l'intégrisme musulman mais à l'islam en tant que tel".*

M. Alexandre Del Valle, Chercheur à l'Institut d'études stratégiques, auteur de "*Guerres contre l'Europe*", (Les Syrtes, 2001, nouvelle édition réactualisée), note encore que c'est bien **dans ses fondements mêmes, et non dans certaines de ses interprétations déviantes, que l'islam est intégriste et fanatique :**

> ***"les origines profondes du fascisme islamiste résident dans les fondements mêmes de l'orthodoxie islamique,*** *enseignée dans les grandes universités musulmanes du monde entier et demeurée immuable depuis le XIe siècle, le Coran et les hadith, sources de la charia, proclamant explicitement la guerre sainte (le djihad)".*

Des musulmans tolérants pour un islam intolérant

A cause de l'intégrisme inhérent à l'islam il faut donc encore conclure de cette étude **qu'un musulman fanatique est un musulman qui a bien compris et interprété le Coran ! Et qu'à l'inverse un musulman tolérant ne l'a pas bien lu ou, tout au moins, en a fait une interprétation personnelle,** qu'elle soit pacifiste, spiritualiste, soufi, ou simplement adaptée aux circonstances socio-politiques dans lesquelles il se trouve. M. Del Valle, dans son livre "*Islamisme et Etats-Unis*" ramasse cette opinion en une formule succincte :

> *"Les islamistes sont bien plus orthodoxes que leurs contradicteurs musulmans "modérés"".*

Autrement dit, **un musulman authentique est fanatique et, s'il ne l'est pas, c'est qu'il n'est pas, ou plus vraiment, musulman !**

C'est le cas, par exemple, pour certains musulmans en contexte occidental qui ont découvert les valeurs de tolérance et d'ouverture propres au christianisme, ou qui constatent la nécessité de s'intégrer dans les structures ou les mentalités du milieu où ils vivent.

C'est ce qui peut expliquer pourquoi l'on peut parfois trouver des musulmans non fanatiques. Ceux parmi eux qui ne se sont pas endurcis sont ceux qui, de fait, ne suivent pas strictement leur religion, ayant peut-être eu la chance de vivre dans un contexte non islamique, c'est à dire non fanatique, comme c'est le cas par exemple pour certains musulmans vivant en milieu occidental. **Mais ceux-ci ne constituent malheureusement que quelques cas rares et isolés.** Car, fussent-ils de la meilleure intention du monde, ils se heurtent toujours à leurs textes fondateurs, ainsi que le souligne Mme Delcambre :

> *"Oui, il faut oser le dire, le musulman le plus ouvert, le plus moderne, le plus désireux de faire évoluer l'Islam, se heurte immanquablement au Coran",* ("*L'Islam des interdits*", DDB, p. 133).

C'est également le cas de *quelques* musulmans d'Europe marqués par le soufisme. Mais répétons le, cette interprétation spiritualisante du Coran est totalement rejetée par l'islam officiel car elle édulcore, à ses yeux, le "moteur" de l'islam : son "idéologie de combat". C'est encore le cas de musulmans suivant quelques courants mystiques *très minoritaires* se réclamant de penseurs musulmans moyenâgeux dissidents, et dont on sait comment ces derniers ont fini... Tous ceux là, et ils sont *bien peu nombreux* même si l'on en parle beaucoup, ne sont d'ailleurs pas encore toujours des plus tolérants même dans leurs propres courants.

L'on comprendra donc, à ce point de notre exposé, que **les musulmans tolérants sont ceux qui se sont dégagés du joug tyrannique du principe conquérant de l'islam.**

Islam et christianisme

Et c'est là une différence essentielle entre le christianisme et l'islam. C'est que le christianisme est une religion juste en elle même, et seuls ceux qui la suivent deviennent des êtres réellement bons. Quant à ceux qui la rejettent, ils deviennent facilement au contraire des êtres mauvais et plein de haine. **Le christianisme nous montre la route a suivre, a travers l'exemple de notre Seigneur et Maître Jésus-Christ, celle de l'amour, de la miséricorde et du pardon.** Et si, par malheur, et parce que nous sommes de simples mortels sans cesse enclins au péché, notre cœur se remplit de haine, il ne sera pas possible d'en attribuer la faute à notre religion, mais seulement a nous-mêmes ! Si donc nous suivons les pas du Christ nous devenons, à son exemple, des saints. Mais si nous refusons de le suivre, nous risquons de devenir au contraire des êtres mauvais.

À l'inverse, l'islam est une religion fausse et mensongère, et ceux qui la suivent ont toutes les chances de devenir des êtres mauvais et remplis de haine alors qu'au contraire, ceux qui ne la suivent pas vraiment, (ainsi que, heureusement, certains musulmans le font...), auront des chances d'être bons, parce que libérés de la soif de haine…

M. André Goffart, s'adressant à l'Eglise de Belgique, exprime ces idées à sa façon :

> *"Je conclus que si un chrétien n'est un homme bon que dans la mesure où il est fidèle à Jésus, une personne qui se dit musulmane ne peut être bonne que dans la mesure où ses sentiments humains l'amènent à se distancer de Mohammed et du Coran. Les pratiques historiquement répréhensibles de chrétiens étaient infidélité à Jésus ; pour les récuser il faut retourner à l'Evangile. Tandis que* ***les pratiques répréhensibles des musulmans, historiques, actuelles et à venir, sont conformes au Coran ; pour y mettre fin, ils devraient les renier****.*

En bref, si vous voulez devenir bons et que vous êtes chrétiens : suivez bien votre religion. **Mais si vous voulez le devenir et que vous êtes musulmans : suivez la le moins possible !...**

Un processus d'occidentalisation

Et si certains de nos frères musulmans sont, dans nos pays, effectivement plus ouverts et tolérants, ce n'est nullement que les principes de l'islam aient changés. Il faut plutôt penser que ces derniers se sont intégrés par "processus d'occidentalisation" et par conséquent, sachant combien l'Occident est emprunt des valeurs chrétiennes, de "christianisation". L'on trouve en effet en Occident des musulmans occidentalisés qui ont intégré la culture occidentale et ses notions essentielles telles le respect des différences ou la liberté de religion, notions qui, rappelons le au passage, sont essentiellement chrétiennes… Il pourra arriver, en effet, de rencontrer l'un ou l'autre musulman sincère qui deviendra un ami, l'une ou l'autre famille musulmane sympathique dont on fera une famille amie. Quelques uns d'entre nous peuvent ainsi avoir, dans leurs relations, des amis ou frères musulmans qui leur sont chers.

Malheureusement, cet aspect très positif, et prometteur au demeurant, reste *exceptionnel* et ne saurait masquer la réalité d'un islam, **en lui-même intolérant, et par conséquent dangereux pour l'ensemble des ressortissants.** Ce respect et cette ouverture de *certains* musulmans n'est d'ailleurs pas le fait de la majorité d'entre eux, et la raison n'en est pas imputable directement aux personnes, en l'occurrence les musulmans, mais d'abord a l'islam qui a pour principe de rejeter ce qui lui est extérieur, ainsi que nous l'avons vu plus haut. Et les interprétations des musulmans "modérés", aussi louables soient elles, ne correspondent de toutes façons ni à la nature même de l'islam,

Des actes méritoires

D'autre part, **la plupart des musulmans ne se considèrent pas eux-mêmes comme "modérés".** Au contraire, ils se veulent "zélés" pour Dieu et non "tièdes" ainsi que le terme "modéré" le leur apparaît. Un musulman ne se présentera jamais, pour cette raison, comme "modéré". Côtoyant régulièrement des musulmans en monde arabe ou en Occident, je témoigne pour ma part n'en avoir jamais rencontré se présentant comme tel, ni dans ma famille ni dans toutes mes connaissances... **Cela signifie donc qu'on leur a assigné, par ce terme, une étiquette qu'eux-mêmes ne reconnaissent pas !** Celle-ci est malheureusement aujourd'hui comme *entrée dans les mœurs*, et de tels a priori, forgés à partir de l'esprit occidental de certains intellectuels en mal d'islamité, sont bien difficiles à extirper.

Il n'est donc pas correct d'appeler un musulman, quel qu'il soit, un "modéré". Un musulman "modéré" n'existe pas plus que sa religion ne l'est ! Il faut plutôt appeler les *rares* musulmans qui se sont dégagés de l'emprise islamique des musulmans "intègres", ou "honnêtes", "sincères", ou encore "en recherche", ce qui signifie qu'ils acceptent *honnêtement*, au delà de ce qu'ils ont appris, le dialogue avec ceux qui ne partagent pas leur culture, leurs idées ou leur religion, dans le respect de la différence. Ils "recherchent" donc *sincèrement* la vérité. Malheureusement, **ces musulmans sincères, à cause du système d'endoctrinement de l'islam, ne sont qu'une petite minorité, et presque toujours mis au banc de leur famille ou de la communauté musulmane, la Oumma.** Il y a donc une marge, et elle est large, entre ces musulmans sincères et minoritaires et ceux qu'on affuble de l'étiquette de "modérés", qui n'en sont pas vraiment et qui semblent, aux dires des médias, foisonner...

Quant à ces musulmans "en recherche", qui se distancient par conséquent concrètement des principes islamiques, on ne saurait le leur reprocher ! Il faut même leur reconnaître un certain mérite, tant paraît être insurmontable l'obstacle d'une évolution en ce domaine, et dangereux pour leur avenir tout changement d'orientation ! Cet effort d'intégration est donc hautement méritoire tant on sait combien il est difficile à un esprit islamisé de faire fi de sa religion, véritable système d'embrigadement spirituel des esprits. Et **c'est malheureusement la raison pour laquelle ils sont finalement encore si peu nombreux.**

Entre intégrité et intérêt

Des musulmans intègres "témoins" de leur conscience

Certains musulmans "sincères" sont donc tiraillés entre leur devoir issu du système politico-religieux de l'islam, et leur conscience. Mais ils n'ont pas toujours en main les éléments qui leur permettraient de discerner les situations. Tel le témoignage de cette musulmane algérienne, après l'assassinat des moines de Tibhirine :

> *"J'en arrive au fait le plus horrible, l'assassinat des moines de Tibhirine, qui fut pour moi plus qu'un sacrilège. Je n'arrivais ni à le concevoir, ni à l'admettre. En tant que musulmane, j'en aurais hurlé. Honte du sang versé des hommes du culte de Dieu, honte de mon peuple, honte de mon pays* ***et, horreur, honte de ma religion.****"*

Mais cette femme, au delà de son cri *sincère* de douleur, digne d'un fils d'homme, a-t-elle perçu la *cause véritable* de cet acte qu'elle condamne : la religion dont elle fait partie et qu'elle soutient : l'islam ? N'est-ce pas en effet au titre d'un verset du Coran que cet acte, et bien d'autres, ont été perpétrés ?

Quelques musulmans *intègres* sont aujourd'hui dans cette situation dramatique et, pourrait-on dire, dans un cruel dilemme : ils souffrent et ils ont honte des actes odieux commis par leurs congénères, car ils ne partagent pas leur "inhumanité", fut-elle pour "la cause d'Allah". Ils pressentent, malgré leur islamité, l'illogisme de tels crimes. Ils cherchent ainsi, parfois sans en être bien conscients, la Vérité. Certains commencent même à comprendre, au moment de tels actes (comme ce fut le cas pour l'attentat des deux tours de Manhattan), que leur religion n'est pas juste. Il est à espérer qu'ils puissent être toujours plus nombreux à le saisir, avant même de telles atrocités, par une recherche sincère et sans crainte de la vérité et, nous l'espérons encore, à l'occasion de la lecture de cet ouvrage.

Couper le cordon ombilical

Mais jusqu'où peut réellement aller, pour un musulman *sincère*, sa "modération" ? Sa religion ne lui impose-t-elle pas en effet des limites qu'il a parfois du mal à franchir, et dont on en comprend désormais les raisons. Et ainsi que l'ont perçu nombre de psychologues aux prises avec ce problème psycho-spirituel :

> *"Le cordon ombilical islamique est bien difficile à couper".*

Lorsque je discutais il y a quelques jours avec un algérien musulman sur la guerre en Irak, notre commune souffrance devant **l'injustice criante de la mort d'innocentes victimes nous unit dans une véritable amitié.** Nous tombions en effet d'accord sur le caractère intolérable d'une guerre injuste autant qu'injustifiée, où de nombreux innocents allaient encore payer pour les intérêts de quelques hauts dirigeants à la tête du monde, plus assoiffés de pétrodollars que préoccupés du sort d'êtres humains déjà éprouvés par treize ans d'embargo criminel.

Mais évoquant de lui-même la prière commune des chrétiens et des musulmans dans une église de Bagdad à la demande des autorités ecclésiastiques du pays, et retransmise sur les ondes de la télévision française le 21 mars 2003, je lui fis remarquer que l'issue de la guerre pouvait tout à fait prendre un tournant décisif à cause même de cet effort d'unité et de respect entre nos frères des deux religions. Je vis alors son visage s'assombrir et le malaise remplacer instantanément la joie de notre échange. Je constatais son infortune de ne pouvoir comprendre comment des irakiens musulmans, ses frères en religion, pouvaient ainsi prier et se rassembler avec des "infidèles". Lui revenaient en effet probablement à l'esprit, à ce moment, les nombreuses invectives adressées à ces "infidèles" et notifiées dans le Coran : *"Combattez les infidèles...", "Tuez les impies associateurs...", "Les chrétiens disent : "Jésus est le Fils de Dieu ", qu'Allah les anéantisse...", "Dieu aurait-il un Fils...", etc.*

Nécessité d'un choix : Tolérance ou "fatwa"

Quant à ces responsables que l'on dit "modérés", ne faudrait-il pas qu'ils commencent par reconnaître l'intransigeance de leur religion ou les positions parfois contradictoires qu'à cause d'elle ils soutiennent ? Ainsi ne voit-on pas trop souvent de ceux-ci qui, lorsqu'ils blâment, pourtant si rarement, tel acte terroriste, donner leur aval, dans le même temps, à une position insoutenable sur le plan ne serait-ce qu'humain ? Que n'a-t-on entendu blâmer la position israélienne concernant les territoires occupés, et soutenir par ailleurs le Liban pourtant lui aussi occupé depuis plus de 10 ans par la Syrie, pays sous régime islamique dictatorial ! Ou bien encore "comprendre", pour des raisons qu'ils disent parfois de "justice", l'attentat des tours de Manhattan ! Ou au contraire déplorer cet attentat mais soutenir dans le même temps la "fatwa" (condamnation à mort d'une personne par les autorités politiques et religieuses de l'islam) contre M. Salman Rushdie !

C'est ce que M. Warraq, parlant d'expérience puisque converti de l'islam, semble déplorer : il lui paraît en effet indispensable, pour les musulmans dits "modérés", de :

> *"Cesser de faire semblant de ne pas percevoir dans le Coran toutes sortes de préceptes qui sont absolument incompatibles avec les droits de l'homme et de la femme tels que nous les comprenons au XXe siècle. Cesser aussi de tenir un double langage, comme l'a encore fait récemment dans les colonnes du Figaro un chanteur (Cat Stevens) converti à l'islam qui, se prétendant horrifié par l'action des fous d'Allah contre les Twin Towers, "oubliait" de rappeler qu'il avait soutenu la fatwa contre Salman Rushdie !",* ("*Le Figaro*", 1er oct. 2001).

Aucune autorité religieuse musulmane d'un pays arabe n'a par exemple condamné l'attentat des deux tours de Manhattan en septembre 2001… Quant aux responsables musulmans des pays occidentaux, guère plus d'une voix timide ou deux pour désapprouver... Que ce soit en Orient ou en Occident, tout cela fait donc bien peu de réactions... **Un tel silence est parlant ! Inquiétant !** Et il n'est en aucune façon admissible.

Une modération de façade

S'il y a donc bien, de fait, des musulmans réellement sincères qui se sont, ainsi que nous l'avons vu, distanciés des principes totalitaires de l'islam, d'autres en revanche, sous des dehors de "modération" ne cherchent-ils pas seulement à satisfaire la cause d'un *prosélytisme déguisé* ? **Vivant au cœur de la société non-islamique qu'ils haïssent, certains ne prennent-ils pas en effet, pour mieux combattre leurs ennemis, et selon l'expression traditionnelle, que des "airs de circonstances" ?**

M. Goffart évoque à ce propos, dans le même article que cité plus haut, cette difficulté d'une prise de distance, pour les musulmans intègres, d'avec leur religion, et l'hypocrisie de certains autres :

> *"Actuellement nous voyons que même certains musulmans qui semblent vouloir se distancer du contenu politique du Coran,* ***n'arrivent pas à couper le cordon ombilical qui les relie à ce livre*** *qu'ils continuent de baiser et de qualifier de "saint". Dans le dialogue, on n'en est qu'au stade des mots échangés avec certains musulmans de bonne volonté, pour lesquels ces mots n'ont d'ailleurs pas le même sens que pour nous, tant ils sont imprégnés de présupposé coranique.* ***Dans les paroles lénifiantes de certains, il est souvent difficile de discerner ce qui est vraiment sincère et définitif de ce qui n'est qu'opportunisme purement tactique*** *à l'image de celui pratiqué par Mohammed, (Mahomet)".*

Si certains peuvent en effet être tolérants, combien sont-ils à ne faire que masquer leur haine, attendant patiemment de prendre leur "revanche". M. Landrieux écrit encore :

> *"Qu'on ne s'y méprenne point,* ***la tolérance n'est pas chez les musulmans un principe : ce n'est qu'un procédé,*** *une attitude du moment, une tactique prudente. L'intolérance est un dogme. la guerre sainte est un devoir. Le musulman n'est tolérant que quand les événements l'y obligent",* ("*Le Trompe l'oeil de l'islam*", éd. Lethielleux, p. 67).

Et la différence entre les fanatiques et les dits "modérés", les uns comme les autres espérant *imposer* l'islam et *y travaillant de concert*, ne se situerait-elle finalement pas plutôt au niveau des moyens de parvenir à cette fin ? Les premiers agissant à la manière forte par la déstabilisation, les bombes, les attentats ou autres atrocités, les seconds à la "manière douce", soit "démocratique", par l'infiltration, le consensus et les lois amenées progressivement. M. Rachid Kaci, président de la Droite Libre, note à ce propos que les mouvements musulmans dit "modérés" pratiquent aujourd'hui :

> *"la stratégie des petits pas où chaque point marqué compte"*...

Mais le résultat sera bien le même : l'avènement d'un régime islamique qui ne laissera plus aucune liberté à la non-islamité et imposera à tous le droit, et le devoir évidemment, de suivre comme des agneaux le diktat du "calife" !

Le discours médiatique

Et si l'on nous présente, dans les médias, un imam ou l'autre qui parle à l'envi de *tolérance de l'islam*, c'est donc que : soit il méconnaît totalement sa religion, ce qui semble difficile à croire ! Soit qu'il soit de bonne foi mais d'une tendance spiritualiste de l'islam et, dans ce cas, interprétant le Coran de façon partiale et inexacte, ce qui est rare ! Soit tout simplement qu'il utilise "l'art" du mensonge recommandé au musulman dans le Coran comme "arme" pour tromper "l'ennemi" infidèle, et permettre ainsi à l'islam de poursuivre sa course...

Et l'on ne vous montrera évidemment dans ces mêmes médias, **sans cesse et toujours**, *et pour mieux vous tromper*, que des musulmans aux accents débonnaires, triés sur le volet, soit encore des responsables "prêts au consensus", entraînés aux discours enrobés et aux paroles suaves à vous en tirer les larmes des yeux... L'on essaie ainsi, par quelque "beaux discours" de vous "rassurer" sur l'islam et ses intentions. Mais vous avez désormais saisi que de "rassurer" le public il faut plutôt traduire : "l'endormir"... Et l'on évitera donc soigneusement de vous y présenter quelque musulman "de quartier" au ton conquérant et aux accents de djihad, qui vous réveillerait instantanément de votre torpeur ! Ou si c'était exceptionnellement le cas, il ne vous serait présenté que comme un dangereux, et de toutes façons *rarissime*, fanatique.

Qui n'a pas entendu sur les ondes, qu'elles soient radiophoniques ou télévisées, les propos d'imam de France du style : "*l'islam est une religion tolérante. Nous sommes pour la promotion de la paix*". Ou encore, ainsi qu'on a pu le lire dans un article du Figaro au cours de l'année 2000, les paroles d'un imam affirmant sans complexe :

> ***"Je ne vois rien dans le Coran qui invite à tuer son prochain"...***

Il n'y a pourtant pas besoin d'être un grand érudit pour savoir que le Coran est truffé de versets imprécatoires dont un certain nombre en appelle à tuer les "infidèles" ! Mais "l'infidèle" est-il le "prochain" d'un musulman et, a fortiori, d'un imam ? Il y a là quelque subtilité à laquelle aiment parfois s'adonner certains esprits...

Ou bien faut-il penser que cet imam n'ait pu trouver en France un Coran en arabe et se soit vu dans l'obligation de le lire en chinois, langue qu'il ne maîtrise pas encore totalement... Ou bien encore ses lunettes "sélectives" ne lui ont indiqué *que* les passages où il est question de "l'amour d'Allah pour les hommes" auquel cas, vu que le mot "amour" est inconnu de ce "livre saint", il n'a pas même eu à l'ouvrir...

Gouvernements musulmans et terrorisme

Les mouvements terroristes

Quant aux mouvements islamistes, si dangereux pour l'ensemble du genre humain, ils ne sont donc que **l'expression de la religion**

musulmane authentique et non pas, ainsi qu'on cherche à le faire croire, le produit d'interprétations extrémistes du Coran. Et c'est la raison pour laquelle ceux-ci ne sauraient en aucune manière se réclamer, et *qu'ils ne se réclament de fait jamais*, d'un islam intégriste ou d'une quelconque interprétation fanatique de cette religion. Et Mme Delcambre d'opiner

> *"**Les racines du terrorisme islamique existent bien dans les textes fondateurs. (...).** Le Coran comporte un grand nombre de sourates "fulminantes" et de versets "colériques". On ne peut nier la violence de ton de ces derniers qui contiennent de virulentes apostrophes, des malédictions prononcées dans la véhémence, des menaces redoutables, des invectives, des expressions vindicatives, tout ceci pour semer la terreur chez les ennemis de l'islam",* ("*l'Islam des Interdits*", éd. DDB, p. 37).

Les groupes terroristes ne se réclament d'ailleurs jamais que de "l'islam" : le seul, le vrai, l'unique ! Lorsque le GIA a par exemple revendiqué l'assassinat des sept moines de Thibhérine en mai 96, c'est bien un verset du Coran, *et non son interprétation*, qu'il a placé en tête de son communiqué :

> *"Combattez les jusqu'à ce qu'ils aient payé totalement le tribut après s'être humiliés", (S. 9, 29).* (De ce genre de versets est également tiré justification pour les actes de torture avant la mort...).

Et il en va de même pour tous les autres groupes terroristes se réclamant de l'islam, chacun d'eux **se référant au seul et unique Coran pour perpétrer ses actes criminels,** et non d'interprétations "extrémisantes". Seuls donc nos médias occidentaux se plaisent et se complaisent à les traiter "d'extrémismes" ou autres "intégrismes". Les expressions "d'islam intégriste", "d'islam fondamentaliste" ou autre "islam fanatique" sont donc autant d'expressions pléonasmiques à dessein de **blanchir un "islam unique" que l'on**

cherche à faire passer pour "modéré". Car si "Allah est unique", l'islam l'est bien aussi !

L'islam : une anti-culture

Il serait donc beaucoup plus juste, et plus conforme à la vérité de dire que, si des musulmans peuvent être tolérants, et il en est quelques uns parmi nous, **l'islam lui, ne peut l'être et, de fait, ne l'est pas !** Il est au contraire, dans son principe même, intransigeant. Et c'est pourquoi la grande majorité des musulmans dans le monde sont toujours imprégnés de **l'idéologie conquérante prête à se réveiller à tout moment.**

M. André Goffart, bruxellois ayant vécu longtemps en terre d'islam témoigne encore de l'intransigeance inhérente à cette religion :

> *Tous les hommes sont nos frères et sont respectables, leurs cultures diverses aussi. Mais l'islam n'est pas plus une culture arabe que l'hitlérisme n'était une culture allemande. L'un et l'autre mériteraient plutôt le nom "d'anti-culture". Il faut plaindre et considérer comme des victimes ceux qui en sont imprégnés. Mais comme ils sont aussi les vecteurs, soit actifs, soit grégaires conscients ou non,* ***d'une idéologie perverse et inhumaine dans son principe,*** *il faut aussi savoir protéger les populations non-musulmanes, en attendant qu'à force de patience et d'amour, de témoignage chrétien et humaniste, de lucidité,* ***l'énorme danger que constitue l'islam*** *cesse, avec la grâce de Dieu, de peser sur le monde. Inch Allah ! (L'Allah que j'invoque ici est le vrai Dieu des chrétiens de langue arabe, non le pantin qu'imagina Mohammed pour justifier sa conduite, même a posteriori)".*

Groupuscules terroristes ou islam intolérant ?

L'on constate encore que **les groupements terroristes sont implicitement soutenus ou explicitement encouragés par les instances les plus officielles de l'islam politico-religieux.** Ces hautes autorités islamiques, *on ne peut plus officielles*, en appellent régulièrement *au djihad* et poussent *à l'islamisation du monde* par "*tous* les moyens". Tel est le cas par exemple de l'autorité suprême en matière de "théologie" musulmane, la tristissime autant que célèbrissime université El Azhar du Caire qui en appelle régulièrement, par la proclamation de "fatwa", au *meurtre des musulmans convertis*, ou des chefs d'Etats tels M. Khadafi en Lybie avec sa déclaration pro-islamique fracassante aux chefs d'Etats du monde en janvier 1984, ou encore du président bosniaque M. Izetbegovic avec sa "*Déclaration islamique*" de 1970, traduite régulièrement en de nouvelles langues (en anglais en 1984 par exemple ou en Turc en 1987), déclaration largement diffusée dans les pays musulmans et qui en appelle à la "*Révolution islamique*".

Y aurait-il en effet une autorité musulmane plus officielle que le président d'un Etat islamique ? M.Izetbégovic, chef d'état de la Bosnie depuis 1995, dans sa "*déclaration islamique*" de 1970 répandue actuellement de par le monde, s'exprime donc ainsi :

> *"Quand doit-on utiliser la force ? Le choix de cet* ***instant*** *est toujours d'ordre pratique et dépend d'un ensemble de facteurs. Il y a cependant une règle générale :* ***le mouvement islamique peut et doit prendre le pouvoir dès qu'il est en situation morale et numérique suffisante*** *pour lui permettre non seulement de renverser le pouvoir non islamique en place, mais aussi d'installer un nouveau pouvoir islamique. (...).*
>
> *Par ailleurs, tarder à prendre le pouvoir signifie priver le mouvement islamique d'un puissant moyen de parvenir à ses*

fins tout en offrant aux autorités non islamiques la possibilité de le frapper et de disperser ses membres...".

Les propos de M. Izetbégovic sont donc clair : il s'agit d'un appel direct au djihad ! Qu'il soit de nature militaire ou d'infiltration, et dès que "*le moment en est favorable*". Et remarquez encore que ces paroles ne sortent pas de la bouche d'un "terroriste traqué", mais d'un chef d'Etat *s'exprimant librement !*

A la question de M. Izetbegovic : "*Quand faut-il utiliser la force ?*", il faut ainsi répondre : **le fait que la question soit simplement posée a déjà sérieusement de quoi nous inquiéter...** Car, en tout état de cause, concernant la religion qui est avant tout une question personnelle et intime à chaque être humain, et de nature proprement spirituelle, la réponse est, *par définition* : "jamais" ! Ou bien la liberté de religion est inconnue en islam ce qui, malheureusement, est une évidence ! Et remarquez encore que "*l'instant*" dont parle M. Izetbegovic rappelle étrangement "*l'heure*"... du djihad...

Des autorités au service du djihad

Cette déclaration *aux termes ciblés et subtils* dénote assurément **le caractère instruit et intelligent des promoteurs du djihad** et nullement, ainsi que l'image qu'on leur a taillée sur mesure le suggère, d'imbéciles heureux fanatisés, d'analphabètes et incultes extrémistes ou de Don Quichotte abrutis fonçant tête baissée comme des idiots sur des moulins à vent ou des tours de cent étages en ne courant qu'à leur perte ! Les Don Quichotte, *si tant est qu'il y en ait vraiment*, ne sont de toute façon que des exécutants, non les têtes pensantes ! Et il ne nous semble pas que le président d'un Etat musulman soit, à proprement parler, un terroriste fanatique illettré traqué par quelque autorité internationale...

Cette déclaration n'est qu'un **exemple parmi d'autres** des paroles et déclarations des responsables politiques et religieux de l'islam. Mais l'on peut déjà clairement constater dans celle-ci que la "*révolution islamique*" n'est pas l'affaire d'une poignée de fanatiques indépendants et "illettrés" en appelant au combat sans préparation et avec de simples lances pierres... Bien au contraire, il s'agit d'un *plan d'hégémonie mondiale mûrement pensé et organisé par des hommes intelligents et haut placés, et par le moyen d'une propagande visant à l'embrigadement psychologique des esprits,* ainsi que "de coutume" en islam.

L'islam se veut donc, en lui-même et avant tout, conquérant, et par quelque moyen que se soit. Tout musulman, du plus grand au plus petit, qu'il soit simple fidèle ou autorité notoire se doit de promouvoir sa cause. Et si les moyens légaux ne suffisaient pas à son avènement, la force, militaire entre autres, serait requise. Dans *tous les cas*, la soif d'expansion de l'islam est inextinguible, et **les efforts pour sa progression encouragés par toutes les autorités musulmanes quelles qu'elles soient et pas seulement, comme on le pense habituellement, par quelques groupes extrémistes.**

Tout l'islam

"*Assujettir le monde à Allah*" selon l'expression du Père Mazzucchelli citée plus haut, tel est donc le programme que s'est fixé, de tout temps, l'islam. Non quelques fanatiques isolés, ainsi que nous venons de le montrer, mais bien l'islam en son essence, c'est-à-dire, par voie de conséquence, en sa doctrine et en toutes ses composantes. Autrement dit, ***"tout l'islam"*, toutes ses structures, *toutes* ses instances, comme *presque tous* ses fidèles ont intégré ou, au moins, sont influencés par l'esprit de combat et le désir d'envahir le monde, le dominer et y imposer la loi islamique.**

Le cardinal Poupard, alors président du conseil pontifical de la Culture, n'osait-il pas, quant à lui, écrire, en 1999, dans "*Le Christianisme à l'Aube du III*e *Millénaire*" :

"L'Europe doit être consciente que l'islam veut la conquérir".

Quels qu'en soient les moyens, la persuasion l'infiltration ou la force, le but est un et unique : gagner le monde à Allah, soit imposer l'islam de quelque manière que se soit à tout homme et à toute civilisation. Nul n'est question en islam de pluri-cultures, de pluri-confessions ou autre "pluralité", toute notion de *diversité* lui étant étrangère. L'islam y oppose sa vision diamétralement opposée *d'uniformité* : **une seule religion pour tous et imposée à tous : l'islam ; un seul système politique et imposé à tous : la charia ; un seul Dieu imposé à tous : Allah...**

Sur fond de système politico-religieux, son objectif prioritaire n'est donc qu'une hégémonie mondiale de type totalitaire.

Une rencontre officielle

Dans Le même article que cité plus haut, Mgr Bernardini donne un exemple confirmant la volonté d'hégémonie mondiale de l'islam :

"Au cours d'une ***rencontre officielle*** *sur le dialogue islamique et chrétien,* ***un personnage musulman influent****, s'adressant aux participants chrétiens, affirma avec calme et sûreté : "Grâce à* ***vos*** *lois démocratiques nous vous envahirons ; grâce à* ***nos*** *lois religieuses, (et a fortiori politiques), nous vous dominerons."*

Et l'évêque de commenter :

"La domination a déjà commencé avec les pétrodollars utilisés, non pas pour créer du travail dans les pays pauvres

d'Afrique du Nord ou du Moyen Orient, mais pour construire des mosquées et des "centres culturels de l'émigration islamique" dans les pays chrétiens, y compris Rome, centre de la chrétienté (où le gouvernement a inauguré récemment avec les pouvoirs musulmans la plus grande mosquée d'Europe...)".

Et l'évêque de conclure par ces mots d'un poids certain :

"Comment ne pas voir dans tout cela un programme d'expansion et de conquête bien précis ?".

Or, il s'agissait bien, ainsi que l'évêque le précise, d'une "*rencontre officielle*" entre les autorités musulmanes et les autorités chrétiennes sur le "*dialogue*" islamique et chrétien. (Notez au passage en quoi a bien pu consister ce "dialogue" du côté musulman !...). Et l'évêque de préciser encore que l'interlocuteur cité était un "*personnage musulman influent*", soit une autorité importante du pays. **Rien, donc, dans ce contexte, qui puisse faire penser, de près ou de loin, à quelque terroriste fanatique poursuivi en justice, réfugié dans une grotte du Rif et s'exprimant, de sa cachette, par l'intermédiaire d'un émissaire secret...**

Non, rien de plus "officiel" que cette rencontre, *au grand jour*, devant des autorités toutes aussi officielles. Un discours lancé en toute impunité et sans l'ombre d'un sentiment de la part d'un "officiel", tel est le constat qui ressort de ce témoignage, on ne peu plus fiable, d'une autorité ecclésiastique en poste depuis plusieurs dizaines d'années en terre d'islam. Et voudrait-on encore nous rabâcher les oreilles avec des slogans du type : "***des** islam, pas **un** islam*"...

Des Etats terroristes

Et l'on pourrait encore poser cette question : les Etats musulmans, tous oppresseurs des populations non-musulmanes, sont-ils donc de petits groupes terroristes isolés ? Du Maroc à l'Indonésie, y a-t-il *un seul* d'entre eux qui laisse quelque liberté, fut-elle de pensée, d'expression ou de religion, aux minorités non-musulmanes ? Quel Etat musulman n'oppresse pas, de l'Est à l'Ouest, ces minorités ? **Et ces Etats représentent-ils des groupuscules terroristes indépendants ou au contraire les autorités les plus officielles de l'islam ? ? ?** Et ces autorités ne couvrent-elles pas également bien souvent, ainsi qu'on l'a vu, ces groupements terroristes ? Ne faudrait-il pas alors rectifier certains concepts et nommer correctement les coupables : certains "**Etats terroristes**" ?...

Le fanatisme est donc "légalisé" depuis bien longtemps en régime islamique, ainsi que le rappelle Mme Fallaci dans l'un de ses exemples à propos de l'Arabie Saoudite :

> *"Je vous rappelle qu'en Arabie Saoudite il existe un Ministère de la Religion et que* ***par la volonté de la maison royale ce ministère est confié aux fondamentalistes les plus extrémistes****".*

Ce n'est donc nullement M. Ben Laden ou quelque autre terroriste médiatisé, voire manipulé, qui a instauré l'intégrisme musulman mondial ou en est la cause. Cet exemple montre en effet que **son implantation en pays musulman est bien antérieure** à l'irruption de ces "héros du terrorisme" qu'on nous présente dans les médias comme des épouvantails servant finalement de paravent à cette "religion" pour la disculper. Si l'on nous présente en effet des réseaux terroristes honnis sur lesquels tout un chacun peut déverser son fiel, l'islam en tant que tel sera, lui, blanchi... Par la médiatisation à outrance du "terrorisme international" l'on cherche donc quelque part à cacher aujourd'hui "*le vrai visage de l'islam*" qui est en lui-même plus terroriste que ses "héros".

Un arbre à ses fruits

D'ailleurs, si l'islam était en lui-même tolérant, ainsi que certains osent encore le prétendre, ne porterait-ils pas au moins quelques fruits de liberté ? Car, ainsi que le dit l'Evangile :

> *"c'est à ses fruits que l'on reconnaît un bon arbre".*

Or, il n'est que de scruter d'un regard les sociétés islamiques, évoluant en majeure partie dans les pays dits "arabes" pour constater que ses fruits sont tout simplement *immangeables* ! Bilan, désastreux s'il en est, de ces sociétés : politiquement, économiquement ou culturellement. Et que nos médias se gardent bien de dénoncer : politique d'immigration oblige !

Est-ce donc la conséquence de quelques groupements intégristes minoritaires que tous ces Etats, sans exception, évoluent sous des régimes totalitaires ? Mme Raphaëlle de Neuville, politologue, spécialiste des questions internationales, résume :

> *"On ne connaît pas de pays musulmans démocratiques, reconnaissant pleinement les droits de l'homme",* (revue "*Permanences*", novembre 2002).

Et Mme Fallaci, journaliste italienne exerçant aux Etats-Unis, de confirmer :

> *"Personne ne rappelle que tous les pays islamiques sont dominés par un régime théocratique, que d'une manière ou d'une autre chacun d'eux est une copie ou aspire à être une copie de l'Afghanistan et de l'Iran.* ***Il n'y a pas une seul pays islamique qui soit gouverné de façon démocratique ou du moins laïque. Pas un seul !*** *Pas même ceux qui souffrent d'une dictature militaire comme l'Irak et la Libye et le Pakistan, même ceux qui sont tyrannisés par une monarchie rétrograde comme l'Arabie Saoudite et le Yémen, même ceux qui sont gouvernés par*

une monarchie plus raisonnable comme la Jordanie et le Maroc, n'ignorent pas le joug d'une religion qui règle tous les moments de leur journée et tous les aspects de leur vie !". ("*La Rage ou l'Orgueil*", éd. Plon, p. 135)

Ce que remarque encore avec amertume l'orientaliste Bernard Lewis dans son dernier livre :

"la quasi totalité du monde musulman souffre du sous développement et de la tyrannie".

Conséquences pratiques

Un jeu dangereux

Malheureusement, cette opinion d'un "islam à deux vitesses", introduisant la distinction entre l'islam tolérant et l'islam fanatique, dit autrement entre "l'islam" et "l'islamisme", est aujourd'hui unilatéralement et largement répandue, et relayée par les médias. Mais cet a priori d'un islam à double face n'est il donc pas encore un mauvais prétexte pour éviter de mettre à jour sa nature même ? Et ne cherche-t-on pas finalement par ce biais à nous maintenir dans l'ignorance ?...

Cette opinion ne constitue-t-elle pas un réel danger dans la mesure où elle risque, et c'est le but que d'aucuns lui ont fixé, *d'anesthésier les populations occidentales* sur les réalités de l'islam et ses véritables desseins, et de le laisser ainsi se répandre sans y opposer de résistance. En effet, croire qu'il y a deux islam conduit tout simplement, tout en rejetant l'un, de permettre à "l'autre" de se développer. Mais de quel "autre" peut-il donc bien s'agir ?... Car en réalité, "d'autre" il n'y a pas ! *D'islam en effet il n'y a "qu'un"* et, malheureusement, pas le bon !

Car si l'on dénonce l'islam intégriste, on tolère et on favorise en contrepartie l'islam soi-disant modéré comme s'il ne présentait quant à lui aucun danger ! Ce dernier, tenu même désormais pour porteur de valeurs appréciables, est donc promu par "compensation" ! Mais comme vous avez compris qu'il n'y a pas d'islam "modéré", on favorise alors l'expansion de "l'islam tout court" qui est lui, de par sa nature même, fanatique et dangereux. **Ce discours des médias est donc un "jeu" (dangereux, s'il en est !) pour, dans les faits, faire avancer l'islam.** Car, si l'on soutient qu'il y a deux islam, c'est bien pour protéger l'un des deux… et le faire progresser, évidemment !… **Et comme il n'y a en réalité qu'un seul, c'est bien l'islam, fanatique en son essence même, qui est favorisé !**

Et ne pensons pas non plus qu'en n'intervenant pas on resterait dans une neutralité impartiale. Pendant ce temps, en effet, **"l'islam unique" avance à grands pas dans nos pays, avec son cortège de difficultés** ainsi que vous pouvez le constater !

Des échanges aux palabres

Ou bien voudrait-on s'évader en fuyant cette réalité toute simple ? Certains le font en se gargarisant d'expressions plus onctueuses les unes que les autres ou en se complaisant en un brassage de mots à vous en étancher la soif inextinguible d'intellectuels plus avides de considérations hautement philosophiques que de vérité ! Ceux-ci aiment tant à se délecter, à propos de l'islam, de grandes et belles expressions, de discours aussi grandiloquents qu'hermétiques, de discussions interminables ou autres "*échanges inter-religieux*" ou "*dialogue islamo-chrétien*". Toutes activités qui n'amènent bien souvent nos intellectuels occidentaux qu'à se fourvoyer en des considérations autant pompeuses qu'erronées, et parfois incompréhensibles ou compliquées à vous en en faire des noeuds dans la tête... Bref, de la "*réunionnite*" en perspective, maladie dont il est bien difficile de guérir !

Et lorsque vous voulez simplement dénoncer le mal et parler sans détours et en vérité, sans utiliser un langage hermétique que vous seuls et quelques “grands esprits” sont à même de comprendre, l'on hésite à vous croire. Ce que résume avec humour un islamologue sérieux, (car il en est tout de même quelques uns...), M. Arnaldez, dans le livre de Mme Laurent “*Vivre avec l'islam ?*” :

> *“Aujourd'hui, si vous voulez ne pas être crus, énoncez des évidences” !...*

Qu'il faille accueillir les musulmans sincères ou en recherche, certes. Mais poursuivre sans cesse le rêve d'un consensus qui gomme les différences, au risque de sombrer dans un syncrétisme des plus inadéquats, ou palabrer indéfiniment dans un désir de satisfaction intellectuelle en se voilant ainsi la face sur les réalités de l'islam, certes pas ! Mais certains aiment ça... **Les occidentaux aiment en effet faire dans le “dialogue”, les “discussions”, “réunions”, “rencontres”, “échanges”, “partages”, “conférences”, “colloques”, “conciliabules”, et j'en passe... Libres à eux ! Les musulmans préfèrent, quant à eux, faire dans le “djihad” !...**

Les utopistes de service

L'islam ne peut donc, en aucune façon, être tolérant, car il est un et unique, et nous en avons découvert les fondements et les principes dans cette étude. Et il ne peut non plus être à la fois, ou tour a tour, tolérant et intolérant !... Quel exemple de liberté et de tolérance donne-t-il en effet en ce début de vingt et unième siècle, à l'époque de la technique et de la science, des libertés individuelles et des droits de l'homme !

Laissons donc définitivement aux inconditionnels de l'utopie de caresser indéfiniment le rêve d'un islam tolérant prônant la paix et l'amour entre les hommes ! Et aux médias de l'entretenir...

Et pour soutenir une telle thèse, encore leur faudrait-il trouver dans le Coran des références confirmant leurs rêves. Et c'est cause bien impossible ! Et si, par malhonnêteté, ils arrivaient encore à déformer l'un ou l'autre verset pour lui faire dire ce qu'ils désirent, comme on le voit parfois, celui-ci serait de toute façon enserré dans un contexte de guerre et de combat de l'infidèle tel qu'il serait facile aux contradicteurs de découvrir la falsification.

L'islam et son intégration

Intégration ou assimilation

L'on comprendra, dès lors, après ces éclaircissements, que l'intégration des populations musulmanes en terre chrétienne puisse poser des questions de fond. Et si l'on entend encore souvent parler "d'intégration de l'islam", qu'en est-il exactement, et que se cache-t-il derrière une telle expression ? Pourquoi le terme *d'assimilation* a-t-il été si rapidement abandonné au profit de celui *d'intégration* ?

Intégration à tout va…

Qu'entend-on par le terme "d'intégration", dans le jargon politique ? Il est tout d'abord difficile d'en saisir les contours, tant sont imprécis les concepts mêmes qui le définissent… Si l'on essaie de creuser un peu, l'on découvre que la notion *d'intégration* ne demande finalement, selon la définition du premier rapport annuel du Haut Conseil à l'Intégration, qu'une :

> *"participation active à la vie de la société"* ("*Documentation française*", 1991).

Quant à l'expression "*participation active*" elle reste, dans le contexte du document, des plus vagues et, par conséquent, des plus hermétiques comme des plus élastiques… Si l'on essaie effectivement de suivre ce fameux rapport, (et si l'on peut…), cette "participation active" pourrait tout aussi bien s'interpréter, derrière des mots alambiqués à vous en donner le tournis, comme la capacité, par exemple, pour des arabes, *à acheter leurs légumes au super marché de la zone commerçante plutôt qu'au souk du quartier…* Ce qui, vous en conviendrez, ne demande tout de même pas un "*acte héroïque d'intégration*"…

Il est pourtant à craindre que cet "*effort d'intégration*" considéré par certains comme "hautement méritoire" sera peut-être un jour récompensé par ce même conseil, par exemple par la remise d'une "*médaille du mérite d'intégration*"… Suggestion dont nos responsables vont d'ailleurs probablement, à la lecture de ces lignes, se saisir au plus vite et mettre à exécution dans les plus brefs délais !

"L'intégration", notion vague dont tant de médias se repaissent aujourd'hui, ne revêt donc qu'un sens *des plus ambigus* qui permet de présenter tout et le contraire de tout, et propre à **faire accepter par conséquent à tous et à chacun des vues politiques orientées, en particulier l'installation de l'islam en contexte occidental !**

Assimilation : rien ne va plus

Il en va tout autrement de la notion d'assimilation dont les contours peuvent être cernés beaucoup plus précisément. M. Trémolot de Villers la définit comme suit :

> *"Est dit "assimilé", l'étranger qui par son langage, sa manière de vivre, son état d'esprit, son comportement à l'égard des institutions françaises,* ***se distingue aussi peu que possible de***

ceux des nationaux au milieu desquels il vit", (revue "*Défense*", octobre 1987).

Un commentaire sera ici presque superflu… Tant est évidente la **volonté à contrario** de l'islam de pas s'assimiler. Car son principe est tout au contraire de distinction, de distanciation, d'opposition et d'imposition ! L'on pourrait donc tout simplement reprendre mot à mot les propos de M. Trémolet de villers en les inversant, c'est à dire qu'un musulman est **inassimilable** puisque :

> *"par son langage, sa manière de vivre, son état d'esprit, son comportement à l'égard des institutions françaises, il veut se distinguer le plus possible de ceux des nationaux au milieu desquels il vit" !*

Il est évident, au simple vu de constat, que les musulmans ne cherchent pas une assimilation *à tout prix*… Ils cherchent même pour la plupart à rester entre eux, et vivre les "valeurs" musulmanes. Et, **s'ils s'ouvrent parfois à "l'autre", c'est à dire aux non musulmans, c'est le plus souvent avec beaucoup de réticences, de façon ponctuelle, et par nécessité**. Témoin cette jeune femme médecin musulmane rencontrée tout récemment au hasard d'une visite auprès d'un malade dans un grand hôpital parisien et qui, après m'avoir adressé un salut de circonstance, me sachant marié à une arabe de confession chrétienne, ne voulut pas poursuivre notre "dialogue" plus longtemps, faisant volte face aussi vite que sa stature le lui permit... Un simple exemple parmi d'autres !

Et comme nos gouvernants ont saisi depuis bien longtemps que l'assimilation de ces peuples musulmans était quasi impossible, le même article conclut :

> *"C'est pourquoi **ils** ont **substitué** la notion d'intégration à celui d'assimilation"...*

Une immigration sans intégration

Et pour que l'islam puisse encore s'intégrer correctement, ne faudrait-il pas qu'il s'apparente à nos valeurs, non pas prioritairement culturelles, mais bien plutôt morales ? Car comment "vivre ensemble" sans posséder ces valeurs morales communes qui nous permettent de régir une société sur des bases *solides parce que partagées par tous* ?

Les valeurs musulmanes ne sont certes pas celles que nous connaissons en nos pays occidentaux et issues du christianisme. Le respect de la personne, en particulier, est une dimension inconnue de l'islam : seule la progression de la "*Oumma*" (la communauté musulmane) a du prix à ses yeux. L'islam ne pense qu'à promouvoir son idéologie et c'est pourquoi l'on retrouve dans la vie quotidienne d'un musulman cet esprit de conquête se traduisant concrètement par des attitudes de haine et d'agressivité.

L'on voit d'ailleurs concrètement aujourd'hui combien nombre de musulmans cherchent en Occident à esquiver leurs devoirs civils si ceux-ci ne correspondent pas à la loi islamique, la charia. Par le moyen de *dérogations* appropriées, ils bénéficient de plus en plus souvent de statuts "à part", c'est-à-dire... "musulmans"... Les lois et les règles musulmanes, en plus des us et coutumes dont les musulmans ne sauraient se départir, sont d'ailleurs pour certaines déjà appliquées dans les quartiers de banlieues.

Dans un article de la revue "*Spectacle du Monde*" intitulé "*Le XX*[e] *siècle sera-t-il musulman ?*", M. Jean-Pierre Péroncel-Hugoz, spécialiste des questions politiques et religieuses, montre **que les lois musulmanes prennent rapidement le pas sur les lois civiles**. Et de citer l'exemple pour la France :

> *"La francité va donc être de plus en plus confrontée à des points d'islamité quotidienne, type voile féminin ou*

aménagement des horaires de ramadan. (...). Dans certains quartiers, mœurs et droit français sont déjà rejetés au profit de pratiques comme l'héritage double pour les garçons ou la répudiation".

Et D'ajouter :

"Il n'est pas impossible que ces mœurs et droit français deviennent un jour, avec l'accord de politiciens en quête de paix civile à tout prix, des secteurs où des dérogations légales seront admises, ***en attendant l'autonomie****",* ("*Spectacle du Monde*", janvier 2000).

C'est ce laxisme que nous voyons poindre aujourd'hui dans plusieurs villes ou régions de France, par le moyen d'autorisations légalisées telle la mise en place de la piscine réservée aux femmes à Lille, à la demande de représentants de groupements musulmans.

Un paradoxe grossier autant qu'indécent : l'intégration de l'islam

L'assimilation d'un musulman, compte tenu de la nature de l'islam, se révèle donc très difficile. Il s'agit presque d'une cause perdue ! Et **Comment peut-on espérer l'assimilation de populations dans des sociétés qu'elles considèrent comme ennemies ?** Et comment un musulman, rempli d'animosité envers les "infidèles", souhaiterait-il une véritable intégration parmi eux ? Il préférera au contraire prendre ses distances et, à l'occasion, profiter de situations pour faire progresser la cause islamique. Témoins ces musulmans européens se réclamant de leur appartenance à un héritage religieux à l'exclusion de toute autre, tel ce jeune musulman anglais déclarant :

"je ne suis pas un anglais musulman, je suis un musulman vivant en Angleterre".

Chaque musulman vit sa foi comme telle et nombre de ceux que j'ai moi-même côtoyés m'ont fait la même remarque. Ecoutons encore M. Rachid Kaci, président de la Droite Libre, qui dénonce le fait que, dans les cités, les groupuscules islamiques :

> *"inculquent aux jeunes l'idée qu'ils sont* ***musulmans avant d'être français****. La seule nation qui compte à leurs yeux, c'est la Oumma, la nation musulmane".*

L'islam étant la référence première et unique, à l'exclusion de toute autre, ce genre de déclaration entre dans la logique même ! Et *l'intégration* n'est donc pas, ainsi qu'on le voit, au goût du jour de l'islam, pas plus d'ailleurs hier qu'aujourd'hui... Ses dirigeants travaillent pourtant, auprès des instances de tous les pays européens, à promouvoir *l'immigration* de ses adeptes. Et comme l'assimilation des musulmans à la culture occidentale n'est pas un objectif prioritaire et spécialement recommandé par ces mêmes dirigeants, contrairement à celui de leur immigration dans les pays du vieux Continent, l'on pourrait donc résumer ainsi la politique actuelle des autorités musulmanes, qui fut celle de toujours en terre de conquête : **immigration toujours plus, intégration toujours moins !**

Interdiction d'intégration

M. Kaci, dans le même article que cité précédemment, en conclut que cette politique ne favorise pas l'intégration de l'islam et que ces discours :

> *"se traduisent par* ***la haine de la société, (...), la référence systématique à l'islam et le refus du débat. (...). L'idéologie pernicieuse*** *et les lois qui s'instaurent dans les quartiers s'implantent aussi dans les facultés, car les étudiants sont les premiers séduits. (...). Qui conteste le moindre aspect de la religion musulmane, ajoute-t-il, est considéré comme islamophobe".*

Il donne encore deux exemples concrets de pressions contre ceux des musulmans qui souhaiteraient un minimum d'intégration ou tout simplement d'inculturation :

> *"Aujourd'hui, ceux qui ne pratiquent pas le ramadan se cachent sous peine d'être mis au ban de la cité".*

De même :

> *"Les jeunes filles ont de plus en plus de mal à vivre selon les critères en usage dans la société française : celles qui ne se plient pas aux règles de vie musulmane sont assimilées à des prostituées...".*

De telles pressions, absolument inadmissibles en régime "démocratique", sont pourtant concrètement tolérées par nos autorités !

L'on peut donc encore constater qu'il ne s'agit pas seulement pour les musulmans de difficultés à s'intégrer ou même de refus d'intégration mais bien de **l'interdiction de l'intégration**, promue, via des pressions auprès de leurs adeptes, **par leurs responsables**. Et preuve encore, s'il en était besoin, de l'intolérance de l'islam au sein même de sa communauté : **la liberté n'existe pas en contexte islamique !**

Un Etat uniquement confessionnel

La question n'est donc pas d'abord de l'assimilation "d'étrangers" en France ou en Europe, mais bien de celle de "musulmans", *de culture et de religion différente*. La revue "*Permanences*", dans un article intitulé "*intégration ou assimilation ?*", recentre la question :

> *"L'assimilation des populations immigrées de la fin du XIX*ᵉ *siècle et de la première moitié du XX*ᵉ *siècle ne posait que*

peu de problèmes car elles provenaient de pays européens (Pologne et Italie notamment) qui partageaient avec nous la même culture, ***expression européenne du christianisme****. Aujourd'hui, l'essentiel de l'immigration est de provenance de pays du tiers monde, principalement d'Afrique noire et du Maghreb. Il s'agit* ***de populations majoritairement musulmanes qui ne s'assimilent que minoritairement au peuple français****",* ("*Permanences*", novembre 2000).

Et l'on peut faire la même remarque pour l'ensemble des pays européens.

C'est encore ce qu'exprime, sur un fond de pessimisme réaliste, M. Landrieux, théologien et familier du monde arabe :

> *"La vérité c'est que, figée dans son type réfractaire à toute influence, galvanisée par sa religion, (la communauté musulmane) ne s'est pas mêlée (à notre société), ainsi qu'il arrive d'ordinaire dans les pays conquis, comme l'eau se mêle au vin : elle est restée à côté, comme l'eau dans un verre où l'on verse de l'huile. (...). L'islam étant ce qu'il est,* ***plus les arabes seront musulmans, plus ils seront réfractaires à l'assimilation.*** *Et je crois même qu'il faut dire :* ***tant qu'ils seront musulmans, ils seront irréductibles****",* ("*Le Trompe l'oeil de l'islam*", éd. lethielleux, p. 63 et 77).

Si les musulmans peuvent donc *parfois, de façon individuelle*, s'intégrer à la société occidentale, soit s'assimiler à sa culture et à ses mœurs, il est de toute façon impossible de parler, *de façon générale*, "d'intégration de l'islam" ! **Comment en effet l'islam pourrait-il s'intégrer lorsque l'on connaît son fondement qui consiste en une "distanciation" a priori ? Son principe, ainsi qu'on l'a vu, est tout d'opposition à ce qui lui est étranger.**

C'est la raison pour laquelle, si quelques musulmans arrivent à s'intégrer dans la culture occidentale et donc à se démarquer de leur a priori combattant, ils resteront toujours des *exceptions*. D'autant que l'islam surveille ses ouailles "où qu'elles se trouvent"... **L'islam ne saurait en aucune façon s'intégrer pour la simple raison qu'y perdant son identité d'opposition, il cesserait d'exister.**

Pas de modus vivendi

De même, à l'idée reçue qui voudrait que si l'on respectait le seuil de "tolérance" au delà duquel un pays ne peut plus accueillir d'immigrés sans *menacer la cohésion sociale*, l'intégration des musulmans ne poserait pas plus de problèmes que celle des portugais ou des italiens, la revue "*Permanences*" répond encore :

> *"Si, parce que pour les musulmans, religion, société et Etat se confondent.* ***L'Etat ne peut être que confessionnel. (...).*** *La laïcité est une notion étrangère à l'islam (d'ailleurs , le mot n'existe pas en arabe) : la charia à laquelle tout musulman se doit d'obéir, (corpus législatif de l'islam) est à la fois un code de droit canon, un code civil, un code du commerce, un code de procédure...* ***Comment être alors citoyen français et respectueux des lois et musulmans ? Il y a là une contradiction****",* ("*Permanences*", novembre 2002).

Mme Raphaëlle de Neuville, spécialiste des affaires politiques et religieuses, répondant à la question de savoir si l'on ne pourrait pas finalement envisager une adaptation de l'islam aux sociétés occidentales et trouver un "modus vivendi", résume très clairement cette problématique :

> *"Cela paraît difficile, puisque pour un musulman le Coran qui rassemble les messages divins dictés par l'ange Gabriel à Mahomet, est intouchable. C'est un livre incréé (c'est à dire existant de toute éternité, donc préexistant à sa révélation), la "Parole de Dieu faite Livre", donc immuable. L'interprétation*

> *des textes sacrés est quasiment figée depuis le Xe siècle, ce qui pose le grave problème de l'adaptation de l'islam à la modernité.*
>
> *Et puis, le Coran n'est pas seulement* ***en lui-même*** *un obstacle réel à l'intégration. Il appelle aussi les musulmans à conquérir le monde !* ***Il est suicidaire de permettre à des millions de fidèles, par nature prosélytes, de vivre dans une société qu'ils entendent bien convertir à leurs vues !****"*, (revue "*Permanences*", novembre 2002).

Suicide collectif, donc : national, voire international, à n'en pas douter !

Un avenir menacé

Peut-on, donc, laisser s'installer, sans risques graves, sur un territoire, des hommes ou des femmes se refusant à intégrer la culture du peuple qui l'habite et, plus encore, opposés à ses valeurs ? Ainsi nous pouvons faire nôtre ce qu'affirme avec force M. Gérard Gireau à la suite de nombreux autres penseurs occidentaux, et qui équivaut tout aussi bien pour chaque Etat indépendant :

> *"La France ne doit être accueillante que pour ceux qui adhèrent à ses valeurs fondamentales"*, valeurs éminemment chrétiennes comme chacun sait.

Et peut-on encore penser que le refus d'intégration d'une religion, en connaissant désormais sa nature, et celui de l'assimilation d'un peuple ne puissent, à terme, poser de graves problèmes à la société qui l'accueille ? Dans un article de la revue "*Spectacle du Monde*" de janvier 2000 intitulé "*Le XXIe siècle sera-t-il musulman ?*", le célèbre journaliste, M. Jean-Pierre Péroncel-Hugoz, lui aussi spécialiste des questions politiques et religieuses, cite des exemples où les tentatives de coexistence ont débouché sur "*des conflits armés*" et d'avertir que, concernant la France :

"les revendications et les réactions communautaristes se multiplient et s'amplifient, ***laissant présager un avenir lourd de menaces****".*
Et même de conclure :

"Une telle société multiculturelle met en danger la cohésion nationale et, partant, la paix civile".

La chose est dite !

Intégration ou imposition ?

L'histoire a d'ailleurs montré que le refus de minorités de s'assimiler engendrait toujours des conflits au sein des sociétés qu'elles investissent. A fortiori la communauté musulmane prête à *imposer sa minorité* aux majorités dans lesquelles elle évolue et ce, quelles qu'elles soient, ainsi que le montre M. Jean-Pierre Péroncel-Hugoz, dans le même article que cité plus haut. Il ne manque pas de pointer du doigt le danger que constitue l'ambition hégémonique de l'islam en régime démocratique et *l'illusion* à penser qu'une véritable intégration lui soit même envisageable. Il dénonce au contraire **la volonté de cette religion de s'imposer même en pays où elle est grandement minoritaire.** Il signale qu'on ne peut en effet oublier des situations telles que :

"ce qui s'est passé à Chypre, où 100 000 turcs ont, à la barbe des 600 000 grecs autochtones, fait exploser l'Etat chypriote grec paritaire".

Et M. Péroncel-Hugoz de commenter :

"Ce cas illustre le peu de goût qu'on les musulmans pour les systèmes mus par une majorité non islamique".

Et de donner, pour confirmer, un autre exemple :

"Le Pakistan naquit de ce rejet qui menace à présent Russie, Philippine, Kénia, Nigéria, etc.".

L'intégration (apparente) de l'islam ne constitue donc toujours qu'un temps intermédiaire, sorte de tremplin pour lui permettre d'accéder plus facilement, et *par quelque moyen que ce soit*, à son avènement !

Islam et droits de l'homme

Des lois inhumaines

Et pour que l'islam puisse s'intégrer en régime démocratique, encore faut-il qu'il accepte les us et coutumes des pays démocratiques, soit *l'égalité des droits pour tous*, sans distinction de race, de couleur, ou de religion. Bref, pour s'insérer dans un tel contexte, **encore faudrait-il qu'il en accepte ses principes, exprimés tout particulièrement dans la "déclaration des droits de l'homme"** et qu'il comprenne, en outre, la notion "d'être humain"...

Or, qu'en est-il exactement ? Car si l'on passe en effet *chaque loi* de la charia au crible de la "déclaration *universelle* (tel est l'adjectif qui lui est attribué !) des droits de l'homme", l'on peut alors se rendre compte **qu'aucun des principes islamiques ne répond à aucun des articles de cette déclaration ! Aucun droit n'existe en fait en islam pour le non-musulman,** et il serait encore bon de se demander s'il en existe tout simplement un pour l'être humain, ainsi que nous l'allons voir au travers de ces quelques exemples.

Nous ne citerons ici, pour faire bref, que les articles de cette déclaration des droits de l'homme les plus significatifs à l'objet de notre étude.

Art. 1 : "Tous les hommes naissent libres et égaux en dignité et en droit... " :

En islam, les non-musulmans (ou "dhimmis") n'ont aucun statut juridique à part entière : s'ils ne sont donc pas "nés libres", ils sont encore moins "égaux en dignité" devant un musulman. Au contraire ils n'ont surtout, de par leur non-islamité, *aucune dignité* à faire valoir devant lui et, par voie de conséquence, ne peuvent également prétendre lui être "égaux en droit". Ils ne peuvent pas même porter un témoignage en justice contre celui-ci...

Art. 5 : "Nul ne sera soumis à la torture, ni à des peines ou traitements cruels, inhumains ou dégradants" :

la torture, la flagellation, la crucifixion, la lapidation, la séquestration des femmes adultères, l'ablation des membres d'un fauteur, la condamnation à mort d'un non musulman, l'esclavage, l'excision des jeunes filles vierges, la polygamie, la répudiation, l'institution des harems, etc., toutes pratiques autorisées par la charia et courantes en islam, ne sont-elles, pas pour le moins, "*inhumaines, cruelles et dégradantes*" ?

Relisez bien cette liste et voyez si, **objectivement et en conscience,** vous pouvez encore, **même du bout des lèvres, dire quelque bien de l'islam ou le soutenir de quelque manière !**

Liberté de pensée et d'expression

Art. 18 : "Toute personne a droit à la liberté de pensée, d'expression et de religion ; ce droit implique la liberté de changer de religion ou de conviction ainsi que la liberté de manifester sa religion ou sa conviction, seul ou en commun, en public ou en privé, par l'enseignement, les pratiques, le culte et l'accomplissement des rites" :

concernant les "droits de l'homme", on peut constater que la **loi musulmane,** et on l'a clairement démontré au cours de cette étude, **n'est en accord avec aucun point de cet article ! ! !** Concernant l'islam, on pourrait donc le traduire *en remplaçant simplement les phrases affirmatives par des phrases négatives...* L'on aura ainsi la "substantifique moelle" de l'article 18 des *droits de l'homme* d'un point de vue musulman :

*"**Aucune personne** n'a droit **ni** à la liberté de pensée, **ni** d'expression, **ni** de religion ; ce **non-droit** implique la non-liberté de changer de religion **ou** de conviction ainsi que l'interdiction de manifester sa religion ou sa conviction, **seul ou en commun, en public ou en privé, ni** par l'enseignement, **ni** par les pratiques, **ni** par le culte, **ni** par l'accomplissement des rites "...*

En un mot : **aucune liberté** ! C'est à se demander si l'être humain a simplement, en islam, le *droit de penser* ? Ou même celui d'exister ?...

Art. 19 : "Tout individu a droit à la liberté d'opinion ou d'expression, ce qui implique le droit de ne pas être inquiété pour ses opinions..." :

essayez simplement, en terre d'islam, *d'exprimer* votre *opinion* politique, religieuse, ou toute autre contraire au gouvernement musulman en place... Vous verrez le résultat !...

Etc. Etc.

Et n'oublions surtout pas que, si les lois islamiques s'implantent dans nos pays occidentaux, nous aurons droit au "même traitement" ! Soit aux "*droits de l'homme*" "*version islam*", c'est à dire aux "non-droits de l'homme" tels que nous venons de les présenter...

Une coexistence impossible

Pour les responsables musulmans, il est d'ailleurs évident qu'il n'y a pas d'intégration possible dans une société non-islamique. Il en va de *l'identité même de l'islam*, ainsi que le déclare M. Izetbegovic, président de la Bosnie, (première république islamique en Europe, promue par les américains !), dans sa "Déclaration Islamique" de 1970 :

> ***"Il n'y a pas de paix ni de coexistence possible entre la religion islamique et les institutions sociales et politiques qui ne sont pas islamiques".***

On ne saurait être plus clair !...

Et s'il n'y a "*pas de paix possible*", ainsi que le dit M. Izetbegovic, c'est donc que **la guerre est, de facto, déclarée,** ce qui confirme la thèse du *djihad* comme lié indissociablement à l'islam. Selon cette déclaration, en tout cas, il est bien intrinsèque à l'islam, et concernant *tout* ce qui n'est pas musulman ! Et s'il n'y a "*pas non plus de coexistence possible*", c'est qu'il faille faire, pour les musulmans, un choix ! Ils en sont conscients et, pour la plupart, ont déjà fait le leur, qu'ils nous dévoileront au jour "j" : "j" non plus comme "jeudi" mais comme... "jihad"...

La charia : loi inintégrable

Et pour confirmer, s'il en était besoin, combien l'islam est inintégrable et, par conséquent, les musulmans réfractaires à l'intégration en milieu occidental, voici le témoignage recueilli par M. Philippe Aziz, journaliste, qui a publié "Le paradoxe de Roubaix", ayant interrogé un jeune français d'origine algérienne, étudiant en sociologie à l'université de Lille :

"Nous ne pouvons accepter vos lois car elles ne sont pas conformes à celles du Coran. ***Les musulmans ne peuvent être gouvernés que par la Charia****".*

Les musulmans ont donc au moins une qualité : celle d'être clairs… Tourner autour du pot, ainsi qu'aiment à le faire les occidentaux bien pensants, n'est pas leur tasse de thé ! Et ce jeune de continuer comme pour concrétiser son projet :

"Nous allons donc œuvrer pour ***prendre ce pouvoir*** *qui nous est dû. Nous allons commencer par Roubaix qui est une ville majoritairement musulmane à 60 %. Après élection d'un maire musulman, nous déclarerons Roubaix enclave musulmane et nous y* ***imposerons*** *la charia à tous les habitants".*

Si le pouvoir "leur est dû", l'on comprend alors qu'il leur faille se l'accaparer par la force... Appréciez au passage le doigté avec lequel l'affaire est menée… La démocratie est en péril…

Et de poursuivre :

"Quant à la minorité chrétienne, ils auront le statut de dhimmis et seront une catégorie à part. Les chrétiens pourront racheter leur liberté par un impôt spécial".

Merci pour eux !...

Le célèbre "*crois ou meurs*", mot d'ordre et "flambeau" de l'islamisation, aura donc droit, pour les chrétiens les plus riches, à une "adaptation" qui pourrait finalement se traduire comme suit :

" Crois, ***paye****, ou meurs " !...*

"Adaptation" que beaucoup de musulmans ont encore l'outrecuidance d'appeler aujourd'hui "signe de tolérance de l'islam" ou "souci de protection des non-musulmans" ! Bref, c'est franchement à se demander si l'on est encore en pays de liberté, ou tout au moins en démocratie ou, tout simplement, en France ! Et pour mettre un peu de piquant à ces propos encore trop tièdes, ce jeune ne peut que préciser son programme d'action :

> *"Nous mettons actuellement sur pieds, à l'université de Lille, des " brigades de conversion" chargées de convertir les roubaisiens récalcitrants, chrétiens ou juifs, pour les faire entrer dans notre religion, car c'est Allah qui le veut... Ceux qui refuseront de se convertir à l'islam* ***seront traités comme il se doit****".*

Si "Allah le veut" y aurait-il alors quelque raison de s'y opposer ?... Et je vous laisse encore imaginer en quoi peut consister l'expression ici employée : "être traité comme il se doit" ; **vous en avez certainement désormais une 'petite idée' !...**

Une communauté problématique

L'on ne peut dès lors douter que l'islam soit directement en cause dans les grands problèmes rencontrés dans nos sociétés actuelles. Ses principes intolérants, son système d'opposition et son attitude réfractaire à toute intégration en fait *d'emblée* un produit générateur de conflits et de troubles au sein de toute société non-islamique.

On en veut d'ailleurs pour preuve que ***seules*** les communautés musulmanes posent des problèmes graves en Occident. Ceci n'est nullement un jugement de valeur mais une simple constatation : **les communautés portugaises, italiennes ou espagnoles par exemple, ayant émigré en Angleterre, en France, en Allemagne ou en n'importe quel autre partie de l'Europe au milieu du XXe siècle**

pour y trouver du travail, n'ont jamais posé de problèmes majeurs. Et si l'on voulait nous rétorquer qu'il s'agit là de communautés occidentales et donc de même culture, l'on répondra simplement que personne ne s'est encore jamais plaint d'aucune autre communauté de culture pourtant bien différente telle que les communautés chinoise ou japonaise, vietnamienne ou laotienne, malgache ou antillaise etc... dont les ressortissants sont pourtant également nombreux dans nos pays !

Il n'est pas question non plus d'incriminer la "culture arabe", ce qui tendrait à disculper la religion musulmane, dans la mesure où les arabes chrétiens, nombreux également en Europe comme aux Etats-Unis, tels les libanais ou les coptes égyptiens, se sont *très bien intégrés* dans la culture européenne ou américaine et y occupent souvent des postes importants. D'autre part, **les communautés arabes chrétiennes ne posent aucun problèmes en pays musulman**. Au contraire, elle sont discrètes et bien souvent persécutées.

Et si, enfin, on veut nous parler des communautés de noirs américains, qui posent également des problèmes aux Etats-Unis ce sera, pour notre thèse, une excellente confirmation, dans la mesure où la plupart des ressortissants de ces pays africains ne sont plus animistes, comme on le pense habituellement, mais bien musulmans... l'Afrique ayant, ces dernières décennies, subie une islamisation des plus sévères, ainsi que nous le verrons plus avant.

Le problème est donc bien celui, et seulement celui, de l'islam !

La terre : une planète qui ne tourne pas rond !

De même, la source de la majeure partie des problèmes actuellement rencontrés en Occident provient des milieux musulmans. Les conséquences de l'impossibilité de l'intégration de l'islam en régime démocratique sont en effet visibles concrètement en nos pays occidentaux où les musulmans sont pourtant encore minoritaires. Ceux-ci sont en effet **regroupés dans des quartiers et cités où ils ont tendance à vivre sous l'égide de leurs propres lois résumées dans la charia.** Les conséquences en sont que ces quartiers à forte proportion de musulmans, "d'étrangers" nous dit-on, sont le plus souvent appelés désormais : "*zones de non-droit*".

Que signifie réellement cette expression, et que se cache-t-il finalement derrière son aspect légal ? Qu'en est-il donc exactement de ces "*zones de non-droit*" : Le sont-elles réellement pour tous et, sinon, pour qui le sont-elles en réalité ? Car, de fait, ceux qui y sont interdits de séjour, et même de simple passage sont, une fois de plus, les non-musulmans. Je ne vois pas qu'un musulman soit interdit de séjour dans ces dites zones ! Et je ne vois d'ailleurs pas non plus qu'un musulman ait, où que ce soit en Occident, une zone qui lui soit de "*non-droit*" ! Toutes les zones sont donc "*de droit*" pour les musulmans, ce qui n'est pas le cas pour les occidentaux ! Il me semblait pourtant que nous étions, *encore*, en Occident…

Autrement dit et pour être tout à fait clair, si tant est qu'on ne l'ait pas été suffisamment : **en Occident, les occidentaux ont des zones de droit et des zones de non-droit, alors que les musulmans n'ont que des zones de droit !...** Où ils ont évidemment *tous* les droits ! L'on va finir par se demander si la planète tourne réellement dans le bon sens !

L'expression "*zone de non-droit*" a donc encore pour but de cultiver l'ambiguïté afin, une fois de plus, d'endormir le peuple ! Appelons donc, quant à nous, un chat un "chat", car vous aurez désormais compris que ces **"zones de non-droit" sont tout simplement des " zones de droit musulman " !** C'est à dire, *de fait*, des zones de non-droit pour les non-musulmans !…

Et lorsque l'islam aura pris suffisamment de place, il déclarera "zone de non droit", c'est à dire "zone de droit musulman", l'ensemble du territoire occidental, comme il le fait déjà officiellement dans tous les pays arabes ! Il n'y aura donc plus "pour certains" que des zones de non-droit... Et il sera alors peut-être plus prudent "d'émigrer" ! Mais où ?...

Des zones dangereuses

Force est en effet de constater que, dans toutes ces zones de "droit-musulman", les non-musulmans sont en permanence victimes de pressions ou agressions de toutes sortes, ce que vous pouvez constater chaque jour dans certains journaux locaux, non retransmis évidemment dans la grande presse. Et ces pressions sur les non musulmans dans ces dites zones a bien souvent pour but de déstabiliser et donc "d'aider" ces derniers à partir… Et cela à toutes fins que ces zones ne soient bientôt plus seulement des zones de "*droit-musulman*", mais des zones de "*musulmans*" tout court...

Combien n'entendons-nous pas, *quotidiennement*, de ces informations honteuses de pressions sur des personnes dans le but de les faire partir de ces zones où elles habitaient pourtant depuis de longues années. Pressions, intimidations, agressions, vols, casses, viols, crimes, sont l'apanage journalier de ces dites "zones"... Comment voulez-vous, dans des conditions pareilles, vivre en paix et en concorde avec les musulmans ? N'est-ce pas plutôt un leurre, la plupart d'entre eux ne souhaitant nullement vivre en paix avec les occidentaux, mais bien entre seuls musulmans !

Combien n'avons nous entendu parler, (mais rarement dans le grande presse), de ces "*faits divers*" qui, quand ils vous arrivent personnellement, deviennent des "*événements*" ? Combien n'avons nous pas rencontré de ces familles fuyant, après des années de vies difficiles, ces quartiers ? Dernièrement encore, pour ne donner **qu'un**

exemple parmi des milliers à recenser, dans la zone commerçante du quartier “étranger” bordant notre habitation, les vitrines des magasins tenus par des français ont *une nouvelle fois* volé en éclats. Seules celles des magasins turcs, bientôt les seuls magasins restant dans ce quartier au demeurant, sont restées intactes...

Et l'on ose encore nous parler de “racisme” des occidentaux !

Une solution à tout

Où est donc l'effort d'intégration des musulmans qui se regroupent en ces zones, comme de celles des autorités qui les y cantonnent ? Et comment peut-on, dès lors, voir tant de nos hommes politiques parler seulement *d'intégration de l'islam* ? Sont-ils à ce point ignorants qu'ils n'aient encore jamais saisi ses principes ? Lorsque l'on doit gouverner un pays, ne se doit-on pas, au minimum, de s'instruire des traditions et des réalités de ses minorités, ne serait-ce que pour répondre le mieux possible à leurs attentes. Or, de parler d'intégration de l'islam est tout simplement *indécent* pour un musulman ! Car **c'est bien la dernière chose qu'il souhaite !**

Et s'il ne s'agit pas, dans le cas de nos dirigeants, d'ignorance, l'affaire est encore plus grave ! Mais c'est malheureusement ce qui semble être le plus probable…

Et si ces haut-dirigeants de notre Etat ne peuvent véritablement trouver une solution à cet insoluble problème de l'intégration de l'islam en régime non islamique, peut-être est-ce simplement qu'ils ne se posent pas la bonne question ! Alors les musulmans pourraient-ils eux-mêmes leur souffler à l'oreille, et la question et sa réponse, bien simples au demeurant, et qu'ils ont finalement *déjà trouvées* puisque le 25 décembre 1993, jour de Noël, à l'appel des organisations islamiques de France où 15 000 personnes se rassemblaient au parc des expositions du Bourget, ils présentaient à la réflexion de chacun le thème suivant :

"Comment intégrer la France à l'islam plutôt que de toujours vouloir intégrer l'islam à la France ?"...

Question finalement plus simple à résoudre en l'état actuel du contexte national... Et ce que nos dirigeants auront sûrement bientôt l'idée, pour *simplifier le problème*, de mettre à l'ordre du jour comme "projet de loi" à l'assemblée...

Islam et société

D'ailleurs, voudrait-on finalement voir nos sociétés occidentales se forger à l'image de celles des pays arabes à régime islamique ? Vraiment, désire-t-on goûter des fruits de ces dites "sociétés ? En voici présentés quelques uns qui permettront peut-être à certains un réajustement de leurs a priori !

Un obscurantisme moyenâgeux

Y a-t-il donc un seul pays musulman qui ne soit pas affligé de misère et sous-développé ? Avez-vous déjà rencontré des produits signés "made in Maroc" ou "made in Egypt", à part sur des boîtes de dattes ou sur des papyrus aux effigies pharaoniques ?... Savez-vous que dans les pays musulmans un tiers de la population est analphabète et, si l'on ne compte que les femmes, on s'approche des 80 % ? Avez-vous déjà réfléchi de savoir pourquoi aucun pays musulman, ***je dis bien aucun***, ne produit de voitures ou d'avions, et que la grande majorité d'entre eux ne développe aucun marché de technologie dans quelque domaine que ce soit ?...

Mme Oriana Fallaci ajoute :

> *"Cette montagne (l'islam) qui depuis mille quatre cents ans ne bouge pas, ne sort pas des abîmes de sa cécité, n'ouvre pas les portes aux conquêtes de la civilisation,* ***ne veux pas entendre parler de liberté et de justice et démocratie et progrès****. Cette montagne qui malgré les richesses scandaleuses de ses rois et patrons, songez à l'Arabie Saoudite,* ***vit encore dans une misère moyenâgeuse, végète encore dans l'obscurantisme (...).*** *Cette montagne qui plonge dans l'analphabétisme, (les pays musulmans ont un taux d'analphabétisme oscillant entre soixante et quatre-vingts pour cent), de sorte que les informations lui parviennent seulement à travers les desseins humoristiques et les mensonges des mollahs. Cette montagne enfin qui étant jalouse de nous et secrètement séduite par notre façon de vivre nous attribue la faute de ses pauvretés matérielles et intellectuelles, ses rétrogradations et ses dégradations".* ("*La Rage ou l'Orgueil*", éd. Plon, p. 30-31).

Et Mme Annie Laurent de confirmer :

> *"Les sociétés qui se réclament de l'islam sont dans un piètre état. (...). Les résultats d'enquêtes effectuées ces dernières années sous l'égide d'institutions internationales fournissent en effet un bilan très négatif :* ***analphabétisme, indigence culturelle et économique, chômage massif des jeunes, partis uniques, violations des droits de l'homme, aliénation des femmes, atteintes aux libertés publiques, censures, etc.****",* ("*l'homme nouveau*", 19 sept. 2004).

Des fusées immobiles

Bref, **tous les Etats islamiques sont actuellement sous dictature, et la pauvreté et le sous-développement en sont devenus les compagnons inséparables !** Voudrait-on ne voir ici encore que les conséquences de l'égoïsme des pays développés ou la situation géographique de ces Etats ? M.M. Warraq et Hennebelle répondent en posant à ce sujet quelques questions pertinentes à nos frères musulmans :

> ***"Pourquoi la totalité du milliard de musulmans dans le monde croupit-il sous des régimes plus despotiques les uns que les autres ?***
>
> *Pourquoi l'islam ne parvient-il pas à s'arracher, malgré le pétrole et le reste (Par exemple la richesse des sols), au sous-développement ? Vous vous cachez derrière votre petit doigt en désignant un grand et des petits Satan pour maudire votre déréliction.*
>
> *Comment se fait-il que, dépourvu de toute matière première, le Japon se soit hissé au rang de deuxième puissance économique mondiale, alors qu'envasés les pieds dans l'or noir les pays pétroliers arabes, africains et musulmans ne parviennent pas à décoller ?*
>
> *Le grand écrivain algérien Kateb Yacine ironisait à propos des minarets sur " ces fusées qui ne démarrent jamais..." ".*

Une pauvreté organisée

Il faut dire aussi que **la pauvreté n'est pas nécessairement une mauvaise chose pour les gouvernants musulmans et que même, y trouvant leur intérêt, ils la maintiennent le plus possible.** Une main d'œuvre bon marché est en effet des plus avantageuses pour des dirigeants qui affectionnent, vous le concevez, de déposer quelques "petites économies" sur leurs comptes en banque, *suisses le plus* *souvent...* Comment comprendre, sinon, que des pays riches en minerais ou en pétrole, où les dollars passent par milliards entre les mains de leurs hauts dirigeants, soient remplis de pauvres et de miséreux ?...

Et l'on cachera évidemment le plus possible cette pauvreté aux pays occidentaux. Ainsi, lorsque l'on est un gentil touriste européen ou américain et que l'on visite l'Egypte en voyage organisé, on se rend en bus climatisé de l'aéroport du Caire au grand musée d'archéologie par une longue et large avenue bordée de palmiers et d'arbustes florissants... Mais que ces touristes demandent seulement à s'écarter de cent mètres à droite ou à gauche de l'avenue et de descendre quelques minutes dans le quartier où ils ont pénétré et ils pourront *goûter les joies du "Caire profond"* : surpopulation, pollution atmosphérique prononcée, odeurs des détritus se décomposant à même les rues, trottoirs et terrasses des cafés peuplés d'hommes désoeuvrés à cause d'un taux de chômage trois ou quatre fois plus élevé que dans un pays européen, pauvreté, misère, etc. Faites le même constat dans la plupart des grandes métropoles des pays arabes !

Et pour que l'on ne puisse pas découvrir cette pauvreté et cette misère, l'on fera tout pour que soit évité le contact des étrangers avec la population. Cela évitera à ces touristes de renvoyer des *échos indésirables* dans leurs pays... A titre d'exemple, on interdit à des amis journalistes, venus préparer un reportage pour la télévision à l'occasion de la visite du Pape Jean Paul II au Caire en 1999, de filmer les quartiers pauvres de cette ville. Un surveillant leur fut même assigné qui les accompagnait tout au long du jour, les autorisant ou leur interdisant de filmer telle ou telle scène. **Tout ce qui rappelait la misère leur était ainsi interdit de tournage,** tel par exemple les poubelles ou les détritus des rues. Ils devaient alors lever leurs caméras au-dessus de ces objets pour ne filmer que les bâtiments !...

Les pauvres sont donc maintenus dans la pauvreté et soumis à un régime dictatorial. *Leur pays est pour eux comme une vaste prison* dont ils ne peuvent que rarement s'évader. Ceux que vous apercevez en Europe sont par conséquent *parmi les plus aisés* de leur pays ! **Et vous retrouverez ces constantes, à quelques détails près, dans n'importe quel pays musulman que vous traverserez !**

Un musulman coincé

La vie quotidienne en ces contrées est si difficile, tyrannie et pauvreté se côtoyant, que les autochtones sont toujours prêts à fuir aux quatre coins du monde pour échapper à ces prisons. Il n'est pas que le hasard qui fasse que l'Occident soit envahi des ressortissants des pays arabes, à 90% musulmans ! Si l'islam est réellement la panacée, ainsi qu'ils l'affirment, pourquoi les musulmans émigrent-ils donc **toujours** *loin des régimes islamiques*, et les occidentaux **jamais** *vers les pays musulmans* ? Et n'avez-vous jamais remarqué, en visitant un pays arabe, comment la population s'affaire autour de vous pour obtenir quelque argent ou pour vous demander de garder contact avec vous *dans le but de trouver une porte de sortie vers l'étranger ?*

Au cours de l'un de mes séjours en Egypte, un jeune musulman me vanta l'islam. Constatant que son prosélytisme n'aurait de cesse qu'il ne m'ait converti, je lui rétorquai alors :

> *"Si aujourd'hui les portes de l'Egypte s'ouvraient, il n'y aurait plus un seul égyptien dans ce pays ce soir même !"*

Surpris et déconcerté, il resta quelques secondes sans voix, ne sachant que répondre, tenta d'esquisser un sourire de circonstance, puis ajouta simplement avant de me quitter :

> *"Ça, c'est vrai !..."*

Et que pouvait-il en effet ajouter ? Il était confondu, ne pouvant que reconnaître qu'il désirait *lui-même, tout comme ses compatriotes,* fuir son pays *pourtant musulman*, pour se réfugier *en pays "infidèle"* ! L'horreur et la honte intérieure qu'il éprouva alors ne purent que lui faire déserter le champ de bataille... L'image du musulman fervent qu'il avait tenté de me donner jusqu'alors risquait en effet de s'évanouir d'un coup, et il ne lui restait donc plus le choix qu'entre rougir de honte ou s'enfuir avant que je ne le découvre... A tout bien tout honneur : il choisit la fuite !

Encore une fois, cessons donc de rêver d'un islam idyllique aux senteurs exotiques. Acceptons enfin d'ouvrir les yeux ou, tout au moins, de revenir à la réalité !

Un peu de science, beaucoup de mythes

Les progrès fulgurants opérés par la science internationale depuis deux siècles ont laissé entrevoir quant à eux la grande fragilité de l'islam et son incapacité quasi totale à participer, de près ou de loin, à l'évolution des sociétés. **Aucune découverte scientifique importante ne peut en effet lui être attribué depuis le début de l'ère moderne...** Laissons ici une nouvelle fois Mme Fallaci résumer, dans son langage "journalistique", la question :

> *"Enfin il y a la science. Une science qui en très peu de siècles a fait des découvertes étourdissantes, accompli des merveilles (...) : le moteur, le télégraphe, l'électricité, le radium, la radio, le téléphone, la télévision ne sont pas dus aux mollahs et aux ayatollahs. Ou je me trompe ? Les bateaux à vapeur, le train, l'automobile, l'avion, les vaisseaux spatiaux avec lesquels nous sommes allés sur la lune ou sur mars et bientôt Dieu sait où, non plus. Ou je me trompe ? Les greffes de cœur, de foie de*

poumons, les traitements contre le cancer, la découverte du génome, idem. Ou je me trompe ? Et même si tout cela n'est qu'un tas d'ordures (mais je dirais non), réponds moi : derrière l'autre culture, la culture musulmane, qu'est-ce qu'on trouve ? ***Cherche et recherche, moi je ne trouve que Mahomet avec son Coran*** *(...).* ("*La Rage ou l'Orgueil*", éd. Plon, pp. 100-101).

Et aux fans de la civilisation musulmane à qui l'on a inculqué l'idée qu'elle a apporté dans le passé des richesses culturelles ou scientifiques aux autres civilisations, il faut encore répondre qu'il s'agit à nouveau d'un mythe qu'il faut une fois de plus mettre à jour. Car la culture arabe, si florissante avant l'arrivée de l'islam, a basculé pour n'être plus aujourd'hui qu'un "vestige des temps passés"...

Mme Fallaci, justement pour répondre aux musulmans imprégnés de ce mythe et qui penseraient encore aux "gloires" passées de l'islam en matière de sciences ou de mathématiques, donne quelques exemples qui mettent en lumière ces confusions ou ignorances :

"Vos ancêtres n'ont pas inventé les nombres. Ils ont inventé l'écriture des nombres que nous aussi infidèles nous avons adoptée. Et les mathématiques n'ont pas été conçues par eux ou par eux seuls. Elles ont été conçues presque à la même époque par toutes les civilisations du passé : en Mésopotamie, en Inde, en chine, en Grèce, en Arabie, en Egypte, chez les Mayas... Assez de bavardage : qu'on tourne les choses d'un côté ou de l'autre, ***on trouve que vos ancêtres ne nous ont laissé que quelques belles mosquées et une religion qui n'a sûrement pas contribué à l'histoire de la pensée (...)"****.* ("*La Rage et l'Orgueil*", éd. Plon, p. 101-102).

Et j'ajouterai ce que Mme Fallaci a peut-être pudiquement oublié de signaler en cette circonstance, à savoir que les ancêtres musulmans ont surtout laissé sur leur passage :

"une mer de sang de quelques millions de martyrs"...

Ce que nous allons découvrir dans les lignes qui suivent !

Analyse sociologique

Le martyre des chrétiens en terre d'islam

Ainsi que nous l'avons dit, les sociétés musulmanes évoluent sous dés régimes dictatoriaux, quels que soient les noms qu'ils se donnent : "Califat", "Monarchie", "Emirats", "République", etc. Et ce, depuis l'avènement de l'islam. **Les conséquences de l'esprit de combat inhérent à cette "religion" et l'application concrète des principes du djihad se révèlent donc déjà dans les pays arabes ou sévit la charia islamique.**

Une réalité quotidienne

Mais que vivent plus concrètement les minorités non-musulmanes, et en particulier chrétiennes, en terre d'islam ?

On est fortement étonné, lors des premiers contacts que l'on peut avoir avec les populations chrétiennes vivant dans les pays musulmans, de constater un réflexe de peur de se "livrer", lors de conversations concernant la politique ou la religion. Souvent même, lorsque l'on aborde ces questions, les chrétiens ont le réflexe, pour nous surprenant, de tourner la tête en tous sens comme pour vérifier qu'ils ne sont pas surveillés, ou de fermer volets ou fenêtres afin de n'être pas vus ou entendus. **Où est donc passée la liberté d'expression ? Et la liberté tout court ?**

De la part de ces chrétiens, vous n'entendrez d'abord que le "discours officiel", c'est-à-dire celui que les autorités, politiques ou religieuses (c'est tout un) imposent, et qui ne risquera donc pas de causer des ennuis à ceux qui parlent ! Il sera du style :

> *"Tout le monde il est beau, tout le monde il est gentil",*

comme celui que j'ai entendu bien souvent lors de mes premiers contacts avec les chrétiens orientaux et qui se résume ainsi :

> *"Il n'y a aucun problème ici entre chrétiens et musulmans, nous nous entendons très bien et vivons comme des frères".*

Mais ce "discours officiel", tenu plus par peur que par conviction, ne tardera pas à se transformer si, passée la crainte d'être dénoncé, le climat de confiance s'instaure. Cette confiance prenant peu à peu le relais, les langues se délieront. Du "discours officiel" :

> *"On est tous frères et on s'entend tous très bien ici",*

on passera à des aveux parfois terribles et douloureux tel ceux que j'ai pu entendre dans les divers pays arabes que j'ai visités :

> *"Nous vivons ici dans une fournaise, nous sommes opprimés par le régime islamique dictatorial, et combien nous souhaiterions échapper à ce milieu oppressant et pour tout dire invivable !".*

La dhimmitude

La dhimmitude : un statut actuel

Il faut tout d'abord savoir que les chrétiens ont encore dans la plupart des pays musulmans, officiellement ou officieusement (ce qui revient pratiquement au même en ces lieux) le statut de *dhimmis*. Ils vivent de fait encore, après des siècles, la même condition de *dhimmitude* qu'aux premières heures de l'islamisation, c'est-à-dire **n'ayant pas de statut officiel de citoyen et ne bénéficiant pas par conséquent des mêmes droits que les musulmans.**

Le statut de *dhimmis* consiste à maintenir les non-musulmans dans une "condition sociale inférieure", c'est-à-dire inférieure à celle du musulman. Ce dernier est le seul citoyen à part entière en régime islamique. Les non-musulmans sont considérés comme seulement *tolérés* et n'ont donc pas droit à un statut légal complet égal à celui des musulmans. Il est le plus souvent inexistant. **Leurs droits civiques sont donc limités, ou tout simplement spoliés.** Ils ne peuvent ainsi prétendre, dans certains pays, à aucun poste à responsabilité au sein de l'administration et n'ont encore aucun droit à faire valoir en matière de justice. Ils ont des devoirs d'allégeance envers les musulmans et sont parfois astreints à des actes d'humiliation publics. Ce statut de dhimmitude, comparable à celui d'esclave, maintient donc encore les chrétiens dans un état d'asservissement et d'humiliation.

Ceux-ci doivent encore bien souvent payer des taxes dont les musulmans sont exonérés par principe. Le terme de "*dhimmitude*" provient d'ailleurs du mot "*dîme*", taxe de dix pour cent de leurs revenus que les chrétiens doivent payer au gouvernement islamique. Cette "dîme" équivaut à une "*taxe de non-islamité*" : ne la payent en effet que les non-musulmans... **Est-ce donc bien normal de devoir payer une taxe alors que l'on est ressortissant d'un pays au même titre que les autres ?**

Mme Delcambre précise à ce sujet :

***"Trop longue serait la liste des interdictions et des humiliations découlant de ce rapport protection-rançon (dhimmitude).** Interdiction (pour les chrétiens) de posséder des livres religieux musulmans, d'en discuter avec des musulmans, d'avoir des serviteurs musulmans, car un musulman ne saurait être soumis à l'autorité d'un non- musulman. Le mariage et les relations sexuelles d'un juif ou d'un chrétien avec une musulmane était punis de mort. De même la conversion d'un musulman au christianisme"*, ("*L'Islam des interdits*", DDB, p. 51).

Ce statut, même si certains Etats musulmans ne le déclarent plus aujourd'hui ouvertement, est pourtant toujours en vigueur et concrètement appliqué dans bien des situations. *Charia* oblige !

Les chiffonniers du Caire.

C'est ainsi qu'en Egypte, par exemple, les chrétiens n'ont droit à aucun poste important dans l'administration. Ils doivent, s'ils veulent seulement survivre, trouver des emplois dans les sociétés privées, quand on veut bien les embaucher ! Ils vivent donc une précarité d'emploi inqualifiable, ne bénéficiant d'aucun système social de protection (comme dans tous les pays arabes), pouvant être renvoyés à tout moment, au gré de l'humeur de l'employeur ! **Beaucoup parmi eux vivent dans des conditions de pauvreté ou de misère, s'entraidant pour pouvoir parfois simplement survivre !**

Au Caire, par exemple, métropole de dix-huit millions d'habitants, une communauté de trente mille chrétiens Coptes orthodoxes est chargée du "nettoyage" de la ville. On aperçoit ces pauvres, de nuit comme de jour, hommes et enfants en vêtements délabrés, sillonner la ville avec ânes et charrettes, pour y ramasser les ordures **à la main**. Ils vivent dans une zone périphérique infâme appelé "*quartier des éboueurs*", dans des conditions inhumaines, au milieu des immondices, à la merci de toutes sortes de maladies infectieuses et dans des odeurs pestilentielles permanentes. Les enfants comme les parents passent leurs journées sur les monticules de détritus à trier ce qui peut être "récupérable", ou tout au moins recyclable. Cette communauté, connue en France sous le nom *exotique* de "*chiffonniers du Caire*", est célèbre à cause du travail qu'y réalisa sœur Emmanuelle pour aider ces miséreux. **Cette cité est interdite de visite aux étrangers par le gouvernement !** Et pour cause…

Lors de leur passage en Egypte à l'occasion de la visite du Pape Jean-Paul II en avril 2000, quelques amis français journalistes se sont vus interdire de filmer les lieux ! L'un deux, le réalisateur du film, venu rechercher en voiture l'une de ses collègues m'ayant accompagné dans ce quartier, fut tellement bouleversé et saisi de pitié à la vue de cette misère qu'il se mit à pleurer… Nous passâmes alors, pour respecter son émotion, quelques minutes en silence avec lui. Puis il prit la parole et nous avoua :

> *"Je ne savais pas que de telles misères pouvaient exister"...*

C'était un journaliste, et il en avait pourtant sûrement déjà vu d'autres !

Brimades contre des chrétiens : un silence criminel

Que d'exemples l'on pourrait donner de ces discriminations en contexte islamique, la lettre passant avant l'esprit, autrement dit, l'islam passant avant l'amour du prochain. L'on en arrive ainsi à des situations des plus paradoxales et des plus injustes. En voici quelques exemples *parmi tant d'autres* qui vous feront comprendre la discrimination religieuse qui court sous les cieux musulmans.

Bien souvent, en pays arabe, les chrétiens ne sont pas servis ou mal reçus lorsqu'ils vont chez les commerçants musulmans. Mais ils risquent parfois pire comme l'intoxication par certains produits placés dans les aliments ! Par prudence, ils se voient donc souvent contraints de ne s'adresser qu'aux seuls commerçants chrétiens. Peut-on encore parler, dans ces conditions, de cohabitation pacifique ? Un évêque africain témoignait encore, au cours d'une conférence auprès d'un public averti, comment dans son pays les pompistes musulmans ne fournissaient d'essence qu'à leurs seuls compatriotes, les chrétiens se trouvant ainsi souvent dépourvus de l'énergie indispensable à leurs déplacements, que ce soit pour leur travail ou simplement pour l'accomplissement de leurs tâches quotidiennes. Et ces quelques exemples ne sont que quelques faits parmi les mille vexations que les chrétiens subissent régulièrement en terre d'islam.

Ces derniers ne peuvent encore espérer le secours d'aucune association caritative islamique, fort rares au demeurant, celles-ci "n'ayant droit" d'aider que les musulmans ! L'on en revient finalement toujours à la même logique : comment pour l'islam soutenir, d'une quelconque manière, et simplement en lui permettant de se nourrir, un "infidèle", soit un "ennemi d'Allah" ? Ce dernier, Allah, ne pourrait qu'en être irrité et, dans ce cas, gare à celui qui en serait la cause... **En islam, le combat l'emporte donc toujours sur la fraternité, fut-il fratricide...**

Une résurgence de haine et de violence

Une nette résurgence de haine et de violence est d'ailleurs à enregistrer depuis quelques temps dans les pays arabes à l'encontre des minorités chrétiennes. La raison en est le conflit israélo-palestinien, dont les chrétiens sont les premières victimes. Dans tout le monde arabe, aujourd'hui en effervescence à cause de ce conflit, ils sont en effet la cible privilégiée des musulmans, parce qu'identifiés aux juifs "envahisseurs". Ont-ils donc besoin de persécutions supplémentaires ? N'ont-ils pas suffisamment à faire avec l'animosité ambiante de ces régimes totalitaires et la pauvreté qui en découle ? Faut-il qu'ils soient encore la cible de ces assoiffés de violence ?

Une égyptienne me confiait tout récemment combien, depuis le début de ce conflit, elle était de plus en plus harcelée dans son travail par ses collègues musulmanes, parce que considérée comme coupable de "complicité" avec l'ennemi sioniste ! Elle se voit, de plus, depuis plusieurs années, imposer l'écoute du Coran qu'on lui fait défiler en permanence dans les oreilles à l'aide d'un magnétophone placé dans son bureau, avec, évidemment, interdiction de toucher à l'appareil "sacré"... De même, chaque matin, elle trouve placé sur son bureau un nouveau verset du Coran. Sans compter les reproches qui lui sont adressés désormais à longueur de jours de la part de ses collègues, comme des intrigues pour la faire chuter dans son travail ou la faire partir. Mais où irait-elle chercher un autre emploi qui lui permettrait de subvenir aux besoins de sa famille ? Elle m'avoua :

> *"travailler dans un état de peur permanent et être perturbée au point de n'avoir plus aucun appétit et de vomir ses repas"...*

Encore une fois : il faut le "vivre", et non regarder de loin de nos demeures dorées... Et cesser de rêver !

Un homme dévoilé

De même, depuis la guerre américano-irakienne, les chrétiens sont à nouveau la cible des musulmans. Deux faits survenus ces jours-ci en Egypte le confirment : une jeune fille, prenant le métro au Caire, monta comme à son habitude dans l'un des deux wagons réservés aux femmes situé en tête du train. A une station, monta une femme complètement voilée, dont on ne voyait pas les yeux. Celle-ci commença à réciter tout fort des versets du Coran, incitant les autres femmes à les répéter après elle, ce que la plupart firent dans un même élan.

Après plusieurs versets, elle se tourna vers la jeune fille qui se trouvait auprès d'elle et lui demanda pourquoi elle ne répétait pas les versets coraniques. Celle-ci lui répondit qu'elle était chrétienne ce qui, du fait qu'elle ne portait pas le voile et ne répétait pas les versets, rendait la question superflue... A la réponse de la jeune fille, la voix de la femme musulmane redoubla alors d'intensité, reprise en écho par toutes les musulmanes du wagon. En réalité, la voix rauque de la dite musulmane laissa supposer à la jeune fille qu'il se serait plutôt agi, dans cette situation, d'un homme caché sous le voile d'une femme !...

L'autre fait, tout aussi symptomatique de la haine exacerbée à l'occasion de la guerre contre l'Irak est le suivant : depuis quelques temps, des jeunes filles non-voilées (donc en majorité chrétiennes) des collèges et lycées du Caire ont été victimes de "phénomènes étranges". Elles se retrouvent en effet, sans s'en rendre compte sur le moment, avec des vêtements troués ! Il semblerait que ce soit l'effet d'une sorte de bombe vaporisante contenant un acide que des personnes projettent sur les vêtements à l'insu de leurs victimes. Une femme médecin nous raconta ainsi que, faisant ses courses, elle sentit soudain sa jambe la brûler. Lorsqu'elle regarda, elle s'aperçut que son pantalon avait un large trou...

Il est en effet facile désormais de repérer une chrétienne en contexte islamique, celle-ci n'étant pas voilée. Une propagande a d'ailleurs cours actuellement qui enjoint de façon de plus en plus insistante toutes les jeunes filles musulmanes à porter un voile. On la retrouve par exemple dans les rues des métropoles arabes transcrites à la craie ou à la peinture sur les murs, les panneaux publicitaires, etc. J'ai par exemple en ma possession un billet égyptien de 25 piastres (5 centimes d'euros) qui a été remis à une vieille dame chrétienne lorsqu'on lui a rendu la monnaie, et sur lequel est inscrit au gros feutre noir l'inscription arabe suivante :

*"le voile islamique **doit** couvrir **tout** le visage".*

Notez encore une fois l'utilisation du verbe "devoir" qui, en islam, enjoint à l'obligation sans alternative. Et il est un fait que ces derniers mois ont vu se multiplier les voiles en beaucoup de pays arabes ! **En Egypte, à titre d'exemple, on est passé d'environ 15% de femmes voilées en 2000, à 95% en 2004 !**

Viols organisés.

De même, il semble qu'un mot d'ordre ait été lancé dans certains milieux musulmans ces toutes dernières semaines. On peut en effet lire sur Internet des faits que j'ai pu *vérifier moi-même sur place en Egypte ce mois-ci* : de jeunes chrétiennes sont invitées dans des magasins de vêtements à signer un papier pour récupérer un cadeau qu'elles viennent soi-disant de gagner à la suite de l'achat d'un vêtement. Signature faite, on leur promet ce cadeau pour très bientôt. Malheureusement, cette signature cache un sinistre subterfuge. Au bout de quelques temps, la police vient chercher la jeune chrétienne à son domicile pour l'emmener chez son "mari"... musulman... La signature concernait, subrepticement, un "contrat de mariage" que les compères musulmans ont eu tout le temps ensuite de faire officialiser ! Le "mari" ayant, en "droit" islamique, tout pouvoir sur sa femme, il peut donc "*se la faire apporter à domicile*" par la police si elle n'y consent pas d'elle même. Ce qu'il s'empressera de réaliser dans les plus brefs délais...

Vous imaginez, dans ces conditions, la consternation et l'horreur de la jeune fille... Et de sa famille comme de ses proches ou de ses amis, qui n'ont évidemment **aucun recours possible en justice, le**

statut de musulman étant sacré en islam, et celui de chrétien bien inférieur ou même inexistant.

Vous pouvez également comprendre la souffrance extrême de cette famille, violée dans sa liberté, dans sa foi, et concrètement dans la personne de la jeune fille concernée. Car ce n'est sûrement pas de plein gré que cette dernière se "donnera" à son mari... Non consentante, elle sera donc battue et finalement violée et reviolée par lui jusqu'à la destruction de sa personnalité comme de son corps.

Deux de ces faits viennent de m'être communiqués de vive voix ces jours-ci, à l'occasion d'un séjour sur place. Le premier s'est passé dans une paroisse orthodoxe en plein centre du Caire : voyant une femme en pleurs à la sortie d'une église, je m'approchais et lui mandais l'objet de sa tristesse. Elle m'expliqua que sa fille venait de revenir ce jour même après quatre jours de disparition. Elle ne fut retrouvée que par l'insistance de son père travaillant dans la police et qui la fit immédiatement rechercher. Mais depuis son retour, la fillette, âgée de treize ans, violée, couverte d'hématomes et traumatisée, ne parle plus !

Lorsque je revis la maman deux semaines plus tard, elle s'était vêtue de noir pour manifester sa souffrance semblable à celle d'un veuvage. Sa fille était désormais à l'hôpital, devenue anorexique et refusant par conséquent toute nourriture et en danger de perdre la vie, ne disant toujours pas un mot. Quand je demandais à cette femme de rencontrer sa fille, car je souhaitais témoigner de ces faits auprès des européens, ses larmes si abondantes me convainquirent de ne plus aborder pour le moment ce sujet trop douloureux. Ce fut cette seule raison qui m'empêcha de rencontrer cette jeune fille après son traumatisme.

Le deuxième fait est encore authentifié par des personnes de mon entourage : une jeune chrétienne, âgée d'environ 25 ans, a disparu dans les mêmes jours. Elle est partie avec trois amies musulmanes et n'est, jusqu'à ce jour, pas encore revenue. L'on peut assurément craindre le pire...

Le but de tels crimes qui se pratiquent aujourd'hui dans ce pays que certains visitent à bord de superbes paquebots n'est que de maintenir les chrétiens dans la sphère du mépris et de l'humiliation, comme il se doit en islam. **Aucun de ces crimes ne sera jamais puni par la justice "toute islamique" de cet Etat,** et les chrétiens savent d'ailleurs qu'il est bien inutile de porter plainte, car ils n'en obtiendraient que davantage de souffrances !

Islam et corruption

Du bakchich exotique à la corruption systématique

Et ces persécutions sont bien sûr soigneusement cachées aux yeux des gentils touristes qui visitent béatement ces contrées. Ceux-ci sont accueillis aussi fort gentiment par les habitants, malheureusement parfois plus intéressés par le célèbre, et "amusant", "*bakchich*", que mus par d'authentiques sentiments d'hospitalité... Loin de moi l'idée d'affirmer ici que la séculaire tradition de l'hospitalité orientale a disparu de ces cités. Mon intention est bien plutôt de dénoncer la récupération que certains en font.

En effet, **le célèbre "*bakchich*" n'est, de fait, amusant, que pour ceux qui ont de l'argent**, c'est-à-dire les touristes, qui ont largement de quoi le payer... Etant même érigé en véritable système de transactions (traduisez : en racket organisé) il représente, pour les autochtones honnêtes, plus qu'un handicap, les obligeant sans cesse, de façon semi-cachée, à donner le peu d'argent qu'ils ont parfois pour vivre. **Dans la plupart des pays arabes en effet, cette règle**

inadmissible et complètement anti-égalitaire est tout à fait tolérée, et pour ne pas dire quasi instituée en système par les gouvernements eux-mêmes. Cela permet en effet a ces derniers de tenir, par le biais de la corruption, l'ensemble de la population sous un régime de crainte, de pauvreté et, par là même, de soumission. Et pour ses dirigeants de ramasser quelques fonds...

Aucune démarche administrative ne peut donc aboutir sans que vous ayez donné le minimum requis, comprenez un *bakchich* conséquent. Et si vous oubliiez cette "tradition", vous ne pourriez obtenir vos papiers dans des "délais raisonnables", comprenez "avant l'année prochaine", dans le meilleur des cas évidemment ! Sans celui-ci, nul espoir donc, d'obtenir un résultat pour vos démarches administratives.

De l'huile bakchichée

C'est ainsi qu'une communauté religieuse du Caire ne put jamais récupérer un don de quarante litres d'huile d'olive provenant d'Europe. Cette huile, destinée à l'alimentation des lampes à huile du monastère arriva bien jusqu'à l'aéroport, mais ne parvint jamais à son destinataire, tout au moins pas celui auquel était destiné le précieux liquide…

Un employé du monastère fut envoyé à plusieurs reprises pour la récupérer. Sans succès... On lui demanda en effet plusieurs fois de revenir, prétextant tantôt que l'employé de l'administration était absent, tantôt que le responsable n'avait pas reçu l'huile, tantôt qu'il fallait signer des papiers, puis qu'il en manquait, qu'il fallait attendre l'autorisation du ministère, et finalement qu'il fallait payer quelques "taxes", entendez : un "bon" bakchich... Taxes d'ailleurs plus élevées que le prix même de l'huile ! Huile dont les pauvres religieux ne virent donc jamais la couleur !

Corruption organisée, injustice et inégalités criantes soutenues par les régimes en place, telles sont les conséquences directes du système islamique exempt de fondements moraux "de principe".

Une religion à la carte

Et si la discrimination se manifeste en terre d'islam à un niveau individuel elle sévit davantage encore au niveau social et politique, soit officiellement. Pour pouvoir en effet différencier socialement les musulmans des "autres", **dans la plupart de ces pays musulmans la religion est inscrite sur votre carte d'identité !** Et comme à chaque démarche administrative, jusqu'à la recherche d'un travail, vous devez présenter votre carte, vous êtes donc en permanence fiché ! Ce qui laisse libre cours, on peut s'en douter, à toutes sortes de pressions et discriminations dont, évidemment, les chrétiens seront les premières victimes. Religion "*à la carte*", donc... Et même : "*à la carte d'identité*" ...

On ne compte pas d'ailleurs, dans ces régions, le nombre d'injustices commises régulièrement à l'encontre des minorités chrétiennes, injustices perpétrées dans la quasi indifférence générale, on ne le dira jamais assez ! Les médias occidentaux ont d'ailleurs une lourde responsabilité quant à ce silence, voire à leur désinformation sur ce sujet. Et lorsque l'on sait que certains droits ne vous sont pas accordés à cause de votre appartenance à une religion, l'on se demande alors pourquoi ces médias occidentaux ne crient pas à la "discrimination religieuse", comme ils le font si bien quand elle concerne des musulmans vivant en Occident...

A-t-on déjà vu en Occident de telles règles ? **Vous demande-t-on votre religion lorsque vous vous présentez à la banque ou à la sécurité sociale ?** Demande-t-on aux musulmans de payer des taxes particulières à cause de leur religion différente de celle de la majorité des français ? Les premiers qui s'opposeraient à de telles pratiques seraient d'ailleurs les occidentaux eux-mêmes ! Les étrangers sont-ils dans nos régions spoliés de leur droit de vivre, ou leur supprime-t-on, à cause de leur race ou de leur religion, des aides qui leur permettraient de s'établir convenablement ? Bien au contraire. Si vous êtes d'origine étrangère, vous bénéficierez de droits et d'avantages qui vaudront bientôt aux français le désir de devenir étranger ! Et peut-être même que pour survivre, un certain nombre d'entre eux devront bientôt passer par là…

Une justice islamique

Et comme il n'y a en islam aucune séparation entre la religion et l'Etat, ce dernier se verra investi du rôle de protecteur et de promoteur de l'islam, c'est-à-dire de ses principes et de ses fondements. **La loi civile sera donc considérée comme l'expression même de la "volonté d'Allah" !** Volonté d'Allah que l'on connaît à partir du Coran et des *hadith* (paroles "authentiques" de Mahomet). Cette loi civile protégera donc, par principe, un musulman face à un non-musulman, quel que soit le différend qui les oppose.

Il faut à ce propos, distinguer nettement le lien intrinsèque entre la loi et la religion en islam, du lien extrinsèque qu'il pouvait y avoir entre ces deux instances en Europe sous certains régimes monarchiques. Ce dernier n'était en effet qu'un "accord" entre l'Eglise et l'Etat, l'Etat ne pouvant alors édicter de lois contraires à la doctrine de l'Eglise. Les deux pouvoirs, temporel et spirituel, travaillant ensemble, restaient malgré tout bien distincts. Il n'en va pas de même en islam où le dit "spirituel" domine totalement le temporel. Mais de spirituel il n'y a en rien, celui-ci n'étant en fait qu'une forme cachée de temporalité, voire de "matérialisme".

En matière de "justice", le juge sera donc, de fait, le "représentant d'Allah". "L'intransigeance d'Allah" deviendra par conséquent de facto "celle du juge", et celle du juge par conséquent "celle d'Allah même" ! Lors d'un conflit entre un musulman et un chrétien devant les tribunaux, le "juge" ne peut donc "donner raison" à ce dernier puisqu'il est déjà et surtout "*coupable de non-islamité*", péché le plus grave et impardonnable en islam. Le musulman, quelle que soit sa faute, sera donc considéré comme moins coupable que le non-musulman, eut-il tué plusieurs innocents ! De quelle "justice" peut-on alors parler ?

Dans ces conditions, seuls les conflits entre musulmans peuvent être réglés de façon impartiale. Quant aux non-musulmans, connaissant cette règle, ils préfèrent, fussent-ils dans leur plein droit, éviter les tribunaux... **Car de droit en islam il n'y a, vous l'avez compris, que de " droit musulman " !**

Mon frère Adèle.

Ce qui est arrivé cette année à mon ami Adèle est typique de cette notion de "droit" en islam. Chrétien orthodoxe de confession, tenant un magasin d'objets religieux au Caire, il était régulièrement la cible de musulmans passant devant son magasin, l'insultant, crachant ou frappant sur sa vitrine. Un jour qu'il était excédé de leurs agressions, et malgré le conseil de sa mère de ne jamais répondre à des provocations, il alla se plaindre à la police. Mal lui en prit. **Il fut aussitôt emprisonné, sans jugement, et sans savoir même quand il sortirait de prison.** Sa famille et ses amis intervinrent alors auprès des autorités pour obtenir sa libération. Sa femme et ses enfants subirent alors cette épreuve dans les pleurs et les supplications. **C'est seulement au bout de deux mois qu'il fut relâché, non sans avoir versé une forte caution que des amis et des proches cotisèrent pour sa libération.** Ce fait est tout récent, et je connais personnellement les intéressés.

Voilà donc les fruits amers de la *charia*, la loi islamique… Loi directement concoctée à partir des ingrédients coraniques… Bref, **en pays musulman, la loi est islamique, toute islamique, et rien qu'islamique !**

Persécutions en Haute-Egypte

Quand aux persécutions, si elles sont parfois sourdes, elles peuvent tendre également à devenir ouvertes. Le Père Mazzucchelli, missionnaire italien en Egypte, témoigne :

> *"À présent, en Haute-Egypte,* ***de plus en plus souvent, les maisons des chrétiens sont brûlées****, si bien que l'on se convertit à l'islam ou on émigre. Pour avoir parlé de sainte Jeanne d'Arc aux jeunes du catéchisme, je fus moi-même enlevé et battu, puis abandonné à demi-inconscient sur le bord d'une route, mes vêtements déchiquetés. Je vous en parle parce que* ***ces choses-là arrivent aujourd'hui tous les jours aux prêtres qui vivent en terre d'islam****"*.

Mais la foi de beaucoup de chrétiens orientaux reste malgré tout inébranlable, car forgée par l'effort continuel devant l'adversité. Et combien m'ont avoué avoir survécu seulement par la grâce de Dieu, bénéficiant de grâces divines exceptionnelles parce que supportant des oppressions exceptionnelles. Combien ont dû, ces dernières décennies dans beaucoup de pays d'Afrique et d'Asie, fuir leur village incendié ou pillé par des groupes musulmans, ou parce qu'ils risquaient simplement la mort !

L'on se souvient de l'affaire de Kosha en Haute-Egypte, le 4 janvier 1999, où plus de 300 chrétiens ont été sauvagement frappés par une horde de musulmans déchaînés, et dont une vingtaine d'entre eux ont succombé après avoir été torturés. La vidéo circulant en Europe et montrant les cadavres de ces 20 chrétiens coptes orthodoxes de tous âges, hommes, femmes, enfants ou vieillards, est absolument insoutenable. Les corps ayant été sortis des cercueils, le commentateur de la vidéo montre et explique de quelle façon **chacun a été méticuleusement torturé avant d'être achevé**. *Des images aussi difficiles à supporter que des actes difficiles à comprendre !*

Les archéologues arabes savent bien d'autre part ce que signifie l'expression péjorative "*os bleus*", et quels sont ceux qu'elle désigne aujourd'hui encore dans le monde musulman : les chrétiens. Les musulmans l'utilisent en effet de façon habituelle pour se moquer de leurs compatriotes chrétiens. D'aucuns parmi ces archéologues m'en ont expliqué la raison : elle provient du fait que l'on déterre assez souvent, en pays arabes, des squelettes de chrétiens aux os bleuis, signe de leur martyr... Les coups donnés violemment et les tortures faisaient en effet se répandre le sang bleui dans les corps. Ce sang, pénétrant en profondeur jusqu'à l'intérieur même de l'os tuméfié, le marquait définitivement. **Cette marque se perpétue et se retrouve ainsi plusieurs siècles après sur les squelettes de chrétiens martyrisés retrouvés en bien des endroits sur l'ensemble du territoire islamique.**

Une dure réalité vue sous l'angle d'une douce visite organisée

Tracasseries administratives, emprisonnements, disparitions, oppressions de toutes sortes ne se comptent plus pour les chrétiens en pays musulmans, à l'indifférence du monde occidental : **indifférence ou ignorance entretenues par des médias coupables d'une honteuse lâcheté.**

Et lorsque les touristes du monde entier déferlent dans ces contrées par cars entiers, on évite soigneusement de leur montrer les dures réalités du pays. Au contraire, on les endort en leur faisant visiter les lieux touristiques les plus exaltants et en les protégeant de tout contact prolongé avec les populations autochtones. Ils reviennent ainsi enchantés de leurs voyages organisés, "organisés" jusqu'à leur cacher les misères et les injustices dont sont victimes les habitants du lieu et jusqu'à des crimes perpétrés peut-être à quelques pas de leur luxueux hôtel ! Il est évident que, *dans ces conditions*, on puisse apprécier l'exotisme de ces régions...

Des mosquées à Mostar

Quant à l'islamisation forcée dans ces pays par différents moyens de pressions, il n'est que de constater par exemple le financement par les Etats arabes de dizaines de milliers de mosquées de par le monde. Ou encore **l'obligation, sous peine de sanctions, qui est faite aux ressortissants de certains villages africains de se rendre quotidiennement à la mosquée pour assister aux prières !** Dans l'ensemble de la zone islamisée, soit dans la plupart des pays arabes, des mosquées sont d'ailleurs systématiquement accolées aux édifices chrétiens pour forcer ces derniers à écouter les versets coraniques lancés du haut des minarets. Cela pour affirmer, (s'il en était besoin...), la volonté de domination de l'islam sur le christianisme.

Revenant d'un pèlerinage en Bosnie il y a quelques jours, un groupe de français m'a raconté son étonnement en passant dans la ville de Mostar : "*Les mosquées y ont poussé depuis un an, comme des champignons*" m'ont-ils affirmé. Le long d'une grande avenue, ils n'en ont compté pas moins de six sur quelques centaines de mètres, et "flambant neuves".

Le gouvernement musulman de ce pays, installé depuis près de dix ans avec l'aide des Etats-Unis, n'a donc plus aucun scrupule pour **imposer l'islam aux ressortissants chrétiens de Bosnie, pourtant encore en majorité dans ce pays.** Mais comme d'habitude, l'islam n'a que faire des considérations de non musulmans, fussent-ils majoritaires. Son mot d'ordre reste toujours inchangé, (et l'on ne voit d'ailleurs pas pourquoi il changerait) : **imposer sa présence partout : aux minorités sa majorité, et aux majorités sa minorité ! Et par quelque moyen que ce soit !**

Du travail, mais pas pour tous

Ayant d'ailleurs eu moi-même des contacts avec des chrétiens de Mostar au cours de pèlerinages en Bosnie, ceux-ci m'ont expliqué comment, depuis son installation, **le gouvernement musulman supprime systématiquement les postes aux chrétiens pour les donner aux musulmans.** Des personnes venues faire la mendicité dans le village où nous habitions durant notre séjour nous ont entre autres expliqué qu'ils n'avaient plus de travail à cause des nouvelles dispositions du gouvernement à l'encontre des chrétiens.

De même, l'une des employée de l'établissement dans lequel nous résidions nous a affirmé devoir désormais parcourir chaque jour plus de 50 km pour se rendre à son nouveau travail, distance importante pour elle car ne bénéficiant pas de véhicule personnel et habitant dans un lieu mal desservi par les transports publics. Beaucoup d'entre eux se retrouvent donc aujourd'hui dans des situations très difficiles, sans ressources et aux prises avec une administration désormais hostile à leur venir en aide. Bref, **toujours le même scénario pour l'islam : s'imposer par l'intimidation ou la force, et opprimer les chrétiens.**

Comme d'autre part la Bosnie se situe géographiquement en Europe, comment donc ne pas se rendre compte que cette enclave musulmane risque d'y poser prochainement de sérieux problèmes. **L'islam étant "conquérant", et n'étant même "que cela", son installation dans un pays européen ne peut d'aucune façon être de "bonne augure" !**

Islam est liberté de culte

Une enquête sur la demande du Pape Jean-Paul II

Les chrétiens vivent donc, dans les sociétés islamiques, de véritables martyrs quotidiens et peuvent réellement être appelés, selon une expression propre au Pape Jean-Paul II : des "*héros de la foi*". Ce même Pape ayant demandé une enquête générale au sujet de ces martyrs de la foi du XXe siècle n'a pas hésité à affirmer, dès le début de son pontificat, qu'ils n'ont *jamais été aussi nombreux qu'aujourd'hui* et qu'ils le sont même davantage qu'aux premiers temps de l'Eglise. Il faut lire à ce sujet le livre synthétisant le résultat de l'enquête demandée par le pape : "*Ils sont morts pour leur Foi*", (éd. Plon). Cette enquête révèle, outre les nombreux martyrs des systèmes communistes, ceux des régimes islamiques. Et ainsi que l'a déclaré à plusieurs reprises ce saint pape :

> ***"jamais, depuis le temps des catacombes, les chrétiens n'ont été autant persécutés que pendant le XXe siècle !"***

Les zones les plus touchées par la persécution musulmane, fait souvent ignoré de l'Occident, se situent sur le continent asiatique. Cette région du monde est en effet de plus en plus envahie par l'islam : le Pakistan, l'Inde (*à très forte proportion de musulmans*), le Sri Lanka ou encore et plus vastement l'Indonésie, se retrouvent donc en tête de la persécution islamique mondiale. Viennent ensuite les pays arabes du Moyen Orient et de l'Afrique du Nord.

Le Pakistan par exemple, Etat créé spécialement en 1947 à partir de l'Etat indien pour ne dépendre que de la loi islamique, la charia, persécute la petite minorité chrétienne. L'été 2001, plusieurs chrétiens occidentaux furent arrêtés sur ce territoire pour avoir apporté des bibles, et condamnés à mort sous prétexte "d'espionnage". Ce n'est que l'alerte internationale qui leur évita de subir la sentence prononcée contre eux. Voyez-vous en Occident des musulmans condamnés à mort pour avoir fait circuler des Coran, livre pourtant autrement dangereux et subversif que la Sainte Bible ?

Plusieurs pays d'Afrique, plus spécialement le Soudan et le Nigeria, pour ne citer que les plus persécuteurs, pays à proportion de chrétiens avoisinant la moitié de leur population totale, ont vu à eux seuls disparaître sous le joug de la persécution plusieurs millions de personnes en une décennie... Soit autant que la seconde guerre mondiale ! Et le monde comme les grands médias se taisent ! ! ! **Effroyable conspiration du silence qui, pour cause d'intérêts sordides ou de simple lâcheté laisse perpétrer de tels génocides !**

Et l'on n'en finirait pas de citer, de par le monde, les pays écrasés sous le joug de l'islam. L'on peut pourtant régulièrement s'informer de ces persécutions par des revues chrétiennes ou par le moyen du réseau Internet. Au hasard d'un site, j'ai eu par exemple l'occasion de lire ces informations exactes :

> *"Les serbes chrétiens massacrés par les musulmans bosniaques, puis les albanais, les chrétiens massacrés au Timor, enlevés aux philippines,* ***des prêtres assassinés un peu partout en Afrique,*** *chez nous, la guerre des banlieues, déjà bien engagée..., et voici le sultan des Maldives, ces confettis perdus dans l'Océan Indien, qui instaure la charia islamique et expulse les portugais, encore trop chrétiens à son goût !", ("l'Electron libre").*

Et qui aujourd'hui n'a entendu parler ici où là de telles persécutions ? Telles celles perpétrées en Iran actuellement, où les mollah font égorger au sabre en pleine rue et sur les places publiques les "irréductibles" à la cause d'Allah ?

Les plus graves dangers

Il serait trop long ici de présenter toutes les affaires discriminatoires supportées par les minorités non-musulmanes et perpétrées dans ces Etats musulmans. Du Maroc à l'Indonésie, en passant par le Kosovo ou l'Iran, certains Etats de l'ex-Union-Soviétique, l'Inde ou le Pakistan etc. : **partout en terre d'islam il n'est question que d'injustice et d'oppression.**

Et il faut en effet savoir que **dans aucun pays musulman les non-musulmans ne bénéficient d'un statut légal à part entière : ils sont donc régulièrement pris à parti, emprisonnés ou torturés sans même besoin d'avoir à être jugés.**

Notons seulement quelques-uns des événements parmi les plus graves de ces dernières décennies. Pour la seule année 1965, un demi million d'indonésiens furent torturés puis tués, après que le gouvernement musulman, *soutenu par les Etats-Unis*, ait laissé aux militaires musulmans toute liberté d'agir envers les non-musulmans. Sachez encore que certaines descriptions données par les témoins de ces massacres, et que nous ne reproduirons pas ici, sont tout simplement insoutenables. **Ces actes démentiels ne peuvent provenir, encore une fois, que d'êtres humains conditionnés.**

Le Vatican, alertant parfois la communauté internationale sur les cas les plus dramatiques, est intervenu, par exemple, en février 2002 par l'intermédiaire de son Eminence le cardinal Tucci, en faveur du Soudan. Le général Numeiri, musulman formé en France, (comme son homologue l'Ayatollah Khomeyni, l'aurait-on oublié !), y perpétue depuis quinze ans un véritable génocide, volontairement caché à la communauté occidentale :

> ***"Une véritable persécution a lieu au Soudan depuis des années, du fait du gouvernement musulman*** *contre les*

populations noires du Sud, de religion chrétienne ou animiste, dénonçait le cardinal Tucci au micro de Radio Vatican. À la fin de l'an 2000, la guerre civile qui a commencé en 1983, entre le Nord arabe et musulman et le Sud chrétien et animiste, avait déjà ***coûté la vie à quelque deux millions de personnes.****"*

Pour ce qui est d'une éventuelle intervention de l'organisation des Nations Unies, le cardinal Tucci précise que :

> *"la Commission des Droits de l'homme des Nations Unies est préoccupée par ce cas".*

Mais il suggère que cette action soit soutenue par :

> *"une* ***vraie*** *campagne internationale qui serve à jeter la lumière sur la situation au Soudan".*

Enfin, il est important de savoir que beaucoup d'enfants sont utilisés en Inde et sur toute l'Asie par des exploitants musulmans, et **de nombreuses jeunes filles, parfois de très bas âge, vendues pour des périodes allant jusqu'à dix ans dans les harems de l'Inde, du Pakistan, de l'Arabie Saoudite ou de l'Indonésie.**

Une méthode comme une autre : la purification ethnique...

Quant à la "purification ethnique" digne des projets du nazisme, l'islam n'est également pas le dernier à la pratiquer pour cause, comme toujours, de faire avancer la cause d'Allah ! On sait par exemple qu'en Macédoine se font des "*échanges de populations*" pour "*homogénéiser*" les zones "*slaves*" et "*albanaises*", autres purifications ethniques, couvertes de facto par l'ONU et le TPIY. En Bosnie, des populations non-musulmanes ou considérées simplement comme modérées ont été, dès après l'instauration du régime musulman présidé par M. Izetbégovic, "déplacées" jusqu'en Afghanistan où elles peuvent ainsi être formées dans les “véritables” écoles coraniques, et alors que des familles afghanes considérées comme “bien islamisées” sont ramenées dans ce pays. Le lavage de cerveau propre au communisme soviétique se perpétue donc *en grand* dans les régimes musulmans ! Ne disons donc pas trop vite que ce sont des groupements islamistes qui agissent ainsi puisqu'il est évident ici encore que ce sont les autorités musulmanes les plus officielles qui perpétuent ou soutiennent, aujourd'hui comme depuis toujours, de tels actes !

Des chrétiens prisonniers pour leur foi

Et si vous pensez que la persécution en terre d'islam était “d'hier” et révolue aujourd'hui, ou si vous pensez encore que les Etats musulmans se débattent avec l'intégrisme évoluant de façon indésirable en leur sein ou qu'ils le combattent, voici un nouvel exemple tout récent d'emprisonnement arbitraire de chrétiens, donné dans un message de la “*Cité du Vatican*” le jeudi 7 février 2002 (zenit.org) :

> *“Des chrétiens ont été relâchés et expulsés d'Arabie Saoudite après six mois de prison, annonce l'agence internationale Fides, organe de la Congrégation pour l'Evangélisation des Peuples.*
>
> ***Après six mois de prison, précise Fides, le calvaire des 14 chrétiens arrêtés en Arabie Saoudite a pris fin. (...) Les chrétiens, accusés de propager la foi** (acte considéré officiellement comme “crime”), avaient été arrêtés par la police religieuse saoudienne entre juillet et septembre 2001 à Jeddah. Ils étaient tous des travailleurs immigrés employés dans des entreprises saoudiennes. Ils se réunissaient à leurs domiciles pour des rencontres de prière. (...).*
>
> *Christian Solidarity Worldwide (CSW), une association qui défend les chrétiens dans le monde, indique que **les prisonniers n'ont jamais fait l'objet d'accusations officielles,***

qu'ils n'ont pas eu le droit de rencontrer des représentants de leurs consulats et qu'ils ont subi en prison des traitements inhumains.

L'organisation Middle East Concem rappelle pour sa part qu'après l'amnistie générale déclarée en décembre 2001, pour la fin du Ramadan, par le roi saoudien Fahd, les autorités avaient promis aux chrétiens qu'ils seraient libérés, pour ensuite affirmer le contraire à l'occasion de Noël. ***Plus de 12 000 prisonniers avaient retrouvé la liberté grâce à l'amnistie, mais pas les chrétiens. (...).***

Des fonctionnaires saoudiens déclarent que les chrétiens peuvent se rencontrer en privé pour la prière, ***mais la police religieuse arrête souvent ceux qui le font, toujours selon la même source."***

Mais où donc certains intellectuels occidentaux voient-ils de liberté religieuse en islam ? ? ?

Une persécution au cœur de l'islam

Et cet exemple n'est que l'un parmi des milliers d'autres de ces persécutions qui ont lieu quotidiennement en terre d'islam et qui ne reviennent la plupart du temps jamais aux oreilles des occidentaux. Sauf en quelques cas rares comme celui-ci et grâce à quelque association alertant la communauté internationale. Mais vous vous doutez bien que de telles affaires ne sont que rarement mises au grand jour. Et quand elles le sont, c'est qu'une instance politique honnête ou une instance religieuse de haut niveau a accepté d'intervenir en pesant de tout son poids. **Mais combien d'autres chrétiens croupissent actuellement dans les prisons sordides et inhumaines des pays musulmans, dans le secret le plus absolu ?** Cas le plus souvent totalement inconnus des médias internationaux.

Les Etats musulmans, "éminemment" représentatifs de l'islam le plus officiel, sont donc *les premiers persécuteurs* des minorités non-musulmanes et particulièrement de la communauté chrétienne et non, comme on cherche à nous le faire croire aujourd'hui, quelques groupuscules extrémistes éparses. **L'intégrisme musulman est bien au "cœur de l'islam" en ses instances les plus officielles.** Et non à la périphérie en quelques groupements dissidents ! **L'islam est par nature persécuteur, et les groupes terroristes n'en représentent que la tendance spectaculaire.**

Amnesty international rapporte régulièrement les injustices commises à l'égard des non-musulmans par les autorités musulmanes, dans les pays arabes, au Moyen Orient, en Afrique ou encore en Asie. Les droits des chrétiens sont **totalement** inexistants dans au moins trois pays arabes : l'Iran, le Pakistan et l'Arabie Saoudite. Dans ce dernier, les chrétiens sont emprisonnés sans jugement et souvent torturés. Un rapport d'Amnesty rapporte, en juillet 1993 :

> *"En Arabie Saoudite, ces trois dernières années, des chrétiens ont été arrêtés et emprisonnés, pour la plupart sans avoir été jugés, pour la seule raison d'avoir exprimé pacifiquement leurs convictions religieuses.* ***Beaucoup ont été torturés pendant leur détention, certains par flagellation****"*.

M. André Goffart, bruxellois ayant vécu longtemps en ce pays témoigne auprès des autorités ecclésiastiques de son pays :

> *"Quant à moi, je possède le Coran en arabe, tel que les musulmans instruits le lisent, et je sais reconnaître l'unique traduction honnête. J'ai passé huit années de ma vie dans une quinzaine de pays musulmans et travaillé dans trois d'entre eux, dont sept ans en Arabie Saoudite. Là,* ***mon église fut celle des catacombes...***

L'Arabie Saoudite n'est elle pas le "phare" de l'islam et ses responsables, par conséquent, garants de l'intégrité des musulmans ?

Et a-t-on à faire ici, encore une fois, à quelque groupe terroriste indépendant perpétrant quelque action ponctuelle ? N'y a-t-il pas là au contraire une persécution "officielle" et constante ? Et ces pressions et oppressions contre les chrétiens comme ces lois anti-chrétiennes ne courent-elles pas sous *tous* les cieux islamiques ?

Ou penserait-on encore que certains pays musulmans, que l'on visite "avec joie et innocence", sont d'authentiques pays de liberté ? Ne sait-on pas que le Maroc par exemple, et pour ne citer que lui parmi ceux des pays musulmans les plus visités par les européens, condamne à des peines d'amendes et d'emprisonnements ceux de ses ressortissants qui sont pris en "flagrant délit" de possession de bible ou autres textes chrétiens "subversifs" ?

Et Mme Delcambre de renchérir à propos de ce pays et de son roi Mohamed VI :

> *"Mais ne nous y trompons pas. Nous sommes toujours dans la structure religieuse musulmane classique, dont nous ne percevons même plus l'archaïsme, tant l'exotisme du pays décourage chez beaucoup l'analyse politique. (...).*
>
> *A Nador, Rabat, Casablanca, Salé, des trafiquants de drogue, des alcooliques, des prostituées, des policiers, des "mauvais musulmans"* ***ont été lapidés jusqu'à ce que mort s'ensuive, ou carrément égorgés****",* ("*L'Islam des interdits*", DDB, p. 126-127).

Quand l'islam arrêtera-t-il donc le massacre, et les musulmans "tolérants" cesseront-ils de s'aveugler sur le bien-fondé de leur religion ?

Maryam, la petite arabe

Les exemples ne manquent pas non plus de ces pressions ou de ces persécutions perpétrées dans les pays arabes contre des non-musulmans refusant de se convertir à l'islam. Qu'il soient *d'hier ou d'aujourd'hui*, ces exemples se réfèrent toujours **au même islam, qui est le même à toute époque parce que véhiculant toujours les mêmes principes.**

La bienheureuse Mariam, petite arabe palestinienne morte au début du XXe siècle, subit, elle comme tant d'autres, le martyre de la part d'un musulman. Alors qu'elle avait émigré en Egypte avec des membres de sa famille, et refusant le projet de l'un de ses oncles qui voulait la marier, elle chercha à revoir son jeune frère resté en Palestine. Sachant qu'un ancien domestique de sa famille se rendait prochainement dans ce pays, elle prit rendez-vous avec lui pour lui remettre une lettre à l'intention de son jeune frère. Accueillie par ce domestique musulman et sa famille pour lui remettre sa lettre, il lui parla bientôt de l'islam et chercha à la convertir. Se rendant compte des intentions de son interlocuteur, Mariam s'écria :

> *"Musulmane ! Non jamais ! Je suis fille de l'Eglise catholique, apostolique et romaine, et j'espère, avec la grâce de Dieu, persévérer jusqu'à la mort dans ma religion, qui est la seule vraie".*

Le musulman, furieux de se voir opposer une telle "résistance" de la part d'une jeune chrétienne, dégaina son cimeterre et l'égorgea sur le champ. La pensant morte, il la déposa, avec l'aide de sa femme, dans une ruelle sombre. Ce ne fut que par la grâce de Dieu et les soins miraculeux de la Sainte Vierge qu'elle put s'en sortir, et s'enfuit bientôt en France où elle vécut plusieurs années comme religieuse au Carmel de Pau. Elle fut déclarée bienheureuse par la Sainte Eglise Catholique dont elle avait si courageusement défendu la cause.

À dire et à crier

On ne dira jamais assez ce que les non-musulmans, pour la plupart chrétiens, peuvent endurer de souffrances dans ces pays islamiques ou à majorité musulmane. Il faudrait des livres entiers pour présenter toutes les discriminations et persécutions dont ces minorités sont victimes à longueur d'année et ce, **depuis les débuts même de l'islamisation**. Et sachez le bien, ces minorités ne comprennent pas le silence des occidentaux sur leur situation, silence qu'ils ressentent comme une véritable trahison de la part de ceux qu'ils considèrent comme leurs amis et alliés.

Voilà, par exemple, le discours d'un égyptien, rencontré récemment dans son pays, et qui résume très bien la pensée de l'ensemble de ces minorités en souffrance :

> *"Vous les occidentaux, vous vivez en régimes libres alors que nous, nous subissons toutes sortes d'oppressions. Pourquoi ne venez-vous jamais a notre aide ? Et* ***pourquoi laissez-vous naïvement s'installer dans vos pays ce qui fait notre supplice depuis toujours : l'islam****. Comme nous souhaiterions, nous, le voir disparaître, et comment nous voyons que vous, vous le faites progresser !".*

Et il ajoutait ces mots déchirants :

> ***"Nous, nous vivons emprisonnés dans la fournaise islamique pendant que vous, vous vendez votre liberté à ceux-là mêmes qui nous persécutent".***

Il entendait par là, bien évidemment, la "vente" de nos Etats à l'islam en échange de pétrodollars, et ce dans l'indifférence générale et l'ignorance de beaucoup. Cela sonnait dans sa bouche comme un reproche, voire un avertissement :

> *"Prenez garde, car si vous ne réagissez pas, viendra un jour, et il n'est peut-être pas si loin, où vous verrez cet islam qui nous oppresse vous subjuguer...".*

Analyse socio-politique

L'islamisatio du monde par les grandes puissances

Des mosquées à but lucratif

Le monde est actuellement, et depuis plusieurs décennies déjà, en proie à une islamisation intensive, financée à grand renfort de pétrodollars par les pays arabes avec à leur tête l'Arabie Saoudite, sous l'égide des grandes puissances mondiales principalement les Etats-Unis dont les intérêts financiers ne sauraient s'arrêter, cela n'étonnera personne, à quelques détails de "religiosités" !

Ces transactions économico-islamiques à coups de pétrodollars sont désormais "monnaie courante", (soit "dollar courant"), à l'instar de celles qu'entretiennent américains et saoudiens, et que l'on ne connaît malheureusement que trop ! Celles-ci sont désormais favorisées par les liens économico-financiers qui unissent tout spécialement ces deux pays **depuis 1945, année de l'acquisition par les Etats-Unis de la totalité du monopole de l'exploitation du pétrole saoudien.** Depuis, les américains n'ont cessé, à coup de transactions financières *souvent forcées*, d'intimidations économiques, politiques, ou même militaires, de s'imposer dans la région, soit sur l'ensemble du Moyen-Orient (comme ailleurs...), et en ont acquis ainsi la presque totalité du monopole de l'exploitation du pétrole.

L'islamisation du monde passe donc essentiellement par le pétrodollar. En Afrique, à titre d'exemple, c'est par milliers que des mosquées ont été érigées au cours de ces dernières années, financées presque exclusivement par l'Arabie Saoudite. Et Mme Orianna Fallaci de dénoncer ce danger :

> *"Je vous rappelle qu'en Arabie Saoudite il existe un Ministère de la Religion et que par la volonté de la maison royale ce ministère est confié aux fondamentalistes les plus extrémistes. Je vous rappelle que* ***ce ministère fait construire dans le monde entier des mosquées où la jeunesse musulmane est recrutée pour le djihad****",* ("*La Rage ou l'Orgueil*", éd. Plon, p. 178).

En Europe, de nombreuses constructions de mosquées ont pu voir le jour grâce au financement de pays arabes, Arabie Saoudite largement en tête, tel ce fut le cas de la grande mosquée de Rome faisant le pendant et concurrençant, par son envergure, la Basilique vaticane st. Pierre. Financements "complétés", quand il en est "besoin", et "il en est" le plus souvent, par les aides financières et autres subventions des Etats européens c'est-à-dire, pour être tout à la vérité : *avec l'argent des contribuables !*

Instrumentalisation de l'islam

Aucun continent n'échappe à cette règle délibérée de faire avancer l'islam, les grandes puissances favorisant l'immigration massive des ressortissants étrangers, en majorité musulmans, sur leurs propres territoires, tout comme l'érection de mosquées et ce, quelle que soit la couleur du régime politique en place. Tout cela sous prétexte de "tolérance", voire de "reconnaissance" de la religion musulmane, mais en réalité pour renflouer le compte en banque de tel ministre qui aura alors "à cœur" de "sortir l'islam des caves", ou le portefeuille de tel maire ou tel député qui aura alors "tout intérêt" à promouvoir l'érection de mosquées en sa région où sa ville… Depuis des décennies "nos" politiciens roulent pour le même intérêt : le pétrodollar !

Le djihad est donc "récupéré" et utilisé aujourd'hui par les forces politiques mondiales qui cherchent à détruire le christianisme et asseoir un gouvernement maçonnique universel. La haute finance, dirigée par *quelques familles américaines "richissimes"* (au point que les chiffres alignés sur leurs comptes en banque ne trouveraient pas suffisamment de place pour s'inscrire sur votre calculette ! Chiffres *avant* la virgule, naturellement...), et dont l'islam est actuellement l'instrument privilégié, travaille depuis longtemps à son hégémonie politico-financière totale et définitive sur l'ensemble du monde. Nos états sont ainsi vendus à l'islam pour quelques milliards de dollars ! Voici ce qu'écrit un spécialiste des affaires politiques mondiales, M. André Frament (éditions AFS. *Les deux cornes du croisssant turc*) :

> *"Parmi les pays non-islamiques qui soutiennent l'islam, il faut signaler les Etats-Unis ! Il y a là une* ***instrumentalisation de la foi musulmane au profit de grands desseins politiques dont les conséquences seront et sont déjà sanglantes****".*

"*Instrumentalisation de la foi musulmane*" : on ne pouvait trouver expression plus juste de la politique internationale que mènent aujourd'hui la plupart des pays occidentaux. **L'islam n'est qu'un "instrument" dans les mains de ceux qui cherchent à détruire, et le christianisme et les valeurs chrétiennes de notre civilisation.** Et quand il ne sera plus utile à l'instauration de leur *plan d'hégémonie mondiale*, que feront alors les responsables des grandes puissances ? le pire est peut-être à craindre.

L'Amérique, l'Amérique !

Derrière la politique d' "arbitre du monde" des Etats-Unis se cache donc, en fait, leur volonté d'être les "maîtres du monde" ! Les instances maçonniques mondiales imposent en effet à tous leurs subordonnés, notamment au personnel des loges européennes dans lesquelles nagent, "comme des poissons dans l'eau", nos hommes politiques, **l'ouverture toute grande des portes de l'Europe à l'islam. L'islamisation de l'Europe est depuis bien longtemps à l'ordre du jour !**

Utilisant les O.N.G. et les grandes instances internationales telle l'O.N.U. l'Amérique, suivie de ses satellites, les Etats européens, fait sa loi dans le monde ! Et bien sûr ses intérêts ! Car, vous vous en doutez, les *pétrodollars* rentrent par milliards dans les comptes en banque **personnels** de ces Messieurs lors des transactions politico-islamiques, c'est-à-dire lorsqu'ils vendent nos terres à l'islam via les pays arabes ! Et comme le faisait remarquer avec un humour acerbe un représentant politique français en visite au Liban, en constatant que sur chaque billet de banque américain est transcrite cette maxime :

> "*In God we trust*", ce qui signifie : "*En Dieu nous avons mi notre foi*",

qu'il serait plus conforme que les "responsables" américains écrivent :

> "*In Gold we trust*", c'est à dire : "*dans l'Or nous avons mis notre foi*" !

Et le même homme politique d'ajouter que désormais, après qu'ils aient annexé l'Irak, ils devraient même écrire :

> "*In Oil we trust*", ce qui veut dire : "*Dans le Pétrole nous avons mis notre foi*"...

Une dorsale islamique

Il ne sera pas nécessaire ici de développer indéfiniment cette réalité d'un pays, les Etats-Unis, cherchant, pour l'intérêt de quelques-uns de ses responsables, à promouvoir l'islam. M. Alexandre Del Valle, dans ses excellents ouvrages, et plus particulièrement "*Islam Etats-Unis, une Alliance contre l'Europe*" édité chez "*l'Âge d'Homme*", développe ce thème avec force argumentation. Son analyse socio-politique, en spécialiste en ce domaine, ne saurait trouver aujourd'hui de véritables contradicteurs. Le général français Pierre Gallois, ancien responsable des forces nucléaires françaises, représente également par ses ouvrages aussi précis que détaillés, une référence incontournable en ce domaine. Un cours résumé des desseins hégémoniques de l'Amérique suffira donc ici à éclairer les esprits.

Ne sont-ce pas, de fait, les U.S.A. qui favorisent militairement et économiquement l'avancée de l'islam dans les Balkans par l'intermédiaire de l'UCK, soutiennent l'immigration massive des albanais musulmans en cette région et protègent les kosovars musulmans, ainsi que le démontre clairement M. Del Valle ? Avec leur projet de "*dorsale islamique européenne*" allant de la Turquie à la Bosnie, dorsale constituée d'un ensemble de petits états musulmans sous contrôle turc, les Etats-Unis se proposent donc, *et nous l'imposent*, de rétablir tout simplement l'empire Ottoman ! Ne sont-ce pas d'ailleurs encore ces mêmes Etats d'Amérique qui ont fait instaurer en Bosnie le premier gouvernement musulman d'Europe dont beaucoup rêvaient depuis la chute de ce même empire Ottoman, ainsi que le précise le général P.-M. Gallois dans un excellent ouvrage : "*Le soleil d'Allah aveugle l'Occident*" :

"Washington s'est obstiné à créer dans les Balkans un Etat musulman, dont le penchant vers l'intégrisme ne fait aucun doute".

Le "*Washington Post*" lui-même, journal quasi officiel de l'establishment américain, écrit :

> *"Le troisième empire américain, après l'hégémonie yankee sur l'Amérique latine et l'influence américaine sur l'Europe depuis la deuxième guerre mondiale, sera constitué par un* ***vaste mouvement de peuples musulmans dominés par les Etats-Unis, du Golfe persique à l'Adriatique****"*.

Cet empire a été appelé "*dorsale islamique*" par la revue *Li Miles.*

Pétrole, gaz, pavot et hydrocarbures. L'islam : un potentiel énergétique

N'est-ce pas encore ce même Etat d'Amérique qui arme nombre de pays musulmans, à commencer par les Talibans d'Afghanistan avant le 11 septembre 2001, (dès 1994), Talibans de tendance sunnite fondamentaliste et qui prônent une stricte application de la charia islamique. Ce soutien militaire exigeait l'on s'en doute contrepartie, soit de forts intérêts économiques comme le passage de gazoducs ou d'oléoducs ainsi que le note M. Del Valle, ou encore le contrôle total de la production du pavot qui, comme chacun sait, est la matière de base des drogues dures comme la morphine et l'héroïne ?

Lui aussi qui favorise la politique islamiste algérienne pour obtenir le monopole de l'exploitation des hydrocarbures ou la construction d'un gazoduc à dessein d'irriguer toute l'Europe, tout au bénéfice, vous le saisissez, des multinationales américaines. Lui encore qui soutient l'Arabie Saoudite chef de file et promoteur de l'islam, (et premier producteur mondial de pétrole), favorise le développement de la Turquie, (pays à 99% de musulmans faut-il le rappeler ?), politiquement, économiquement et militairement, et pousse à son entrée dans l'Europe ? Après le refus par les quinze de son entrée dans l'union européenne, la Turquie, par l'entremise de son responsable de la diplomatie, M. Mesut Yilmaz, n'a-t-elle pas aussitôt tourné ses regards vers son allié du moment, l'Amérique. Le masque kémaliste américain commence pourtant à s'effriter avec sa politique "de courtoisie" à l'égard de régimes islamiques fondamentalistes. Il n'empêche que **la Turquie ne cesse de faire déferler, avec l'aval des Etats-Unis et de ses compères européens, ses ressortissants sur toute l'Europe.** Et que cette dernière sera par conséquent bientôt envahie (si elle ne l'est déjà...) de "l'esprit d'Allah". Car ainsi que le note le politologue turc Nazni Arifi :

> *"Si la Turquie entre en Europe, en une décennie l'Europe sera islamisée !".*

Il faudrait même désormais ajouter, non pas "*en une décennie*" mais en "*deux ou trois années*"...

Turquie et Marché Commun

La Turquie, un Etat "laïquement" musulman

D'aucuns penseront encore que, concernant l'envahissement de l'Europe par les ressortissants turcs, l'on soit encore dans le domaine du "moindre mal", voire dans la quasi normalité. La Turquie nous est en effet présentée actuellement comme un pays occidentalisé et quasi laïc, soit semi-européen. L'on ne cesse pas en effet de nous en rabattre avec la "distinction" à faire entre les Etats arabes classiques et fanatiques, et celui-ci indépendant, moderne, et "ouvert à l'esprit démocratique". Comme si finalement il n'y avait plus de différence de culture (*et a fortiori de religion*) entre lui et n'importe lequel des Etats européens. C'est en effet l'image médiatique que l'on présente habituellement de la Turquie : celui d'un "Etat laïc", pionnier d'une nouvelle conception de l'islam, prêt à s'adapter à la modernité et à la démocratie ! On l'imagine encore volontiers aujourd'hui comme un pays musulman *tolérant* tant sont amalgamés les termes de "laïcité" et de "tolérance" !

L'on cherche ainsi une nouvelle fois à minimiser, ou même à gommer, les différences entre la culture et la religion prédominant en ce pays et celles des pays européens. Ces différences apparaissent désormais comme dérisoires, voire inexistantes et ne représentant plus, en tout cas, un obstacle insurmontable à l'entrée de ce pays dans la CEE. L'on retrouve ici encore la même façon de procéder pour tromper l'opinion publique : marquer sa "différence" d'avec les autres régimes islamiques et gommer celle d'avec les pays occidentaux. L'objectif étant, *comme d'habitude*, **de lui ouvrir toutes grandes les portes de l'Europe, où ses ressortissants y sont d'ailleurs déjà en si grand nombre !**

Théocratie ou démocratie

Mais qu'en est-il exactement de la laïcité de cet Etat et de la tolérance de l'islam en son sein ?

Il est tout d'abord à rappeler que, *par définition*, un pays musulman quel qu'il soit ne peut être laïc. L'islam en effet ne sépare pas les domaines politique et religieux, pour la simple raison qu'il se fonde sur le Coran qui lui ne distingue pas entre temporel et spirituel. Il affiche donc sur ce sujet une non distinction *de principe*. La Constitution "civile" sera par conséquent nécessairement emprunte des dogmes religieux islamiques interprétés du Coran. **La notion d' "Etat laïc" est donc une réalité absolument inconcevable en islam !** Le terme même de "laïcité" n'existe d'ailleurs pas en arabe ce qui, vu l'idéologie symbiotique de ce système politico-religieux, se conçoit.

Quelle que soit donc la façon de poser le problème, fut-il la volonté pour certains médias d'embrouiller les esprits, un Etat musulman *sera toujours* empreint de la doctrine et des principes islamiques. Il sera donc *toujours* discriminatoire, intransigeant, dictatorial, et inspiré de la charia. Il ne pourra *jamais* être qu'une *théocratie* à teinte guerrière. Et si *théocratie* il y a obligatoirement, *démocratie* il ne peut y avoir en même temps, et dans aucun cas. Un Etat ne pouvant être, *par définition*, **que l'un ou l'autre !**

La Turquie ne saurait donc être déjà, *par principe*, un pays plus tolérant qu'un autre, et pas plus aujourd'hui qu'hier, tant **sont identiques et pérennes la nature conquérante et les principes intolérants de l'islam.**

Génocides séculaires de la très neutre Turquie

Quant à la question de la soi-disant tolérance de cet Etat, nous allons en présenter très succinctement un aperçu !

Notons en effet qu'au **début du XXe siècle la Turquie comptait dans sa population plusieurs millions de chrétiens, depuis décimés par des génocides sanglants** perpétrés par ses gouvernements successifs, tel celui de la très chrétienne Arménie où plus d'un million d'arméniens furent massacrés en quelques mois, celui des araméens (ou de langue araméophone) qui parlaient la langue même du Christ et dont environ 250 000 d'entre eux sur une population estimée à 400 000 âmes furent également massacrés en quelques semaines dans la zone actuelle de l'est de la Turquie, celui des kurdes passés au christianisme ou d'autres minorités non-musulmanes. Ce djihad lancé durant plusieurs années sur toute la Turquie et ses régions limitrophes a eu pour conséquence directe **la réduction du nombre de chrétiens aujourd'hui en ce pays à moins de 1% de la population totale...**

Voici, pour concrétiser ces assertions, un court extrait tiré d'un ouvrage de l'époque, témoignage par conséquent fiable, relatant l'événement du génocide arménien et sa perpétration par la "très musulmane" armée turque... Cet exemple pourra encore vous donner une idée de ce en quoi ont pu consister, au cours de plus d'un millénaire, les "méthodes" d'islamisation :

> ***"Les arméniens ont été égorgés en masse, en tas, pêle-mêle, avec des raffinements de cruauté inouïs,*** *sur un signe du sultan-rouge. Le compte de ces hécatombes est effrayant (plus d'un million au total), sans compter* ***les milliers de jeunes filles enlevées par troupeaux, qu'on a jamais revues,*** *proie prélevée par le vice sur le carnage, réservée à des drames de honte et de sang, dans le mystère des harems musulmans où elles ont dû abjurer, subir, ou mourir"*, (M. Landrieux : "*Le Trompe l'oeil de l'islam*", 1913, éd. Lethielleux).

Et l'auteur de ne pouvoir s'empêcher de spécifier que :

> ***"Dans ces accès de frénésie qui n'ont rien d'humain, la bête se réveille...".***

Peut-on alors réellement parler d'un "Etat tolérant" alors que toutes les influences non-islamiques ont été supprimées par la violence et dans le sang ? Et d'un "Etat laïc" dans lequel il ne reste donc plus aujourd'hui, après ces massacres, que les adeptes d'une religion unique : l'islam ?... Et comment peut-on finalement avaler une telle énormité "*d'Etat laïc à 99% de musulmans*" ?... Ou bien alors se vérifie simplement, une fois de plus, le dicton, que vous pouvez d'ailleurs interpréter en différents sens :

"plus c'est gros, plus ça passe" !

La très musulmane Turquie

Un seul exemple suffira enfin à montrer que "l'ambiance" dans ce pays, soit les méthodes d'intimidations et de persécutions des non musulmans, est bien *la même aujourd'hui qu'hier, et ici qu'ailleurs...* L'hebdomadaire "*La Vie*" présente en effet ce témoignage : le Père Suleyman Ôz, prêtre turc d'origine kurde, fut ces dernières années victime de brimades et de diverses pressions par les *musulmans kurdes* de sa région. Menacé plusieurs fois de mort par téléphone ou par courrier, il dut finalement, pour protéger sa famille, s'exiler vers Istanbul. Il témoigne :

> *"Nous étions visés en tant que chrétiens. (...) J'ai été le dernier à partir (de la région kurde du pays), et il n'y a plus de chrétiens chaldéens là bas, car les musulmans kurdes leur ont rendu la vie très dure. (...)* ***Il y a eu des morts et des exactions contre les chrétiens****",* ("*La Vie*", 10 avril 2003).

Mais exilé à Istanbul, le régime s'avéra le même face aux *musulmans turcs* de cette métropole, et de nouvelles menaces perpétrées par ces derniers le contraignirent à s'enfuir de "son" pays : la Turquie... Réfugié en France depuis 1997, il est actuellement prêtre de la communauté catholique assyro-chaldéenne de Marseille.

Cet exemple ne date pas, vous pouvez le constater, des débuts de l'ère musulmane ni même du siècle dernier ! Il est on ne peut plus récent et démontre, une fois de plus, que **l'islam est bien la cause de problèmes et de persécutions, partout, même en Turquie !** Ce prêtre a en effet été victime tour à tour de ses concitoyens kurdes *musulmans*, puis de ses compatriotes turcs, encore musulmans ! Et peut-être va-t-il devoir bientôt s'exiler de Marseille et même s'enfuir de France, menacé par ses nouveaux concitoyens : toujours *musulmans...*

Le christianisme au Moyen-Orient

Disparition des chrétiens orientaux

Il serait d'ailleurs encore possible de faire le même constat de **diminution alarmante du nombre de chrétiens dans l'ensemble des pays musulmans,** preuve supplémentaire de l'impossibilité pour l'islam de supporter en son sein d'autres communautés que la "*Oumma*", la communauté musulmane.

Le témoignage du patriarche catholique chaldéen uni à Rome, sa Béatitude Raphaël Bidawid, quant à cette question de la diminution sensible des chrétiens en Orient et spécialement en Irak, est assez remarquable. Il affirme en effet que l'Eglise chaldéenne d'Irak appelée "*Eglise des martyrs*" à cause des millions de fidèles chrétiens qui y sont morts au cours des siècles pour leur foi :

> *"qui comptait au Moyen Âge 80 millions de chrétiens, est réduite aujourd'hui à 1 million de fidèles".*

Et sa Béatitude d'ajouter :

> ***"Où sont passés les 79 autres millions ? C'est quelque chose qui fait vraiment trembler".***

L'on peut faire le même constat sur l'ensemble du Moyen-Orient et plus exactement sur la quasi totalité du territoire islamisé depuis le VIIe siècle ! Et si une personnalité telle que celle de ce patriarche, dont on a connu la force et la ténacité face à l'adversité, est capable de "trembler" devant un tel constat, combien plus devrions nous prendre la mesure de tels avertissements.

L'éradication des minorités chrétiennes programmées

Mais on peut surtout se demander si, au delà des intérêts financiers en rapport avec les ressources pétrolières de l'Irak, l'alliance américano-européenne contre ce pays n'a pas également pour but de favoriser l'éradication du dernier bastion chrétien dans cette région. La chose ne serait pas étonnante au vu des résultats : **le massacre de dizaines de milliers de chrétiens irakiens** se retrouvant sans protection face à un islam par essence agressif parce que conquérant.

Et, *comme habituellement*, l'on ne vous présentera encore ces massacres, dans les médias, que comme des "exactions locales et épisodiques" commises par quelque groupement musulman "fanatique et très minoritaire". Mais vous savez désormais que ces exactions ou leur approbation sont et seront toujours le fait de **l'ensemble des musulmans préparés et prêts depuis leur plus jeune âge au djihad**, dont le cœur est par conséquent imprégné de l'esprit grégaire de haine et de combat et qui ne fait que se réveiller et s'animer à ces "occasions"…

Ne peut-on donc penser, au vu de l'expérience de la "*façon de faire*" américaine dans son "arbitrage" du monde que, au delà d'intérêts financiers extraordinaires, l'un des buts de ces guerres et révolutions organisées par l'Occident soit justement **l'éradication du monde des dernières minorités chrétiennes du Moyen-Orient ?**

Force est en effet de constater qu'au delà de transactions financières énormes à partir de "*contrats islamo-américains*", le résultat concret de ces guerres et conflits de par le monde et spécialement au Moyen-Orient est bien le *net recul du christianisme* ! Ainsi, par exemple, le conflit libano-syrien qui s'est terminé par l'instauration au Liban (pays de tradition chrétienne soutenu "moralement" et militairement par son "allié" américain) d'un *gouvernement musulman sous contrôle syrien*, qui a fait passer en une trentaine d'années, soit du début de la guerre en 1975 à aujourd'hui, la population libanaise chrétiennes majoritaire à 65 %, à moins de 25%...

De même les deux guerres balkaniques successives, "arbitrées"par les mêmes USA, se sont soldées par *une avancée extraordinaire de l'islam en toute cette zone*, de la Bosnie qui est passée désormais sous régime islamique (**premier gouvernement musulman en Europe !** Merci à nos "alliés" d'outre Atlantique...) jusqu'à l'Albanie où les ressortissants musulmans albanais comme étrangers ont investi les lieux après le recul du régime communiste, en passant par le Kosovo désormais totalement islamisé. Sans parler des populations déplacées en masse par des "présidents" tel M. Izetbégovic, d'Afghanistan en Macédoine et vice-versa, ou de l'avancée extraordinaire de l'islam dans la plupart des Etats de l'ex-Union Soviétique, de la Tchétchénie au Kirghizistan. N'est-il pas d'ailleurs un fait avéré que **partout où les Etats-Unis interviennent au Moyen-Orient comme en Occident les gouvernements islamiques sont renforcés et les populations chrétiennes, par conséquent, décimées ?**

Des croisades au secours de l'islam

Mais par quel processus inverse, par quel subterfuge, les grandes puissances favorisent-ils l'islam en prétendant le combattre ? Tout simplement en présentant à l'opinion publique l'impression d'impuissance devant des situations conflictuelles ce qui, pour la "super puissance" américaine, peut laisser perplexe ! L'on voit ainsi des conflits perdurer des années et s'enliser devant "l'impuissance" de ces grandes puissances à les endiguer et les régler... Mais pendant ce temps, les transactions financières vont, elle, au contraire, "bon train"... *De pair avec l'élimination progressive des minorités chrétiennes en ces régions !*

Remarquez donc bien comment les "responsables" américains, comme ceux des pays occidentaux en général, et même comme ceux des instances mondiales promotionnelles de "paix" tel l'ONU, assistent toujours, très "curieusement", comme "impuissants", aux conséquences des conflits qu'ils ont souvent eux-mêmes provoqués... Ces hauts responsables mondiaux "observent" en effet avec "intérêt" nous dit-on (mais duquel s'agit-il ?...) pendant un " certain temps" (et un "temps certain"...), comme "impuissants" l'avons nous dit, le massacre des chrétiens (ici irakiens) laissés à la merci des musulmans excités par la guerre... Temps "qu'on" laisse perdurer jusqu'à ce que ceux-ci soient réduits dans lesdites régions comme une peau de chagrin, "petit reste" que l'on s'occupera alors, *mais alors seulement*, de "protéger"... **Ce triste scénario est malheureusement désormais classique :** on l'a vu dans la guerre des Balkans, au Kosovo, en Macédoine, au Rwanda, désormais en Irak, et dans bien d'autres pays d'Afrique ou d'Asie.

L'on verra ainsi encore probablement les chrétiens, lors de prochaines "interventions" américaines, *par exemple* en Corée, en Iran, au Soudan, en Syrie, en Egypte ou ailleurs, et comme on l'a vu dans plusieurs pays africains, à nouveau obligés de fuir devant les régimes islamiques déjà en place, régimes que les responsables américains auront "*par mégarde*" laissé s'installer, "*sans le vouloir*" laissé s'étendre à toute la région, "*sans le savoir*" habillé de despotes leur présidence et, "*sans y rien pouvoir*" **laissé massacrer les chrétiens qui y vivent...**

Il semble tout de même que, *depuis quelques décennies*, les pouvoirs occidentaux font beaucoup de "mégarde", "méprises", "impairs", "inadvertances", "erreurs" et autre "négligence" qui **coûtent cher (c'est à dire bien souvent la vie !) aux chrétiens pour lesquelles ils sont pourtant partis en "croisades"...** Au point qu'on finirait "*presque*" par se demander si, finalement, ils ne le feraient pas "un peu" exprès !... Et si ces "croisades" n'avaient pas plutôt pour but de venir "*au secours de... l'islam*"...

Une guerre démocratique

Qui n'a donc compris que la "croisade" en Irak va elle aussi finir, **après le massacre de milliers de chrétiens** laissés à la merci des hordes musulmanes désormais libres **puisque libérées par les Etats-Unis**, par l'instauration d'un régime islamique chiite persécuteur du christianisme ? Car après qu'ils auront terminé leur "croisade" en Irak, c'est à dire *fait leur loi*, et supprimé le "dangereux dictateur", les U.S.A le feront remplacer, via "élections démocratiques", comme ils l'ont déjà fait en plusieurs pays tel la Bosnie, par un *dirigeant musulman* qui sera, lui, cette fois, sans aucun doute, un **vrai** dictateur.

Remarquez au passage la méthode américaine classique si appréciée de ses collègues européens : organiser des élections "démocratiques" après avoir évincé, de façon "moins démocratique", son adversaire ! Elections en Irak soi-disant démocratiques dont on a d'ailleurs prévu d'avance les résultats : l'instauration d'un régime islamique chiite, donc dictatorial, en remplacement du régime semi-laïc de M. Hussein. En effet, puisque les chiites sont *fort majoritaires* en cette région, comment des élections "démocratiques" permettraient-elles l'épanouissement d'un gouvernement **autre** que chiite ?... Ce que les experts américains "semblaient" ne jamais avoir envisagé !...

L'Irak deviendra alors bientôt un "vrai" pays musulman comme les U.S.A. les affectionnent, c'est-à-dire *à leur botte* et avec lequel ils pourront enfin réaliser leur rêve "d'accords pétroliers" **en vue de l'acquisition du monopole total de son exploitation.** Il me semblait pourtant qu'un "accord" exigeait, comme son nom l'indique, *acquiescement libre de chacune des parties* ! Mais évidemment, si la partie non consentante peut être *supprimée préalablement* pour être remplacée par une partie plus "consentante", tout peut s'arranger... Et comme M. Hussein n'était pas des plus consentants, il fallait bien qu'on l'aida à ce qu'il consentit !

L'Irak n'a donc finalement "d'intéressant", pour les magnats et les maniaques de l'hégémonie mondiale, que son pétrole !

L'Irak, un pays laïc

Concernant ce pays, l'Irak, où les chrétiens sont actuellement décimés sans aucune possibilité de se défendre ou même de s'enfuir, constatons donc tout d'abord que les Etats-Unis n'ont fait que *prendre prétexte* de soi-disant "dangereux dictateurs" pour s'y imposer militairement et économiquement, et au prix de nombreuses *victimes innocentes.*

D'ailleurs, **avant la guerre du golfe, où y avait-il de véritable problème en Irak ?** Le pays n'était-il pas en paix ?... Economiquement en forme ?... Développé technologiquement davantage que la plupart des autres pays arabes ?... Indépendant et libre de toutes pressions politiques ou économiques ? L'infrastructure n'y était-elle pas exemplaire pour un pays arabe ?... N'y avait-il pas la liberté religieuse en son sein : y voyait-on par exemple, comme désormais partout en pays arabe, le voile sur la tête ou même sur le visage des irakiennes ?...

Ceux qui ont visité l'Irak d'avant guerre, et plus particulièrement d'avant cet **embargo américain criminel** de 13 ans appuyé par l'ONU et tuant chaque mois plus de cinq mille enfants, peuvent en témoigner : **ce pays était étonnamment développé, étonnamment autonome, étonnamment ouvert, étonnamment libre en comparaison des autres Etats arabes !**

Aujourd'hui, dans ce pays, les magasins y sont détruits ou sans vivres... Le pays, même si l'on ne vous en montre plus que les images filtrées par les agences officielles de presse, est tout simplement exsangue. **Les responsables américains l'ont mis à feu et à sang !**

Voilà la réalité. La triste réalité. La vraie réalité ! Que l'on évite de vous présenter dans les médias...

Ces "*troubles*" en Irak, qui auront donc causé la mort de "*quelques*" centaines de milliers de personnes sont-ils réellement, ainsi qu'on veut nous le faire penser, la conséquence de la politique d'un ancien "*dictateur*" ? Dictateur dont le procès médiatisé permettra évidemment de "prouver" la "culpabilité"... Et de *l'ôter à d'autres...* Le tour est donc joué : le procès de M. Hussein concentrera toute l'attention du monde sur le "dangereux dictateur" et l'on prouvera sa **totale** responsabilité dans tous ces "troubles" ! Et l'on finira bien vite, une fois de plus, par oublier que les Etats-Unis, assoiffés inextinguibles de pétrodollars, gazodollars, minérodollars ou autres narcodollars, pourraient avoir quelques "petites" responsabilités en cette affaire...

Agneaux inoffensifs ou loups féroces

Mais qui sont *réellement* les dictateurs ?... Ces responsables mondiaux sont-ils donc si "innocents", "impuissants" ou "trompés", ainsi qu'on nous les présente habituellement sans complexe et sans crainte des paradoxes ? **Ne sont-ils pas au contraire coupables, aussi hautement que le sont leur place sur l'échiquier financier mondial ?** "Hauts responsables" qui sont bien également très souvent, *gardons-le toujours en mémoire*, maîtres et bénéficiaires de la haute finance mondiale.

Car remarquons surtout que, **sous le régime de M. Hussein, l'Irak était le seul pays arabe non islamique, parce que le seul à ne pas être régi ou influencé par la charia.** Le président irakien avait en effet toujours refusé que l'Irak soit sous la dépendance d'aucun système religieux, estimant que la séparation des pouvoirs est garante de l'objectivité d'un Etat en matière de loi et de justice. En ce sens l'Irak était un Etat pilote et pouvait à juste titre être appelé "*laïc*". Il est à noter **que tous les autres pays arabes ont adopté officiellement la charia ou y font largement référence.**

Mgr. Bidawid, patriarche chaldéen d'Irak uni à Rome, note à ce propos dans une interview rapportée dans le livre "*Irak la faute*" :

> *"Les chrétiens ont toute liberté de culte en Irak (sous le régime de M. Hussein) et sont protégés par la justice du pays",*

ce qui n'est le cas nulle part ailleurs dans aucun autre pays arabe. Et Mgr. Bidawid n'hésite pas à ajouter :

> *"Je peux vraiment dire que l'Irak est le plus ouvert et le plus tolérant de tous les pays arabes",* ("*Irak la faute*" éd. Plon, p. 31-32).

Vous pouvez évidemment désormais mettre cette affirmation au passé...

Les dictateurs et les criminels ne sont donc pas toujours là où on les pensent... Ni là où l'on voudrait nous faire penser qu'ils sont... Ils ont, *de nos jours*, changé de look : de visages de brutes épaisses au sourire cruel ils sont passés à ceux d'élégants cow-boys aux accents de justiciers débonnaires. On les voit serrant les mains "à tout va" et à grand renfort de pauses pour les photos au cours de meetings où ils sont chaudement applaudis, ou se présentant tout sourire aux interviews télévisées où on les découvre décontractés, en bras de chemise, jouant au golf ou au cricket... Et on arriverait presque à les croire... Croire qu'ils sont des agneaux... **Si la queue du loup qui balaie le vent derrière eux pour faire tomber dans leur escarcelle quelques millions de dollars ne trahissait leur véritable identité !**

Guerres et génocides planifiés en haut lieu.

Démagogie sournoise autant qu'efficace ! Jeu subtil ayant comme principal appui le *pouvoir médiatique* auteur du pourtant célèbre "*terrorisme intellectuel*". **Ces "dictateurs des temps modernes ont fini de faire dans les idéologies totalitaires ou autre despotisme politique : ils font désormais dans la "démocratie"...** Ils semblent même si dévoués à votre cause comme soucieux de votre protection ! Tellement prêts à vous défendre contre d'éventuels agresseurs qu'ils *engagent eux-mêmes les conflits avant que vous ne le leur ayez même demandé...* Et avant même qu'ils vous aient demandé votre avis... Car, remarquez-le encore : les responsables mondiaux engagent *toujours* les conflits sans que *personne* le leur ait demandé... Et de toute façon **avant** l'accord des citoyens et **sans** leur permission. Et c'est seulement **après** qu'ils les justifient...

N'y a-t-il pas d'ailleurs de preuves suffisantes aujourd'hui, de ces révélations troublantes et accablantes d'auteurs sérieux qui affirment, avec noms et chiffres à l'appui, que les multinationales américaines ont de tout temps *financés les gouvernements oppresseurs et dictatoriaux*, tel le très dur et très meurtrier gouvernement soviétique responsable à lui seul de plus de **40 millions de morts**, en grande partie chrétiens orthodoxes et catholiques en forte majorité sur son territoire ? L'opinion de nombre d'entre eux semble d'ailleurs être aujourd'hui que bien des révolutions, guerres ou autre génocide perpétrés sur l'ensemble du globe depuis le début du XXe siècle ont été, pour des intérêts aussi vils qu'énormes, **planifiés en "haut lieu" par les "soins" de ces "hauts responsables" !** N'est-il pas d'ailleurs encore un fait avéré que les multinationales américaines comme européennes ne s'affairent jamais autant et avec autant "d'intérêts" **qu'autour des lieux de conflits ? Comme les abeilles au milieu des ruches...**

L'installation de l'islam en Occident

Des travailleurs sans travail

Et pendant que ces "cow-boys" guerroient à travers le monde pour "combattre l'islam" (en réalité pour *installer des gouvernements musulmans !*), d'autres s'occupent de son *installation en nos contrées* ! A chacun son rôle ! Mais toujours dans la visée d'un *pouvoir mondial unique et hégémonique* : plan "*maçonnico-synarchique*" oblige !

De pair, donc, avec cette "*conspiration islaméricaine*", **l'Europe ouvre, elle, largement ses portes à l'islam.** Les Etats européens sont de fait grandement responsables de l'avancée du "corpus islamique" en leur sein. La palette d'argumentation pour favoriser **l'entrée massive** des ressortissants arabes ou africains *en majorité musulmans* sur nos territoires va du "*besoin de main d'œuvre*" à "*l'entraide envers les pauvres*", en passant par "*l'ouverture aux différentes cultures*" ou le "*désir de paix*".

Quant au premier argument, l'on se rappelle encore que c'est par *charters entiers* que des maghrébins ont été parachutés sur le territoire français "*manquant cruellement de main d'œuvre*" nous affirmait-on (!). Comme si les fameux "experts" en économie n'avaient pas prévu que l'on se retrouverait quelques années plus tard avec une surpopulation de chômeurs, de "sans travail" ou de "sans papiers", en très grande majorité étrangère c'est-à-dire, inutile de vous le préciser désormais, **en très grande majorité musulmane…**

Aucun "expert", (français cette fois...) n'avait, semble-t-il, là encore, envisagé cette inéluctable conséquence… Décidément, les "experts", qu'ils soient de l'un ou l'autre côté de l'Atlantique, ne semble pas férus de "*questions dont l'issue est inéluctable*"... Comme d'habitude quant il s'agit de politique et que l'on cherche à atteindre un objectif différent de celui qui est présenté au peuple !

Et l'on sait, depuis lors, combien les "travailleurs étrangers" que l'on a fait entrer en Europe depuis quelques décennies ne travaillent pas pour la plupart... Faute de travail... Mais qu'ils profitent, comme il le leur est "proposé" par ces même Etats, des *aides et allocations innombrables*, sommes prélevées sur les impôts de ceux qui travaillent ! Des millions de musulmans dans les cités, comme en région parisienne ou en périphérie des grandes villes sont ainsi désoeuvrés, tournant en rond entre quatre immeubles et n'aspirant qu'à retrouver leur patrie : si les *innombrables allocations* ne leur donnaient quelques raisons de prolonger davantage leur séjour parmi nous...

L'on se retrouve donc aujourd'hui avec plusieurs millions de chômeurs, sans compter évidemment les "stagiaires", les "intérimaires" et les "intermédiaires", les sans-travail non recensés ou non déclarés, les étudiants, etc. : soit quelques millions de plus que les statistiques officielles... Un million de plus ou de moins me direz-vous !... Il est vrai qu'en politique, on n'est pas à ça près... Et rien de tout cela n'avait été vu ni prévu... **N'avez-vous tout de même pas l'impression qu'on vous "amuse" ou bien que "l'on se moque du monde" ?...**

De belles formules

De même, quand cessera-t-on donc de se laisser endoctriner par ces "belles formules" : "*ouverture à l'étranger*", "*droit à l'immigration*", "*volonté de dialogue*", "*négociations pour la paix*", etc. ? Voyez aujourd'hui comment ces soi-disant **"efforts pour la paix" permettent aux grandes puissances de "faire la guerre"...** Et comment leur soi-disant désir "*d'ouverture à l'étranger*" leur permet de réaliser leur plan d'islamisation !

En réalité, *l'islamisation du monde* ne peut que servir quelques (ir)responsables mondiaux qui savent les fidèles de cette religion facilement manipulables. Il est beaucoup plus facile en effet de gouverner un peuple que l'on peut tenir par quelques "révélations divines", que des individus vigilants utilisant tout le potentiel d'intelligence qui leur est imparti.

Ces "belles formules" n'ont donc pour but que *d'endormir les consciences occidentales* en leur cachant les véritables enjeux politico-financiers sous-jacents. Ces derniers sont ceux des grandes puissances plus avides de pouvoirs et de dollars (ou d'euros) que de paix ou de concorde entre les peuples. Tant que l'argent rentre dans leurs comptes en banque, ils sont même prêts à entretenir guerres et conflits via les ventes d'armes, les trafics de drogue internationaux, les transactions financières sur le dos des pays en guerres, les "investissements" d'après guerre, et la liste serait longue… Et tout cela à la barbe de l'opinion publique occidentale bien souvent manipulée par les médias ! Sauf de ceux qui les subissent… Et qui sait si demain ce ne sera pas notre tour ?

Car, comme chacun sait, l'argent est roi en *notre monde*, et surtout... en *notre politique* !

A y perdre son "moi"

Quant aux formules "*d'ouverture à d'autres cultures*" ou autres "*pluri-culturalités*", toutes expressions dont se gargarisent tant de médias, ne sont-elles pas simplement un autre moyen, classique au demeurant, de *ne pas éveiller les soupçons* de certains "esprit forts" risquant de s'opposer à *l'islamisation programmée* ? Car si l'on ne propose que rarement *l'assimilation* aux musulmans, l'on en impose par contre toujours *l'invasion* aux sociétés occidentales, via leur "**devoir d'accueil**" de toutes "cultures", de tous principes, de toutes lois, fussent-ils contradictoires les uns avec les autres ou opposés à la cohésion de ces sociétés…

Ainsi, par l'enchantement de formules douces et onctueuses aptes à séduire les intelligences assoiffées de confort illusoire, la préparation psychologique des esprits est désormais devenue la règle incontournable avant toute intervention politique ou militaire ! Utilisant et malaxant de telles expressions, des plus sophistiquées aux plus alambiquées telles : "*société multiculturelle*" ou "*univers multiconfessionnel*", l'on vous conduit finalement *surtout* vers un "*monde multiconfusionnel*" à y perdre son "moi" !

L'on vous plonge ainsi subrepticement dans une ambiance "multipartite" où vous n'aurez bientôt plus la liberté que d'errer dans un melting-pot de langues, de races, de cultures ou de religions. Tout sera d'ailleurs si "multi-pluri-varié" que vous n'aurez bientôt plus qu'une seule question à vous poser : "Qui suis-je ?"...

Mais vous comprenez bien qu'au delà de ces subtilités "plurielles" ou autres "multipluralités" se cachent finalement **la volonté de faire accepter des valeurs culturelles, morales, politiques et religieuses, différentes de celles de l'Occident qui sont de toujours celles du christianisme.**

Une propagande mensongère

D'ailleurs, s'il était réellement question pour ces Etats occidentaux de compassion et d'accueil, n'aurait-on pas plutôt ouvert tout grand les portes aux ressortissants des pays en guerre qui en auraient eu tant besoin, tels les libanais durant leurs dix-sept longues années de conflit armé avec la Syrie, les croates, les bosniaques ou les serbes durant leurs deux guerres balkaniques successives, ou même les boat-people fuyant le régime des khmers rouges et honteusement refoulés à la mer par la plupart de ces pays occidentaux, ceux-là même qui prônent l'esprit d'accueil et d'ouverture ! Ou encore à ceux des pays victimes des dictatures communistes durant près d'un siècle d'isolement et de totalitarisme, etc. **À tous ceux-ci, et à bien d'autres, les portes sont restées bien longtemps fermées. Alors qu'elles étaient, dans le même temps, grandement ouvertes aux ressortissants des pays musulmans...**

Les citoyens des pays de l'est, par exemple, qui pour beaucoup, *pendant la période du communisme et depuis sa chute*, ont vécu ou vivent encore dans des situations précaires, n'auraient-ils pas souhaité ou ne souhaiteraient-ils pas encore pouvoir bénéficier pendant un temps de l'asile européen ? Les chrétiens soudanais, victimes actuellement d'un génocide indescriptible (près de trois millions de personnes tuées depuis la prise du pouvoir par le gouvernement islamique de Khartoum, et un million et demi de réfugiés en Egypte) ne souhaiteraient-ils pas obtenir l'asile politique d'un pays européen ?

Et si pour certains d'entre eux les portes s'ouvrent aujourd'hui, ne crions pas victoire si vite et n'ayons pas la naïveté de penser qu'elles le sont par volonté philanthropique, mais bien, au contraire, par *esprit mercantile* et pour des *questions d'intérêts financiers internationaux*. Car pendant que des milliards d'individus sur la planète cherchent encore désespérément quelques centimes pour pouvoir acheter les légumes qui rempliront leur estomac affamé, soit **avoir simplement la possibilité de faire leur "marché", d'autres font leur "marché financier" ou "supermarché boursier"** en se gavant de milliers d'actions journalières qui ne suffiront pas même à étancher la soif de leurs comptes en banque assoiffés d'euros, de dollars ou de pétrodollars !

Des centaines de millions de ressortissants des pays de l'est, d'Afrique, d'Asie, d'Amérique latine ou du sud, vivent ainsi encore aujourd'hui dans des situations précaires, parfois dramatiques, pendant que *quelques magnats de la finance internationale* opulent dans la richesse et le luxe. Ce sont ces derniers mêmes qui, non contents de leurs milliards en banque, leurs yachts, leurs hôtels, leurs usines, leur avions ou leurs multinationales, organisent famines, révoltes et guerres déstabilisantes pour faire tomber dans leur escarcelle les actions qui manquent encore à leur palmarès ! Voilà la triste réalité d'un monde en déliquescence et aux dirigeants avides de pouvoir et de dollars !

Un constat un seul : l'avancée de l'islam

Il est donc impossible ici d'alléguer un quelconque "*droit a l'immigration*" quand on sait que les portes sont grandes ouvertes aux ressortissants des pays musulmans, alors qu'elles sont presque totalement fermées à d'autres qui en auraient grand besoin. **Car s'il était réellement question de "droit", il serait pour tous, sans discrimination de race ou de religion !**

La Turquie ou les pays du Maghreb, par exemple, pays islamiques s'il en est, se voient délivrer chaque année des centaines de milliers de visas sur tous les Etats européens, alors que plusieurs pays de l'est, pourtant européens, n'en obtiennent dans un même temps que quelques-uns. Nombre de pays d'Afrique, sous régime islamique ou à forte proportion de musulmans en obtiennent un nombre incalculable alors que d'autres, à forte proportion chrétienne, s'en voient privés presque totalement, comme ce fut le cas du Rwanda avant la guerre civile et jusqu'à aujourd'hui, ou le **Sud-Soudan victime actuellement d'un véritable génocide de chrétiens !**

Favoritisme ou discrimination ?

N'avez-vous jamais remarqué, par exemple, que comparativement aux millions de musulmans des pays arabes, il y avait en Europe *si peu* de sud-américains, qu'ils soient brésiliens, chiliens, péruviens, boliviens ou paraguayens, populations pourtant souvent pauvres et même miséreuses ?... Ou encore *si peu* de ressortissants des pays de l'est, qu'ils soient polonais ou tchèques, serbes ou croates, hongrois ou slovènes ou de n'importe quelle partie de l'ex-Union Soviétique, eux aussi dans des situations post-communistes difficiles ?... Ou encore *si peu* d'africains en provenance de pays à majorité chrétienne tels les rwandais, les zaïrois ou les ivoiriens, pas mieux lotis que les précédents ?... Ou bien pensez-vous encore que tous ceux-là n'aient pas bien souvent le désir de pouvoir émigrer en Europe, sachant les conditions de vie souvent très difficiles de leurs pays ?

Constatez ! *Ces quelques exemples parmi tant d'autres* ne révèlent-ils pas une réelle volonté politique internationale de faire entrer l'islam en terre chrétienne ? Pourquoi est-il si difficile à "certains" d'obtenir des visas pour l'Europe, alors qu'il en est distribué dans le même temps un nombre incalculable pour les ressortissants des pays arabes à majorité musulmane ? Pensez-vous que ceux-ci en aient moins besoin que ceux-là, ou que ceux-là en demandent plus que ceux-ci ? **Ou bien pensez-vous encore que tout cela puisse être le fruit du hasard ?...**

Remarquez, *autour de vous seulement*, par exemple dans les banlieues des grandes villes, le nombre d'étrangers d'origine arabe, comparés à ceux d'autres peuples ! Nos "cités à risque" en sont remplis au point que, bien souvent, vu la violence quotidienne qui s'y déroule et le danger des lieux, l'on se voit dans l'obligation... "d'émigrer"... L'on ne pourrait pas même parler de "favoritisme" tant il s'agit bel et bien de "discrimination" de la part de nos dirigeants à l'égard des non-musulmans ! Bref, **"d'islamisation forcée et même forcenée" !**

"*D'ouverture à l'étranger*" il n'y a donc, de fait, pour nos hommes politiques à la remorque des Etats-Unis, que de volonté "*d'ouverture à l'islam*" et, pour les "grands" qui le promeuvent" que **"d'ouverture à leurs comptes en banque" !**

Ouvrez tout grand les portes

De "*droit à l'immigration*" il n'y a donc que celui des musulmans ! Et donc, de fait, aucun pour bien des étrangers qui en auraient besoin ! Et de "*droit d'asile*", que ceux des musulmans ! Et donc aucun pour bien des personnes réellement en danger dans leur patrie ! Ainsi, derrière des expressions au ton de bienfaisance telles : *"accueil de l'étranger", "droit à l'immigration", "droit d'asile"*, ou encore "*discrimination positive*", se cache en fait un "*programme d'islamisation*" de l'Occident. **Car de "droit à l'immigration" il n'y a en fait que de "volonté d'islamisation" !**

Il faut dire que les médias, relais puissants des pouvoirs en place dans les pays que l'on n'a pas peur d'appeler encore "démocraties (!)", ne cessent d'en appeler régulièrement à la sauvegarde de cet "*esprit d'ouverture et d'accueil*". Mais encore une fois, *duquel s'agit-il* ? Car, vous le savez désormais, ces expressions "*esprit d'accueil*", "*ouverture à l'autre*", "*accueil de l'étranger*", comme il est de mode ou politiquement comme religieusement correct d'affirmer aujourd'hui, ne sont qu'un leurre et **n'ont pour but que d'ouvrir tout grand les portes à l'islam !**

Immigration ou islamisation ?

Qu'il faille toutefois accueillir et soutenir, c'est indéniable. C'est même le devoir de tout un chacun devant la détresse de son "frère en humanité". Et plus encore si l'on est chrétien, connaissant l'enseignement du Christ. Mais ces bonnes intentions "*d'aide à nos frères en détresse*", de "*soutien des opprimés*", "*d'accueil des plus pauvres*", louables en soi et dont ceux qui les souhaitent et les pratiquent réellement, pour beaucoup, intègres et bien intentionnés, ne comportent-elles pas le risque aujourd'hui d'être récupérées à des fins politiques ?...

Car malheureusement, nombre de ces salariés ou bénévoles d'associations caritatives ou humanitaires sont parfois "utilisés" à des fins qu'eux-mêmes ne souhaiteraient pas ! Si, en effet, en "accueillant l'étranger" on pensait aider les plus démunis, soutenir des frères en détresse, on favorise parfois plutôt, sans le savoir, l'avancée de l'islam et son cortège de violence. Les victimes ne sont donc pas là où on les attendait, et l'on nous a donc trompés !... **Et les vraies victimes le sont finalement toujours aujourd'hui : ce sont les chrétiens persécutés de par le monde dans les pays musulmans,** les victimes des pays en guerre ou de cataclysmes naturels, bref, ceux qui ont réellement besoin de soutien. On s'est seulement trompé de victimes !...

Il y a donc avant tout un devoir de lucidité qui veut que soient d'abord aidés ceux qui sont réellement dans le besoin ! "*Europe terre d'accueil*" : oui, et davantage ! Mais pour les vrais pauvres et les vraies victimes ! "*Accueil de l'étranger*" : oui ! mais de celui qui est réellement dans le besoin ou persécuté dans son pays. Et ceux-là ne manquent pas !

En un mot : " **immigration : oui ! Mais islamisation : non, merci ! ".**

L'islam au coeur des sociétés occidentales

Des chiffres et des songes

Et que valent les chiffres et les statistiques avancés par les différents organismes officiels quand on sait **qu'on peut orienter et leurs données et leur interprétation dans le sens qui permettra de confirmer la politique du moment ?** Politique qui ne cesse de nous présenter, par le biais d'instances variées, des chiffres nous annonçant qu'il n'y a pas actuellement sur le territoire français plus de quatre ou, *au pire*, cinq millions de musulmans...

Pour confirmer que les chiffres peuvent "parler dans le sens désiré", prenons par exemple acte de l'analyse pertinente du mensuel "*Permanences*" qui note, non sans humour :

> *"Le recensement de 1982 de l'INSEE dénombrait 3,7 millions d'étrangers alors que celui de 1990 n'en annonçait plus que 3,6 millions malgré une entrée annuelle officielle d'environ 100 à 150 000 étrangers en France"...* ("*Permanences*", décembre 2000).

Et à moins que la machine ne compte à rebours, il y aurait comme une faille dans les sondages ! Ou comme une erreur dans les calculs... Et l'auteur de l'article d'opiner que la cause de cet illogisme provient simplement du fait, évident aux démographes et recenseurs, des *naturalisations* annuelles correspondant à peu de chose près au nombre d'entrées des étrangers. Ce que M. Jean-Claude Barreau ne manque pas de relever et de dénoncer dès 1992, alors qu'il était président de l'INED, comme un "mensonge officiel" :

> *"Si donc le nombre d'étrangers n'augmente pas, écrit-il, celui des français d'origine étrangère progresse considérablement en vertu des naturalisations. Il atteint aujourd'hui* ***le quart de la population****. On compte 14 millions d'étrangers d'origine dont 10 millions sont devenus français. Quand on compare ce chiffre aux 4 millions d'étrangers recensés, on comprend l'ampleur du* ***mensonge officiel****"...*

Chiffres islamofficiels

Et comme chacun sait, **les musulmans constituent la grande majorité des étrangers.** Les médias n'ont donc qu'un pas à faire pour affirmer que ceux-ci ne sont en France pas plus de 4 à 5 millions, chiffre correspondant aux étrangers non encore naturalisés... Pas que nombre d'entre eux n'ont pas hésité à franchir pour alimenter l'illusion que l'islam ne représente politiquement qu'un courant très minoritaire et qu'il ne présente donc aucun danger, ni pour les lois démocratiques ni pour la sûreté de l'Etat !

Mais il n'est que de comprendre, à la lumière des chiffres cités ci-dessus, d'autant que s'est *désormais écoulée plus d'une décennie depuis 1990*, et pour obtenir les données les plus proches de la réalité, que beaucoup d'étrangers naturalisés, soit plusieurs millions, sont musulmans ! Et qu'il faut par conséquent considérer le nombre de musulmans résidant en France comme étant ***au minimum*** **12 millions ce qui, pour le coup, peut représenter un véritable danger social, politique (ou autre !) pour l'avenir de la France comme celui des français !**

A travers les intérêts *islamo-financiers* de nos chefs politiques, qui les conduits à la *politique islamophile* de nos Etats, il faut donc percevoir le rôle médiatique des *données islamo-falsifiées* encore qualifiables de *chiffres islamofficiels*...

D'accords en accords

Qui n'a remarqué la place grandissante que prend l'islam en nos cités. Mais la prend-il réellement ? Ne lui donne-t-on pas plutôt ? Comment en effet l'islam aurait-il tout envahi sans qu'on lui ait ouvert les portes ? Cela lui aurait été impossible sans **l'aide active de nos Etats** : imaginez la somme d'énergie et de financements qu'il a fallu déployer pour l'installer en nos cités. Et l'on s'étonne du déficit de la Sécurité Sociale ! Comptez seulement le nombre d'organismes et de travailleurs sociaux qui sont au service, sans même en avoir conscience, de cette cause...

Qui n'a encore remarqué combien, par exemple lors de recherches d'un logement, on lui répondait qu'il n'y avait pas de place dans tel quartier ou telle cité, les logements étant réservés aux "migrants"... **Plus récemment encore, l'annonce par le gouvernement français de l'ouverture d'universités** ou autres centres spécialisés pour enseigner les imam et leur apprendre le français indique bien l'orientation des autorités françaises en matière d'islamisation, et laisse présager pour bientôt des mesures plus "audacieuses".

N'est-il pas encore manifeste que les gouvernements européens favorisent la cohésion des divers groupements musulmans et islamistes ? On l'a vu en France par la création d'une instance unique représentative des différentes "tendances" de l'islam. (Mais vous savez quant à vous combien est *une et unique* cette "tendance"...). Ces tous récents accords entre le gouvernement français et les différents mouvements musulmans de France est donc symptomatique de cet empoisonnement décidé par ses responsables. N'avons-nous pas vu en effet comment les ministères concernés ont travaillé à donner à ces divers mouvements un statut officiel au sein de la société française ? Il est à noter entre autre qu'ont été invités à la même table des mouvements musulmans "de toutes tendances", c'est à dire des plus "modérés" aux plus fanatiques, signe que les autorités veulent favoriser l'un comme l'autre des "deux islam" et preuve, par conséquent, qu'ils en reconnaissent bien l'unicité ! A croire qu'on veut *unifier* l'islam qui a tant de mal à le faire lui-même !...

Un gouvernement qui s'occupe de vous

Après la nomination récente d'un premier préfet musulman en France est prévu pour bientôt celles de ministres. Et si ministres musulmans il y a, lois musulmanes il y aura nécessairement ! Car je ne vois pas qu'un ministre musulman veuille encourager les valeurs chrétiennes ou en proposer les lois... Et s'il est promu à ce poste ça n'est sûrement pas à cette intention ! Sinon, à grand renfort de publicité comme pour le préfet musulman, on y installerait un ministre chrétien... L'on peut d'ailleurs encore se demander comment on peut proposer, sans réaction, *dans un Etat laïc*, la nomination d'une personnalité politique **à cause même de sa religion !...** A-t-on déjà entendu une nomination d'un ministre catholique *parce qu'il* était "catholique" ? Une levée de bouclier émergeant des loges auraient d'ailleurs tôt fait d'enrayer sa nomination, **celles-là mêmes qui ont favorisé la nomination du préfet musulman...** Ce qui dénote encore des préférences actuelles des adeptes de ces loges, et de leurs intentions ! Mais que ne ferait-on pas aujourd'hui comme innovation pour l'islam et sa promotion !

Ces nominations vont d'ailleurs être d'un grand secours pour l'avancée de l'islam puisque ces dites personnalités musulmanes ne vont pas ménager leurs énergies pour faire entrer, s'installer et se multiplier les ressortissants *de leur religion* sur le territoire français. **Ce pour quoi elles ont d'ailleurs été nommées à ces postes...** Il est donc certain que nous verrons dans les années qui viennent des records de nombre de musulmans dans les départements aux préfets musulmans, ceux-ci s'employant au maximum, *sèlon le rôle qui leur a été assigné*, à cette mission. Quant aux autres, c'est à dire aux non-musulmans, ils devraient dores et déjà penser, par simple précaution, à préparer leurs bagages...

Les accords gouvernementaux avec les instances musulmanes ne cessent donc de se développer, au risque de voir sous peu *l'islam* *prendre le pas sur nos valeurs et nos institutions (d'origine chrétiennes redisons-le),* ce qui constitue un réel danger de voir ces dernières *disparaître à tout jamais*. Etonnante "laïcité" qui, se voulant garante d'impartialité et apparaissant même encore aux yeux de certains comme teintées de neutralité de principe, après avoir **grandement** travaillé à faire reculer une religion et ses valeurs, en favorise **grandement** une autre...

Bref, une chose est certaine : les musulmans et leurs responsables n'ont rien à craindre pour leur avenir en Europe : "on" ne cesse en effet de leur adresser cette maxime qui autrefois avait un autre sens et était réservée à d'autres :

"Ne craignez rien : on s'occupe de vous !".

Laissons nous réveiller

L'heure est donc grave, et il n'est plus temps de se laisser aveugler par cette propagande politico-médiatique mensongère, aujourd'hui internationale, de soi-disant "*ouverture à d'autres cultures*" "*accueil de l'étranger*", "*volonté de paix*", etc. Tout cela n'est que de la *poudre aux yeux* pour vous endormir. **Et pendant que nous perdons notre temps à croire ces sornettes, les grands de ce monde ne le perdent pas pour faire envahir nos pays par l'islam,** ce que beaucoup d'entre nous laissons faire sans avoir conscience du danger !

La politique de l'autruche ne peut servir aujourd'hui que la cause islamique. Cette islamisation intensive, si nous ne réagissons pas bien vite, pourrait très prochainement entraîner de graves difficultés. Car la politique pro-islamique de nos Etats conduira, malheureusement et inéluctablement dans un avenir proche, si une réaction nette n'est pas opérée rapidement, à des situations incontrôlables dont les conséquences seront désastreuses pour la société tout entière. Et il n'est nullement question ici de catastrophisme mais de *simple bon sens* ! **La réalité parle d'elle-même.** Un tant soit peu de logique devrait en effet nous alerter ou, du moins, nous faire sortir de notre léthargie !

Mais je pense que cet exposé vous y aura quelque peu aidé !...

Le jeu des grands

Une telle attitude de nos gouvernements est donc proprement scandaleuse ! D'autant qu'elle laisse dans le désarroi, *et souvent dans la persécution*, nombre de populations qui auraient, elles, grandement besoin d'aide, financière, logistique, ou simplement morale. Et **nos états soutiennent, à l'inverse, l'oppresseur, l'islam, et ses acolytes, les Etats musulmans !**

Et ce sont ces mêmes gouvernements, les "*nôtres*", qui jouent les "*terre d'accueil*" et qui, dans le même temps, vendent des milliers d'armes à ces pays musulmans, et même aux plus pauvres, ce qui augmente la misère de leurs habitants ! Ils sont ainsi directement coupables de millions de victimes innocentes : victimes de la guerre ou de la faim. Ne feraient-ils pas mieux de leur fournir des aides, matérielles ou financières, dont ils auraient besoin *dans leurs propres patries* ?

Ces grandes puissances, au lieu de jouer les "*protecteurs de l'humanité*", les "*arbitres du monde*" ou les "*terres d'accueil*", ne feraient-elles pas mieux de protéger **réellement** le monde de la gangrène islamique, au lieu de la faire progresser ? Ne feraient-elles pas mieux de promouvoir une véritable paix, et non pas des semblants de négociations ou des pseudos accords qui n'aboutissent jamais (l'aviez-vous remarqué ?), ou après des années de conflits, *ce qui revient au même*.

Elles ne cherchent en fait qu'à renforcer leur hégémonie sur le monde et remplir de pétrodollars les comptes personnels de ses responsables !

Que de larmes

Ainsi, derrière ces expressions au ton larmoyant, apitoyantes au point de vous tirer les larmes des yeux, se cachent des desseins d'hégémonie et de pouvoir mondial. **D'expressions "apitoyantes" il n'y a donc, en fait, que de politique "impitoyable" !**

D'ailleurs, ces hommes politiques qui prônent "*l'accueil de l'étranger*", n'habitent pas dans les "Z.U.P." ou les "Z.A.C.", les cités "*à risques*" ou les banlieues des grandes métropoles... Ils habitent au contraire dans des lieux *les plus éloignés possible* de ceux qu'ils accueillent !... Autrement dit, ils "accueillent" **chez vous, pas chez eux...** Car ils ont finalement bien conscience du danger ! Et leurs habitats ne ressemblent encore en rien à ceux desquels ils "accueillent"... Ou peut-être même encore au vôtre...

De larmes versées par ceux-ci quand ils crient haut et fort le "*droit à l'immigration*" ou "*l'accueil de l'étranger*" il n'y a donc, actuellement, que de larmes de crocodile. Et lorsque l'on sait que ce dernier ne pleure que de satisfaction après avoir dévoré sa proie, nous pouvons d'ores et déjà nous poser la question de savoir à quelle sauce nous risquons d'être mangés !...

Le racisme anti-arabe

Racisme ou actes condamnables ?

On est malheureusement bien souvent accusé de "*racisme anti-arabe*" tout simplement parce que l'on dénonce l'islam, ou à la simple évocation d'un acte odieux commis dans un quartier de banlieue mettant manifestement en cause la communauté musulmane.

Mais vous pouvez comprendre désormais qu'il s'agit souvent, non pas de juger un étranger du fait qu'il le soit, ou du fait de sa couleur de peau ou de sa race, mais parce qu'il commet un acte répréhensible, intolérable, entraîné par les autres membres de sa communauté encline, de par ses principes, aux actes de haine et de violence. Il ne s'agit donc que de *réprobation* légitime devant des actes *condamnables* et d'ailleurs bien souvent *condamnés par les lois en vigueur.*

Dénoncer les méfaits d'une idéologie, en l'occurrence l'islam, n'équivaut pas à la condamnation de tous les musulmans, mais seulement de ceux qui, *de quelque race ou couleur* qu'ils soient, répandent des idées dangereuses ou commettent, au nom d'une idéologie pernicieuse, des actes répréhensibles.

Où sont donc passés la liberté d'expression et l'esprit démocratique ? On voit malheureusement aujourd'hui trop de cas de *censure indirecte*, cherchant à disqualifier des personnalités ou des partis politiques voulant seulement défendre les citoyens et leurs intérêts, surtout les plus démunis, devant *l'insécurité grandissante de nos cités !*

Tous responsables

Peut-on considérer qu'il y a racisme à dénoncer le mal ? Certes pas. D'autres l'ont fait bien avant nous et encore aujourd'hui pour des causes estimées justes par tous : les prisons turques, tunisiennes ou afghanes, les disparitions ou les enlèvements, les tortures ou les génocides ne sont-ils pas parfois dénoncés par des *organisations internationales* et jusqu'aux *Nations Unies*. **Il n'y a certes pas de mal à dénoncer le mal, surtout quand c'est pour le bien de tous.** Il n'est simplement question que de justice !

Une jeune libanaise avec qui j'évoquai cette torpeur de L'Occident face au phénomène d'expansion de l'islam et du sentiment de culpabilité freinant la dénonciation de ses méfaits, me répondit par cette formule succincte mais ô combien parlante :

"Dire du mal du mal : c'est bien !".

Et je me permettrais d'ajouter, comme en écho à cette formule, à ceux qui veulent toujours voir du positif en toutes choses et disent par conséquent du bien de l'islam :

"Et dire du bien du mal : c'est mal..."

Est-ce en effet un crime que de vouloir, en dénonçant le mal, protéger ceux qui, dans nos cités, souffrent de vexations multiples, vexations qui, demain peut-être, nous atteindront tous ? Car l'avenir n'est pas tout rose, n'en déplaise aux éternels rêveurs ! Ces derniers, par leur laxisme, laissent se commettre des actes odieux tels les horribles "tournantes" (viols de jeunes filles par plusieurs garçons à la suite), pratiquées couramment dans les caves de beaucoup de cités, véritables **crimes organisés**.

Y a-t-il donc faute à dénoncer ce que certains musulmans eux-mêmes déplorent, ainsi que le remarque M. Alexandre Del Valle dans un article du Figaro :

> *"Rappelons tout d'abord aux professionnels de l'indignation "antiraciste" sélective, qui voient dans les revendications islamistes de simples "droits à la différence" et dénoncent comme "islamophobes" ceux qui mettent en évidence la* **nature totalitaire de l'orthodoxie islamique** *à laquelle se réfèrent les "islamikazes", que les musulmans sont les premiers à déplorer la sclérose de l'islam".*

Et si l'on taxe certains hommes politiques d'avoir des "idées dangereuses", on se garde bien de parler de ceux qui les ont véritablement et les véhiculent jusque en nos cités !...

Une queue de cheval en service

Nous sommes tous responsables des maux de nos sociétés quand nous les laissons perdurer par nos attitudes d'indifférence ou d'aveuglement. Certains ne crient-ils pas immédiatement à la répression policière lorsque les forces de l'ordre font simplement leur travail, c'est-à-dire interviennent pour mettre un peu d'ordre et de sécurité dans ces quartiers ? Et donne-t-on d'ailleurs à la police *réellement* les moyens d'agir ? Plusieurs commissaires m'ont dit, de leur propre aveu, qu'il ne pouvait s'agir que d'une "*volonté politique*" qui veuille maintenir, voire aggraver, leur manque cruel d'effectifs.

L'exemple personnel et tout récent que je vous présente maintenant est symptomatique de ce manque de personnel policier dans les cités et de la volonté politique, de quel que bord qu'elle soit, de favoriser par ce biais l'installation de l'islam en nos cités.

Un jour, donc, que j'entrais dans la Z.U.P. d'une petite ville de province pour y visiter un ami africain, j'entendis derrière moi le crissement des pneus d'une voiture manifestement incontrôlée par son conducteur, suivi immédiatement d'un fort bruit de casse. Je me retournais tout comme les autres passants et vis, à quelques mètres, une petite voiture, d'allure toute récente, l'avant planté dans le bâtiment perpendiculaire à la rue, comme si le chauffeur avait complètement raté son virage.

J'allais intervenir pour venir en aide aux occupants de la voiture lorsque la vitre de la portière avant s'ouvrit, d'où en sortit un jeune homme de type maghrébin qui s'enfuit à toutes jambes, suivi d'un deuxième, d'un troisième puis d'un quatrième garçon, tous également typés et dans les mêmes âges. Stupéfaites, plusieurs personnes regardaient ahuries ces garnements à la course compétitive, s'enfuyant manifestement d'une voiture volée. Un *coup de feu* fut alors tiré et les badauds se dispersèrent sans aucun retard.... Se forma alors, en quelques minutes, un attroupement composé de plus d'une centaine de jeunes arabes, auscultant l'épave et palabrant dans une atmosphère *d'excitation générale*.

C'est alors que les "forces d'intervention *rapide*" de la police du quartier arrivèrent sur les lieux quelque... 20 minutes plus tard... Et alors que le poste de police se situait à peu près à… 150 mètres du lieu de l'incident (soit dans le bâtiment adjacent)... Et non sans avoir inspecté auparavant le quartier pour, probablement, effectuer un état des lieux... Manifestement peu prompts à s'attirer des **ennuis qu'ils savent désormais inéluctables dans ces cités**, les policiers préfèrent donc garder "leur distance" par rapport à ce genre de problème... Et on les comprend !

Une queue de cheval en service (suite)

Vu l'affluence de l'attroupement (plus d'une centaine de jeunes excités par l'incident et en pleine possession de leurs moyens), le "groupe d'intervention" de la police prit la mesure de l'ampleur du mouvement et débarqua donc "*en force*", soit... **deux** policiers... Mais bien "sécurisés" à bord d'un "véhicule blindé" de type... 205 blanche... Mais qu'à cela ne tienne, le nombre ne saurait faire la force !... Il suffit de quelques policiers bien bâtis et bien entraînés pour maîtriser la situation... Ayant également estimés les effectifs à déployer et le "genre" de gabarit utile en la circonstance, les responsables avaient donc décidé d'envoyer des éléments de la "force *spéciale* d'intervention" : l'on vit alors poindre du "véhicule blindé" (la petite 205 blanche...) la jolie queue de cheval d'une non moins ravissante policière blondinette à la silhouette de star... Suivie de près par son "garde du corps", un "autre" policier, rondelet au point d'en avoir à peine la force de tourner sur lui-même... Le "gros des troupes" étant arrivé (!...), il fallait désormais "quadriller" le quartier ce qui, à deux, vous en conviendrez, n'est pas des plus facile...

Le "groupe d'intervention" s'empressa de s'acquitter de sa tâche principale : écrire son rapport... Il s'enquit donc, au milieu d'une centaine de *dangereux excités*, des renseignements indispensables à ce effet. Mais après une tentative ou deux d'enquête auprès des jeunes "sondés" sur les circonstances de l'accident, et constatant que leur auditoire n'était manifestement pas franchement dans de "bonnes dispositions" et, pour certains, *franchement hostiles et de plus en plus agressifs*, les "forces d'intervention" se rappelèrent soudain qu'il était désormais, probablement, l'heure de la soupe...

Les "renforts de police" préférèrent donc rebrousser chemin, avec leur "véhicule blindé" évidemment. Mais inspectant celui-ci avant leur départ, ils constatèrent avec amertume que les pneus, qu'ils pensaient peut-être increvables, avaient cédé, pendant qu'ils étaient occupés à leur tâche principale (leur rapport...), aux assauts des couteaux de leurs jeunes agresseurs... S'ils rebroussèrent effectivement chemin, ce fut donc à pieds et *sans* leur véhicule, le laissant à la merci de ces jeunes qui, vous vous en doutez, se sont de suite empressés de s'en "occuper" ! La dépanneuse n'arriva que bien plus tard, la place étant déjà presque déserte, pour récupérer... les deux épaves...

Force est de constater que la zone de "non-droit" vaut donc autant pour **tout** non-musulman, fut-il une jolie policière blondinette en queue de cheval !... Et plaise encore à Dieu que les victimes ne fussent, cette fois, que de caoutchouc !

Ayant consulté les journaux le lendemain et dans les jours qui suivirent, je ne vis aucun écho de ce "petit incident de quartier" ! En dehors de toute *considération politique de parti*, ne peut-on donc penser qu'il y ait là volonté des autorités de notre pays de ne donner aucun moyen à la police d'intervenir dans des conditions respectables ? Et si l'un des policiers avait sorti son arme pour simplement se défendre et blessant l'un des voyous, n'en n'aurait-on pas crié, dans les médias cette fois, au scandale de la "*bavure policière*" ?...

Un racisme anti-occidental

L'accusation de soi-disant racisme, et plus spécialement de "racisme des français", que l'on nous sert à qui mieux-mieux dans les débats "politiquement corrects", ou dans les clips anti-racistes de la télévision (financés par le contribuable...), ne sert donc qu'à masquer la réalité. Car **elle est en fait directement au service de la cause islamique.** Lorsque vous voulez en effet attaquer le fond du problème, c'est-à-dire *dénoncer* l'idéologie islamique, et *non pas condamner* le musulman, vous êtes immédiatement taxé de raciste.

Mais, comme son nom l'indique, "racisme" provient du mot "race". Or, **ce sont bien les méfaits d'une "religion" qui sont en cause et non ceux d'une quelconque race**. Encourir par conséquent le risque d'une sanction pénale pour "racisme" alors que l'on ne fait que dénoncer les actes inadmissibles d'individus influencés par une religion intolérante est donc déjà un non-sens. Mme Fallaci donne encore, à ce propos, un exemple typique de l'utilisation orientée de la notion de "racisme". Elle note en effet que pour toute réponse à celui qui se hasarde à faire une remarque aux musulmans qui vendent des objets sur les trottoirs des grandes villes italiennes, tout simplement parce qu'ils gênent le passage, il reçoit :

> *"Raciste ! Raciste !".*

Et d'ajouter :

> *"Gare à l'agent de police qui s'approche et hasarde : "Monsieur le fils d'Allah, Excellence, auriez-vous l'amabilité de vous déplacer d'un cheveu pour laisser un peu de passage ?". Ils le mordent comme des chiens. Ils le dévorent tout cru. Au minimum ils insultent sa mère et ses enfants.* ***Et les gens se taisent, résignés, intimidés, neutralisés par le chantage du mot "raciste"*** *",* ("*La Rage et l'Orgueil*", éd. Plon, p. 143).

Mais comme le dit si bien un homme politique français, désormais célèbre, dans une formule succincte :

> *"Je ne vois pour ma part, en France, que du racisme anti-français" !*

L'on pourrait simplement ajouter que l'on ne voit, pour nous, actuellement en Occident, que du racisme "*anti-occidental*". Si l'on nous parle souvent, en effet, de terroristes ou kamikazes faisant sauter des intérêts occidentaux, on n'a encore vu nulle part, à ma connaissance, d'occidentaux provoquer, ou *simplement penser* à provoquer de tels cauchemars, contre des intérêts arabes ou autres Etats islamiques !

Des racistes non dénoncés

Avez-vous encore noté combien sont rares, et pour tout dire inexistantes, les *condamnations pour "racisme", des musulmans* ? Et pourtant, ce ne sont pas leurs insultes à l'égard des français ou des occidentaux qui manquent !... Là, je suis bien sûr que, *sans réfléchir beaucoup*, et que ce soit envers vous ou envers quelqu'un de vos proches, vous vous souviendrez en avoir été déjà témoin…

Avez-vous déjà entendu parler à ce sujet de condamnation pour racisme anti-français, ou anti-européen, ou anti-occidental ? Avez-vous seulement pensé qu'une plainte pour "racisme" pourrait, dans ces situations, être portée ? Ou auriez-vous peur parce que, quelque part, vous ne vous sentiriez pas vraiment soutenus par les autorités ? Ou bien, craignant quelques représailles de la part de vos agresseurs, vous ne vous sentiez pas suffisamment protégés par les dites autorités ? Vous n'auriez d'ailleurs pas tout à fait tort, à un détail près : vous ne le seriez pas seulement *insuffisamment*, mais *pas du tout* !

Témoin cette femme âgée de mon propre quartier qui me racontait comment elle fut agressée par un jeune arabe, (traduisez toujours "musulman", ce dernier n'ayant, comme beaucoup, pas même un gêne d'arabité dans les veines !). Alors qu'elle allait faire ses courses au supermarché, elle fut en effet gênée par deux jeunes gens discutant devant la porte du magasin et en bloquant son entrée. Elle demanda donc aux jeunes, qu'elle ne voyait que de dos, de se déplacer afin qu'elle puisse entrer. L'un d'eux, un jeune beurre, se retourna et dit à la vieille dame de façon agressive :

"T'aimes pas les arabes ?".

Surprise de la réaction de ce jeune homme, d'autant qu'elle ne l'avait auparavant vu que de dos, elle lui répondit :

"Pas du tout, je ne savais pas même que vous étiez étranger".

Pour toute réponse, le jeune gifla la vieille dame dont les lunettes tombèrent à terre. Alors qu'elle allait les ramasser, il mit posément le pieds dessus et s'y appuya de tout son poids en pivotant lentement sur lui-même, et brisant les lunettes en petits morceaux. Lorsqu'elle me raconta l'affaire quelques jours plus tard, je lui demandai si elle avait porté plainte. Elle me répondit alors :

> *"Ma maison se trouve derrière le supermarché. Si je porte plainte, ils le découvriront et je ne serai plus jamais tranquille...".*

Ce "ils", tout le monde le connaît aujourd'hui, mais rares sont ceux qui osent le dénoncer. La protection en cas de problème avec des personnes issues de la communauté musulmane est, de fait, quasi inexistante dans les cités. Cette vieille dame avait donc, quant à elle, bien conscience de **l'insécurité totale de ces zones comme de l'absence ou de l'inefficacité de toute protection civile !**

Des sociétés aveugles et paralysées

Un silence coupable

Alors comment se fait-il que **les médias, qui se taisent bien souvent sur les vérités qu'ils devraient dire,** en l'occurrence les problèmes *graves autant qu'innombrables* que pose actuellement l'islam de par le monde, soient si prompts à condamner les mouvements politiques qui osent dénoncer ce mal et les accuser sans cesse de "racisme", "xénophobie", "fascisme", etc. ? Et pourquoi n'écoute-t-on pas davantage ces groupements politiques qui mettent en garde contre un tel danger ? **Pourquoi ceux et celles qui tentent de dénoncer de telles idéologies totalitaires sont-ils si facilement la cible de nombre de médias, et parfois même traînés en justice pour "racisme anti-arabe" ?**

C'est tout simplement que l'argument de "racisme" est utilisé pour *disqualifier* ces groupements politiques qui refusent, de fait, de suivre une politique internationale des plus injustes et dont les médias sont à la solde, politique imposant à tous un islam que, finalement personne en Occident, *si l'on était réellement informé* de ses principes et de ses desseins, ne voudrait ! Lorsqu'elle cherche à imposer son projet infâme d'islamisation de la planète et se voit freinée par quelque groupement politique refusant de la suivre, **cette politique internationale met alors tout en œuvre, mensonges, désinformation et intimidations compris, et jusqu'à des lois "anti-racisme", pour arriver à ses fins...**

Une loi pro-islamique

Car si la politique internationale pousse au "progrès" de l'islam, c'est-à-dire à son avancée, **il faut qu'elle fasse disparaître en même temps toute opposition organisée à son plan. Il lui faut donc créer une loi pour protéger le plan d'islamisation mondiale.** Or l'accusation de racisme est sans aucun doute le plus sûr et le plus efficace moyen de dissuasion à l'attention de tous ceux qui voudraient le combattre... La simple dénonciation d'actes incivils voire même délinquants, commis par certains musulmans, suffit désormais souvent à être accusé de "racisme" et tomber sous le coup de la loi "anti-racisme".

Le but *réel* de cette loi est donc simple : **empêcher quiconque de réagir au développement intensif de l'islam afin de le faire mieux progresser**. Et la méthode est donc tout aussi simple : *la paralysie de l'adversaire* ! Si vous craignez en effet, en parlant ou en dénonçant le mal que provoque l'islam dans nos cités, de tomber sous le coup de cette loi, vous aurez plutôt "tendance" à vous taire. Car si l'on ne peut plus critiquer l'islam de peur de se voir condamner à payer une forte amende ou à subir une peine d'emprisonnement, il est évident que l'on va "réfléchir"... Même si l'on sait beaucoup de choses... Et '*surtout*', si l'on sait beaucoup de choses !... C.Q.F.O. (Ce Qu'il Fallait Obtenir) !

Sachez-le donc : **cette loi n'est qu'un artifice et n'a pour but que d'empêcher toute critique de l'islam et ce, dans le but de le laisser tranquillement poursuivre sa course.** Bref, d'empêcher toute considération anti-islamique de se développer. Et comme il nous a déjà fallu, dans cet ouvrage, redonner leurs véritables noms à des notions mal nommées, il nous faut donc à nouveau donner son vrai nom à cette loi : non pas "loi antiracisme" mais bien "*loi pro-islamique*", voire : "*pro-islamisme*" !

Des gouvernements à la botte des Etats-Unis

Qu'est-ce que la politique internationale n'inventerait pas pour maintenir et promouvoir ses desseins d'hégémonie mondiale et ses intérêts financiers ? Toute opposition à son *plan synarchique*, c'est-à-dire à sa soif de gouverner et surtout de dominer le monde, se voit combattue par tous les moyens, les plus odieux et les plus criminels. **Avez-vous en effet remarqué que l'on retrouve les mêmes arguments et les mêmes lois dans toute l'Europe et même dans tout l'Occident ?** N'est-ce point une preuve de plus qu'il s'agit bien d'une *volonté issue d'un consensus international* de favoriser l'islam sur tous les continents ?

Aux Etats-Unis par exemple, la "loi contre le racisme" est des plus sévères au point que toute résistance à l'islam a quasiment disparu. Et lorsque l'on sait combien les gouvernements européens, à commencer par la France, sont "à la botte" de cet Etat, et malgré les *apparences* qui voudraient que le gouvernement actuel s'y soit opposé lors de la guerre américano-irakienne, il se pourrait que bientôt il ne soit plus même possible d'en parler. La "*pensée unique*", tellement répandue aujourd'hui, et le "*politiquement correct*" exigé depuis des décennies dans nos pays occidentaux, pourraient donc désormais se résumer, pour reprendre la célèbre expression du politologue français, M. Alexandre Del valle, dans "*l'islamiquement correct*".

Il ne serait d'ailleurs pas étonnant qu'après la lecture de cette brochure, certains ne nous en fassent le reproche, ou pire, que nous soyons nous-mêmes condamnés pour ce motif ! Ironie du sort qui verrait un français d'origine arabe et musulmane être accusé de "racisme anti-arabe" par des français... d'origine française !

Une paralysie organisée.

Et si ces lois "anti-racisme" servent à en maintenir certains dans la peur d'un jugement civil, elle sera utilisée pour d'autres comme moyen de culpabilisation. Quant à cette dernière, elle consistera à nous faire penser que *toute* critique de l'islam ou *toute* dénonciation publique d'actes répréhensibles de musulmans révèle chez ceux qui les émettent des sentiments racistes et xénophobes envers les "arabes". Ces derniers n'accuseraient en fait qu'une race, la race arabe, et non des actes volontaires d'individus libres influencés par leur religion ! **Et l'on tentera encore de nous persuader que ces actes n'ont rien à voir avec l'islam...**

L'amalgame entre race et religion, c'est-à-dire ici entre l'arabité et l'islamité est bien également entretenu à cette intention. Il est donc utile de rappeler ici que le mal ne vient pas d'une race, les arabes chrétiens étant bien souvent témoins de l'honorabilité de leur race, mais bien d'une religion : l'islam. Cet *amalgame* a par conséquent pour but d'embrouiller les esprits, (comme l'islam a su si bien le faire depuis ses origines), et est utilisé en Occident comme **moyen de maintenir les occidentaux dans une culpabilisation paralysante, ou tout au moins dans une perplexité qui freine leur élan vers la dénonciation du mal.**

Et l'ignorance des occidentaux des origines et des fondements de l'islam ne feront que renforcer cette paralysie. Car beaucoup de ceux qui sont accusés de juger des "arabes", ne savent pas qu'ils se révoltent, en réalité, non contre des personnes de race arabe, mais contre les principes inadmissibles d'une religion sectaire.

Un auto-aveuglement

Certains n'osent plus même aborder la question de l'islam, culpabilisés par avance de seulement imaginer pouvoir en dire du mal... D'autres encore s'auto-persuadent, surtout en lisant les journaux et en regardant la télévision, que l'on ne peut voir un quelconque mal dans l'islam et qu'en émettant la moindre critique à son sujet on se rend effectivement coupables de "racisme"... Il leur faudrait désormais toujours ne voir que du bien partout, soit "*positiver*"... "Positiver" : ah ! Le "joli" mot pour dormir paisiblement sur ses deux oreilles ! Car **en ne voulant voir que du positif en toutes choses, certains aiment plutôt à se cacher la face sur les réalités les plus graves !** Comme si le "sabre" de Damoclès ne se balançait pas dangereusement au-dessus de leur tête et prêt à les frapper à tout moment ! Il serait d'ailleurs intéressant de voir si, au moment ou le fil cédera, ils "positiveront" encore... C'est au combat qu'on reconnaît les vrai soldats !

Ce serait encore pour ces *inconditionnels de l'optimisme béat* comme le jour où on leur offrirait un gâteau des plus appétissants, mais qu'un ami les préviendrait qu'ils ne doivent pas en manger car il est empoisonné. Le poison étant invisible à leurs yeux ils rétorqueraient alors :

> *"Nous ne voyons pour nous qu'un beau, bon, et gros gâteau, fait d'une farine légère et sucré au miel, recouvert d'une crème onctueuse et chocolaté à souhait"...*

Il ne serait plus alors utile que de leur souhaiter :

"Bon appétit !"...

Ajoutons à tout cela l'égoïsme de ces "assoiffés de positif" qui ne cherchent bien souvent que leur tranquillité, relative au demeurant et de toute façon *seulement provisoire*, et l'on obtient un détestable cocktail qui maintient ainsi un statu quo généralisé. Bref, "positiver" : encore une expression pour permettre au plus indolents de se maintenir dans un auto-aveuglement des plus confortables ! **Et même de s'auto-organiser une véritable paralysie !**

Entre islamophobie et islamofolie

Et pour paralyser encore davantage l'esprit occidental déjà bien annihilé, l'on utilise souvent, lors des conversations, quelque expression tranchante à vous couper le souffle et, conséquemment, la langue ! Plus encore que de "*racisme*", l'on en vient en effet désormais à être montré du doigt et accusé, à la moindre critique de l'islam, "*d'islamophobie*". Ce mot à l'emporte pièce qui paralyse "l'accusé" et galvanise les "*islamophiles*" contre leurs adversaires, a encore pour finalité de faire monter la pression contre les opposants à l'islam et de les isoler de l'ensemble du peuple "bien-pensant" et... bien endormi ! Ce terme deviendra donc, *bientôt*, à l'instar de la loi anti-racisme, *une arme* pour accuser celui qui voudra amorcer la moindre critique de l'islam. Cette expression ayant été récemment utilisée publiquement en France par un ministre du gouvernement, **il est à prévoir que va bientôt sévir une nouvelle loi, ou tout au moins un durcissement de la loi, à l'encontre de ceux que l'on pourra accuser "d'islamophobie".**

La tendance actuelle de beaucoup d'occidentaux généralement endormis par les narcotiques médiatiques serait pourtant aujourd'hui davantage "d'islamophilie". Quant à ces hommes politiques prêts à défendre jalousement, ou soutenant même furieusement, comme une lionne protège ses petits, leur protégé, l'islam, et son avancement, ils ont depuis longtemps dépassés ce stade. Leur attitude, souvent agressive à l'égard de ses contradicteurs révèle davantage chez eux d'un "amour irraisonné", d'une "passion déréglée" pour cette religion. Ils "aiment" (amour pas vraiment " gratuit " d'ailleurs...) à visiter les mosquées, à encourager leur construction comme à les subventionner, à rencontrer leurs imam et à les "écouter", à faire des lois pour aider, favoriser soutenir, développer, "secourir" même l'islam comme décorer ses responsables, sans oublier évidemment de festoyer avec eux !

Ils "aiment" finalement l'islam comme les enfants qui, jouant à effeuiller une à une les pétales des marguerites, tirent la dernière : non pas seulement "un peu", ni "beaucoup", ni même "passionnément", mais à la folie"... Et se retrouvent ainsi atteint "*d'islamofolie*" ! car si "*l'islamophilie*" révèle une certaine sympathie pour l'islam, "*l'islamofolie*" relève, quant à elle, d'une passion incontrôlée pour lui... Si l'on entend dire ainsi que certains gouvernements occidentaux sont actuellement pour beaucoup en crise, comprenez alors : en état de "*crise d'islamofolie*"...

Ne nous laissons donc pas si vite impressionner et arrêter : à ceux qui nous accuse "*d'islamophobie*" répondons qu'il est préférable d'en être victime plutôt que "*d'islamofolie*"... Et, si l'on nous traite "*d'islamophobes*", avançons qu'il est toujours mieux de l'être "*qu'islamofols*" !

Des européens désarmés

Mais parallèlement à une paralysie psychologique, médiatique et politique, l'on travaille également, à un "haut niveau", à paralyser les forces traditionnelles et conventionnelles de nos Etats, soit encore ses forces défensives, policières ou militaires. Si le djihad attend son heure, encore faut-il que sa réussite soit certaine. Une guerre, qu'elle soit sainte ou non, se prépare le mieux possible afin de mettre toutes les chances de son côté pour être sûr de la gagner. Sinon, mieux vaudrait signer un traité de paix avec ses ennemis avant même de la lancer ! Et pour se faire, il faut être mieux armé et mieux préparé au combat que ses adversaires et, s'il eut été possible, saper sa défense.

C'est ce qu'a prévu et s'emploie à réaliser, depuis longtemps, le plan maçonnico-synarchique, via nos gouvernements européens à la solde de la haute finance mondiale. **L'avancée de l'islam en Europe et son invasion sont depuis des lustres programmés par la synarchie internationale.** Mais pour que le plan de destruction fonctionne parfaitement, c'est à dire que la "révolution islamique" puisse s'effectuer sans trop de résistance, il faut que chaque musulman soit armé ! Et chaque européen de souche, désarmé !...

Il faut prendre ici chacun de ces deux termes, "armé" et "désarmé", dans un *double sens* : le premier psychologique, le deuxième concret. L'armement ou le désarmement psychologique consiste en ce que nous avons dit de la fanatisation des musulmans d'une part, et de l'endormissement des consciences occidentales d'autre part. Quant à l'armement ou le désarmement concret il consiste comme son nom l'indique à permettre la possession d'armes aux musulmans en vue de la révolution islamique (le djihad) et leur difficulté désormais quasi absolue à s'en procurer des européens...

Une armée en promenade

L'on constate en effet que **nos gouvernements**, qui s'emploient depuis quelques décennies à faire entrer *un maximum* de musulmans en nos contrées, soit à l'avancement de l'islam, **s'affairent aussi à ce qu'aucune résistance ne puisse lui être opposée, qu'elle soit**

morale, politique, civile ou militaire. Au delà du soutien politique à la progression de l'islam en terre chrétienne, ceux-ci élaborent également en Europe des lois "anti-armement", comme par exemple l'armée "professionnelle" en France qui ne permet plus aux français d'être armés et prêts au combat en cas de guerre civile, soit à l'intérieur même de leurs frontières. Cette armée "professionnelle" sera d'ailleurs probablement appelée, à l'heure du djihad, à guerroyer loin de nos frontières, soi-disant par exemple pour aider quelque "allié" éloigné à se sortir d'une mauvaise passe. Une armée "nomade" ou en "promenade" en somme qui, au jour "j", ("j" comme "jihad" ainsi que nous l'avons signalé !), sera occupée et "aura à faire sous d'autres cieux" ! Bref, une armée indisponible quand on aura besoin d'elle, et qui vous répond au jour du combat qu'elle a "*d'autres chats à fouetter*"...

Les ressortissants français sont donc dores et déjà à la merci d'une quelconque armée, fut-elle celle de rebelles musulmans installés intra-muros depuis longtemps et armés jusqu'aux dents. Elle sera suivie évidemment par l'ensemble des musulmans, prêts au djihad ainsi que nous l'avons montré, eux aussi pour beaucoup bien mieux armés que leurs concitoyens français. (Notez au passage comment les "*citoyens français*" sont devenus désormais les "*concitoyens*" des "*citoyens étrangers*"...).

D'autre part, certaines des organisations internationales appelées de "non-violence" ou "pour la paix", ou autres groupements anti-militaristes, militent de pair au désarmement unilatéral. **Cause apparemment louable mais qui cachent, sous des dehors d'humanisme et de paix universelle, encore bien des desseins politiques hégémoniques.** Leurs militants, pour beaucoup de bonne foi et de bonne intention, âmes généreuses, compatissantes aux souffrances des hommes et désireuses d'aider à l'instauration d'une ère de paix, sont bien souvent trompés : les buts recherchés ne sont pas nécessairement ceux présentés sur l'affiche publicitaire !...

Des lois liberticides

Les musulmans n'auront d'ailleurs pas à se battre beaucoup face à quelques européens qui réaliseront alors, mais seulement alors, l'ampleur de la catastrophe... Quelle résistance pourront en effet opposer les européens à leurs adversaires équipés de Pig-bull, d'armes blanches de tous acabits et d'armes à feu de tous gabarits ! L'on peut, à ce propos, lire sur le site Internet un article intitulé "*Après les Soviets partout, la Charia partout*" *qui, au delà d'un l'humour "foncé*", est d'un réalisme certain :

> *"Nos gouvernements successifs ont même une telle frousse d'un éventuel sursaut de courage de nos concitoyens, que des* **lois liberticides** *tentent d'interdire à ces citoyens de posséder même un fusil de chasse, et bientôt un lance-pierres, pourtant complètement inefficaces face aux kalachnikofs dont nos banlieues sont déjà largement équipées, maintenant que notre police y est interdite de séjour...*(Résumé de "*Tocqueville magazine*", site "*l'Electron libre*").

Et d'ajouter :

> *"Ce ne seront plus les Vêpres Siciliennes, mais le De Profundis des Français sous le couteau des tueurs..."*

En un mot, l'on nous prépare une guerre civile généralisée en Europe, la fameuse "*révolution islamique*", où l'issue est prévue et calculée d'avance, la lutte étant de prime abord inégale puisque inégal l'armement de chacune des parties !

Les "grands de ce monde" semblent donc bien décidés à allumer la mèche du djihad, via quelques responsables musulmans, quand le moment sera jugé opportun par la haute finance mondiale. **Lutte sanglante où le djihad sera la raison d'être, l'Europe le champ de bataille, la finalité l'instauration d'un gouvernement mondial dirigé par les Etats-Unis.**

Réagir ou mourir

Ouvrir ses yeux

Laissons encore la parole à une femme expérimentée de plusieurs dizaines d'années d'expérience de journalisme aux Etats-Unis, Mme Oriana Fallaci. Originaire d'Italie, globe-trotter au service de l'information, elle a parcouru le monde entier en pourchassant de ses questions et interviews la plupart des dirigeants et chefs de gouvernements du monde arabe, du roi Hussein de Jordanie au président iranien M. Khomeyni, en passant par le leader palestinien M. Arafat, etc. Riche également de son expérience et de ses contacts avec le monde musulman grâce à ses nombreux périples dans les pays arabes, elle souhaite dès lors avertir sur ce qu'elle perçoit être un danger pour le monde occidental : l'islam. Depuis plus de vingt ans désormais, elle évoque les déviations et dangers de cette religion comme de sa passion conquérante. Elle se donne finalement aujourd'hui, après mûre réflexion, pour devoir :

> *"D'ouvrir les yeux de ceux qui ne veulent pas voir, déboucher les oreilles de ceux qui ne veulent pas entendre, pousser à réfléchir ceux qui ne veulent pas réfléchir",* ("*La Rage ou l'Orgueil*", éd. Plon, p. 25).
>
> *"Je m'adresse aux personnes qui, n'étant ni stupides ni méchantes, se laissent encore bercer par la prudence et par le doute. Et je leur dis : "debout braves gens debout, réveillez-vous ! Paralysés comme vous l'êtes par la peur d'aller à contre-courant ou de sembler racistes, (un mot totalement inapproprié puisque ce que je dis regarde une religion, pas une 'race),* ***vous ne comprenez pas ou vous ne voulez pas comprendre que nous avons à faire à une Croisade à l'envers****. Habitués comme vous l'êtes au double jeu, aveuglés comme vous l'êtes par la myopie, vous ne comprenez pas ou vous ne voulez pas comprendre qu'il*

s'agit d'une **guerre de religion**. *Une guerre qu'ils appellent djihad. Une guerre qui vise à la conquête de nos âmes. A la disparition de notre liberté et de notre civilisation, à l'anéantissement de notre façon de vivre et de mourir. Notre façon de prier ou de ne pas prier, d'étudier ou de ne pas étudier, de boire ou de ne pas boire, de nous habiller ou de ne pas nous habiller, de nous amuser, nous informer...* ***Vous ne comprenez pas que si nous ne bougeons pas, si nous restons inertes, si nous ne luttons pas, le djihad vaincra. Et il détruira le monde que bien ou mal nous avons réussi à construire, à rendre meilleur et un peu plus intelligent. Et il détruira notre culture, notre art, notre science, notre morale, nos valeurs, nos plaisirs...*** *"*. ("*La Rage et l'Orgueil*", éd. Plon, p. 90-91).

"Vous ne comprenez pas, vous ne voulez pas comprendre que ***l'Occident est pour eux (les musulmans) un monde à conquérir. A châtier, soumettre à l'islam****"*.

("*La Rage ou l'Orgueil*", éd. Plon, p. 27)

Une disparition souhaitée

La paix mondiale ne saurait donc, d'une quelconque manière, s'instaurer sur le globe, tant qu'existeront des principes hostiles à la liberté de conscience ou de religion. Il serait *illusoire* d'espérer une société vivant dans la paix et la sécurité tant que de tels principes intolérants, discriminatoires et hostiles à l'entente entre les peuples existeront. Or, vous savez désormais que ces principes constituent les fondements même de l'islam ! Comment, dès lors, ne pas dénoncer de tels principes, ayant entraîné au cours des siècles tant d'abus et d'injustices, de souffrances et de haines ?

Les méfaits de l'islam on ne les connaît en effet que trop : persécutions innombrables en pays musulmans de populations non-musulmanes et surtout chrétiennes, brimades et injustices en tout genre, insécurité foncière en Occident dans tous les quartiers à forte concentration de musulmans, endoctrinement des populations musulmanes de par le monde. Dictature des esprits et abrutissement de la conscience pour les musulmans, répétition irritante et opposition oppressante pour les chrétiens, l'islam, persécuteur et insupportable pour tous, ne peut donc être qualifié que de “ système d'oppression des peuples”.

“Lavage de cerveau” pour les musulmans, “dictature” imposée aux autres, l'islam, joug tyrannique pour tous, ne peut donc se voir souhaiter qu'une chose : qu'il disparaisse ! La disparition de l'islam est en effet chose à souhaiter et ce, pour le bien et la sécurité de tous, à commencer par les musulmans eux-mêmes. Cela serait également une libération pour tous les chrétiens orientaux comme occidentaux, et pour tout dire, pour *l'humanité entière*…

Des méthodes et des moyens

Quant à la manière de procéder pour travailler à cette disparition, nul n'est dans mes intentions de dire qu'il faille agir selon les méthodes américaines, toujours les mêmes au demeurant : **déverser sans vergogne des milliers de bombes sur des millions d'innocents…** Ces méthodes grégaires et barbares, et pour tout dire *criminelles*, sont à proscrire par principe.

L'action première et primordiale est d'abord *l'information des occidentaux*. Le dialogue avec les musulmans n'étant pas exclu, il doit pourtant se faire d'abord avec ceux qui recherchent *foncièrement* la paix et la vérité, et à partir d'une bonne connaissance de la doctrine et des principes de leur religion ce que, semble-t-il, pour le moment, les occidentaux ne possèdent pas suffisamment. Il est donc surtout **urgent** dans un premier temps *d'informer*.

Le combat doit se situer également à un niveau politique où la reconnaissance des valeurs chrétiennes et des lois qui en sont issues doit assurer aux peuples européens, quelque soit leur race ou leur culture, le droit et la justice qui leur est due.

Dans le même temps, il est indispensable de se *prémunir contre tout risque d'invasion*, par la force, de l'islam, soit de posséder les moyens civils et militaires pour parer à toute éventualité. Une armée bien entraînée et bien équipée est un bien utile à la nation, dans la mesure où elle intervient dans des situations justes, pour la paix civile et la défense du pays, comme pour la sécurité de ses habitants. La seule guerre véritablement juste est celle qui permet la *protection d'un peuple en danger*, ce qui est **potentiellement le cas actuellement**, et risque de l'être **concrètement sans tarder**.

Subtilités et futilités

La première action, et la plus nécessaire, est donc aujourd'hui *l'information sur la nature de l'islam*, chaque personne ayant ensuite la responsabilité de ses actes. Celle-ci est d'autant plus indispensable que nous sommes actuellement sous l'emprise d'une terrible désinformation. N'êtes-vous pas en effet quelque peu étonnés de n'entendre jamais parler dans les médias de ces aspects historiques, doctrinaux et politiques de l'islam, énoncés dans cette étude ? C'est tout simplement que **l'on cherche à vous cacher et les origines de l'islam et ses fondements, pour mieux vous en cacher ses dangers.**

Les médias qui, en effet, vous parlent et reparlent de l'islam, n'en abordent jamais les questions essentielles. Quel intérêt y a-t-il en effet à connaître tous les détails des réseaux terroristes si l'on ne vous donne jamais les *raisons de leur existence* ni *les motivations profondes qui les animent* ? Et pensez-vous que ce silence soit négligence de la part des médias ou qu'il ne s'agisse pour eux que de faire dans le sensationnel ?

Penser cela relève de la naïveté, naïveté aujourd'hui bien entretenue par eux-mêmes. Non, il s'agit de bien autre chose : **le but est de détourner l'attention de l'opinion publique en l'orientant vers mille autres directions futiles ou inutiles.**

Pendant que nous perdons notre temps et que nous nous endormons devant notre poste T.V., gavés "d'informations tous azimuts", (traduisez : de "désinformations généralisées"), d'émissions "scientifiques" à vous faire pénétrer dans le cerveau n'importe quel postulat qui vous le *formatera définitivement*, de sport ou autre émission de jeu niais et bien souvent abêtifiant autant qu'abêtissant, **l'islam, lui, avance...**

Dire et crier la vérité

L'on nous occupe ainsi l'esprit avec mille choses plus "intéressantes" les unes que les autres, qui le sont d'ailleurs parfois, mais qui nous *font oublier l'essentiel.* Loisirs innombrables, sport en toutes occasions, activités culturelles en tous genres, visites touristiques et autres découvertes du monde : nos autorités s'y entendent pour développer toutes ces "occupations" et préoccupations. Sur ce sujet l'on est bien, "trop bien", servi ! "L'on" est même prêt à vous en resservir autant que vous en voulez... En ces domaines les subventions sont intarissables !

Toutes choses bonnes en elles-mêmes mais qui, pratiquées intensivement, provoquent le "rêve" et "l'évasion", de quoi se croire installé dans un monde tranquille et sans problème ! Ce qu'ont bien compris et aiment particulièrement à développer nombre de nos responsables politiques ! Et pendant ce temps... Vous avez deviné la suite, banale désormais...

Pendant ce temps l'on tente donc de nous aveugler sur les réalités de l'islam. **Islam qui progresse à un rythme rapide, n'attendant**

que son avènement définitif. Voilà la réalité que l'on vous cache sous prétexte de "respect" envers nos frères musulmans. Mais au nom même de ces frères musulmans et du respect, le vrai, que nous leur devons, il nous faut dire toute la vérité. Et ce afin de *leur ouvrir les portes*, et celles d'une vie paisible sur la terre, et celles du Ciel. Et au nom de nos frères chrétiens qui souffrent discriminations et persécutions dans nombre de pays arabes, dans le silence coupable de nos sociétés endormies par la puissance de la désinformation au service d'intérêts inavouables, nous nous devons de la crier ! Tout comme ceux qui utilisent la désinformation pour favoriser l'islam utilisons, nous, la ré-information. A la ***loi du silence***, utilisée comme arme de désinformation, opposons donc la ***loi de la vérité***, loi toujours "***à dire et à crier***".

Une information éclairée et impartiale est donc vraiment nécessaire. Car méconnaître les réels desseins de l'islam permet de le laisser tranquillement se développer et continuer ses ravages ! L'information est aujourd'hui le moyen d'action le plus efficace et à la portée de tous. Car si nous nous sentons parfois impuissants devant ces "misères du monde", il nous est toujours possible d'œuvrer pour leur information. La connaissance de la vérité est le premier pas vers l'action. Et qui pourrait se mettre à l'action sans savoir pourquoi, sans avoir des raisons importantes d'agir ? La *simple diffusion d'un livre* est déjà un acte important parce qu'il peut donner aux différents acteurs des arguments de poids !... Une telle démarche sera déjà d'une grande utilité et, pour tout dire, essentielle ! Les pouvoirs politiques ayant le devoir de l'action sur le terrain.

Demandons donc et travaillons à ce que soient rétablis la vérité par l'information exacte, complète et impartiale sur la nature de l'islam et ses desseins.

La peur, mauvaise conseillère

Et pensons-nous réellement faire avancer la paix en restant dans l'ignorance ou le refus de la réalité ? Ou en se cachant derrière le paravent d'une neutralité de principe qui n'en est pas une ? Certains pensent en effet que se taire et cacher la vérité sur les réalités de l'islam est préférable, car cela permettrait de vivre dans la paix et la concorde avec les musulmans qui nous entourent ! Ces mentalités sont assurément celles de l'autruche. Car elles méconnaissent les *buts* de l'islam qui n'aura de cesse d'appliquer le *djihad* tant que le monde ne sera pas totalement islamisé. Il n'y aura donc aucune paix possible jusqu'à cet avènement. Et pas plus après !

Est-ce donc encore la peur qui fasse se taire tout un chacun ? Il est vrai qu'une véritable campagne d'intimidation politisée paralyse bien des populations occidentales. On laisse entendre en effet bien souvent que, pour ne pas '*faire de provocations*', avec les risques de réactions violentes et incontrôlées de groupements de musulmans qu'elles comportent, mieux vaut supporter l'islam et "se taire". On brandit ainsi l'épouvantail d'une guerre civile. Et tout le monde "se terre"... Plusieurs lois européennes pro-islamiques ont ainsi été votées en Europe pour raisons "d'apaisement" de la communauté musulmane... Est-ce donc bien en acceptant et en votant des lois issues de *principes de haine, de violence et de discrimination* que l'on va faire avancer *la justice et la paix* ?... Mais **comment peut-on seulement imaginer un tel paradoxe ?**

D'autres allègueront qu'il faut, pour "vivre en paix" ou le rester, s'éloigner de toute considération politique de parti, et particulièrement des sujets "brûlants". Mais que ceux-ci n'ont-il encore compris que s'ils ne veulent pas *s'occuper de politique*, celle-ci, par contre, *s'occupe d'eux...*

De telles opinions ou attitudes, au delà de l'expression de lâcheté qu'elles supposent, ne sont donc en aucun cas garantes de paix et de tranquillité avec le monde musulman, et vous en connaissez désormais la raison : **il est dans ses principes mêmes que l'islam n'aura de cesse de faire la "guerre à la paix" qu'il n'ait absorbé la totalité de la race humaine.** Autrement dit, aucune paix ne lui est possible tant que le monde n'est pas *totalement* islamisé. Ou encore, aucune paix ne lui est possible qui ne soit purement "islamique" ! Et quand il aura pris la place qu'il estime être la sienne, c'est-à-dire "toute", il imposera son joug de fer à "tous" les... *musulmans* !

Se taire ou ne rien dire : une attitude coupable

Ces opinions ne cachent-elle pas, d'autre part, une forme de lâcheté, ou tout au moins une démission coupable ? **Car elles permettent, en fait, le maintien des régimes musulmans tyranniques en place qui perpétuent crimes, persécutions et même génocides, et ce en toute impunité.** De telles opinions, quoi qu'on en pense, ne sont pas neutres. *Elle favorisent le camp des persécuteurs et des criminels.* Ne pas reconnaître le mal ni le combattre équivaut à acquiescer, à encourager et à être complice. Jamais personne ne pourra se déclarer innocent des crimes perpétrés à l'autre bout du monde car nous sommes, de par notre nature humaine, frères en humanité et solidaires les uns des autres. Retenons à ce propos le plaidoyer de Mme Fallaci :

> *"La croisade à l'envers dure depuis trop longtemps, mon cher.* ***Et elle est bien trop nourrie par la faiblesse de l'Occident, par la non-clairvoyance de l'Occident, par le bien-être de l'Occident, par la technologie et les opportunités de l'Occident.*** *C'est à dire par nos ordinateurs, notre Internet, nos téléphones portables, nos conforts, nos principes d'hospitalités, nos lois complaisantes, notre démagogie ridicule, notre pacifisme lâche et hypocrite, notre peur". (...).*

"En ce sens nous appartenons véritablement à une même famille... Identiques les fautes, les lâchetés, les hypocrisies. Identiques les aveuglements, les petitesses, les misères. Identiques les leaders de gauche et de droite, l'arrogance de ceux qui les soutiennent, l'habitude de girouetter et d'exercer le terrorisme intellectuel et la démagogie". ("*La Rage ou l'Orgueil*", éd. Plon, p. 105 et 191).

Force des mauvais ou faiblesse des bons.

N'ayons donc pas peur de le dire : les intérêts, l'indifférence ou la lâcheté des pays occidentaux, soit les nôtres, sont la cause des misères et des souffrances du monde ! N'avons nous pas été suffisamment *coupables par notre silence* face aux persécutions communistes de nos frères des pays de l'est, et ce durant près d'un siècle, au point qu'aujourd'hui peu de jeunes ont entendu parler de ces millions d'êtres humains disparus dans les goulags et autres prisons sordides ?

Il n'est pas vain, en effet, de relever la similitude, pour le moins frappante, entre cette véritable **conspiration du silence, apanage de nos médias occidentaux**, concernant le caractère despotique et agressif de l'islam, et celle couvrant les méfaits du communisme, ce dernier ayant sévi en union soviétique et ses satellites durant plus de soixante-dix ans. Silence coupable et criminel celui-là autant que celui-ci ! Pendant toute cette période, en effet, et pour certains jusqu'à aujourd'hui, nombre de personnes ont été persécutées, emprisonnées, torturées, ou encore exilées dans des goulags infâmes, survivant on ne sait comment dans des conditions innommables, et ce, dans la **quasi indifférence générale. Silence voulu par nos gouvernants et entretenu honteusement par nos médias infestés de "politiquement correct" !**

Coupables de nos lâchetés

Il est donc inutile d'en appeler à des soi-disant causes naturelles, voire surnaturelles (!), ou encore à des impossibilités matérielles ou techniques, géographiques ou géopolitiques ou que sais-je encore, ou même à des défaillances humaines, pour expliquer les maux de nos sociétés. Nous aurons à répondre un jour du mal que nous avons *laissé faire* par notre silence ou notre indifférence, Car, quand on n'agit pas, on laisse faire. Et laisser faire le mal, c'est en être complice. Il n'y a pas d'autre alternative ! Ainsi le dit le proverbe :

> *"Qui ne dit mot consent" !*

M. Ibn Warraq, à la question du journaliste du Figaro sur les méfaits de l'islam :

> *"Estimez-vous que les Occidentaux n'ont pas joué leur rôle de garde-fous en s'abstenant de dénoncer ces excès ?",*

poursuit encore :

> *"Oui.* ***Leur lâcheté m'effraie presque autant que l'attitude des islamistes.*** *Les islamologues occidentaux, comme nombre d'intellectuels bien-pensants ont eu tendance à enjoliver les choses, de peur de ne pas apparaître "politiquement correct", au pire d'avoir à défendre des positions qui exposent à certaines représailles..."*

Et Mme Fallaci de poursuivre :

> *"**Mais dans la vie et dans l'histoire il y a des situations où il n'est pas permis d'avoir peur, des situations où avoir peur est immoral et barbare.** Et ceux qui par faiblesse ou manque de courage ou habitude de ménager la chèvre et le chou se*

détournent de cette tragédie, se cachent, ne sont pas seulement lâches. Ils sont également masochistes". ("*La Rage ou l'Orgueil*", éd. Plon, p. 98-99).

Sa sainteté le pape St. Pie X ne disait-il pas déjà :

"De nos jours plus que jamais, ***la force principale des mauvais c'est la faiblesse et la lâcheté des bons,*** *et tout le nerf du règne de Satan réside dans la mollesse des chrétiens".*

Engagez-vous, rengagez-vous... informez ré-informez !

Il n'est en effet pas digne de la part d'êtres humains de laisser tant de populations, hommes femmes ou enfants, subir tant de souffrances et d'ignominies, à cause d'une idéologie tyrannique. **Les occidentaux ont une grande part de responsabilité dans les souffrances de beaucoup de nos frères orientaux.** Bien souvent, nous ne "voulons pas voir". Nous sommes trop tranquilles dans nos douillettes contrées !

C'est au nom de tous, mais particulièrement de nos frères chrétiens orientaux dont beaucoup m'ont demandé de dénoncer auprès des occidentaux les injustices et les persécutions dont ils sont les victimes, que j'en appelle ici à **prendre conscience des ravages de l'islam de par le monde, et de prendre les moyens d'agir par l'information autant que par l'action**. Ste Catherine de Sienne, docteur de l'Eglise, femme de caractère, qui ramena le pape légitimement élu d'Avignon à Rome, s'offusquait déjà à son époque de la lâcheté et du silence de ses compatriotes :

"Ah ! Assez de silence ! Criez avec mille langues ! ***Je vois qu'à force de silence le monde est pourri !"***

Conclusion

Si donc l'étude que nous avons faite ici paraît sévère à l'égard de l'islam, elle n'a pourtant pour but que **d'aider les "fidèles" musulmans emprisonnés dans son système paralysant à se libérer de son emprise tyrannique, de soutenir les chrétiens persécutés en terre d'islam et de permettre à tous une prise de conscience salutaire et ô combien urgente.**

En effet, la compréhension des mécanismes d'un système aliénant est bien la première étape, indispensable au demeurant, d'une libération des consciences des "fidèles" qu'il tient prisonniers sous sa domination, tout comme celle d'une prise de conscience des souffrances endurées par certains de nos frères orientaux. J'ose ainsi espérer que ces propos permettront à tous d'être un tant soit peu éclairés et, s'il eut été possible, a mes frères musulmans de se dégager de ce joug tyrannique et tyrannisant de l'islam. Ce serait là, à vrai dire, notre plus grande joie et, assurément, une victoire sur les puissances des ténèbres aujourd'hui plus que jamais à l'œuvre dans le monde.

Laissons la parole pour terminer à un prêtre missionnaire italien, le Père Mazzucchelli qui, de par la grâce de l'onction sacerdotale et de par son expérience de longues années en terre d'islam saura, mieux que quiconque, résumer la religion musulmane et conclure sur l'action à entreprendre en vue de palier au fléau islamique :

*“**Qui ouvre les portes à l'islam ouvre donc les portes à Satan !** Qui aide l'islam, aider signifie aussi ne pas faire obstacle, aide Satan et passe dans son parti ! Le démon ne dort jamais, et **nous non plus nous n'avons pas le droit de dormir,** de mettre en sommeil nos consciences et **de nous taire** face à cette terrible menace qui est en train de s'abattre avec violence sur la chrétienté. Au jour du jugement, nous serons seuls devant Dieu, et il nous sera demandé compte de nos œuvres. **Que chacun recherche selon son état et ses possibilités les modalités concrètes de l'action. Ne dormons pas, le temps passe vite !***

Bibliographie

Ouvrages

"*Ma rencontre avec le Christ*", Mme Nahed Mahmoud Metwalli, éd. deGuibert.

"*L'Islam des Interdits*", Mme Delcambre, éd. DDB.

"*Un algérien pas très catholique*", M. Mohammed Christophe Bilek, éd. du Cerf.

"*Pourquoi je ne suis pas musulman*", M. Ibn Warraq, éd. Age d'homme.

"*Vivre avec l'Islam ?*", Mme Annie Laurent, éd. St. Paul.

"*La Rage ou l'Orgueil*", Mme Oriana Fallaci, éd. Plon.

"*Le Soleil de Satan aveugle l'Occident*", Gl. Gallois, éd Age d'homme.

"*Le sang du pétrole*", Gl. Gallois, éd. Age d'homme.

"*Islam-Etats-Unis, une alliance contre l'Europe*", M. Del Valle, éd. Âge d'homme.

"*Le Trompe l'oeil de l'islam*", M. Landrieux, éd. Lethielleux.

"*Tous les dieux ne sont pas égaux*", Jean-Claude Barreau, éd. J.-C. Lattès.

"*Cent questions sur l'islam*", interview du père Samir Khalil Samir, propos recueillis par Giorgo Paolucci et Camille Eid, éd. Marietti.

Revues

"*Spectacle du monde*" : article : "*Abécédaire de l'islam*", M. Alain Chevalérias, janv. 1998.

"*Spectacle du monde*" : article : "*Le XX*[e] *siècle sera-t-il musulman ?*", M. Péroncel-Hugoz, janv. 2000.

"*Permanences*" : Mme Raphaëlle de Neuville, nov. 2002.

Table des matières

Achevé d'imprimer
au mois de décembre de l'an de grâce 2004
par ***Saint Joseph Imprimeur***
22160 Callac de Bretagne